SUPREME POWER

至高权力

Franklin Roosevelt vs. the Supreme Court

罗斯福总统与最高法院的较量

JEFF SHESOL

[美] 杰夫·谢索 著 陈平 译

文匯出版社

新经典文化股份有限公司
www.readinglife.com
出　品

献给丽贝卡

制定宪法的先辈们研究的不过是如何确保司法体系完全独立。总统无权罢免法官，国会也无权削减法官的薪资。只有一件事情，要么是被人们遗忘了，要么是由于极度不便确定而不愿被人们谈起——这便是最高法院的大法官人数问题。这个问题是一个软肋，是法院盔甲上的连接点，总有一天武器会从这里将盔甲刺穿。

——詹姆斯·布赖斯

《美利坚共和国》(1888 年)

目 录

前言 ... 001

第 1 章　完全掌控 ... 009

第 2 章　风暴中心 ... 029

第 3 章　捷径 ... 051

第 4 章　消逝的光 ... 073

第 5 章　猛烈的炮击 ... 089

第 6 章　黄金裁决 ... 105

第 7 章　最后的细线 ... 129

第 8 章　黑色星期一 ... 153

第 9 章　开枪 ... 177

第 10 章　监察员们 ... 191

第 11 章　慢性毒药 ... 209

第 12 章　一个非常重要的项目 ... 239

第 13 章　无主之地 ... 261

第 14 章　计划和目标 ... 285

第 15 章　警钟 ... 307

第 16 章　恪守、维护、捍卫 ... 327

第 17 章　万事终结的开端 ... 343

第 18 章　第一个楔子 ... 359

第 19 章　晕头转向 ... 391

第 20 章　真正的危害 ... 407

第 21 章　新的怒吼 ... 431

第 22 章　屈服 ... 455

第 23 章　鲜血或墨水 ... 483

第 24 章　及时的转变 ... 499

第 25 章　同意 ... 519

第 26 章　为自由而战 ... 541

第 27 章　与上帝对抗 ... 563

后记　我们才刚刚开始战斗 ... 589

致谢 ... 624

注释 ... 629

参考文献 ... 746

前言

鸡尾酒的酒劲通常很大。今晚，这些酒似乎是给人壮胆的。 1

酒是总统亲自调配的，这已成了一种惯例。他调酒时看似漫不经心，手法却娴熟老到。但在 1937 年 2 月 2 日这晚，不论是总统安然自若的神态，还是他调制出的烈性饮料，都无法驱散幕僚心中的不安。此刻，他们正聚集在位于白宫楼上的总统私人小书房里。

富兰克林·罗斯福举杯向最高法院致敬——向曾经的最高法院，也向他所希望的即将改变的最高法院。罗斯福告诉幕僚，“采取行动的时刻”已经到来，他们与最高法院的对峙不能再拖延了。“尽管这样做会很不愉快，但我认为我们不得不面对这一局面。”三十六个多小时以来，这些幕僚是全国唯一能够准确理解总统这句话含义的人，这就不难解释他们为何会有不祥的预感了。

曾经有记者称罗斯福“显然是美国最无忧无虑的人”，而今晚，他在这个房间里也是最无忧无虑的那个。他模仿幕僚沉郁的表情，后者对于即将开始的晚宴没有任何期待之情，那可是一年一度为最高法院的大法官们举办的宴会。不过，很明显总统对当下这个时刻感到很高兴：此时，最高法院“九个老头”中的七个已经抵达楼下的东厅，一起出席晚宴的还有其他举足轻重的大人物。一出国家级的大戏即将上演。

2 此时是富兰克林·罗斯福第二个总统任期的第二个星期，他登上了权力的巅峰。在美国人的生活中，罗斯福是战胜一切的力量，有着卓绝的影响力。1936 年 11 月，他以令人难以置信的百分之六十一的大众选票和几乎所有的选举人选票，赢得了美国总统选举历史上最大规模的压倒性胜利。他新组成的庞大联盟——其中有自由派人士、劳工、妇女和少数群体——不仅授权让他继续担任总统，而且极大地增强了他在第一个总统任期内所取得成就的分量。与自重建时代[1]以来的情形相比，现在的美国更接近于一党统治。在第一个任期内，罗斯福轻松获得了国会山多数议员的支持，其中大部分人对他言听计从。现在，在他的第二个任期之初，这种权力失衡的情况更加明显了。1937 年 2 月，参议院有七十六名民主党人，而反对派参议员总共为二十名，大多但不全是共和党人。

在罗斯福看来，这一压倒性胜利使他终于能够与最强大、最无法容忍的对手一较高下了，他将其视作美国社会和经济进步的最大障碍。这个对手就是美国最高法院。

到罗斯福于 1937 年 1 月第二次就任总统时，最高法院已经通过一系列极具破坏力的判决将新政摧毁得体无完肤。罗斯福第一个总统任期中的工作重心是全国复兴总署。这一机构以其随处可见的蓝色老鹰标志而闻名，不论是在商店的橱窗里，还是在合唱队女孩子的演出服上都能看到它的身影。在 1935 年 5 月 27 日“黑色星期一”这天，最高法院判决废除了全国复兴总署——大法官们以惊人的九比〇的投票结果，不仅否定了这一机构的合法性，而且取消了包括最低工资、最高工作时数和工人权利在内的一整套体系。紧随其后

[1] 重建时代，美国内战后大约十年时间的统称。——本书脚注均为译注

被最高法院裁定取消的是新政农业政策的支柱《农业调整法》。然后是《格菲烟煤法》。接着是一项州的最低工资法。在历史上最高法院还从未在如此短的时间里取消过如此多的法案。在 1933 年至 1936 年间，最高法院推翻国会法案的速度是从前的十倍。为了做到这一点，大法官们翻找出被长久遗忘的法律原则，并给宪法中隐蔽晦涩的条款注入了新的活力。最高法院正在创造“新的原则，其创造的速度超过了我理解这些原则的速度”，大法官哈伦 · 菲斯克 · 斯通抱怨道。斯通对于最高法院的这种做法渐感愤怒，反对意见日益增长，这使他成了新政派心目中的英雄。

由最高法院颁布的反对判决不仅数量众多，而且立场强硬，影 3
响面广泛，因而将华盛顿笼罩在一片危机重重的阴云之下。到了 1937 年，最高法院的多数派大法官明确表示新政的概念——运用政府权力来缓解由大萧条所造成的损失，并创造一个全新的更加公平的社会和经济秩序——是对宪法的冒犯，不论运用该权力的是联邦政府还是州政府。罗斯福向新闻界抱怨道，最高法院已经建立起一个“‘无主之地’，在那里州政府或联邦政府都无法发挥作用”。即将面对最高法院审查的《社会保障法》看来肯定会被推翻，正如《全国劳工关系法》，以及国会所通过的或罗斯福可能会提出的一切重要提案一样。

如果改革现在无法进行，那么复兴也就无从谈起。罗斯福政府的内政部长哈罗德 · 伊克斯认为总统面临着一个清晰无误的选择：要么限制最高法院的权力，要么屈从于“司法专制”。

罗斯福认为他在总统大选中获得的胜利并没有在任何方面对最高法院起到遏制作用；“最高法院追随大选结果”这句老话不再可能适用于当下了，因为如今的最高法院一再公然地蔑视民意。的确，四到五位最保守的大法官所写下的每一份反对新政的判决意见都招致了公众的愤慨，而这似乎正是他们所乐见的。罗斯福在 11 月总统大选中获得的压倒性胜利对他们而言毫无意义。但是对罗斯福而言，这一胜利意味着他具备了还击并且是快速还击的力量。

到了为大法官们举行宴会的那天晚上，所有的准备都已就绪。这一计划酝酿了多年，其主要策划人是司法部长霍默·卡明斯。在总统的坚持下，卡明斯在暗中执行着这一计划。在其最终可能变成现实之前，没有其他人知晓这一切，包括罗斯福的“智囊团”和内阁成员。

这一计划是——填塞最高法院。

罗斯福将通过人数上的优势来控制最高法院中的保守派。在这场大胆的布局中，他将要求国会将最高法院的大法官人数扩充至十五人——其本质是在一夜之间在大法官席位上增加多达六名自由派人士。罗斯福假装对司法运作的效果表示关心，声称“身着和服的九个老头”（威尔·罗杰斯[1]如此称呼大法官们）行动迟缓，年老体弱，无法胜任手头的工作，以此来掩饰自己的真实目的。

事实也的确如此。1937 年，“休斯法院”是美国历史上大法官
4 年龄最大的最高法院。大法官的平均年龄为七十一岁；九位大法官中有五位的年龄达到七十四岁以上。这些大法官的退休金一直是公众关心的话题。在一本以直言不讳而著称的畅销书《九个老头》（*The Nine Old Men*）中，两名报纸专栏作家将这些大法官描述为“远离一切现实的人，他们制定的法律如同庞大的大理石一般僵化、死板，在他们的司法圣祠中围着他们”。

1937 年 1 月，总统开始将他的计划告诉一些高级顾问。这些人全都大为吃惊；有些人甚至为此心神不宁。一名高级顾问表现出“极端的政治担忧与震惊”，向一名同僚透露他“害怕得要命”。使这名高级顾问害怕得要命的恰恰是使罗斯福沾沾自喜的：通过巧妙而迂回的手段，使针对最高法院的提案像是出于对大法官年老体弱的担心，

[1] 威尔·罗杰斯（Will Rogers，1879—1935），美国著名演员、报纸专栏作家、社会评论家。

而非源于政见上的冲突。可是就像幕僚所担心的那样，一旦没有这一借口的掩饰，罗斯福的真实意图将暴露无余；而他们害怕，总统正直、完美的形象到时将会土崩瓦解。

幕僚焦躁不安，他们向罗斯福提出了一两个尖锐的问题，却发现这样做无济于事。他已经下定决心了。在决定做出前，罗斯福也许会考虑很久；可一旦做出，便不会再改变主意。况且，他喜欢趁人不备发动突袭。这一次，他准备来场大袭击。

为大法官举办的晚宴不是投放炸弹的合适时机。但是一想到有一颗炸弹在手，罗斯福还是喜不自禁。据罗斯福的一位密友回忆，当时他还在开玩笑，说自己深感苦恼，因为拿不定主意是“在宴会前只喝一杯鸡尾酒，然后与大法官愉快地共进晚宴”，还是将填塞最高法院计划的“油印副本放在每一位大法官的餐盘旁，然后喝下三杯鸡尾酒，使自己能够应对大法官们的反应”。

第一夫人埃莉诺也在总统的小书房里。她正因为罗斯福穿了一身稍显磨损的礼服而轻声责怪他。随后，罗斯福坐在轮椅上被推出房间，进了电梯，缓缓来到东厅，所有的宾客——今晚差不多有九十人，这是一般国宴的规格——都聚集在一起迎接总统的到来。

半个多世纪以来，为大法官举办的宴会是白宫冬季社交季最后的几项活动之一。哪怕在充满活力的罗斯福夫妇（与胡佛或柯立芝夫妇相比；或者，说实话，与自从老罗斯福夫妇之后的任何总统夫妇相比）的主办下，这些“官方的娱乐活动”，据一名观察者描述，“也显得过于拘谨和生硬，毫无乐趣可言；同时又过分简单和朴素，无法给人留下深刻的印象”。国宴——加上其枯燥乏味的繁文缛节和自切 5
斯特 · A. 阿瑟总统以来一直没有变化过的植物装饰物——难免枯燥无趣。尤其当邀请的宾客是最高法院大法官时，情况更是如此。一般来说，老年人肠胃较弱，因此罗斯福夫妇的管家亨丽埃塔 · 内斯比特准备了最为清淡的菜肴：清炖肉汤、鲽鱼片、青豌豆和冰激凌。

然而，今晚的氛围却大不相同。第一个向总统致意的是首席大法官查尔斯·伊文斯·休斯，他看上去彬彬有礼，甚至相当热情，尽管最高法院和白宫之间多年来存在矛盾。与往常一样，休斯的仪态庄重而威严。他眉毛凌厉，眼睛炯炯有神；在许多人看来，他那充满王者风范的白色胡须正是首席大法官理应具备的。这是他第二次担任最高法院大法官：1916年，在担任最高法院大法官六年之后，他辞职参选总统，以微弱的劣势输给了时任总统伍德罗·威尔逊。1930年，在赫伯特·胡佛的任命下，休斯回到了最高法院；这一次，他被任命为首席大法官。他天生是当首席大法官的料。后来成为休斯法院一员的菲利克斯·弗兰克福特说："看着休斯主持最高法院，就如同欣赏托斯卡尼尼[1]指挥管弦乐队一样。"

但是到了1937年，休斯法院却陷入斗争之中——其对手不仅是罗斯福，也包括它自己。黑色星期一的一致判决结果掩盖了大法官们在个人见解和司法原则上的深刻分歧；大多数反对新政的判决，其结果都是五比四或六比三，其间横亘着一条大致可以预测且看似难以消除的裂痕。休斯发现自己正处于这条裂痕之上，一会儿偏向左边，一会儿偏向右边，试图在最高法院的自由派和保守派之间取得平衡；自由派在很大程度上赞同罗斯福关于"活的"宪法的观点，而保守派对这一观点却坚决地予以否定。

今晚，身处白宫东厅的晚宴，休斯没有流露出任何个人情绪。同他一起列队迎接总统的其他大法官也同样不动声色。皮尔斯·巴特勒由哈定总统任命，今年七十岁，却没有与年龄和阅历相当的稳重与内敛：他为人霸道，出身贫寒，却又瞧不起无法摆脱贫困的人。本杰明·卡多佐是一位性格温和但立场坚定的自由主义者。他生性

[1] 阿尔图罗·托斯卡尼尼（Arturo Toscanini，1867—1957），意大利音乐指挥家，20世纪最伟大的指挥家之一。

敏感，同僚们的争吵和辩论似乎都能让他受伤；对他而言，最高法院
就像是一座监狱。欧文 · 罗伯茨温和友善，却让人捉摸不透；他常常 6
在判决中投出关键的一票。

大法官们对罗斯福都非常友好，除了詹姆斯 · 麦克雷诺兹。只有他一个人脸色阴沉，态度冷淡，反映了大法官之间真实的关系，以及司法分支和行政分支之间存在的不愉快。在最高法院中，麦克雷诺兹对总统批评得最为猛烈，据说他曾发誓：“只要那个狗娘养的瘸子在白宫一天，我就不会辞职。”这是四年来麦克雷诺兹首次同意接受总统的宴会邀请，而他之所以这么做不过是为了安抚某些同僚罢了。

代表国会——国家权力的第三个分支——出席晚宴的是众议院和参议院的司法委员会主席。来自爱达荷州的联邦参议员威廉 · 博拉是一名老资格的共和党人，他今晚也在这儿。就在前一天晚上，博拉在一场全国性的广播演说中谴责站在“政府政治一边”的人，这些人攻击最高法院的廉正与忠诚。他担心人们会对司法独立发起全面进攻，这无异于摧毁最后一道防止“行政官僚体系控制与我们日常生活息息相关的一切”的屏障。博拉敦促国家做好准备打一场硬仗。他警告说：“经验告诉我们，想要通过宪法来限制在政治上拥有巨大权力的政党的行动是非常困难的。”

此刻，宾客都聚集在东厅里。首席大法官休斯大步走向博拉，与他握了握手。“了不起的演说。”休斯对他说，十多个人都能听见他的声音。他说，这是一场无畏的、具有政治家风范的演说。对其他人而言，这场演说像是先发制人的一击。至于击打的具体对象是什么，并不明确。最近几个星期以来，有关总统打算限制最高法院的传闻甚嚣尘上。这项提案的有些细节十分详细，传到了像博拉这样的人耳朵里，而这些人大概可以决定这一提案的成败。

尽管如此，只有少数宴会宾客——也就是在晚宴开始前与总统一起喝鸡尾酒的幕僚——知晓罗斯福那有关司法体系的咨文内容，

以及向国会宣读该咨文的时间安排。司法部长卡明斯悄悄来到罗斯福的顾问兼演说撰稿人萨姆·罗森曼身旁，小声说道：“我真希望咨
7 文已经宣读完毕……我感觉自己就像个十足的阴谋家。”罗森曼仔细看了看卡明斯，后者身材高大，此刻却鬼鬼祟祟地弯腰屈身。为了安慰卡明斯，罗森曼说他看上去与其他参加晚宴的宾客无异。“我也希望咨文已经宣读完毕。”罗森曼发自肺腑地说道。

但罗斯福却非常享受此时此刻。用过正餐后，遵循传统做法，女士们退到了蓝厅和绿厅。男士们或围在总统身边，或三五成群地手拿雪茄和咖啡聚在大厅的某处聊天。罗斯福正在大声地说笑，说到兴起处还用烟斗猛敲桌子。今晚的他比平常更加放得开，这是一个面对自己、面对观众、面对秘密均能泰然自若的男人。

宾客们同罗斯福一起开怀大笑：休斯、其他大法官、国会议员——甚至还有罗斯福的幕僚，他们知道，在未来的一段时间里，这场晚宴将是他们共同度过的最后的和平时光。

第 1 章　完全掌控

傍晚时分，人群开始在霍夫曼街和博尔顿街的拐角处聚集，这 8
里靠近第五团军械库[1]的入口——这群人安静有序，其中女性多过男性。为了保证有充足的体力等候，许多人拿着盛满咖啡的热水瓶和塞满三明治的野餐盒，一些人还带来了晚饭。这会儿，距离演说开始甚至还有好几个小时，就已经无法保证能够在大厅里找到一个座位了。

总统候选人本人还没有到达巴尔的摩，此刻他正在赶来的路上。他的罗斯福专列，在转弯经过东南部后，正在快速向北穿越弗吉尼亚州。作为整个 1932 年竞选活动中最大型的演说之一，巴尔的摩将是罗斯福的最后一站：11 月的大选在一个星期之后便将开始。罗斯福州长在赶往巴尔的摩的路上一直在写演说稿，其间只中断了一次：那会儿是下午 6 点刚过，列车驶进芒特若尔车站，当地的民主党人登上列车，与他匆匆地共进了一顿晚餐。

---

[1] 第五团军械库（Fifth Regiment Armory）：巴尔的摩当地的一个多功能公共场所，由军械库改装而成，曾于 1912 年举办过民主党全国代表大会。

此时，第五团军械库里已经挤满了听众，很可能已超过该建筑物可容纳的人数——一万八千人将大厅、楼座、走廊以及厅内的每个角落都挤得满满当当。此外，还有两千人聚集在大楼外的扩音器下。州里的官员轮流上台发言，攻击胡佛总统；人群起先兴致勃勃地喝彩，
9 但随后渐渐变得焦躁不安起来。当参议员米勒德·泰丁斯走到话筒前时，听众开始低声抗议。他们想要富兰克林·德拉诺·罗斯福。

片刻之后，人们等到了罗斯福。当时泰丁斯话正说到一半，乐队突然大声演奏起歌曲《起锚歌》(*Anchors Aweigh*)；人群高声呼喊着，欢迎罗斯福的到来。喇叭和口哨等刺耳的声音四起，报纸的纸屑洒满了整个大厅。罗斯福紧紧抓住儿子詹姆斯的胳膊，踏上木制台阶来到讲台上。他任由台下狂热的欢迎仪式持续了几分钟，然后便开始了对本届政府的猛烈抨击。

"我在这次竞选中发动了一场战争，"罗斯福说道，"一场针对目前共和党领导层中'四骑士'的正面进攻——这四个骑士是毁灭、拖延、欺骗和绝望。"他说，这届政府受制于一个失败的教条，这一教条"极其荒谬，对于真正的进步极其不利，在它所经之处无不是经济瘫痪、工业混乱、贫穷以及痛苦"。罗斯福用沙哑的声音和严厉的语调历数现任政府的种种过失，每提及一项过失都能引起人群的狂热呼喊。他站在一只由黄色菊花做成、象征民主党的驴子旁边，严厉斥责胡佛和共和党：他们对于大萧条的忽视、对于人民所遭受苦难的冷漠态度；他们那些混乱的、"让人头晕目眩"的禁酒令信息；他们所执行的遏制进口的贸易保护政策；以及他们所采取的赤字日益严重的联邦预算法案，这一法案置亟需救济的美国人民于不顾。

罗斯福继续说道："让我们来看看谁该对这一失败负责。在 1929 年 3 月 4 日（即胡佛就任总统之日）之后，共和党完全掌控了联邦政府的所有分支。"说到这里，他放下精心准备的演说稿；作为当晚

唯一一次脱稿发言，他列举出了每个政府分支："行政分支、参议院和众议院，而且，为了使这个名单完整，我还要加上一个分支——最高法院。"

人群中再次响起了欢呼声，但这一次并不像罗斯福提出放宽禁酒令的建议后的喧闹欢呼——尖声喊叫、吹口哨，还有人挥舞帽子。这次演说最引人注意的一句话是："现在，就一个词：喝酒吧。"《纽约时报》引用了这句话，对于罗斯福关于最高法院的言论却只字未提。不过，《华盛顿邮报》在头版指出了这一言论的重要意义："罗斯福称共和党自 1929 年起已掌控最高法院。"

这时，胡佛及其手下几乎再也无法抑制住激动的心情了。在他 10
们看来，罗斯福的这些话正是对他们热诚祈祷的回应。数月以来，共和党的情报人员一直尾随着罗斯福，从一州转战至另一州，从一个集会转战至另一个集会。他们希望在其中某个地方，或出于自律不严、自信过头，或出于劳累过度，罗斯福会失言说出一些他们认为是激进的话语来。他们一路跟随罗斯福到达太平洋沿岸——但运气不好，毫无所获。他们跟随罗斯福南下——再次一无所获。等到罗斯福抵达巴尔的摩时，共和党人开始向记者小声抱怨起来，他们认定罗斯福有一些非常精明的竞选经理人；他们确信，如果按照罗斯福自己的意愿行事，这位激进的候选人到现在肯定已经暴露出真面目。

而就在此时，在竞选的最后关头，梦寐以求的机会终于出现了。共和党人立即兴奋地抓住了这个机会。从纽约华尔道夫酒店的共和党竞选总部，从饰有木镶板的华尔街律师事务所套房，他们同时发出了义愤填膺的呼喊。罗斯福的"诋毁"使共和党的州长、国会议员和法律界的头面人物不约而同地表示"震惊""诧异""愤慨"。共和党财务委员会主席和美国律师协会前会长赛拉斯 · 斯特朗说："在我们的最高法院，从来没有、也不可能有任何政治权术斗争。"

一名纽约知名律师说："最高法院凌驾于政治之上，不受政治控制。"另一名律师则说："任何以这种方式将最高法院拖入党派政治之争的候选人都应该受到谴责。"曾任联邦首席政府律师的共和党众议员詹姆斯·M. 贝克声称，罗斯福这一不假思索、脱口而出的言论"破坏了政府的根基……罗斯福这段时间以来的演说使我得出一个结论：他就是个煽动家"。贝克接着说道："现在，我对这一结论确信不疑。"

另一名著名的公司法律师罗伯特·迈因策尔向卡尔文·柯立芝发了一封电报，恳请他公开谴责罗斯福（柯立芝拒绝了）。在给这位前总统的电报中，迈因策尔写道，罗斯福的言论将最高法院拖入"政治竞技场"，"激起了人们对于罗斯福最强烈的反感"。

当然，像迈因策尔这样的共和党保守派早就以强烈反对罗斯福而闻名。这一围绕最高法院而捏造出的争议并没有为他们带来多少追随者。除了坚守保守派立场的《华盛顿邮报》要求罗斯福州长"立
11 即……收回"他"对最高法院的侮辱"之外，其他报纸对这一问题压根没有理会。《巴尔的摩太阳报》嘲笑"胡佛信仰拥护者"的"夸张的焦虑"。《纽约时报》承认罗斯福的言论"无用而且愚蠢"，但仅仅是因为"这一言论容易遭到急切的共和党人的严重曲解"；该报编辑们最后总结道，这些共和党人的"义愤之情完全是装出来的，对总统竞选根本不会产生任何影响"。

可是，胡佛却不愿意承认这一点。在罗斯福演说结束后的第三天，在印第安纳波利斯，面对狂热欢呼的人群，胡佛总统严厉地批评罗斯福，称他在关税问题上转变立场，就像"一只趴在苏格兰格子呢上的变色龙"。胡佛的这场演说，就像罗斯福在巴尔的摩的演说一样，话题庞杂而广泛，从铁路收费管理到房屋所有权，不一而足。直到演说的末尾，胡佛才提到最高法院。一提到此，他故意放慢语速，将罗斯福的原话一字一顿地复述出来。胡佛说，指控司法机构中存

在政党派系是“极其恶毒的”。随后，他情绪变得激动，高声向听众指出罗斯福这一指控背后“更深的用意”:“他是想让最高法院服从于他和他的政党吗？他那样说是否表明，他想通过任命大法官或者其他的方式，使最高法院沦为政党政策和政治行动的工具，以达到维护他所制定的政策的目的？”

胡佛声称，这正是总统竞选活动中的决定性议题:“我们是应该继续忠诚地维护美利坚的传统呢，还是转向这些创新的做法，其理念已经通过许多见不得人的真相和虚饰的承诺展现在我们面前。朋友们，我希望表明我的立场。”最后，似乎嫌立场还不够明确，他强调道:“我会忠贞不贰地守护我们民族的传统。”

在接下来的日子里，这一争议性的话题从各大报纸的头版退居到次要版面，直到最后完全从报纸上消失。罗斯福没有冒险。据一名竞选经理人说，他们虽然对即将到来的选举信心满满，但还是被罗斯福在巴尔的摩的言论“吓得不轻”，像最高法院为“共和党性质的”这种话，根本就不应该在公众场合出现，更不要说出现在竞选活动的最后关头了。罗斯福的“幕僚不想让他捅任何马蜂
窝”,《巴尔的摩太阳报》报道说。为了“避免在最后一刻出现失误”， 12
他们宁愿让他“与公众隔绝开来”。当然，这是不可能的。所以，从那时起罗斯福将会出现在集会中，给民主党的忠实追随者鼓劲，发表经过竞选团队审查的演说，这些演说毫无新意，没有任何实质内容。

然而，罗斯福对此却毫不后悔。“我昨天晚上说的有关司法分支的话没有错，”在巴尔的摩演说结束的一天之后，罗斯福对南卡罗来纳州的参议员詹姆斯·伯恩斯说，“而且一个人心里想到什么，嘴上就应该说什么——对此我不会做任何解释，也不会道歉！”

最高法院这一议题——确切地说，对胡佛的竞选活动——没有

产生任何效果。11 月 8 日，富兰克林 · 罗斯福赢得了四十二个州的选票，并且在大众选举中以接近十八个百分点胜出。这个惊人的结果表明人民对共和党人理政的抛弃；在某种程度上，也标志着胡佛政府的终结，尽管这届政府还有四个月的运作时间——这将是一段黯淡无光、充满变数、看似无穷无尽的日子，直至罗斯福依照宪法于 1933 年 3 月 4 日正式就任总统。如此漫长的权力过渡期是在共和国早期出现的一项要求，那时无论人们的生活节奏还是政府机构的运作效率都要慢得多，但在这样一个经济危急的时刻显得过于奢侈，甚至是危险重重。根据宪法第二十条修正案，即所谓的“跛脚鸭修正案”，新当选总统在就职前的等待时间将会减半。等到罗斯福当选时，这条修正案即将获得批准。这时要提前新当选总统的就职时间已经来不及，但是这条即将通过的修正案至少能够保证，在 1932 年至 1933 年的冬天，富兰克林 · 罗斯福将是最后一位不得不面对如此漫长的权力过渡期的当选总统。

与此同时，大萧条给人们带来的苦难还在继续。在股市崩溃的三年之后，不仅人们的心理创伤没有得到舒缓，而且一切都变得愈发糟糕，人们的生活陷入了一片混乱，整个社会处于分崩离析的边缘。“没有人是真的在挨饿，”胡佛在竞选中坚持这样说，“比方说，流浪汉比以往任何时候都要吃得好。”如果流浪汉果真吃得好的话，那么数以百万计的美国人可不是这样，他们为了不饿肚子，不得不想尽各种办法寻觅食物：追逐运送蔬菜的货车，希望能捡拾到零星掉落的
13 玉米或生菜；在饭店后的巷子里游荡徘徊，以便从被扔出的垃圾里翻找出可以吃的东西；在田野里搜寻蒲公英、野葱和各种野草，以前这些都是给牛吃的。在总统选举的前夕，纽约市的学校里有超过百分之二十的学生营养不良；在矿区，这一数字常常在百分之九十以上，饥肠辘辘的孩子在课堂上要么昏昏欲睡，要么目光呆滞、面无表情。当然，这种情形只有在依旧上课的学校里才能看到。在全美国，州

政府和地方政府缺少资金，无法维持学校的运营，也无法支付教师的工资。在阿肯色州，超过三百所学校在一年中的十或十一个月里都无法上课。

超过一千两百万人，即全国四分之一的劳动人口，没有工作。成千上万的移民发现美国并不是一个充满机遇的国家，于是纷纷返回自己的祖国。也有一些人去了其他国家：1931年，有超过十万美国人申请了苏联的工作。而那些幸运的没有丢掉工作的美国人，他们的工作时数减少了，工资也降低了。在农村，人们的收入下降得更为厉害。多年来农产品的价格一直很低，如今则完全跌入谷底，结果导致农民无法赎回抵押财产、拖欠农业债务，并使得农村的动荡局势持续加剧。据估计，密西西比州四分之一的土地都被拿出来拍卖了。农民将自己种植的玉米焚烧用以取暖，这样做比卖掉玉米后再购买煤炭更划算。银行系统也已经崩溃：各式各样的机构正在以惊人的速度倒闭；若想要躲过倒闭的命运，则只能关门停业。现在的情形是否已经到了最糟糕的地步？还是说这仅仅只是一个开头？人们对此一无所知。难怪罗斯福要在巴尔的摩的演说中提到《启示录》中的“四骑士”。

可是眼下，他的当选并没有带来任何改变。到3月之前，国家仍将处于胡佛政府的领导之下，这个政府在执政理念上反对“使联邦政府参与到救济工作中”。于是富兰克林·罗斯福逐渐淡出了公众的视野。国家正在大萧条中越陷越深，他对此却无能为力。他与幕僚们会面，商讨制定计划解决银行系统的危机；拒绝了胡佛要求他支持共和党经济政策的荒谬主张；而且，还不合时宜地乘坐私人游艇去巴哈马群岛钓鱼。此外，罗斯福还着手挑选内阁成员。那些帮助他
成功竞选的人，特别是在他于芝加哥民主党全国代表大会获得总统 14
候选人提名之前就为他效力的人，都排着队期待得到他们应有的回报。但罗斯福宣布，他不会将内阁成员的任命作为对过往效力的奖赏。

对霍默·卡明斯来说，这是一则令人失望的消息。

身为一名来自康涅狄格州的民主党人，卡明斯是罗斯福团体的一员，这个团体有一个非正式的名称："为了芝加哥的罗斯福而努力"[1]。从某种意义上说，在达到这一目标之前，卡明斯已经为罗斯福效力了十五年有余。1916年，在他与罗斯福的共同努力下，伍德罗·威尔逊成功连任总统。在那之后，卡明斯作为民主党全国委员会的领导成员之一曾写信给罗斯福，希望这位比自己年轻十多岁的海军助理部长能够在卡明斯自己的照片上签名。罗斯福欣然答应了这一请求，并希望有朝一日卡明斯能够予以回报，并期待与他在"未来的总统竞选为胜利并肩奋斗"。

这似乎是个稳妥的赌注。罗斯福和卡明斯都处在个人发展的上升期，很显然他们的事业有再次交汇的可能。他们来自同一个地区，即大体上属于共和党势力范围的东北部。在那儿，尽管身为民主党人，但他们年纪轻轻时便在政界谋得了职位：罗斯福在二十八岁时成为来自纽约达奇斯县的州参议员；卡明斯在三十岁时成为康涅狄格州斯坦福德市的市长。虽然卡明斯没有罗斯福那种与生俱来的魅力——大多数人都没有——但他还是通过勤奋的工作和杰出的口才赢得了不少追随者。一名曾经见过卡明斯演说的观察者是这样描述他的："他十分具有说服力……言行举止文雅而含蓄，可有时也有一些尖锐、辛辣的言辞……他不像那些夸夸其谈、徒有其表的人，他对自己从事的事业信心满满，这些事业激励着他，使他充满了活力与干劲。"在法庭上卡明斯能够给人留下更为深刻的印象。1924年，作为一名县检察官，他公然对抗民意，极力为一个无赖争取无罪判决，此人被冤枉杀害一位知名的教区牧师。卡明斯因其出色的表现获得了全国

[1] 意指为罗斯福争取到芝加哥民主党全国代表大会的总统候选人提名。

的赞誉。二十多年后，当电影《作法自毙》(*Boomerang!*) 再现这一案件时，卡明斯本人依然和当年一模一样：处事冷静、谨慎，为人自信，头脑清晰，一副金边的夹鼻眼镜夹在微微有些鹰钩鼻形状的鼻梁上，这一切使得他像是直接从电影中走出来的人物。

此后，他没能得到更高的职位，不过他并没有退缩。在 1920 年 15
的旧金山民主党全国代表大会上，他曾发表一场慷慨激昂的主旨演说，这不仅为他赢得了喝彩，更是为他赢得了二十七张总统选举人的选票。然而，他无意竞选总统。最终获得总统候选人提名的是俄亥俄州州长詹姆斯 · M. 考克斯，他虽然令人尊敬，但稍显平淡无奇。获得副总统候选人提名的是富兰克林 · 罗斯福，一名民主党人将他称为“无望的候选人”。当罗斯福在海德公园社区的一个欢庆仪式上接受提名时，卡明斯发表了一场热情洋溢的开场演说。这两场演说给罗斯福留下深刻的印象；不论是出于对卡明斯的感激，还是源于他本人慷慨大方的性格，他多年来时常提到这两场演说。

十二年后的 1932 年，卡明斯再次为罗斯福效力，这次是竞选总统。卡明斯运用他超强的说服力和在政界的广泛人脉，为罗斯福赢得许多国会议员的支持。没多久，报纸就报道说，卡明斯正在负责总统竞选的管理工作。他并没有负责这项工作，这一工作是由罗斯福最亲近的幕僚路易斯 · 豪，以及民主党全国委员会的詹姆斯 · 法利共同负责的。法利再清楚不过，报纸上的这些说法都是卡明斯宣扬出去的。无论如何，卡明斯还是被委任为芝加哥民主党全国代表大会的负责人。在这里，他的工作颇有成效，可有时他也显得过于强势。他蛮横地拒绝与康涅狄格州达成协议以换取该州一半的选票，结果使罗斯福失去了该州全部总统选举人的选票——这对卡明斯来说真是一个不小的尴尬。民主党全国委员会的一名成员告诉罗斯福：“卡明斯是一名杰出的律师，他不乏勇气。但是……他缺乏一名成功的政治领袖所必备的第六感。”

“随着威尔逊而逝去的精神又复活了！在您伟大的事业中，愿上帝与您同在。”罗斯福当选总统后，卡明斯在给他的信中写道。现在，卡明斯也定下了自己的伟大事业的目标，那就是成为联邦司法部长。他为此展开了积极的游说活动——四处走动、拜会，给各种相关的人士打电话。他在日记里强调，驱使他这样做的不是自己的野心，而是别人的鼓励。他写道，威尔逊的前幕僚约瑟夫·E. 戴维斯“极其希望我当上司法部长”，并且还补充道：“我问他，难道他不觉得只有愚蠢至极的人才想要当司法部长吗？（戴维斯）回答，当然了，一想到司法部长即将面对的挑战，这的确是个愚蠢至极的想法。”

16 此时毫无疑问的是，下一任司法部长最大的挑战是如何协助罗斯福避免与最高法院中持保守立场的多数派发生冲突。对此，来自加利福尼亚州的新任联邦参议员威廉·麦卡杜，卡明斯主要的支持者之一，提出“有无可能修改与最高法院相关的法律，将这些老古董请下法官席”，卡明斯在日记中写道。在1月中旬的某天午餐时间，麦卡杜询问卡明斯，能否将最高法院中年龄为七十或七十二岁的大法官转为荣誉法官，这样不论在何时，现有的大法官中就只有一位能够审理案件了。但他不确定这样做是否合乎宪法。麦卡杜表示，假如卡明斯起草一份这样的提案，他将“非常乐意将之提交给国会”。

“他说他已经就此与罗斯福州长谈过，州长很喜欢这个主意。麦卡杜说这样可以摆脱某些‘老顽固’。”卡明斯写道。一想到路易斯·E. 布兰代斯这位了不起的自由派大法官将不得不因此退出大法官席，麦卡杜感到颇为遗憾，但是，布兰代斯“年事已高，这样一来也就不觉得有多么遗憾了”。

1933年2月3日这天，罗斯福打电话给卡明斯，要给他一个菲律宾总督的职位。卡明斯回答道："我的天，那儿可真够远的。"罗斯福大笑起来，强调说："我可没打算让你离得远远的。"就其本身而言，这是一个声望颇高的职位，威廉 · 霍华德 · 塔夫脱[1]——就是第一个就任此职的人；可是对卡明斯来说，这显然令他大失所望。华盛顿即将迎来一个新的时代，而菲律宾离这一切过于遥远了。

至于司法部长，罗斯福选择了来自蒙大拿州的托马斯·沃尔什，参议院里一位粗暴而强势的人物。他是宪法权威，而且在司法调查中以严苛无情著称。他现年七十三岁，不久前刚刚结婚。就在总统就职典礼前的一个星期，沃尔什乘飞机去往哈瓦那，在那里迎娶了一位比他年轻二十岁的富有古巴寡妇。在返回华盛顿的途中，沃尔什夫妇在佛罗里达州的代托纳比奇稍作停留。当天吃晚饭时，沃尔什突然感到腹部一阵剧烈的疼痛。他认为这只不过是消化不良，便喝了一点苏打水以缓解不适。到了夜里，医生告诉他他的血压高得吓人，应该留在佛罗里达州接受治疗。但沃尔什拒绝了医生的建议；他说，错过总统的就职典礼简直是件无法想象的事（而且他之前曾 17
经向新闻界宣称，他有一个大大的计划，即要在罗斯福政府执政的头两个月里度一个长长的蜜月，"让我的妻子好好领略蒙大拿的美景"）。于是第二天一早，沃尔什参议员便携同妻子登上开往华盛顿的大西洋海岸线路的列车。结果那天傍晚，当列车在绵绵细雨中驶进华盛顿联邦车站时，沃尔什已经停止了呼吸，身上还穿着结婚礼服。

罗斯福与幕僚们聚集在五月花酒店里。他向一名幕僚承认，他无法找到哪怕一名可以接替沃尔什的合适人选——至少在目前无法找到，因为他的全部心思都放在了就职典礼和银行系统的危机上。

[1] 威廉 · 霍华德 · 塔夫脱（William Howard Taft, 1857—1930），美国第二十七任总统，卸任后曾担任联邦最高法院首席大法官。

他说，在抽出时间考虑这个问题之前，这个职位将暂时空缺。这时，他那位影响力颇大的秘书勒翰德小姐开口了：“或许霍默·卡明斯是个不错的人选。”她也许不是第一个提到卡明斯名字的人，关于选择他担任司法部长的传闻早已散布开。但勒翰德小姐不经意间的这句话似乎在一瞬间使这个问题有了答案，于是卡明斯被叫到五月花酒店。

当他到达酒店时，这里早已挤满想向总统求得一官半职或溜须拍马的人。他费了好大劲才来到总统所在的房间。一见到他，罗斯福立即直奔主题。卡明斯将被任命为司法部长，“就几个星期而已”，然后依然按照原来的安排去菲律宾。如此一来，新任总统和他的代理司法部长便各就各位了。他们接着又谈了两个小时，内容涉及许多紧迫的问题。其中一个是，罗斯福打算设置一个银行“假期”，在此期间关闭全国的银行以防止其倒闭，但他不确定这样做是否合乎宪法。两天后，卡明斯只参加了总统就职游行的一小节活动，随后便一头扎进法律书籍里。他满心欢喜，整个下午都在思考总统给他提出的这个问题。

《时代》周刊认为，“作为权宜之计”，总统任命卡明斯为司法部长是一个不错的决定。身为律师，卡明斯“虽然算不上伟大，但也很棒”。《时代》周刊预言，“一旦罗斯福总统找到与沃尔什能力相当的人选”，卡明斯将会乘着船慢慢驶向菲律宾。

就职典礼的讲台位于国会大厦的东面，讲台上悬挂着彩旗，这也是人们在这个阴沉的冬日下午能看到的唯一一抹亮色。寒风吹散
18 了聚集在人群之上的一阵灰色薄雾。讲台上站立着美国最高法院的首席大法官查尔斯·伊文斯·休斯，他的黑色长袍被风吹得鼓了起来，白色胡须在许多人看来就像是宙斯或耶和华的胡须一样。与他面对面站立的是富兰克林·罗斯福。罗斯福右手举起，左手稳稳地放在

一本厚厚的 17 世纪的荷兰版《圣经》上，跟随休斯宣读就职誓词。新总统发誓要“恪守、保护、捍卫美利坚合众国的宪法。愿上帝帮助我”。

站在就职典礼的讲台上，越过观众的头顶朝第一街的方向望去，罗斯福和休斯可以看到最高法院大楼的新址：那只不过是在地上挖出的一个坑而已。那个地方是一个老式旅馆，在内战期间曾用来关押死囚；后来一度成为全国妇女党[1]的办公所在地。最近这个旅馆被夷为平地，建筑师卡斯·吉尔伯特要在这里修建一座宏伟的（或华而不实的）大理石建筑。不过新闻界却将这个建筑形容为寺庙或陵墓。在接下来的至少两年中，最高法院将继续蜷缩在国会大厦二楼的一个房间里办公，这个房间仍然被称作为“老参议院议事厅”；自从 1860 年以来，这里一直是最高法院所在地。这里的空间过于狭小，没法为九位大法官提供个人的办公空间。因此，除了口头辩论和每个星期的会议以外，大法官们平常都在家办公。

在举行总统就职典礼的那个下午，要不是因为休斯出现在讲台上，人们可能已经全然忘记了最高法院的存在。尽管如此，那天休斯也只不过是个小角色而已，而最高法院也是人们在事后才想起来的。现在，国家有了新总统、新国会，以及承诺中的新政，然而最高法院却还是老一套，大法官还是那几位老人家，任命他们的都是往届的总统。与国会大厦一街之隔的空地和地上挖出的大坑，似乎表明最高法院已经停止运转，连同旧的政治秩序的一切残余一起消失殆尽了。

在这样一个需要同心同德的时刻，最高法院却依旧我行我素。亚历山大·汉密尔顿曾经将最高法院形容为国家权力中“最不具危

[1] 全国妇女党（National Women’s Party），成立于 1913 年，是美国 20 世纪初争取选举权的妇女团体。

险性的一个分支”，但现在它似乎成了最不必要的一个分支。最高法院代表国家的传统，而此时许多美国人正要求与过去的传统彻底决裂。最高法院给行动施加了诸多限制，而人们现在最需要的就是行动起来。最高法院为行政分支和立法分支的过度干预设置了防御机制，而许多美国人认为，现在的问题不是政府权力过大，而是政府
19 权力不足，或者至少是对运用政府权力的意愿不足。眼下，人们最需要的是变革，不是延续传统；是决心，不是思考反省；是行动，不是谨小慎微。如今的最高法院往好里说不过是个摆设，往坏里说则是个障碍。

1933 年 3 月，人们迫切要求的不是“公正”，而是“救济”。最让人揪心的不是简单的重现繁荣，而是民主制度的存亡。代议制政府，连同其制衡机制及其对权力的怀疑与分割，能够快速有效地应对大规模的饥饿、失业，以及人民的绝望和愤怒吗？如果不能，那么这样的政治制度能够长存吗？德国、意大利和日本的经验表明，这是无法做到的。每个国家经济上的混乱都引发了政治上的灾难；这三个国家都走上了法西斯主义的道路。在美国的政治生活中属于极左派和极右派的一小部分人表达出对于独裁统治的兴趣，或者是无产阶级的独裁，或者是拥有无限权力的行政领导者的独裁；他们希望能够出现一位美国领袖[1]。即便是那些在政治光谱中居于中间的理性派人士，如堪萨斯州的共和党州长阿尔弗雷德·兰登，也认为若要拯救民主，必须加入一点独裁的元素。“哪怕独裁者的铁腕统治也要好过国家瘫痪得无法动弹呀！”兰登有一次说道。商业报刊《巴伦周刊》认为：“温和的独裁统治将会帮助我们走过最崎岖的道路。”在罗斯福之前，阿尔·史密斯既担任过纽约州州长，也获得过民主党总统候选人的提名，他问道：“民主在战争中会怎么做？民主会变成暴政、专制，变成真

[1] 此处的“领袖”为德文“Führer”，专指德国元首，历史上只有希特勒使用这一头衔。

正的君主。”他是以赞许的口气这样说的。

突然之间，除了一个人以外，其他的一切都不重要了。“人们看着您就好像看着上帝一样。”一名美国公民在给新总统的信中写道。从罗斯福就任之初起，他的力量就显而易见。他通过清晰无误的言语、声音和目的，甚至在走下就职典礼的讲台之前就彻底改变了整个国家的氛围。罗斯福像是黑暗中的一道光；在随后的三个月，即执政的首个百日中，黑暗开始褪去。他向人们展示出他既笃定自主，又兼容并包；他既拥有钢铁般的意志，也能够在工作找到乐趣，甚至是享受工作；他既是一个头脑清晰的实用主义者，但同时也浪漫地坚信，只要美国人民勤劳努力，一切愿望都能实现。罗斯福所具备的这些性格特征并不会让人觉得相互矛盾；他完美地体现了这些看似冲突的特质，正如他尽管双腿瘫痪，可依然充满力量，活力四射。他的人 20
格魅力就是他的力量，而他将这一力量运用得恰到好处。

还没有哪一位总统曾经在如此短的时间里尝试去做、或成功地完成如此多的工作。罗斯福政府执政的首个百日里，工作成效惊人。罗斯福拟定了十五项重要法律，并推动国会通过了这些法律；自 1916 年来，这是国会首次完全由民主党人掌控。到 6 月国会会期结束时（罗斯福称之为“不同寻常的会期”，这一称呼非常准确），国会议员们已经累得筋疲力尽，他们通过了紧急银行立法、国家救济体系和国家农业政策、证券监管法规、大规模公共工程计划，以及虽为自愿、但可强制实施的提高工资、限制工时、改善劳动条件并允许集体谈判的全行业准则体系。罗斯福还创建了民间资源保护队，放弃了金本位制，为农民和其他房屋所有者提供抵押贷款的减免；此外，还有很多其他措施。罗斯福深受威尔逊的新自由主义、西奥多·罗斯福的新国家主义以及其他改革者著作的影响，同时他还注意到一些早已被束之高阁的提案。他要求幕僚们给这些内容注入新的活力，使之协调互补并扩展其涵盖面。其余的内容则由他和他的智囊团临时准备出来。在之前的某次记者招待会上，罗斯福将自己比作一名对比赛有着“全局计划”的四分卫，他知道下一步是什么，但是在下一步实现之前，“无法告诉你下下一步将会是什么”。新政是一些措施的混合体，这些措施互有叠加并时而相互冲突。所有这些措施都源自一个基本前提：政府有责任为公民提供福利。

就许多方面而言，新政并没有看上去的那么激进，新总统也是如此。罗斯福不像有些人所担心的那样打算摧毁资本主义，而是正在尽力拯救资本主义。罗斯福后来说：“想要维持这个制度，我们必须对它进行变革。”这是他的本能：修复、保护、稳固、挽救。他常常用这些词来形容新政，而这些词从他的口中说出来再自然不过了。他成长于优越的家庭环境，沉湎于传统之中；他是一名坚信劳动美德和土地崇高的乡村绅士，笃信国父们所怀抱的理想。罗斯福诠释了“保
21 守”这个词的真正含义：他相信从过去可以获知现在和将来，并设法保留美国最好的一切，包括利润制度。罗斯福政府的劳工部长弗朗西丝·珀金斯说：“罗斯福将我们经济体系中目前的这一切……视为理所当然……他对此很满足。他认为经济体系应该仁慈、公平、诚实。做出调整的目的是为了使人们不会由于贫穷和政府的疏于管理而受苦；做出调整后，所有的人都能有福同享。”英国经济学家约翰·梅纳德·凯恩斯赞扬罗斯福，因为他使经济“在现有体系的框架内”运作。罗斯福拒绝了对银行业实行国有化的要求，其中有些还是来自华尔街本身。的确，在每一个领域，罗斯福都没去触及许多已经根深蒂固的既得利益者。无论如何，有一段时间里，他将这些受益者视为这项新的国家事业中不可或缺的伙伴。

对于那些在新政中看到某些陌生的非美国式内容的人，罗斯福坚称他的计划没有受到任何“外来价值观”的影响；相反，他说，他正在“想办法重新回归到那些古老的、但有点被人遗忘的理想中去”。尽管他采用的一些方法可能是新的，可他的“目标是和人性本身那

样古老而永恒不变的”。说这番话时，他显得从容不迫，略带有一点防卫的语气。但这与他所理解的使命是完全一致的：变革，而不是革命；确实，想要阻止革命的发生，变革是最少见、但也是最好的办法。

尽管如此，还是不会有人意识到罗斯福在执政的首个百日里所取得成就的重要程度，或正是这些成就对联邦政府的结构、规模，甚至整个定位所产生的变革性的影响；也没人理解它对于总统权力的影响，对于政府和人民之间的契约的影响，对于经济和美国人生活基本结构的影响。在 1932 年总统竞选期间，罗斯福在位于旧金山的加州联邦俱乐部发表了一场演说，其中他提到个人自由的行使有赖于某种程度的保护，以防止其受到来自市场的破坏；20 世纪的政府任务是“协助发展经济上的权利宣言和宪法秩序”，其中工作的重心是确保安全。如此一来，不论新政的根本目标是如何保守，不论新政向过去借鉴了多少经验，罗斯福政府的首个百日还是象征了新的一页，从本质上来说是某种新事物的到来。对此，罗斯福本人并不
抗拒，实际上还颇为欢迎。在国会会期即将结束时，罗斯福在椭圆 22
形办公室举行的一次签字仪式上宣称：“今天创造的历史比我们国家生活中的任何一天创造的都要多。”一名参议员补充道：“是有史以来最多的一天。”

民主制起作用了：这是首个百日过后得出的结论。

罗斯福就任总统仅仅三个月后，便恢复了人民对于代议制政府的信心。他在就职演说中要求国会授予他“广泛的行政权力以应对紧急情况，如同我们正遭到外敌入侵时那样”。事实证明并不需要这样做。他没有要求建立温和的独裁统治（如果真有这种统治的话）。罗斯福已经向人们证明，只要选对了人，总统一职也能成为进步的推动力量，而且无须从根本上改变权力制衡的原则，就能使长久以来运作迟缓的政府机器高速运转起来。他还声称：“我们的宪法非常

简单实用，因此只要改变一下重点和编排，无须破坏其基本结构，就能够满足一些特别的要求。”到6月时，许多人相信他已经证明了这一点。

当然，不是所有人都对此表示信服。亨利·阿什赫斯特，一名来自亚利桑那州的联邦参议员，像几乎所有的民主党同僚一样对新政百分之百支持。但他也在日记中流露出了担忧，“在恐惧和困窘的表象后”，国会刚刚进行了“规模宏大的试验，将我们的生活方式短时间地从个人主义变成了严格管制的国家社会主义……说不定国会也做了和俄国那种血腥革命一样的事”。詹姆斯·M. 贝克嘲笑那帮众议院的同僚，他们将“紧急情况”视作打消疑虑、支持新政的理由。他说，这样做“意味着没有宪法，意味着宪法的死亡”。贝克的言论未免过于极端。然而，像阿什赫斯特这样的新政支持者也表露出类似的担忧，这反映出不论人们具有何种政治倾向，“合宪性”的观念已经深深地根植于人们长久以来对于自由市场、财产权利、国家主权以及有限政府所持有的信念之中。虽然在罗斯福执政之初，几乎没有人公开表达这样的忧虑，但是许多美国人依然觉得新政不仅是
23 个错误的决策或鲁莽的试验，而且也是对于那些历史悠久的理念的践踏。对于这些批评者或者暗暗担心的美国人民而言，不管新任总统的目标多么高尚，他的执政范围已经超出了应有的体系。

很明显，在最初忙乱的几个月中，关于新政合宪性的问题并没有得到解决，只是往后推延了而已。当罗斯福证明民主制能够快速果断地采取行动时，他并没有明确地保证这些行动都能够控制在宪法所规定的范围之内。

不论是罗斯福，还是国会，抑或是美国人民，对此都无法做出最终的裁决。裁决权掌握在最高法院的大法官手中。他们在一段时间之后会做出判决——虽非立即完成，但也不会迟到。眼下正值最高法院的休庭期，人们差不多已忘记了它的存在。6月中旬，当罗斯

福以胜利者的姿态参加签字仪式时，大多数大法官早已逃离华盛顿的暑热，到气候更为凉爽的地方度假去了。几乎没有人留意到他们的离开；同样，当新一届的开庭期在 10 月开始时，也几乎没有人关注到他们的归来。仅仅在一百天之内便发生了如此多的事情、产生了如此多的变化，而且还有更多的变化即将到来；相比之下，九个老头的来去显然不会引起人们太多的注意。

第2章　风暴中心

如果说在1933年最高法院是首都最为风平浪静的地方，那么查 24
尔斯·伊文斯·休斯则很有可能十分享受这种平静。很显然，自从当上首席大法官以后，休斯不想再引起公众过多的关注了。

就在三年前，为了获得首席大法官的提名，休斯经历了一个多世纪以来同类型斗争中最激烈的一场。“休斯先生是靶心。”1930年《时代》周刊评论道，尽管真正的靶子是最高法院本身：其不断增长的权力，以及在其批评者看来的右倾立场。在整个20世纪20年代，特别是在其后半程，最高法院奋力保护公司利益、财产权利和“契约自由”，以对抗政府权力的入侵，尤其是试图以公共健康、福利或道德的名义对商业实施控制的州政府。首席大法官威廉·霍华德·塔夫脱和其他保守派的大法官们认为，自己正在从布尔什维克、集体主义者和其他各式各样的激进分子手中拯救文明，因而满怀着一种使命感，以前所未有的速度废除了州和联邦的立法。最高法院在1921年至1930年间废除的法律比其在成立之初的一百年间废除的还要多，难怪哈佛法学院院长将这段时期称为“违宪的狂欢”。

当胡佛总统提名休斯接替即将去世的塔夫脱时，一场风暴正在
25 1930 年 2 月逐渐形成。一些愤愤不平、政见不一的人——自由派、改革派和主张南部州权的保守派——“喧闹吵嚷着，心中充满了……对最高法院的愤恨”，《时代》周刊写道。他们在某些特定的判决上与最高法院持相反立场；但更为重要的是，联邦法官明显想要夺取属于立法者的权力，并做出如专栏作家沃尔特·李普曼所说的那样与大多数美国人的“需求、利益和理想格格不入”的判决，他们对此持反对态度。甚至在股市崩溃并随之夺去许多人的财富和生命之前，这些人就已经对最高法院抱有敌意了；当经济陷入大萧条之后，他们的不满愈加强烈。

甚至在这种情形下，休斯还期望自己将会自动获得任命，而且胡佛也向他做过保证。这么想也不是全无道理。除了他，很难再找到更好的首席大法官人选了。放在任何时代、任何客观标准下，他的条件都是绝无仅有的。休斯曾担任过纽约州州长和美国国务卿，而且要不是因为在加州有几千名选民未参加投票，他还差点当上了美国总统。更重要的是，他曾在最高法院任职过：在为了与威尔逊竞争总统而辞职之前，他曾于 1910 年至 1916 年间担任最高法院大法官，表现颇为突出。

到了 1930 年，休斯极有可能是美国最杰出、最为抢手和最负盛名的律师。无论何时，他的言行举止和思维推理都精准无误，如同一台专门为法庭而制作的精密仪器。他十分善辩，言辞具有非凡的说服力，因此当他在纽约上诉法院做完法庭陈述之后，该法院的首席法官本杰明·卡多佐拒绝在二十四小时内做出判决——卡多佐希望二十四小时的时间足以冲淡休斯言辞的魅力。

尽管如此，休斯并不喜欢出风头，他不是讽刺漫画里的那种在法官和陪审团面前趾高气扬、夸夸其谈、虚张声势的人。相反，他工作认真、话语简洁、做事高效，不以个性取胜，而是靠才学服人。

休斯的童年是在新泽西州的纽瓦克度过的。从那时起，他就展现出与生俱来的才华和非凡的自制力，这使得他在十一岁时便完成了全部的高中课程；当他们全家搬至纽约布鲁克林后，他的父母主要是在家里教育他，在这期间他阅读了大量的经典著作，尤其是大量的宗 26
教典籍。他在十四岁时进入麦迪逊大学（后来的科尔盖特大学）就读，随后在十六岁时进入布朗大学。在哥伦比亚法学院读书期间，他是班里的第一名；在 1884 年的纽约州律师资格考试中，他更是获得了有史以来的最高分。休斯记忆超群，过目不忘。据说他在一小时里能够阅读并完全理解好几百页的书籍内容。他还可以将一篇演说稿从头至尾口述出来，然后在几小时后的演说中不看笔记就能够做到和之前的口述稿几乎一字不差。“他是华盛顿最聪明的人，这一点所有人都同意。”一名观察者在 20 世纪 20 年代写道（这名观察者同时还补充道这不是夸大其词，因为华盛顿并非是聪明人的天下）。

休斯还——这一点并非不重要——十分注重自己的外表。到了 20 世纪 30 年代，他的白色髭须和下巴上的范·戴克式胡须早已过时，对此他自己也很清楚：他看起来像是从历史中走出来的人物，能够与古往今来的人们对话。也许，从来没有哪个人能比休斯看起来更像首席大法官。在许多同时代的人眼中，也从没有人像他那样看上去（或听上去）更像上帝。休斯浑身散发着一种道德权威感，他那严厉、高傲的仪态自然流露出对事物的评判。“若有休斯在，那么任何人都不敢胡说，也无须开口。”哈佛法学院的菲利克斯·弗兰克福特如此回忆道。

任何与他打过交道的人似乎都有这种感觉。西奥多·罗斯福称他为“有胡须的冰山”，几十年中，这一称呼出现了无数种变体，例如“冷漠查理”和其他更糟糕的名称。然而，在他冷若冰霜的外表下却是热情似火的内心——“在他的天性中……有某种火山般的东西”，他的孙子回忆说。休斯常常受到自我怀疑、情绪突变以及溃疡出血的折磨；他习惯于高强度的工作，这常常使他濒于神经衰弱。虽然看上去冷静客观，他的内心却充满了道德热情。休斯以深入而严谨的调查工作著称，他的调查揭露了纽约煤气和保险行业里的贪腐和欺诈行径。在那段时间里，他的胡须是红色的，这使他在有些人的眼中具有了激进的模样，还有漫画将他描绘成戴着眼镜的龙卷风。当他欣喜地向人们揭示出保险公司向共和党提供的竞选献金后，共和党大佬们谴责他“将共和党撕开了一个大口了”。1907 年，他带着
27 公众的赞誉被选入了奥尔巴尼的纽约州议会，在那里，作为“战斗的州长”的他戴着硬高领，俯瞰着发生在身边的腐败与妥协（这也是一种不道德行为）。同许多进步派人士一样，他认为自己在某种程度上超脱于政治斗争。他不屑于那些渴望获得“诚实的贿款”、掌权者的恩赐和其他小恩小惠的共和党议员，也拒绝与共和党机器达成协议。在大多数情况下，来自人民的直接支持都能让他获得成功。

几十年间，笼罩在休斯身上的神圣光环由于人们抱有的某种质疑而渐渐褪去，这一质疑便是：人们逐渐意识到这个世界不会因为理智或道德劝诫而轻易退让。休斯在 1916 年的总统竞选中输给了威尔逊就能说明这一点。休斯对世界的看法还受到一个不幸事件的影响：1920 年，他二十八岁的女儿海伦死于肺炎。自那以后，他看起来不再那么坚不可摧了，并且开始稍稍地融入这个世界。他渐渐开始在家人和少数亲友面前展现出风趣诙谐、充满魅力甚至是童心未泯的一面。华盛顿的一些记者开始描述这位“全新的休斯”：哈定政府中开放、迷人的国务卿，同时也是在宴会中善于讲故事、给大伙带来乐趣的人（《纽约客》杂志评论道：“他讲故事时总是以‘这使我想起……’开头，但他很会讲故事。”）。尽管如此，他的改变还是有限度的。一名与休斯熟识多年的记者开玩笑说：“我们最近发现的那一股新的热情……就像是一颗恒星发出的光线，这束光线需要一百万年才能到达地球；光一直都在，但我们需要很长的时间才能感受到。”

休斯的主导理念如同他的性格一般充满矛盾。胡佛选择他担任首席大法官，作为一名“坚实的”保守派以继承（可以说，临到去世前的）塔夫脱；这一选择不无讽刺，因为休斯在担任最高法院大法官时一贯持有自由主义立场，有时这一立场甚至需要他具备相当的勇气。一直到离开最高法院的1916年，休斯在捍卫公民权利和公民自由，以及在承认妇女最低工资、妇女和儿童最高工时及工人赔偿法这类案件时，还常常与小奥利弗·温德尔·霍姆斯、路易斯·布兰代斯站在同一边。正如同休斯在州议会任职时一样，他在担任大法官时也显现出了许多早期进步派改革人士所具有的实用主义倾向。

可到了1930年，休斯似乎抛弃了原先所持有的自由主义立场。胡佛需要一个毫无“自由主义倾向”的人，而当时正在为铁路资本家、 28
保险公司、石油大亨、化工巨头和矿业老板们捍卫利益的休斯，看上去能够带来“一股保守主义的风潮，尽管这股风潮不如塔夫脱先生在任时显得那么积极乐观，但就稳定可靠而言却毫不逊色”，《时代》周刊如此预测道。在《新共和》杂志看来，休斯在哈定内阁的工作经历，连同他在公司法方面的律师从业实践，“使他受到了保守主义的持续影响”。多年以后，为休斯辩护的人们坚称，休斯的自由主义倾向如同他的个人魅力一样，一直都存在，只不过是潜藏在外表下不为人知而已。他们认为，在共和党执政的几十年中，休斯从未像其他共和党人那样对美国商界顶礼膜拜；相反，他信赖慈善组织，因为慈善组织的活动对社会具有积极的作用。不过并没有任何公开的记录能证明这一说法。当休斯被提名为最高法院首席大法官时，人们很难驳斥《时代》周刊的如下论断：“在他身上，自由主义那纯净的白色火焰已燃尽，只剩下保守主义的一堆闷热的灰烬……他的理智占据了他的良心。”

这导致了一场可怕的首席大法官提名确认之战。参议员乔治·诺里斯是一名来自内布拉斯加州的进步派共和党人，他声称：“在公共生活中，除了休斯先生，再没有人能够代表政治世界和金融世界的强力结合所带来的影响了。”在辞去最高法院大法官职位十多年后，人们要求休斯为最高法院在此期间所做的几乎所有事情承担责任。共和党与民主党的进步派参议员纷纷发言，异常猛烈地指责最高法院成为一个政治机构，其成员头脑中都充斥着政治观点。“最高法院现在不仅处理法律问题，而且还处理重要的经济问题。”来自蒙大拿州的民主党人伯顿 · 惠勒指责道。在当时，这一指控就足以吓人了；但有一名参议员还不满足于此，声称最高法院为“经济独裁者”。另一名参议员则警告说，如果保守派大法官继续与民意对抗的话，那么“在不远的将来，在美国将没有人能够阻止最高法院变成一个全国性的政治议题”。还有一些参议员提出更具威胁性的措施，他们扬言将会以宪法修正案的方式限制最高法院的权力。

这些参议员的真正目的并不是要阻挠休斯的提名，而是希望借此挫挫他的锐气，使他以后做出更为温和的判决。同时，参议员们还想提醒公众注意最高法院中一直存在的保守主义倾向。从这个意义上来说，参议员们的辩论具有开创性；对公众而言，这场辩论则具
29 有启发意义。一个多世纪以来，针对最高法院的判决，人们周期性地爆发出强烈的不满；平民主义者、进步主义者和工会时常敦促司法改革，其中有些人非常激进（但从未获得过成功）。不过，大法官们还从来没有如此公开地被描述成根据自己偏好的准则来做出判决的立法者，而这居然发生在参议院的辩论中。诸如菲利克斯 · 弗兰克福特等学者认为，这次辩论近似于一场大觉醒。他在当时写道：“让我们面对现实吧。最高法院的大法官是影响政策制定的人，而不是揭示真相的客观工具。”

参议院里的喧闹并没有随着休斯提名的确认而减弱（投票结果为五十二比二十六）。三个月后，依然气愤难平的参议员拒绝了胡佛在爱德华 · T. 桑福德大法官去世后对新任大法官的提名，这是三十

年来参议院首次拒绝总统提出的最高法院大法官人选。对北卡罗来纳州联邦法官约翰 · J. 帕克的提名没有成功，表面上是因为他对非裔美国人的公民权和劳工的利益都做出过不利判决。但这次投票结果和上一次提名休斯引发的喧闹一样，与其说是针对提名者本人，不如说是由于“人权”和“财产权”之间已存在几十年的争斗，以及最高法院对于后者的捍卫。1930 年 6 月，参议员们最终在折腾得筋疲力尽之后——即使此议题还未得到彻底的讨论，也应该有个结论了——同意了胡佛的第二个人选：欧文 · J. 罗伯茨，一位来自费城的备受尊敬的公司法律师。在 20 世纪 20 年代中期，罗伯茨因为在茶壶山丑闻案[1]中对哈定政府的官员提起公诉，展现了他作为律师的道德良知，因而获得广泛赞誉。此事让自由派人士认定罗伯茨为自己人，到了此时，最高法院大法官的提名也算是告一段落了。

“你应该很清楚，你又给自己戴上了枷锁。”詹姆斯 · 麦克雷诺兹大法官如此欢迎休斯的回归；在休斯上一次辞去最高法院大法官一职前，他们曾一起共事。

在最高法院现今的八位大法官中，有四位曾经是休斯的同僚，他们都很高兴休斯又回到了最高法院。然而，在友好的表象下却隐藏着深刻的分歧。麦克雷诺兹的玩笑话简直是一针见血。如今，大法官们早已在社会和经济问题上出现意见不合的情形；而且更为重要的是，就民主制中司法所应扮演的角色这一问题，大法官们的看法也不尽相同。

在这些内部的争斗中，大法官们最主要的武器是一行文字，即 30

[1] 茶壶山丑闻案（Teapot Dome Scandal）发生于哈定总统任期的 1922 年到 1923 年，时任内政部长艾伯特 · 福尔未经公开招标便将茶壶山油田及另外两处油矿低价租给石油公司，后来福尔因接受贿赂而被判入狱，成为美国第一位入狱的内阁成员。在水门事件前，此案被视为美国历史上最轰动的政治丑闻。

宪法第十四条修正案中规定任何州都无权“不经正当法律程序，剥夺任何人的生命、自由或财产”。当这条修正案于1868年获得通过时，国会和各州的法院都认为正当程序条款（due process clause）的表述清晰明确。“程序”一词表明该条款关注的是政府据以采取行动的步骤：法律是如何制定的；法律在实施时能够做到多大程度地公平公正。作为“权利法案”的一部分，宪法第五条修正案[1]已经对联邦权力加诸同样的限制；现在这一限制也被运用于各州，目的在于保护新获自由的黑奴，使他们不再遭受压迫。

然而，没过多久，铁路律师、垄断资本家以及像托马斯·M.库利（一位来自密歇根州的杰出法官和法学教授）这样的保守派思想家开始在越来越包容的州与联邦法官面前提出，正当程序条款可以给个人和公司提供庇护，使其不受财产权的立法限制措施的束缚。考虑到这一观点所产生的影响以及上层人士对此抱有的支持立场（这些上层人士都是铁路和其他新兴大公司的强力后盾），在19世纪80年代，各州的法院开始严格审查立法的内容，尤其是经济领域的立法。法官们设立了标准以评估某项遭到质疑的法规是否“公正”和“合理”，而非是否“武断”和“严苛”。

这一做法确立了被称为“实质性正当程序”（substantive due process）[2]的原则。首先采纳这一原则的是州一级的法院，而最高法院起初并不热情，但是到了19世纪末还是郑重地将其采纳。在其后的三十年间，虽然不能说完全没有例外，可最高法院以此原则为基础，

[1] 美国宪法第五修正案和美国宪法第十四修正案（前者针对联邦政府，后者针对州政府）均规定：未经正当法律手续，不可剥夺任何人的生命、自由或财产，即“正当程序条款”。

[2] “正当程序”的概念起源于英国的“自然正义”，后发展为美国宪法的核心条款。正当程序分为程序性正当程序（procedural due process）和实质性正当程序：前者是正当程序的最初含义，即主要审查政府在剥夺个人生命、自由或财产时的程序；后者则由美国法官在实践中发展而成，它主要针对立法部门所制定的政策的合理性，是一种审查政府政策和行为的实体性审查。

废除了许多州所制定的法律法规，其数量之多前所未有。在 1920 年至 1926 年间，最高法院依据正当法律程序原则所废除的社会和经济立法的数量，比它在之前半个世纪里废除的还要多。大法官们还有其他保护财产权的工具，其中包括宪法第一条中的契约条款和贸易条款，以及宪法第五条修正案中的征用条款。但如果像 20 世纪 30 年代某位法律学者所言，“现在整部宪法都在围绕实质性正当程序运转”，这倒也不是太过夸张。

武器是属于宪法的，战斗却是属于上帝的：激进的改革运动突然
出现，目的在于对抗工业时代的种种不公；面对这样的形势，保守派
大法官们认为自己正在进行一场神圣的战斗，对手则是历史学家查
尔斯·比尔德所言的“汹涌而来的共产主义和无政府主义”。套用英 31
国法理学家亨利·梅因不无钦佩的言辞，保守派大法官们所捍卫的
自由，是“美国个人主义的堡垒，用以抵御民主制的急躁冒进和社
会主义的不切实际”。

霍姆斯大法官强烈反对一切领域，尤其是法律领域的道德说教。他针对最高法院的判决发起了反击。在 1921 年针对一次判决所提出的异议意见中，他嘲笑了多数派大法官在运用正当程序条款时所体现的“虚假的精确性”，并补充道：

> 我最反对的莫过于在几个州里，法官们在与外界隔绝的工作环境中以超出宪法第十四条修正案的措辞所体现的绝对强制性来运用该修正案，阻止某些社会试验的进行，而这些社会试验是相当一部分人所非常希望进行的；即便在我和那些判断力令我敬佩的人看来，这样的试验可能会显得无用甚或有害，但我依然反对这些法官的做法。

很明显，对霍姆斯而言，这一问题远远超出了宪法第十四条修正

案的范畴。他和其他大法官（尤其是约翰·马歇尔·哈伦和路易斯·布兰代斯）认为，宪法授权立法机构制定政策而不受不当司法干预。针对“洛克纳诉纽约州案”（*Lochner v. New York*）[1]——有关实质性正当程序最为臭名昭著的例子——的判决意见，哈伦撰写了言辞极为激烈的异议意见，“若对法律的有效性存在疑虑，那么这一疑虑的解除必须……有利于该法律的有效性，而且法院在此过程中不应插手。”

当休斯于1930年回到最高法院担任首席大法官时，最高法院的内部争论已经激烈到无以复加的地步。在这之前的十年间，首席大法官塔夫脱表面上温和可亲，实际上却愈发好斗，使得大法官之间的裂痕越来越大。而乔治·萨瑟兰这样的坚定保守派也加深了大法官之间的分歧。他声称，法官的作用不是遵从立法机构的决定，而是“作为盾牌”来保护“个人不受社会不公正要求的侵害”，哪怕这样做意味着“漠视大多数人的意愿与情感”。

和任何具体的宪法问题相比，关于上述观点的争论是造成最高法院分裂为两派的主要原因。一派为保守派，即所谓的“四骑士”（萨
32 瑟兰、皮尔斯·巴特勒、詹姆斯·麦克雷诺兹、威利斯·范·德文特）；另一派为自由派（布兰代斯、霍姆斯、哈伦·菲斯克·斯通）。大法官之间的分歧是根本性的，虽然不是在每起案件中都一模一样。但毫无疑问，这意味着在1930年最高法院没有任何中心可言。

假如有一个人足够精明老练，懂得循循善诱，能够在最高法院的大法官们之间找到共同点，那么这个人无疑是查尔斯·伊文斯·休斯。但是否真的存在这样的共同点，哪怕只是在理论上存在，都很难说清。一位大法官对司法克制主义（judicial restraint）抱有坚定的

[1] 洛克纳诉纽约州案：1895年，纽约州议会颁布《面包作坊法》，规定面包店工人每天不得工作超过十小时。几年后，面包店老板约瑟·洛克纳因违反该规定而被罚款，他不服处罚并提出诉讼，认为《面包作坊法》违宪。最终，最高法院以五比四的结果判决洛克纳胜诉。

信念，另一位大法官则对司法至上主义(judicial supremacy)坚信不疑，这两者的观点有可能调和吗？有没有办法在审理每起案件时都施以手段来化解大法官之间的分歧，以避免不断出现一位大法官就能够决定案件审理结果的五票比四票的局面？最后，休斯本人的立场是什么呢？身为首席大法官，他将使大法官们团结起来，还是——不顾大萧条的现实，并且在公众对于最高法院的积怨越来越深之时——进一步巩固保守派在 20 世纪 20 年代所取得的胜利，从而让大法官之间的分歧继续存在下去呢？

无论是任命休斯为首席大法官的总统，还是反对其任命的参议员，都认为自己知道答案——然而，他们很快就会发现，他们全都大错特错。最高法院 1930 年到 1931 年的开庭期并不是争议最剧烈的时期。但到了最高法院在 6 月休庭、休斯作为首席大法官第一个任期期满时，似乎一切都变了。仅仅在一个任期内，休斯就让批评他的人摸不着头脑了；他鼓励加大社会和经济改革的力度，而且，这一点许多观察者都同意——他开启了宪法解释的新时代——固然才刚起步，但是方向已确定无疑。

“自由派获胜了。”《时代》周刊声称。《文学文摘》周刊称赞“最高法院向自由主义的转变”;《当代历史》杂志和其他人一样,看到“最高法院进入了一个新阶段”。这是属于查尔斯 · 伊文斯 · 休斯的胜利，也是他对之前参议员提出的种种责难的辩白与澄清。虽然他在共和党保守派阵营中浸染了十五年，但很显然这丝毫没有减损他对于自由主义的热情。休斯终于又同霍姆斯和布兰代斯站在了一起——不过现在，哈伦 · 菲斯克 · 斯通和欧文 · 罗伯茨也加入了他们的行列，他们由此形成了最高法院的多数派。《新共和》杂志为此欢欣鼓舞，声称四位保守派大法官“在突然之间丧失了权力”，他们现在只能通过发表“措辞严厉的异议意见来表达强烈的不满了，尽管这样做不

33 会有什么用……多年来，保守派大法官废除旨在实现经济民主的州法，通过狭义的宪法解释、以牺牲人权为代价来美化财产权；现在，这一切统统已经终结了”。

许多学者对此观点表示赞同。一篇法律评论断言，休斯和罗伯茨“带来了实用主义和自由容忍思想的胜利”。普林斯顿大学教授爱德华·考文则说，在休斯的带领下，最高法院已经快速“收复了失地中的一个重要部分”。让考文如此振奋的不仅在于最高法院做出的个别判决，还在于新的多数派遵循了这样的理念，即法律作为工具可以对美国人严酷的现实生活进行改造，使之向好发展，而非延续这种严酷，使之永续长存。考文还说，与过去的一个世代相比，现在的宪法解释“更加灵活自由”，不受老掉牙的教条的束缚。不过，他依然告诫说，目前的多数派“人数有限，不够稳定”。

不久以后，一切又恢复如常。到了1932年，在上一届开庭期中重现的自由主义之风似乎已成为遥远的记忆——而对于那些欢呼正统司法观念已经终结的人来说，这份记忆不仅遥远，而且痛苦。“去年春天我们频繁地预测，认为最高法院正迎来历史上的新时代；现在看来，这个预测并没有完全实现。”斯通在给朋友的信中写道。突然间，休斯和罗伯茨看起来与他们所替代的保守派并无二致，这实在是让人惊讶。“他们让我迷惑不解。”一位法学教授在给斯通的信中如是说。斯通同样对他的两位同僚深感不解：眼看着像休斯和罗伯茨这样的聪明人站到分歧的另一边，他逐渐对自己的立场产生了质疑；好在有布兰代斯和霍姆斯与他相伴，这多少给予他一些宽慰。

的确，除了最初给人的印象以外，早期的休斯法院与塔夫脱在任时说不上有多大区别。多数派对国家的经济调节措施抱有同样的疑虑，因而根据正当程序条款、平等保护条款或贸易条款的狭义解释，在数起案件中废除了这样的措施。大萧条——或者更确切地说，政府对于大萧条的应对措施——给宪法带来了新的不确定性；而作为回应，最高法院的多数派似乎选择了一条介于自由放任主义与新兴福利国家制度之间的道路。

1932 年初，当身体欠妥、已八十九岁高龄的霍姆斯辞去大法官一职后，胡佛总统任命了在大多数人看来是美国最著名的自由派法学家来填补他的空缺：来自纽约的本杰明 · 卡多佐。胡佛之所以任命卡多佐为大法官，原因有三：1932 年是大选年，他希望避免与党内的进步派再次发生血腥的斗争；他的朋友斯通大法官竭力劝说他选择 34
卡多佐；最后，同样重要的是，这一任命不会改变最高法院的权力现状。保守的多数派再次显得牢不可破，因此卡多佐仅仅是替代了霍姆斯而已，连同其他两位大法官，他们三人依然是处境艰难的少数派。

不过最高法院的分歧有可能（而且常常）被夸大了。在 1930 年至 1932 年的开庭期中，在关于州和联邦经济权力的问题上，九位大法官在百分之八十五的时间里完全意见一致。当然，在余下百分之十五的时间里，大法官们的争论依旧十分激烈。这些争论的结果非常重要——尤其是对富兰克林 · 罗斯福而言，假如他能有机会推行竞选总统期间承诺过的新政的话。

“最高法院凌驾于政治之上，不受政治控制。”——当 1932 年罗斯福指责共和党人控制了最高法院时，纽约律师界的一位领头人物如此反驳道。这句话反映了人们普遍持有（且十分珍视）的观点，即司法制度等同于某种世俗的神职制度：人们相信，法官一旦踏入司法领域，便抛弃了原先怀有的一切偏见；他们只要穿上黑色的法官袍，便变得纯洁神圣起来。

一些大法官对这一观点表示支持。塔夫脱曾经将最高法院称为“圣地”；休斯在 1932 年新的最高法院大楼奠基之时，宣称“共和将会永存，而这正是其信念的象征”。（当几年后大楼启用时，休斯又扩展了这一比喻。他在给朋友的信中写道：“现在，这些圣坛被安放在一座宏伟的庙宇中；这不仅为祭司们带来了方便，也为那些献上供奉、提出祈求的人们带来了方便。”）在主流报刊看来，最高法院的大法官们是“身着黑袍的神祇”,他们高高在上,冷眼看着人类的争斗。他们是如此遥不可及，在宣告判决时措辞庄重而正式，出现在公众面前时永远带着冷峻而严肃的表情——这一切都增强了最高法院在人们心目中的权威感，尤其是在其他的国家机构纷纷濒临瓦解的时刻。1929 年,就在股市崩溃之后,《纽约时报》将九位大法官描述为“正义的化身”,“他们知道这一点，旁观者也知道这一点。而且旁观者喜欢这一点。有那么一天，大教堂会变得与普通建筑无异；无论是州
35 一级还是国家一级的立法机构也不再给人带来任何鼓舞……到那时，最高法院对我们的想象来说是一个极大的慰藉。至少在这里，我们还能感受到法律的庄严”。

此外，最高法院还远离党派斗争。“美国最高法院由安于司法虔诚的人所组成。”一名著名的报纸专栏作家说道，“他们的目的不在于增进任何一个政党的利益……他们的目的仅在于保存美国法理学说中永恒不变的原则，这一学说早已经过数个世纪的伦理道德的积淀。”

当然，法官可能会对政治感兴趣，正如他们可能会对棒球锦标赛感兴趣一样。但是，这一兴趣不会对他们的本职工作产生任何影响。1922 年，进步派指责乔治·萨瑟兰，只因这位来自犹他州的联邦前参议员和最高法院大法官候选人是位坚定的共和党支持者；对此,《纽约时报》以略带玩笑的口吻写道:“在闲暇时间里，这些庄重的老绅士们在打桥牌时可能偶尔会聊点儿政治；但是，他们的党派倾向不会在公众面前表露，而且很有可能已经在漫长的时光里消磨得差不多了。”

这个观点——数十年来，人们出于各种原因不断地将最高法院大法官们描述为拥有普世智慧的圣贤，而非需要思考和感知、且时而犯错的普通人——往往要么是过于感性，要么是成心装傻。不过，再没有比 1932 年总统竞选期间对于大法官们的描述更为离谱的了。

首先，这场竞选是在国家经受危机之时拉开帷幕的。两位候选人代表着截然不同的执政理念和选民构成。而最高法院的九位绅士，和所有美国人一样对正在展开的竞选怀有强烈的兴趣，甚至很有可能超过其中的大多数人。当然了，他们十分谨慎，只在家人和信得过的朋友面前表露好恶之情；但毋庸置疑，这些好恶之情都十分强烈。

布兰代斯虽然身处最高法院，但一直小心谨慎地对公共事务多少有所涉足。他时常在给密友弗兰克福特的信中谈论这场总统竞选。1932 年 7 月，布兰代斯在科德角度假时写道："罗斯福获得总统提名是件令人宽慰的事。"随着竞选活动的继续推进，他不无满意地告诉弗兰克福特："我们在华盛顿的所有朋友都认为胡佛的败局已定。"斯通曾经在柯立芝政府与胡佛共事过，因此他的心情较为矛盾。就个 36
人而言，斯通很喜欢胡佛；而且斯通还加入了"实心球内阁"（Medicine Ball Cabinet），一个由胡佛的幕僚组成的非正式团体，他们常常于清晨时分在白宫南草坪上扔一个六磅重的球玩。对于被富兰克林 · 罗斯福称为的"无畏、不懈的试验"——或者对于富兰克林 · 罗斯福本人——斯通都毫无热情，他认为罗斯福"完全不可能成为总统"。但同时，斯通私下里也承认国家的发展方向需要做些改变。他在 9 月给弗兰克福特写信道："事实的真相是，我们在经济上和政治上的境况都很悲惨。如果说即将到来的选举能够一扫阴霾，也未尝不是幸事一件。"

保守派大法官们承认，国家正处于危机中。可他们认为，罗斯福在竞选中获胜将会导致国家的崩溃。威利斯 · 范 · 德文特很久以前曾在共和党内任职，他向朋友抱怨罗斯福"向人们做出空洞且无法实现的承诺"。在给妹妹的信中，范 · 德文特写道，罗斯福"好做梦"且"不稳重"，但是大萧条"使人们只记住了呼吁做出改变的要求，对于其他的话一概充耳不闻……我祈祷罗斯福及其蛊惑民心的同伙不要取胜"。范 · 德文特的同僚们也抱有类似的观点，他曾向一位朋友透露："萨瑟兰大法官认为竞选结果还不明朗，但罗斯福具有微弱的优势。"萨瑟兰"不属于亲胡佛的一派，可是他认为罗斯福非常不适合总统一职，他的当选对国家来说也非常不安全。巴特勒大法官认为罗斯福颇有可能当选，但是考虑到国家的利益……胡佛先生应该连任"。最后，他补充道："当然了，我只是私下引述他们的话。"

范·德文特关注两位总统竞选人每一场重要的演说；他预测竞选结果，从一个地区到另一个地区，从一个州到另一个州；他还热切地从政党工作人员那里搜寻相关报道。之所以这样做，是因为尽管担任最高法院大法官已二十多年，他依然抱有强烈的党派倾向；而且，更重要的是，他——和数以百万计的美国人一样——相信国家的命运维系于总统大选的结果。他并不是以《纽约时报》一度想象的那样超然地看待政治进展，所有大法官都是如此；放眼美国历史，能做到超然的大法官也几乎没有几个。

37 对于罗斯福竞选胜利这一事实，大法官们并不惊讶，但前者获胜的幅度肯定让他们大吃一惊。"我没有料到（胡佛）会以如此悬殊的差距输掉竞选。"范·德文特说，他曾料想现任总统会在十多个州取胜，但胡佛只赢得了其中一半的州的支持。面对这一结果，斯通心情复杂，在给儿子们的信中他这样写道："竞选活动所带来的痛苦结束了。"虽然斯通希望竞选结果能够给共和党人起到一些惩戒作用——在他看来，共和党人没有"紧跟现实"——但是他对未来也不抱有多大的期望。"我看不出罗斯福和他的手下有任何超过胡佛的地方。"他在信的最后写道。

当然，布兰代斯的感觉与斯通截然不同。选举后的第二天，他在给弗兰克福特的信中写道："工作已经彻彻底底地完成了。现在，富兰克林·罗斯福真正的任务才刚刚开始。他必须像 W.W.（即伍德罗·威尔逊）那样，制定出政策并在国会获得通过。他必须尽快开始教育国民的工作。”布兰代斯本人十分愿意协助罗斯福：11 月末，他前往佐治亚州的沃姆斯普林斯，与当选总统进行了一次面对面的交谈。尽管这次谈话只持续了二十分钟，而且“大部分时间都是罗斯福在说”，可是布兰代斯对弗兰克福特说，这次会面“十分令人满意”。他补充说，罗斯福“看起来对当前形势的基本事实了如指掌。他说他的政府必须遵循自由主义理念，（他）料想会失去一部分保守派支持者——我告诉他‘但愿如此’。他必须……对两党的部分力量进行重组”。

包括布兰代斯在内，只有两位大法官——另一位是卡多佐——在新的政治秩序中感觉到舒心自在。与布兰代斯不同的是，卡多佐没有介入其他权力分支的事务；但是他俩一直对罗斯福抱有好感，并且都支持新政——不包括新近提出的一些具体措施（布兰代斯因其长久以来对权力集中所持的反对立场，对这些措施抱有严重的怀疑），及随后制定的更为宽泛的目标。

这使得他们在 1933 年成为最高法院里显而易见的少数派。虽然谈不上全部，但绝大多数大法官突然间看起来像是另一个时代甚至是另一个世纪的老古董。范·德文特在孩提时曾注视过林肯的送葬队伍；萨瑟兰在英格兰出生时，迪斯雷利和格莱斯顿[1]都还没有当上首相；休斯在读大学时，学校宿舍还没有自来水和中央照明系统，而 38
且他还不得不储存一柜子的煤用以取暖，此外他还有一名被称为“奴隶”的仆人——这些都是属于 19 世纪的人。如今，他们年轻时所虔诚信奉的一切，往好里说是都过时了；往坏里说，则尽是些骗人的东西。对许多人而言，他们所尊奉的法理原则从根本上来说与现实相悖。代际差异和文化差异使他们与年轻男性隔离开来——或者说

[1] 本杰明·迪斯雷利（Benjamin Disraeli，1804—1881）和威廉·格莱斯顿（William Gladstone，1809—1898）均不止一次担任英国首相，在 1868 年，二人先后首次拜相。

差不多都是些男孩——即弗兰克福特口中的“快乐的热狗”（Happy Hot Dogs），他们1933年从哈佛和其他法学院毕业，头脑中早已被灌输了这样的理念：宪法既非不可侵犯，也非不可更改，它不过是为社会进步服务的灵活可变的工具罢了。

路易斯·布兰代斯曾经提出这个问题：公众之所以对法律心存不满，是否“在很大程度上是因为（法律）没有跟上我们的政治、经济和社会理想的快速发展的步伐”所导致的呢？现在距这个问题的提出差不多已过去了二十年。对新政派——以罗斯福为首——而言，这是他们恪守的信条。1926年，在米尔顿学院所做的一场演说中，罗斯福开起了保守派的玩笑，说他们所向往的是一个不再存在的世界。“我住在哈德逊河边的老邻居，瑞普·凡·温克尔[1]，进入了香甜的梦乡，”罗斯福对学生们说，“许多年后当他醒过来时，他发现世界已变得完全不同，因此非常生气。今天有许多像瑞普一样的人……他们并没有真正地睡过去，但他们却在用过去的老眼光看待世界。他们构想出一个他们所了解和喜欢的世界和生活，给这个世界加上一圈小小的光环，并且说道：‘这是我通过传承和选择得来的世界——我要保护这个世界，反对任何加诸其上的变化。’”罗斯福认为，法律原则和宗教教条一样已经跟不上时代的变化，这非常危险。可他是个乐观主义者。他说：“基督教足够宏大，足够宽广，能够摆脱过去世代对其自身的控制，然后继续前行，与人类的进步保持一致的步伐。法律也是如此——它时不时地使人绝望，像是进步途中的障碍；但是到了最后，我们却发现法律弹性十足，能够与进步并行发展。”

但最高法院的两位保守派大法官更关心的却是逃离进步，而不

[1] 瑞普·凡·温克尔（Rip Van Winkle）是美国作家华盛顿·欧文笔下的小说人物，他在故事中沉睡了二十年之久，醒来时美国已经从殖民地变为独立国家。

是跟上进步的发展。

1932 年夏,甚至在罗斯福当选总统之前,威利斯·范·德文特就“十分明确地”决定要退休了。他已经七十三岁——比他年长的只有布 39
兰代斯，后者是“九个老头”中年纪最大的一位。范·德文特知道年老体弱的滋味不好受。几年前，他经历了一次中风；布兰代斯发现，“这对他产生了很大的影响”，尽管他讨论思辨的能力并没有因此而减损。范·德文特在信中谈到了衰老和死亡——生病的亲人们的衰老，朋友们的离世，已故家庭成员对于财产的详尽安排。他在最高法院任职的时间比任何一位同僚都长。在给朋友的信中，范·德文特悲叹道，他年轻时在怀俄明州担任法官时的所有同事“现在都不在了”，他在第八巡回上诉法院的所有同事“都不在了”。当范·德文特在 1910 年进入最高法院时，时任的大法官中只有他和休斯还活着，其他的大法官们，也“都不在了”。

看到 1932 年的范·德文特——这个男人矮小、严肃、安静——很难想象他在年轻时曾经和“野牛比尔”[1] 一同打过猎。事实上,范·德文特十分有修养，他出生于印第安纳州的一个富裕家庭——其先辈是荷兰人，于 1662 年来到新阿姆斯特丹 [2];与他们的同胞罗斯福家族不同的是，范·德文特家族一代代地向西迁徙。在当了几年执业律师之后，1884 年，二十五岁的范·德文特继续向西前行，来到了属于怀俄明领地的夏延，当时那里还是一片荒芜，未进行过任何开发。

范·德文特在州政治中快速崛起（怀俄明于 1890 年获准成为美国的一个州）。三十岁时，他被任命为怀俄明州最高法院首席法官；一年后他辞去首席法官一职，转而为大型的养牛公司和联合太平洋

[1] 野牛比尔（Buffalo Bill）是美国西部传奇老兵威廉·弗雷德里克·科迪（William Frederick Cody，1846—1917）的绰号，此人善于狩猎，据说曾在十八个月内杀死超过四千头野牛。

[2] 新阿姆斯特丹（New Amsterdam），即今天的纽约。

铁路公司效力，而在当时，这几个公司因为欺诈罪正长期遭受联邦政府的调查。在1896年的总统竞选活动期间，范·德文特骑在马背上奔波于整个怀俄明州，积极协助威廉·麦金利击败了威廉·詹宁斯·布赖恩。作为回报，他得到了内政部的一个职位，负责管理公地和印第安人事务。他能力出众，具有明显的进步主义倾向，同时又安静低调不张扬，这给西奥多·罗斯福留下了深刻的印象，后者任命他为联邦法官；几年后，塔夫脱总统又任命他为最高法院大法官。这一任命遭到了像布赖恩这样的民主党人的激烈反对——尽管是徒劳无用的反对——他们认为，范·德文特受制于铁路大亨，对此范·德文特在担任大法官期间倒是没有任何遮掩。

范·德文特的投票很少动摇：《纽约时报》注意到，他“永远站
40 在保守派一边，几乎总是投票支持大企业”。尽管如此，他头脑清晰，性格坚毅，因此在大法官们每星期举行的会议上颇有影响力，但这一点其他人很少意识到，部分原因在于范·德文特很少撰写判决意见——到1931年的开庭期为止，他每年只撰写一份判决意见。他的“写作麻痹症”十分严重，有好几次首席大法官不得不让他放下撰写判决意见的任务，提议在开庭期快结束时减轻他的负担。

范·德文特已准备辞去这份让他深感负累的工作，然而国会却在1932年夏天借整顿财政纪律之际，将联邦法官的退休金削减了一半。对于刚刚离开最高法院的霍姆斯来说，退休金的削减意味着他的年收入减少了一万美元。他的同僚和朋友对此愤愤不平。这就像是一记耳光，可扇耳光的目的是什么呢？这几乎不会给财政部节省多少钱。无论如何，国会也不可能将减薪计划用到最高法院的大法官身上，但总审计长主意已定。在布兰代斯的授意下，弗兰克福特敦促参议院立即修改拨款法案。参议员们对这一要求表示赞同——可是他们耸耸肩，说实在是太忙了，没办法马上恢复退休联邦法官的退休金。

“机密！！！”斯通写给弗兰克福特的一封信如是开头。“你肯定会感兴趣，我想我已经采取行动了，霍姆斯大法官和其他所有大法官的退休金都将恢复如前。”弗兰克福特非常高兴，他在回信中写道，霍姆斯不需要这些钱，可是“国家的荣誉”却危在旦夕——除了这件事以外，还有其他更多的事。“当然了，”弗兰克福特补充道，“你心里还记挂着更多的事，这些你都做到了。你再一次为国家做出了贡献。”

斯通和弗兰克福特都明白，这些闪烁其词的话语指的不是最高法院中的一位、而是两位保守派大法官——范·德文特和萨瑟兰——有意退休。他们急切地想要退休，这在最高法院并不是什么秘密。可削减退休金一事打乱了他们的计划。“我可不想失去一半的薪水。”范·德文特抱怨说。七十岁的萨瑟兰也不想失去一半的薪水。由于生病，1927 年的开庭期萨瑟兰有一半时间没有参加；1932 年有一段时间他的身体状况也不是很好。1933 年 1 月，范·德文特在给妹妹的信中写道，“当最高法院在秋天开庭时”，萨瑟兰“看上去已经完全恢复健康，但情况时而又会变糟。今天他向我表示，他迫切地希望对提案做出的那些修改能够在参议院获得通过，从而成为法律”。

那年春天，国会完全恢复了联邦法官的退休金额度。弗兰克福 41
特兴奋地告诉罗斯福，“用不了多久，您可能就会有两个空缺的大法官席位”，并说出了那两位腾出席位的大法官的名字。罗斯福十分高兴——同时表示很惊讶，尽管相关的传闻一直不绝于耳。“麦克雷诺兹打算什么时候退休？”他问道。虽然麦克雷诺兹不是最高法院的保守派中最有影响力的一位，但他无疑是其中最直言不讳的。“他有这个打算吗？”弗兰克福特对此表示怀疑。

然而，事实却是，并没有哪位大法官打算马上退休。休斯后来回忆说，削减退休金一事“对所有的大法官是一个提醒，告诫他们不要再相信国会做出的承诺”。如果国会削减过津贴，那么就有可能再次削减津贴。除此以外，“再没有其他的保证，”范·德文特在给妹妹的信中写道，并且补充说，“没人知道大萧条还会持续多久。”就目前来说，他和萨瑟兰将继续留任。

这样一来，大法官们对于国会再次削减一万美元的担心，使得罗斯福失去了在总统任期之初任命两名新的大法官的机会。用自由派大法官来取代范·德文特和萨瑟兰，本可以使新总统获得可靠的多数派支持。眼下，这个改变最高法院的机会算是溜走了。罗斯福不得不面对目前的最高法院——正如一名专栏作家所预测的那样，这个最高法院不可能“在人员上有任何变动，能做到这一点的只有死神”。

第3章　捷径

“我有法律权利这样做吗？”在白宫的椭圆形办公室里，罗斯福 42
向一群参议员询问道。他正在谈论美元贬值的计划。来自俄克拉荷马州的托马斯·戈尔反对这个计划，他回答道：“总统先生，您现在可以走到大街上，随便打倒一个老人，把他拖到白宫，然后脱下他的衣服。您可以把他的衣服卖掉。这样做的合法性和您现在正计划要做的事情没什么两样。但是没有关系。不管怎样，您都可以做。”罗斯福大笑起来表示赞同，而且事实上，他真的就这么做了。

罗斯福的行事风格并不总是这么草率。他曾花费好些工夫以确保宣布实行银行假期的行政命令——关闭全国所有的银行以防止出现挤兑风潮和银行倒闭——是建立在坚实的宪法基础之上的。当参议院本着减少失业的目的通过了一项将每周工时限制在三十小时以内的议案后，罗斯福却将其否决，部分原因就在于他认为这一议案违背了宪法。尽管如此，他与戈尔之间的那场对话还是很能说明问题。在制定国家复兴计划时，宪法是一个需要考虑的问题——但不是最主要的问题。更加紧迫的问题是如何快速地起草、通过和实施议案。

新政的第一阶段不是随着一系列新法规的有序出台徐徐展开，

而是在一片仓促中草草开始的，一切都显得混乱而匆忙。一名参议员指出，罗斯福“向国会发来了太多的咨文，我们都有点应接不暇了。我们还没能仔细分析前一份咨文，紧接着后一份咨文又来了，
43 然后更多的咨文接踵而至……直到参议员和众议员像跳舞的托钵僧一样转个不停……我们制定法律的速度飞快，根本没有时间考虑这些法律的语法、句式和措辞”。霍默·卡明斯对此也有过类似的记载。他在4月的日记中写道：“我的衣服口袋里塞满拟定了一半的声明和未经整理的提案，全都需要考虑、研究、好好构想。在这段时间里，涌现出无数的意见，全都需要用口头快速地表述出来。我很可能犯了一些错误。我现在还不知道是些什么错误；但如果说没有任何错误的话，那可就太奇怪了。不管怎样，这段时期紧张而忙乱，而需求又是如此之多……”接着，他自豪地补充道：“不过没有任何一件事情是由于司法部长的半点懈怠而被拖延了的。”这正是总统想要的样子。罗斯福对一名内阁成员说：“霍默是个了不起的家伙。他总能想法子把事情办成。”

在这样的氛围中，人们甚至觉得连快速立法的方式都过慢了。那年春天，罗斯福政府已经制定了一系列改革计划来为美元贬值做准备，这主要是为了减轻数百万美国人的债务负担，同时也是为了防止国会采取更为极端的引发通货膨胀的措施。令人难以置信的是，虽然这些改革计划具有广泛的影响，可是居然没有人就此征询司法部的意见。面对这一情形，司法部长倒是不愠不恼，给出了他的意见：这些立法与几十年前联邦最高法院的一个判决先例“相抵触”。尽管如此，他还是相信一切问题都会迎刃而解。在罗斯福的支持下，他对其中一两项关键条款的措辞进行了修改；但为时已晚。“事情已经进展到了一定的地步……”卡明斯认为，“很明显，人们无法做出任何改变。”

农业复兴计划或《农业调整法》，其起草和通过的方式也是如

此——也就是说，一切都是在匆忙之间完成的；尽管这一法案设立了全新的税收条款，人们却无暇认真考虑其合宪性。这是新政初期再典型不过的做法了。甚至新政的核心改革法案——《全国工业复兴法》——实际上也是冒着巨大的违宪风险而创设的。正如其设计者所构想的那样，《全国工业复兴法》是一个庞大、复杂的“产业自治”系统，目的在于促进劳资合作、降低物价、设定最低工资和最长工作时数，以及确立工人集体谈判的权利。为了达到这些目的，该法 44
授权企业起草公平竞争的法典草案，它们一旦得到罗斯福的批准便会获得法律上的效力。

这一国会将权力授予总统的做法（确切地说，是将草案转变为法律的权力）是史无前例的。这一做法也是违反宪法的——至少在年轻的劳工部律师查尔斯·怀赞斯基看来是如此，他参与起草了《全国工业复兴法》。怀赞斯基在给导师菲利克斯·弗兰克福特的信中写道，总统通过法律的权力“大大超过了合宪性的范畴”，因此若要在法庭上为该权力辩护是“无用的”。他还担心《全国工业复兴法》超出了国会管理州际贸易的权限。杰罗姆·弗兰克效力于政府，也属于弗兰克福特的人，他对于没人要求宪法律师核查总统的这一权力而“大感震惊”。弗兰克说，《全国工业复兴法》本可以与悠久的宪法原则相契合，但没人在这上面费心思。

怀赞斯基催促弗兰克福特介入其中——后者也确实这么做了，可收效甚微，尽管他与罗斯福交情匪浅。在制定该法案的一片忙乱之中，弗兰克福特的顾虑被遗忘到了一边。补救的机会一再被错过。卡明斯很快便承认：“整个计划雄心勃勃，如果处理不当或轻率冒进的话，将会产生严重的后果。”尽管如此，他所指的也是全国复兴总署的运作，而不是其法律根基。他似乎没有怀赞斯基和弗兰克所怀有的担忧。应该说，几乎没有人担忧。全国复兴总署的一名律师最能代表罗斯福政府中的普遍观点，他是这么说的：“全国复兴总署的合宪性是不容置疑的。”

在这件事情上，正如在其他大部分事情上一样，罗斯福心态沉稳，极度自信。他满怀信念——也许是一种天真的自圆其说，但却是深切的感受——如果直觉告诉他去做一件事，那么这件事十有八九是合宪的。罗伯特 · H. 杰克逊在担任州参议员时就认识了罗斯福，后来他成为最高法院的大法官。杰克逊注意到，“总统往往以事情的对错、而非事情的合法性来考虑问题。因为他认为他想要做一件事情的动机总是正确的，所以他很难理解在这件事情上可能存在法律限
45 制。”如果一件事情是必需的，那么它就是对的；如果一件事情是对的，那么它就是合法的。如此一来，他的行动就与宪法保持一致了。

这种思维方式与其说是后天的训练（或缺乏训练）而成，不如说是先天的性格所致。事实上，罗斯福是一名律师，尽管他并不愿意这样来定义自己。从哈佛大学毕业之后，他进入哥伦比亚法学院，在那儿他充其量算是一名表现平平的学生。在第一年里，他没有通过合同法和另一门课程的考试，虽然他在其他科目的考试中得到 B 的成绩。为了留在原来的班里，同年秋季他参加了补考并顺利通过考试。尽管如此，法学院的学习还是让他感到乏味，有时甚至沉闷得让他透不过气。教他的大多数教授都是以传统视角来看待法律和宪法——这一视角倚重抽象的概念和准则、细微的原则差异，而这些在罗斯福看来实属无关紧要。

当罗斯福在 1907 年通过律师资格考试之后，他觉得没有必要再回学校了，于是连学位都没拿便一走了之。尽管这种做法并不少见，但他依然以此为傲，似乎这件事说明了他是多么不在乎。近三十年后，他作为纽约州州长受邀在一场哥伦比亚法学院的校友宴会上发言。当时的哥伦比亚大学校长尼古拉斯·默里·巴特勒跟他开玩笑：“您不能自称为知识分子，除非您回到哥伦比亚大学通过法律考试。”听

到此，罗斯福仰头大笑起来：“这恰好说明了法律是多么无足轻重。”

尽管如此，罗斯福还是在法律界工作了几年。1907年，他开始在华尔街的“卡特、莱迪亚德和米尔本”律师事务所担任助理，该事务所是美国烟草公司和新泽西标准石油公司的法律代表。但罗斯福太年轻了，没法与这样的客户打交道。他的任务是跑腿，这比起撰写诉讼的要点摘录或待在法律图书室里做研究更合他的心意。与他一起工作的同事大多很喜欢他，尽管有些同事抱怨他把难做的工作留给别人，在午餐上耗费太长的时间，而且在穿着上过于讲究。一年以后，罗斯福被提拔至管理职位，并被安排为小额索赔案的客户担任辩护律师，这些案件都在下东区利文顿街肮脏的市政法院中审理。“我想他并不喜欢……法律行业，”埃莉诺·罗斯福回忆道，“可是他很享受在工作中与人们接触……他从中学到了很多东西，而他从前从未有机会了解到……人们的生活状况。”几十年后，富兰克 46
林·罗斯福自己也承认：“与我人生中的其他经历相比，在市政法院的工作经历为我的政治生涯奠定了良好的基础。”

尽管他与客户相处融洽，在法庭上的辩护总体而言也很成功，但他却没能给事务所的合伙人留下良好的印象。一名合伙人告诉罗斯福的母亲萨拉，她的儿子不会在法律界有任何成就。对此，罗斯福不以为意。他非常清楚，律师事务所的工作经历将为他这种身份地位的人打开一条通道，使他能够获得更多的财富和安逸，以及更高的社会地位；至于对法律的热情，这并不是获得成功的先决条件。他仍旧对律师工作兴趣寥寥。他的志向在别处。他告诉一名同事，他想要追寻远房堂叔西奥多的脚步，成为海军助理部长，然后当选纽约州州长，最后成为美国总统。

罗伯特·杰克逊后来写道：“当他开始律师生涯时……他的思维方式并不是律师的思维方式，因为法律教育其实就是一种思维方式的训练。司法程序运作缓慢、注重细节、坚持原始证据、需要反复斟酌，这些他都不喜欢。他喜欢走捷径。”的确，当罗斯福在20世纪20年代早期又短暂地回到律师行业时，他运用法律的方式使一些合伙人深感不解。一名合伙人耸耸肩，对弗朗西丝·珀金斯说道：“他是个不错的家伙……但他不是个好律师……他会直接得出结论。他没有耐心对问题进行抽丝剥茧般的分析。”也许罗斯福在撰写案件摘要或在法庭辩论时没有耐心，但是在投身政治之后，他时常指责法律界普遍缺乏为公众服务的意识。他在演说中训诫律师，让他们在面对自身的社会责任时，少一分精细，多一分务实，并运用他们的才智去“探究肆虐于我们当中的流行病的根源”。

身为总统，罗斯福展现出同样的务实作风以及对于法律推理难以容忍的态度；同时他坚信，只要运用得当，法律可以成为增进公众利益的工具。最高法院首席大法官爱德华·道格拉斯·怀特在1914年时曾说，宪法不是“横亘在进步面前的障碍”，而是“唯有真正的进步方可畅行无阻的阳关大道”——此番言论罗斯福深以为然，并反复引用。对此，罗斯福自己也有过相对平淡的表达：“我们的宪法已经被证明是
47 有史以来最不可思议、最灵活的政府法规大全。”

抱有此观点的不止罗斯福一人。长期以来，“灵活的”（或“有机的”、“具有生命力的”）宪法这一观点在法学院和进步派的圈子不乏拥护者。伍德罗·威尔逊在1912年写道：“社会必须遵循人类生活的法则，而不是机械的法律；社会必须要发展。在一个‘发展’、‘演变’属于科学字眼的时代——进步主义者所要求的……是允许用达尔文主义的原则来解释宪法；他们所要求的是承认国家是一个不断发展变化的实体，而非永远只会机械运转的机器。”很明显，这些充满生物学意义的比喻是来自达尔文的影响。1900年，《纽约时报》的一篇社论评论道，国父们“拼凑了一副骨架，在其表面上覆盖了一层足以应对其活动的灵活组织”。他们起草的宪法“既不是化石，也不是木乃伊”。在最高法院中，霍姆斯是这一观点的主要代言人，他曾写道：“宪法条款不是

数学公式……而是具有生命力的有机的制度。”

这一变化不仅是体现在语义上。国父们——他们属于启蒙运动的一代，深受牛顿科学观的影响——将宪法视作一台机器，一部精密的仪器。“自然法”如引力般恒定不变地支配着普通法；法律推理充满了形式主义的演绎。案件中的事实指向某些特定的法律条款或判决先例，而法官的任务仅仅是声明哪项条款适用于哪起案件。这些观念很快便落后于知识发展的步伐，当它们与过时的宪法原则（如实质性正当程序原则）混合在一起，用来废除所得税法、推翻某项童工禁令、缩小反托拉斯法的适用范围等等，仿佛让人重新回到了19世纪末。一般而言，宪法机械论的拥护者在现有的经济秩序中占有更多的利益；自然，他们从与之配套的司法原则中也获益匪浅。看人们选择使用什么比喻来形容宪法，便充分说明了他们的政治观点。

并非巧合的是，这一司法独断的时期，也是法官们一直以来坚持不制定法律的做法达到顶点的时期；他们在废除立法的态度上越是咄咄逼人，他们摆出的姿态就越是谦恭被动。他们说，法律是科学，48
宪法正如其平实清晰的文字所表达的那样，意思不多一分，也不少一分。法官不过是遵从宪法的原则——当然不是基于自己的良知甚或判断的原则。他们坚持认为，如同最高法院首席大法官约翰·马歇尔曾声称的那样：“法院只是法律的工具而已，并不能决定任何事情。”

霍姆斯在其具有里程碑意义的著作《普通法》（*The Common Law*）中对这种观点不以为然，认为这不过是装腔作势。在他看来，法律的形式逻辑往好里说是错觉，往坏里说则是伪装，掩饰着真正决定案件结果的因素——“法官所感受到的时代需求、主流的道德和政治理论、对公共政策公开或无意的直觉，甚至与同时代的人所共同抱有的偏见”。对此，霍姆斯并不感到悲哀。相反，他认为法官是时候承认并接受这一点了。在他的影响下，许多法官都接受了，包括布兰代斯和卡多佐，他们都认为法官应该考虑到他们的判决有可能带来的社会影响。他们说，只有这样，法官才有可能知道正义是否真的得到了伸张。

“有机法律”的倡导者支持这一现代观念——而不是如放任主义的经济学家、政治家和法官所坚持的一成不变的自然法——即人类是世界上变革的主要推动者。20 世纪 20 年代末，哥伦比亚大学法学教授霍华德·李·麦克贝恩在其影响力颇大的《活的宪法》（*The Living Constitution*）一书中认为，宪法不是“万军之神耶和华从西奈山上传给人类的”，恰恰相反，宪法是由人类撰写的，并不断地被人类阐释。“法官是人。”麦克贝恩以略带轻蔑的口吻声称。如果这么显而易见的事实都需要声明的话——而且是以轻蔑的口吻声明——那么其原因在于被菲利克斯·弗兰克福特称为法学的“神学传统”所引发的强烈反弹。法学界的大祭司们并不否认法官事实上是人类。他们真正争论的是人性因素——不论是偏见、怀疑，还是恐惧、喜好——在司法判决中是否占有一席之地。

然而，到了 20 世纪 30 年代，任何人想坚持认为像“自由”、“财产”、“法律的正当程序”这样的宪法词汇含有某种实质意义，就更加困难了——更不要说那些让法官判决时偏向资方而有损于劳方、偏向私人利益而有损于公众利益、偏向于个人而有损于社会的词汇
49 了。几十年间，霍姆斯和布兰代斯一直在提出有力的异议意见，给这一理念带来了极大的破坏。和耶鲁大学的杰罗姆·弗兰克一样的“法学现实主义者”的攻击也对这一理念起到了类似的破坏作用。弗兰克嘲笑法官们使用“带有魔力的语言”来制造判决中连贯、清晰、不偏不倚的表象，而事实上这样的情形并不存在。卡多佐所著的《司法程序的本质》（*Nature of the Judicial Process*）一书是这场新运动的理论来源之一，该书强调，宪法中某些援引频率最高的条款意义含混不清——如正当程序条款。卡多佐指出：“这一条款的表述非常笼

统……没有给自由做出定义，自由的界限也无法确定。人们该如何知晓自由的界限？对不同时代的人来说，自由都是一成不变的吗？”

卡多佐解释道，法官的角色使他们尊重判决先例，但他们也应该将原则与现实中的新情况相结合，而最终目的是为公众利益服务。和卡多佐一样，大多数现实主义者对民主政府深信不疑。他们之所以攻击法律中的抽象主义和形式主义，部分原因在于他们试图重新实现自治的诺言，其方式是通过社会福利立法及强调事实而非法学抽象概念的价值，从而授权社会（地方的、州的、国家的）以纠正不公。不过，人们逐渐意识到，法学现实主义者对于高级法[1]这一观念的拒绝——由此，他们也否认存在任何客观的基础或绝对的道德标准来指引司法判决——使得美国政府能否成为法治政府，还是说仅仅是人治政府而已，成了一个问题。

一想到人治政府，和詹姆斯 · M. 贝克一样的传统主义者便惊恐不已。在现实主义者看来简单、不容置疑的事实，在保守主义者看来却是奸诈、几乎毫无遮掩的辩词，其目的在于建立“个人政府”——换句话说就是，独裁政权。依贝克的观点，到了法官——或总统——可以自由解释宪法的那一天，宪法也就死了。在罗斯福执政的首个百日里，在危机四伏和举国团结的氛围中，除了贝克，几乎没有人表达出这样的担忧；但是贝克态度热切，而且毫无疑问的是他的担忧也说出了其他人的心声。当众议院就《农业调整法》进行（简短的）辩论时，贝克众议员大声疾呼，指出宪法中写得清清楚楚，联邦政府无权管理农业。他说，那些提出这些建议的人正在使用民主制中的机构来推翻民主制。“德国总理希特勒，”他最后说道，“至少对此 50

[1] 高级法（higher law）并非指实际存在的具体法律，它是一个观念、一种秩序，和实在法（positive law）相对。高级法高于人间一切法律，体现了人类的共同理想，是人类发现具体法律所要遵守的普遍原则。根据美国宪法学者爱德华·S. 考文的解释，这种法区分善恶、永恒不变，所谓“某种永恒不变的、最基本的东西，它就是高级法”。

很坦率。而我们在维护宪法时只是动动嘴皮子，可最后的结果却和德国一样。”

尽管贝克很难相信，但是富兰克林·罗斯福心中确实不存有独裁的野心。“个人政府”不是他的目标。然而，从某种意义上说，他的确是用高度个人化的方式来设想政府——政府中的任何一个分支在与其他两个分支打交道时都会心存疑虑，那么加强它们彼此间的联系则能打消这种疑虑。权力制衡有意减缓——有时是中止——政府的运作。国家的缔造者们设计的是一套各个权力分支相互阻挠的体系；而罗斯福需要的是各个分支间的协同合作。抱着这样的想法，他觉得最高法院没有理由不参与到他复兴国家的计划中来。他告诉幕僚们，他在纽约州就是这么做的。他说，作为州长，他经常毫无阻碍地与州最高法院商讨。关于这点并没有明确的证据。他所想到的可能是纽约州上诉法院在某些重大问题上给予了他支持，即他与立法机构关于州预算的控制权的法律斗争。不管怎样，罗斯福认为他在奥尔巴尼担任州长的那些年非常愉快，政府的各个部门都能协同合作。他向卡多佐大法官表露了这一想法，后者曾在纽约州上诉法院担任法官，并在罗斯福当选总统不久前进入最高法院。在总统就职典礼的前夕，罗斯福给卡多佐去信，信中写道：“我与纽约州上诉法院的关系良好。正如我对您说过的那样，我希望与最高法院也能够保持哪怕一部分这样的良好关系。”

罗斯福可不是随便说说。在罗伯特·杰克逊看来，罗斯福希望与最高法院商讨应对大萧条的措施。尽管这个想法对于宪政上的三权分立原则构成了挑战，但罗斯福不认为这样做有任何不妥。“与有些人不同，罗斯福没有看到行政权和司法权之间明确的界线。”杰克逊回忆道。他也不觉得过来人的“以身试法”会束缚到自己——虽然美国历史上曾有一个总统向最高法院寻求建议的著名案例。1793

年，乔治·华盛顿正努力争取使美国不卷入欧洲的战争，他就一系
列复杂的问题征询最高法院的建议，其中包括联邦政府的权力，以 51
及美国与法国签订的条约所带来的责任与义务。国务卿托马斯·杰斐逊在给最高法院大法官的信中解释道，若华盛顿总统“能够畅通无阻地与最高法院商讨此类问题，他将会无比欣慰”，因为大法官们在这一领域的专业知识“将确保我们不犯错误以致威胁到美国的和平”。面对这一要求，当时的首席大法官约翰·杰伊在措辞委婉的回信中对于无法向总统提供建议而深表遗憾。

一百四十年后，首席大法官休斯在面对总统这一友好的建议时摆出了同样冷淡的姿态——罗斯福是通过其他大法官向休斯转达这一建议的。尽管在罗斯福的就职典礼上，休斯表示自己很荣幸“在我们伟大的美国事业中与您并肩同行”，但任何了解休斯的人都知道，这不过是客套话罢了。在其他大法官中，只有布兰代斯与总统探讨政策问题；可是他十分谨慎，对于法律案件或宪政问题闭口不提。为了不使与总统的接触显得过于亲密，大多数时候布兰代斯将弗兰克福特作为中间人。这位哈佛大学的教授表示愿意为哈伦·菲斯克·斯通提供类似的帮助，他们也是老朋友了。“时不时地你会有一些想法，希望它们能被（富兰克林·罗斯福）了解。”弗兰克福特写道：“你应该无拘无束地表达这些想法。”斯通听从了弗兰克福特的建议，偶尔他会托后者向总统转达一些他在人事上的看法（但也仅限于此）。

若问谁是这个中间人的理想人选，那一定是菲利克斯·弗兰克福特。他在政府高层中人脉极广，影响力也极大；因此，他的一些朋友说，下一位最高法院大法官提名人必定是他无疑了。弗兰克福特的家族三个世纪以来一直从事犹太教义的宣讲；到了 1933 年，弗兰克福特似乎将华盛顿的所有政府官员都变成他的信徒。“如果你问他的话，他一定会否认这一点。”《纽约时报》写道。弗兰克福特尽力不引起公众的注意，回避采访和公共演说；他更喜欢通过电话、电报

和冗长的手写书信与人交流，或者悄悄造访白宫，去往最高法院大法官的家中，以及他的“男孩们”的办公室——像汤姆·科克伦和本·科恩[1]这种被他安排至政府各个重要职位上的年轻人。这位矮小、敏捷的教授并不张扬，却活力十足，为政治、政策和法律问题提供各式
52 各样的建议。他常常轻快地走进房间，有说有笑；他说话的语速很快，带有维也纳口音，那是十二岁的他在 1894 年从那里移民到美国时就有的口音。

弗兰克福特在政府中的这一隐秘作用，使人们将他与马基雅维利、伊阿古、斯文加利、拉斯普京、黎塞留、“蟋蟀先生”吉米尼[2]等人物相提并论——《纽约客》杂志形容他为“如鸟儿般啾啾叫的小个子良心守护者”。按此推论，富兰克林·罗斯福便是匹诺曹，是蟋蟀先生那位“个子高大、无忧无虑、热爱冒险的朋友和主人”。弗兰克福特认识罗斯福已超过二十年——他们的友谊始于国家战争海军大楼那些形如棋盘的大厅，当时正值一战前夕，两人同在威尔逊政府中任职。随着时间的流逝，富兰克林·罗斯福越来越倚重弗兰克福特。除了那些没完没了、毫无用处的奉承话以外，弗兰克福特为总统提供了关于新政政策的建议，并且日渐与总统分享他对于最高法院大法官的偏好与个性的看法——这些大法官则通过他以了解这位时常令人费解的白宫主人。

这种秘密的交流方式与弗兰克福特关于司法独立的信念并不抵触。相反，如同他曾经说过的那样，将政府权力分散至三个分支不

[1] 汤姆·科克伦和本·科恩即后文提及的托马斯·科克伦（Tomas Corcoran）和本杰明·科恩（Benjamin Cohen），二人均是罗斯福的主力顾问。

[2] 马基雅维利（Niccolò Machiavelli）是意大利学者及外交官，著有《君主论》，主张为达目的可不择手段的“政治无道德”权术思想；伊阿古（Iago）是莎士比亚戏剧《奥赛罗》中的阴谋家角色；斯文加利（Svengali）是英国小说《软毡帽》（*Trilby*）中的邪恶音乐家；拉斯普京（Grigori Rasputin）是俄国沙皇尼古拉二世十分信任的“神僧”；黎塞留（Cardinal Richelieu）是路易十三时期的法国宰相；“蟋蟀先生”吉米尼（Jiminy Cricket）是童话《木偶奇遇记》中的角色。

是“严格的法律原则……允许法院行使的功能是国会所制定的；一个事项被法院撤回又被行政机构授权……若机械地理解和执行三权分立的原则，那么现代政府将无法运作”。

与大法官们的建议相比，罗斯福真正需要的是他们的首肯：当新政的各项计划不可避免地受到法律上的质疑时，他需要大法官们对新政的支持。在 1933 年那个举国齐心的不寻常的时刻，可以想象，大法官们和其他所有人一样，都想贡献出自己的一份力量。法官也是人；毫无疑问，面对国家正在经受的如此程度的危难，他们不可能无动于衷。一些下级法院的法官不能无动于衷：华盛顿特区最高法院的法官在早前一个有利于《全国工业复兴法》的判决中引述了一个古老的格言：“人民的安危是最高法律。”并且补充道，在危急时刻，“对所有法律的解读都应该以必要性为准绳”。

还有迹象表明，一些联邦最高法院大法官可能从“司法认知”[1]的角度来关注曾被布兰代斯称为的“比战争更严重的紧急情况”。就 53
在罗斯福就任总统的几个星期之后，最高法院对联邦反托拉斯法做出了异常宽松的解读，允许一百多家煤炭公司合并产量，进行联合销售。休斯在其撰写的多数派判决意见中强调这个企业合并行为所起到的公共作用——“帮助缓解萧条的产业”，并消除原始的竞争方式所带来的“邪恶行径”。几个月后，在迪尔菲尔德学院毕业典礼的演说中，休斯再次表达了自己对广大的新政受益者的关心。这听起来和二十五年前那位满脑子想着改革的州长有点相似——与罗斯福本人的观点并没有太大差别——休斯认为，纯粹的个人主义早已属于过去的时代。“我们无法自己拯救自己，”他声称，“除非我们先拯救了社会。没有人可以独自前行。”

---

[1] 司法认知（judicial notice），指法庭承认和接受众所周知、没有争议的事实，无需当事人对该事实进行举证。

所有这一切都表明，最高法院如同《时代》周刊所评论的那样，“对于国家中正在发生转变的经济思想并非毫无反应……新的观点如同宇宙射线一样能够穿透那超然客观的古老壁垒”。过去刚刚发生的一切似乎证实了这一判断。在过去几十年中，当改革的浪潮涌起时，最高法院所做的是尽量使其减速，而不是彻底将其扼杀。在大多数学者看来，到了 1933 年，最高法院——尽管这些年受保守主义的主导——有足够的判决先例来支持罗斯福有可能提出的所有提案。

从历史上看，最高法院——不论是出于司法克制主义，还是出于对民意的尊重，抑或是出于自我保护的本能——在大部分情况下都选择了将反对声降至最低的路径；现在，看起来最高法院有可能再次采取同样的路径。在 1933 年 6 月结束的最高法院开庭期中，多数派支持了从农业设备到煤气价格等多个领域的州级法规，在过去最高法院可能会判定这些领域不属于政府的管辖范围。这些判决涉及的是各州的权力，而非联邦权力；但对罗斯福政府来说，这是个好消息。霍默·卡明斯在美国律师协会的一次聚会上说：“在处理特定案件时，我确信如霍姆斯大法官所言，最高法院将会‘遵循我们整体生活中的原则，而非仅仅依照一百年前的先例’来考虑问题。”在 1933 年上半年，许多人都对法院抱有相似的信心。

54 “将新政交由最高法院来判断！”《新共和》杂志在那年秋天要求道。如其所显示的那样，若最高法院也抱有为国家效力的想法，那么现在就该趁着最高法院的热情还未退却，敦促其做出判决。人们普遍认为，新政律师将很快通过一些测试案件[1]来确立这些具有革新意义的新法律的合宪性，以免它们被人肆无忌惮地轻视或破坏。前几届政府也采用过这种积极诉诸司法诉讼的方式，它需要找出和

[1] 测试案件（test case），用于试验某些具体法律原则的案件。

起诉那些最为坚定的新政反对者，精心设计无懈可击的案件以呈现这些宪法问题最有利的一面，并展开速战速决的听证会。

但是等到1933年底，上面所提及的事情一件都没有进行——对于一个行动历来积极的政府来说，如此被动实在是一反常态。时间一个月一个月地过去，而政府却未能迅速地采取任何诉讼行动，情况变得越来越尴尬，为新政蒙上了一层阴影，而反对者和批评者却日渐大胆。如此一来，通过新闻界、政府和企业界的渲染，一种看法流传开来——罗斯福政府之所以如此迟疑不决，是由于缺乏信心。《新共和》杂志评论道，"对于新政的法律辩护情况不妙"，这在"华盛顿已是公开的秘密"。其他人（包括斯通）对司法部颇有怨言，认为其极度缺乏法律人才。卡明斯在民主党全国委员会效力了二十五年后，有许多政治上的人情要还，其数量和他手头目前可以提供的司法部职位相比，只多不少。德鲁·皮尔森和罗伯特·艾伦声称："任何时候，只要一名有过功劳而又在别处寻不到职位的民主党人找到卡明斯，他都会帮忙。"德鲁·皮尔森和罗伯特·艾伦正为一个读者众多的报纸合写专栏文章。他们还说，任命J. 克劳福德·比格斯为首席政府律师——在联邦最高法院为案件辩护的主要官员——是为了报答一名参议员和一名内阁成员，这一任命使新政派感到"十分……恶心"。

从某种程度上来说，罗斯福政府根本没做好准备便匆忙施政了。首个百日过后，是第二个百日，然后是第三个百日；国家仍深陷大萧条的泥沼，这使得通过新的复兴措施依然比在法庭上检测其合宪性更显重要。此外，对于司法诉讼行动的拖延之举，还有一种策略上的理由：政府官员们认为，过些时日，待到《全国工业复兴法》和《农业调整法》的效果显现，其说服力自然胜过任何法律上的辩论。他们希望这些计划的成功能够自证其合法性——或者，至少能巩固其 55
自身地位，使任何大法官在考虑将其废除时不得不三思而行，以免引发广泛的愤慨、动乱，甚至是恐慌。

换句话说，官方对于司法诉讼的态度是尽量回避。当一起有关全国复兴总署的案件被最高法院列入日程之后，卡明斯提议将其往后推延。大法官们同意了，这让他松了一口气。“我们在最高法院依然有好运气。”卡明斯在一张匆匆写给罗斯福的便条中如是说。菲利克斯·弗兰克福特与他们一样，认为新政是合乎宪法的；同样，在检测新政措施的合宪性问题上，他也十分不情愿。他问一名在此问题上立场坚定的法学院学生：“在确定得到正确的判决之前，你为什么这么迫切地寻求一个答案？”作为一个异常近距离观察最高法院的旁观者，弗兰克福特没有发现最高法院有任何根本变化的迹象。“最高法院的判决……可能会使我们的努力毁于一旦。”他提醒另一位倡导最低工资法案的同僚——在最近几十年中，这一立法已不止一次被最高法院推翻。“在我看来，对这些判决采取漫不经心的态度；同时抱着这样的想法，希望最高法院自身有所变化，或时代的变化促使最高法院更加自由化，都是愚蠢至极的做法；而尤其愚不可及的是期望九位大法官中的多数派能够颠覆现状。我敢担保，在休斯主持下的最高法院，任何这类希望都不可能实现，更别说其他更为保守的大法官了。”

尽管如此，拖延司法诉讼的代价仍然十分高昂。尤其是《全国工业复兴法》的合宪性，这一问题得不到解决给全国复兴总署的运作带来了十分负面的影响。休·约翰逊将军是全国复兴总署的负责人，从许多方面来说他是华盛顿最不受拘束的人了：他要么拼命工作，要么饮酒作乐；或者大发脾气，挑起争端；甚至还发起了一场声势浩大的运动。然而，尽管约翰逊看上去盛气凌人，充满自信，但他还是自我感觉像只纸老虎。他对《全国工业复兴法》的基本条款抱有深深的怀疑。若要使《全国工业复兴法》的条款起作用，很显然政府需要权力来执行这些条款。约翰逊提前看到了这一点，申请并得到了“强有力的许可权”——事实上，就是关闭任何不遵守《全国工业复兴法》的企业的权力。甚至在该法获得通过之前，约翰逊就已经断定其权威性缺乏宪法基础——正如查尔斯·怀赞斯基曾经向弗兰克福特抱怨的那样。

于是，从一开始，《全国工业复兴法》就不过是虚张声势而已。这一法律缺乏约翰逊能够相信的权威性，他意识到，若该法“背后 56
没有强大的民意支撑，则完全无法实施”。因此，他全身心地投入到制造民意的活动中去——实际上，就是希望能够威慑所有的企业，使它们遵守《全国工业复兴法》。这样一来，原先只不过是工业与政府间合作的一种手段，现在在约翰逊的指挥下变成了一场全民运动。他声称：“不加入我们就是反对我们。”全国复兴运动不仅是一项政府计划，更是一种精神再生，一场政治运动和战时动员。人们为这场运动谱写了大量的歌曲，并举行了数不清的公共集会和游行——包括纽约有史以来规模最大的一场游行，差不多有二百万人游行通过第五大道，或沿着第五大道站立围观。全国复兴总署的标志，那只令人生畏的蓝鹰，及其口号“人尽其责”，在一段时间里，几乎和美国国旗和印在美元上的“我们信仰上帝”那句话一样随处可见。凡是遵守《全国工业复兴法》的企业，其生产的产品或店铺前窗上都会贴上蓝鹰标志。《纽约时报》和其他大多数报纸的报头印上了蓝鹰标志，流行杂志的广告页面上也出现了蓝鹰的身影。举例来说，1933 年 10 月，《星期六晚邮报》的读者会在报纸的好几个版面上看到通过全国复兴总署批准的广告，如杜欧福德牌“健康内衣”、门能牌薄荷泡沫剃须膏，以及舒伦·芬恩弗莱克斯牌无框眼镜减震零件。毫无疑问，每一个做广告的厂商都在各尽其责。

在整个运动期间，罗斯福一直在以惊人的速度批准法规，希望等到《全国工业复兴法》被告上法庭的那一天，面对法官们的将是既成事实。这样做不啻于赌博，但确实是唯一的办法了。而且在一段时间里，这个办法看起来似乎挺管用。一个行业接着一个行业加入到支持复兴运动的队伍中来。在 1933 年 9 月，总统一个星期签署几项法规；到了年底，总统一天便要签署两项法规。尽管如此，在一些观察者看来，很显然所有这些举动并不是源于政府的勇敢，反而证明了政府的软弱："这是本届政府最根深蒂固的弱点之一。"《新共和》杂志在 11 月评论道。这恰恰是约翰逊曾经对全国复兴总署的前景所抱有的忧虑，现在罗斯福也有了同样的忧虑。

在罗斯福的圈子里，春天时人们那种无忧无虑、信心满满——或骄傲自大——的模样已经再也看不到了；到了秋天，人们变得日益不安。政府开始准备不仅要在最高法院打一场硬仗，而且要与整个联
57 邦司法系统来一场正面冲突。1933 年 11 月 8 日，卡明斯递给总统一份关于"在我们的联邦法院中现存的政治结盟"的详细报告。这份备忘录一一列举——一个一个管辖区、一个一个法官，从最高法院开始，逐级往下，直至治安法院、索赔法院、关税和专利上诉法院——以显示反对新政的人到底有多少。"我敢保证，您一定会觉得（这个）非常有意思，"卡明斯断言，"您能看到，在列举出的两百六十六名法官中，只有近三成是民主党人。"

在竞选总统时，罗斯福曾经指责共和党人"控制"了最高法院的大法官席位。这一点一目了然：七位大法官是共和党人，两位大法官是民主党人。可现在，在司法部长的帮助下，罗斯福能够了解这一控制延伸到了何种程度，而想要公平地审判新政又是何等困难。

不是所有的新政派都对前景担忧。许多人怀疑，最高法院是否胆敢惹怒总统——或是广大的民众。罗斯福的声望很高；经济危机依然很严重；民众对于全国复兴运动的热情虽说不是自发形成的，但也表明了美国人民是坚决支持改革的。一位法学教授在《民族》杂志上撰文，嘲笑最高法院除了批准新政以外，"没有权力"做任何事情。

他宣称:“革命已经到来。理所当然的,最高法院也会随之发生革命。”假如最高法院不发生革命呢?这位教授做出了不详的预测:“国会和总统将会运用备用权力来‘填塞’最高法院——也就是说,任命更多的大法官以确保在最高法院拥有一个有利的多数派……最高法院从前曾经被填塞过……现在有可能再次被填塞,对此没有什么好惊讶的。”

的确,大法官的人数不是神圣不可变更的。事实上,宪法就此未做任何规定。最高法院的大法官人数由国会决定,而且正如伍德罗·威尔逊曾经写的那样,“只要国会愿意”,大法官人数随时可以变化。英国历史学家和法律学者詹姆斯·布赖斯在研究美国政治制度的经典著作《美利坚共和国》中指出,美国的国父们对于确定大法官人数这一问题,“要么是忘了,要么是不愿谈及”;其原因可能在
于一个不断成长的国家不久将会需要更多的法官,不论是最低级别 58
的法院,还是最高级别的法院。然而,这种情形会招致权力的滥用。布赖斯写道:“这个问题是一个软肋,是法院盔甲上的连接点,总有一天武器会从这里将盔甲刺穿。”

1789 年,国会将最高法院的大法官人数设定为六位,直接对应六个联邦巡回法院。1801 年,国会将这一对应取消,大法官人数降至五位。在随后的七十年间,国会不时增减最高法院的大法官人数——有时是为了应对最高法院的司法管辖权,但更多时候是总统与国会间权力斗争的借口。詹姆斯·麦迪逊、詹姆斯·门罗、约翰·昆西·亚当斯和安德鲁·杰克逊都曾经试图说服国会增加最高法院的大法官人数;但无一成功,因为国会拒绝授权他们任命大法官。直到 1837 年杰克逊总统任期的最后一天,国会才将大法官人数增至九位;接着,在 1863 年又增至十位,以确保最高法院支持亚伯拉罕·林肯的战时政策。

伴随着总统与国会间的权力斗争,最高法院大法官的人数时而

增加，时而减少。1866年，当安德鲁·约翰逊提名其司法部长填补最高法院的一个空缺席位时，国会立即取消了该席位——并且，在另一位大法官退休后，也随即取消了空缺出来的席位。就在同一年，共和党人严厉谴责最高法院关于“米利根案”（*Ex parte Milligan*）[1]的判决，该判决质疑对南部军事占领的正当性；人们由此担心，最高法院将会推翻内战后重建时期的整套法律体系。面对这一情形，《哈泼斯周刊》声称：“应该彻底重组最高法院并增加法官人数……重组最高法院可以被视作为极端的手段，只有在最不同寻常的情况下才能采用，正如有的时侯……法官们会故意与大多数美国人民的意愿作对。”对于这一观点国会并不支持，两党的议员都指责其“可耻地、不顾一切地”企图“扩充”最高法院。

然而，这一观点带来的威胁始终挥之不去——正如布赖斯曾经预见到的那样。当布赖斯回顾这场争议时，他写道：“显而易见，这个方法有可能会进一步地被加以利用，其结果将会十分危险。”若国
59 会和总统——两者间争执频发——联合一致反对最高法院，那么，布赖斯问道，有什么办法可以阻止他们填塞最高法院吗?

> 阻止的办法不是政府机制……不是国会和总统的良知，因为争斗正酣的人总是用结果来证明其手段的正当性。人民拥有良好的判断力，看重宪法的重要原则，只有依靠对于人民的敬畏才能谴责这种极其错误的做法……我们迟早都要接近人民：设计巧妙的政府体系，其稳定性最终正是依靠人民的智慧和自制才能实现。

[1] 米利根案：1864年，印第安纳州联邦军队逮捕了兰丁·米利根等三人，指控他们意图勾结南方叛军谋反，并在军事法庭上判处他们死刑。1866年，最高法院以五比四的结果改判米利根无罪释放。多数意见认为军方对米利根没有司法管辖权，无论是平时还是战时，“在所有的时候，在所有的情况下，所有的人都受到宪法保护之盾的庇护”。

到了1933年，这一威胁似乎很遥远。为了司法效率起见，国会在1869年恢复了原先取消的两个最高法院大法官席位，大法官人数于是增至九人。随后，这一人数便固定了下来。等到富兰克林·罗斯福就任总统时，这一人数已经有差不多六十五年没有变化了。和过去一样，这一人数的决定权在国会手中；但是在绝大多数美国人的记忆中，最高法院的大法官人数一直是九人，既没有多于九人的时候，也没有少于九人的时候。

4月，一名来自伊利诺伊州的选区委员在给罗斯福的信中谈到了一个想法。他写道，对于新政的反对正日益增强，可能很快会“迫使我们采取便捷的途径。如果最高法院的大法官人数可以增加至十二人的话，那么也许不用费什么劲，宪法就会变得十分灵活”。罗斯福让他最亲近的幕僚路易斯·豪写信回复这名选区委员，感谢他“热心提供建议”。尽管如此，还是没有迹象表明罗斯福认真考虑过这个建议。虽然《文学文摘》认为关于填塞最高法院计划的传言是从“总统的亲密圈子”里传出来的，但是卡明斯、伊克斯和其他幕僚的日记里都没有透露出这类想法。专栏作家马克·苏利文声称：“这类建议和总统真正所想的相距甚远。”他这么说几乎没错。

第4章　消逝的光

“今天下午我和你们的母亲，还有其他大法官和他们的妻子，将会受到总统和总统夫人的接见，”哈伦·菲斯克·斯通在总统就职典礼结束后不久给他的两个儿子写信提到，随后又暗有所指，“我不确定宪法的哪根柱子将会倒掉。我们中的有些人似乎是这么想的。” 60

在罗斯福担任总统的第一年里，当司法系统缓慢地通过新政的各项计划时，大法官们除了处理其他事务外，只能坐观事态的发展——心中或是充满热情，或是焦虑不安——与此同时，新任总统却在全国进行着大刀阔斧的改革。威利斯·范·德文特对此的反应很能代表最高法院保守派的态度。他一度对关闭银行的做法持支持态度，自称对罗斯福的这一举措“非常满意”。就在总统就职典礼结束之后，范·德文特在给妹妹的信中写道：“看起来金融事态完全在掌控之中。”并且补充道：“总统采取了一种非常勇敢的处理方式。”然而，仅仅在几个星期之后，他就表现出了疑虑。“一些后续的措施看上去并不太合理。”他告诉一位朋友，“我很担心，我们的债务将越积越多，一百年都还不清；而且制定的这些计划根本就无法实施。”

相比之下，詹姆斯·麦克雷诺兹对此则抱以彻头彻尾的悲观态度。尽管他在写给弟弟的信中承认“新任总统很显然做出了一些突
61 出的成绩”，但又急忙补充道，罗斯福的“农业救济计划看上去简直就是疯了，如果将其变成法律，没人知道会发生些什么事。我希望国会能够理智些。罗斯福提出这一计划，这个事实本身就说明他头脑有问题——而且不够稳重”。麦克雷诺兹时常指责罗斯福能力不足。“我认为这位国家首脑完全不称职。”他在给弟弟的信中写道，“那些本应该起到领头作用的人也是如此。他们全都是些蠢货！”他随后做出了不祥的预测，认为美国将会遭遇另一场重击。

布兰代斯对新政则要乐观得多。这是意料之中的。在美国，再没有人像路易斯·D. 布兰代斯这样为社会改革和社会公正而费心费力；他长期从事这类工作，且成效显著。在 1916 年被威尔逊任命为最高法院第一位犹太裔大法官前，布兰代斯是一名在波士顿干得风生水起的商业法律师，曾赢得过“人民的律师”美誉——他与不公和腐败现象做斗争，常常分文不收，并以令人信服的强有力论据坚称：法官在审理案件时，不仅要依靠法律准则，更要依靠现实中的社会经济数据。在 1908 年的“穆勒诉俄勒冈州”（*Muller v. Oregon*）[1] 一案中，布兰代斯出现在最高法院，为一项限制工厂和洗衣店女工工时的州法律作辩护。布兰代斯不仅以九比〇的结果赢得该案——这是一项了不起的成就，因为当时最高法院大多数时候并不支持改革——并且因此创造了一个在法庭上为改革措施辩护的具有持久生命力的范本。他为该案所写的案情摘要（人们称之为“布兰代斯摘要”），其中用两页回顾了法律先例，而关于超长工时对于“女性健康、安全、道德和总体福祉”的毁灭性后果的证据（医学报告、心理学

[1] 穆勒诉俄勒冈州案：1908 年，美国俄勒冈州制定了一项限制女性工作时间的法律，工厂主穆勒对此提起诉讼，称该法“侵害了联邦宪法所规定的契约自由原则，因而构成违宪”。

研究结果等）则超过一百页。布兰代斯坚持认为，只能在这一背景下评判俄勒冈州的法律。《新共和》杂志在 1916 年评论道：“在他这一著名的辩护之前……关于社会立法的法庭辩论实际上都是在真空中进行的；人们将社会立法视作抽象的问题，与一个有着工厂、劳工、工会和钢铁托拉斯的现实世界没有任何关联。”

到了 1933 年，布兰代斯早已远离人们的指责与批评。很久以前，他就使那些反对提名他为最高法院大法官的人闭上了嘴——除了其他的批评以外，这些人指责他身为一名热情洋溢的律师，缺乏“法官所必需的气质”。如今，随着越来越多的社会和经济方面的证 62
据被运用到法庭辩论中，他的法律理念似乎占据了主导地位；国家在 1929 年发生的大部分事情都被他预测到了；他的信徒遍布新一届的政府；总统本人也热切地寻求他的建议，并时常依此制定政策。对那些为新政工作的律师来说，布兰代斯是一位英雄，一位道德楷模，并且不止于此。一名年轻人在见到布兰代斯大法官后说道：“这是我距离上帝本人最近的一次。”甚至像伊克斯这样喜怒不形于色的人也不得不承认，在他首次见到布兰代斯时，他感觉“仿佛正匍匐在一位伟大的古代先知脚下”。布兰代斯髭须灰白，语气庄重，使得人们联想到上述的形象。包括罗斯福在内的许多人称他为“老以赛亚”[1]。其他人则注意到他与林肯（他的叔叔曾帮助林肯获得 1860 年的总统候选人提名）的相似之处：他们都有深陷的敏锐双眼和微微驼背的瘦长身材，他们在饱经风霜后都积淀了深厚的智慧，一举一动都充满魅力。

尽管如此，布兰代斯从一开始就对新政的主要内容深感不安。他在给弗兰克福特的信中写道，虽然“许多具体的措施都非常不错”，

[1] 以赛亚，《旧约》中记载的希伯来先知。

但是他常常将罗斯福的改革称为“精巧的把戏”[1]。早在1933年夏天，他就判断“这里的情况不太妙”。尤其是《全国工业复兴法》有“很大的麻烦”。几个月后，他看到“有证据显示……这种‘精巧的把戏’（包括《全国工业复兴法》和《农业调整法》）正在产生阻碍国家复兴的后果”。

布兰代斯终其一生对于“大”的事物有着极高的警惕，而新政正是快速朝着这个方向发展。首先，布兰代斯信任的是个人、家庭农场主、小企业家、地方社区——他认为，在工业联合的时代，所有这些人都面临着灭顶之灾。他不像西奥多·罗斯福那样认为大企业是机器时代不可避免的产物。当新国家主义者希望驯服并控制工业联合体的力量时，布兰代斯这位帮助威尔逊构建了“新自由”理念的人，却提出要打破垄断、恢复竞争。“权力，”他说，“必须永远受到权力的遏制。”他认为任何一种不受限制的权力——不论是私人的还是公共的权力，不论是资方的还是劳方的权力，不论是立法的、司法的还是总统的权力——都是对个人自由的威胁。因此，他对《全国工业复兴法》没有一丝好感。这一法律不仅将权力集中于
63 总统之手，而且取消了某些反托拉斯法，允许甚至要求企业共同制定行业准则。

布兰代斯告诫罗斯福智囊团的一名成员，“大”在任何时候都意味着糟糕。“将绝对的权力赋予某一个个体，这太可怕了。”他向弗兰克福特悲叹道。他认为，罗斯福“一贯正确”的感觉潜藏着巨大的危险，其代价是试验失败、机会丢失、“反动分子”的胆子越来越大。布兰代斯还在给女儿的信中写道：“假如上帝真的想让一切都变得更大，那么他应该让人类也变得更强大——更强大的头脑，更伟大的人格。”

[1] 此处的“精巧的把戏”为德语“Kunststucke”。

“我猜想，您肯定知道，（斯通）对于当下的重要问题怀着真正的同情，”在总统就职典礼结束后不久，弗兰克福特告诉罗斯福，“他是最高法院最可靠的自由派之一。”

这么说没错——尽管斯通并没有因此成为新政派的一员。哈伦·菲斯克·斯通是新罕布什尔州切斯特菲尔德一名农场主的儿子，他本人看上去也与农场主无异——宽肩、宽额、方下巴；尽管家庭富裕，社会地位高，他的穿着却很朴素，常常戴着一顶新英格兰地区特有的圆锥形帽子——和打扮一样，他在为人处世上也保持着适当的节制。斯通和卡尔文·柯立芝在阿默斯特学院相识，在将近十年后被后者任命为最高法院大法官；而在此之前的多年间，斯通一直担任哥伦比亚法学院院长，并短暂地担任过司法部长——这些年来，他一直是一名忠实拥护共和党的北方人。在经济政策上，斯通颇为传统，与胡佛的差别不大，而后者也被他视作密友。从本质上来说，斯通是一位个人主义者，他认为现存的社会秩序十分合理，无需太多改进，更别说那些社会改良家和空想家所提出的改进。

所有这些使斯通在开始时站到了最高法院的保守派一边。当斯通于 1925 年进入最高法院时，他便和其他几位保守派大法官常被首席大法官塔夫脱邀请在星期日下午去家里做客。那时，斯通跟随这些保守派大法官加入了最高法院的多数派。然而，没过不久，斯通就发现，他与保守派同僚之间在基本的法律问题上存在深刻且常常十分严重的分歧。于是，他便加入了霍姆斯和布兰代斯那一边，成为最高法院的异见派。与霍姆斯和布兰代斯一样，他对教条有着天 64
生的怀疑和厌恶。而面对那些坚持宪法的意义在于静止不变、表述清晰及便于运用的观点时，斯通也和霍姆斯和布兰代斯一样愤怒。此外，当州立法机构通过的社会和经济改革法案被最高法院多数派推翻后，斯通也常常对此表示强烈的反对；在他看来，最重要的是司法克制。

尽管如此，斯通的一名助理后来也很好奇，假如保守派“能力更强，更富有个人魅力”的话，斯通是否会留在他们的阵营里。麦克雷诺兹曾试图挽留斯通，要求他从“雾霭”中走出来，并且“停下来，仔细看，仔细听”，以免“无意中帮助”了自由派。然而，斯通之所以离开保守派，根本原因不在于保守派大法官的个人魅力不够，而在于斯通与保守派之间在世界观上存在冲突——斯通的世界观正在发生着变化。大萧条动摇了他对于不受束缚的个人主义的信仰。“个人仅在物质上的收获可能算不上是对社会做贡献了，放在以前人们还不这么认为。”他反思道。斯通渐渐开始相信，商界领袖是“资本主义真正的敌人”，他们严重背离了公众对他们的信任。“或许我们这个时代最令人惊诧的是，那些与我们目前体系休戚相关的人对这一体系中存在的弊病居然视而不见。”他在给弗兰克福特的信中写道。他甚至承担起了劝导老朋友胡佛的任务。“这些问题，”他劝说这位前总统，“不能用抽象的 18 世纪的个人主义哲学来解决，因为这种理念无法完全适用于 20 世纪的国家。”

这一次，斯通依然没有变成新政派的一员。对这个包括总统本人在内的派别，他仍然十分谨慎。“我当然希望他一切顺利。”在罗斯福执政的首个百日之初，斯通在给儿子们的信中写道。但是很快，他就强烈谴责起这些情形来：总统权力的扩张、对“重大”而未经检验的措施的匆忙实施、授予新设机构宽泛而模糊的权力，以及对于国会和共和党显而易见的抛弃。新政让斯通颇为气馁，而休斯的专横则让他十分恼怒——休斯只让他为无足轻重的案件撰写判决意见；两相作用下，斯通变得十分消沉，在他的一名助理看来，他陷入了“深深的沮丧之中”。他打算离开最高法院，重操律师旧业。3 月，他在给胡佛的信中写道：“我想念过去的那些伙计。”并补充说，一切都进展得太快，自从总统就职典礼之后仿佛已过去几十年，而不是才短短的两个月。“过去的那些人差不多都已离开华盛顿，只有斯通一家留了下来，就像是树上仅存的最后一片叶子。”他过去常常和胡佛在 65
白宫草坪上扔的那个实心球，现在就放在他的办公桌上，成为另一个时代的纪念物，看了只叫人心生难过。

但好在斯通的适应能力很强。等到秋天来临时，他已经完全适应了在新一届政府下的生活。他的社交日程表安排得满满当当；而且禁酒令即将被废除，他又可以尽情享受葡萄酒，在这之前，他早已预定了许多葡萄酒，他那藏品一度十分丰富的酒窖将逐渐恢复往日的盛况。更重要的是，在经过最高法院漫长而宁静的休庭期后，斯通已准备好面对国家最为紧迫的问题。“我们每天感受着黄金充公、《全国工业复兴法》等议题在政治和政府治理上带来的冲击。”在开庭期伊始，他在给儿子们的信中写道，并补充说——他那惯有的不动声色的语调都无法掩饰其中的兴奋之情——“我猜想，有些议题最终将会交由最高法院来裁决。”

那年秋天，最高法院审理了斯通认为的“与‘新政’有关的第一起案件”。事实上，这起案件事关明尼苏达州的一项州法，并非某项新政措施；但无论是在理念还是在目的上，这项州法都与罗斯福新政的主要内容十分相似。当时农业地区的人们已经走投无路，农民丧失抵押品赎回权的情况屡屡发生，这起案件正是与此相关。1933 年 4 月，在几千名农民的要求下，明尼苏达州立法机构通过了《抵押延期偿付法》，允许经济困难的房屋所有者到法院申请延期偿付。约翰 · 布莱斯德尔便是众多经济困难的房屋所有者之一。一位法官给予他两年的抵押延长期，大大降低了他每月所须偿还的金额。因此，布莱斯德尔的贷款方“房屋建筑与贷款协会”提起诉讼，声称《抵押延期偿付法》违反了美国宪法第一条第十款第一项，该项禁止各州“损害合同所规定的义务”。当明尼苏达州最高法院判决支持布莱斯德尔后，房屋建筑与贷款协会将该案上诉至联邦最高法院。

当休斯此前还是联邦最高法院的大法官时，在捍卫州权以对抗服务于公共利益的合同方面，他比其他任何同僚都走得远。但是，那些案件都与公共事业的合同有关——比如铁路和电话线路等——而不像约翰·布莱斯德尔和房屋建筑与贷款协会之间签署的这类私人合同。这起案件给了自由派一丝希望，可他们并没有太大的信心。《哈泼斯杂志》在回顾休斯作为联邦最高法院首席大法官的判决记录
66 后，做出了如下判断：“在目前的危机中，想要支持新政的革新性，不能……指望他。他既不具备现实主义的洞察力，也不具备非同寻常的远见。”

然而，在“布莱斯德尔案”（*Home Building & Loan Ass'n v. Blaisdell*）的判决结果公布之后，人们却认为这两者休斯都具备了。1934年1月8日，休斯与布兰代斯、卡多佐、罗伯茨、斯通一起肯定了明尼苏达州最高法院做出的判决。休斯用洪亮的声音宣布：《抵押延期偿付法》有效。他谈到“必须为个人权利和公共福利之间的合理妥协找到依据”。几乎在三十年前，当他担任纽约州州长时，休斯曾经多次说过同样的话；但现在他不仅仅是说说而已——现在这是命令。“现在的问题不再单单是契约双方之间的对抗，而是使用合理的方法来保护一种经济结构，我们所有人的利益都有赖于这一经济结构。那些认为此公共需求在百年前不被理解，或者坚持认为宪法条款在过去意味着什么、在现在依然意味着什么的观点，都无法解决当下的问题。”休斯继续说道，他在这里所用的语言大多取自卡多佐。

休斯将宪法形容为一件灵活、适应性强的工具。他承认，宪法的某些条款规定得非常具体，向法官们做出了明确无误的指示。可

是其他条款——如关于契约的那一项——仅仅是“一个宽泛的大纲”，这意味着“必须加入细致的内容”。因此该项条款在正常时期有一种（严格的）解读方式，但是在紧急时刻有另外一种（更加自由的）解读方式——这是休斯论点的核心所在。而现在很显然已到了紧急时刻。在这段最常被人们引用的判决意见里，休斯写道：“虽然紧急时刻本身不会创造权力，可是紧急时刻为权力的运用创造了条件。”换句话说，大萧条没有给国家带来新的权力；但是，大萧条使立法者能够使用一直以来存而不用的权力。或者，如休斯在 20 世纪 20 年代曾经说过的那样，“在面对公共紧急情况时，立法机构可能会采取一般看来超出其宪法权限的行动……不同寻常的紧急状况足以成为临时采用权宜之计的理由。”这有助于使人们理解，为什么休斯在撰写“布莱斯德尔案”的判决意见时，要尽力强调明尼苏达州相关法律的“临时性和受条件限制的性质”，该法律的有效期只有两年。

休斯预料到持异见的大法官会抱有何种观点，因而在判决意见 67
的结尾部分宣称：“有人认为（合同）条款被曲解了，我们认为这种观点是没有任何依据的。”恰恰相反：最高法院的多数派“试图防止对于该条款的曲解，而其方式便是将该条款作为一种手段来限制州保护其根本利益的能力”。他最后补充道，再次重复了卡多佐的观点：“这一发展结果来自先辈们播下的种子。”

乔治 · 萨瑟兰撰写了异议意见。萨瑟兰面容苍白，身材瘦弱，说话轻言细语，在一些观察者看来，他更像是一名法语教师，而非一名法官。在上世纪 20 年代和 30 年代的最高法院里，萨瑟兰是一股安静的力量。总体而言，他对待同僚谦和有礼，能在容忍异己的同时坚持己见。“萨瑟兰性情温和，这使得他的意见愈发能达到预期的效果，”专栏作家德鲁 · 皮尔森和罗伯特 · 艾伦评论道，“他可以将毒药包裹于甜言蜜语之中。”

萨瑟兰1862年出生于英格兰，从小在犹他领地长大，在那里他接受了摩门教的观点，即宪法是受上帝启发而作的，而且，正如布里格姆·扬[1]曾经预言过的那样，有一天宪法的命运将会“悬于一线”。尽管萨瑟兰本人不是摩门教徒，但是当他在共和党内步步升迁之时却对这一信念坚信不疑。在担任联邦参议员时，他一度支持西奥多·罗斯福的改革计划，可很快便对改革者失去耐心，并用他特有的安静且热烈的方式指责他们是“一群平易可亲却离经叛道的预言家，喜欢发表一些神神秘秘的言论”，并且“追逐新鲜而未经试验的事物”。在萨瑟兰看来，“令人生疑的试验”或“控制人民的狂热”既不能为公共利益服务，也不会给宪法带来任何益处。英国历史学家詹姆斯·布赖斯将萨瑟兰描述为“活的宪法之声”，但若真如此，这将是一部限制重重的宪法。当哈定总统于1922年任命萨瑟兰为最高法院大法官之后，后者便开始捍卫宪法使其不受任何形式的侵扰，并成为最高法院保守多数派的思想领袖。

如今，在最高法院占据主导地位达十年之后，萨瑟兰不会那么顺从地成为少数派。在“布莱斯德尔案”的异议意见中，他一反常态地表达了嘲讽、挖苦与大难临头之感。他在开头就写道，《抵押延期偿付法》已经够糟糕的了，但与多数派意见所造成的破坏相比，这项法律的破坏性显得“微不足道”，“针对宪法所具有的种种限制，
68 严重而危险的侵袭……几乎肯定会接连而至”。他将多数派比作一群“在森林中迷路、不知所措的旅行者”，他们在森林中兜着圈子，却认为自己走的是一条笔直的路。对于休斯所声称的“紧急时刻为权力的运用创造了条件”，他不予接受，甚至大加嘲讽。对萨瑟兰而言，宪法有着连贯一致——而非依情况而定——的意义。“宪法不是在某

[1] 布里格姆·扬（Brigham Young，1801—1877），又译杨百翰，摩门教第二任首领，同时身兼犹他领地总督。

一个时候具有某种意义，然后在另一个时候又具有某种完全不同的意义，”他尖锐地补充道，“如果在可以满足心意时支持宪法条款，又在无法满足心意时便不支持宪法条款，那么还不如干脆将整部宪法废除。”

言已至此，本已足够。这份异议意见在当时极具震撼性，以至于布兰代斯都对萨瑟兰说（但同时拒绝加入他那一边）“这是美国宪法法律中伟大的意见之一”。萨瑟兰回应了休斯所有的论点，除了这一点：经济紧急情况的确存在。对此，他可能已经承认了，或者根本没有注意到。毕竟，按照他本人的逻辑，当下的经济紧急情况是毫无意义的，它与如何理解合同条款之间没有任何关系。但萨瑟兰似乎无法再控制住自己了，他否认了对大多数美国人来说已经成为生活中重要的、不可避免的现实。

萨瑟兰写道，大萧条“一点儿都不新鲜。自从我们的国家建成之后，由经济萧条、工业萎缩、金融危机和无法偿还的债务组成的窘迫时期，与富裕的年份交替出现”。大萧条没有任何新鲜之处——唯一不同的是，像约翰 · 布莱斯德尔和唆使他这种行为的立法者一样的美国人，已经忘记了“这一关键的教训，即入不敷出会带来贫穷，不论是公共还是个人的挥霍奢侈”都只会让人身败名裂。萨瑟兰很怀念过去的时光，那时“轻率的言行举止不会得到立法机构的容忍”，那时一切按照合同的要求严格执行，人们因此生活节俭，并通过“努力工作和自我克制”来偿付债务。

在萨瑟兰大法官看来，那些失去工作的人、那些房屋被收回出售的农民以及数百万在赤贫线上挣扎的美国人，他们会沦落到如此悲惨的境地，原因就是挥霍奢侈、言行轻率。这里所使用的典型的生硬、刺耳的语言，反映了 19 世纪末英国哲学家赫伯特 · 斯宾塞经久不衰的影响力。在镀金时代的美国，也就是在萨瑟兰的青年时期， 69
人们通常将斯宾塞的著作与柏拉图和亚里士多德的作品相提并论。

“适者生存”——这句话源出于斯宾塞，而非达尔文——不仅是冷漠的放任资本主义政府的使命宣言，也是宪法原则的宗旨，正是这些原则使美国成为自由、财产和“坚定的”个人主义的避风港。

萨瑟兰和保守派大法官们终其一生对斯宾塞所言的“严厉的仁慈”（mercy of severity）坚信不疑。斯宾塞在其出版于1851年的影响深远的著作《社会静力学》中写道：“起作用的力量将碍事的一部分人类清除，这些力量以同样残酷无情的方式清除了猛兽和无用的反刍动物。”这一“净化”过程不能够——也不应该——受到国家的阻止。斯宾塞说：“保护人类不受愚蠢行径的影响，最终将会使世界充斥着愚昧之人。”或者，如他在《社会静力学》中详细阐述的那样：

> 我们可以看到，一条严苛的准则在整个自然界起着作用，这条准则多少有些残酷……能力低下者忍受贫困，言行轻率者遭遇不幸，游手好闲者忍饥挨饿，弱者被强者推挤至一边，许多人因此陷于“困苦潦倒”而苦苦挣扎，这些都体现了大自然的宽宏仁慈，长远来看是有益无害的……
>
> 这个过程是世间万物必须经历的，而其间的磨难也是世间万物必须忍受的。世界上的任何力量，政治家巧思妙想的任何法律，改善世界的充满仁爱的任何计划，共产主义的任何一种万应灵药，人类曾经提出或将要提出的任何改革措施，都不能使这些磨难减少哪怕半分。

七十多年后，乔治·萨瑟兰用同样的思维模式来看待大萧条——以及类似于明尼苏达州的改革措施；毫无疑问，整个新政在他看来也是如此。

“今天真是个好日子！”霍默·卡明斯大声说道。那天傍晚，他给总统打电话，发现总统“极其满意和开心”。卡明斯充满信心地告诉总统：“自由派现在是最高法院的多数派，至少在紧急情况立法的问题上是多数派。”许多人对这个说法表示赞同。基于“布莱斯德尔案”的判决，众议院议长亨利 · T. 雷尼预测最高法院将会“支持已经颁布或今后将要颁布的每一项（《全国工业复兴法》的）法规，以使国家脱离大萧条的泥潭”。《纽约时报》的编辑们认为，不仅是《全国工业复兴法》，甚至整个新政都有可能得到最高法院多数派的支持，这些多数派大法官将宪法视作“灵活可变的有生命力的有机体”。 70

其他人则认为这么说还为时过早。众议员詹姆斯 · M. 贝克对新政不抱好感，他愤怒地吼道，“我们的联邦官僚机构已经肿胀不堪了，其中层层设置的部门不应该从‘布莱斯德尔案’中得到多少鼓励”，因为该案涉及的是州的权力，而非联邦权力。《科利尔》杂志注意到这一点，而且看得更长远。该杂志编辑预测，“注定会有一场长期的冲突”，人们肯定会再次听取保守派的意见。不过，该杂志认为最终新政将取得胜利。“有了民众的支持，国会永远都保有推翻最高法院判决的权力，”该杂志编辑解释道，“方法很简单。可以增加更多的法官。当然了，增加新的法官以改变在最高法院占主导地位的意见是一个铤而走险的方法。最高法院的威望将因此受损。但是国会依然拥有这样的权力，而且如果来自最高法院的挑衅过大的话，国会就会使用这一方法。”

两个月后的 1934 年 3 月 5 日，依旧是这五位大法官，在又一起案件的判决中再次避免了激怒国会和总统。这一次，在判决中起主导作用的是欧文 · 罗伯茨。“内比亚诉纽约州案”（*Nebbia v. New York*）与“布莱斯德尔案”类似，二者都与州对经济活动的管理有关：这一次是关于牛奶价格。与其他农业行业一样，乳品行业也深陷危机。在威斯康星州，奶农将牛奶倾倒于大街上，而不是以低于成本价的价格销售。纽约州立法机构因为担心出现经济崩溃和社会动乱的局面，于是设立了一个价格控制委员会来为牛奶设置一个合理的价格——最终的价格是每夸脱九美分。一名罗切斯特的食品商利奥·内比亚因为违反了这一价格规定，而被纽约州罚以五美元。内比亚是故意违反这一规定的，目的在于检测他所享有的“自由”，并将该案一路上诉至联邦最高法院。

71 “财产权利与契约权利均不是绝对的。”罗伯茨大法官干脆明了，并略有点不耐烦地宣称。显而易见，他不再相信陈词滥调和过时的教条了——也就是说，他再也不相信，最高法院在过去的半个世纪中时常引述宪法第十四条修正案所给予的保证，即各州“不经正当法律程序”，不得“剥夺任何人的生命、自由或财产”。最高法院正是以这一保证条款为主要手段之一拒绝赋予各州管理经济的权力，除非在有些案件中，最高法院断定某个行业“与公共利益息息相关”才不会使用这一条款。那么，牛奶是否与公共利益息息相关呢？在罗伯茨撰写的判决意见中，答案是否定的——“在该名称所公认的含义中”，牛奶与公共利益无关。乳品行业不属于公共事业。罗伯茨在承认这一点之后，随即扩大了“公共利益”的定义，实际上是承认了牛奶与公共利益有关。

尽管罗伯茨引述了众多先例，但这一领域总体而言还是一个全新的领域——不论是对最高法院来说，还是对罗伯茨本人来说。他和休斯以前都曾经支持过价格规定的立法；他们两人都认为只有在政策过于武断、具有歧视性或随意多变的情况下，正当程序条款才具备禁止价格操控的效力。从这个意义上来看，与其说“内比亚案”是对宪法原则的革新，倒不如说是对宪法原则的重新肯定。尽管如此，罗伯茨放弃使用限制性的“公共利益”检验方法——罗伯茨直到两年前才加入多数派，肯定了这一检验方法——意义重大。据说，他曾经在家中来回踱步，反复思考直至深夜，最后才下定决心加入自由派。他确实加入了自由派，而且立场异常坚定。罗伯茨在为多数派撰写的判决意见中这样写道："毫无疑问，没有任何一种与公众利益息息相关的行业是封闭的。"随后，他又特有所指地补充道，宪法"不赋予任何人在其商业行为中可以损害公众利益的自由"。

《纽约时报》颇具影响力的专栏作家阿瑟·克罗克注意到，在"内比亚案"判决宣布的那天，大法官们面色阴沉，似乎他们已来到"预示着不祥的岔路口"，从此无法再同心同德地阔步前行了（至于大法官们何时同心同德过，这一点克罗克没有说）。克罗克写道，"布莱斯德尔案"和"内比亚案"表明休斯和罗伯茨是热情的自由主义者，并且暴露出最高法院中"严重、深刻的分歧"。麦克雷诺兹在"内比亚案"中的异议意见——通篇使用感叹号——使得这一分歧尤其明显。在保守的少数派看来，利奥·内比亚为牛奶定价是他的基本权利。麦克雷诺兹指责道："对宪法的蔑视……将不可避免地毁掉宪法。到 72
那时，所有的权利都将任由时间的摆布；通过稳定的法律而形成的政府将不复存在。"最后，他引述了一个内战时期的案件，说明结果"要么是无政府状态，要么是专制统治"。

在几个星期的时间里，自由派再次因为一项判决的公布而欣喜若狂。许多人对"内比亚案"的判决称颂不已，甚至认为其比"布莱斯德尔案"更为重要——因为罗伯茨的意见不是基于临时的、"紧急时刻的"权力。普林斯顿大学的爱德华·考文是一位重要的自由派学者，他欢呼道，自由放任主义正"处于全面撤退中"。在他看来，最高法院将会支持《全国工业复兴法》，将其作为国会在管理商业上对权力的合法使用，这是"完全有可能"的。"至少最高法院已经开拓出一条具有相当可行性的途径来做到这一点。"他在 1934 年出版的一本书中如此写道，该书被极具暗示性地命名为《最高法院的黎明》（*The Twilight of the Supreme Court*）。"一个新时代已经来临。"《纽约世界电讯报》宣称。连新政的批评者们对此都没有异议。范·德文特的一位老友在给他的信中写道，“内比亚案”的多数意见“留下了一条一英里宽的道路，任何事物都可以从这条路上通过”——任何政策，不论有多么地激进。

可是仍然有少数人对此持怀疑态度。斯通认为“内比亚案”并不是一场彻底的胜利。在他看来，尽管罗伯茨所用的语言犀利、大胆，但该案的判决意见依然软弱无力，受到重重限制。正如休斯在“布莱斯德尔案”的判决意见中强调国家正处于紧急的经济状况中一样——这一紧急状况可能不会持久——罗伯茨也没有创立任何新的根本性原则。他反而建议最高法院今后在审理有关管理经济的案件时，应该具体问题具体分析。这两位大法官都指出了一条可能的撤退路径。

“最高法院已经放弃自己的权力了吗？”政治学者阿尔菲厄斯·托马斯·梅森问道。他对此表示怀疑。梅森注意到，不久前最高法院对“同样激进的措施”予以了支持——这包括保护房客不被房东驱赶的法律，及规定州际运输行业雇员的工时和工资的法律——他指出，当最高法院后来在废除这些先例时，“并没有因此而觉得尴尬”。此外，一些观察者也指出，“布莱斯德尔案”和“内比亚案”对于联邦政府的权力只字未提；因为在最高法院看来，这个问题完全是另一回事。

若像考文那样的自由主义者所希望的这真的是最高法院的“黎明”
73 的话，那么萨瑟兰和麦克雷诺兹所发表的言辞激烈的异议意见则表明，保守派不会那么悄无声息地被黑暗所吞噬。很快，大法官们就会审理第一起真正和新政有关的案件，而且依然可以肯定的是，那四位强硬的保守派大法官对于审理结果拥有一定的发言权。

第5章　猛烈的炮击

宴会的宾客，大约有四五百人——全是男性，而且据说都是“大人物”——正排队进入华盛顿的威拉德酒店，参加“烤架俱乐部”（the Gridiron Club）的春季聚会。这个俱乐部的成员均是政界、商界和新闻界的上层人士，它存在的最大意义就在于每年举办两次这样的宴会。每次宴会都像是一场内容丰富的演出，讽刺短剧、歌曲和演说轮番上演。这些节目要遵守两条准则：第一，所说的（或演唱的）一切内容不得向外界公开；第二，“永远有女士在场”。这并不是指真的有女士在场，而是说绅士们必须谨言慎行，就如同他们的妻子和女儿果真在场一样。所有的玩笑都必须无伤大雅。 74

1934年4月14日当晚的讽刺短剧“精彩至极，构思巧妙，趣味横生，生动地展示了当前政策中的谬论与错误”。这是范·德文特大法官的观后感。坐在他两旁的分别是陆军参谋长道格拉斯·麦克阿瑟将军和来自宾夕法尼亚州的参议员大卫·里德。晚宴的主菜有马里兰淡水龟、史密斯菲尔德火腿加奶油肉冻等，甜点是香草冰激凌和花式蛋糕，最后还有潘阿朗戈雪茄。美国总统永远是宴会的主宾，此刻他正坐在贵宾席的中间位置。这场春季宴会往后推迟了一个星期，因为罗斯福在佛罗里达海岸钓鱼时生了一场病。但是今晚，他在观看那些讽刺剧、包括贬损他的讽刺剧时被逗得仰头哈哈大笑，这说明他已经康复，又恢复了往日精神饱满的模样。

75 如范·德文特所言，晚宴上的娱乐节目大多是针对新政的善意但又猛烈的攻击。其中的一出讽刺短剧颇有代表性：一群大声叫喊的企鹅（由记者们扮演）向他们仁慈的企鹅独裁者献上死记硬背、言不由衷的赞美之辞，他们将这位独裁者称为“四分卫”。（范·德文特在写给妹妹的信中颇为严肃地提到这个节目：“这出短剧想要告诉我们的是，正在发生的这些变化只会使我们失去独立性，最终将我们毁掉。”）带着类似的目的，里德参议员伴着《美丽的美利坚》（*America the Beautiful*）曲调生硬地演唱起一首名为《宪法》的歌曲，以哀叹他心爱帆船的离去：

再见，再见，哦支离破碎的帆船
破旧的船首与船尾；
在你正当青春时，你紧紧护卫着我们，
现在我们为你唱起了挽歌。
看呐！在下沉的地平线上
飘扬着她那破旧的风帆；
在新政刮起的大风中，她慢慢沉入了水中！
宪法——沉入了水中！

唱歌对里德而言只是一个热身节目。俱乐部还选中他做一个关于反对新政的演说。他紧张地看了看手中用打字机打出来的讲稿。作为一名拘泥刻板的共和党人，里德并不擅长公开演说。尽管如此，他在演说开始时表现得还不错。他首先“越过党派隔离之墙”向罗斯福致意，然后提到了大萧条——主要谈及需要对症下药，但不要给国家留下“永久的伤疤”。紧接着，甚至连笑都没笑一下，里德开始了演说中的逗乐部分。他说华盛顿是一个满是纪念建筑的城市：皮埃尔·朗方在为美国的首都规划蓝图时，划出了公共场地以放置伟人的雕像——可这样的场地实在是太多了，美国根本没有足够多的伟人雕像来装点。因此，里德建议，这些场地可以放置一些“不那么伟大”甚至声名狼藉者的雕像——例如，那些提出《全国工业复兴法》的聪明人，那些提倡美元贬值、摧毁国内信用制度的人，或是那些提出将美元与金本位脱钩、摧毁美国海外信誉的人。

在经久不息的掌声中，里德回到了自己的座位上，受到了威利斯·范·德文特的热烈欢迎，后者显然被他的演说逗乐了。范·德文特侧身问里德：“你想要总统对你的演说有所回应吗？”里德说当然想。 76
他们都知道，依照总统的脾气，他一定要在争论中占据上风才罢休。他俩朝贵宾席看去，只见众多幕僚和内阁官员围在罗斯福身边低声说着什么，而罗斯福则在发言稿的空白处匆匆做着修改。

过了一会儿，罗斯福在旁人的搀扶下站起来，在场的人对他报以热烈的掌声，接着，据一名记者回忆道，他开始“屠杀里德参议员”。罗斯福语调平静，话语幽默而不做作（而且大多是即席而作）。他首先赞同里德参议员的观点：是的，华盛顿确实是一个美丽的地方；美国历史上的荣耀都在华盛顿的纪念建筑上得到了很好的体现。罗斯福回忆了他早年在华盛顿度过的时光——那是一段怡然自得的时光，他时常在星期日漫步于城市的大街小巷，看到伟人的雕像总会驻足仰望一番。他回忆起的那些伟人的雕像中，有一些里德参议员似乎忘了提及。

其中便有林肯纪念堂，这个建筑是纪念美国历史上第一位将美元贬值的总统，这位总统不但拯救了国家，而且还发动了一场伟大的“社会革命”。还有白色方尖碑状的华盛顿纪念碑，这位开国总统并不理会大陆会议的指令，而是按照自己认为合适的方式来领导军队和国家。罗斯福继续说道，在白宫的对面，竖立着一座雕像：一个人骑在一匹后腿直立的马上——这个人是安德鲁·杰克逊[1]，他不顾宪政主义者的反对将美利坚银行解散。最后，还有约翰·保罗·琼斯[2]的纪念碑，上面刻着这样的文字："我还没有开始战斗！"

接着，罗斯福用更加严肃的语气回应了对于新政的批评。"他们不知道宪法是什么……他们不知道，也没有意识到宪法已经随着时代的变化发生改变。让我来举例说明，"他说道——同时借用了里德所使用的另一个比喻，"在我们早期的航海史中，我们建造了一艘大船，将其命名为'宪法'号。我们使用了所能找到的最好的木材，并且依照那个时代最好的图纸和经验来建造这艘船……我们将这艘船派出作战。它满载胜利和荣耀而归。我们对这艘船的敬仰油然而生，甚至深深地爱上了它。因为它过去辉煌的成就……我们依然（爱它）。"罗斯福继续说道："但是，现在没有人会愚蠢到让它和哪怕一艘拖船
77 去对抗。经过这些年的发展，这艘船已经完全被别的船所取代；而且与此同时，别的船也从它身上学到了不少东西。美国宪法何尝不是如此。因为宪法包含了方方面面的原则，所以我们敬仰宪法，深爱宪法。"不过，他在发言的最后说道，随着时代的改变，宪法也必须改变。

在罗斯福的整个发言过程中，范·德文特一直面色阴沉地坐在座位上。在他看来，这一发言虽然"视角新颖"，但却给人一种不祥的预感。在这场宴会过后的某天晚上，范·德文特举办了一场小型

[1] 安德鲁·杰克逊（Andrew Jackson，1767—1845），美国第七任总统。他是首位成功通过民粹主义而非依靠政治精英取得权力的总统，在职期间有过多种争议行为，包括以保护人民利益、反对垄断的名义否决了一项国会议案，从而摧毁当时作为中央银行的美国第二银行。

[2] 约翰·保罗·琼斯（John Paul Jones，1747—1792），美国海军军官，军事家。他被誉为"美国海军之父"，曾在美国独立战争期间袭击英国海岸，并成功摧毁英军的两艘军舰。相传，琼斯在战况不利的情况下仍大胆回应敌军的挑衅："我还没有开始战斗！"

的生日宴会以庆祝自己的七十五岁生日。在谈到罗斯福在烤架俱乐部就宪法所做的发言时，包括范·德文特、麦克雷诺兹和皮尔斯·巴特勒在内的少数年长的保守派法官都表示极为震惊，因为好些天过去了，居然没有人对这一发言的最后部分做出任何只言片语的回应；似乎没有人意识到最后这几句话的重要性。想到这一点，原先热闹愉快的生日宴会仿佛被蒙上了一层阴影。而窗外细雨绵绵，带着几分寒意，使得法官们愈发感到沮丧和忧愁，而他们所谈论的内容都是对于未来的担忧。在写给妹妹的信中，范·德文特回忆道，他们当时的心情五味杂陈，既感到"彻底的绝望"，也抱有一丝信念，无论这一信念是多么地渺茫——总有一天，如果还不算太晚的话——这个国家将会恢复"理智与常识"。

感受到危险的不仅仅是保守派的法官们。那年春天，罗斯福总统在给菲利克斯·弗兰克福特的信中写道："我们正遭受到猛烈的炮击。"他说，反对力量正汇集起来——"展示出他们的尖牙利齿"，并且"喊声震天"。共和党人"公开指责我，说我是杀人犯；保守的新闻界则大谈特谈国家社会主义，并要求回到过去的美好生活中去"。尽管如此，罗斯福依然信心十足，认为经济将会复苏，而国会将会批准大部分的新政计划。他向弗兰克福特保证："敌人的主攻计划不会得逞。我可不怕大野狼。"

可是敌人的进攻才刚刚开始。不论步伐多么地不稳定，经济终究是在增长——失业率下降了，物价、工业产值和国民收入提高了——银行家和商人受到日渐好转的经济形势的激励，在面对每一项新的管理法规时都表现出强烈的愤慨。他们开始以前所未有的坚决态度反对新政的种种措施。斯通大法官在给胡佛的信中写道："蜜月期结束了，后面开始的可能才是真正的政治讨论。"

但是，在 1934 年开始的并不是政治讨论，而是如《时代》周刊 78

所描述的那样，是在工作日里“对于新政的私下抱怨和公开谴责”。参议员汤姆·康纳利[1]，一位来自得克萨斯州的民主党人，说道：“只要商人看到一丝经济好转的迹象，他们就会不停地大喊：‘政府不应参与经济活动。’商人除了发牢骚，什么也不会做。”在此之前，罗斯福的智囊团预示着政商合作时代的到来，而《全国工业复兴法》则是政商合作时代的具体体现。现在，这一时代仍在继续，可相关的法规仅仅是文字而已，并没有付诸实践，因此这一合作实在有限——如同一场官方看来仍属合法的婚姻，哪怕相互间的感情早已被怀疑和指责所取代。

虽然大萧条还没有结束，但是商界领袖们在大萧条期间所秉持的有难同当的精神——即在紧急状况下可以进行规模宏大的试验这一信念——却正在消退。新政与大多数商人的基本信条背道而驰；对大多数商人而言，市场具有自我调节的能力，经济的运作需要遵循自然法——当然了，像他们那样的人偶尔也会对经济的运作做出善意的干预以助其发展。他们说，新政并没有使经济复苏；相反，新政妨碍了供需法则，扼杀了个人主动性，延缓了经济复苏的进程。在他们看来，政府在挑选赢家（新近势头正劲的工会）和输家（企业的管理方），背负着赤字，改变了市场法则，造成人心惶惶的局面，并且抛弃了企业家在实践中总结积累的智慧，换上以政府官僚和智囊团所提出的宏伟而浮夸的计划——《国家商业》杂志将后者称为“眼睛放光的疯子”。

来自纽约州的共和党领袖伯特兰·斯内尔在当选联邦众议员之前拥有一座发电厂，并经营着一家奶酪制作公司。他说道：“显而易见，这届‘新政’政府的主要目的是惩罚那些挣了钱并将钱存下来的人；他们把从勤俭节约之人手中搜刮来的钱财分给好吃懒做之人，

[1] 汤姆·康纳利即下文中的托马斯·康纳利。

用这种方式来重新分配财富。”最极端的批评——这类批评很自然地会走向极端——将新政描述为极权统治。这些批评出现在商会演说、股东会议，以及国际同济会、国际狮子会、老鹰兄弟会和麋鹿兄弟会[1]的聚会中。在企业通告和共和党新闻稿中也能看到这些批评。在诸如奥格登·米尔斯（他曾任胡佛政府的财政部长）等代言人耸人听闻的言论的煽动下，人们对于新政的攻击日益猛烈。米尔斯指责 79
罗斯福创建了“一个拥有无限权力的中央政府……目的在于管控所有人的生活，甚至命运”。如同在德国、意大利和苏联一样，无上的权力“掌握在某一个人的手中，可只要是人都难免犯错”。因此，这是一场战争——神圣的战争——既是为了自由而战，也是为了美国民主制度的存亡而战。

在其他人看来，这一指责言过其实，未免显得可笑。唐纳德·里奇伯格是全国复兴总署的二把手，他认为这种指责属于“后大萧条时期的精神失常症状”。的确，针对新政的尖刻抨击源于深埋于人们心中的恐惧、憎恶和愤怒；不能指望郑重其事地展现事实就能回应这些抨击。大萧条让工商界领袖们经受了三重打击：第一，市场和经济一蹶不振；第二，工业界和金融界领袖不得不为这一局面承担责任；第三，罗斯福成为拯救他们于水火之中的人。相较于普通民众，华尔街的大佬们在面对这三重打击时，反应要愤怒得多；因为遭受大多数人谴责的正是金融界的高层人士。此外，新的证券法传达出一个明白无误的信号，即不能再相信银行家的话，也不能再将银行业务托付给银行家。对华尔街的领袖们来说，这是对他们最无情的一记打击。仅仅在几年前，银行家们无论是在声望上还是自我评价上都无人能及。但是，他们所熟悉的世界现在已经发生天翻地覆的变化。

---

[1] 国际同济会、国际狮子会、老鹰兄弟会和麋鹿兄弟会均为美国工商界人士俱乐部或大型慈善互助组织。

人们曾经将财富视为美德的象征，可如今财富却只能使人联想到美德的缺失。银行家们对于罗斯福已经到了怒不可遏的地步，这种情绪像毒药一样在工商界蔓延开来。

作为回应，罗斯福也开始表达自己对于工商界的恼怒。毕竟，新政的目的是拯救资本主义，而不是取代资本主义。他并不天真；他认识的企业家太多了，从未想过大萧条会使企业家意识到公众利益的重要性，或使他们将公众利益置于利润之上。然而，他也一度相信，大萧条已经给了企业家足够的惩罚，他们此后将会与政府齐心协力，尤其是政府正在尽力使他们的企业变得更高效、更盈利。罗斯福将自由派对于改革的热情当成大企业对于新政的态度，也当成在面对劳工和消费者所提出的要求时与企业站在一边的立场。因此，当这些同样的企业将充满恶意的标签——法西斯主义、严格管控——贴到那些帮助它们的计划上时，罗斯福深感愤怒。

1934 年夏天，罗斯福开始严肃地回应针对新政的批评。他利用
80 在当年 6 月 28 日举行的第一次炉边谈话更新了新政的内容，评估了经济复苏的状况，并问了美国人一个简单的问题：“就这些成就而言，作为个人，你们是否为此付出了过高的代价？巧言令色的利己主义者和夸夸其谈的顽固分子会向你们谈到个人自由的丧失……你们是否失去了权利和自由？是否失去了宪法所赋予的行动和选择的自由？”罗斯福建议美国人读一读《权利法案》，由此可以确认“这一伟大的保证书所赋予他们的所有权利并没有受到哪怕分毫的损害”。他说，新政的所有计划都反映了最深层的美国传统和价值观。至于那些“疑虑重重的托马斯”[1]，他们不过是“惧怕进步”。在几个星期后的一场演说中，罗斯福更加犀利地指出，一些工商界人士巴不得恢复“牙

[1] 疑虑重重的托马斯（Doubting Thomas），原指《圣经》中怀疑耶稣的信徒托马斯，后泛指有疑心的人。

尖爪利的法则”：即回到过去控制股市、秘密交易、欺诈横行、恐慌频发的时代。他宣称：“美国人民不会重现那种古老的秩序。”私底下，他甚至对此更为不屑。在给智囊团一名成员的信中，他这样写道：“所有这些从事证券交易的家伙，他们最根本的问题在于缺乏最基础的教育。我不是说他们没有大学文凭之类的东西；而是指他们无法理解这个国家和她的人民，也不理解他们对同胞所负有的责任。或许你能够帮助他们在这些方面获取一点幼儿园级别的知识。”

罗斯福足够受到民众的欢迎，而且经济复苏的迹象也足够明显，这使他能够经得住组织涣散、名声不好的敌人的攻击。“我们现在可是前所未有的强大，”1934 年 4 月，托马斯 · 科克伦和本杰明 · 科恩这两位新政派中崛起的年轻人在写给导师菲利克斯 · 弗兰克福特的信中自豪地宣称，“领袖依然具有极高的政治影响力，并对公众抱有信心。”尽管如此，他们还是向导师承认：“国内形势十分严峻……两年前选举活动的冲劲及其横扫一切所带来的极高威望，到现在都已差不多消耗殆尽了。”

主要的问题是全国复兴总署。在成立两年后，其负责人宣称该
机构成就斐然：帮助三百万人找到了工作；废除了童工制；设定了最 81
低工资标准；增强了工人集体谈判的权利；而且值得一提的是，所有这些成就都是通过自愿协商而取得的。不过，这只是事情的一面而已。几乎自全国复兴总署建立以来，任何与其打交道的个人和机构都头疼不已，包括商店老板、工会、大企业和政府。科克伦和科恩意识到，“行政管理上的错误”正在破坏新政计划。他们注意到，“不可避免的是”，管理好全国复兴总署“几乎是不可能的”，而这个问题布兰代斯“一年多以前就在私下里提及过”。现在，它变得愈发明显了，连公众都能看得一清二楚。

然而，糟糕的管理还不是最严重的问题。全国复兴总署——在

其构成、授权和运作上——都更倾向于大企业。由《全国工业复兴法》授权以制定行业准则的权威机构，负责起草关于工资、工作时数和商品价格的协议，但它们已经完全被最大的行业协会所控制，其结果便是工人和消费者的代表时常被彻底排除在行业准则的制定过程之外。政府监管的松懈（或完全缺失）和审批准则过程的轻率，使得大企业将自己所掌握的权力用来尽可能地增加其利润，而非工人的工资。这些问题源于全国复兴总署的设计理念，并非仅仅是执行环节的纰漏。而且，正如全国复兴总署负责人休·约翰逊将军在一开始时就警告过的那样，政府基本上没有权力来实施这些行业准则，它们刚被签署生效就遭到了人们的嘲笑与蔑视。人们对于蓝鹰标志根本没有任何敬畏可言。

也许，只有一类人例外。他们就是小企业主。事实上，小企业比大企业更具剥削性：在小型洗衣房的里间或街区尽头的鞋匠铺里，恶劣的工作环境随处可见。但是新政的批评者正在寻找牺牲者——独断专横的政府统治下的受害者——而小业主恰好完美地契合了这一形象，尤其是那些店铺遭到查抄、账本被没收、门店被迫关闭的小业主，因为长时间受到调查和审讯，他们不得不解雇员工，而且是永久性解雇。参议员格拉尔德·奈是一名来自北达科他州的共和党人，他指责蓝鹰标志是“一只靠捕食人民大众为生的鸟”。面对这一指责，休·约翰逊竟无力还击。这些行业准则居然涵盖了理发、缝纫等领域，对此他深感头疼；而正是全国复兴总署负有全力执行这些准则的
82 责任，这让他更加头疼。如此一来，全国复兴总署尽管没有什么实权，却落得一个压制小企业的坏名声，连街角小商店的收银员多久可以抽烟休息一下这样的琐事都管理得头头是道。

全国复兴总署面对的另一个问题是工人的抗议活动。《全国工业复兴法》中支持组织结社的权利，引起了空前的工会化活动。在该法案通过后的数天内，矿工联合会发起了一场招募会员的活动，到

1934 年夏，其成员数量从原先的十万人猛增至超过四十万人。国际女装工人工会的成员数量在 1933 年初至 1934 年期间翻了五倍。不出所料，工会力量的壮大遭到雇主们的极力反对。许多企业成立了由管理层控制的“企业工会”，威逼工人们加入。

工人们因此向全国复兴总署求助——却没有丝毫作用。眼见总署无法制止雇主们对于工人的威逼行为，工会领袖们愈发失望，继而变得愈发好斗。他们攻击霍默·卡明斯，因为他使工人们遭受到“近年来任何人所能遇到的最恶劣的待遇”，并且“笨手笨脚地搞砸了”司法部所颁布的唯一一道强制令。劳工部长弗朗西丝 · 珀金斯警告工会不要贪得无厌。但是，工人们所要求的不过是原先许诺给他们的东西。劳资间的分歧持续扩大。为了解决劳资矛盾，约翰逊将军设立了一个全国劳资关系委员会；然而，在此起彼伏的罢工和停工斗争中，这个委员会很快变得毫无用处。在 1934 年共有超过一千八百起工人运动——规模有大有小，其中许多都十分暴力。

很快，一切都变得清楚起来。进步派记者乔治 · 克里尔回忆道：“全国复兴总署正不顾一切地走向毁灭。回到华盛顿就像来到了疯人院，一切都显得不合常理，并且毫无头绪、杂乱无章。每次回到那里，都能看到层出不穷、新冒出来的机构、组织和委员会，其负责人都是来自象牙塔的专家和……理论家；一股官僚主义的狂热如同瘟疫般横扫一切领域。”

甚至在最糟糕的情况出现之前，罗斯福总统就对自己所创造的一切有种矛盾与犹豫之情。1934 年 3 月 5 日，在一场约有五千名企业家出席、制定行业准则的会议上，罗斯福谈到了全国复兴总署，他认为这是一个“了不起的考验，借此可以发现各个行业的企业领袖们如何挖掘自身潜力，以便使企业的运作为公众利益服务”。他声称这些企业领袖做到了这一点。“自我调节机制”正在发挥作用，同时“没有破坏政府的宪政和议会体制”。罗斯福坚持认为：“大部分对 83

于全国复兴总署及《全国工业复兴法》的批评与指责并不是针对法律本身，也不是针对该法的基本原则；受到批评与指责的不过是该法在实施方法中的具体细节。”对此，台下的听众可能有更深的体会。

“你们在工商界建立起了代议制政府，”他说道，听上去似乎是表扬的语气，可实际上他正在责备在座的听众，“你们还乐此不疲……你们这些制定行业准则的人同时也是你们工商界同行的监管人。”本杰明·科恩在对一本关于《全国工业复兴法》的书所撰写的评论中也表达了相似的观点：“如果这些行业准则所具有的工商业特征有任何瑕疵的话，那么大部分的责任在于工商业本身。这些准则上的缺陷……不是新政的缺陷。”不过，这一区分并没有本质上的不同，是政府和国会起草及通过了《全国工业复兴法》。而在总统的首肯下，约翰逊差点没把这场运动变成一场圣战。虽说起草行业准则的是工商界人士，但最后签字使其成为法律的还是罗斯福。总统想要和这些准则所造成的后果撇清关系，似乎不大容易，也不太可能。

根据帕金斯的回忆，罗斯福从一开始就将全国复兴总署视为“纯粹的应急机构”。这一机构将在 1935 年 6 月撤销——或重新得到国会的授权继续运作。因此在 1934 年底，全国复兴总署的官员们开始起草修订方案以更正其在宪法和其他方面的不足。但是，针对这一机构的反对与抗议——既有来自左翼的，也有来自右翼的——已变得十分强烈，难以压制，因此国会议员对于该机构的补救性立法行动没有什么兴趣。有些议员还说，在最高法院对全国复兴总署的前景做出判决之前，修修补补是没有意义的。

尽管全国复兴总署和《全国工业复兴法》麻烦不断，尽管公众对于新政的态度越来越矛盾，罗斯福本人依然深得民心。与此同时，共和党的士气则相当低落，一方面是被罗斯福的气势所震慑，另一方面，党内的进步派和保守派为了党的控制权正争夺得不可开交。

共和党没有公认的可以担任全国性领袖的人物。而且，共和党也没有明确清晰的党纲，除了坚持反对罗斯福、反对新政、支持商业企业、支持宪法。共和党主席亨利 · P. 弗莱彻将罗斯福比作希特勒，并指责他试图“阉割”宪法，由此拉开了秋季中期选举活动的大幕。民主党全国委员会主席兼联邦邮政总长詹姆斯 · 法利对此予以回击，认为共和党人“手头没有议题……因此他们抓住宪法议题不放，在这个议题上他们可以尽可能含糊其词”。罗斯福嘲笑共和党人是如此迫切地想要获得一个集结的口号，他们甚至准备“豁出去支持‘十诫’……（并且）以此横扫全国”。 84

所有这一切使罗斯福对中期选举充满乐观。然而，此时的他却流露出一丝倦意。哈罗德 · 伊克斯就注意到，他时常显得疲惫，“他那标志性的无忧无虑的神色”似乎消失得无影无踪了。罗斯福身受的压力不仅来自保守派的攻击，也来自他的顾问团队——他们在改革的步调问题上意见不一，彼此僵持不下。雷蒙德 · 莫利在罗斯福任纽约州州长时便是他的顾问，他极力主张给予改革一些“喘息的间隙”。他说，这将允许商界适应改革后的变化，也能够使政府巩固改革成就，建立支撑机制，并对未来的规划有一个更为清晰的考量。对此，总统顾问中更为倾向自由主义的一方表示强烈反对。他们认为，延缓改革将会带来不稳定因素，甚至会引发革命；大萧条已持续了四年，数以百万计的美国人正在挨饿受冻，无法再不急不躁地等待工作机会、社会保障和其他福利措施的出现。罗斯福明白，这两种主张都自有其道理。但是，随着他眼中那些高尚、实用和必要的提案持续不断地遭受攻击，他渐渐地偏向了左翼的主张。在 11 月的选举中，他想要得到的不仅是人民对于他过往成就的肯定；他还想获得人民的授权，以便走得更远，采取更为大胆的行动。

11 月的选举结果令人震惊。“浪潮蔓延全国”，《纽约时报》的头版标题如是写道，并称这次选举为“美国政治史上最势不可挡的胜利”——这一具有压倒性优势的胜利不仅是对民主党而言，对罗斯福（他的名字甚至都没有出现在选票上）和新政来说也是如此。罗斯福所获得的巨大成功打破了美国政治中的一条常理：在非大选年的选举中，总统所在的党无一例外都会在国会中丢失席位。但在 1934
85 年的选举中，民主党赢得了参议院四分之三的议席，这是有史以来两党议席数差距最大的一次；同时，民主党在众议院还多增了九个议席，并在全国四十八个州中掌握了三十九个州的州长职位。《纽约时报》说，这样一来，民主党人“差不多摧毁了共和党右翼”，并且“赋予总统以首席行政官所能够拥有的最大权力”。对此，大多数观察者表示赞同。“人们经常听到罗斯福被称作‘独裁者’，”一家报纸的编辑们以赞许的口吻评论道，“那他现在拥有了独裁者的权力，却又让反对者们无话可说。现在，他有了大干一场的自由。”纳粹党机关报《柏林日报》也发表了类似的观点。

11 月中旬，罗斯福前往密西西比州的图珀洛市，庆祝田纳西河流域管理局所取得的成就。他说，该管理局不仅为当地的人们带来电力，更为美国南部带来希望与机遇。不过，他这样说的言外之意却是，“反对之声正在消退……而消退的原因”则是全国各地正逐渐好转的形势。他还补充说道，所取得的这些进步“不是来自华盛顿。这些进步来自你们。你们没有被联邦化”。他说，这意味着“粗犷的个人主义的终结；这种个人主义允许个人做任何可能会伤害其邻人的事情。从现在起，个人再也不能如此随心所欲了”。

弗兰克福特以其惯有的吹捧言辞给罗斯福写了一封信，并在信中问道，以上那番话是否是说给最高法院听的。他回忆道：“霍姆斯大法官在年轻时，常常在判决意见中加入一些尖刻的话语；每当这个时候，他总喜欢把一句话挂在嘴边。他会说某个词或某个句子是‘故意写进来使弟兄们难受的’；说这话时，他的眼中还会流露出狡黠的神色。您在图珀洛市进行演说时，心中所思所想大概也与霍姆斯大法官类似吧。”

在经历了吵闹喧嚣的一年之后——毫无疑问，这是颇有成就的一年，是局势动荡、暴力频发、谩骂不断的一年，也是罗斯福被批评者们比作希特勒、切萨雷·博吉亚[1]和犹大（罗斯福后来回想起这些时，仍不禁觉得好笑）的一年——罗斯福重振信心，继续往前看。感恩节期间，罗斯福智囊团的成员雷克斯·特格韦尔曾与总统一同在沃姆斯普林斯度假。在那里，他们一起游泳、驾车兜风，并与朋友们野餐聚会。总统“意志坚定，一心要把梦想付诸实践”，这让特格韦尔印象深刻。他在日记中写道：“他必须于任期内在物质上与精神上改变美国，而同时又不对政府结构或国内程序做出大的变动，86
他对此深信不疑。”随后，特格韦尔又加上一句：“也许他能做到这一切。”

也许吧。在中期选举结束后，有那么一阵子，看起来似乎一切都有可能——甚至包括对《全国工业复兴法》的补救。罗斯福告诉特格韦尔，政府和国会很快将着手修改该法案。在此之前，他说，他的策略是尽可能保持安静和低调。

[1] 切萨雷·博吉亚为 15 世纪意大利红衣主教和军事领袖，相传为人残暴冷酷。

第6章　黄金裁决

“最高法院会顺应大选结果吗？” 87

1934年11月许多人提出的这个问题呼应了杜利先生的话——杜利先生是20世纪初一个报纸专栏虚构出的人物，该角色是一个爱尔兰裔酒吧老板，深受读者喜爱。但是这么想是对的吗？大法官们会顺应大选结果吗？很快，休斯法院将会给出答案。

新政已经在全国各地受到审查，情况十分不妙。联邦法官们发表长篇大论，猛烈抨击新政，而且这些观点全都与观念意识有关，与法律则没有丝毫关系。据《时代》周刊报道，下级法院的备审案件都是针对新政的质疑，尤其是针对《全国工业复兴法》；该周刊将这一诉讼潮形容为“规模庞大但进展速度缓慢的乌龟爬行比赛”。到1934年底，其中一些案件经历了漫长的诉讼程序，最终到达最高法院：这些案件针对的内容是《全国工业复兴法》《农业调整法》、货币政策、铁路工人养老金计划、联邦延期偿付权（与明尼苏达州的法案类似，也是与农民丧失抵押品赎回权有关）。政府所采取的拖延策略已不再起作用。不论结果好坏，来自最高法院的一连串判决都将很快出炉。

最高法院对于各州所进行的经济方面的试验持相当宽松的态度，

但这是否暗示最高法院对于联邦的相关立法也持有类似的态度呢？一些观察者对此表示怀疑。但是，类似的担忧丝毫没有减损中期选举以后在政府圈子里弥漫的过分乐观甚至有些轻佻的氛围。新政已
88 经得到美国人民的支持；现在看来，最高法院将要通过大法官们的投票最终认可总统这项计划的合宪性。

在司法部内部——司法部总部现已搬迁至位于宾夕法尼亚大道的新办公大楼，这栋大楼具有装饰艺术风格，几乎恰好座落于白宫和国会山之间——根本没有任何迹象显示一场大的考验（更别说一连串考验了）即将来临，也没有迹象显示新政依旧前途未卜。在空荡荡的大楼里，沿着这条或那条走廊，人们可能会看到一些律师正在一心一意甚至略带焦急地为递送至最高法院的案件撰写着案情摘要。但是，这里的整体氛围，从司法部长直至最低等级的办事人员，却给人一种冷漠的感觉。当最高法院于1934年10月开始新一届的开庭期时，霍默·卡明斯给首席政府律师J. 克劳福德·比格斯写了一张简短的便条，询问有哪些与新政相关的案件还未判决："我想大致了解下这些案件以及审理这些案件的方式。"比格斯回复说，第一起案件关乎"热油"。

"热油"是黑道行话。凡是非法制造或装运的油，都是热油的；而当罗斯福就任总统时，这类非法油品在全国呈泛滥之势。石油生产严重过剩，每开发一个新的油田（当时的石油业还不懂得自行控制产量）都会使油价进一步下跌；到1933年，一桶得克萨斯产的原油只能卖十美分——这个价格和一罐坎贝尔牌蔬菜汤不相上下。产油州尽管已经严格限制石油产量，但仍然奈何不了走私贩。输油管道和油罐车的数量太多，根本无法一一盯守。1933年，在《全国工业复兴法》一项鲜为人注意的条款中，国会授予总统行使州无法行使的权力。该法案第9（c）条授予总统相当宽泛的权力：罗斯福基

本上可以采取他认为必要的任何行动以阻止热油的流动。据此条款，罗斯福通过了一系列行业准则和行政命令，宣布运输热油为非法行为，而过量生产石油则为一项联邦罪行。

很快，在一连串新闻稿发布之后，联邦探员随身携带着证件和
法院传票赶赴得克萨斯州东部的油田，一小拨通讯社的摄影记者紧 89
随其后。卡明斯将“令人鼓舞的成果”汇报给罗斯福：违法者被起诉至地区法院，非法交易的石油量也大为减少。他将刊有探员照片的新闻做成剪报供罗斯福阅览。然而，这些探员的权威性却已经引起争议。得克萨斯州两家小型石油生产商——巴拿马炼油厂和亚马逊石油公司——坚持认为他们拥有想开采多少石油就开采多少石油的宪法权利，只要这一开采量不超过州政府（而非联邦政府）所规定的范围。这两家企业提起诉讼，认为热油禁令（该禁令时常遭到他们的公然违反）超出了国会管理州际贸易并将立法权授予总统的职权范围。在经过初审和上诉之后，联邦最高法院同意在 1934 年 12 月中旬听取双方的口头辩论。

政府律师在为该案准备案情摘要时，发现了一个让他们震惊不已的事实。案件中受到质疑的一项法规——也是联邦探员大力执行的一项法规——实际上并不存在。一名细心的律师在检查引文时，发现在法律条文中根本找不到这一项法规。几经查证之后，人们发现，先前的确制定了这项法规，总统也批准了；可后来具体发生了什么事情，谁也不知道，像是速记员或排字工忘记将这项法规记下或印刷出来。

对于捍卫新政而言，这真是个不祥的开端。尽管司法部已将这一疏漏告知最高法院（并十分尴尬地予以更正），但是在口头辩论期间，大法官们还是不愿放过这个问题。他们询问石油企业的代表律师，是否确实看见过那项使他的当事人蹲了几天监狱的法规，对方回答说，他所见过的该法规的唯一版本只在“一名从华盛顿派遣至得克

萨斯的探员的裤子后兜里”。

“这种情形太不寻常了，”斯通大法官在给哥哥的信中写道，“行政命令声称具有法律效力，若违反就是犯罪；可是这些行政命令却没有以任何方式发布或生效，而被指控犯罪的人根本无从判断自己的行为是否合法。这简直是太奇怪了！”这一情形让大法官们深感困惑，其中尤以布兰代斯为甚。毕竟，他曾经说过这样一句非常著名的话：
90 “阳光是最好的消毒剂。”可是现在这位“老以赛亚”没有看到任何阳光，而是一个在行动上既没有透明度，也没有任何顾虑的政府——他们每天颁布数项命令和法规，却懒得将其全数公布。

然而，布兰代斯最为担心的事，却令政府律师们颇感意外，那是国会对于总统的授权。在一份长达一百九十五页的简报中，政府只用了三页来谈论该问题，原因极其明了——在最高法院的历史中，从未出现哪怕一次以不当授权为由而推翻国会法令的情况。最高法院一再申明立法机构不能将制定法律的权力转让至他人的原则；但是，事实证明这一原则并没有严格执行，因而在20世纪上半叶便出现了诸如州际贸易委员会一类的行政管理机构。早在1916年时，美国律师协会主席伊莱休·鲁特就声称：“禁止立法授权的古老原则实际上已经退出战场，不再参与战斗了。”

现在看来，这一原则依然在参与某些战斗。在最高法院的口头辩论中，总统在没有事实认定的前提下有权宣布某种行为为犯罪的做法似乎让布兰代斯震惊不已。换句话说，法律允许罗斯福采取行动而无须证明该行动的合理性；在切断热油的运输问题上，《全国工业复兴法》第9（c）条并没有给出明确的标准以说明总统何时被授权这样做，而何时又未被授权这样做。保罗·弗罗因德曾经担任过布兰代斯的助理，现在为首席政府律师工作，他向弗兰克福特汇报说：“在这个问题上，其他几位大法官——尤以范·德文特为甚——明显站在（布兰代斯）这一边。大法官们真正关心的是负责任的代议制政府所应遵守的基本原则，而非石油行业的种种恶行。”

该案判决于 1935 年 1 月 7 日做出。当最高法院在正午开庭时，首席大法官休斯似乎是在拖延时间：当其他十个判决意见陈述完毕后，休斯一反常态，宣布午餐时间暂时休庭（值得注意的是，休斯并不是一个背离常规的人）。直到后来人们才明白他为什么要那样做：他是在等股市休市。虽然最高法院对“巴拿马石油提炼有限公司诉瑞恩案”（*Panama Refining Co. v. Ryan*）的判决只涉及一个行业，但却对整个经济领域都具有重大意义，即使其目前具体为何并不十分明了；因此，在市场做出反应之前，最好给市场一些充分考虑的时间。

判决结果显示，除一位大法官以外，其余所有的大法官都站在 91
布兰代斯这一边。在由休斯撰写且此刻正由其大声宣读的判决意见中，由八位大法官组成的多数派推翻了《全国工业复兴法》中的热油条款。“授权是有限度的，不能超出宪法权限的范畴，”休斯在法官席上用洪亮的声音宣读着判决，读到重点之处还做出手势，“我们认为，9（c）条款超出了宪法所规定的限度……国会从未宣布过任何政策、设立过任何标准，或制定过任何法规……若 9（c）条款被认定为有效，那么对国会转让其法律制定功能的这一权力便没有了任何约束。”

卡多佐是唯一一位持异见的大法官。国会的授权使得总统“在州际贸易问题上可以随心所欲，而不受任何限制”，他对这一观点嗤之以鼻。他说，《全国工业复兴法》本身便已提供足够的标准。和多数派一样，卡多佐认为立法授权不是没有限度的，但是他“并不担心该条款所许可的少量授权将会使国家偏离最初的航向。在该条款下，允许做什么、不允许做什么已经有了严密清晰的限定”。

“最高法院越来越向着共和党人啦！”幽默大师威尔·罗杰斯如此宣称。事实也许并非如此，但这一判决——尤其是其近乎一致的投票结果——使政治形势瞬间发生了变化。11 月的选举仅仅过了两个月，罗斯福不可战胜的形象就遭到了破坏，那些奄奄一息的反对者则看到了一线生机。尽管这一判决对于新政的直接影响有限，并且一项新的国会法案便轻而易举地抵消了该判决的效力，但这毕竟是对罗斯福政府发动的首次正式冲击。倾向于共和党的《纽约先驱论坛报》欢呼，最高法院将“这一意欲革新美国社会的荒谬计划扔进了波托马克河，这也正是它该去的地方”。极端保守的《芝加哥每日论坛报》向大法官们致敬，特别是“英俊”“尊贵”的首席大法官休斯，感谢他们“制止了独裁统治在美国的发展”。

政府对这一判决结果并不介意，至少在公开场合是这样。罗斯福本人为此事定了调子：他在一场记者招待会上高兴地表示，该判决意见为如何改进新政提供了有益的建议。高级官员们告诉记者，热
92 油法规制定得十分糟糕；他们说，若再谨慎细心一些，便能轻松避免类似错误。他们还指出，该判决意见对作为整体的《全国工业复兴法》只字未提。唐纳德·里奇伯格最近刚刚接替休·约翰逊执掌全国复兴总署，在他看来，“我们没有理由感到烦恼”，因为最高法院“并没有对《全国工业复兴法》的有效性表示怀疑，哪怕连这样的一点暗示都没有”。来自纽约州的联邦参议员罗伯特·瓦格纳甚至坚持认为，大法官们拒绝推翻整部《全国工业复兴法》，就说明他们事实上是支持该法的。

但是，官方虚张声势的说辞无法掩盖此事给政府造成的打击。“焦虑不安之情……十分强烈。”罗伯特·杰克逊回忆说，他当时正任职于财政部。最高法院已明确表示，授权是有限度的，可是却没有说明是什么样的限度。这意味着国会有更多的猜测余地；而立法方面的缺陷则难以识别或修改。对政府中的许多人而言，更加令他们不安的是，布兰代斯和斯通在这一案件中没有投票支持政府——休斯和罗伯茨则更不用说了。一些支持罗斯福的人认为，该案不仅预示着《全国工业复兴法》的终结，也预示着《农业调整法》的终结；若果真如

此，那么罗斯福的整个国内政策都将被废止。《民族》杂志评论道："就对于总统的授权而言，几乎任何其他关于新政的立法都要比第 9（c）条款授予的权力更多。假如所有这些法案都被推翻，那么我们的经济结构也就随之被摧毁殆尽了。"

因此，国会和政府暗中计划剥夺最高法院的一部分权力，其方式或许是增加宪法修正案。毫无疑问，这种方式十分极端；但是，如果《民族》杂志说的没错，这也是罗斯福所能采用的唯一方式。填塞最高法院的做法现在看起来是行不通了。"巴拿马石油提炼有限公司案"中八比一的投票结果使人们不再随意谈论填塞最高法院。为了推翻这一判决结果，罗斯福必须再增加八名大法官。《芝加哥每日论坛报》认为，哪怕是"最狂热的新政派也不会走得那么远"。

在判决结果公布几天后的一个晚上，哈罗德 · 伊克斯参加了在丹麦大使家中举办的一场小型的"牡鹿宴会"[1]。罗伯茨大法官和斯通大法官也出席了这一宴会。"这两位我都非常喜欢，"伊克斯在日记中写道，"他们十分友善，充满人情味。尤其是罗伯茨大法官，还拿石油案的判决开起了玩笑。他向我保证，他完全赞同我们准备在石 93
油行业采取的行动。他还希望我们通过法令以使政策能够得到执行。"（事实上，政府和国会也的确这样做了。）

而对于政府有关黄金的政策，大法官们就不那么支持了。这是最高法院将要审理的第二起与新政有关的案件；该案所产生的影响要比"巴拿马石油提炼有限公司诉瑞恩案"的影响深远得多。

自就任总统的第一天起，罗斯福就一直在收紧政府对黄金供应的控制。这是一系列相互关联的复杂政策的一部分，目的在于制造通货膨胀——使美元贬值、物价上涨，好让农民可以继续谋生。联

[1] 牡鹿宴会（Stag dinner），只允许男性参加的宴会。

邦政府通过一连串法律和行政命令逐渐加强对黄金的控制，其中包括禁止囤积和出口黄金；未经许可不得拥有、买卖黄金，或从事黄金交易；并且废止了金本位制。1933 年 6 月，政府采取了又一个重要的——而且异常咄咄逼人的——步骤，废除私人与公共合同中任何以黄金结算的条款。

“黄金条款”——人们很少注意到这一条款，只是偶尔才提及——出现在每一项政府公债和几乎所有的公司债券中。这一条款是抵押协议和其他合同的标准组成部分。对债权人而言，该条款提供了保护以应对通货膨胀或国会对于货币政策的干涉。但是，对数百万深陷债务的美国人——以及政府本身——而言，该条款却是一个嘀嗒作响的定时炸弹。在罗斯福将美元贬值之前，美元的黄金价值是一美元六十九美分。举例来说，这意味着银行可以突然要求农民用金币偿还抵押贷款——这样一来，一万美元抵押贷款的价值就变成一万六千九百美元，农民的债务因此增加了将近百分之七十。再举一个更简单的例子：一个持有一千美元自由公债的人可以走进联邦储备银行要求兑换一千六百九十美元的金币。在罗斯福及其幕僚们看来，这种情形是他们无法容忍的。美国的黄金债券约为一千亿美元，这一数目是全国黄金储备的二十五倍。联邦政府自身的偿付能力岌岌可危。

尽管如此，罗斯福的这一政策仍然招致了许多批评，其中一些
94 便来自最高法院。“针对黄金条款所采取的行动，其影响和后果令人生畏，”布兰代斯在给弗兰克福特的信中写道，“政府有意识地拒绝承担其肩负的神圣的责任……（这）叫人担忧。”政府的这一举动使斯通大为惊骇，他发誓再不购买任何政府债券。就连卡多佐，最高法院的大法官中最为支持新政的一位，也为此深感困扰，因为他认为这对债权人不公平。然而，卡多佐在给朋友的信中谈到这起案件时这样写道：“困难在于大多数人认为将所有不公平的事都宣判为‘违

宪’是法院的职责。哪有这样的事！在宪法规定的范围内，仍有道德败坏存在的空间。”

取消黄金条款合乎宪法吗？合乎道德吗？作为一项政策可取吗？在这三个问题中，法院只须考虑第一个问题；但是很显然，在 1935 年 1 月递送至最高法院的案件中，很难将这些问题区分开来。用一名政府律师的话来说，所有的诉讼当事人都援引“超越法律字面意义的道德因素”。不过，最高法院所面对的核心宪法问题依然是一个从前曾多次面对的问题，最近一次面对该问题是在“布莱斯德尔案”中：是否存在这样一种极其神圣不可侵犯的契约，使其可以无视公共利益，甚至——在这里——不惜使个人、大小企业和美国财政部陷于破产的境地？

法庭辩论于 1 月 8 日开始（即热油案判决结果宣布的第二天），持续了三天。司法部长卡明斯亲自带头上阵。（首席政府律师通常在最高法院的案件辩论中代表联邦政府出席，但是在“巴拿马石油提炼有限公司案”和其他一些不太令人满意的法庭表现后，卡明斯对首席政府律师比格斯的信心正逐渐减弱。）卡明斯为黄金条款的案件做了大量的准备工作，花费了不少心思。他告诉罗斯福的助理勒翰德小姐，他甚至开始“觉得自己有点像米达斯王[1]了”。他到达法庭时，照例是惯常的打扮：圆角上衣、条纹长裤和一顶常礼帽——为了祈求好运，他特意佩戴了总统赠送的黄金袖扣。

当对方的辩护人进行法庭陈述时，卡明斯安静地坐着，嘴里嚼着小纸片（这是他的习惯）。当轮到他辩护时，他从容地站起身来。他的发言似乎有一种魔力，使人着迷——一名记者将他的辩护称为“政治演说”——而听众，包括大法官们在内，则一言不发专心致志地听着（这不完全是由他精彩的演说所致：按照传统，当司法部长发 95

[1] 米达斯王为希腊神话人物，拥有点石成金的能力。

言时，别人不能打断）。卡明斯一开始便说，如果最高法院不赞成政府的做法，那么人们将会面临“巨大的灾难”，他对这一灾难做了详尽生动的描述。他认为，经济的崩溃将会“令人震惊。到那个时候，将不再是‘回到宪法中去’，而是‘回到混乱中去’”。

如卡明斯所阐释的那样，这些案件的根本矛盾在于“假定的合同义务的神圣不可侵犯性”与国家的“自我保护能力”之间的冲突。他说，铸造钱币、控制货币，这些都是主权国家所拥有的权力，是由宪法所明确赋予的，但是却因为黄金条款的存在而变得毫无意义。卡明斯指责道：“反对我们的人是如此地痴迷于契约的神圣性，甚至当这些契约侵占联邦领域时，他们也会承认其有效性。在我看来，这无异于一种可怕的教条。”如果政府没能采取行动，则将会丧失调整美元含金量的能力，其结果将会“使美国的命运落入私人之手”，并且使美利坚民族“无法傲立于世界民族之林”。

随后登台辩护的是卡明斯的属下们。他们虽然不如卡明斯那样能言善辩，但能力也不容小觑。在数小时的时间里，他们巧妙地回答了大法官们提出的问题。若不是受有关条文所限，大法官们本是想让司法部长回答这些问题的。四位保守派大法官所说的每一句话都将他们的敌意展现无遗。这丝毫不让人惊讶。人们真正想知道的是其他几位大法官对于该案的态度，不过这一点却无人知晓。尽管如此，经过三天的口头辩论之后，卡明斯预测政府将会以微弱的优势获胜。

罗斯福总统为卡明斯一派的人想好了一个新的座右铭：“发光的不总是金子。”但是他并不像司法部长那样信心满满。事实上，总统在得知大法官提出的问题后相当不安。1 月 10 日傍晚，在法庭辩论结束后仅仅几个小时，他就向罗伯特·杰克逊表达了深深的担忧。总统问道，我们如果输了怎么办？怎么做才能避免国家陷于混乱？

在杰克逊的回忆中，当时罗斯福“十分坚决，无法接受败局”。不过 96
罗斯福也没有清楚说明他到底意欲何为。实施补救性立法？还是填塞最高法院？他没有给出任何选项。用杰克逊的话来说，罗斯福甚至连“公然的蔑视”都没有表现出来。

杰克逊提到他和许多新政派刚刚在《政治科学季刊》上读到的一篇文章。在这篇文章中，哥伦比亚大学教授西德尼·拉特纳重新审视了过去的一段争论，这段争论的起因是尤利西斯·辛普森·格兰特[1]填塞最高法院以推翻第一起有关法定货币的案件、即“赫伯恩诉格里斯沃尔德案”（*Hepburn v. Griswold*）[2]的判决结果；在该案中，大法官们裁定纸币违宪。在拉特纳看来，这一案件与黄金条款案件“极其相似”。拉特纳认为，格兰特任命了两名大法官，事实上已经扩充了最高法院——这两个大法官席位一个是空缺出来的，还有一个是国会新近增加的。他知道这两位大法官将会推翻“赫伯恩诉格里斯沃尔德案”的判决（而且他们也确实立即这样做了）。拉特纳问道，这么做有什么错呢？毕竟，格兰特的做法避免了最高法院的自我伤害——避开了某些大法官“令人遗憾的弱点”。

那天早些时候，罗斯福向哈罗德·伊克斯也表达了类似的想法。当然了，最高法院没有空缺席位，因此这就意味着再增加一些席位——然后再任命一些自由派人士。“我告诉他，这正是他应该做的，”伊克斯回忆道，“这不是第一次扩大最高法院的规模以应对暂时的紧急情况，况且这一次这么做当然是合情合理的。”伊克斯对罗斯福说，

[1] 尤利西斯·辛普森·格兰特（Ulysses Simpson Grant，1822—1885），美国第十八任总统。

[2] 赫伯恩诉格里斯沃尔德案：1869 年，在一起债务案件中，以时任最高法院首席大法官塞缪尔·蔡斯为首的多数派认为宪法仅赋予国会“铸造货币”（coin money）的权力。按照宪法通过时的语义来理解，“铸造”仅限于通过锻造或冲压金属来制成货币，包括纸币在内的其他货币都是违宪的，因此法院以五比三的结果判决《法定货币法》违宪。就在该案宣布判决的同一天，格兰特总统新任命了布拉德利和斯特朗两位大法官，将最高法院大法官席位由八人增加至九人。一年后，被扩充的最高法院推翻了“赫伯恩案”的相关判决。

这是最高法院为对抗民意所必须付出的代价。在第二天下午召开的内阁会议上，卡明斯与大多数成员一样，认为如果最高法院与政府对着干的话，那么应该立即增加大法官的数量。

关于填塞最高法院的讨论仅此而已。没有起草任何计划，没有撰写任何备忘录，也没有召开任何会议。尽管如此，这个想法还是见诸报端了，人们又一次认为这一主意出自总统的那些顾问。到1935年，这几乎已成为惯例：任何时候当一个重要的新政案件等待判决时，报纸就会（根据走漏的消息、传闻，或仅仅是猜测）报道，罗斯福若是对判决结果不满意，就可能会填塞最高法院。白宫官员从未否认过这些报道。不论是为了试探民意，还是威胁最高法院，抑或仅仅是为了出口闷气而已，他们任凭这类言论充斥于各类新闻报刊。人人都是如此。《民族》杂志的编辑们也没有排除填塞最高法院的可能性，“尽管我们觉得这个主意令人反感”。

97 不管怎么说，想要限制最高法院，方法不止一种。白宫及其盟友已准备了一系列宪法修正案。其中一条修正案旨在重申国会管理货币的权力。然而，大多数修正案都大大超出了当前议题的范围，比方说，有一条修正案禁止任何下级法院就国会法案的合宪性进行裁决。还有一条修正案由来自科罗拉多州的联邦参议员爱德华·科斯蒂根起草，该修正案授权国会管理工资、工时、劳动条件和工业生产水平，并且禁止最高法院以正当程序为由废止这些法律。罗斯福指派汤姆·科克伦和杰克·斯科特负责研究这一问题，后者是一名全国复兴总署的律师。大约在同时，罗斯福告诉参议员乔治·诺里斯，他对于诺里斯和其他人自20世纪20年代早期便一直在推进的一个想法很感兴趣，这也是一条修正案：若要推翻国会法案，至少需要最高法院三分之二的大法官投票赞成方可通过。一些新政派希望这一修正案具有追溯效力。

农业部长亨利·华莱士的立场更加激进：在发表于《科利尔》杂

志的一篇文章中，他敦促设立一个“与总统一职密切相关”的四人委员会，并授权该委员会对修改宪法提出建议。公众将就这些修正案直接投票；最高法院无权对这些修正案进行司法审查。

毫无疑问，所有这些修正案都能给人带来某种心理上的满足；可是却没有一条修正案可以为一个破产的政府所面临的问题提供一种直接可行的解决方法。一想到此，政府官员们便起草法案以“涵盖所有的紧急情况”。举例来说，如果最高法院要求财政部用黄金兑换债券，那么政府便能够以百分之六十的比例征收利润税——其结果是债券持有人没有任何净增益，财政部也没有任何损失。或者，像罗伯特 · 杰克逊建议罗斯福的那样，国会可以禁止公民因遭受损失而起诉政府。

随着这些文件——草拟的声明、决议和修正案——逐渐堆积在白宫、财政部和司法部的办公桌上，罗斯福开始考虑如何使这一运动走上街头。1 月 14 日，在与卡明斯和财政部长亨利 · 摩根索共进午餐时，罗斯福询问他们怎样才能使——用他的话来说——乘坐出租车的人关心这起案件，并支持某些行动以反对最高法院。总统想 98
到一个方法，并对摩根索紧追不舍：若财政部坚定但悄无声息地想要给证券和外汇市场一点惊吓，使其动荡不稳，那么该怎么做呢？罗斯福说，危机感将会促使普通公民说：“看在上帝的份上，总统先生，采取点行动吧。”他还断定：“如果我采取行动的话，全国人民都会松一口气，并因此感谢上帝。”

摩根索被总统的话吓得目瞪口呆。摩根索后来回忆道，当卡明斯加入讨论并表示赞同罗斯福的意见后，“我的态度变得愈发激烈，这真是前所未有过的”。他试图唤起总统的良知和常识。他说，市场可能在许多个月内都无法恢复；而且，公众对于财政部的信任该怎么办呢？摩根索还尖锐地补充道，在法律问题上他不会给卡明斯提任何建议，因此在经济问题上，他也不需要卡明斯给他提任何建议。

他指着罗斯福说道："总统先生，别要求我这样做。"

"亨利，"罗斯福回答道，"你只不过是给这个想法做了一个匆忙的判断而已。再好好想想。"

到了早上，他们通了电话。从罗斯福柔和的语气听得出来，他自己又重新思考了一番。当天傍晚，他就做出了决定。在副总统约翰·加纳家中举办的一场晚宴上，罗斯福和摩根索就坐在加纳夫人的两侧。总统侧身转到加纳夫人的背后对摩根索说道："亨利，我很高兴看到你又笑了。"摩根索明白，这意味着总统认输了。接着，罗斯福对加纳夫人说："你知道吗，昨天亨利有一个小时特别严肃……当时我和他就有关黄金条款的案件进行辩论。在辩论时，我经常站在反方立场，这样能将不同的观点尽可能多地展现出来。当然了，我并不认同这些观点。"总统是真的故意唱反调吗，还是刚刚改变了主意？摩根索不知道。但不管怎样，他都松了一口气。假若总统命令他搅乱市场，摩根索已经想好要拒绝这一要求——然后辞职。

好几个星期过去了，关于黄金条款的案件却没有任何判决结果。2月2日，星期六，为了避免接下来的星期一"在最高法院出现不必
99 要的拥挤情形"（判决结果通常在星期一公布），首席大法官发布了一份声明，声称"最高法院还未准备好"。这一做法还真是前所未有。一个星期后，首席大法官又发布了一份同样的声明。到这时，关于此案的不确定性已经使得公众、市场和政府倍感困惑，伊克斯将这一情绪形容为"惶惶然"。罗斯福多次与卡明斯会面，或在内阁会议后窃窃私语，或在白宫边吃午餐边长谈，商讨从多种方案中选择实施哪一种。

罗斯福逐渐倾向于采取——用罗伯特·杰克逊的话来说——"公开挑战"的方案。2月9日，在最高法院又一次延迟宣判之后，罗斯福将卡明斯和唐纳德·里奇伯格召至白宫，口述了一篇演说稿，卡

明斯还在手稿的最上方潦草地写下了这几个字:“以备不时之需”。这篇演说稿具备罗斯福最佳演说的所有特点:语调平静,如对话般娓娓道来,但又异常坚毅;陈述重要事实;用平实的语言解释重大事件;并且呼吁人们采取行动。在当时,只有行动看起来是唯一能想到的解决问题的方式了。

但是,这篇演说不同于罗斯福以往的任何一次演说,它算得上是一篇脱离权力制衡制度的独立宣言。“我并不准备和联邦最高法院中令人尊敬的成员们进行争辩,他们参与了此案的……判决。”总统打算这样说:

> 他们依据自己所理解的法律条文来裁决这些案件。尽管如此,我的责任仍然是尽我最大的能力保护美国人民。若彻底执行最高法院的判决,其不可避免的逻辑结果便是将美国人民置于极端的危险之中,因此我不得不将眼光投向法律文本之外,从而看到原始契约的精神。
>
> 我希望所有个人和公司,不论公私,能够偿还他们实际上借到的。这样的判决才更加符合黄金条款,也更加符合《圣经》的戒律和常识的准则。

换句话说,最高法院本来在解释宪法上拥有最终决断权,可罗斯福却将其诉诸更高层次的律法。

在接下来的几天里,这篇演说稿在小范围的官员圈子里流传。人们对其进行了诸多小修小改,但保留主旨大意。通篇娓娓道来的语 100
气,通达合理的讲解,都使任何人一听便能明白。这篇演说稿极具煽动性。向亨利·摩根索大声朗读了这篇演说稿之后,罗斯福还补充说,证券交易委员会主席约瑟夫·P. 肯尼迪“认为其言辞慷慨激昂,人们听完后肯定会在心中烧掉最高法院以发泄心中的愤恨”。

皮尔森印刷厂是华盛顿的一家小型印刷厂。该厂收到了有关黄金条款案件的判决书，判决书被拆分成几个部分。对重要的案件而言，这是标准程序，因为将判决书分割为数个部分，才保证了每个排字工人只负责其中极小部分内容。多年来，皮尔森印刷厂一直以这种方式为最高法院保守秘密，从未泄露过哪怕一起案件的判决结果。现在，这些预防措施看起来尤为必要，因为该案涉及重大利益，人们对此抱有强烈的关注和各种各样的猜测。“极度紧张。”《纽约时报》的一则头条新闻如是说。该报注意到，一个多月以来，不确定的局面已经“给政府投上一层阴影，而这层阴影比起自 1933 年银行业危机以来的任何阴影都要浓重”。

1935 年 2 月 16 日，最高法院寂静无声；这是三个星期以来首席大法官首次没有宣布判决延期的一个星期六。卡明斯立即取消了前往佛罗里达州的行程，转而开始制定紧急计划。“然而，我们有足够的理由对判决结果感到自信，”他在当晚的日记中写道，“而且我们应对措施也都是深思熟虑后提出的。”到了星期一早上，也就是 2 月 18 日时，这种企盼的情绪已经强烈得几乎让人无法忍受。在最高法院中午召集开会前的几个小时里，法庭外的走廊里挤满了前来旁听的人；国会警察不得不为九位大法官开出一条通道。大法官和内阁成员的夫人们一一就座，稍稍晚到一会儿的参议员和劳工领导人只得在法庭门口或者墙边努力寻求一点站立的空间。

正午 12 点一到，大法官们鱼贯进入法庭。12 点 1 分时，休斯便开始宣读多数意见。他的声音似乎比往常更大，饱含激情，也许是由于紧张不安。他概述了两起案件的判决结果，都是五比四，都对政府有利。私募债券案“诺曼诉巴尔的摩和俄亥俄铁路公司案”（*Norman v. Baltimore & Ohio Railroad Co.*）的判决意见，遵循了休斯一年前对明尼苏达州抵押延期案的分析论证。在该案中，休斯再次指出了契约自由的限度。他说：“如果与契约相关的主体属于国会的管辖范畴，那么这些契约便具有某种固有的弱点。”国会有权管理货币。“如果现在摆在我们面前的黄金条款妨碍了国会政策的实施，”休斯裁决黄金条款确实产生了这样的结果，“那么这些条款就 101
无法成立。”在开始宣判下一起案件之前，他想阐明一点：“我们不关心后果。”这也就是说，最高法院在做出这一判决时并没有考虑经济崩溃所带来的威胁。

休斯的语调越来越激昂。他已经宣布政府赢得了自由公债案“佩里诉美国案”（*Perry v. United States*），可是在他宣读判决意见的时候却似乎不是这样的。他说出的每一句话听起来都像是责难。在宣布“诺曼案”和该案的判决结果的间隙，他简短地说道：“区别十分明显。现在摆在我们面前的债券是合众国所担负的责任。”而国家和个人一样，必须言必信，行必果。他说，在这里为了支持政府的政策，应该说，“国会可以根据自身需要而不理会政府的责任，那样的话……国家的信用就成了一句虚无缥缈的誓言。我们不是这样解读宪法的。”

休斯在就合宪性的限度和公共道德对政府进行了一番说教，并且划出这条鲜明、不可侵犯的红线之后，随即宣布这条红线不适用于该案。他声称，原告没有遭受损失。休斯干脆明了地得出结论：“他无权要求赔偿。”

那天的最后一句话是由詹姆斯·麦克雷诺兹说的。

相比起为法律所做的贡献，麦克雷诺兹的个性更为突出。一名负责报道最高法院新闻的记者将他描述为保守派大法官中“最为多姿多彩”的一位，他“脾气暴躁……完全不受任何约束”。他在华盛顿朋友不多，其中一位朋友这样回忆道：“他想到什么就说什么，常常无所顾忌——只有孩子才会那样做。”麦克雷诺兹身材高大，体型瘦削，通常不苟言笑。他将近七十岁了还是单身，独自一人生活，独自一人工作，只有一个同是单身、性格乖戾的助手伴其左右，他

甚至连电话都不让这个助手接听。如果说麦克雷诺兹还能展现出礼貌文雅的一面，那么仅限于他在上流社会的社交场合与年轻女士打
102 交道之时。弗兰克福特回忆道："麦克雷诺兹对一切都痛恨有加。"事实的确如此。他拒绝与两位犹太裔大法官布兰代斯和卡多佐说话或坐在一起；他还曾采取行动反对将卡多佐任命为最高法院大法官——据说他力劝胡佛不要"再任命一个犹太人来折磨最高法院"——在卡多佐的就职仪式上，麦克雷诺兹一边读着报纸，一边故意将报纸翻得哗哗作响，以此表达自己的不满。

和他的保守派同僚不同的是，麦克雷诺兹的成功不是自己打拼出来的。他的父亲是一名种植园主，也是一名医生。他一直以来上的都是最好的学校（范德堡大学、弗吉尼亚大学法学院），从事的也都是最好的职业（法律业和房地产业）。成年后他定居于田纳西州纳什维尔市。1896 年，作为一名支持黄金条款、反对布赖恩的民主党人，他参与了联邦众议员的竞选，但没有成功。在政治庇护人的提携下，他来到华盛顿担任伍德罗·威尔逊政府的司法部长。在他的带领下，司法部着重打击托拉斯——这为他赢得了敢于抗争的自由派的声誉，但同时也极大地惹怒了身边的所有人。因此，当威尔逊在 1914 年提名他为最高法院大法官时，人们自然地认为总统对他是"明升暗降"。（更加可能的一种情况是，威尔逊未经太多考虑便选择了这名来自南部、且同样毕业于弗吉尼亚大学的校友；不管是哪一种情况，正如有人事后回想起的那样，"真正的威尔逊主义者"对于麦克雷诺兹的提名"甚是苦恼"，而且据说威尔逊本人对此也十分后悔。）

在庭审时，麦克雷诺兹常常打断律师的发言，提出一些尖刻的问题，而提问的声音小得几乎听不见；在宣布判决的那几天，他则经常发表言辞激烈的长篇大论。在他的高嗓门中能够听出他那抑扬顿挫的肯塔基乡音。为了强调所说的话语，他时而提高声调，时而拖长声音；他说话时很少做手势，只是偶尔会将手指指向某个制造麻烦

的律师。他那一度被《新共和》杂志视为“变幻莫测”的法学理念到 1935 年已经稳定下来，成为一种反射性的、蔑视一切的保守主义。麦克雷诺兹将大萧条形容为“暂时的不便”——美国人民只要将注意力放到“他们的义务而非所谓的权利上”，就能克服这一不便。他支持“政府拥有特定和有限的权力”，并极力反对新政。“假如罗斯福没有毁掉这个国家的话，”他对朋友说，“那么肯定是因为这个国家是坚不可摧的。”

因此，麦克雷诺兹在有关黄金条款案件的判决中属于少数派，这丝毫不让人惊讶。他极度厌恶罗斯福的货币政策。“如果一直执行旧的（金）本位制度，我们的情况将会好很多，”麦克雷诺兹在给弟 103
弟的信中写道，“情况本来能够好过现在。身居顶层的人并不太聪明！”他补充道，这些案件“让我不胜其烦。我不想撰写判决的异议意见，我只想逃离这一切”。逃离无望之后，他从乔治·萨瑟兰提供给他的一份备忘录中抄了大部分论点——论述强有力，不过显得颇为生搬硬套。

在宣布判决结果的那天，当休斯宣读多数意见时，麦克雷诺兹完全是一副心不在焉的模样——他向后靠坐在高高的皮椅中，脑袋放在靠背的垫子上，眼睛半睁半闭，一直盯着天花板。等到他直起身来宣读异议意见时，许多旁听的人在听完休斯长达一个半小时的发言后，显然已经疲惫不堪，开始偷偷地溜出法庭。可是，当麦克雷诺兹刚一开始发言，准备溜走的人就站住不动了，紧接着，法庭里再次挤满了人；随着麦克雷诺兹发言的继续，一些旁听的人不由得倒吸了口凉气。

麦克雷诺兹发言时胳膊一直放在桌上。开始时他语调平静，但很快就越说越激动，语速也加快了。他的脸因激动而发红，声音中充满了愤怒之情。他说：“今天所做的一切成果，是不可能得到过高评价的。我们中的许多人所理解的宪法，对我们来说如此重要的宪法，已经一去不复返。”这些话完全是脱口而出，里面没有一个字出现在他所写的意见里，他也一眼都没看意见。“在此以前，男人和女人认为保护他们不受任意行为侵害的保证条款已经被抹去了。国会权力已经扩大到如此地步：没有人能够看到其边界在哪儿。”他说，他不太愿意谈到这类事情。“我向上帝保证，我不想说起这类事情。但是，坐在这里的人有责任来揭露……事情的来龙去脉到底是什么……现在我们有一套货币体系，我几乎想说其罪恶之一是——这套体系所涵盖的范围几乎是我们无法想象的。”他声称，如果国会和总统可以“用一句话”就将黄金条款“抹去”的话，那么“这无异于暴君尼禄的做派”。

一名观察者说，麦克雷诺兹的发言是“一头年老雄狮最后的吼声”。麦克雷诺兹向他的弟弟透露，这一发言“让我精疲力竭……这样做是否明智也许还有待商榷。但是我想让真实的情况获得人们的一些关注。这一目的似乎已经达到了”。当然，在当时的情形下，显而易见的真相在持不同政治立场的人看来是不一样的。对《民族》杂志而言，保守派言辞激烈的批评主要是“以一种令人不安的方式
104 提醒人们，骰子很容易就会带来不一样的结果”；并且这一提醒十分重要，不久以后，随着某种严厉措施的施行，最高法院将会失去推翻国会法案的权力。

“总统对于最高法院的判决结果非常满意。”

这句简明扼要的话，根本无法表达出白宫的人们此刻的兴奋之情。一大清早，罗斯福便如坐针毡。中午时分，就在判决即将宣布之前，一小群幕僚聚集到内阁会议室里。几分钟后，罗斯福从实时新闻播报中得知休斯已经开始发言，于是也来到了会议室。财政部和证券交易委员会的官员们蹲守在最高法院，与证券交易委员会主席约瑟夫·P. 肯尼迪保持着电话连线，后者被授权在必要时可以关闭股市。

肯尼迪搭建起了一个电话的接力连线：当关于第一起案件的好消息在 12 点 7 分从法官席上传来时，他给身在内阁会议室的罗斯福打了一个电话。两分钟后，肯尼迪又送去了第二起案件的结果。罗斯福开玩笑说，他唯一感到遗憾的是，肯尼迪没能将休斯的发言完整地复述出来。

可是，这一点肯尼迪并非没有做到。那天下午，他私下在几个幕僚面前复述了休斯的发言，后者对他的复述赞赏有加，卡明斯当时也在场。判决宣布后不久，卡明斯就赶到了白宫，那会儿罗斯福正在与摩根索和国务卿科德尔·赫尔共进午餐。“所有人都笑意盈盈。”卡明斯回忆说。他与罗斯福彼此道贺。卡明斯说，他感到罗斯福自从当选总统以来从未这样开心过。午餐过后，总统坚持要朗读广播演说的一部分。“他的朗读听起来非常幽默，这把他自己给逗乐了，我们也都给逗笑了，”卡明斯在日记中写道，“我觉得所有人都大大松了口气。”随后，他们就是否继续禁止公民起诉要求赔偿损失这一问题进行了讨论，讨论的结果是将该问题搁置一段时间。接着，罗斯福在白宫泳池里游了一会儿泳，并宣称他要去海德公园好好睡上四天。

在写给肯尼迪的一份备忘录中，罗斯福庆祝了这一胜利：“在我看来，最高法院终于明确地将人的价值置于在契约中被称为‘一磅肉’[1]的价值之前，”他不断重复他那充满戏谑之情的哀叹，“人们永 105
远都不会知道，他们没能聆听总统精彩的广播发言是一个多么大的损失。这个发言早已拟好并准备发表……若案件的判决结果不是现在这个样子的话。”他引述了其中他最喜欢的一部分，即关于黄金条款判决的那一部分。他最后感叹道：“我们的子孙后代无法领略到这

[1] 一磅肉（a pound of flesh），语出莎士比亚的戏剧作品《威尼斯商人》，意指合法但不合人情的要求。

些珠玑般的文字，真是太可悲了！”

那个星期的晚些时候，这份字字珠玑的演讲稿有一部分登上了《纽约时报》的头版。有人——可能是总统本人——将演说稿最精彩的部分展示给了阿瑟·克罗克。克罗克写道，如果这一演说被发表出来，“它将会是自安德鲁·杰克逊时代以来在美国宪法史上最具轰动性和历史影响力的一件事；安德鲁·杰克逊在谈到当时的最高法院对一起案件所做的判决时说道：‘约翰·马歇尔做出了这一判决；现在，就让他自己去执行这一判决吧。’[1]”克罗克还补充道，罗斯福的演说稿可能“仍会派上用场……在新政完成之前，可能还会出现某种状况，需要总统在广播里完成今天被搁置在一旁的这场演说”。雷蒙德·莫利在听完罗斯福复述这篇演说稿的一部分之后，也表达了同样的感受：总统先生，请把演说稿好好收起来，因为在最高法院将《全国工业复兴法》判决为违宪之后，您还需要用到这篇演说稿。

《纽约时报》将这一判决称为“黄金裁决”，罗斯福对这一称呼表示赞同。然而，“尽管这一判决让我们欢欣鼓舞，”他在给助理司法部长安格斯·麦克莱恩的信中写道，“可是在如此重要的问题上，五比四这样接近的判决结果还是让我不寒而栗！”罗斯福明白，休斯虽然支持政府的政策，但是也明确无误地传递了这样一个信息：大法官们对这一政策相当反感（在这一点上，所有的大法官意见一致）。政府事实上是由于诉讼程序的缘故而赢得了自由债券一案；对于政府

[1] 此处的判决是指“伍斯特诉佐治亚州案”（*Worcester v. Georgia*）的相关判决。19 世纪初，佐治亚州的切诺基印第安人和白人移民之间的矛盾不断激化，后者意图侵占前者的土地财产，并设法让他们迁往西部。1831 年，切诺基族主权捍卫者萨缪尔·A. 伍斯特（Samuel A. Worcester）被逮捕，原因是他不愿宣誓支持州法，后被州法院判处有罪。对此，伍斯特方以州法不适用于切诺基领地为由，将此案上诉至联邦最高法院，最终以五比一的结果胜诉。时任首席大法官马歇尔在多数意见中承认切诺基人的自治地位，即切诺基族和其他印第安部落为“独立政治实体”，因此州法不适用于其领地。对此判决，州政府和时任总统安德鲁·杰克逊均拒绝接受。

拟采取的进一步行动，判决意见中“奇怪的语言”（卡明斯语）几乎未给予任何宪法上的肯定性支持。

判决结果是宣布了，但是根本的问题——不论是司法上还是政治上——依然没有得到解决。首席大法官在这两方面举棋不定，让人们完全捉摸不透。“大量各式各样的说法大行其道。”卡明斯在日记中写道。斯通为该案撰写了附加意见，在他看来，休斯在“佩里案”的判决意见中“似乎对这两方面都有所回应”。华尔街的银行家们也持有类似的看法。哈佛法学院的小亨利 · M. 哈特认为，最高法 106
院从未发布过比该案“更让人困惑不解的判决”，并补充说，哪怕读上一百遍，“佩里案”的判决意见还是让人摸不着头脑。

用一名曾经担任过最高法院助理的人士的话来说，休斯在一般情况下“会依循简单、明确的逻辑行事，其前提是这一逻辑要与他的思路相吻合”。在有关黄金条款案件的判决意见中，休斯所采取的路径相比往常更为迂回。尽管如此，他还是做得非常不错。他使美国经济避免了一场潜在的崩溃；他重申了政府在一定的限度内为了公众利益而采取行动的能力；而且，同样重要的是，他避免了政府各个分支间的冲突，这样一场政治上的斗争是仍然在遭受大萧条折磨的美国所无法承受的。

第 7 章　最后的细线

“人民又不能拿宪法来填肚子。”来自爱达荷州的联邦参议员、 107
共和党人威廉 · 博拉说道，他正在解释共和党在 1934 年中期选举落败的原因。共和党在当时提出的党纲中谈到了个人主义、企业精神以及对于国家和宪法的热爱。最后，共和党输得一败涂地，似乎已经走到了解体的边缘。尽管共和党人对于宪法是发自内心的崇敬，却被许多选民认为是编造出来的，有见利忘义之嫌，并且反倒是强调了他们对于持续的经济问题束手无策这一事实。1934 年的美国人需要的是能解决问题的措施，而不是虔敬之心。

但是，保守派人士并没有被这一选举结果吓倒。在一些大企业家的支持和资助下，一群来自两党的保守派形成了一个新的组织，其使命是“捍卫宪法”，以确保政府对于财产权的尊重，并“与激进的潮流相抗争”。他们将自己的组织命名为“美国自由联盟”(American Liberty League)。从许多方面来看，成立这一组织是约翰·雅各布·拉斯科布的主意，拉斯科布是杜邦公司和通用汽车公司的高级主管，他曾经担任民主党全国委员会主席。1934 年初，拉斯科布在写给一名助手的信中谈到他计划“引诱”大公司“组织起来以保护社会免遭磨难。如果我们放任共产主义引导人民，使他们认为所有的企业家都是骗子……没有人应该变得富有的话，那么这场磨难注定将会持续下去”。

108 可以肯定的是，美国人民不大可能积极回应让富人更富的呼吁。因此，该组织的另一名创建者威廉 · H. 斯泰顿上尉说，这一新的团体如果不首先提出“一个道德或情感上的议题”，那么将无法达成其目标。斯泰顿认为，再没有什么议题比“‘宪法’这一简单的议题更能在我们的人民中获得支持或是激起热情了”。尽管如此，这还是需要费些工夫。斯泰顿说：“公众对于宪法完全一无所知，这简直说不过去。但是，就算是这样，人民对于宪法还是抱有强烈的——虽然是有些模糊的——感情。我相信，只需对人民加以引导，他们的这种感情就会转变成崇拜，进而演化为一场势不可挡的运动……在我看来，我们首先要做的是使人们相信宪法是完美无缺的……我们需要从那些误读、误用宪法的人手中将其解救出来。”

实际上，这一解救宪法的使命已经进行了至少十五年。在第一次世界大战结束后不久，一些曾经领导过战争动员的爱国团体再次投入到斗争之中，推广国家安全联盟所说的“我们宪法的意义和价值”，并且保卫“我们的国家立法机构免遭无产阶级的危害”。由于对社会主义、布尔什维克主义和其他各式主义的恐惧在 1919 年汇聚成一阵“红色恐慌”，战时的爱国精神在战后也丝毫没有松懈，并在 20 世纪 20 年代掀起了一股将“宪政主义”和“真正的美国主义”视为“最佳的、也是唯一有效的对抗……域外邪说的手段”的流行风潮。另一个引发焦虑的原因，是数以百万计新近到达美国的移民，而像“共和国哨兵”之类的团体便给州政府施压，要求在公立学校和私立学校中教授宪法。

由此，正如詹姆斯·M. 贝克所形容的那样，一场旷日持久的“拯救我们的政体”的运动开始了。1919 年，爱国团体已经成功地将 9

月 17 日确立为国家节日，即宪法日（制宪会议正是在 1787 年的这一天闭幕）；在这一天，除了重温建国之父们的智慧，人们还会举行演说比赛、盛大的庆典、游行活动和军事操演。几年后，这些庆祝活动从一天延长至一周，并被称为“宪法周”。其口号简单直白：“珍爱宪法，国将永续。”1924 年，《宪法》的原始文本从钢制的墓穴中 109
被挖出，在国会图书馆的一个“神龛”（这正是官方的说法）中进行了展出，与之同时展出的还有《独立宣言》。政府官员们认为，通过这一令人敬畏的展出，美国人民将会增强与布尔什维克主义抗争的决心。

到了大萧条开始在全国肆虐的 20 世纪 20 年代末，作为商业和保守思想的中坚力量，这些施压团体的领导人已经失去了道德权威，因而这一运动的劲头也衰减不少。但是，新政的出现使得他们的担忧再次显得紧迫起来。看起来，这一次野蛮人不是在大门外，而是已经进到了白宫里。因此，美国自由联盟便利用了历史悠久的保守主义传统。它从保守主义团体中不仅获得了灵感，还借鉴了其组织结构，吸收了其中的成员和众多资助人，此外发展了一个新近成立的团体：反禁酒修正案协会（AAPA）。该协会由一些商人所建立，他们将对酒征收的税收视为减轻其他产业负担的一种必要手段。1933 年，当对禁酒令的撤销已近在眼前时，反禁酒修正案协会的领导人改变了他们对于新政的敌意：其中包括新政所带来的各种各样的威胁，以及新政派长久以来一直珍视的理想和特权。

美国自由联盟还与 1932 年芝加哥民主党全国代表大会的“阻止罗斯福”运动一脉相承。美国自由联盟的创始成员几乎全都是由反对罗斯福提名的民主党人构成（这些民主党人倾向于提名阿尔·史密斯，尽管史密斯在 1928 年败给了胡佛），这一点绝非偶然。史密斯在他之前担任过纽约州州长，他对罗斯福怀恨在心，曾经公开历数他的众多罪状。罗斯福忽略了他的建议，并且将奥尔巴尼作为通向总统宝座的跳板，这些都让他愤恨不已。他还认为，他对于罗斯福的公开批评不该成为他进入罗斯福政府内阁的障碍；因此在1933年，当未获准进入内阁后，他变得更加愤怒了。史密斯对于罗斯福的所作所为充满了愤懑。他曾经非常亲民，现在他搬到了位于新建的帝国大厦的办公室里（该大厦由约翰·拉斯科布出资修建），吸着雪茄，强压着满腔怒火。作为创始成员，他加入了自由联盟。

在整个1934年，美国自由联盟的财力雄厚，高层人才充沛。高
110 层中很快包括了约翰·W. 戴维斯，一名杰出的保守派律师，曾被提名参加1924年民主党总统竞选；伊雷内·杜邦，来自特拉华州的大企业家，强烈反对新政“对宪法核心原则的逐渐侵蚀”；E. F. 赫顿，通用食品公司董事会主席；以及一些杰出的共和党人。居于所有这些人之上的是一名来自堪萨斯城的律师，朱厄特·肖斯，由拉斯科布亲自挑选担任联盟的主席。拉斯科布已不是第一次任命他来管理某个组织了。就在五年前，肖斯——更久之前，他曾是记者、赛马驯养师、银行家、律师、联邦众议员，以及威尔逊政府的助理财政部长——被任命掌管民主党大权，彼时民主党连续经历了1920年、1924年和1928年的大选失利，内部分歧严重，他需要使其重新团结振作起来。

“我希望全国各地的民主党成员们忘掉过去的分歧，团结起来……形成一个统一坚实的阵线。”肖斯在1929年获得任命时如是说。尽管他没能修复民主党内的裂痕——任何人都做不到这一点——但是他使民主党再次充满了活力与毅力。有了肖斯的带领，再加上拉斯科布、皮埃尔·杜邦以及金融家伯纳德·巴鲁克提供充足的资金支持，民主党正如《时代》周刊所言那般释放出了“美国有史以来最为持续有效的政治能量之一”。在随后1930年的中期选举中，民主党在重新掌控国会方面迈出了一大步。肖斯正是《时代》周刊所描述的那种“来自中西部的商人和运动员的混合体”——他性情友善，体格健壮，时常叼着石楠烟斗咧嘴大笑——人们开始将其描述为“民

主党的核心人物”，以及 1932 年总统竞选的重要助选人。然而，肖斯连同拉斯科布、杜邦家族以及他们的盟友做出了错误的选择。他们对于阿尔·史密斯的全力支持，以及对于罗斯福强烈得近乎荒谬的憎恶，似乎终结了他们在民主党内的政治生涯。因此到了 1934 年，曾经力主民主党人团结起来的那个人却在尽一切可能使民主党分崩离析，并试图将该党深得民心的总统拉下马。

由于新闻界走漏了消息，美国自由联盟提前在 1934 年夏天便宣布成立。联盟的领导人本来计划招揽一些知名的温和派加入；但由于时间仓促，这一切还未来得及开展。这些领导人甚至希望人们记住联盟带有平等意味的缩写“ALL”——可是该联盟一方面声称代表所有的美国人，另一方面却接收着杜邦家族的资助，这种言行不一也 111
许能够解释为什么新闻界在第一天的报道之后便拒绝再为其效劳。

自由联盟的组织结构已经说明了一切：其各自独立的分支，分别对应房产所有者、储户、人寿保单持有者、债券持有者和股票持有者的权利，但是却没有一个分支是对应如言论自由这样的权利。尽管肖斯尽力想要定下一个更高、更开放的基调——至少在最开始时如此——他的宪法观，正如批评者很快便指出的那样，侧重于财产方面的权利而忽视了其他方面的自由。如阿瑟·克罗克所言，从一开始自由联盟“在大众的印象中就是一个保守团体，对总统和政府的政策抱有敌意……其成立的唯一目的是让一切回到从前，恢复从前的一切罪恶，其中便包括将私人财产置于一切之上”。

自由联盟的领导人们没有采取任何行动以更正这一公众印象。1934 年 8 月，通用汽车公司总裁阿尔弗雷德·P. 斯隆在法国南部度过三个星期的假期之后乘坐德国油轮欧罗巴号登岸。在码头上，一群记者问他，据说他加入了这一新成立的联盟，这一消息是否属实。斯隆对此做出了肯定的回答，并且给予自由联盟最好的祝福（他已经给予了该联盟以金钱）。随后他转换话题，对最近提出的限制工人工时的提案发起了攻击。“当然了，我认为应该让工人拥有更多的闲余时光。”斯隆说道，可是他的公司在工人工时方面却毫不留情，流水线上的工人常常工作到精疲力竭都得不到休息。但他补充，首先，“我们的闲暇必须靠努力才能挣来”。

想要描述自由联盟很容易——正如哈罗德·伊克斯所言——该联盟既是一个由“心怀不满的政客”组成的联合体，成员包括“工业家、宪法律师和开着我们这艘好船撞向礁石的金融家”。来自俄克拉荷马州的联邦参议员埃尔默·托马斯将这一联盟的领导人称为“金元之士”。1934 年 12 月，烤架俱乐部的一个讽刺短剧将自由联盟的领导人塑造成戴着礼帽、筹集资金以拯救宪法的形象；当剧中肖斯拆开早晨的邮件时，现金出纳机的声音也随之响起。“如果任何人支持拯救宪法的话，”他说，“那么这肯定说明他至少有一百万美元。”

罗斯福本人十分欣喜加入了嘲笑的行列。在一场记者招待会上，他就此开起了玩笑，并获得了记者们热烈的赞同之声——他说一位
112 朋友告诉他，美国自由联盟做到了十诫中的两条诫命：“爱上帝，同时忘掉你的邻人。”罗斯福说，对自由联盟而言，“上帝”明显是指“财产”，这又引起了更多的笑声。他还说，那天早上他躺在床上阅读财政新闻，当读到华尔街将自由联盟视为“祈祷的应验”时，他足足笑了十分钟。

尽管自由联盟很容易遭到人们的取笑，却无法被人们轻易地忽略掉。联盟的领导人虽然不怎么受公众欢迎，但仍然有令人尊敬的地方；联盟的核心理念，虽然多少有些过时，但依旧吸引着无法接受新政的人。新政的集中控制权、对于财富和权力的再分配及对价值观（包括节俭、勤奋、个人主义等）的抛弃，都使他们非常愤怒，这些人不认为这些价值观已经过时。这部分美国人越来越感觉到自己像是身处困境的少数派——事实上也的确如此——他们在自己的国家成了被驱赶的陌生人，为了“我们父辈的信念”做着勇敢的最

后一搏。自由联盟给了他们希望和发声的机会。他们对此心怀感激，因而纷纷捐钱——用肖斯的话来说是“一场雪崩”——许多单笔捐款金额只有一美元，这说明该联盟的吸引力远远超出了华尔街的范围。

“现在谁将会是另一个党派呢？”在 1934 年的选举后，《时代》周刊提出了这个问题。这么想不是没有可能——实际上，许多人都是这样认为的——即自由联盟很快就会取代共和党。许多人预测，共和党中的进步分子将会加入民主党，而两党中的保守派则会集结到自由联盟的麾下。民主自由派人士当然希望如此。伊克斯是进步党[1]的资深成员，曾经同西奥多·罗斯福一道对抗过共和党。他非常欢迎自由联盟的出现。他对记者们说：“这真是太好了！自从 1912 年以来，我就一直希望区分我们政党的是那些真正的问题……我愿意看到所有的进步派属于一个党派，而所有的保守派属于另一个党派。”罗斯福也是这么想的。请想一想，他经常对幕僚们说，一旦将那些“反动分子”从民主党中清除出去，民主党将能够取得巨大的成就。

美国自由联盟欣然接受了其作为保守派旗帜的角色，并于 1935 年 1 月登上政治舞台。在最高法院对热油案做出判决的一个星期后，自由联盟开始发表其领导人所说的“建设性的批评”：首先，是对于联邦赤字的担忧；其次，是对于全国复兴总署相当克制的指责。在随后一个星期接着一个星期的时间里，自由联盟针对新政的批评越来越多，音调也越来越高。直到春天，自由联盟正式对新政发起了全 113
面攻势。

在其所经之处，自由联盟大肆攻击目之所及的一切：一份紧急情

[1] 进步党（Progressive Party）创立于 1912 年，因其领导人西奥多·罗斯福自称“麋鹿”而又被称为“公麋党”（Bull Moose Party），在总统选举失利后逐渐衰落。此后美国还出现了两个同名政党，其中便包括由罗伯特·拉福莱特于 1924 年创立的新进步党（下文亦有提及）。

况工作救济提案，用肖斯的话来说，它标志着历史上对于总统“最具革命性”的授权，预示着民主制在美国的终结；他预言，发放给一战老兵的奖金将会使货币体系崩溃；设立一个独立的劳资关系委员会的提案“令人厌恶至极”，无论如何都应该等到最高法院对集体谈判权的判决宣布以后再说；关于社会保障的立法毫无必要，显得“过于仓促”；帮助佃农和其他农业工人购买农场的计划，一项财产权的倡导者可能会欢迎的计划，意味着农业的“俄国化”，将会产生“一个靠政府维系的农民阶级”。这些攻击的对象不可避免地从新政所采取的手段扩展至新政的动机。自由联盟还批评罗斯福，认为他隐瞒了一个更为不可告人的目的：引发一场全面的经济崩溃，然后在随之而来的权力真空中获取完全的控制权。

在这番如世界末日般的描述中，唯一能够保护国家免于极权主义控制的就是联邦最高法院，即肖斯口中的“最后的细线”。若自由联盟想要成功地“拯救宪法”，那么它所需要的不仅是最高法院，还有整个联邦司法体系的支持。利用全国主要的律师事务所的广泛支持，自由联盟准备对新政提起司法诉讼。

对富兰克林·罗斯福而言，随着共和党基本上被打败，而自由联盟尚在摸索阶段，真正的政治上的麻烦来自左翼：他们中许多人认为新政走得还不够远。左翼批评者的出现晚于右翼批评者，为了弥补在时间上的损失，类别纷繁复杂的他们于1935年一股脑儿全挤上全国的中央舞台，发表着无穷无尽、彼此之间毫不相干的牢骚。有些左翼人士要求激进的改革；有些更为边缘的左翼人士将资本主义等同于法西斯主义；还有一些仅仅是为了发声而发声，其结果只是制造出一些噪音罢了。

114 全国各地都涌现出有望成功的领导人。在威斯康星州，鲍勃·拉福莱特和菲尔·拉福莱特继承其父罗伯特·拉福莱特的叛乱共和主义，成立了一个全新的进步党。在加利福尼亚州，西奥多·罗斯福时代的伟大的“扒粪者”[1] 厄普顿·辛克莱，发起了一项终结贫穷的运动，该运动也鼓舞了加利福尼亚州新一代的激进主义者。作为一名农工党成员，明尼苏达州州长弗洛伊德·奥尔森则极力宣传他所称为的“政府和生产资料集体所有制的福音”，并且公开声称他将考虑参加 1936 年的总统竞选。围绕某个单一问题而开展的运动蓬勃兴起，尤其是由六十八岁的前乡村医生弗朗西斯·E. 汤森博士所发起的一项有保障的老年退休金计划，引发了人们狂热的推崇，因此他公开宣称考虑“尝试让总统接受这一计划”。

左翼阵营中最难对付的人物是两名煽动家：来自路易斯安那州的联邦参议员休伊·朗，他也是该州事实上的独裁者，还提出了名为“财富共享”的公众计划；以及脾气暴烈、被称为“电台牧师”的查尔斯·库格林神父，他同时也是通货膨胀的热情鼓吹者。在 1935 年初，他们是唯一让罗斯福总统感到担忧的左翼领导人。事实上，这两位左翼领导人都正在领导全民参与、热情高涨的全国性运动，看起来有可能从中演变出国家的第三大政党。那年春天进行的一次民主党民意调查显示，在反对罗斯福的三人角逐的总统竞选中，作为一名未被明确指定的共和党人，朗得到了将近百分之十一的大众选民支持——这虽然不足以撼动罗斯福在竞选中的优势，但是朗在从未开展过哪怕一天的竞选活动的情况下便有这样的支持率，也足够让他兴奋的了。

在参议院，众多上了年纪的激进派、进步派和特立独行的人士变得越来越焦躁不安。诸如来自蒙大拿州的伯特·惠勒、来自内布拉斯加州的乔治·W. 诺里斯和来自加利福尼亚州的海勒姆·约翰逊等人很明显是新政的天然支持者。同罗斯福一样，新国家主义和新自

[1] 扒粪者（muckraker），指揭露社会黑暗面的作家和新闻记者。

由对他们有着重要的影响。自从就任之初，罗斯福就向他们征询意见，并依靠他们在参议院中的投票。但他们是一个不太听使唤的团体，不愿对罗斯福（或其他任何人）言听计从。虽然他们的投票结果常常一致，但与其说他们是一个关系紧密的集体，倒不如说他们是几名不合群的异端分子，各自对自己在道德上和才智上的优越性确信无疑。“他们都是些自以为是的人。”雷克斯·特格韦尔这样取笑他们，他对这些人非常了解。“罗斯福需要进步派，”特格韦尔说道，“他曾
115 是其中一员；但现在他是总统，所以不能担任进步派的领导人。他需要领导民主党。”而民主党包括南方保守派、北方企业主，还有少数族裔及工人阶层的选民——在大多数由西部重农主义者所构成的进步派看来，这些人既贪婪又自私，罗斯福为他们所做的一切并不值得。

几乎从一开始，这些进步派人士对于新政就不满意。新政计划建立一个新的经济秩序，这一宏伟的目标让他们深感不安；而新政所采用的方式也让他们心绪不宁：人们头脑发热，做事全凭随性而起；对大企业妥协退让；并且对进步派长期以来最为敌视的两个方面视而不见——托拉斯和政治机器。此外，他们还对新政所采取的权力集中制恐惧不已。“我们有着珍贵的自由与民主的传统，我们不能将这一传统付诸法西斯主义，或其他任何一种将权力集中起来放置于某一个人手中的那种主义。”惠勒在 1935 年如是说。这些主义中也包括新政主义。在许多进步派人士看来，新政对于工业联合体过于宽容，并且赋予了总统过多的权力。

要求进步派与新政派达成和解的呼声越来越高。5 月 14 日晚，罗斯福邀请了几位参议院的进步派人士以及菲利克斯 · 弗兰克福特、哈罗德 · 伊克斯和农业部长亨利 · 华莱士来到白宫，让他们将积压在胸中许久的不满尽情倾吐出来。开腔发言的主要是参议员们。他们敦促总统握住大权，不要再一味安抚大企业和南方保守派，并积极完成他的既定计划。他们告诉总统，只有这样做才是对朗和库格

林的有效回应。接近午夜时，参议员们才离开白宫，他们相信——正如鲍勃·拉福莱特对弗兰克福特所说的那样——罗斯福“即将恢复其原先咄咄逼人的领导风格”。

然而，罗斯福并没有这样做。他的幕僚们分裂为两个对立的阵营——一个阵营赞成短期复兴措施及与企业界的继续合作；另一个阵营渴望体制改革与新旧对峙——而罗斯福则在这两个阵营间摇摆不定。尽管巴哈马群岛的垂钓之旅将罗斯福晒得黝黑，从而显得健康十足，可是他看起来却“疲惫不堪，过度敏感”。《时代》周刊推测，之所以会这样是由于“普通民众对于新政的何去何从愈发迷惑；而对于总统自己是否清楚新政的未来走向，他们也愈发疑虑”。

虽然罗斯福的支持率依旧很高，虽然经济形势仍在好转，但是 116
国家的前景却十分暗淡。在全国各地，劳工似乎一直都处于动乱之中；失业人口的数量尽管在减少，但依然是一个庞大的数字，接近全国劳动力人口的五分之一；罗斯福总统任期首个百日的成效，尤其是全国复兴总署，似乎已经将自身的精力耗尽，却又没有任何新的措施可以替代。在国会里，总统剩下的议程被限制于一个委员会中，这个委员会是由自由派和保守派批评者无意中结成的联盟。在法院里，总统的盟友人数不多，有将近四百件质疑新政法律的案件待审。而在法院系统中，最大的威胁来自联邦最高法院，在罗斯福所进行或打算进行的每一项计划中都能看到最高法院的身影。

1935 年 5 月 6 日，最高法院公布了自有关黄金条款判决以来的首个重大判决。这一案件涉及全国的铁路工人。大萧条——以及从公路到航空等其他交通方式的发展——给铁路运输带来了严重的打击，使得铁路产业在 1920 年至 1933 年期间裁减了一半从业人员，也就是一百万名员工。历史悠久的铁路线路被取消；长达上万公里的轨道因为破产而被关停，或者干脆被废弃；机车在杂草丛生的站台边锈蚀、荒废。甚至连那些保住了工作的工人——大多数是年岁较大的工人，由于严格的年资制度而未被裁减掉——也不过是仅能糊口而已。当他们在结束几十年繁重辛劳的工作后迎来退休时，却拿不到任何退休金，或退休金近乎为零。

1934 年，为了应对铁路工人糟糕的生存条件以及来自铁路工人工会的压力，国会在会期最后忙乱的几天里匆匆拼凑出了一份强制性的全国退休金制度。根据这一制度，退休基金中的三分之一由工人交纳，三分之二由铁路公司交纳。罗斯福对该提案的几点感到不满，他还公开表示这一提案“起草得十分粗糙”。可是在最后，他还是无法否决《铁路退休法》。不过，他在签署这项法案时，还是敦促国会尽快将其修改。

但是，超过一百三十家铁路公司共同行动起来——他们的行动快于国会，在还未向铁路工人退休基金支付一分钱前，他们便首先
117 提起法律诉讼。他们认为《铁路退休法》在两个方面违反了宪法：该法案未经正当法律程序便拿走了他们的财产；在这些铁路公司中有二十万员工不需要跨州工作，但该法案将这些员工也包括在内，这种做法超出了国会管理州际贸易的权限。1934 年 10 月，华盛顿特区最高法院支持这两项论点，并关闭了铁路工人退休基金。政府向联邦最高法院提起上诉，后者于 1935 年 3 月听取了口头辩论。卡明斯向罗斯福保证，政府一方的辩论“极为出色”；但事实上，卡明斯对于辩论的结果非常担心，因此他在撰写法院要点记录时煞费苦心地将铁路弟兄们都包括在内——万一政府输掉了这起案件，“也不会觉得心痛或相互指责”。

政府确实输了，而且还是以一种十分戏剧性的方式输了。最高法院再一次出现了五比四的投票结果，分歧程度不亚于从前。但是这一次对立双方的构成却不同以往，可以说是令人震惊，而对于新政派而言则是颇具威胁性的：罗伯茨离开了休斯那一方，加入了保守

派的阵营。

“铁路退休委员会诉埃尔顿铁路公司案”（*Railroad Retirement Board v. Alton Railroad Co.*）的判决意见是自一年多前的“内比亚案”以来罗伯茨撰写的第一份重要判决意见，而且他似乎很乐意重新回到舞台中。在聚集的人群面前，他极度认真地宣读着判决意见。事实上，罗伯茨与其说是在宣读，倒不如说是在演说：他记忆能力超群，偶尔朝摆在他面前的判决意见瞥上一眼。他的声音，冰冷而精确，穿透了不大的法庭；他身着黑袍，双臂交叉放在胸前，说到重点处，手臂向前伸出，随后放在桌上，眼睛直接望向坐在呈半圆形长椅上的听众。他说话不带一点儿磕巴，也没有任何停顿。一名政府律师回忆说，罗伯茨的发言往往“没有任何艺术性可言”；可这次却是他最好的一次发言。

这次肯定也是他最强硬的一次发言。作为一名前铁路律师，罗伯茨的一些判决意见听着也像是在为铁路公司辩护，而不是一位公正无私的法官。他从宪法的角度奚落《铁路退休法》，认为其没有体现合理的商业原则，甚至也没有体现出公共道德。他说，该法案是对常识的侮辱，其存在“仅仅是为了工人的利益……纯粹是为了达到社会目的”，根本没有考虑到牵涉其中的企业。罗伯茨尤其对于以下“理论”感到恼怒：退休金会提高工人的士气，故而也会提高工人的工作效率。如果这就是士气的话，他说道，语调因嘲讽而加重， 118
那么“想要在任何私人拥有的企业里摧毁士气，最保险的方法便是用立法赠予来替代私人奖金……把对雇主的忠诚转变为对立法机构的感激”。

这还没完。罗伯茨说，就算一个“快活的”工人工作效率更高，“增进工人的满意度”与州际贸易之间也不存在什么关联。如果二者间确实有关联的话，那么“所谓的监管工作就没有任何限制了”：国会可以命令企业提供，比方说，员工的免费医疗，或者员工子女的教育就学，或者衣、食、住，或者，为了使这个反证法更加具有说服力，他说还有“一百种其他的方法”有可能“缓解员工的忧虑和担心”。

最后，该法案因为宪法第五条修正案的正当程序条款而搁浅了。如果罗伯茨撒手不管——如果他遵循最高法院自我克制这一条不成文的规定，用宪法条款最狭义的阐释来处理这一案件——那么国会则可能会遵照法院判决来修改法律。然而，罗伯茨走得更远，他对任何行业中的退休保障和州际贸易间存在关联这一概念嗤之以鼻。事实上，他这样做相当于预先对类似的立法投下了否决票。

休斯撰写并宣读了异议意见，他语调激昂，带着一丝恼怒。他说道：“判决中最严重的问题在于，它不是简单地谴责《铁路退休法》中的某几个方面，而是设置了一道障碍，从而扼杀了所有同类性质的立法行为。”他宣称，这样做“产生了严重且影响深远的后果，这一后果掩盖了该法案提出的所有其他问题……通过这种方式得出的结论背离了合理的原则，并且给州际贸易条款设置了一项毫无根据的限制”。

在卡多佐的建议下，休斯将退休计划和工人补偿法律进行了类比，最高法院时常对后者予以支持。“支持某一方或反对另外一方，我都从中看不到任何宪法上的依据，”休斯说道，“支持这类立法的根本出发点是，各行各业都应该处理好其失去工作能力的人员的安置问题，不论这些人员是由于年老还是遭遇意外而无法继续工作。
119 我们不能认为这是一种任性随意的想法而对其置之不理。这种想法源自丰富的经验，完全合乎情理。”休斯最后得出结论，认为州际贸易条款没有要求国会必须明智得不犯任何错误，而是允许国会有管理贸易的权力。

休斯的异议意见一向逻辑严密，同时却处处透露着愤怒之情，而这篇异议意见堪称其中的杰作——“这是休斯在法官生涯中撰写的最大胆、最坦率，也是最了不起的一份判决意见”，耶鲁法学院的瑟曼·阿诺德如此评价道。当然，作为一份异议意见，其产生的效果是有限的，主要目的是强调多数派的立场是多么极端。读过多数派的判决意见之后，菲利克斯·弗兰克福特在给斯通大法官的信中写道："我开始要相信，人若是犯起糊涂来，真是没有限度。这实在是太叫人吃惊了。"斯通对此表示同意——他在回信中写道，该判决是自三十年前臭名昭著的"洛克纳案"以来"最高法院做出的最糟糕的判决"，而且该判决很有可能也将折磨最高法院同样长的时间。"《铁路退休法》不是一项很好的提案，"斯通在给儿子们的信中写道，"但是在我看来，当宪政想要制止联邦政府建立这样一套退休制度时，宪政自己已变得无比疯狂。"

这一判决所引发的愤怒之情广为流传——这一愤怒不是针对该判决在眼下造成的后果，而是针对其在长期所带来的影响。此外，它还带来了一股不祥之感。在《新共和》杂志一篇未署名的社论中，弗兰克福特和同为哈佛法学院教授的小亨利·哈特提出了警告，他们认为最高法院的多数派荒唐、几近挑衅似地忽略了铁路工人所面对的现实，并"增强了人们对最高法院和宪法是否能满足我们各种国民需求的质疑"。阿诺德在《民族》杂志上撰文写道："最高法院所带来的威胁将会继续像一片不祥的云朵笼罩在所有的法律行动之上，这些行动要解决的是正向我们聚拢来的社会问题。"《纽约时报》在头版简明扼要地写道："社会计划岌岌可危。"

罗斯福对此表示赞同。他对幕僚们说，"埃尔顿铁路公司案"的判决"糟透了"，算是美国历史上最糟糕的判决之一。在参议院，他的幕僚们努力争取保护那些悬而未决的提案，优先着手的便是有史以来最宏大的退休金计划：社会保障提案。来自阿肯色州的参议院多数党领袖约瑟夫·罗宾逊略为仓促地宣称，该提案需要重新起草；而包括罗斯福在内的其他人则认为该提案十分安全，因为立法者头脑中时刻想着最高法院，故而将提案建立于政府的征税权，而非贸易

120 权[1]之上。可是这样做并不能给瑟曼·阿诺德带来丝毫安慰。他认为，罗伯茨对于退休金计划的敌意“根深蒂固”，他“也许能找到法子对基于征税权的法案予以反对”。

罗斯福私下里说，《全国工业复兴法》现在已没有成功的希望。而这一切很有可能才仅仅是个开始。卡明斯提醒罗斯福：“‘埃尔顿铁路公司案’预示了国会可能颁布的几乎所有类型的社会立法将会遭遇的命运。”“这是个可怕的障碍，”他补充道，“也再一次、并且更强烈地唤起了我们先前讨论过的事项，包括提议增加一条宪法修正案。”几个月前，卡明斯预料有关黄金条款的案件判决可能不利于政府，因此起草了一项宪法修正案，规定若要推翻一项国会法案，必须要有至少七位大法官的投票。这项宪法修正案的提案最后不知所终。罗斯福更感兴趣的是如何抵消可能做出的不利的法院判决的影响，而非限制最高法院的权力。然而现在，这种克制正在快速地消退，而且不仅仅限于罗斯福。

在“埃尔顿铁路公司案”判决公布的二十四小时内，《纽约时报》描述了一场由法学教授、律师，以及尤其是“首都里拥有各种理想信念的人”所发起的一项“不断扩大的运动”，旨在找到某种一劳永逸的解决方案。据《时代》周刊报道，近来的法院判决正在全国引发巨大的焦虑，因此法律界和各行业领袖“开始四处寻找激进的冒险活动”以重新调整政府各分支间的权力平衡。美国劳工联合会的威廉·格林宣称他本人赞成任何这一类的宪法修正案。铁路兄弟会的领导人迅速支持一项要求七人投票的提案——尽管它提出的是一项法令，而非宪法修正案，这意味着最高法院可以将其推翻。

“看起来宪法修正案是没有什么办法了。”雷克斯·特格韦尔1935年5月9日在日记中写道。这一情形没有给他带来一丝困扰；

[1] 贸易权，指国会管理美国与外国、美国各州之间的贸易的权力。

说实话，他对此十分欢迎，尤其是这一议题即将成为一项全国性议题，正如某天在白宫走廊上吃午餐时他告诉罗斯福的那样。“在我看来，没法再找到一个更好的竞选议题了。”特格韦尔说，特别是因为该议题将会“把绵羊从山羊中分离出来”，最终将保守的民主党人从党内清除出去。

现在，情形已发生了变化：就在不久前还显得激进、几乎不可想
象的事情正在变得合情合理，甚至不可避免起来。不论是通过国会 121
法案或宪法修正案，还是通过其他方式，最高法院都必须受到限制。5 月 11 日，卡明斯在给助理司法部长安格斯·麦克莱恩的备忘录中写道：

> 国会是否有权通过立法来限制最高法院依其就宪法问题发表意见的条款？关于这一问题，不知该办公室是否做过任何研究？我时常看到一些备忘录阐释一个理论，认为若没有宪法修正案，也能取得这一结果。在我的记忆中，我们的文件将会在某处揭露出有关该理论的要点摘录，证明最高法院根本没有权利就宪法问题发表意见……
>
> 我认为，应该将这一点彻底摸清，但是除此以外，还应该弄清楚我首次在上面提到的那一问题，也就是说国会立法的问题，这一问题不会废除最高法院就宪法问题发表意见的权利，但是它将对最高法院起到一定的限制作用，避免再出现五比四的投票结果。

卡明斯用这样一种轻松、几乎是漫不经心的态度开始了一项很快被他称为“极其重要的计划”。

5 月 12 日，星期日，在最高法院宣布关于铁路退休金案件判决

的六天后，联邦救助计划的负责人哈里·霍普金斯、哈罗德·伊克斯和另外几个人，同罗伯茨大法官及其妻子伊丽莎白共进午餐。霍普金斯在当天的日记中写道："罗伯茨和蔼可亲，说起话来十分吸引人。可是他的社会理念来自安迪·梅隆[1]。"安迪·梅隆是一位匹兹堡的银行家和实业家，曾在罗斯福之前的三位共和党总统手下担任财政部长，主张减税；如今，他因逃税而遭到指控。"想到罗伯茨还要在最高法院待上二十年，真不由得沮丧。"霍普金斯写道。

然而，在一年多以前，不正是罗伯茨大法官在有关纽约牛奶案的措辞强烈的法院意见中为自由派喝彩吗？不正是他认为宪法并无
122 授权企业"将伤害强加于普通大众"、因而使得一家报纸宣称"新时代已开始出现"的吗？现在的罗伯茨大法官和当时的罗伯茨大法官还是同一个人吗？在十四个月的时间里，他不仅从一边摇摆至了另一边，他更是从这边的极端摇摆至了那边的极端。

欧文·罗伯茨究竟是何许人也？

如果说罗伯茨是一个谜，那么他看上去倒没什么神秘。没有什么让人费解难懂之处，也不故弄玄虚；既不独来独往，也不遮遮掩掩或自相矛盾；若要说他有什么特别之处的话，那么他为人相当坦率直白，简直到了乏味无趣的地步。尽管如此，他却十分温和友善——与大多数同僚相比，他似乎更能欣然接纳自我；他喜欢溜出办公室，在走廊里与熟人、助理和记者聊天。他住在乔治敦，常常乘坐有轨电车上班；如果你没能将这个高大宽肩、精神矍铄的乘客与那张由"哈里斯和尤因"照相馆所拍摄的、偶尔登上报纸的拘谨照片中的人联系起来的话，也许你会认为这个乘客正要去往某个商会会议。

但是，罗伯茨却让几乎所有试图理解他的人都困惑不解。大多数观察者在开始时都不知道如何来定义他。在任何一天的任何一家

[1] 安迪·梅隆即下文提及的安德鲁·梅隆。

报纸上，罗伯茨都可能被描述成保守派，自由派，或“半自由派”。他要么“具有新政派的风格”，要么反对新政；要么温文尔雅，要么粗俗无礼；要么世故圆滑，要么躲藏在“精神的暗室”。通常，记者们只有耸耸肩，认为罗伯茨无法预测，他是“最高法院的问号”，是“游走在边界上的人”。似乎，只有一点是明确清晰的。“罗伯茨大法官走到哪儿，最高法院就走到哪儿。”《华尔街日报》如是说。罗伯茨在最高法院具有决定作用的投票使他成为美国最有权力的人，而这使得他在真正意义上成了罗斯福的对手。

这位如今掌控着最高法院的大法官，在年轻时压根没想过要当律师：在他看来，律师并非诚实之人。可是没过多久，他发现自己是为法律而生的。罗伯茨出生于费城一个五金商人之家，后进入宾夕法尼亚大学就读——一开始是本科生，然后是法学院学生。他在校期间成绩十分优异，因此宾夕法尼亚法学院在 1898 年授予他法学学位之后立即聘用他为讲师，随后将其晋升为财产法教授。罗伯茨能力出众，头 123
脑敏捷，记忆超群，严格自律。他从不妄自猜测，也不畏缩不前，总能找到正确的判决先例或事实来为客户带来理想结果。

在接下来的三十年里，罗伯茨来回穿梭于私人业务和公众服务之间，并在这两个领域都表现突出。在第一次世界大战期间，他担任检察官，负责间谍案件的诉讼，正如一家报纸所言，这一工作展现了他“精力充沛、机敏干练、坚忍不拔”的一面。在回到由他自己创立的律师事务所之后，他代理的客户包括保险公司、铁路公司及类似企业，由此获得了丰厚的定金、公司董事会的席位，以及一年十五万美元的收入。1924 年，参议员乔治 · 沃顿 · 佩珀——罗伯茨在法学院的导师，也是最为关心他的人之一——给柯立芝总统施压，要求他任命罗伯茨为“茶壶山丑闻案”中的两名主要检察官之一。罗伯茨的工作将哈定政府中颜面扫地的内政部长艾伯特 · B. 福尔以贿赂罪送进了监狱，而他在该案中的表现也给人留下了深刻的印象，并为他赢得远超出费城之外的赞誉。

在20世纪20年代，费城仍然被看作是一座“维多利亚时代”的城市——这一称谓并非全然叫人不快。虽然改革者偶然会做出一些改进，移民也持续不断地涌入，但是费城在许多方面依然倔强地保留着19世纪的风貌。在第一次世界大战前夕，《哈泼斯杂志》写道：“在费城，变得焕然一新、与过去截然不同是件不可原谅的事。”罗伯茨就是在这样一种氛围中成长起来的。尽管他并非出生于富贵之家，但他依然安享于费城共和党精英阶层的生活。坐落于德兰西街的富丽住宅，位于福吉谷以西切斯特县、延绵七百英亩的私人土地（该片土地名为Bryncoed，在威尔士语中意为“林阴环绕的山顶”），以及在律师界、城中社交圈和公职圈中的显赫地位——所有这一切都与罗伯茨再相称不过：通过先天的资质和后天的不懈努力，他已然成为费城的社会栋梁。

罗伯茨完美地体现了费城的社会价值观。1923年，美国银行家协会在纽约华尔道夫酒店举办宴会，罗伯茨受邀出席并在宴会上发言。他在发言中指责参议院司法委员会，因为后者对石油公司展开了调查行动——他将该行动称为将石油产业国有化的“政治宣传”。罗伯茨问道：“我们准备好改变我们关于政府的理念了吗？”

124 我们准备好在这个国家完完全全实行社会主义了吗？实行社会主义就意味着压抑抱负，遏制工业，不让人们施展拳脚来为他们自己、为国家经济以及为我们所有人谋福利——我们是要沦为社会主义国家？还是在座的各位以及像各位一样的人们……一起准备好走出去脱掉外套，为传统的盎格鲁—撒克逊式个人主义加油？

听众发出欢呼喝彩之声；很显然，这些人已准备好了。看到听众反应如此热烈，罗伯茨受到鼓舞，继而发起了对政府的抨击，后者声称要控制在其管辖范围内的一切事务。他说："在任何地方都能看到司法和半司法性质的行政委员会，以及各种各样的调查机构和人员的身影。这种情形的结果便是，今天的美国企业家感觉到与之打交道的是政府的爪牙，这些爪牙严密监视着企业家的一举一动，他们手臂高高举起，脸上怒容满面，满含威胁意味。"在哈定和梅隆所主导的放任自由、减免税收、监管普遍松懈的时代，很难解释企业家们为何会怀有如此这般怒气；但是这股怒气却是真实存在的，而且由欧文 · J. 罗伯茨充分有力地表达了出来。

在 20 世纪 20 年代，这些观点由富人们自由地表达；可是到了 1930 年，当胡佛总统提名罗伯茨为最高法院大法官时，大萧条已使得这些观点变成严重的问题。因此，才有了参议院的进步派对于罗伯茨"一心为商"的低声抱怨。然而，他们并无心反对罗伯茨。他们曾反对休斯和约翰 · J. 帕克的提名，并为此发起了数次抗争，现在早已精疲力竭；因此，面对以正直诚实而美名在外的罗伯茨，他们很快便通过了提名。许多自由派报刊对于罗伯茨也是一片赞美之声：《费城纪事报》预测道："罗伯茨先生身为一位学识渊博、品行高尚、对社会有助益的律师，心中充满了自由主义信念……他将会强化公众对于最高法院的信心。"《展望》杂志期待"看到罗伯茨大法官能够常常与霍姆斯、斯通和布兰代斯站在一起"。《芝加哥每日新闻报》认为"在法律问题上，罗伯茨的观点将会既合情合理，又代表着进步的方向"。

其他时政评论员则持有相反的看法。爱德华 · 考文认为，甚至在费城律师界，罗伯茨都被视作保守派。考虑到围绕罗伯茨的各种令人迷惑不解的信息，或许《巴尔的摩太阳报》的观点是最为理智的："至于罗伯茨的思想倾向于哪一方，不论是自由派还是保守派都没有 125
十足的把握。"

在接下来的五年里，这一争论仍在继续，甚至在最高法院内部也是如此。在罗伯茨被提名之时，斯通在给儿子们的信中写道，罗伯茨“工作勤奋，头脑聪明，经验丰富。我希望他用自由主义的观点来处理重要的宪法问题，因为他的思维方式使他能够领悟到问题的方方面面”。但不到一年，斯通就对罗伯茨向右偏移的势头愈加担心了。每一届新的开庭期都进一步印证了他的这一担心。1934 年，当罗伯茨依据对于宪法的字面解读而剥夺联邦贸易委员会管理工业合并的权力时，斯通表示强烈反对。同年，当罗伯茨因对“内比亚案”所撰写的判决意见而赢得自由派的赞誉时，斯通在写给一位哥伦比亚法学院教授的信中对此不以为然，他认为罗伯茨对公众利益所持有的原则“并不新鲜”。

但是，斯通的观点不是主流意见。过去的那些案件几乎没有引起人们的关注，而罗伯茨则在进入最高法院的最初几年中，因为那些案件而释放出了相互矛盾的信息，使得各方不断猜测他到底倾向于哪一派。然后，“内比亚案”给出了答案：很明显，罗伯茨属于自由派。只有少数人，比如弗兰克福特，对此仍然抱有疑心。“说真的，说真的——罗伯茨不应该和那些故弄玄虚的家伙搅合在一起。”弗兰克福特向斯通抱怨说。当时是 1935 年 1 月，在一起涉及宪法第七条修正案的案件中，罗伯茨与四位保守派大法官站在同一边（而休斯则与三位自由派大法官站在同一边）。但似乎再没有其他人注意到这一案件：该案和热油案于同一天公布判决结果，投票结果是五比四，连《纽约时报》都对此只字未提。

由此，可想而知，罗伯茨对于铁路退休金一案的判决意见引发了多大的震惊和恐慌，而在保守派的圈子里则让人喜出望外。范·德文特的一位朋友在写信就这一判决向他表示祝贺时说道，“我尤其高兴地注意到，多数派判决意见是由罗伯茨大法官撰写的”——这是他“明确地和保守派站在了一起”的标志。这一点现在看起来已经毫无争议。在美国银行家协会所做的演说过去十二年之后，欧文·罗伯茨终于向世人证明他和当时的那个演说者并无二致。他已经脱下外套，穿上法官袍，全力支持传统的盎格鲁－撒克逊式个人主义。 126

对自由派而言，“埃尔顿铁路公司案”的判决不啻于一记沉重的打击。但并不是所有人都失去了希望。布兰代斯对一位朋友说：“罗伯茨大法官还年轻，他会学会的。”

第 8 章　黑色星期一

1935 年 3 月，来自特拉华州的联邦参议员、共和党人丹尼尔·奥伦·黑斯廷斯站在参议院辩论席上，对任何为全国复兴总署说话的人提出了质疑。没有人理会他。许多迹象表明，最高法院在于 1 月做出的热油案的判决中中止全国复兴总署的运作后，该机构正悄无声息地走向消亡，而参议院的沉默只是众多迹象之一。那年春天，全国复兴总署主席唐纳德·里奇伯格对手下的一千五百名雇员做了一场“鼓舞士气的演说”，这些雇员越来越觉得有必要另谋出路了。里奇伯格早已宣布将于 7 月辞职，这无疑削弱了其演说的说服力，而该机构其他的主要官员也都已另谋职位。 127

1933 年作为紧急措施通过的《全国工业复兴法》将于 1935 年 6 月到期，到那时该法要么失效，要么由国会再次授权实施；其命运将会如何，谁也说不清。关于该法的反思报告已出炉。在一份广为流传的研究报告中，布鲁金斯学会的经济学家们称《全国工业复兴法》为适得其反的行为：在该法的刺激下，物价比工资涨得更快，购买力因而受到损害而非得到提高。“总体而言，(该法)阻碍了经济的恢复。”研究报告的作者写道。接着，他们扩大了批评的范围：“工业复兴计划不仅没有取得预期的效果，而且该计划本身在我们看来也是一个错误。”恰逢国会考虑《全国工业复兴法》的前途命运之时，这一研究报告出现在了里奇伯格的办公桌以及各大报纸上。报告让里奇伯
128 格怒不可遏，他将其斥为“政治宣传”，但这一说法毫无说服力。众所周知，布鲁金斯学会向来没有任何党派倾向。

但在企业界或劳工界，全国复兴总署并非完全得不到支持。5月，由于害怕《全国工业复兴法》失效而导致激烈竞争的情形再次出现（他们或许更加害怕反托拉斯法再度实施），超过一千名的企业家来到华盛顿，强烈要求国会将该法的有效期再延长两年。与此同时，美国劳工联合会的威廉·格林响应一万八千名制衣工人的呼声，声称若不延长该法的有效期，他们就要举行大罢工。然而，甚至连最热情的新政派都差不多放弃了全国复兴总署。大多数人认为这一机构本就是完全仰赖大企业。罗斯福本人对此似乎表现得颇为矛盾。尽管他十分尽职地要求国会将《全国工业复兴法》的有效期再延长两年，但是对各界要求对该法进行彻底修订的呼声却不予理会，而仅仅提出对该法进行小修小补。雷蒙德·莫利将这一主张描述为“总统甩手不管了”。参议院察觉到总统对该法不怎么热心，便通过了一项决议，将该法的有效期仅仅延长了九个月，并在其中加入了明确将州内贸易排除在外的条款——如此一来，便缩小了该法的适用范围，这无异于是对该法的否决。许多参议员表示，如果众议院将该法的有效期延长至九个月以上的话，他们将会采取阻挠议事的方法。

为了自身的生存，全国复兴总署在多条战线上发起了攻势，可是每条战线上的斗争均以失败告终。在法院战线，《全国工业复兴法》遭受了继续不断的围攻。在1933年12月至1935年5月间，联邦地区法院共有十九起关于该法合宪性的案件，在其中的九起案件中，该法的合宪性都得到了法官的支持，支持率几乎达到了一半；但是这丝毫不能让人宽心。正如司法部长在1933年的报告中指出的那样，

联邦法院的法官队伍已是共和党人占主导；而且自从那时起，十四位共和党联邦法院法官审理了《全国工业复兴法》相关的案件，其中有十位法官所做出的判决结果都不利于政府。另外四位不顾其党派喜好而支持该法的法官都属于进步派共和党人士，这一派人数寥寥（审理这些案件的还有五位民主党法官，他们中的四位支持该法，剩下的那位是来自南部的民主党人）。

这些案件中的大多数都是有关小企业主的，如加油站老板、干洗店老板之类的。事实上，小企业对于行业准则的遵守情况远比大企业糟糕，在 1933 年之前，小企业中恶劣的工作环境比比皆是；但是在许多美国人看来，这些小得不能再小的企业所犯的错误，根本 129
不值得庞大的联邦官僚机构给予关注，更别说对其提起指控了。许多违反行业准则的小企业，原本的意图是好的，然而它们确实走投无路；而其他小企业对待工人虽颇为残酷，但同样也走投无路——这些小企业在新闻界、共和党和自由联盟的合力下成了新政最主要的牺牲品。如此一来，哪怕最高法院做出对政府有利的判决（如果可能的话），也无法避免政府在公众形象上的惨败：人们想象着白宫方面为自己赢得的法律胜利而欢呼雀跃，可究其原因不过是给一个将工人的休息时间缩减得比法律规定时长更短的裁缝店老板戴上手铐，然后扔进监狱而已。

这就是全国复兴总署的存续所面临的情形。罗斯福的一些幕僚，其中尤以弗兰克福特为主，仍然建议将该问题搁置，这就毫不令人惊讶了。他们希望最高法院对《全国工业复兴法》的审查能推迟至秋天再开始，到那时旧法已经过期失效，更好的新法预计已开始实施。然而，罗斯福却似乎同意国会中针对《全国工业复兴法》的批评之声：在最高法院划定联邦行动可接受的范围之前，制定一项新的《全国工业复兴法》或花大量精力修订旧法都是毫无意义的。没有最高法院九位大法官中至少五位的批准，企业主不用遵守该法，检察官不用执行该法，国会也不会通过该法。在这一形势下，最高法院成了拯救《全国工业复兴法》的唯一希望。除非最高法院决定出手相救，否则全国复兴总署也即将随之寿终正寝。

对罗斯福而言，这是一个极度不安而又难以决断的时刻。他止步不前——与其说这是他所采取的策略，倒不如说是因为他没有什么好的选择，也没有什么方法来应对最高法院。弗朗西丝·珀金斯告诉罗斯福，为了应对全国复兴总署关门的局面，她已经起草了管理工资和工时的联邦立法。罗斯福半开玩笑地回复："你这样做可是违反了宪法，你知道吗？你是想证明在朋友之间宪法就不重要了吗？就像西奥多·罗斯福那样？"他继续说道："你知道，我已经在任两年了，可还没有任命过一名最高法院的大法官。人家说，这种情况太少见了。最高法院现在需要的是由罗斯福任命的大法官。只有这样，我们才能得到令人满意的判决结果。"

130 然而，哪怕罗斯福任命一名大法官，甚或两名大法官，也不太可能挽救全国复兴总署。1月，最高法院以八比一的投票结果判决了热油案，这一结果使新政律师们陷入了自我怀疑和事后猜测的漩涡中。而让情况更加糟糕的是，就在该案判决公布的前三天，政府迫于持续不断的压力，就另一起有关《全国工业复兴法》的案件提起了上诉，这一案件是关于木材行业准则的。威廉·埃尔伯特·贝尔彻是亚拉巴马州比博县一家木材厂的老板，他让工人干过多重活，却只付给他们微薄的工资，哪个工人只要稍有怨言便会被解雇。最终，贝尔彻因此遭到起诉。1934年秋，一位伯明翰市的联邦地区法院法官在贝尔彻所提出的三项诉求的基础上裁决《全国工业复兴法》违宪：首先，该法构成了对立法权的非法授权；其次，贝尔彻在工资和工时方面违反行业准则的行为与州际贸易之间没有直接联系；最后，木材行业准则（贝尔彻并没有签署该准则）否认了他的正当程序权利。

政府直接向最高法院提起上诉，后者同意听取双方的法庭辩论。

就在此时，另一种争论耗费了政府律师的精力，他们在接下来的两个月里一直在争论是否将上诉撤回，并希望能够出现更好的测试案件。这部分是由“巴拿马石油提炼有限公司案”所引发的担惊受怕的心理所致。但“贝尔彻案”（*Belcher v. McDonald*）也存在自己的问题，关于这一点，全国复兴总署的唐纳德·里奇伯格说得十分明白。“我没有为木材行业准则的条款辩护，”他在参议院的一次听证会上声称，“它是我们早期制定的行业准则之一，我们据此做了一些试验，但都不成功。”直到地方检察官捎信告诉他，如果该案撤销，他们将会中止所有等待审理的指控后，里奇伯格才勉强同意继续这一案件。1935 年 2 月，当卡明斯在一次内阁会议上提到“贝尔彻案”时，很显然“总统对于继续跟进此案不是特别热情”。即将就任的首席政府律师斯坦利·里德对此案也无甚热情，他敦促放弃“贝尔彻案”。弗兰克福特对此表示同意。然而，全国复兴总署的律师们却坚守此案不肯放手，而卡明斯则颇为犹豫不决。

直到最后关头，卡明斯的一名特别助理 G. 斯坦利·阿诺德才强烈建议他将“贝尔彻案”继续进行下去。阿诺德承认，就个人层面而言，撤销此案将会使他“大大地松一口气”，但是他认为“这个时候撤销 131
此案所产生的灾难性后果不亚于彻底地输掉此案”。在阿诺德看来，放弃“贝尔彻案”只会让全国复兴总署的批评者乐不可支，并将引发劳工的大规模抗议。放弃此案还意味着，当政府“再次来到最高法院面前时”，将会面临“一大堆下级法院反对政府的判决”。阿诺德最后得出结论，进一步的拖延将会带来灾难：“我看不出来如何可以做到一边继续遵守准则，而一边陷入混乱……在这种情形下毫无公平或尊严可言。”

阿诺德的请求遭到了拒绝。在口头辩论结束不到三个星期之后，司法部于 3 月 25 日要求最高法院撤销“贝尔彻案”，后者立即照办。

其结果正如阿诺德所预料的一样严重：政府放弃了“贝尔彻案”，由此开启了一阵违反行业准则的风潮，并且使本就士气低落的全国复兴总署员工更加沮丧，同时要求延长《全国工业复兴法》的有效期也将全国复兴总署置于岌岌可危的境地（总署似乎也并不情愿在法庭上维护该法）。右倾的《时代》周刊在报道中写道：“白宫不敢出手相助。”美国自由联盟、全国制造业协会以及他们在新闻界和国会中的盟友公开指责政府的这一决定，同时又因这一决定而深感得意。休伊·朗毫不掩饰他的喜悦之情：“我知道全国复兴总署违反宪法，他们也知道，但他们仍然试图让其存在下去……那个蔑视全国复兴总署的亚拉巴马人（指贝尔彻），现在可以让总署滚一边去了。”

钢铁、煤炭、汽车、纺织，这些都是覆盖全国的大型工业，它们都雇用了数以千计的美国人，对商业运转和经济健康起着至关重要的作用。其中任何一个行业都能提供足够的理由，来发起对全国复兴总署也许是最后的合法防卫。但是，如“贝尔彻案”的溃败所示，政府没能找到合适的测试案件，这意味着政府不得不从手头的案件中进行挑选。现在，剩下的选择真的就只有一个了。正因如此，全国复兴总署的命运就维系在布鲁克林一家洁食家禽加工厂之上了。

事实上，无论规模大小，都没有哪个行业比得上洁食家禽加工行业更需要规范管理：尽管“洁食”[1]一词意味着某种意义上的纯洁，并且表明了犹太教徒对其产品的严格监督，但是该行业的现实却是机器设备陈旧肮脏、工作环境恶劣糟糕、贪污腐败横行肆虐。成吨
132 的病死鸡肉以折扣价格出售给肉铺和零售商，后者在天亮前前往屠宰场下订单，随后屠宰厂工人按照犹太人的方式将这些鸡屠宰（然而这种方式很少被严格遵守），最后这些问题鸡肉被销售给毫不知情

[1] 洁食（kosher）：意为符合犹太教规的、清洁可食的，泛指与犹太饮食相关的产品。

的顾客。

谢克特四兄弟经营着布鲁克林最大的两家活禽加工工厂。1934 年，他们因为违反了全国复兴总署制定的活禽行业准则中的十九项条款而被定罪：其中包括提交虚假报告和出售染病的鸡肉。而且，与贝尔彻和许多其他小企业主一样，他们支付工人的工资低于行业准则的要求，而工人工作的时长却长于准则要求。位于纽约的联邦第二巡回上诉法院支持针对他们的各项指控的定罪（除了最后一项）。该法院在鸡肉和工人之间做出了重要区分，前者是州际贸易的一部分（许多鸡是在纽约州以外养殖的），因而受到国会的管理；而后者则不受国会的管理，该法院认为，工人的工资和工时完全由地方负责。

总的来说，里奇伯格认为该判决是“在联邦法院系统中权威性仅次于最高法院的法院所做出的有利判决”。此外，“谢克特案”（*Schechter Poultry Corp. v. United States*）还是在 6 月前唯一一个上诉至联邦最高法院的有关全国复兴总署的案件。里奇伯格感受到来自行业准则制定机构的持续热情，因而劝说卡明斯和里德继续推进该案。4 月 3 日，他给正在进行为期一周的垂钓之旅的罗斯福发去电报，敦促他就“谢克特案”立即采取行动。里奇伯格提醒说：“不然的话，目前的沮丧情绪将会逐渐摧毁工业复兴计划。”罗斯福在回复电报中写道，他此刻仍在加勒比海，因此里奇伯格应该和卡明斯谈谈此事。

这一消息引发了一场通过电报进行的简短而激烈的争论。弗兰克福特认为“谢克特案”是一个自杀计划，他让门生汤姆 · 科克伦给仍在加勒比海的总统发去电报，敦促总统不要采纳里奇伯格的建议：“菲利克斯 · 弗兰克福特认为，屈服投降是最为失策和危险的做法……因为法院的基本情形没有发生变化。进一步建议您给卡明斯发电报，让他不要贸然行动。”罗斯福便给卡明斯发去电报，但已经太晚了；卡明斯已经提起上诉（“直到今天，我都认为卡明斯故意扣压了总统的电报。”几年后，科克伦这样说道）。政府和谢克特兄弟 133

均以在巡回法院未获支持的论点向最高法院申请调卷令，后者立即同意审理此案。

“我猜关于洁食家禽案您肯定已了如指掌，”两个星期后，一名司法部官员在给弗兰克福特的信中写道，“对于这一情形，说得好听一点，我们都不太乐观。该案的辩论已定在5月2日。我们正向着断头台疾驰而去。”

最卖力促成“谢克特案”上诉的是里奇伯格，他也是最清楚全国复兴总署运作的人。正因为此，卡明斯邀请他——“这一邀请或许带着一丝恶意”，里奇伯格后来说道——与首席政府律师里德一同为该案辩护。里奇伯格和里德是一对不幸的搭档：在两天的辩论中，里德紧紧抓住法律上的细枝末节不放，并且从一开始就错误连连；而里奇伯格则语调激昂，言辞中充斥着格言警句（他说：“这是组织语言的方式，能使混乱的表达显得有条理。”），在心存疑虑的大法官面前，他的表现也没好到哪去。在提出一连串充满嘲讽和怀疑的问题后，麦克雷诺兹将案件要点摘录堆叠在一起，用一根橡皮筋捆扎好，其间只听见橡皮筋发出噼里啪啦的响声，然后是一声更大的响声——他将这堆文件扔到了地板上。做完这些后，麦克雷诺兹往椅背上一靠，闭上了眼睛。

代表谢克特兄弟的两名律师组合则更加让人意想不到：来自布鲁克林的约瑟夫·赫勒，以及弗雷德里克·H.伍德，后者是位于华尔街的“克拉瓦斯、德格斯多尔夫、斯温和伍德”律师事务所的合伙人之一，也是美国自由联盟的成员之一。事实上，正是在自由联盟和钢铁协会——后者是一个强烈反对《全国工业复兴法》的行业协会——的鼓励下，伍德到最后时刻才决定助赫勒一臂之力。（对此，《民族》杂志干巴巴地评论道：“令人印象深刻的无私精神。”）然而，在法庭上，赫勒似乎并不需要伍德的帮助；当赫勒对活禽行业准则中最为错综复杂的条款极尽嘲讽时，他那浓重的口音使得幽默的效果愈加突出，大法官们都被逗得哈哈大笑。轮到伍德发言时，他正如预料中的一样慢条斯理（且效果显著）地指出，如果贸易条款适用于本案，那么它也适用于所有情形；很快，国会将会发现，“所有的人类活动均在其管辖范围内”。

大法官们对该案的审理进行得很快。在口头辩论结束之后不到 134
三个星期，判决结果便已出炉。1935 年 5 月 27 日中午——不久后，这一天便以“黑色星期一”而为人所知——法庭里人头攒动，拥挤不堪。在法庭外的走廊里，也是一片汹涌的人潮。这些人未能获准进入法庭，他们使劲拉着监察线不愿散去。里奇伯格在就坐前朝一位朋友紧张地笑了笑。“我感觉就像是等待陪审团对我的宣判——有罪还是无罪。”他说道。几乎所有人都神色紧张——除了九位大法官。让人难以相信的是，当法官们鱼贯而入、进入法庭、一一就座时，他们看上去不仅十分轻松，甚至还相当愉快。

首先，大法官们清了清嗓。接着，皮尔斯 · 巴特勒宣读了一份人寿保险案的判决意见。前来见证历史时刻的听众此时在座位上坐立不安。随后，三起重大案件的判决结果被一股脑地公布出来：每一份判决都获得了九位大法官的一致同意；每一份判决都以各自的方式对富兰克林 · 罗斯福进行了指责，并对新政施以打击。

萨瑟兰在为“汉弗莱遗嘱执行人诉美国案”（*Humphrey’s Executor v. United States*）所撰写的意见中认为，罗斯福在 1933 年解雇了联邦贸易委员会中一名干扰该委员会正常工作的共和党成员，这一做法公然超越了其宪法权力。紧接着，布兰代斯裁决《弗雷泽－雷姆基农场抵押延期法》（Frazier-Lemke Farm Mortgage Moratorium Act）是对私有财产没有任何补偿的征用，该法违反了宪法，因而被废除。该法不属于新政措施，而是由休伊 · 朗促成通过的；在罗斯福看来，该法案“措辞极其松散”，因而“需要修订”，但是就像《铁路退休法》一样，罗斯福还是签署了这份法案，现在他不得不因此而背负骂名。

当首席大法官开始宣读对“谢克特案”的判决意见时，可以听见所有听众都深吸了一口气。里奇伯格的身体变得僵直，脸色变得苍白。他甚至连缓过神来的工夫都没有，整件事情似乎在一瞬间就结束了。在这份九比〇的判决意见刚刚宣读之后，一名记者递给里奇伯格一张小纸条，上面写道：“有可能再出台一项新的工业复兴法案吗？”里奇伯格写下他的答复并将纸条递了回去，他的回答是一个问号。

休斯在宣读判决意见时，时而在座位上前后晃动一下，时而抚弄一下胡须，语调变得越来越激烈。当他有条不紊地对《全国工业复兴法》进行分析并一一驳斥之时，听众像是被施加了催眠术一样安静坐着，动也不动，但偶尔还是有人低声嘟囔，或一个年轻人大
135 声叫着“热狗！”。休斯宣布《全国工业复兴法》违宪，原因有二：首先，对总统制定行业准则的权力定义不当，导致这一权力“几乎不受任何限制”，因此属于国会的非法授权；再者，无论是谢克特家禽加工厂的工人还是加工厂的禽类均不属于州际贸易范畴。

休斯说道，“这些禽类”有可能来自纽约州以外，但是“来到本州以后便不再去往别处”，因此属于纽约州管辖范畴。家禽加工厂工人的工资和工时问题也属于同类情形，与州际贸易之间不存在直接关联。休斯补充道，“直接”影响与“间接”影响之间的区别是“根本性的，这对于我们宪法体系的存续至关重要”。他的这番话意在说明：直接影响和间接影响之间的区别，就是联邦和州在贸易中的权力之间的区别。休斯认为，若没有这一区别，那么“联邦权力将不会受到任何约束，而且为了各种实际的目的，我们会迎来一个权力完全集中的政府”。这也是伍德的观点。“这样一个中央集权体系在经

济上是好是坏，并非联邦最高法院需要考虑的问题，”休斯说道，“我们完全可以说，联邦宪法无须为此证明。”

直接影响与间接影响之间的抗衡并不是休斯的创新。这一原则在四十年前便已出现，但因为名声不佳而被弃用。现在，休斯又将其重新启用。自从进入 20 世纪以来，在联邦对任何经济活动的管理问题上，最高法院大多采取放任的态度，不论其可能会间接妨碍到州际贸易流通。这种态度到“谢克特案”的判决出炉时戛然而止，尽管这一结果让人意想不到，但似乎是果断决绝的。而且，并没有人要求最高法院就这一问题表明立场，因此这一判决结果就愈加让人惊讶了。在以过度授权——用卡多佐的话来说是“肆无忌惮地授权”——为由推翻《全国工业复兴法》之后，大法官们本可以就此打住，这样也是遵循了最高法院以尽可能窄的针对面来判决案件的传统。然而，正如罗伯特·杰克逊在满怀遗憾地回忆时所说的那样：“最高法院就这样杀死了《全国工业复兴法》，接着在其尸体上又踩上了一脚。”

休斯采用了一项总体来说声誉不佳的原则——爱德华·考文称这一做法为“奇迹般地将死者唤醒”，这促使休斯的两位同僚与多数意见保持了一定的距离：卡多佐撰写了一份附加意见，斯通表示赞同 136
这份意见的观点。尽管卡多佐和斯通承认在全国经济活动和地方经济活动之间存在区别，但是他们也提醒：“什么是远，什么是近，有时候是无法确定的。”卡多佐还提到：“在考虑程度问题时，法律并非无动于衷。”这也就意味着，在有些案件中，间接影响过于明显，因此需要联邦进行管理。

斯通一直以来不信任对直接和间接效果加以区分的做法，他认为这一做法僵化死板，脱离实际。后来他在给哈佛大学的托马斯·里德·鲍威尔的信中写道：“我希望……你注意到，最高法院在宣布贸易的直接影响和间接影响间的区别为合宪性的万用标准时，有两位大法官没有参与进来。”尽管斯通不会怀念《全国工业复兴法》，但是他向鲍威尔透露，“谢克特案”让他“感觉不妙”——因为“我和所有人一样都意识到，管理（现在已成为全国性的）工业的权力……应该有所归属”。可是现在，这一权力的归属却显得飘忽不定。

那天，唐纳德·里奇伯格在步入法庭时脸上带着紧张的笑容，现在则是瘫坐在椅子上。当休斯宣读完冗长的判决意见后，这位全国复兴总署（从实际效果来说，这一机构已经不存在了）的主席垂头丧气地从法庭里走了出来。“这一判决结果的影响相当广泛。”他对记者们低声说完这句话后就去白宫见罗斯福了。接着，从法庭的门后又走出一个人。没人知道他的名字，但是人人都理解他的感受。“改革，”他大声说道，“结束了！”随后，他便也离开了法院。

当参加旁听的其他人陆陆续续将消息透露出来之后，有人通知了汤姆·科克伦和本·科恩，让他们赶快去最高法院助理办公室的休息室。在那儿他们见到了布兰代斯。这位大法官像一个满怀复仇之情的毁灭天使看着科克伦，一边将胳膊伸得直直的，让办事员帮自己脱去黑色的法官袍，当他看着科克伦时，他虽然激动得喘不上气，但却十分欣喜。

“你们已经知道我们对这三起案件的判决，”他一边喘气一边说道，“这些判决改变了一切。”随后，他嘱咐他们要确保菲利克斯第二天一早在华盛顿，他需要向罗斯福解释目前的情况。在那天所公布的最具毁灭性的判决中，布兰代斯说道：“总统一直生活在愚人的乐园中。”

科克伦指出，最高法院对于州际贸易的判决将会危及目前正等
137 待国会通过的一些提案，他对此表示担忧。但布兰代斯不为所动。他回答道，“我对立法的各个环节并不熟悉”，但是若由于获得最高法院大法官一致同意的这些判决而导致“所有提案都需要重新起草……所有工作都需要做出调整，对此我毫不惊讶”。布兰代斯告诉他们：“我

想让你们回去告诉总统，我们不会让政府集中所有的权力。集权的做法已经走到尽头。”

“你的意思是所有的大法官一致反对我们？”

当里奇伯格来到白宫通报判决结果时，总统正在与罗伯特·杰克逊及财政部官员会面。“老以赛亚是什么意见？”罗斯福问道。“本·卡多佐呢？”得到里奇伯格的回答后，罗斯福倍感震惊，也许是因为判决结果，也许更因为自由派大法官的背叛。杰克逊则真心实意地劝说道，最高法院的判决可以说是帮了总统的忙，不然等到国会也拒绝全国复兴总署的延期，那总统蒙受的羞辱将会更大。对于这个解释，罗斯福似乎表示赞同。

在那个星期一的大部分时间里，罗斯福看起来已经接受了最高法院的判决。埃莉诺·罗斯福告诉一位朋友，她很担心晚上和丈夫共进晚餐，她敢肯定他将会十分沮丧；然而，让她没有想到的是，他那天晚上比平日显得更加轻松自在。只不过这种轻松自在的气氛并没有维持多久。用完晚餐后，总统在与全国复兴总署前负责人休·约翰逊通电话时，颇为愤怒地说道，在新政计划刚刚实施时，大法官们是断然不敢将其推翻的；但是，既然现在公众已经对新政有所不满，大法官们便认为是时候采取行动了。总统说，如果最高法院判决认为《全国工业复兴法》的制定存在问题，需要重新修订，那么他肯定都不会这么介意。可是事实却是，最高法院推翻了整个新政计划，并将矛头指向他本人——指控他谋求独裁权力。

那天再晚些的时候，罗斯福让勒翰德小姐二十分钟后在办公室等他；在开完一个短会之后，他还想再处理些事情。勒翰德十分了解罗斯福，她知道罗斯福所说的二十分钟意味着至少半个小时；总统参加的会议从来没有特别短的。然而，三十分钟过后，一名管家匆匆来到她的办公室，说道：“总统正在等您。”她知道这下她有麻烦了。

138 事实的确如此。罗斯福勃然大怒。不过，他手头却没有任何事情可做；他此时最需要做的是转移注意力。为了使他不再老想着最高法院的判决，勒翰德谈起了政界最近的一些花边新闻。她还拿出了总统的集邮册，这是他最爱的消遣活动，他常常独自整理集邮册直至深夜。

霍默·卡明斯那天晚上写道："对政府来说，今天是糟糕的一天。"他得到判决消息时正在办公室吃午餐。他赶紧放下火腿三明治，参加了多个匆匆召开的会议，这些会议直到深夜才结束。在他看来，"'谢克特案'的判决极度强调州权，仿佛使最高法院又回到了许多年前。很多人认为，要么是最高法院错了，要么就是宪法错了；而这也再次激发了关于宪法修正案或其他方法的讨论"，只为了阻止最高法院继续阻挠民意。最后，卡明斯总结道："从长远来看，这一观点不会持久，因为民众总有办法实现他们的目的。"

《华尔街日报》宣称："宪法经受住了大萧条的考验。"

早间的报纸上全是类似的新闻。大多数报纸早已迫不及待地移除代表全国复兴总署的蓝鹰标志；在过去的两年里，政府要求所有的报纸都要在报头印上这一标志。《芝加哥先驱稽查报》用一面美国国旗替代了蓝鹰标志。如同当天的许多头版消息一样，大多数报纸的这一举动本身便已反映了新闻界对最高法院的这些判决给予充分的支持——正如《华盛顿邮报》所言，这三项判决是"三拳重击，打击了任性胡来、毫无章法、个人做派盛行的政府，这个政府在对待基本律法的态度上傲慢而草率"。保守的《芝加哥每日论坛报》声称，最高法院终结了罗斯福的恐怖统治——在这一统治下，"渺小的普通人"因为行使与生俱来的自由而受到恐吓，甚至遭到监禁。该报的编辑认为，"美国政府中的那些人是不是恐怖分子，这并非重点"，新政派"制定并实施的那些法律已使得恐怖主义不可避免"。

在首都华盛顿，在巴特勒大法官的住宅外，有人拿着一支粉笔在人行道上用大大的、孩童式的字体写下一个单词：混蛋。有多少美国人抱有同样的想法，这不得而知。白宫接收到来自全国各地的电报，坚称每十个美国人中有九个敦促重新启用《全国工业复兴法》，但是这与统计学家所说的“显著样本”相去甚远。在那时，在反映民意上还没有真正可靠的衡量方式。引领一门新“科学”的乔治·盖洛普才刚刚开始他的民意调查事业，尽管政界和新闻界对民调结果给予了密切关注，但没有人知道可信度有多高。即便如此，有一点看来是毫无疑问的，即大多数美国人对全国复兴总署已失去了信心，面对其遭到废除的结果，大多数人不过是耸耸肩而已。《纽约时报》认为：“大体来说，这件事在全国没有掀起一丝波澜。” 139

对工会而言，情况却并非如此。工会领袖怒不可遏，他们的战斗性再次被激发，比如美国制衣工人联合会的西德尼·希尔曼。在一次集会时，希尔曼高呼：“我们不受最高法院的摆布！”他和数千名制衣工人从纽约市的制衣工厂聚集区游行而过，一边前行一边高唱嘲讽最高法院的歌曲。游行队伍中以女性居多，她们和着《三只瞎耗子》（*Three Blind Mice*）的旋律唱道：

> 九个老头，九个老头
> 听听他们在说什么，听听他们在说什么
> “宪法不允许
> 更短的工作周时和更多的工作酬劳”
> 老板们做什么都是对的
> 那九个瞎老头这么说。

大卫·杜宾斯基是国际女装工人联合会的主席，他也对最高法院的判决表示不服：“最高法院将财产权利置于人的利益之上。对他们来说，一百五十多年前制定的宪法及其干巴巴的条款比数以百万计工人的生活和需求更为宝贵。最高法院可以废除《全国工业复兴法》……但它无法消除工人在经济上的力量。”但是杜宾斯基并不像听上去的那样自信。他和其他工会领袖都十分清楚，随着《全国工业复兴法》遭到废除、全国复兴总署退出舞台，再加上劳工立法悬而未决、前途未卜，他们现在仅存的武器就只剩下罢工了。

而与此同时，据报道称，华尔街则是一派“欢欣鼓舞的景象”。
140 此外，在全国各地，许多小企业主都对F. L. 伊文斯的观点深表赞同，后者是伊文斯父子公司（“科科莫最大的墙纸商店”）的所有者，他在给罗斯福的信中写道：

> 亲爱的先生，他们给了您一根绳子，而我知道您是会用这根绳子上吊的。您试图告诉我应该什么时候开门，什么时候关门，应该销售些什么，付给雇员多少工资，而至于我能挣多少，您却毫不关心。尽管如此，我还得缴纳您强加到我头上的税收。现在最高法院向您提出了异议意见。您和您那些追随共产主义的教授尽了最大的努力想让美国变成俄国，您和您的属下们已经并且仍在迎合这个国家里的游民、闲汉、文盲，以及各式各样的地痞流氓。

但是许多企业主，不论大小，对“谢克特案”的反应却是褒贬不一。《全国工业复兴法》的废除使他们松了一口气，可是其产生的近期效果却又让他们倍感担忧，现在这两种情感掺杂在一起，让他们心烦意乱。在规模大、工会化程度高的行业中，全国复兴总署颁发的行业准则效果似乎相当不错——很可能是因为管理方害怕触发罢工和聚众暴乱。但是在大多数行业中，早期的一些迹象却令人不安。在废除《全国工业复兴法》的判决公布后的数个星期内，联邦劳工统计局发现在每个州的工会中都出现了严重的倒退现象。工人工时延长了，工资削减了。有些制造商甚至将原先涨起来的工资又降回去了。在煤炭行业，工资谈判在一夜之间就谈崩了。“你们自己得出结论吧。”美国劳工联合会的威廉 · 格林不耐烦地对记者说。随着大批不到十六岁的儿童离开学校，童工的规模急剧增加，他们的周工作时数是六十小时。而且，尽管建筑公司总体上遵守行业准则，但是根据联邦劳工统计局的报告，在整个南部，“常见的（黑人）劳工”正在系统性地“回归”——在有些地方，黑人劳工的工资被削减至每小时十美分，还不到当地平均工资的三分之一。

商品价格不再由行业协议制定，从而飞速下跌，包括烟、酒、图书和药品。价格战硝烟再起，这使得一些小企业主向白宫抱怨“掠夺性的价格下跌”和“残酷的竞争”又重现了，而这拨小企业主正是当初那些对行业准则痛恨至极的杂货商、药店主和烟酒铺老板。
从全国制造商协会到全国油漆协会的所有团体都召开紧急会议，敦 141
促其成员将各自的行业准则中的精华条款保留下来。威尔·罗杰斯说：“我们真是一个奇怪的民族。每一张餐桌旁的商人都曾经大声数落整个全国复兴总署的种种坏处……现在，还是这同一拨人又冲回到餐桌边，手握话筒高喊：‘必须维持原先的工资标准’‘必须遏制恶性竞争’‘使用童工是错误的’……有些人你无论怎么做都满足不了。”

国会看着这一切热闹地上演，却丝毫不为所动。这部分是因为议员们对全国复兴总署深感厌恶。事实上，当关于“谢克特案”判决的消息传到参议院时，竟没有一名参议员对最高法院提出批评。但是议员们的沉默也透露出了他们的困惑。国会手中还剩多少管理经济的权力，国会领袖们对此并不清楚。司法部的一名官员在评估损失时认为，最高法院没有为贸易权的行使提供任何一种“颠扑不破的标准”，结果催生出了大量的不确定因素。唐纳德 · 里奇伯格称这一局面制造了一个“朦胧地带”，没有人知道究竟在这个地带里谁说了算。

参议院领袖立即宣布中止所有的劳工管理法案。而且，这似乎只是一个开头而已。《纽约时报》注意到："几乎所有的重大法案，无论是已经颁布的还是规划之中的……都在某种程度上受到《全国工业复兴法》案判决的影响。"白宫本来计划在剩余的国会会期中推出的一个"大手笔"——一项耗资四十亿美元的以工代赈项目；一项改进公共设施的提案；一项将周工作时数限制在三十个小时内以增加工作机会的提案；扩大《农业调整法》权限的立法——所有这些都被中止了。

然而，并不是所有的参议员都热切地想要中止这些提案和法案。那些不赞成却又不敢反对新政的保守派民主党人以"谢克特案"的判决为由，让总统将其计划搁置一旁。正如参议员海勒姆·约翰逊在写给儿子的信中提到的那样，有关《全国工业复兴法》的判决使许多支持州权的南部民主党人纷纷活跃起来。国会中的这些民主党人"和顽固保守的共和党人一样欣喜若狂……似乎每一只老鼠都从洞中出来向着白宫做鬼脸……现在他们都现身了"。的确，共和党人对自己的欣喜之情没有加以任何掩饰。5 月 28 日，众议院领袖不得不提前休会，否则共和党人要把一整天的时间都花在赞美最高法院
142 和攻击新政上；提前休会的提议差点在众议院引发一场暴乱，为了维持秩序，议长不得不拼命敲击木槌，都快把木槌敲烂了。

"这真叫人头疼……"罗斯福对弗朗西丝·珀金斯说，这是他对《全国工业复兴法》所做的反思，"但不管怎么说，我们还是尽力做到了最好。工业得到了激励。一切都运转了起来。"他希望工业大体上能够遵守行业准则，但是对于重新恢复新政却没有表现出任何兴趣。他说，他的法律顾问们"十分肯定整个程序违反了宪法，我们必须对整个计划进行重新研究和修订……因此，我们需要一些时间对全国复兴总署进行反思总结。将历史记录下来，然后这一切便都

可以结束了”。

除此以外，罗斯福还没有想好该做些什么。他仍在收集信息，征求意见，并与各式各样的人商讨——劳工、企业和国会领袖，以及内阁和智囊团成员——这一商讨会议旷日持久，却没有得出一个确切的结论。这些工作大部分都是有关制定新的可能的法规以替代《全国工业复兴法》。但是在总统最心腹的顾问圈子中，人们谈论的却是最高法院本身的问题。卡明斯抱怨道：“实话告诉您吧，总统先生，他们想要毁了我们。”他认为拯救全国复兴总署没有任何意义。“总统先生，”他一边大声说道，一边用拳头击打着手掌，“一切都结束了。您没法再做任何这样的事情了。他们已经在反对我们了。我们必须得想办法除掉目前最高法院的这些成员。”

“我们必须着手解决这个问题，”哈罗德 · 伊克斯说道，“否则便是放弃改善人民社会和经济环境的任何努力。”罗斯福似乎对此表示赞同。5 月 29 日，雷克斯 · 特格韦尔见到了总统，发现后者正“怒气冲天地”详尽谈论着一场必须正面应对的大危机。罗斯福说：“我猜你和我都很蠢，因为所有的聪明人都认为，我们应该做的就是顺应形势做出妥协，但是我还是想斗争到底。”于是，特格韦尔再次敦促提出遏制最高法院的宪法修正案。总统似乎赞成这一提议，并打算将这一问题全国化。

在那天下午的记者招待会上，罗斯福没有透露任何信息，这是自 143
黑色星期一以来总统举办的第一场记者招待会。两百名记者涌进了椭圆形办公室，想知道罗斯福是否由于最高法院的判决而有所动摇。但罗斯福让他们失望了。“我写了一篇文章，说您没有失去往日的笑容。”一名记者说道。“那是当然的，”罗斯福回答道，“笑对我来说就等于加班。”所有人听后都发出会心的笑声。罗斯福闭口不提全国复兴总署；他说，“最新消息”并不是出现在华盛顿，而是出现在别处，在那儿最高法院判决的效果还没有显现。比方说，他认为百分之九十的棉纺织公司“想要公平地竞争。但是事实上呢……”，总统思索了一下，“如果百分之十的棉纺织公司使用不正当的竞争手段呢？”他的意思很明显：就算我们信任企业的善意，也不太可能维持物价和劳动条件。

当记者招待会接近尾声时，一名记者问道，罗斯福是否对任何人谈起过有关限制最高法院权力的问题。“没有，”罗斯福直截了当地答道，然后又想了想，“我想我们对此问题大约有五十种不同的意见。有人认为应该废除最高法院，有人认为应该废除国会，而我认为应该废除总统。这样才能显得这些意见具有全面性。”他说完后，记者们又一次笑了起来。没错，罗斯福的确没有失去往日的笑容，尽管他只是做做样子而已。

在私底下，罗斯福却是激动难安。他仍然在权衡各种替代全国复兴总署的方案——每天都有来自幕僚们的新建议——但是在最高法院坚决反对新政以及他本人的情况下，他的这些工作似乎显得毫无意义。在罗斯福和幕僚们看来，黑色星期一的真正教训是：最高法院若想要遏制富兰克林·罗斯福，那么什么都不能对他们形成阻碍。最明显的例证不是“谢克特案”，而是与该案同一天宣布的另一起案件的判决结果，这一判决结果也是九位大法官一致同意通过的。在由全国复兴总署所引发的喧哗吵闹声中，“汉弗莱遗嘱执行人诉美国案”几乎完全没有引起新闻界的注意，但是总统却注意到了这个案件判决。罗伯特·杰克逊回忆道：“没有任何其他案件能比那个小案子更让罗斯福对最高法院愤怒了……（他）认为这是大法官们针对他个人的挑衅与刁难。”

144 这个案子牵涉到威廉·E. 汉弗莱，此人是联邦贸易委员会前委员。该委员会由伍德罗·威尔逊建立，其任务是打破垄断，保护消费者。在 20 世纪 20 年代，身为一名共和党人，汉弗莱将这个一度独立的委员会变成了实现企业利益的工具。1933 年，罗斯福免去了汉弗莱在联邦贸易委员会的委员一职。在此前的一个月里，罗斯福谨慎且略为笨拙地尝试劝诱以好斗著称的汉弗莱辞职，并且向宪法学者确认他确实有权将汉弗莱免职。对此，汉弗莱回答说，他除了联邦贸易委员会以外哪儿也不去。事实的确如此。汉弗莱每天依然出现在办公室，他从前的那些同僚越来越忍无可忍，最后他们只得禁止他再踏入联邦贸易委员会的大门半步。

与“谢克特案”不同的是，这起案件罗斯福本来预想是能够胜诉的。首席政府律师斯坦利 · 里德甚至更加胸有成竹，他说：“‘汉弗莱案’不可能输掉。”仅仅在七年前的“迈尔斯诉美国案”（*Myers v. United States*）中，最高法院以六比三的投票结果做出判决，强调由一位总统任命的官员可以由另一位总统免职——这一权力不受任何限制，塔夫脱如是宣布。在“汉弗莱案”的判决中宣布罗斯福败诉时，最高法院本来可以承认罗斯福的做法遵循了“迈尔斯案”的先例，以此为总统留一点面子。最高法院本来还可以做一些让步，承认正在对该判决进行重新考虑。然而，萨瑟兰撰写的判决意见却暗示，罗斯福公然蔑视宪法中“清晰无误的”原则。

萨瑟兰巧妙地绕开了“迈尔斯案”，指出汉弗莱作为联邦贸易委员会的委员之一（这点不同于担任邮政局长的弗兰克 · S. 迈尔斯），“不属于行政分支的一员”；联邦贸易委员会是由国会创设的，发挥着“类似于立法机构或司法机构”的作用，而不是类似于行政机构的作用。正因为此，罗斯福无权插手汉弗莱的任免。萨瑟兰撰写的判决意见完全不理会相互冲突的先例，而是充斥着道德判断，并对自建国以来一直引起激辩、尚无定论的问题给出了言之凿凿的答案。因此，毫不奇怪，罗斯福会认为最高法院不仅试图削弱他的权力，而且还试图羞辱他本人。

“他们无权在行政分支如何管理国家的问题上指手画脚。”雷克斯·特格韦尔抱怨道。他再次敦促罗斯福制定出宪法修正案的提案，
145 以使联邦政府拥有更多控制贸易的权力。特格韦尔建议，“现在就将这一提案清晰地拟定出来”,这样“就将这个问题一劳永逸地解决了”。

即便没有罗斯福的鼓励，拟定宪法修正案的想法也几乎在一夜之间就得到了众人支持。阿瑟·克罗克在报道中称，在关于《全国工业复兴法》的判决宣布后的二十四小时内，“州际贸易意见的通过所产生的倒退力量开始显现。今天，人人都在谈论重写州际贸易条款以适应现代工业条件的宪法修正案”。大量的提案（有些是全新的，有些则比较熟悉）纷纷涌现——其数量众多，甚至使得《纽约时报》在5月30日印制了一份指南以供读者参考。在这些有关宪法修正案的提案中，有允许国会管理工资、工时、劳动条件和工业生产水平的，有要求最高法院的投票数必须达到至少三分之二才能推翻联邦法律的，有提议扩大“受公众利益影响”的产业的名单，有强制大法官就悬而未决的立法提出咨询意见的，有将社会和经济政策从最高法院的管辖权限中移除的，凡此种种。提出这些提案的人包括宪法学者、政界人士、法律界人士、工会领袖，以及小企业主。“敬请您敦促国会通过宪法修正案，对最低工资和工时进行管理。”这是国际手帕制造公司副总裁C. I. 卡恩发给总统的电报，此类电报还有许多。

四名联邦众议员想要对联邦宪法进行全面修订，他们呼吁召开新的制宪会议。然而大体来看，国会领袖们对这一提议还是非常冷静的。来自密西西比州的联邦参议员帕特·哈里森说：“修宪是不可能的。那样做解决不了任何问题。修宪所需的时间太长了。”此话不假：没有任何一项宪法修正案能够为眼前的问题提供解决方案。但是，哈里森之所以这么说是为了掩盖其真实意图。和许多南部民主党人一样，他害怕对于宪法的任何修订都将强化联邦政府的权力，并由此削弱——或终结——各州的权力。

出于以上各种原因，菲利克斯·弗兰克福特担心，如果处理不当的话，修宪议题将会被美国自由联盟所利用。5 月 29 日，在一封有关“最高法院与总统的较量”的信中，弗兰克福特提醒罗斯福：“对于最高法院的全面进攻……将会给对手机会，他们会将修宪描述为政府的轻举妄动，以此挑起公众的恐惧；此外，最高法院仍然能够激发起传统主义者的忠诚之心，这一点我们的对手也会加以利用。” 146

尽管弗兰克福特赞同修宪势在必行，但是他建议推迟这一行动。他认为，假以时日，最高法院的保守派大法官将会高估自己的权力，“民怨”将会越积越多。他写道：

> 在诸如社会保障提案、控股公司提案、瓦格纳提案、格菲提案等国会措施被提出时，政府没有立即采取行动，这就是我们的幸运之处。让国会继续提出提案吧。让最高法院来面对这些提案吧。让最高法院在今年冬天或明年春天推翻它们中的任意一项，或者将它们全部推翻，特别是最高法院的意见还会出现严重分歧。到那时再提出宪法修正案以赋予联邦政府充分的权力来应对全国性经济和工业问题。这样做将使您拥有一个具有积极意义的议题，这一议题对于 1936 年大选来说在心理上也出现得恰逢其时，而不会被视为提出一项反对最高法院的负面议题；再说，这一议题如果现在提出的话，可能等到大选来临之时就失去了新鲜感和吸引力。

总统——至少在当时——对此观点表示赞同。在“谢克特案”中，最高法院以一致同意的结果扼杀了一项不受欢迎的计划；若要发起竞选活动，这项计划也不足以成为一个强有力的基础。时机选择得不正确。然而，这并不像心灰意冷的特格韦尔所认为的那样意味着总统“将默默地忍受这一切”。富兰克林·罗斯福从来不会默默地忍受任何人或任何事。在他首次召开记者招待会(那次他几乎什么都没说)的两天之后，他将记者重新召集至椭圆形办公室。这一次，他将有许多话要说。

第 9 章　开枪

1935 年 5 月 31 日，当总统正在为记者招待会着装准备之时，总统的新闻发言人史蒂夫 · 厄尔利浏览着记者们可能提出的问题，并时不时地与总统交谈。厄尔利提到，那天早上他和他的姐夫开车来上班，他的姐夫名叫乔治 · 霍姆斯，是一名记者。“乔治说，最高法院的那些男孩认为，现在仍旧是马拉车时代。”厄尔利说道。罗斯福未做反应。他穿上深灰色的西装外套，并邀请当时正造访白宫的弗兰克福特夫妇与他一同参加记者招待会。全国复兴总署在被告上法院之前经历了长时间的延误，菲利克斯 · 弗兰克福特由此招致广泛的批评，尽管这些批评大多并不公正，但他还是不太愿意露面。然而，他的妻子却和埃莉诺 · 罗斯福一同走了过来。总统向一名助手示意可以将他推至椭圆形办公室。 147

上午 11 点，总统在办公桌后就座。在办公桌的一侧放置着一摞大约二十份黄色的电报，另一侧摊开放置着一份“谢克特案”的判决意见书。当记者们进入办公室时，总统恶作剧般地咧嘴笑着，暗示着某种不同寻常的事情即将发生。史蒂夫 · 厄尔利显得很紧张。民主党全国委员会的宣传主管查尔斯 · 米切尔森走进办公室，看起来带着一丝厌倦。记者招待会开始得有点晚，大约十分钟后，参议院多数党领袖约瑟夫·罗宾逊也来到办公室，他平静地抽着雪茄。第一夫人就坐在附近，她敷衍地笑着，手上正在织一只蓝色的毛线袜子。
148 当总统终于开始讲话时，她的笑容消失了；她将毛线针放在腿上，专注地看着总统。

罗斯福以他一贯的方式开场：他向准备提问的记者们提出了一个问题。"今天有什么新闻吗？"他一边平和亲切地问道，一边将烟丝装上他那六英寸长的烟斗。"这正是我们想知道的。"一名记者答道。办公室里早已挤满了人，桌旁和墙边全是记者，那些在后面的人不得不一直踮着脚尖。"您愿意就全国复兴总署发表一下看法吗？"一名记者问道。"呃，史蒂夫，如果你一定要问的话，"罗斯福答道，"在别人早上刚起床的时候就问这个问题，真是件可怕的事。让我们慢慢来，别着急，因为这是一个很大的话题。"

他拿起办公桌上那一摞电报中的最上面一份。他说，这些电报都是企业主发来、并由他自己挑选出来的。"我收到来自全国各地的请求，这些请求悲惨凄厉，让人心生怜悯，让我无法用其他的词语来形容。它们深深地触动了我。"随后，罗斯福开始一封接着一封地念起这些电报。大多数电报他只是简单地念出来，少数电报在念完后会做简短的解释。在念完一个小零售商请求政府给予保护以避免激烈竞争的电报后，罗斯福说："换句话说，就是'总统先生，请救救我'。"说罢，他继续以这种方式念着电报。几乎所有的电报都敦促恢复全国复兴总署；但有一封电报"来自亚特兰大一位颇有名望的律师，他同时也是一位企业家"，此人提出取消最高法院对州际贸易的管辖权。"这是另一个视角——另一个建议。"罗斯福漫不经心地点评了一句，便接着念下一封了。几分钟后，他又念了一封要求限制最高法院权力的电报，以此结束这一部分的内容。"就到这里吧。"罗斯福说道，意指这方面的内容他还有很多。

现在，他将话题转向了“谢克特案”本身。“该判决的意义，”他说，“差不多比你我一生中遇到任一判决都重要得多，可能比自‘德雷德 · 斯科特案’[1]后的任何一个判决都重要，因为它使整个国家不得不面对一个非常实际的问题。尽管像今天早上有位先生在报纸上说的那样，我痛恨这个判决，但其意义重大却是不争的事实。没有人，会真正去痛恨最高法院的判决。你可以谴责最高法院的判决，也可以指出该判决所产生的后果。”

而这正是罗斯福在记者招待会余下的时间里所做的：指出最高法院判决的后果。他的表现让人印象深刻。在将近一个半小时的时间里，罗斯福侃侃而谈，没有任何草稿，也未做任何停顿，只是在给象牙烟斗替换烟丝的时候才会减慢语速。从来没有哪位总统如此直接、全面、轻松自如地谈论宪法——宪法的阐释、宪法不断演化的意义。他的语调平稳而坚定。虽然他一直面带笑容，但却显得很严肃，偶尔甚至稍显愤怒。只有一次，他的紧张之情流露了出来：他举起胳膊想要强调一个观点，却发现胳膊有些微微抖动，于是他将胳膊收回放在了座椅扶手上。 149

他详细地分析“谢克特案”的判决意见，就像是最高法院里第十位发表异议意见的大法官。在谈到真正让他烦心的内容之前，他快速反驳了判决意见中反对授权的论点。他说，最高法院恢复了 19

[1] “德雷德 · 斯科特案”，全称为“德雷德 · 斯科特诉桑福德案”（*Dred Scott v. Sandford*）。该案于 1854 年上诉至联邦最高法院，原告斯科特认为自己虽曾为黑奴，但在自由州居住足够长的时间，因而已获得自由人身份；被告的主人桑福德则称斯科特没有公民身份，不享有宪法保障的公民权，因此不具备诉讼资格。最终，最高法院以七比二的结果维持下级法院的原判，即认定斯科特仍为桑福德的财产。以时任首席大法官坦尼为代表的多数意见指出，即使成为自由民，黑人也不能成为宪法所指的公民，并说出了以下判词：“……由于他们是劣种人，因而没有白种人必须予以尊重的权利；黑人可以被公正合法地贬为奴隶，为白人的利益服务……《独立宣言》并没有打算把当奴隶的非洲人包括在内，制定并通过该宣言的人民中没有他们的份，这一点是清楚得没有争论余地的……”该案判决使最高法院威望大损，之后更是激发了南北矛盾升级，成为美国内战爆发的关键因素之一。

世纪对于州际贸易的狭隘定义，这一定义将州际贸易限制于处于运输途中的货物。罗斯福接着说道，自从那时起，“普遍而言……人们倾向于从当代文明的角度来看待州际贸易条款。当这一条款刚刚写成之时，我们的国家仍处在马拉车时代”——他一边说着，一边也许想起乔治·霍姆斯曾经说过的话，或者想起他自己时不时地说过相同的话。但是，他补充道，现在已不再是自给自足的社会。任何一个州的情况都会对其他州的情况造成影响。“我们相互依存——我们是一个整体。我所希望的是：经过几年后，我们能够从这些新事物的视角来解读宪法的州际贸易条款。”

罗斯福的兴致越来越高。关于这次判决，他说：“它使我们直接……面对一个巨大的问题，并考验我们如何解决这个问题。这个大问题是：该判决是否意味着美国政府对于所有的全国性经济问题都失去了控制？”是的，他说，该判决确有此意。根据“谢克特案”的逻辑，其不可避免的结果便是要求美国“回到四十八个州分而治之的状态，接着咱们就等着瞧吧”——一个由“四十八个国家”所组成的国家，每一个“国家”都无法应对全国性的需求。这一情形“荒谬至极，完全无法想象”。

美国人民会容许这种情形出现吗？或者他们会给予联邦政府以权力——就像“世界上其他国家”的政府一样——来用全国性方法
150 解决全国性问题吗？罗斯福平静地说道：“说实话，这是战争以外我们的国家所面临的最大的问题了。现在，我们必须解决这个问题。正如我所说，这个过程可能得花上五年或十年……”他沉吟了一会儿，接着说道：“从某种程度上来说，‘谢克特案’很有可能在长时间里对国家而言都是好事一桩……因为该案使这个问题更显明晰。”随后，在这番精心设计、令人难忘的谈话即将结束之时，罗斯福透露出了他的真实想法。“我们是世界上唯一一个没有解决这个问题的国家，”他厉声说道，“我们以为自己正在解决，可现在这个问题却正迎面向我们扑来。在州际贸易的定义问题上，我们又倒退至马拉车时代了。”

在将近九十分钟的时间里，记者们一言不发，一个劲地记录总统的发言。罗斯福说：“我已经说得够多了。”接着他看了一下时间，决定回答两个问题。一名记者问：“我们可以直接引用‘马拉车时代’这一说法吗？”罗斯福答：“可以。”厄尔利插话道：“仅可引用这一个短语而已。”总统的记者招待会有一条不成文的规定：记者可以描述罗斯福所说的话，但未经允许绝不能直接引用他的原话。

“您提到，人们需要在未来的五或十年内做出决定，”另一名记者说道，“那您有任何可以解决这个问题的办法，又无需就宪法修正案进行全民公投或国会通过吗？”

“哦，是的；我认为有办法。”罗斯福答道。

“除了宪法修正案这一途径以外，还有什么办法可以解决这一问题呢？您可以给出一点提示吗？”

“不行，”罗斯福说道，“我们还没有想好对策。”

“比如发动一场战争？”有人问道。然后所有人都笑了起来，这是这天上午人们第一次展现笑容。

“马拉车时代”在新闻界触发了一场风暴。若脱离其原有语境——它几乎总是以脱离语境的方式呈现——这个评论听起来就像是对最高法院的“九个老头”的攻击。保守派的报纸编辑们极力将罗斯福稳重平和的讲话打造成慷慨激昂的高谈阔论、一通“长篇的声讨”。《纽约时报》的社论则称之为“绝望的呼喊”。

罗斯福流露出的明显的悲观情绪成为了保守派新闻界嘲讽的主 151
要对象。“新政已死。”一篇报道的标题如是写道。这是一个反复出现的主题：正如《华尔街日报》所言，新政“无法被容纳于美国宪法的范畴以内”。在将近两年的时间里，像《华尔街日报》和其他右翼批评者一直在重复这样的论调。现在，罗斯福本人似乎也承认了这一点。说实话，在记者招待会上，他还颇为费心地提到，新政那一度势不可挡的力量遭遇到、并受到了最高法院的阻碍。

然而，罗斯福所说的话和新闻界所刊登的内容存在出入。和1932年大选活动时一样，让罗斯福在1935年有所怨言的不是宪法，而是将宪法解读为一系列限制条款的最高法院。罗斯福不认为新政与宪法之间存在任何固有的、不可避免的冲突；他的看法从未摇摆，就算是“谢克特案”也没让他改变。可即便这样，他还是对权力的制衡体系表达出了明显的失望之情，而这使得他的反对者能够轻易地得出结论，认为他正企图彻底重组政府。《时代》周刊声称，罗斯福“显然”正在采取“试探性行动，以弄清美国人是否支持这一宪法修正案，该修正案将赋予联邦政府从未有过的集中权力”。

自由联盟的朱厄特·肖斯认为，罗斯福“已经完全抛弃了州权理论”。《华盛顿邮报》也持同样的观点，他们认为这次记者招待会的真正意义在于向世人展现，罗斯福已经“明确地背离了民主党的传统和原则”。来自南卡罗来纳州的联邦参议员艾利森·史密斯（绰号“棉花艾德”）指出了到底是何种传统受到了威胁；此人身材高大，脾气暴躁，在参议院一边捶着桌子，一边咆哮道修改宪法“将不仅摧毁我们的政府形式……我们民族的存亡都会因此受到牵连……我无法想象南方人民会决定可耻地放弃他们的权利”。

罗斯福关于“马拉车时代”的言论引发了一片激烈的谴责之声，因此人们可能会认为任何有关修宪的严肃讨论就此终结了。然而，
152 事实却并非如此。情况随后出现了令人瞩目的反转：一些参议员原本在记者招待会后的数小时内攻击了修宪提议，但一天后，他们又宣布愿意考虑某种形式的修正案。

这一夜之间究竟发生了什么？参议员们听到了“来自家乡”的声音。大量的电报——对罗斯福进行赞扬，并对重写贸易条款的提议予以支持——涌入参议院的各个办公室。再一次，罗斯福展示了

他那清晰阐述问题和快速影响民意的能力。尽管新闻界对罗斯福予以严厉的谴责，但阿瑟 · 克罗克认为，罗斯福通过这次记者招待会使形势朝着有利于自己的方向发展了。小企业主、大工业家、农场主、消费者以及其他一些团体可能不喜欢全国复兴总署，但是假如像罗斯福所描述的那样，四十八个州争吵不休，在面对问题时各行其是、一事无成，那么这样一种局面又让他们不寒而栗。

民主党领袖曾经很坚定地关上修宪的可能性大门，现在大门又被打开了。甚至连参议院共和党领袖查尔斯 · 麦克纳里都宣称自己对修宪这一提议感兴趣。《纽约时报》注意到，在两党成员中出现了“值得注意的阵线变化”；突然之间，“宪法修正案也不再是一个那么糟糕的主意”。《纽约时报》接续两天的头条都与此有关：记者招待会后第二天早上的标题是“国会多数人反对罗斯福”，接着在第三天，标题变成了“参议员转向罗斯福的观点”。

但罗斯福的观点是什么？

6 月 10 日，罗斯福在海德公园的家中给一位哈佛法学院的同学写信道：“如果你认为在关于最高法院判决的这件事上我试图向人民发出请求，那你……就错了。恰恰相反，我正在忠实地执行最高法院的判决。”除此以外，他再无其他明确的表态。他写道：“时间本身会证明宪政程序将会带来怎样的结果，也会证明宪法修正案是否是一个明智的选择，就像过去历次经验所显示的那样。”就在同一天，他还给曾经在胡佛政府担任国务卿的亨利 · L. 史汀生写了回复信件，后者在来信中恳求他“停下来，仔细观察，细心聆听。我敢肯定，在整个国家没有人能无所不知、目光长远到可以写下一项宪法修正案中的必要条款，以满足各州权力和国家权力之间微妙的再调整这一需求”。罗斯福故作神秘地回复道：“真相就处在你的想法和我在星期五（的记者招待会上）的谈话之间的某个位置！”接着，他补充道： 153

“我向你保证，我正努力观察着好几个方向，希望能找到一些实用的解决办法。”

修宪的需求十分紧迫。6 月 20 日，霍默·卡明斯告诉罗斯福，在秋天“我们的手头将会有好些法律，这会让最高法院忙个不停”。卡明斯在日记中一一列出易受攻击的法案，首先是“《瓦格纳法》[1]，在我看来，这一法案的合宪性颇叫人生疑。《格菲烟煤法》，我认为其明显违反了宪法。《农业调整法修正案》不一定能通过合宪性测试，该法案本来应该写得更用心些。此外……还有《社会保障法》《田纳西河流域管理局法》以及其他一些非常重要的措施”。在短期内，卡明斯有两条路可选：要么躲到一边，让火车自行毁灭；要么更负责任一些，修改这些提案中的问题，在这些提案被起诉至法院时积极为它们辩护，但这条路可以预想到的结果是：最高法院将会推翻大多数法案，哪怕不一定会全部推翻。

长远来看，将不得不采取一些极端手段。然而，填塞最高法院看起来不大可能。“假如它（最高法院）再次出现五比四的分歧，那么我们现在就应该提出一项增加大法官人数的提案了，”范·德文特的一位朋友在“谢克特案”判决公布后在给他写信道，“关于这一点，我认为不存在任何疑问。”的确，黑色星期一中九比〇的判决投票结果，以及不久前的热油案中八比一的判决投票结果，使这一想法显得荒唐可笑。专栏作家雷蒙德·克拉珀写道：“当所有九位大法官就判决结果达成一致意见之时，关于用增加大法官人数来威胁最高法院的传闻也就不攻自破了。填塞最高法院的那一套说辞，乐观点看也仍然显得软弱无力、毫无把握，现在则更加显得荒诞可笑了。”

在这一情形下，制定宪法修正案的可能性就更大了。在几十年中，罗斯福和大多数有着进步主义根基的政界人士一样，支持联邦所得

---

[1]《瓦格纳法》正式名称为《全国劳工关系法》，因其提出者罗伯特·瓦格纳而得此名。

税修正案和联邦参议员直接选举修正案（这两项修正案均于 1913 年获得通过），以及妇女选举权修正案（该修正案于 1920 年获得通过）。在上述每一项宪法修正案的提出过程中，自由派和进步派都将修宪视为他们唯一的指望，因为最高法院切断了其他的变革途径。事实上，所得税修正案是对“波洛克诉农民贷款和信托公司案”（*Pollock v. Farmers' Loan and Trust Co.*）[1] 所做的直接（而缓慢）的回应，后者是一项颇具争议的判决，其实施的结果便是阻碍了政府对于所得税的收取。与此情况类似的是，国会在 1924 年提出了一项有关童工的宪法修正案，想要以此扭转臭名昭著的“哈默诉达根哈特案”（*Hammer v. Dagenhart*）[2] 所带来的恶劣影响。在该案判决中，最高法院认定一项联邦童工禁令“与宪法相悖”，理由是这一禁令超出了国会管理贸易的权限。（截止到 1935 年，全国有一半的州批准了这一修正案，但保护童工的努力却一直停滞不前。） 154

但在 1935 年，罗斯福对于修宪这一途径并不热心。首先，对于需要何种修正案，改革派没有达成一致的意见。其次，通过一项修正案也困难重重。宪法第五条要求，一项修正案提出后，必须得到全国四分之三的州的批准。正如罗斯福常常提醒幕僚们的那样，这一要求意味着最小的十三个州的立法机构就可以阻碍一项得到其他三十五个州同意的修正案。而且，即便清除了这一障碍，修正案在

[1] 波洛克诉农民贷款和信托公司案：发生于 1895 年，此案的焦点争议在于国会于 1884 年通过的《威尔逊 – 戈尔曼税法》（Wilson-Gorman Tariff Act）是否合宪。宪法规定联邦征收税额应按各州人口数目比例分配，而该法案并没有遵守此项条款，因此最高法院以五比四的结果判定宪法并未授权国会直接征收所得税。1913 年，宪法第十六条修正案通过，允许国会在未按各州比例分配或考虑人口普查数据的情况下直接征收所得税，推翻了“波洛克案”的判决

[2] 哈默诉达根哈特案：又被称为“童工案”，起因于为打击童工雇佣现象而出台的《童工法》。该法规定，工厂若雇佣未满十四岁的童工，其产品将被禁止在州际间流通。对此，最高法院多数意见认为童工只是地方性现象，与州际贸易无关，童工相关法律应由各州政府自主制定；此外，《童工法》也破坏了工厂及童工的自由和财产，违反了宪法第五修正案的正当程序条款。因此，最高法院以五比四的结果判决《童工法》违宪。

通过后也未必能够有效地实施。不同于禁酒修正案的颁布与废除，1935 年等待通过的大多数修正案都极其复杂，牵涉到联邦权和州权的重新调整，以及诸如“正当程序”和“公共福利”等含义模糊的术语。因此，就像一位针对最高法院的重要左翼批评者路易斯 · B. 布丹在《民族》杂志上警告的那样，对修正案的信任将“十分危险”。“对于修正案的解读不仅有可能出现偏差；而且通过不同的解读方式，修正案还有可能产生新的、意想不到的问题。”

除此以外，罗斯福仍然对他在就职典礼那天所说的话深信不疑：宪法“简单实用”，足以允许国家迎接任何新的挑战。他和改革派持不同意见，后者声称宪法已经“过时”。在担任总统期间，罗斯福的确一直在努力证明宪法并没有过时。他在就职演说中也说到，如果“行政权和立法权之间惯常的平衡”仍有不足的话，他将会要求国会给予更新更大的权力。在他总统任期的头两年间，事态的发展证明这一做法并没有必要；他已经向外界表明，总统一职本身就拥有极大的权力。但是到了现在，他发现这些权力受到了最高法院的阻挠。最
155 高法院似乎打算将新政一点一点地分解、废除，并拒绝政府将其恢复。白宫、最高法院和国会三者的关系陷入了僵局。在罗斯福看来，僵持不下的局面只会带来更多灾难和暴力冲突，并最终导致国家分崩离析。罗斯福对一名司法部官员说：“如果最高法院像对待《全国工业复兴法》那样对待《农业调整法》，那么可能会导致一场革命。”

有一次，罗斯福在谈及公共政策时说：“人人都知道，采纳一种方法之前要先尝试一下：如果失败了，那就坦率承认失败，然后再尝试其他方法。但首先必须要勇敢尝试。当那些足以满足需求的事物唾手可得时，数百万在贫困中挣扎的人是不会永远地静立于一旁的。”现在，抱着同样的信念，他开始向卡明斯、里德和弗兰克福特提出有关修正案的“极其有趣的条款”和“各种各样的建议”，并就此征求他们的意见；他还与参议员和劳工律师会面以交换意见。与此

同时，司法部长指示他的助理们探究这些建议和其他备选方案。在1935 年的整个夏天，当黑色星期一所引发的危机氛围逐渐消散之时，罗斯福似乎对最高法院计划的进展方向颇为满意，并对其结果颇有信心。无论他何时与最高法院最终对决，美国人民都将会站在他的身后，他对此十分有把握。6 月时，他在给一名参议员的信中写道："毫无疑问，我们选择了正确的道路，这条道路不仅在逻辑上是正确的，在民意上也是正确的。"

然而，罗斯福也明白他还有事情需要完成。尽管公众似乎对他的观点持开放态度，但是他知道，这并不等同于他们会接受任何改变宪法的运动——更不要说任何具体的修正案了。因此，当夏天快要结束时，他决定尝试一下。他选择了《科利尔》周刊（他经常在这一杂志上刊登试探性文章）。罗斯福与该杂志驻华盛顿记者乔治·克里尔一直保持着良好的关系，因为他们都曾在威尔逊政府中任职。当《科利尔》声称除了克里尔，"没有人能够更加权威地对总统的意图进行解读"时，这并不是毫无根据的自夸。克里尔回忆道："他一次又一次利用我的文章……来测试民意。"不仅如此，罗斯福还通过口述完成了文章中的好几个段落，甚至告诉他哪些词应该用斜体标识出来。

克里尔与罗斯福合作完成的最新文章刊登于 9 月 7 日出版的《科利尔》周刊，在文章的上方是一幅木炭插图，图中劳工们蜷缩在一堵无法逾越的高墙下，墙上写着"美国宪法"四个大字，秃鹫正在 156
劳工们的头顶盘旋着。同插图的风格一样，这篇文章也十分直白：

> 富兰克林·D. 罗斯福深信不疑地认为，宪法从来不是一只"失去生气的手"，它既不会向人类的抱负泼冷水，也不会阻止人类的进步。恰恰相反，建国之父们将宪法视为一股活跃的力量，这股力量响应国家的需求，并表达国民的意志……他知道，

> 正如很少有人记得的那样，建国之父们并不是害怕变化的耄耋老人，而是充满激情的年轻人，他们刚刚摆脱了旧世界专制统治的枷锁。

以上这段内容均来自罗斯福。下一段也是：

> 在接下来的几个月里，最高法院将会宣布与新政法律相关的新判决，总统很有可能将会再次受到打击。如果是这样的话……如果最高法院的判决认为一百五十年间的变化对该案没有任何影响的话，如果该判决认为在面对超出建国之父的知识领域的社会和经济问题时，当下这一代人只能束手就擒的话……那么总统将别无选择，只能将宪法修正案交由全国人民来决定，这一宪法修正案将会废除这只毫无生气的手，并赋予今天的人民以权利来应对今天至关重要的问题。

罗斯福神色凝重，对克里尔说道："把这篇文章当作一次开枪吧。"

文章反响平平。没有人因此受到鼓动而采取行动。克里尔回忆说："没有什么比公众缺乏兴趣更无趣的了。"很明显，最高法院的判决不会立即招致人们的不满，因此想要获得公众支持比罗斯福原先预想的还要困难。就在那一期《科利尔》出版之后进行的盖洛普民意调查显示，公众并不太支持限制最高法院推翻国会法案的权力：百分之三十一的公众支持对最高法院的权力进行限制，百分之五十三的公众反对这一做法，剩下的则对此不置可否。虽然黑色星期一激起了公众对于最高法院蓄意阻挠国会法案通过的担忧，但这份担忧还没转变为采取行动的强烈愿望。

157 私下里，一些政府官员开始表现出不耐烦。他们希望罗斯福使出总统一职特有的威力。一名政府律师在写给汤姆·科克伦的信中提到，除非总统愿意“将他强大的人格投入斗争，运用他可运用的一切手段,同时不忘进行‘炉边谈话’”,否则任何修正案都不会有“一线生机”。可罗斯福依然不准备有所行动。当他继续找寻解决方案时，他将会等待最高法院采取下一步的行动，后者将会在秋天开始新一届的开庭期。

第10章 监察员们

“罗斯福浪潮已经消退了，”《时代》周刊写道，“至于消退得有多远，没人知道。一个极端的观点是：这股浪潮在1935年消退的速度与它在1933年涨起的速度一样快。”尽管“大多数普通人”仍然坚定不移地支持着罗斯福，但是毫无疑问，他受欢迎的程度正在持续下降。自1934年2月起，罗斯福的支持率以大约每月一个百分点的幅度下跌；到1935年9月，其支持率降至最低点，仅为百分之五十。罗斯福本人比新政更受公众欢迎。正如乔治·盖洛普在一次电台采访中解释的那样：“人们说，他们认为总统正尽力做正确的事情，但却受到了智囊团的误导。”这几乎是对罗斯福的领导能力投了不信任的一票。 158

罗斯福的支持率持续下降，这使得国会中的批评者信心大增。雷·莫利[1]是罗斯福智囊团的成员之一，他回忆道，第七十四届国会“比前几届要桀骜善辩得多”。虽然美国自由联盟预言，在1934年选举之后，国会议员将会“像哈巴狗一样匍匐在行政分支的脚下”，但

[1] 雷·莫利即上文提及的雷蒙德·莫利，下同。

立法分支却在如下各个议题上维护了自身的独立性：美国参与国际法庭的提案（该提案遭到参议院的否决）、关于就业救济的提案（该提案因为设置的工资过低而激怒了劳工群体）、关于全国复兴总署前途命运的提案（该提案出现于最高法院将其废除之前）、削减任
159 免权的提案（莫利说，大多数职位都已经分派出去）；在参议院共和党领袖查尔斯·麦克纳里看来，还有一个特别值得一提的问题会让国会觉得反感，即罗斯福那让人难以接近的做派和“幼稚的坏脾气”。

现在，似乎每一步都走得跌跌撞撞。在冬天，当罗斯福对在国会里发生的一切显得漠不关心时，民主党领袖们抱怨他缺乏领导能力。在春末和夏天，当罗斯福重新介入国会事务后，他们又抱怨受到了威逼，不得不接受他们视为非优先考虑的议题。夏天的某个晚上，在白宫南廊上用完晚餐后，罗斯福告诉菲利克斯·弗兰克福特，有些南部参议员“对整个新政感到忧心忡忡……他们想知道，白宫中的这个家伙将会把民主党带到哪里去。他们害怕将会出现一个他们不喜欢的新民主党。在所有争议中，这是最为基本的事实，这同时也说明了为什么从现在起，我将会与我自己所在的民主党之间产生矛盾”，比如“乔·罗宾逊[1]（尽管他一直很忠诚）和帕特·哈里森”。罗斯福说，若民主党阻挡变革的道路，那么他将绕过民主党举行大选。

1935 年夏天，华盛顿像“丛林一般潮湿闷热”。据阿瑟·克罗克的报道，随着国会会期的继续，情形变得越来越紧张。整个国会“疲惫、焦躁、紧张，充满不确定性……一点小小的争执就能够让议员们暴跳如雷”。罗斯福则让这一情形变得更加糟糕。他在承诺不会提交税收提案之后却又违背了自己的诺言，并将这一税收提案硬塞进

[1] 乔·罗宾逊即上文提及的参议院多数党领袖约瑟夫·罗宾逊，下同。

一个他称之为“必须”在国会休会前通过的提案名单中，这一名单中早已列满各式各样的提案。该税收提案——正如罗斯福向莫利所承认的那样，主要是为了“抢去（休伊·）朗的风头”——提出增加最高收入人群的税收，并创设遗产税、赠予税和企业所得税。“帕特·哈里森肯定会特别惊讶。”罗斯福在提出该议案的前夕对莫利说道，后者已经被该议案吓懵了。满含愤恨之情的参议员们在通过该议案前对其进行了猛烈的抨击。总统宣布道德准则获得了胜利。但是，甚至这样一场局部的胜利也“代价不菲”，正如莫利后来写的那样，“这场胜利给民主党带来了累累伤痕，这些伤痕随后化脓、溃烂。这场胜利使企业界陷入一阵阵恐慌情绪之中，使数以千计的支持者与罗斯福渐行渐远。”

尽管存在诸多困难，但是于 1935 年 8 月 27 日结束的国会会期却十分不同寻常；事实上，这是历史上成果最为丰硕的国会会期之一。在历经数十年的斗争之后，《社会保障法》《全国劳工关系法》 160
（即《瓦格纳法》）为以下措施提供了保障：工人的集体谈判权，公用事业控股公司和银行体系的改革，救济，公共建设工程，煤炭行业的稳定，税收结构的重要调整，以及新的铁路工人退休金体系和农业抵押法（用以取代最高法院在 5 月废除的有关法案）——所有这些措施以及其他措施均在这次会期中获得通过，但罗斯福在国会中受欢迎的程度也因此出现了下滑；很明显，罗斯福的心绪也受到了影响。

在夏天将要结束的时候，总统面色凝重，烦躁易怒，筋疲力尽。他向亨利·摩根索坦言，他自己“非常疲倦，很想看到你们痛哭，也想用大头针把别人刺痛以从中取乐”。他这里所指的别人，大概就是国会议员们，他们此时也有着与罗斯福类似的感受。民主党人带着痛苦与疲惫离开了华盛顿。相比之下，共和党人则感受到一种全新的使命感。正如克罗克所指出的那样，他们第一次“昂首抬头、充满希冀地迎接 1936 年”。

“我们能够击败罗斯福吗？”所有人都在问这样一个问题——其中许多人是在 1935 年夏天和秋天问到这个问题的——这一事实本身就足以将共和党人从其长期挫败、自我怀疑和自满情绪中解救出来。他们再次拥有了希望；也许不久以后，他们将再次获胜。

在共和党看来，罗斯福所遇到的麻烦，尤其是他与最高法院之间的矛盾，是“盛放在银盘中的天赐良机”（专栏作家雷蒙德·克拉珀语）。共和党花了一年多的时间为自己打造了一个宪法保护者的形象，但是在 1934 年，全国人民对这一形象并不感兴趣。现在，这一策略似乎充满了希望。在纽约召开的一次会议上，当西奥多·罗斯福的遗孀伊迪丝·罗斯福恳请人们捍卫宪法——“我们唯恐会失去的自由”的保卫装置时，数百名支持共和党的女性不禁高声欢呼。共和党全国委员会的一名胡佛老部下给数以千计的县级主席、市政官员和年轻的共和党人寄去信件，将近年来出现的“危言耸听”斥责为“胡言乱语”。他说，共和党可以凭借“‘拯救宪法’的战斗口号”
161 和“一个具有战斗勇气的领导人”重新入主白宫。胡佛本人依然是共和党的领袖人物。他下决心努力向外界展示，他正是那个拥有勇气、远见和公众支持的人，能够领导共和党重掌国家政权。他在全国展开巡回演说；每到一处，他都对新政进行猛烈地抨击，并对他所认为的处于“致命威胁”中的财产权进行捍卫。

对于一个在去年 11 月被美国选民宣判死刑的党派来说，上述这些迹象显示其生命力正在复苏。然而，共和党的地位仍然在选民心目中一落千丈。此外，共和党也没有提出用以替代新政的政策，其保守派成员和进步派成员间长达数十年争权夺利的斗争也仍未结束。就其右翼而言，最为活跃的组织当属美国自由联盟，该组织越来越像是一个第三党，而非一个“非党派性的”压力集团。1935 年，自由联盟募集了更多的资金，其花费的资金更是共和党的两倍多。很明显，其中大部分资金用在了印制和分发反对新政的宣传册，以及在全国每一个国会选区中的联盟形象建设上。自由联盟的秘书威廉 · H. 斯泰顿上尉在一次全国性的广播节目中宣称：“当我下一次参加投票时，我必须问问我自己：共和党候选人信誓旦旦说要保卫宪法，那他是否帮助通过了一项违反宪法的法律？”

自由联盟还展现出了不同以往的宽阔视野。该联盟的基本目标仍旧没有变化：朱厄特 · 肖斯说，政府“必须停止破坏美国政体的行为”。但随着该联盟的野心日益增长，其兴趣也逐渐超越了宪法本身。那年夏天，自由联盟在弗吉尼亚大学主办了一场出色的会议。该会议历时五天，吸引了国会议员、工会领袖和其他一些重要人物前来参加。会上的演说和分组讨论被全国广播公司制作成一套名为“你与你的政府”的系列节目，并在广播中播出。令人惊讶的是，这些演说和讨论涉及的范围非常广：来自煤矿工人工会的约翰 · L. 刘易斯谈到了“革命”；黑人教育家和牧师谈到了“在变化的世界中的教会”；参加圆桌会议的学者们则谈到了美国与德国的关系，他们呼吁人们要对“新德国”有更多的“理解”。当然，会议上也有关于最高法院前途命运的热烈讨论；但这是一个全新的、视野开阔的自由联盟，几乎在任何一个议题上都提出了自己的见解。

新闻界给了自由联盟充分的关注。每一份宣传小册子——不论是对新政的再次谴责，还是将罗斯福比作希特勒、墨索里尼、斯大林和乔治三世[1]（所有这些类比都出现在同一份小册子里）——都算 162
是新闻。当自由联盟公布其拆解新政的十二点计划后，《纽约时报》将该计划从第一页开始一字不落地全文登出，仿佛这一计划就是政党纲领似的。在某种意义上它确实是政党纲领：如果依照自由联盟的

[1] 乔治三世（George III，1738—1820）为美国独立战争时期的英国国王。

意愿，该计划将会成为1936年大选共和党党纲的基础。《纽约时报》强调：“随着大选准备活动的展开，自由联盟将其假胡须逐渐抖落，露出了其作为共和党人游击队盟友的真面目。”

盟友——而不是替代者。尽管自由联盟有着不小的野心，但其领导人并不打算取代共和党；相反，他们想要尽力拉拢共和党。1935年夏，詹姆斯·M. 贝克——他因不愿继续充当“橡皮图章的四百分之一”而辞去联邦众议员一职——热切地召集了一系列会议，商讨制定相关计划。他和他的盟友们——小西奥多·罗斯福、大卫·里德、罗伯特·麦考密克上校（《芝加哥每日论坛报》的发行商）、约翰·W. 戴维斯以及其他人——试图拉拢杰斐逊派（即支持州权的民主党人）与共和党人结盟，以此分裂民主党，使保守派掌控共和党，并最后击败罗斯福。“联合计划正在酝酿之中”，贝克如此声称，并呼吁在“最宽泛的爱国主义基础上”建立跨党派合作。

出版界巨头威廉·伦道夫·赫斯特对这些努力报以满意的微笑。赫斯特曾在1932年对罗斯福予以支持，后又转而成为强烈的反对派；他很喜欢贝克组建一个反对罗斯福的“独立”民主党的主张。曾在威尔逊政府中担任国务卿的班布里奇·科尔比宣布，在民主党和共和党分别召开完各自的会议后，他将会单独召开一场反新政会议。在赫斯特和贝克的鼓励下，科尔比和其他人开始着手建立一个全国性的保守派联盟。尤金·塔尔梅奇是佐治亚州州长，为人冷酷、专制。在他的带领下，类似的工作也在南部展开了。截止到1935年秋，塔尔梅奇所建立的“保卫宪法南部委员会”已经吸纳了五万名反对罗斯福的民主党人。

宪法从来不缺少捍卫者。其他仿照自由联盟而成立的团体大量涌现；其中一些团体充满激情，其风头甚至都盖过了自由联盟。颇为典型的例子便是“美国第一！”这一团体。该团体承诺调动“众多
163 监察员的力量”来监测政界人士对于宪法的忠诚度，并发誓“对新

政进行像 X 光透视一样的彻底曝光”。加入到这一斗争中来的还有海军上将里奇蒙德·P. 霍布森。他是美西战争[1]中的著名英雄，曾短暂地担任过联邦众议员。在随后的几十年间，霍布森针对各式各样的社会恶习展开了斗争：酒精、毒品，以及最近的“坏”电影。《时代》周刊称他为“职业狂热分子”。到 1935 年，他将重心放到了宪法上。霍布森是自由联盟咨询委员会的成员，利用这一便利条件，他发现了该组织的“某些缺陷”。那年 8 月，他与其他退伍军官成立了“宪政民主协会”，试图将“科学的战争”（且不管这是什么）运用到“宪法的敌人”身上。

霍布森的一个主张是招募那些在人生中的某个时刻曾经发誓要捍卫宪法的美国人，这些人总数约为一千万（霍布森的估计），大部分为战争老兵。霍布森将这些人称为“宣誓就职之人”，他们将会在全国各地开设“保卫宪法”俱乐部，并“将宪政民主的理念深深地根植于公众的意识之中”。在整个 1935 年，霍布森没能成功地劝服诸如赫斯特、杜邦家族、亨利和埃德塞尔 · 福特、安德鲁 · 梅隆和小约翰 · D. 洛克菲勒等人加入到他的事业中。尽管如此，他仍旧继续推进着自己的工作。霍布森宣称，“激进的修正案”即将到来，他发誓在修筑起一座由十三个州构成的反修宪屏障之前绝不休息。

1935 年 6 月，资金充足、目标明确的自由联盟又发起了一项新的计划，即“律师监察委员会”。和自由联盟的根源一样，这一计划的根源来自废除禁酒令运动。1927 年，纽约法律界领袖曾联合起来废除宪法第十八条修正案，他们认为禁酒令赋予了联邦政府过多的权力。这些律师、朱厄特 · 肖斯和反对禁酒修正案协会共同努力，为每个州各自举行的修宪批准大会制定了计划，而不是等待来自国

[1] 美国出于夺取西班牙殖民地、控制加勒比海的目的而与西班牙在 1898 年进行的战争。

会的指令，这帮助加快了废除禁酒令的步伐。

现在，在自由联盟的支持下，许多参与过废除禁酒令运动的律师——五十八位全美最受尊敬的公司法律师——自愿审查新政的立法，尤其是其合宪性问题。这些律师郑重宣誓不会关注个别法案的
164 条款本身，而只是查看法案是否合乎宪法标准。律师监察委员会还计划找出测试案件，并就此进行讨论；此外，该委员会计划征募志趣相近的律师以建立一个全国性网络。征募十分顺利。数以千计的律师提供免费的服务，他们认为这是一个非常好的途径，可以由此代理现有的付费客户，例如联合石油公司和伯利恒钢铁公司。

的确，负责审查《瓦格纳法》的律师监察委员会下属小组委员会的主席，正是曾以首席律师顾问的身份代表韦尔顿钢铁公司与全国复兴总署劳工委员会做过斗争的厄尔·F. 里德，这一点现在看来并非巧合。1935 年 9 月，该委员会发布了首份意见:《瓦格纳法》“完全偏离了我们关于政府的宪政和传统理论”。该委员会的律师们说，劳动关系与州际贸易没有关系；而该法中的工资协议侵害了工人的契约自由。该“判决”获得了所有律师的一致认可，“五十八位律师认定劳工法无效”,《纽约时报》在头版上如此宣称，也不管这些自封为“监察员”的律师是否有权认定法律为有效或无效。厄尔·里德肯定认为这些律师有这个权力，并且认为他们的言辞具有约束力。他说:“当律师对客户说，一项法律违反了宪法，那么这项法律便是无效的，客户也无须再遵守这项法律。”

这一言论激起了反对的呼声，并在自由派和法律界刊物上回响了数月之久。《美国法律评论》认为，监察委员会的律师们所撰写的报告只有两个作用：给法院施压，迫使其否决相关立法；若法院不否决相关立法，则削弱公众对法院的信心。就政府而言，只有脾气火爆的哈罗德·伊克斯对此做出了官方回应，他不无嘲讽地讥笑“首席大法官肖斯和他那五十七位各式各样的大法官”。(作为反驳，肖

斯指责伊克斯“对任何事情都要开火”，这也并非全无道理。）在罗斯福的授意下，菲利克斯 · 弗兰克福特在《今日》杂志上刊登了一篇未署名的社论文章，嘲笑自由联盟的“超级最高法院”。“在星期一、星期三和星期五，他们证明某项法律违反了宪法，并因此（从客户那里）获得丰厚的报酬；而在星期二、星期四和星期六，他们又依照同样的法律来公正地断案。”一想到这里，弗兰克福特不由得啧啧称奇。

秋天的时候，美国律师协会正式投诉律师监察委员会，他们认
为该委员会通过提供免费的法律援助，对诉讼活动进行了鼓励。的确， 165
肖斯和贝克都提出过愿意代表任何宪法权利处于危险境地的美国人。为了揭穿该委员会的伪饰，美国公民自由联盟向其寻求过帮助，要求委员会捍卫左派激进主义者的权利。肖斯向他的执行委员会提到这一要求，随后便毫无音讯了。要求采取惩戒行动的呼声越来越高。10 月，民主党的官员公开了一封信。在这封信中，律师监察委员会主席拉乌尔 · 德斯弗奈因敦促纽约州最高法院法官约翰 · F. 卡鲁签字赞同该委员会关于劳工法的判决。“我认为这样做非常放肆无礼。”卡鲁在信上写下这句话后便将其退回；很显然，他把该信的复印件交给了民主党人。尽管如此，美国律师协会不但没有指责那五十八位律师，反而还公开赞扬他们无私的爱国心。

律师监察委员会随后的报告再没有引起人们如此程度的兴趣。但是这些报告依然不断地出炉：众多小组委员会审查了《农业调整法》《田纳西河流域管理局法》《社会保障法》和《马铃薯控制法》（“对宪法公然的违反”），并发现这些法规不合乎宪法。甚至连保守派的报纸也开始忽视该委员会的一举一动，这表明这些律师可能过高地估计了自己的力量。“可以肯定的是，近来法律专业人士一心想要出乖露丑，”斯通大法官在写给弗兰克福特的信中哀叹道，“美国律师协会和最近的律师委员会的表现甚至使人心生绝望，不想再去努力

获取更美好的事物。”

然而，正如萨姆·罗森曼回忆的那样：“罗斯福的朋友们是认真对待美国自由联盟的，罗斯福自己也是如此。”虽然自由联盟的表现有时像是在自我嘲弄，但该联盟资金充足，组织得越来越完善，并且为明显还具有一定生命力的保守主义代言。如果说自由联盟的律师监察员们对于如何与新闻界打交道还不够熟练，那么他们对于在法庭中如何有效地表现自己则是了然于心；通过利用出现在法庭上的机会，他们持续不断地对新政发起攻击。

罗斯福知道，在自由联盟不间断的指责声中，他无法保全自己。当监察委员会声称《格菲烟煤法》违反宪法时，他们不过是在陈述华盛顿大多数人都已接受的事实；而在国会就这一法案进行辩论时，总统本人也承认过其不合乎宪法的性质。“许多人认为该法是合乎宪法的。”总统在一次记者招待会上说——这很难算得上是对该法的有
166 力支持。司法部长本人对该法的态度也模棱两可。卡明斯好些天都在回避国会听证，因为“关于该法的合宪性问题，我无法给他们带来多少安慰”。当他最终出席国会听证会时，他拒绝发表任何评论，而只是强调亟需采取行动，因此应该允许该法“在法院碰碰运气”。

事实上，煤炭行业的情况已经极其糟糕了。自1933年起所取得的进步革新很快就消失殆尽了。甚至在最高法院废除《全国工业复兴法》——随之一并废除了煤炭行业准则——之前，经营者就已经开始大幅削减煤炭价格，并出现了过量生产的情况。连续数月，号称要削弱煤炭行业力量的罢工所产生的威胁一直萦绕在每个人的心头，这一威胁直到格菲提案的出现才得以消除，因为后者意在稳定煤炭价格、工人工资、行业行为以及产量标准。国会希望能够平息最高法院的愤怒，因此声称煤炭行业事关公众利益，并且将新成立的全国烟煤委员会的权力建立在征税权之上——征税权看起来似乎

是一个比贸易权更为稳固的根基，后者和非法授权一道导致了全国复兴总署的失败。格菲提案要求所有的煤炭公司缴纳百分之十五的特许权税，而遵守新的行业准则的煤矿经营者将会获得百分之九十的退税优惠。

可是这些措施不足以消除关于该提案合宪性的担忧。新政的反对者将该提案交由一个小组委员会来负责，该委员会主席是联邦众议员萨缪尔·B. 希尔。为了打破僵局，7 月 5 日，罗斯福给希尔去信敦促他采取行动。“我知道，该提案的有些条款出现了合宪性问题……”罗斯福在信的开头写道。接着，在证明了该提案合乎宪法——他强调煤炭行业的国有性质以及行业斗争对州际贸易的影响——之后，总统承认：

> 没有人可以保证这项提案能够经受住合宪性测试，理由很简单：在这个问题上，人们的法律分歧点不是数以十计，而是数以千计。但是目前的情况十分紧急，而该提案的好处又十分显而易见，因此为了该提案着想，应该打消所有疑虑；至于该提案的合宪性这一终极问题，则留待法院去解决吧……我希望你的委员会不要因为有关合宪性的疑虑（不论是多么合理的疑虑）而阻碍这一提案的通过。

保守派抓住罗斯福的这封信，将其作为他蔑视宪法的进一步证据——如果需要任何证据的话。“罗斯福总统已经非常危险地接近了在有些人看来可能招致弹劾的境地。”联邦众议院共和党领袖伯特兰·斯内尔声称。煤炭提案又经受了五个星期的折磨，最后终于以微弱的多数票获得通过。罗斯福赢得了这场胜利，而共和党人则为 1936 年大选争取了又一个“极佳的话题”。 167

在这些表象之下，立法者们越来越关注提案的起草过程了。斯通大法官在“谢克特案”后曾经私下对与《全国工业复兴法》相关的“草率马虎的作风”嗤之以鼻，并希望“国会现在能够保证履行其职责”。事实上，国会和白宫均留意到最高法院的这一态度，在对待提案时正愈加谨慎和仔细。立法不再是执政百日中潦草仓促的行为了。当然，这一切都未能获得新政批评者的认可，这些批评者早已认定罗斯福对宪法毫不在意。包括那些身处主流报刊的批评者，提出的观点都日益带有阴谋论的味道了。《时代》周刊声称，在华盛顿，“总统故意制定大量合宪性存疑的新政立法以使最高法院应接不暇”，并刺激大法官在选举年将这些立法全部废除。“华盛顿方面”认为，假如大法官们真的这样做了，那么罗斯福将会举行大选，并取得授权对最高法院进行反击。这是已经策划好的妙计。

1935 年 9 月 17 日这天是宪法日。这一节日在大萧条头几年里失去了原有的光彩，但当罗斯福重新引发右翼对社会主义式统治的恐惧，这一节日也获得了重生。因此，1935 年宪法日的庆祝活动比起前几年来要更加盛大：在纽约市政厅，外国移民穿着他们本国的服装宣读效忠誓词；随后，重新命名为“1935 年民兵”的六个退伍军人团体的成员宣誓保卫宪法。在波士顿的法尼尔厅举行的全国庆祝活动看上去就像是自由联盟的咨询委员会会议：贝克、麦考密克和塔尔梅奇都现身了。

“一个从前几乎无人关注的节日，现在却突然间被吹嘘得如此重
168 要，这背后的动机正是为了实现某些政治目的，”《纽约邮报》的一篇社论抱怨道，“宪法之父麦迪逊的理想与大公司的法律顾问、半法西斯性质的‘爱国’团体和诸如赫斯特这类人的理想之间不存在任何相似之处。这些人不过是利用今天的庆祝活动来达到自己的目的罢了。”《纽约邮报》的编辑还指责道，这些人的宪法“等同于特权、贫穷和不安全、言论限制令、罢工者集中营和取消抵押品赎回权”。

罗斯福总统对于这些毫不在意。（尽管他手下有人剪下《纽约邮报》这篇社论，并放在了一个标记为“演说材料”的文件夹里。）9月，雷·莫利前往海德公园拜访罗斯福。在他看来，随着秋天的到来，罗斯福比之前“更为平静、大度和宽容”。在那个秋天，他的情绪就像他的受欢迎程度一样开始逐渐恢复。他做出的让企业界有一个“喘息的机会”的承诺——其实就是不再制定进一步的管制措施——已经得到公众的充分认同，并暂时使批评他的右翼人士安静了下来；有关全国复兴总署的风暴已经过去；经济继续缓慢地爬出深渊；甚至连股市都在朝着罗斯福就任以来的最高点回升。除此以外，休伊 · 朗，这个对罗斯福的连任产生最大政治威胁的人，也不在了。9 月 8 日，朗在路过路易斯安那州议会大厦时遭到枪击，两天后去世。对罗斯福而言，这个消息固然骇人听闻，但也不完全令他不快。

当然，正如《时代》周刊所指出的那样，“各种纷扰正迫在眉睫”：关于联邦开支的斗争，最高法院废除《农业调整法》的可能，以及来自海外的麻烦。意大利对埃塞俄比亚的入侵使得人们担心将会爆发更大规模的冲突。国际联盟赞成对意大利实施经济制裁，而美国公众却反对，罗斯福夹在二者之间无计可施。“我正在钢丝上行走。”11月时他对一名幕僚如是说道。与此同时，距离总统大选只有一年的时间了。尽管他的支持率有了小小的提升，然而在政治光谱的两端人马对于他的不满依然十分强烈。他能够重新赢得心存不满的自由派的支持，而又不会吓跑他的保守派支持者，或者不进一步激怒他的反对者吗？看起来他似乎做不到。当左翼抱怨罗斯福抛弃新政时，企业界却担心出现相反的情形，因而重新采取了进攻的态势。

罗伯特 · 杰克逊回忆道，1935 年，“下级法院‘蒙受了巨大的灾难’”。那年夏天，光是针对《农业调整法》的诉讼每天就新增五起左右。 169
在这一时期，超过一百位地区法院法官裁决国会法案违宪；联邦法院颁布了超过一千六百项禁令以阻止新政法律的实施。菲利克斯 · 弗兰克福特后来评论道:“在我国历史上，再没有什么时候像现在这样涌现出如此多限制国会法案的司法判决了。”如果这还不足以引发政府不同分支间的紧张关系，那么法官们还越来越喜欢在法庭上发表充满政治意味的演说了——弗兰克福特写道，这些演说“让人联想到早期联邦党[1]法官们所做的长篇政治演说，正是这些演说首次使联邦司法系统参与到政治纷争中来”。

给人以不祥预感的是，最高法院灰色、厚重、布面精装的备审案件材料中充斥着被卡多佐称为“字母组合”的案件[2]——不仅有《农业调整法》，还有田纳西河流域管理局、证券交易委员会以及其他一些根据新政法规所创立的机构。11 月中旬，最高法院新一届的开庭期开始还不到一个月，一起不起眼的案件再次揭开了最高法院的深刻裂痕。这起案件涉及 1916 年制定的《联邦仓库法》，该法规定了农产品——尤其是棉花——的贮存和销售。在该案的辩论中，保守派大法官攻击了为该法辩护的助理司法部长，而自由派大法官则将火力集中在指责该法（以及《农业调整法》《马铃薯控制法》和已经失效的《全国工业复兴法》）违宪的自由联盟的詹姆斯 · M. 贝克身上。

那天下午，总统与哈罗德 · 伊克斯共进了一顿费时颇长的午餐。他们谈到了即将来临的总统大选。罗斯福希望共和党提名胡佛为总统候选人，但伊克斯觉得这不大可能。随后话题转到最高法院。伊克斯问罗斯福可曾想过哪位大法官将会退休，这样他便有机会任命一位自由派人士。罗斯福说他没有想过。伊克斯在日记中写道，罗

[1] 联邦党（Federalist Party）由约翰 · 亚当斯及亚历山大 · 汉密尔顿于 1789 年创立。该党提倡建立一个权力集中的联邦政府，并提出一系列经济计划，受到商人及市民的支持。

[2] 这些案件所涉及的法案或机构的名称均由字母缩写所表示，如下文提及的《农业调整法》（Agricultural Adjustment Act）、田纳西河流域管理局（Tennessee Valley Authority）、证券交易委员会（U.S. Securities and Exchange Commission）分别被简称为 AAA、TVA 和 SEC，故被卡多佐形容为“字母组合”式案件。

斯福“接着说尽管现在没法谈论这件事情，但他认为改变形势的方法是通过一项宪法修正案”以规定最高法院在政府的要求下必须对任何提案提供建议性裁决。若大法官认为某项法案违反了宪法，那么最后的决定权将交由美国人民。罗斯福说，接下来的大选实际上 170
就是一场针对最高法院判决的全民公决。如果多数派在选举中获胜的话，那么国会将会再次通过该项立法。该项法案由此“洗掉身上的违宪性”（伊克斯语），因而不再受到最高法院的钳制。

罗斯福说，这样一项宪法修正案还有一个作用：它将认可最高法院对国会法案的否决权——罗斯福坚称，宪法没有赋予最高法院这一权力，并且这一权力“有三次或四次”遭到了制宪会议代表的否决。实际上，他想说的是：最高法院的管辖权一直以来超出了宪法所规定的范畴，这一情形至少可以追溯至 1803 年，当时的首席大法官约翰·马歇尔藉由“马伯里诉麦迪逊案”（*Marbury v. Madison*）[1] 为最高法院争取到了司法审查权。不仅是罗斯福，还包括他的许多幕僚、国会议员和改革派人士都赞同雷·克拉珀[2]的观点，后者写道，大法官们“轻轻松松”便能废除立法，只是“因为约翰·马歇尔……曾经这么做过。宪法中没有任何条款允许他们这么做”。

事实上，这一指责几乎从建国之日起便已存在。宪法并没有明确地将司法审查权授予最高法院，因此这一指责严格说来并无不当之处；但是在当时，国父们普遍认为司法审查权隐含于确立司法制度的宪法第三条中（与罗斯福所持观点相反的是，国父们从未否定过司法审查，只是否定了詹姆斯 · 麦迪逊提出的“修正委员会”，按麦

---

[1] 马伯里诉麦迪逊案：发生于政党兴起、司法分支权力不明的 19 世纪初。庄园主马伯利因上届政府疏忽而未收到委任状，并将拒绝交出委任状的新一届政府国务卿麦迪逊起诉至最高法院。在对此案的判决中，最高法院首次运用司法审查权，判定马伯利所依据的法律违宪。由此案开始，司法权成为与行政权及立法权相制衡的第三种权力。

[2] 雷 · 克拉珀即前文提及的专栏作家雷蒙德 · 克拉珀，下同。

迪逊的设想，这个委员会具有否决权、由行政和司法机关组成，而罗斯福可能是将这两者弄混了）。尽管如此，关于国父们的确切意图却并不明晰，人们对于法官所应发挥的作用也存在持续的焦虑；因而在整个19世纪，司法审查权定期且时而激烈地遭到人们的反对与质疑，这一情况一直延续至20世纪。几乎每次联邦或州立法者感到他们的权力受到最高法院的侵害时，他们都会发出“篡权”的呼喊声。

然而，立法者的这一呼喊与其说是激进的表现，倒不如说是出于对最高法院的憎恶。最高法院的批评者中很少有人真的将其行使权力的行为视为非法，而罗伯特·拉福莱特那种想破坏权力制衡体系的人就更少了。（拉福莱特是来自威斯康星州的联邦参议员，此人绰号为“战斗的鲍勃”，曾在20世纪20年代初说过自己希望将“联邦法院篡夺而来的权力”用“斧头连根拔起”，并将其“一举”摧毁。）
171 正如专门研究最高法院的著名历史学家查尔斯·沃伦所言，大多数反对司法审查权的意见所指向的对象“与其说是最高法院拥有对国会法案的合法性做出裁决的权力，倒不如说是在支持或反对某些特定措施方面这一权力的实施所产生的效果”。

就罗斯福而言，情况可能的确如此。也许到1935年秋天时，他与最高法院之间的矛盾严重影响了他的观点，因而他将大法官对司法审查权的运用视为非法；然而更加有可能的是，他反对司法审查的观点，不过是赞成司法克制的另一种说法而已。罗伯特·杰克逊在为他自己和罗斯福辩护时说道：“我们要做的是……回归过去的司法精神，我国早期的法官们正是用这种精神来看待司法审查在立法过程中所起的作用的——即确信废除经过总统批准的国会法案是一件令人生畏的事情……并且相信除非情况清晰明了，无须讨论，否则……决不使用司法审查权。”这些早期法官中有一位叫布什罗德·华盛顿的最高法院大法官——他同时也是乔治·华盛顿的侄子——在1827年时曾说：“当一项法律获得通过后，充满敬意的做法应该是推定该项法律具备有效性，除非其毫无疑义地违反了宪法。而我们的敬意正是源于立法机构所拥有的智慧、正直和爱国精神。”

这正是罗斯福想要的：司法克制和谦逊，以及对政府其他分支所怀有的司法尊重。他在几年后写道：“这种合宪性推定[1]……不是一项严格的法律准则。但这一做法是我们政府体系中不可或缺的一部分，必须对其遵守执行。”如果法官不遵循司法克制这一精神，那么总统将会采取其他方法对法官进行制约。罗斯福假装对最高法院做出让步，而他提出的宪法修正案实则批准——但同时也削弱了——司法审查权。在重大的全国性事务上，他将保留大法官们的发言权，但这一发言权将不再是最后的决定权了。

但是显然，这并不是罗斯福所想到的唯一方法。伊克斯回忆道：“总统回想到英国过去所遭遇的难题。在英国，上议院一再拒绝采纳下议院所通过的立法。”罗斯福提到，当上议院的议员拒绝通过《爱尔兰自治法案》时，首相大卫·劳合·乔治要求国王加封数百名贵族，172
这一数目足以压倒反对法案的上议院议员数量。罗斯福说，仅仅这一威胁便足够了；最终，上议院通过了《爱尔兰自治法案》。

罗斯福举的这个例子并不新鲜，但意义重大。他稍微记错了一起宪法危机：在这起危机中，上议院的议员们阻挡改革，结果便是失去了大部分权力。在 1909 年至 1911 年间，赫伯特·亨利·阿斯奎斯所领导的自由党政府与保守党控制的上议院之间陷入僵局；上议院的议员们反对“人民预算”——这一预算对财产征税并对财富进行再分配——导致政府同上议院摊牌。当阿斯奎斯说服乔治五世在必要时加封数百名自由派贵族时，上议院的议员们做出了让步；不仅如此，他们还放弃了针对某些种类立法的否决权，这种在权力上的自

[1] 合宪性推定是指违宪审查机关在审理违宪诉讼的一项原则，即在没有充分、确凿的证据证明法律违宪前，该法律应被推定为合宪。

我削弱是前所未有的。与此同时，下议院只要在连续三个议会会期中通过任何遭到上议院否决的提案，他们就能够推翻上议院的决定。

在复述这一情形时，罗斯福甚至都没有提及这一结果。相反，他向伊克斯所强调的——并随后向整个内阁所重复的——是英国政府曾经威胁要用自由派来扩充上议院，并由此迫使保守派退让。罗斯福也在考虑采用同样的方法吗？他认为仅靠威胁填塞最高法院就能迫使大法官支持新政吗？如果答案是肯定的，他也没有明说。但是他对这个类比所产生的兴趣已经说明了一切。

事实上，这一类比透露了罗斯福在这一问题上太多的看法。甚至在当下——尽管关于宪法修正案和制衡体系的调整有着各种各样的传闻——罗斯福的信念始终不变：真正的问题不在于法律本身，而在于法律遭到了受思想观念驱使、只注重结果的法官的曲解。在 11 月 15 日召开的一场会议上，罗斯福告知内阁成员，一个地区法院刚刚对《格菲烟煤法》表示支持——正是同一法案让其他法院想要尽力废除。他说："显而易见，由哪些法官来判决案件，其结果将会大不相同。"

卡明斯对此表示赞同。正如他告诉同僚的那样，他想起了查尔斯 · 伊文斯 · 休斯在担任纽约州州长时曾经说过的一句话："我们都受制于宪法；但宪法是什么，却是由法官们说了算。"

第 11 章　慢性毒药

1935 年 11 月 20 日下午，司法部长卡明斯身穿常礼服，头戴大礼帽，坐着政府公家汽车来到位于宾夕法尼亚大道的最高法院新大楼。他此行的目的是陪同大法官们到白宫参加与总统的年度正式会面。

此次会面本来安排在一个多月前，也就是最高法院在 10 月开始的新一届开庭期之初。但在那时，罗斯福总统正忙于在哥斯达黎加西南方的科科斯岛附近追捕旗鱼；他回来后也一直十分忙碌，因此这一会面便被无限期地推迟了。到了 11 月，随着总统即将再次动身度假，这次的目的地是沃姆斯普林斯，他匆匆发出了与大法官们会面的邀请。

七位大法官——布兰代斯通常不会因为社交活动踏出公寓，而范·德文特此时不在华盛顿——见到了卡明斯，之后众人坐上了一小队黑色豪华轿车。卡明斯与首席大法官休斯坐在同一辆车里。在去往白宫的路上，二人相谈甚欢。几分钟后，罗斯福总统夫妇在白宫蓝厅用茶招待了大法官。这是一次亲切友好的会面。大约一小时后，总统因为要搭乘火车南下佐治亚州，于是便告辞离开了会场。

次日，卡多佐在给菲利克斯·弗兰克福特的信中写道，罗斯福
174 “看起来身体强健，心情愉快”。“要是能拍到他和麦克雷诺兹谈话的照片就太好了。”弗兰克福特将卡多佐的这番话告诉了罗斯福，并补充道：“我们可以拍张这样的照片吗？！这将成为具有轰动效应的竞选海报——或许麦克雷诺兹不会让您将这张照片展示出来的！”

对此，身在沃姆斯普林斯的罗斯福回复说：“我猜，首席大法官对我耍了个花招。他在跟我交谈十分钟后就站了起来，说他觉得其他大法官也应该跟我聊聊。随后，他走到房间的另一边把麦克雷诺兹叫了过来，并让他坐在我的身边。首席大法官具有一种幽默感，尽管很多人都没有察觉到。感谢上帝，当时并没有摄影记者在场。”

大约三个星期后，即 12 月 9 日，卡明斯再次穿上常礼服来到最高法院——这次是为了参加“美国诉巴特勒案”（*United States v. Butler*，即有关《农业调整法》的案件）的口头辩论。

当时，仍惮于“谢克特案”判决的政府在面对该案时战战兢兢。与复兴计划的另一支柱《全国工业复兴法》一样，《农业调整法》复杂、新颖、雄心勃勃，在极度紧急的情况下被仓促拼凑出来。该法所依据的宪法基础也和《全国工业复兴法》一样并不牢固，这引发了人们强烈的反感，早在 1935 年就被视为沉重的包袱。到了眼下，《农业调整法》似乎也难逃与《全国工业复兴法》同样的命运。

《农业调整法》曾经是“百日新政”中最值得骄傲的成就之一。罗斯福制定这项法案的目的是应对困扰众多农民的问题：农产品产量高、价格低。此前的政府并未采取如此有效的措施来抑制这个恶性循环。《农业调整法》规定农民可以少耕地，少种玉米和棉花，少养奶牛、猪和鸡，因为他们能获得补贴，而补贴款项来自对加工农产品所征收的新税，包括装罐、碾磨、肉类加工及纺织品加工。因

此，联邦财政部就像一条管线一样，把收集起来的税收灌输给农民。1933 年，罗斯福向国会发出警告：“说实话，这是一条少有人涉足的新路，但现在我们面临着前所未有的情况，需要尝试新的方法。” 175

开始时，情况有所改善。在短短两年间，农业收入就增长了不止一倍，食品价格大幅上扬，而在 1933 年达到顶峰的农村暴力浪潮也终于平息。人们始终不清楚，这些改善有多少要归功于《农业调整法》，有多少要归功于不断增长的全国经济，因为经济增长也会带动农产品需求量的增加；人们也不清楚有多少要归功于尘暴，这些尘暴曾带着浓厚且令人窒息的云雾席卷美国中心区域，造成农业减产。人们清楚的是：尽管这些改善的确存在，但还远远不够。农民仍处于水深火热之中。到 1935 年，《农业调整法》似乎已到了山穷水尽的地步。《纽约时报》断言：“(《农业调整法》) 并未产生它的最佳结果。” 比如，应对土壤侵蚀的举措几乎没有，而且大量农民都被排除在受益计划之外。

对此，公众的观点仍比较模糊。一方面，《时代》杂志将《农业调整法》称为“新政中最受欢迎的举措”；但另一方面，盖洛普民意调查显示，接近百分之六十的公众反对《农业调整法》(尽管这两种结果可能并不矛盾)。很明显，一些美国人想不通，为何当许多同胞仍然在饿肚子的时候，农民不从事劳动也能获得政府的补贴。一些商业集团迫切地想利用这种不满情绪，于是在 1935 年春夏发动了大量持反对意见的公共活动，希望借此扭转国会对《农业调整法》的支持。在制造业的援助下，自由联盟通过宣传手册和新闻媒体发动了一阵新的舆论飓风，展示了与佃农、农场工人和其他无助难民之间在《农业调整法》“法西斯式的操控下”所建立起来的团结。

与此同时，《农业调整法》在法庭上也备受攻击。到年底时，有一千七百多起与该法有关的诉讼有待审理。谷物碾磨场主、肉类加工商和服装制造商提起诉讼，要求补偿他们已交纳的税款，但事实上，他们已将这些税收通过高价转移到消费者身上，同时他们也要求政府不再收税。在百分之九十的此类案件中，法官都颁布了禁令。实际上，加工税并不是这些公司反对新农业政策的主要原因——他
176 们的理由非常多；在他们看来，加工税之所以会成为攻击目标，是因为这是《农业调整法》的最大弱点。政府也意识到了这点。农业部长亨利·华莱士对一名内阁成员表示他希望最高法院继续审理下去，将加工税取消，这样一来，国会就会被迫将《农业调整法》建立在更为安全的基础之上——也许是将其资金从一般税收中抽取出来。

但是，当然了，最大的缺点往往是致命的。《农业调整法》看来也是如此。在“巴特勒案”中，马萨诸塞州胡塞克棉花厂的辩护律师认为加工税事实上根本就不是一种税收。在他们看来，加工税无疑为“操纵与控制”农业打开了后门；他们还说，像农业这样的地方性问题是国会管理范畴之外的。1935 年 6 月，波士顿的一家上诉法院决定维持对胡塞克棉花厂的支持立场。

如此一来，一场沉寂已久的大辩论又重新开始了。宪法第一条第八款授予了国会“征税权”，目的是为了“美国的公共福利”。詹姆斯·麦迪逊认为，这一权力仅限于宪法所明确列举的国会职能，比如招募军队或维护邮局的运行。但管理农业并不在其中。麦迪逊所坚持的立场，也正是被胡塞克棉花厂和“巴特勒案”中的上诉法院所引证的。与之相反的是，亚历山大·汉密尔顿认为“公共福利”条款的定义比较宽泛，对于国会的授权并未做出明确说明，这就意味着国会可以在其认为合适的时候征税并使用税收。政府采用的正是汉密尔顿的观点——如政府在递交给最高法院的案情摘要中所言，这一条款“应该按照汉密尔顿的解释来理解，因而包含任何有益于本国公共福利的事务”；此外，“公共福利”的定义“主要取决于国会的裁断”，而不是法院。于是，政府向最高法院提起了上诉。

这将是在新的最高法院大楼里举行的第一场重要的口头辩论。

大厅的墙壁和地板都是用亚拉巴马大理石所筑，据说这是世界上最洁白的大理石；法庭的雕饰采用西班牙大理石；那些爱奥尼亚式石柱则来自意大利（墨索里尼本人也曾帮忙挑选）——德鲁·皮尔森和罗伯特·艾伦这样写道："大理石，还是大理石，这里的大理石可比世界任何建筑都要多。"他们忍不住将这栋大楼视为一个隐喻："死亡一般的苍白，没有色彩，没有情感——四处充满着肃杀的氛围，仿 177
若冷傲的奥林匹斯山，绝不服从于谁，也毫无灵魂可言……楼中的走廊更像是通往坟墓的入口……走廊的尽头就是法庭，依然由冰冷的大理石堆砌，就像是大审判官的刑房。"

在国会大厦中"临时"寄居七十五年以后，最高法院不得不搬离温暖、熟悉的参议院老议事厅——及其青灰色石柱、桃花心木家具和锻铁铸造的阳台，来到这个宏伟、空荡、缺少人情味的地方；大多数大法官都为此遗憾。斯通抱怨道："我怕是永远适应不了这种浮夸而矫饰的环境。"他说，不管何时他看到这栋大楼，都会觉得他和同僚们都应该骑着大象前来工作。麦克雷诺兹对弟弟坦言，他并不介意从"艺术的角度"来看这栋大楼，但"从实用的角度来看，这栋大楼就很糟糕了"。镀金的天花板显得过暗，需要花巨资来重新涂刷。法庭里的音响设备十分简陋，因此大法官们不得不倾斜身体来倾听口头辩论或彼此的发言。照明设备的效果也不佳，即使有自然光也不怎么亮，因此他们无法看得很清楚——不过，一些新政派认为这是他们上了年纪的缘故。

随着《农业调整法》相关案件的口头辩论日益临近，罗斯福前往内布拉斯加州的弗里蒙特市向人们解释调整农业的计划，这不仅关乎这一法案的成功，也关乎该计划与美国人理念的内在一致性。罗斯福声称："在我看来，农业调整只是一个表述，在实质上，这是农民同胞长期——当他们在康科德的桥上抗击英军之时，当他们大声宣告《独立宣言》之时，当他们通过联邦宪法把这些理念永久地保存下去之时——所追求的人权。方法和运作机制也许会改变，但那些原则会持续下去。而且我坚信，不论法案受到怎样的攻击，在农业调整策略中得到体现的农业平等原则都不会消亡。”诸如“在宪法之下，政府的真正职能是促进公共福利”这样的论述并不仅仅是陈腔滥调。通过这番解释，罗斯福对“巴特勒案”的案情摘要进行了概述，而此时司法部长及其属下正在没日没夜地撰写这一摘要。卡明斯认为这一案情摘要“非常精妙”。

然而，最高法院的口头辩论又是另外一回事了。尽管新法庭所
178 能容纳的听众数量是参议院老议事厅的三倍，但它在 1935 年 12 月 9 日仍然被前来旁听的人挤得满满当当。当主讲台上方的金色大钟显示为 12 点时，大法官们穿过红色天鹅绒帷幕并各自就座。开始的局面对政府颇为不利，大法官之间也起了争执。在听取《农业调整法》案件双方的陈述之前，大法官们首先宣布了对另外两起早先的案件所做的判决，每一项判决都在支持州权的同时打击了联邦政府。

第一起案件的判决意见认为，“百日新政”的成果之一《房屋业主贷款法》侵犯了属于各州的权力。这一判决结果获得了所有大法官的一致同意。但第二项判决结果就并非如此了：以罗伯茨大法官为首的、那令人熟悉的六位大法官所组成的多数派，推翻了一项向酒商征收的联邦税。愤怒的罗伯茨坚持认为不应听信国会所言，他认为国会所宣称的目的实际上掩盖了更为阴暗的意图——他在该案中的坚定立场与同年早些时候的铁路退休金一案别无二致，也同样让人震惊。他指出，若赞成对酒商收税，那么联邦权与州权之间的“区分将会消除”，并且对各州活动的“无限度的管制之门将会打开”。卡多佐和另外两位持异见的大法官斯通和布兰代斯发出警告，明显地指向他们即将审理的这起案件。卡多佐说道：“政府的一个分支不可能在没有任何风险的情况下侵入另一分支的管辖范畴。”

因此，随后对《农业调整法》进行的口头辩护一开始并未发生

作用。斯坦利 · 里德的陈述也没有起到效果。面对保守派大法官的怒火，首席政府律师选择避实就虚，反驳甚至否认政府的书面摘要中关于授权和公共福利条款的主张。里德无法与持反对意见的大法官相抗衡。胡塞克棉花厂（或者更确切地说，胡塞克棉花厂的收购者，因为该厂早已破产，如今掌握在肉类加工业巨头阿穆尔公司的主席手中）的代理律师是来自宾夕法尼亚州的前共和党参议员乔治 · 沃顿 · 佩珀。佩珀身材高大，仪表堂堂，以夸张做作的行为举止著称。在皮尔森和艾伦的笔下，他就像是“狂欢会上的摊贩”。对罗伯茨大法官而言，佩珀也是一名良师益友。在宾夕法尼亚大学时，佩珀就给罗伯茨上过法律课；佩珀也曾敦促柯立芝委任罗伯茨调查“茶壶山丑闻案”，而罗伯茨正是因为该案而声名鹊起；此外，据说佩珀也曾 179
游说胡佛任命罗伯茨为最高法院大法官——此时，罗伯茨正处于这个位置上，双臂交叉放在黑色的大法官袍之上，倾听着朋友兼恩师的发言。

佩珀认为，政府的案情摘要中所展现的内容已经超出汉密尔顿所表述的范畴；佩珀指出：“关于公共福利的条款已偏离正轨。”作为对罗伯茨之前对酒商税观点的呼应，佩珀说道，若允许《农业调整法》继续实施，那么国会“除了自制以外，将不会再受到任何其他限制”。他认为，《农业调整法》的福利计划从本质上来看具有强制性，却只字未提那些坐拥美国四分之一棉花产地面积的人并没有选择参与该计划。（罗伯特 · 杰克逊以略带嘲讽的口吻说，佩珀“对于农民独立性的关心着实让人感动”。）

佩珀逐渐提高了声音，这是他出了名的表演模式。他饱含深情地说道：“诸位尊敬的大法官，我相信我今天站在这里是为我所热爱的国家进行辩护；我向全能的上帝祈祷，在我的有生之年不要将‘自由之地’转变为‘管制之地’。”说完这些，佩珀的发言也就结束了。他回到自己的座位上，小声地啜泣起来，非常引人注意。

政府不同分支间“晦暗不明的战争”（特格韦尔语）正在持续升级。华盛顿对此极为关注。在烤架俱乐部于12月14日举办的晚宴上，众多记者都不怀好意地揶揄此次斗争。在一出关于谢克特兄弟的讽刺短剧（这出短剧以一种奇特的方式描述了犹太人谢克特兄弟带着他们养的鸡到柏林参加奥运会的跑步比赛。这两兄弟大声叫道：“加油，希特勒！加油，罗斯福！……你们都要加油！”）结束之后，出席晚宴的六位大法官从贵宾席上起身，接受其他宾客——包括总统——的掌声感谢。

随后便是当晚的最后一出讽刺短剧：由记者打扮的九名古代雅典士兵迈步走向宏伟的大理石神庙，他们是“世界上最具智慧的九个人”。在一首关于最高法院的“真相揭示”（“你将听见1810年的人们在想些什么……”）的歌曲演唱完毕之后，这九个人的身份也揭晓
180 了：肖斯、贝克以及其他几名自由联盟的领导人。其中一人说道：“先生们，请允许我现在向各位展示我们的自由赖以生存的具有历史意义的重要文件。”说罢，他就从一个金色箱子中拿出了一张有功于自由联盟的人物名单。

据皮尔森和艾伦所言，那几位真正的大法官的表现为：“（他们）笑容僵硬地看着。而休斯和斯通的笑容却是发自内心的。他们甚至数次捧腹大笑。然而，范·德文特、麦克雷诺兹和巴特勒的笑容却是在看到那些合唱队的女孩时才浮现出来。”伊克斯也是当晚的观众之一，他希望能借此好好灭一灭这些大法官的锐气。

按照传统，晚宴的最后一项内容是总统发言。罗斯福说，经过又一轮“为期半年的鞭挞”之后，“我想，面对我所犯下的所有过错以及那些我没能展现的政治才能，我应该抱以一种谦卑、忏悔的心态。然而，我并不觉得沮丧，因为我正坐在‘马拉车车夫的行列’当中；在我看来，十分明显的是：只要烤架俱乐部处于政府的监督之下，那么我们就可以最终诉诸崇高的‘烤架法庭’，我们所有人都能如此”。

最后这句话是他用铅笔加在演说稿上的。

罗斯福接下来的发言内容就比较具有讽刺意味了。不过，同往年一样，他以严肃的口吻来结束整场演说。他说道：“我不像其他人一样担心我们政治制度的存续，也不担心我国经济生活的宏观结构。我相信，我们的政体之所以经久不衰，一部分原因在于我们的政体可以适应不断变化的时代需求。我们的政府是建立在明智而健全的基本原则之上的，我们所拥有的和平与幸福也正是源于这些原则；这些原则不会变成僵化的公式，也不会一味死板地抵触压力与危机……恰恰是这些压力与危机才能带来真正的进步。”

从某种意义上说，罗斯福此番发言是对有关《农业调整法》一案的总结陈词。当他回到位于主桌中央的座位上时，与他仅一席之隔的休斯倾斜着身体，向他致以热烈的祝贺。皮尔森和艾伦在下面长长的宴会桌上看到了这一幕，他们认为：“罗斯福先生至少已经使一位大法官改变了想法。”然而，麦克雷诺兹却不为所动。他在第二天写给弟弟的信中提到，罗斯福的演说“非常失败——品味差劲，内容平淡无奇”。

转变并没有出现。就在这场晚宴结束两天后的 12 月 16 日，在 181
一项前所未有的判决中，休斯加入到五位保守派大法官的阵营之中。在“科尔盖特诉哈维案”（*Colgate v. Harvey*）中，最高法院取消了佛蒙特州一项规定州外贷款所产生的税率高于州内贷款的法律。最高法院认为，这项税收违反了宪法第十四条修正案中的“特权与豁免权”条款，该条款禁止某些针对州外公民的歧视。在此之前，最高法院从未以此为依据而推翻某一州的法律。最高法院曾经四十四次考虑过这样做，但却又四十四次否定了这一想法。当大法官们开会讨论佛蒙特州一案时，休斯对使用这一条款的建议未予理会。相反，他认为这项税收违反了第十四条修正案中的平等保护原则；而萨瑟兰很快就基于这一原则撰写了一份判决意见，并在大法官中传阅。

紧接着，斯通撰写了一份言辞激烈的异议意见草稿，这使得萨瑟兰转变了立场。在休斯的支持下，萨瑟兰将特权与豁免权条款找了出来，并对其加以运用。萨瑟兰这样写道：“作为美国公民，我们都是由团结的各州所组成的共同体中的一员，而不是由独立的各州所形成的分散社区中的一员。”萨瑟兰一直以来都坚定地认为州权高于联邦权，故而他写下的这句话尤其显得讽刺，甚至让人觉得反常；而斯通正是抓住了这一点进行反驳。他在异议意见中严厉批评道：“这样做确实不堪一击。”他认为，最高法院将自己变成了一个“超级立法机构”，对各州“什么应该收税、什么不应该收税”指手画脚。几天后，他在给儿子们的信中写道：“在我看来，这分明就是司法权的扩张。这种做法毫无理由，实在令人震惊。”

“科尔盖特案”的判决几乎没有在新闻界引发任何评论。然而，这一判决在法学院中引起了爆炸式的反应。哈佛大学的托马斯·里德·鲍威尔说道：“从学术角度而言，我们都感到无比愤怒。”他指责最高法院越来越喜欢“凭空找出一些新式而奇怪的原则来反对任何它不喜欢的事物……最高法院的权力正日益膨胀，我也没有看到有任何切实的行动来制约它的权力”。他的同僚菲利克斯·弗兰克福特也同样怒不可遏。他在发给斯通的电报中写道：“天呐！这真是叫人
182 难以置信。显然，历史和判决先例都被弃置一旁。我从未感到如此震惊。”那天晚上，弗兰克福特醒了两次——他一直在回想此前最高法院做出的比“科尔盖特案”更难以站得住脚的判决。但是，他一个案例也想不起来。第二天，他在给斯通的信中写道，“科尔盖特案”已经“突破极限了。此后，任何判决结果都可能出现”。

斯通对此表示赞同。他给弗兰克福特回信道：“最高法院越来越多地将宪法上的约束条件压至极限，甚至超越这一极限，这让我很担心它未来有效行使职权的能力。”他发现这些经验“让人颇感震惊”。

在他看来，多数派这种“过度刺激下产生的创造力”，以及他们诉诸一项被长期遗忘的条款的做法（他们还将这一做法视为“让人高兴的事后聪明”），使得做出判决的过程“甚至比判决结果更让人胆战心惊”。由此，他对于休斯愈加地不屑了。长期以来，他都不喜欢休斯对他人的傲慢和对秩序的狂热。正如斯通的一名助理所言，斯通仍对自己未被任命为首席大法官一事耿耿于怀，且随后还被安排去处理一些“琐碎而无聊的案件”。如今，斯通批评休斯缺乏胆量。他在给弗兰克福特的信中写道：“只要休斯公开宣扬他的新观点，我想我就会拿出一份绝对有效的异议意见。”然而，就当时的情况而言，“我一个人的观点仍不受重视”。

事实上，有着同样想法的不止斯通一人。三位持异见的大法官所组成的少数派关系牢固。不过，他们也的确寡不敌众。首先，他们失去了临时盟友罗伯茨；现在，休斯似乎也抛弃了他们。最高法院中的分歧正日渐加大。在 20 世纪 20 年代，在首席大法官塔夫脱的安排下，保守派大法官开始在每个星期日下午召开会议讨论策略，后来他们还一起乘车前往最高法院，也一起乘车返回。现在，斯通和卡多佐每个星期五下午在布兰代斯那间闷热的公寓中聚会，目的是在星期六的最高法院例会召开前达成关于策略方面的共识。

除此以外，大法官彼此之间少有联系。除了听取口头辩论和开会讨论案件以外，几乎九位大法官都是仍旧各自在家工作——这是一种主动的选择和习惯，而并非是出于客观需要，因为新的大楼已经启用，每位大法官也都第一次有了自己的办公室。他们之间的交流主要依靠信差，偶尔也可能社交性地互相拜访；他们之间也会互相欣赏，有时甚至超越了思想意识的界限。卡多佐比较欣赏萨瑟兰、范·德文特和罗伯茨三人，特别是罗伯茨，尽管他们的观点跟卡多佐本人不一致；而布兰代斯也会尽量不让个人因素影响工作关系。

这种情况也不会一直出现。比如，巴特勒和麦克雷诺兹针对布 183

兰代斯的敌意就十分明显，而为了避免出现尴尬的场面，作为两次最高法院年度晚宴主持者的首席大法官休斯都会在他们之间安排其他客人就坐。“恶犬可不会为他人着想”，布兰代斯对弗兰克福特如此说道，并提到卡多佐这位可谓最温和的大法官，也因受到了保守派的某些“待遇而颇为震惊”。布兰代斯建议卡多佐将此事“忽略掉，不要去管”，但卡多佐并没有做到；他对朋友谈到最高法院时，说它就像是一座“监狱”——没有人情味，非常苛刻，也非常残酷。

12月中旬，最高法院宣布其圣诞和新年假期将于1936年1月5日结束，这一日期比原来的计划提早了一个星期。这一举动造成了前面所述的种种事件，让华盛顿的气氛也顿时紧张起来，似乎有一场危机即将到来。很明显，有关《农业调整法》一案的判决很快就会出炉。

12月27日下午，内阁举行了一次会议。当时，罗斯福正身患重感冒。因为不想坐在轮椅上被推到白宫西翼去，他就把会议地点安排在了白宫的居室内。他的私人书房也是椭圆形的（并不是有着相似形状的椭圆形办公室，即总统办公室），看起来就像是一座航海博物馆：墙上挂着关于旧帆船的油画，一幅紧挨着一幅，几乎触到了天花板；桌上、壁炉架上和玻璃柜中都摆放着精致的模型船。这样的布置给会议增添了一种亲切而随和的感觉，卡明斯觉得这更像是一场家庭集会。

尽管身体欠佳，但罗斯福还是精神饱满。他事无巨细地谈到了很多问题——他确信最高法院会推翻政府所做的几乎所有重大决策。他说，用不了多久，全国各地的街道上就会出现大量游行的农民、矿工和工厂工人。为了避免出现这种局面，他提出了三种可能的办法：首先，填塞最高法院——这是“一个令人不快的主意”；其次，通过制定一系列宪法修正案来解决最高法院的反对意见；第三，制定宪法修正案，授予国会推翻最高法院判决的权力。罗斯福要求内阁成员认真考虑最后一种方法，接着，他并没有就此征询任何人的意见，而是继续讨论其他话题。

1936 年 1 月 6 日，大法官欧文 · 罗伯茨扶了扶眼镜，朝法庭外看了看，然后开始宣读他对“美国诉巴特勒案”的判决意见。他宣读了三十分钟，其间很少往下面看。有时，他会瞥向左右两边，像是在做一场演说。虽然判决意见就放在他的面前，但他其实几乎将全部内容都背了下来。当天晚些时候，记者们在检查已经公开发表的判决意见书时，还是要被迫去找出原文与罗伯茨口述内容之间的差异。尽管法庭的音响设备很差，但罗伯茨的声音仍然清晰可闻，而且他在讲话时语气坚定而冷静。一名现场听众回忆道：“再没有哪位法官像他这样优雅而温和地宣告一项法律的终结了。” 184

一开始，罗伯茨便肯定了上诉法院的判决：六位多数派大法官认为《农业调整法》中的加工税根本就不是一种税。在最高法院最近公布的判决意见（包括关于酒商税一案的判决意见）中，除了增加税收，罗伯茨并不认同征税权的其他用处；在“巴特勒案”中，他又对这一观点加以拓展。他说，“收税”这个词“从来都不意味着为了某一群体的利益而从另一群体身上征收钱款”。他接着说道，《农业调整法》却恰好与之相反——为了调控农业产量，该法制定计划向加工者征税，再将这笔款项分发给农民。

说到这里，罗伯茨停顿了一下。人们可以听见从记者席上传来了沉闷的“嗒嗒”声，那是气压输送管正把法庭上发生的一切传到位于地下室的记者办公室。几分钟之内，甚至在罗伯茨宣读完判决意见之前，判决结果就会出现在电报上。现在，罗伯茨继续宣读，他谈到了司法体系的作用：“有时，人们会认为法院掌握着支配或否决人民代表行为的权力。这其实是一种误解……当人们以正当的程序在法院对国会法案提出质疑时……政府的司法分支只有一项职责，那就是将受到质疑的法案与所涉及到的宪法条款放置在一起，判断前者是否符合后者。法院所做的或者说所能做的，就是在考虑后宣告对这一问题的判断。如果非要说‘权力’的话，那么法院所拥有的
185 唯一权力就是判断权。最高法院既不赞同也不指责任何立法政策。”罗伯茨这番话像是一份为“无意识行为”[1]所作的完美陈述，将司法判决的产生视为一种精准、机械、不带个人色彩的行为。

随后，最高法院认可了汉密尔顿关于公共福利条款的宽泛立场，并驳斥了麦迪逊提出的更具约束性的立场，这在历史上还是第一次，也是当天最让人震惊的事。罗伯茨宣称，“更为宽泛的定义”是“正确的定义”。这似乎有悖于他刚才所说的话。若国会确实可以在其视为符合公共福利的情况下自由地征税及使用税款，那么为了削减农业产量，国会就不能自由地征税了吗？

不能，罗伯茨说道，其理由有二：加工税并不是真正的税收，而农业是“一项纯粹的地方性事务”，根据宪法第十条修正案，这一事务归各州管理。按照多数人的理解，沙尘、干旱和土壤侵蚀并不是全国性问题；相反，他们会认为这是“地方性问题的普遍相似之处”。这些问题“不可能”属于联邦政府的职权管辖范围。最后，罗伯茨尖锐地指出，汉密尔顿从未表明“合众国的公共福利……可能需要通过抹杀联邦不同组成部分之间的区别才能实现”。

对此，斯通予以了严厉的回应。当他坐下来起草异议意见时，其中一件让他考虑良久的事就是避免写下任何他可能会撤回的内容。他是个性情温和的北方人，善于用幽默的方式表达异议意见，他也几乎从来没有特别为什么事情恼怒过。然而，到了1936年，多数派

[1] 无意识行为（automatism），指当事人在进行某种行为时一种无意识或无法控制自己行为的状态，可作不构成犯罪的辩护理由。

想要“越出”审理案件的特定范围，毫无拘束地反对通过民选代表所表达出的民意，这一情形让斯通深感担忧和愤怒。1936 年元旦那天，当他在有木镶板装饰的书房里起草“巴特勒案”的异议意见时，他终于找到了发泄怒气的渠道。他将满腹牢骚都倾注到了异议意见的草稿中。随后，当这份草稿在大法官之间传阅时，其中有些内容让罗伯茨颇为惊讶，因此后者向休斯求助，希望他能从中干预。而休斯建议罗伯茨向布兰代斯求助。最后,可能是在布兰代斯的敦促下，斯通软化了异议意见中的语气，但仅仅软化了一点点而已。

在公布判决结果的那天,相比于罗伯茨,斯通的发言更难以听清；法庭似乎吞没了他的声音。然而，正如《纽约时报》所言，当斯通一字一顿地大声说出自己的意见时，把他称为“狂热的反对者”是完全正确的。罗伯特 · 杰克逊认为:“就其对于多数派的严厉斥责而 186
言，在最高法院一个半世纪的历史中，无人能出其右。”布兰代斯和卡多佐也支持这份异议意见，他们抨击的不仅仅是多数派所做出的判决,还包括其背后的理念。罗伯茨认为付给农民的补贴是强制性的，这一观点遭到了斯通的批驳，后者认为该观点“毫无根据”，且与事实相悖。罗伯茨还指出，尽管征税权是合法的，但其运用的目的却不合法，这也成为斯通反驳的目标。斯通回复道，国会促进公共福利的权力是有必要的，也确实要求具有在一定条件下分配钱款的能力,否则这样的权力就形同虚设。斯通声称:“这与宪法条款是相悖的，明明说为了公共福利而具有分配钱款的权力，却又驳斥最后可以产生良好效果的征税权。如今，这些限制条件必然会导致荒谬的结果。政府可以给农民分发种子，却不能为此提出条件，即要求将这些种子种在最需要的地方，或者甚至不能要求农民去种下这些种子。政府也可以为失业者发放补助，却不能要求得到补助的这些人将劳动作为回报，或者甚至不能要求他们用这些补助来养家糊口。”

此外，罗伯茨轻率地声称，就普遍意义而言，法官所做的只是将某些法律与宪法的相关条款放置在一起，检视前者是否与后者相吻合，然后将检视结果予以公布（哈佛法学院院长罗斯科·庞德称之为司法审查的“自动贩卖机”理论），而斯通对于这一观点更加难以苟同。考虑到多数派愿意、甚至迫切地将自身的判断凌驾于国会的判断之上，这种假装无能为力的做法不免让斯通大为光火。罗伯茨认为，若没有法院的制约，国会可能会有失去控制的危险；斯通对此的回应是：司法权甚至可能更加容易遭到滥用，因为“对于我们行使权力的唯一制约就是我们的自制”。

最后，令持异见的大法官们最反感的是这样一句颇为傲慢的话：“法院的工作便是对立法行为的智慧做出判断。”在异议意见的结尾处，斯通还对司法至上主义进行了猛烈的抨击，他说道：“法院并不是唯一应该具有治理能力的政府部门。”

187 “事已至此，我想我们也变成了‘谢克特兄弟’。”

当电报机“咔嗒咔嗒”地将判决结果传送出来时，从农业部长华莱士的办公室里传来了上面这句话。当时，亨利·华莱士本人已身处椭圆形办公室，他和其他官员正在与罗斯福商讨新的农业救济立法事宜。一名助手走了进来，将一份新闻公报放到总统的办公桌上。罗斯福拿起这张薄薄的纸看了一眼，随后微微一笑。他似乎一点也不惊讶，心情也没有受到影响，甚至还有些愉快，这让人感到奇怪。

这时，他的新闻发言人史蒂夫·厄尔利建议道：“总统先生，请拒绝所有的采访——什么都别说。”于是，政府中的所有人很快就接到指示：在总统做好行动安排之前，任何人都不要对此判决发表评论。下午2点30分，罗斯福将司法部长和其他一些人召至白宫对最高法院公布的意见进行研究。他们首先研究的是异议意见。卡明斯大声地朗读这份异议意见，时不时地停下来讨论；罗斯福重复着罗伯茨所撰写的意见，时而停下来发表自己的观点。

罗伯特·杰克逊回忆道，联邦政府的财政“此前从未受到过如此沉重的打击”。判决涉及的资金数目让人难以置信——从加工者手中收取的近十亿美元如今在法律上陷入岌岌可危的境地：在大多数情况下，加工者已将税收负担转嫁至消费者身上，那么即便如此，他们还有权要求退还税款吗？而且，全国性农业政策的命运又将如何呢？这一政策还会继续推行吗？美国自由联盟指责说，农业部本身现在已经违反了宪法，这一指责是正确的吗？《纽约时报》评论道，“巴特勒案”的影响“非常广泛”，使得替换《农业调整法》变得“极为困难”。

保守派对此欣喜若狂。一位朋友在发给范·德文特的电报中写道：“律师、商人和所有的良好公民都在为仍然拥有这样一个最高法院而感谢上帝。”共和党全国委员会主席亨利·P. 弗莱彻在一场联邦联盟的午餐会上宣称：“宪政没有消亡。”与会人员的欢呼雀跃声持续了数分钟之久。保守派报纸认为，新政的终结就在眼前了：《芝加哥每日论坛报》断言，宪政主义已经击败了“希特勒主义”；欧文·罗伯茨和乔治·沃顿·佩珀的家乡报纸《费城询问报》从包括《农业调整法》在内的“魑魅魍魉”的“残余”中看到了“朴素的旧式美国精神”的复生。然而，不是所有人都在庆祝胜利，麦克雷诺兹在写给弟弟的信中警告称，这个国家还未完全脱离危险，“影响罗斯福的种种力量正在试图引发人们的困惑和强烈不满，这样一来就可以造成最为激进的变革……他可能自己都不知道自己在做些什么。”不过，一想到幸好有最高法院，“新政才得以搁浅”，麦克雷诺兹还是甚感宽慰。 188

经过一天的思考后，许多共和党人都冷静了下来。《时代》周刊评论道：“波托马克河沿岸[1]笼罩在一片宁静的氛围之中。每当政客们偶尔承认自己的理解能力低下时，就会出现这样宁静的氛围。”在没有《全国工业复兴法》和《农业调整法》的情况下，两党（尤其是

[1] 波托马克河流经华盛顿，沿岸有五角大楼、国会山等重要政治地标，亦泛指华盛顿政界。

共和党）很难认清眼前的形势。《格菲烟煤法》《瓦格纳法》《社会保障法》——每一部法案都有可能成为新的目标，但都比不上全国工业复兴法》和《农业调整法》这两项气数已尽的法案那样令保守派热血沸腾。斯通在社交上和精神气质上仍然与共和党保持着同一阵线，他在给一名共和党人的信中写道："最高法院抢走了你们共和党人一个很好的竞选议题。"

接下来就是数天的平静。《时代》周刊这样评论道："政客们都害怕得说不出话了。他们害怕农民会在厨房火炉边上谈到的事情。"至于农民——或其他美国人——会谈论些什么，没有人真正知道。判决结果公布几天之后，在曼哈顿的一家影院内，面对新闻短片里出现的最高法院，观众嘘声一片。但这还只是在纽约。在农村地区，人们最初的反应存在极大的差异。当农场独立委员会（这个名字已经说明了该组织的反新政立场）称赞最高法院打击了"那些戴着慈善家面具的官僚"之时，美国农场联盟的领导人却声称："斗争还在继续。这一次，斗争将十分残酷。"1 月 7 日，在艾奥瓦州的埃姆斯，人们将反对《农业调整法》的大法官的模拟像高高地挂了起来：这六个模拟像是用硬纸板做成的，如真人大小，穿着黑色的假长袍，上面分别写着六位大法官的名字。警察随后赶来解下了模拟像。

自由派很快形成了一个共识：不论人们对《农业调整法》做何感想，多数意见都是带有政治色彩、非理性和缺乏逻辑的，甚至具有一定的危险性。"谢克特案"曾让他们倍感愤怒，但"巴特勒案"让他们更为恼怒。部分原因在于斯通的异议意见所具有的道德力量对
189 他们产生了影响。此外，人们愈发有了厌倦心理。《新共和》杂志嘲讽道："宪法即君王，而最高法院就是它的仆从！"连一向很少激动的雷·克拉珀都无法克制自己的厌恶。就在判决结果公布的第二天，他写道，新政的其余部分将会被"摧毁殆尽"：

> 只要最高法院能够找出合法的借口来支持其政治主张……（罗斯福）可能会屈服于其政治理念，而这一理念将会使联邦政府的权力主要局限于管理陆军、海军以及华盛顿特区的市政事务。或者，罗斯福也可以将其作为一种政治上的挑战，通过举行大选来决定人民是想要他们选举出的总统和国会来管理国家，还是想要一个投机取巧的司法独裁来统治国家。在讨论最高法院的问题时继续高高在上已经没有用了。最高法院已经完全沉浸于政治中……罗斯福现已有了他的议题，如果他愿意接受这一议题的话。

但罗斯福并不愿意接受。至少在 1 月 7 日那天看来，他并不愿意这样做。1 月 7 日，即判决公布的第二天，他在椭圆形办公室举行了一场记者招待会。据说，这场记者招待会的参会人数之多创了历次之最，记者们似乎希望总统再次对“马拉车时代”进行抨击。如果他们的确这么期待的话，那就会大失所望了。同以往一样，罗斯福在开场时笑容满面，并开了一个善意的玩笑，他说现在并没有什么新闻，除了坐在一旁的民主党全国委员会的查尔斯·米切尔森需要理发外。随后，罗斯福身体后仰，靠着椅背坐着，对第一个问题避而不谈。这个问题是关于农业政策的未来打算的。但他没有直接回答。记者们一而再，再而三地转换说法，试图从不同的角度来诱导罗斯福对该问题进行回应。不一会儿，罗斯福明显变得恼怒起来。最后，一名记者直接问道：“您如何看待最高法院的判决？”记者们都大笑起来，但罗斯福没有和他们一样；他只是微微一笑，再次说他无可奉告。他还说自己仍在研究“巴特勒案”中罗伯茨和斯通的各自意见——这表明他对这两份意见同样重视。

次日晚上，他在五月花酒店对高声欢呼的人群说了同样的内容。

在一年一度的杰克逊纪念日[1]晚宴上，尽管与节日的氛围不符，但民
190 主党人还是高兴地穿上了正装并为每份菜肴支付五十美元（五美元用来为晚餐买单，剩下四十五美元作为政党资金），听着对安德鲁·杰克逊这位特权破坏者的赞颂。通过特别的广播线路，总统的演说还被播送到全国两千场相似的晚宴上。罗斯福的状态很好，他运用了所有可以传情达意的演说手段——手势、笑声、颇为用心的玩笑——这使得在场的两千一百名听众听得如痴如醉。罗斯福越是谈及安德鲁·杰克逊，就越是明显地表明他是在说自己。他说，人民热爱杰克逊，“因为他打败了那些敌对分子……而全国大部分的物质力量都被部署起来以反对他。负责传播信息的主要报刊和大众意见的代表都与他为敌。傲慢而乏味的精英主义与他对抗。那些陈腐过时的观念都对他不予认可。外强中干的传统主义对他说不。有时，似乎一切都在与他作对——除了美国人民以外”。

随后，罗斯福唯恐听众忽略了他的话外之音，又补充了一句：“历史再现了。”他指出，1936 年是大选年，因此这一年的“基本问题”和杰克逊当年所经历的一样“将会……是民选政府的去留问题”。他很快又谈到了“巴特勒案”：“关于最高法院最近的判决，我今晚没有什么可说的，我知道你们并不会为此感到诧异。”接着他补充，他需要时间来认真研究历史上“两份最重要的意见”。最后，他总结道：“这两份意见的最终结果将会深刻地影响美国人未来许多年的生活。”

在几个街区之外的威拉德酒店，埃莉诺 · 罗斯福正以荣誉宾客的身份参加青年民主党举行的晚宴。在宴会上，埃莉诺聆听着弗洛伦斯 · 杰克逊 · 斯托达德念起了后者的原创诗作《九老头之歌》，此人是“老山胡桃”（指安德鲁·杰克逊）的后代。这篇诗作讲述了“坐在长凳上的九个老头按照自己想要的方式解读法律条文”。在诗作的

[1] 全称为“杰斐逊－杰克逊纪念日”（Jefferson-Jackson Day），是民主党一年一度的筹款活动。

最后一节中，弗洛伦斯这样写道：“可以让他们领导我们直至生命的终结吗？”据《纽约时报》描述，第一夫人“由衷地鼓起了掌”。这一细节未能逃脱人们的注意，至少未能逃脱右翼的注意。新教基要主义期刊《我王事工》说道，这表明埃莉诺·罗斯福和那些挂起六位大法官模拟像的“布尔什维克无赖”没有什么差别。

第二天晚上，大法官们来到白宫参加年度司法晚宴。他们一个 191
接着一个地进入红厅，而总统夫妇就站在一列盆栽棕榈之前迎接宾客的到来。按照规定，特勤局禁止宾客在靠近总统时将双手藏匿起来，但对高级官员则通常忽略这一要求。然而，今天晚上，两名非常忠于职守的特勤人员走上前来将两位大法官的手从口袋里拉了出来，这两位还都属于保守派。他们非常气愤，同总统匆匆握手后便来到宴会厅喝了一口柠檬汁；不一会儿，两人就戴上帽子回家了。更糟糕的是，总统朝斯通走了过去——当前者还在哥伦比亚法学院学习法律的时候，后者便已是该院的院长了。总统对斯通说道：“很高兴您那时教我法律。”他说话的声音很大，站在附近的罗伯茨听得清清楚楚。

斯通接受了罗斯福的赞赏，但到这时为止，他所获得的来自新政派的赞誉已经足够多了。一开始，尽管与胡佛交往甚密，斯通还是成了新政自由派最喜爱的人物；现在，他已经成了英雄，报刊上经常有关于他的报道，总统身边的人也对他赞赏不已。卡明斯在 1 月 8 日给他的信中写道：“您的异议意见真是高屋建瓴——合乎情理，富有建设性和人文关怀。这些意见也许现在不会成为法律，但以后一定会的，除非政府职能永远陷于一成不变的模式中。您发表的讲话恰逢其时，方式独到，意义重大。向您表示祝贺！”斯通回复道：“当一个人发现自己以二比一的投票结果而处于劣势时，他应该感到谦逊并质疑自己的判断。但我由衷地相信，历史和未来都将以与今时不同的角度来看待法院的职能。”

斯通向儿子们透露：“好笑的是，我其实对《农业调整法》没有太多的信心。”事实上，斯通对这项法案是持谴责态度的。他认为该法案从经济角度来看并不健全，从管理角度来看也是一团糟。他后来指出：“但宪法并没有要求国会议员一定要具有智慧。”如果法官的作用就是废除他们不喜欢的法律，那么在“巴特勒案”中“我本来应该是站在另一方的”。在判决公布的两个星期后，斯通给老朋友胡佛
192 写信，他在信中赞扬了这位前总统批评《农业调整法》的演说。很多自由派误读了斯通的异议意见，将其视为对新政的全面支持，并因此对斯通赞誉有加，这让斯通越来越感到不安；甚至，还有人提名他作为罗斯福的新竞选伙伴。在一次晚宴上，亨利·华莱士和詹姆斯·罗斯福在交谈时将斯通当作一名新政派和自由主义者，同时也是他们当中的一员，而斯通则一言不发地坐着，感觉很不舒服。最后，斯通终于忍无可忍。他语气坚定地对这二人说道：“我是一名法官，我的职责十分清楚明了：确保宪法发挥其作用，而不是赞成或反对社会政策。”对于部分尚存的新政计划，斯通并不看好：“这些计划肯定会被取消的，只是时间早晚问题。”

说到底，斯通担心的并非最高法院对新政所采取的行动，而是它对宪法所采取的行动以及它作为一个机构所做的事情。他对自己从前在哥伦比亚法学院的同僚霍华德·李·麦克贝恩说道：“我并不怀疑我在最高法院的那些同僚的动机，但我的确质疑他们思考问题的方式。”这种思考方式假定如果一项法律是“糟糕或不明智的”，那也必然是违反宪法的。“对于好坏的判断本质上属于一种立法职能，这种判断有可能会受到当时人们的情感和偏见的影响。如果用这样的方式来解读宪法，那么在宪法中就会出现越来越多的真空区，在那里没有权力——不论是州权还是联邦权——来应对政府的问题。”

麦克贝恩回复说：“说实话，我的确怀疑你那些同僚的动机。”说

实话，斯通也怀疑——尤其是罗伯茨和休斯的动机，《时代》周刊将他们二人称为“两大变量”。斯通曾经对罗伯茨抱有很高的期望。但现在，他已经不抱任何期望了。在过去，休斯曾经意识到经济责任的存在，并且对只有政府才能够履行的职责显示出充分理解；但现在，他的立场又是怎样的呢？弗兰克福特在给斯通的信中写道：“最让我心烦意乱的就是首席大法官在整个事件中的角色。我了解那些被勒恩德·汉德称为‘恶犬’或‘死亡之营’的人物[1]。因此罗伯茨的为人并不难理解……但是……在内心深处，我拒绝假定休斯和他同样愚钝。”

斯通对此回复道：“我不知道我能不能给出一个让人满意的答案，但也许可以用从前我曾经说过的两个短语来描述，即‘目光短浅’和‘不够自信’……在我看来，除了过去的那几年，在司法表现方面，193
最高法院在历史上还从未出现过如此费解、让人无法看懂的行为模式。”他列举了一些最近做出的判决，并指出：“在某些案件中，似乎撰写判决意见的大法官和支持其意见的大法官并不在意所写的内容是什么，只要该份意见在不进行比较的情况下看起来说得过去就行。这种做法所造成的最糟糕的后果是：最难让人理解的往往是最核心的问题。”

一些人认为，为了避免再次出现五比四的投票结果这一尴尬的局面，休斯才加入到保守派的阵营中。还有一些人说，这才是他的真实想法——事实证明，他和麦克雷诺兹并无二致。不过，这些都只是猜测；斯通对此有着清晰的认识，哪怕是休斯的同僚也并不清楚他这样做的动机。当大法官们开会讨论案件时，休斯往往和保守派保持一致，他首先试图缩小判决所依赖的理由范畴；可随后，他的尝

[1] 勒恩德 · 汉德（Learned Hand，1872—1961），美国著名法官和法学家，虽未担任过最高法院大法官，但他的司法哲学被广泛引用。据传，他曾将保守派大法官萨瑟兰、巴特勒、麦克雷诺兹及范 · 德文特形容为“恶犬”及“死亡之营”。

试总是以失败告终；最后，他不得不对一份涵盖面广、对政府措施持反对立场的判决意见表示赞同。“科尔盖特案”就是这样一个例子，“巴特勒案”也是。

在“巴特勒案”中，休斯曾提议以对农业部长的过度授权为由推翻《农业调整法》，但没有得到其他大法官的支持。随后，他认为该法案侵犯了各州的保留权力。对此，保守派大法官表示赞同。可奇怪的是，会议中并没有提到休斯后来最为重视的一个观点：汉密尔顿的公共福利理念。事实上，休斯可能已经单独找过罗伯茨并敦促他采取这一立场。多年后，罗伯茨在给弗兰克福特的信中提到：“我……经常会想我何必去迎合首席大法官啊！”若这就是罗伯茨的理由，那么休斯的动机就再次让人摸不着头脑了：他是否正在引导（可能是一个毫无意识的）罗伯茨为未来支持新政法规打开方便之门？不论真相是什么，也不论休斯最后进行得如何，在斯通和其他持异见的大法官看来，他愈发像是迷失了方向——他仍然是首席大法官，但不再是最高法院的领导者了。

1 月中旬，斯通的妹妹海伦写信问道：“近来他们是怎样强迫最高法院的？何不退休好好地享受生活呢？”但斯通还没有打算退休。在最高法院待了十年之后，斯通强烈地感觉到一切才刚刚开始——他才刚刚沉浸于自己的角色之中。的确，他在最高法院可能过得并
194 不快乐；但从他写给亲友和日渐增多的崇拜者的信中可以看到，他的文字很有趣，这表明他既没有丧失幽默感，也没有失去这样一种信仰：最高法院会及时地修正自身的错误。他从前的一名助理这样劝告他：“继续干下去吧。罗伯茨也坚持不了一辈子。”

“巴特勒案”的判决并没有解决问题。如何处理财政部从加工税中收取并分配的十多亿美元以及法院扣押的数百万美元，这仍然是一个问题。1935 年，国会通过了一项关于《农业调整法》的修正案，

禁止加工者在以高价将税款转嫁至消费者的情况下提起补偿税款的诉讼。当然，这一条款很快便遭到了加工者的反对，这也意味着最高法院还未处理完有关《农业调整法》一案。1 月 13 日，仅仅在推翻该法案的一个星期后，最高法院便再次打击了政府，所有的大法官一致要求政府将扣押的两亿美元税款返还给加工者。亨利 · 华莱士将这一判决称为“美国历史上最大的一起合法偷窃行为”——这是他在接受众议院共和党人弹劾时所说的。

就在同一天，最高法院也由于技术层面的原因撤销了一项对《班克黑德法案》的宪法测试，而这一法案的目的是建立政府对棉花市场的控制。但这充其量只是暂缓行动而已。对于该法案的另一项测试案件已经出现在了最高法院的备审案件名单中；而且，罗伯茨已经一反司法常规，在其所撰写的“巴特勒案”的判决意见中指责《班克黑德法案》对农民造成的危害比《农业调整法》中的税收造成的伤害更大。

当天下午，“迷茫……且心神不宁的”卡明斯前往白宫，他在那里和总统花了两个小时来研究判决意见，谈论关于大法官的种种传闻，并试图弄清事态的发展方向。罗斯福借用弗兰克福特的说法，指出最高法院正在服用“慢性毒药”。卡明斯在日记中提到，罗斯福认为多数派大法官正在“沿着两条平行线前进，一条线将国家限制在十分狭窄的范围内，因此国家无法有效地应对经济形势”——关于这一点，罗斯福谈到了“科尔盖特案”，即佛蒙特州征税案——“与此同时，国会的权力也受到了限制”。他们两人都不相信最高法院接 195
受了汉密尔顿的观点，卡明斯对此嘲笑说：“这只是嘴上说说而已。”很明显，多数派希望由最高法院而非国会来决定何种政策将会促进美国人民的公共福利。

在新闻界，这场斗争通常被描述为总统和最高法院之间的斗争。但是很显然，政府的另一个分支也卷入了这场斗争之中——而且和罗斯福一样，国会也对保守派大法官痛恨有加：法官们撤销国会决议、反对国会特权，并且时常以傲慢的态度质疑国会所声明的政策意图。作为一种时代标志，当年全国高校辩论的题目为“国会或最高法院：谁来掌控美国？”。对国会领袖来说，这一命题无疑是一种冒犯。与此同时，他们也明白当时残酷的现实情况：在起草法律时，无论他们多么细心、多么明智，似乎都无法让最高法院的保守派大法官满意；故此，国会议员的许多工作都是徒劳无效的。

国会并不是没有制约最高法院的方法：宪法授予立法者弹劾法官、扣留资金、填塞最高法院或限制其司法管辖权的权力。然而，这些方法十分粗暴——可以说过于粗暴，一旦付诸实践必将带来严重的政治后果。因此，考虑到这一因素，国会在过去的一百五十年中没有使用过其中任何一种方法。但在 1936 年初，出于对最高法院的愤怒和对罗斯福举棋不定的失望，也出于对国家前途命运发自内心的忧虑，国会没有让眼前的僵局再持续一年或两年，而是恢复了上述这些意在抑制最高法院的方法，并且还提出了一些新的举措。

这些新提议如潮水般汹涌而来。“将最高法院的规模扩充至十五人。立即将这一提案提交至众议院。”一名报纸出版商在给邮政总长詹姆斯·法利的电报中写道，后者将该电报递交给了罗斯福。在“巴特勒案”判决宣布后的那些日子里，众议院至少提出了两项这样的提案：一项要求将最高法院扩充至十五人，另一项要求将最高法院扩充至十一人。后一项提案是由众议员欧内斯特·伦丁提出来的，他是一名来自明尼苏达州的农工党人。他说道：“新鲜血液的注入，意味着最高法院将会以更加倾向于自由主义的立场来看待宪法问题。”在参议院，来自北达科他州的共和党人林恩·弗雷泽呼吁制定一项取消司法审查权的法律，并且补充道，任何投票反对国会法案的法
196 官都应该被自动弹劾。（值得一提的是，这并非是一个新提议：1917 年，俄克拉荷马州参议员就提出，任何试图废除联邦法律的法官都违反

了“良好品行”的宪法标准，因而应该被撤职处理。）来自南达科他州的共和党人彼得 · 努尔贝克提出一项提案，要求除非七位及以上的大法官投票赞成，否则最高法院无权推翻国会法案。来自怀俄明州的约瑟夫 · 奥马霍尼则认为，最高法院若要推翻国会法案，则必须得到所有大法官的一致同意。1 月 10 日，他向罗斯福汇报说他已将该提案传达给其他民主党人，后者对此表示“热烈欢迎……为制定宪法修正案而发起的长期运动会带来时间上的延迟和其他困难，而该提案恰恰规避了这些问题”。

事实上，这三项参议院提案都标志着从制定宪法修正案向用法令来限制最高法院的转变。然而，只有弗雷泽一人承认最高法院可能会推翻任何限制其权力的法律（出于对弹劾整个最高法院的渴望，弗雷泽敢于让大法官们这样做）。鉴于此，再加上其他原因，一些参议员仍然敦促制定宪法修正案。参议员伯特 · 惠勒[1]说道：“很多人都认为，宪法是神圣不可侵犯的。但我认为，宪法的制定是为人服务的，而不是将这一关系颠倒过来。”惠勒也谈到自己从未支持《农业调整法》对农作物产量的控制，“但现在，我觉得如果我们想要帮助农民的话，那么我们也许可以通过制定宪法修正案达到这一目的。”《新共和》杂志极力建议，所有关于重大问题的法律都应采取宪法修正案的形式，除非国会甘于让权，由最高法院来掌控国家。

局势未明的阴云笼罩着国会。越来越多的议员都认为最高法院必须受到限制，但其方法仍在探索之中。海勒姆 · 约翰逊这位进步主义老兵给儿子写信道：“我认识最高法院的一些成员，现在对他们中的两位特别熟悉。这套体系……在某些方面应该做出改变，而且（司法）权力应该受到除大法官的自制以外的其他限制，毕竟，大法官也只不过是普通人而已。”制约与平衡的宪政体系，各州与联邦职责

[1] 伯特 · 惠勒即上文提及的伯顿 · 惠勒，下同。

的周密权衡——如今，许多人认为这些都是放纵的行为——而为之付出的代价则是经济的复苏和社会的稳定。正如威斯康星法学院院
197 长劳埃德 · K. 加里森所言："我们现在面对的……问题并非是如何分担政府职能，而是我们在根本上是否应该管理一切……我们国家的问题似乎已经超过了宪法的应对能力。"加里森说道，采取行动还是面临崩溃，这就是人们要做的选择，"我们应该大胆一试"。

对此观点，罗斯福没有表示反对。他一如既往地谨慎前行，但依然没有一个清晰的方向。尽管罗斯福乐观、自信、勇敢，并自认为能够"当机立断"，但他并不是一个生性冲动的人。他经常会赌一赌，但很少下大赌注。虽然他常常采取快速而果断的行动，但他几乎总是等到合适的时机才出手。现在，他还不认为是采取行动的合适时机。

不过，采取行动、有所作为的压力依然重重地压在他的肩头。这一压力来自如雷 · 克拉珀这样友好的专栏作家等人，克拉珀敦促他将宪法议题展示给人民；这一压力也来自像《华尔街日报》这样的一些不太友好的报纸，他们做出同样的敦促，因为"事实上，这将决定富兰克林 · D. 罗斯福成为一位了不起的总统还是一位前任总统的关键因素"。在政府内部，同样的想法也渐长。助理司法部长约翰·迪金森向卡明斯递交了一份备忘录，敦促罗斯福采纳"林肯在'德雷德 · 斯科特案'的问题上所采取的立场，即基于试图让最高法院转变立场的明确目的向人民发出呼吁"。在1月17日召开的内阁会议上，当卡明斯指责"司法独裁"时，当华莱士和伊克斯宣称他们已做好斗争的准备时，罗斯福看起来疲倦而憔悴，甚至有些紧张。

一个星期后，罗斯福告诉内阁成员，他收到来自全国各地的消息，得知公众开始对宪法议题产生兴趣，但这里的关键词是"开始"。在有关《农业调整法》一案的判决公布后的两个星期里所进行的民意调查显示：相当多的公众——百分之六十六——都支持在一项法案实

施前，大法官应该就该法案的合宪性问题对立法者提出建议。不过，仍有部分公众——百分之五十三——支持这一方案，即若要推翻国会法案，最高法院的投票数必须达到“超级多数”或所有大法官一致同意方可；仅有百分之四十三的公众支持制定宪法修正案以赋予联 198
邦政府管理农业和工业的权力。很明显，要实现弗兰克福特所说的对人民的“安静”教育仍然任重而道远。

伊克斯在 1 月 24 日的日记中写道：“从总统今天所说的话以及他此前在其他场合所说的话来看，显而易见，他根本不反对最高法院一再宣布新政法规违宪。我想，他认为最高法院将会发现自己颇为孤立……而当真正的问题到来时，我们就可以举行大选了。”

第 12 章　一个非常重要的项目

即使座位早已安排好了，宴会每天仍然能够收到大约七百份入 199
场请求。截止至宴会当晚，也就是 1936 年 1 月 25 日，自由联盟已经拒绝了四千名申请者的请求。大约两个星期前，总统在五月花酒店的舞厅进行了杰克逊纪念日演说；现在，该舞厅里挤满了宾客。由于人太多，不论是身着黑色天鹅绒长裙的女士，还是一身白色燕尾服的男士，抑或是穿着灰色军礼服和黑色裤子的侍者们——所有人都觉得根本无法动弹。詹姆斯 · M. 贝克当然在场，律师监察委员会的拉乌尔 · 德斯弗奈因也在。持不同政见的民主党人、“阻止罗斯福”运动中的资深人士以及最近几年出现的一些民主党变节者都坐在非常显眼的位置。但共和党人数更多，其中包括身份尊贵、为人严厉尖刻的爱丽丝 · 罗斯福 · 朗沃斯[1]。此外，出席宴会的还有银行家、律师以及各式各样的社交界人士。他们都是来听今晚的主要演说者阿尔 · 史密斯的演说并为之喝彩的，因为他们对罗斯福都颇有怨言，并且阿尔 · 史密斯向自由联盟提出了两党合作。尽管在 1928 年，这

[1] 爱丽丝 · 罗斯福 · 朗沃斯为美国前总统西奥多 · 罗斯福的长女。

里许多人都曾竭力想要打败史密斯，但此刻却无比拥护他。

这场晚宴成了这群人反对罗斯福运动的开端。和其他反对者一样，自由联盟已经充满激情地开始了大选之年的活动。总统面临的麻烦也接踵而至：有关《农业调整法》一案的判决、财政危机、民主党人脱党的威胁。在此次宴会召开前夕，阿瑟·克罗克形容罗斯福
200 正处于低谷，“比他执政以来的任何时候都处于守势”。克罗克认为，他再次当选的道路将非常艰难。一场新的盖洛普民意调查似乎也印证了这一点：罗斯福在选举人团中仅拥有微弱的领先优势。如果就新政本身进行投票的话，结果也就只有两种可能：险胜或大败。

自由联盟一直在为这次斗争做着准备。在过去的一年里，他们建立了一个足以匹敌两党全国委员会的组织。该联盟的办公室位于华盛顿的国家新闻大楼内，其工作人员包括时事评论员、经济学家、调研员、信差和现场组织者。该联盟的会员人数多达十万名，他们都是宪政的支持者和宣传者，遍布全国各地。他们越来越迫切地想多做一些事情，而不仅仅是分发宣传册（至今他们已经发出了三百五十万份宣传册）。1 月，一名自由联盟执行委员会的成员宣布，“如果共和党人表现良好”，那么他们将准备为共和党提供财务和组织上的大力支持。

尽管自由联盟声势浩大，但这一系列措施的效果仍有待考察。处于攻势一年多之后，自由联盟仍未显示出它有足够多的支持者团结起来“保护宪法”。临近 1935 年底的时候，全国性调查显示“保护宪法”这一议题位列于减少失业、远离战争、平衡预算和削减税收等议题之后。在民主党内，这一议题甚至根本未能跻身人们的考虑范围之中。这些都使人对自由联盟所声称的“宪法将如插入民主党内的楔子一般分裂他们”的说法产生怀疑。

因此，这场晚宴将是一次重大考验。如果“快乐的战士”阿尔·史密斯无法敦促其他民主党人背弃罗斯福，那么他人就更不可能做到。

当然了，阿尔·史密斯一定会竭尽其所能的。他和纽约公园委员会主席罗伯特·摩西以及其他顾问一起精心准备了这次演说，所花费的时间比这些年来的任何一次演说都要多。现在，他在听众满怀期待的欢呼中走上讲台，向四面挥手致意，俨然一名获胜的候选人正在进行一场将被人们长久铭记的亮相活动。他一开始以悲切的语气表达了背离民主党政府的沉痛之情。他坚称：“这样做并非易事，我也很难过。”但尖酸刻薄的调侃、讽刺挖苦的言论和纯粹幸灾乐祸的话语紧随其后，抨击火力十分猛烈：他指责新政使劳工和企业家对立，使国家濒临破产，使自由受到限制。他将身体前倾，凑近话筒，然
后撇了撇嘴，发出一声熟悉的冷笑，大声宣称他和“志同道合”的 201
民主党人“只能戴着伪善的面具或者离开民主党，而我们很有可能会选择后者”。

听众疯狂地叫好，掌声持久不断，大量占用了广播公司的广播时间。朱厄特·肖斯拼命敲击着木槌要求人们安静下来，因为太过用力，木槌在他手里裂了。终于，史密斯的演说来到了高潮。他说：“这个国家建立于代议制民主制的原则之上，它绝不可能与社会主义或共产主义混为一谈……这就是为什么联邦最高法院要拼尽全力推翻《农业调整法》。”然后，他提高嗓门，向空中挥舞着拳头，说道：

> 首都只能有一个：要么华盛顿，要么莫斯科。自由美国和共产俄国……只能二者选其一。国旗只能有一面：要么星条旗，要么无神论者的苏联国旗……胜利只属于一方。如果宪法获胜，那就是我们获胜了。但如果宪法——就此打住！停下。宪法是不会输的。事实上，宪法已经获得胜利，只不过胜利的消息还没有传到某些人的耳朵里。

“堪称完美的演说。”皮埃尔·S. 杜邦感叹道，他是杜邦家族的

一员，该家族的十几名成员都出席了当天的晚宴。据一名煤矿行业的律师说，史密斯是“美国普通民众最伟大的使徒”。次日，一千多份支持者的电报涌入自由联盟的总部；在接下来的一个星期里，自由联盟收到了超过九千起要求获得演说稿的请求。肖斯宣称：“人民已经觉醒了。”麦克雷诺兹大法官是在家中通过广播收听演说的，他从中感受到了新的希望。他在给弟弟的信中写道，如果史密斯“表示他会全力迎战当权派，我会更加高兴，但他的演说本身已经很有益了。想要脱离当前的困境只有一种方法——让罗斯福及其同伙垮台。要做到这一点需要进行一场真正的战斗，这是一场事关生死存亡的战斗”。

民主党人则对史密斯的背叛行为表示愤怒，并厌恶他和企业界沆瀣一气。有些人担心史密斯真的会脱离民主党，并因此而焦虑不安；
202 而另一些人并不认为如果他真的脱党而去的话，其他人也会追随他的脚步。这场演说甚至可能会成为民主党的意外机缘：来自俄克拉荷马州的参议员埃尔默·托马斯参加了那天的晚宴，他后来说，民主党人应该“雇佣史密斯四处进行那个演说”；在托马斯看来，在这次堪称近年来最多大财阀参会的聚会上，史密斯的演说足以保证罗斯福的再次当选。

不过，民主党人并不打算对史密斯的指责置若罔闻。三天后，史密斯在1928年大选中的竞选伙伴、参议院多数党领袖约瑟夫·罗宾逊发表了一篇驳斥史密斯的演说。当晚早些时候，罗斯福在年度司法晚宴上招待了首席大法官休斯和其他五位大法官，以及大约九十名其他来宾。用完餐后，总统让休斯和萨瑟兰坐到他的身边。“别被他们带坏了。”斯通对罗斯福开玩笑说。尽管距离有关《农业调整法》一案的判决公布才过去三个星期，但他们之间的怨恨似乎早已消散殆尽（或深藏不露）。休斯后来向皮尔斯·巴特勒描述道，总统看起来状态好极了，仿佛对世界上的一切都毫不在意（毋庸置疑，麦克雷诺兹留在了家里没有出席晚宴，这有助于总统保持良好的心情）。休斯不无敬佩地感叹道，鉴于罗斯福当时所面临的压力，他当晚还能够表现得如此轻松自在，实在是太了不起了。

晚上 10 点刚过，卡明斯和妻子塞西莉亚就悄悄进了白宫的一间办公室，收听罗宾逊的反驳演说。罗宾逊的讲话中流露出遏制不住的怒火。“史密斯州长，看到您与这样的人为伍，真是让人颇感惊讶啊，”他说，“看来，棕色的常礼帽（史密斯以示谦卑的个人标志）已被高顶硬礼帽所取代了。”

这样的针锋相对一直持续，并有愈演愈烈之势。在罗宾逊发表演说的第二天晚上，乔治亚州州长、保卫宪法南方委员会领袖尤金·塔尔梅奇在佐治亚州梅肯市一个有三千五百名民主党人参加的集会上发表演说。“加油干！”一名支持者在看台上大喊着；而塔尔梅奇正是这么做的，他身着绿色正装，站在一面邦联旗[1]帜下，挥舞着一张埃莉诺·罗斯福被一名黑人男子（霍华德大学的一名教员）护送上汽车的照片，并痛骂黑人、新政和卡尔·马克思。塔尔梅奇斥责罗斯福夫妇已经将执政权交给了社会主义者、共产主义者和黑人。如果再给罗斯福四年时间，他就有机会任命新的大法官来接替像休斯 203
或麦克雷诺兹这样的“坚定分子”。

两天后，总统公开对罗宾逊参议员的一项提案表示赞成：设立一个专门委员会来调查竞选活动经费以及可能违反《反腐败法》的行为。《纽约时报》报道称，“被提议建立的委员会，其调查范围以内的组织”包括“自由联盟和由尤金·塔尔梅奇州长所领导的宪法民主党人联盟”。

[1] 邦联旗（Confederate flag）：美国内战期间南方军队所使用的旗帜，在内战结束后仍出现在不同场合（包括南部的部分州议会大厦），具有极大争议：一方面被视为美国南部文化和精神的代表，另一方面也被视为种族主义和白人至上主义的象征。

在1936年的最初几个月里，华盛顿犹如在召开一场规模庞大、周而复始的制宪大会。辩论不是在富丽堂皇的大厅里举行，而是出现在俱乐部或晚间宴会上，出现在报刊专栏中或国会山的更衣室里。《时代》周刊指出，“国会的各个角落和缝隙里……都隐藏着宪法修正案的萌芽”，这些修正案种类繁多，数不胜数。立法者们提出了大量提案（共计超过一百项），旨在加强国会权力，限制最高法院权力，或是兼而有之。记者们想要知道霍默·卡明斯对此情形的反应，故而对他紧追不舍；而他则回答说，他认为这些提案不过是“例行公事”罢了。

事实上，他所做的远不止这些。在过去一年中，卡明斯、斯坦利·里德以及另外几名出色的年轻助手一直在研究宪法修正案和法令条文，包括补救措施和惩治手段。在有关《农业调整法》一案的判决公布之后，他们的工作强度变得更大了。这些年轻的律师并不是作为一个团队在工作，而是每个人单独完成自己的任务，彼此之间相互隔离，并不知晓任何宏观的计划。卡明斯只是说，他们正在为一个“非常重要的项目”工作。当然，他们明白这一项目与限制最高法院有一定的关系。但正如卡明斯后来所回忆的那样，他把“任务都分割成了不同的部分，因此没人知晓此事的全部情况”。

在这一阶段，其实卡明斯本人也无从知晓此事的全部情况。一切只是在他和罗斯福的脑海中开始逐渐成形。罗斯福和卡明斯就采取行动限制最高法院这一问题已经断断续续地谈论了三年；现在，他
204 们开始频繁地讨论可以使用的不同措施。1月14日，罗斯福问道：“‘麦卡德尔案’（*Ex parte McCardle*）是什么……？据我所知，国会从最高法院的管辖权中收回了一项法案。”不到四十八小时，卡明斯拿出了一份关于“麦卡德尔案”的三页分析报告。这件有关人身保护权的上诉案件发生在重建时期，国会先剥夺了最高法院对此案的司法管辖权，之后，最高法院便将上诉驳回。据卡明斯报告：“‘麦卡德尔案’

提供了限制联邦法院管辖权的可能性，是可供我们参考的经典案例之一。”他答应进一步研究这一想法。就在同一个星期，里德向两名司法部律师询问，国会是否有权将宪法问题从下级法院中“删除”。二者都认为这么做的可能性很小。

“项目”才刚刚开始。罗斯福及其幕僚们还有一些根本性的问题没有解决——例如他们是应该通过法令条文来解决这一问题，还是通过宪法修正案；是坐等最高法院自身转变立场，还是等待大法官退休。令人惊讶的是，罗斯福团队内部远未就这些问题达成一致。每名幕僚对于问题的源头、解决方案以及行动时间似乎都有自己独特的见解。雷克斯·特格韦尔和其他人要求立即采取行动，而菲利克斯·弗兰克福特在几乎没有任何同盟者的情况下却劝说总统要有耐心。他说：“慢慢来，这样您就可以让最高法院跟随您的步伐。”

罗斯福对此表示怀疑。他认为，最高法院除了跟随其自身预设观点的步伐之外，是不会跟随其他事情的发展步伐的。罗斯福的直觉还使得他与修正宪法的想法渐行渐远。在经过一年的考虑之后，他仍未找到一项让他满意的修正案。少数几份提案曾令他一时激动，但仔细思考之后，他却意识到它们要么不切实际，要么缺乏效率，要么轻率鲁莽。大法官们似乎掌握了所有的王牌。如果修正案授予国会广泛的新权力，那么最高法院能够把这些新权力缩减至所剩无几。历史学家查尔斯·比尔德评论道：“要制定一项比公共福利条款更加宽泛的修正案困难重重，且看单单这一条款是如何被忽略、抨击、整改和删减的吧！”如果修正案在某一限定领域（如农业领域）授予国会以权力，那么最高法院也可以限制这一权力。而且采矿业、制造业或其他经济领域的活动又该如何呢？每一领域都需要制定其
自身的修正案吗？如果真是这样的话，那么这是否会如某位作家所 205
指责的那样使宪法变成“一部放任自由的法令大全”？

禁酒令的存废经历浇灭了许多美国人对于宪法的热情，而他们

本应将这一热情灌注于法令条文之中。甚至连一些进步派人士也是这么认为的。1922 年，罗伯特 · 拉福莱特指责道：“我们不能生活在这样一个政体中：每当我们想要通过一项进步法案时，我们都不得不修正宪法。”十多年后，罗斯福也持有类似的观点。尽管如此，罗伯特 · 拉福莱特依然赞成修正宪法，可罗斯福并不看好它的前景。这也体现了新政的务实倾向。事实上，如果罗斯福认为过度刻板解读宪法这一问题可以通过增加新的准则来解决，那才叫人吃惊呢。正如罗斯福所见，这一问题是源于人类的愚蠢，而非宪法的失误。

1月 29 日下午，罗斯福告诉伊克斯，他决定通过国会法令而非修正案来实现他的目标。这显然是最终决定。罗斯福仍然喜欢另一个方案，即要求最高法院给出建议性意见而非站不住脚的反对意见，并授权国会重新立法，或干脆通过立法。但现在，他认为一项国会法案就足够了。此外，他也希望收回联邦下级法院对于宪法问题的裁决权。

伊克斯答道，最高法院肯定会推翻这样一项法案。罗斯福回答说，毋庸置疑。伊克斯在日记中写道：“为了应对这种情况，他的计划大致如下：国会将通过一项法律，而最高法院将宣布其违宪，然后总统将前往国会询问他应当听从国会的指令还是最高法院的指令。如果国会宣称应当听从国会的指令，那么总统就会通过美国联邦执法局来贯彻国会的意愿，无视最高法院的指令。”

大约在一年以前，罗斯福就已经准备挑战最高法院，当时他正在为有关黄金条款一案的不利判决深感担忧。现在，这一想法再次
206 浮现在他的脑海中，尽管其影响依旧巨大，且仍然是对美国宪法传统的极大冒犯。正如罗斯福在近期的演说中所阐明的那样，他把自己视为当代的安德鲁 · 杰克逊；而关于杰克逊的典故之一就是他曾在最高法院做出一项他厌恶的判决之后宣称：“约翰 · 马歇尔已经做出了他的判决——现在，就让他自己去执行这一判决吧！”这句话很

有可能不是杰克逊说的，而且几乎可以肯定的是，杰克逊也并不想违逆最高法院；但伊克斯对此却信以为然，并夸赞罗斯福从杰克逊的经验中“获益匪浅”。

伊克斯希望罗斯福将此问题作为第二次总统竞选活动的关键议题。他还告诉罗斯福：“迟早是要争出个结果的。若一位总统直面这一问题并极大地遏制了最高法院通过篡夺获取的权力，那么他将会作为一位伟大的总统永垂青史。”

第二天，也就是 1 月 30 日，罗斯福收到了卡明斯的来信，信中对罗斯福的想法进行了深入思考。事实证明,这是一封至关重要的信。卡明斯一开始便指出：“真正的困难不在于宪法，而在于解释宪法的法官。”他写道，修正宪法“困难无比……至今提出的修正案要么过度作为，要么无所作为，再者就是没有考虑到应当尽量避免的实际操作或政治问题。如果我们拥有能够切实感受到这些跨州存在的社会问题所具有的重大意义的自由派法官，那么困难就不会像现在这么严重了”。

这是显而易见的。自由派法官是解决一切的关键，他们将打破目前的僵局。问题在于如何在一个每个席位似乎都是固定不变的法院中为他们开辟出一席之地。正在此时，参议院司法委员会主席亨利·阿什赫斯特向罗斯福预言道：“您将是自乔治·华盛顿以来……任命大法官人数最多的总统……拿着镰刀的时间之父是站在您这边的。”但罗斯福对此不甚确定。大都会人寿保险公司对此也不甚确定，他们的保险精算师预测，所有的大法官不仅能够安然度过罗斯福第一个总统任期的剩余时光，而且也能够安然度过整个第二个总统任期，如果罗斯福能够赢得 11 月大选的话。

考虑到这一点，卡明斯敦促罗斯福对要求所有的联邦法官—— 207
或至少是最高法院的所有大法官——在七十岁退休的宪法修正案予

以“严肃的考虑”。“我们所面对的困难的核心问题可能就是终身任期制。”尽管对修正案心生疑惧，但卡明斯相信：“这样一项修正案是我能想到的最不会招致反对意见的修正案了。它不会改变我们的政府结构，也不会损害最高法院的权力。它只是确保行使最高法院权力的法官不大可能因为新观念的出现而惊恐万状。”

三年前，时为当选参议员的威廉·麦卡杜曾游说卡明斯起草一份提案，以除掉最高法院中的“老顽固”。罗斯福当时很欣赏这一想法，但最终还是放弃了。现在，麦卡杜的提议再次出现，并自称是最好的修正案。正是从这一提议出发，卡明斯开始了对解决方案的探索，一年后形成了一个最终计划：用年轻的自由派大法官来填塞最高法院。

“九个老头”。没有人确切地知道这一说法是什么时候流行起来的，但肯定要远早于现在这九个老头进入最高法院的时间。早在1867年，《纽约先驱报》谴责最高法院为“历史的遗留物，九个上层社会的骗子，好管闲事的老头，实现伟大革命的巨大障碍”。在20世纪初，《纽约时报》虚构的人物、代表小城镇智慧之源的“塞拉斯·拉雷比”（Silas Larrabee）也对同时代的大法官们持有偏见，他称法官们“早已过了‘伐木、扳手腕和玩跳背游戏’的年纪……”，并总结道：“这是一个被老年人占据的最高法院，而且……将永远如此。”

最高法院一直以来都被老年人所占据。最高法院的大法官一直以来全是或绝大多数是值得尊敬的长者。他们的年龄很容易成为人们的攻击目标——尤其是左翼批评家，例如在1932年，一名社会党[1]领袖就将最高法院视为进步的阻碍，而大法官们则是“九个献身于
208 其先辈错误的老头”。此类控诉在新政时期随处可见。政治专栏作家

[1] 社会党（Socialist Party）：创立于1901年的美国社会主义政党，其成员数曾一度超过十万人，并在国会中占有一席之地，后逐渐衰落和分裂。

皮尔森和艾伦甚至掀起了一场抨击这九个老头（事实上，并非针对所有九位大法官，而仅仅是其中五到六位保守派大法官）的运动。有关《农业调整法》一案的判决公布后不久，这两名专栏作家就宣布他们将以《九个老头》为名出一本书。“我们中的大多数人都很适合这个书名。”斯通大法官对一个朋友开玩笑说道。

年龄决定视野。至少卡明斯等人是这样认为的——尽管最近霍姆斯刚刚以九十岁高龄退休，而布兰代斯也直到 1936 年年满七十九岁时才退休。罗斯福本人更倾向于这一观点：早在 1926 年时，他就在米尔顿学院的演说中取笑过当代的“瑞普·凡·温克尔们”，说他们“并未沉睡……而是以过去的眼光来看待这个世界”。他在 1935 年底向伊克斯抱怨说，就连布兰代斯也随着年岁的增长而渐渐无法看清事物的本质了。在有关《农业调整法》一案的判决公布后，一名洛杉矶男子致信罗斯福道：“很明显，他们已经落后于时代。您只需看看查尔斯·休斯的胡须就知道这一点。”

包括罗伯特·杰克逊在内的其他人却认为，问题不在于大法官们的年龄，而在于大法官们任职的时间过长。这二者是不同的。比如说欧文·罗伯茨，他并不算年迈——1936 年初时他才六十岁——但他在新政时期开始之前就被胡佛总统任命为大法官了，而胡佛的那一套思维体系在新政开始后便遭到了废除。杰克逊后来写道：“可以说，司法体系就是上一代人对这一代人的制约……而且几乎总是失势的政权对当权者的制约。”当然了，卡多佐和斯通的长期任职并没有让新政派感到烦恼；而且和其他所有总统一样，罗斯福也希望自己任命的法官在他本人离任后仍能长期在职。这就是为什么他通常只任命六十岁以下的人担任联邦法官。不过，人们往往认为往届政府的留任者会制造麻烦。他们能够避免国家在发展方向上出现剧变，哪怕形势和人民都提出了这样的要求。

对改革者来说，终身任期制长久以来一直是关注焦点。1894 年，众议院司法委员会提出一项提案，要求将所有联邦法官的任期限制在十年以内。在接下来的几十年间，数十项类似的提案被反复提出。许多州甚至设定了法官的强制退休年龄；早在1792年，新罕布什尔州就这么做了，而亚历山大·汉密尔顿在《联邦党人文集》第七十九篇中谴责这类法律是针对“年长法官的臆想威胁”所做出的愚蠢回应。
209 因此，任期限制或年龄限制并非全新的观点，而且尽管麦卡杜可能是第一个要求罗斯福这么做的人，但他和后来的卡明斯绝不是唯一这么做的人。

在“巴特勒案”之后，这个观点开始广泛传播。3月，阿瑟·克罗克发表了一篇文章，阐述了最高法院大法官的政治偏见。他的专栏是了解白宫中“那个男人”的想法的最佳途径。他在文章中总结道：“如果对任职多年的大法官设定年龄限制的话，或许我们系统中的缺陷将会减少。上了年纪的人往往远离世俗，无视变革，墨守成规。”克罗克引用了一名“杰出”作者的话，这名作者曾考虑将年龄限制设为七十五岁，以迫使那些“任职时间过久”的法官退休。克罗克透露，这名作者就是查尔斯·伊文斯·休斯。

“很高兴你能从我‘最喜爱的作者’那里得到启示。”休斯在给克罗克的信中写道。休斯随后又急忙补充说，最为年迈的两位大法官布兰代斯和范·德文特“依然健硕”。休斯对克罗克实在过于温和了，因为那句话是引自1928年的一份讲义合集，并被与其语境完全剥离开来。讲义在一开始写道：“对一个国家而言，没有什么比一位富有经验的法官更为宝贵的财富了……”而在信中，休斯则接着写道：“与普遍看法相反的是，法院的工作往往使人永葆智慧和敏锐。”与克罗克的观点不同的是，他从不认为年岁的增长会影响法官处世判事的能力。相反，他为法官的“老弱”而担忧：有些法官的任期过长，他们已经不再身心健朗。这是一个完全不同的问题。

1936年2月，司法部开始就这一问题进行彻底的调查。他们参考了英国的案例，搜集了厚厚一摞近年来英国皇家专门调查委员会对年迈法官所做的研究结果的资料。该委员会得出这一结论："人在到了一定的年纪之后，接受能力就会开始下降。"不过，该委员会仍然将英国的最高法院排除在其所提出的七十二岁的年龄限制以外，因为它认为上诉法院的法官"不仅需要沉思默想……学识、经验和成熟的判断在司法工作中比活力和主动性更为重要"。

但威廉·霍华德·塔夫脱在《民选政府》(*Popular Government*)一书中阐述了与之相反的观点，卡明斯也注意到了这一点。塔 210
夫脱承认，一些法官在七十岁之后仍然能够胜任他们的工作。但在大多数情况下，

> 他们缺乏活力，他们的思维不再活跃，感觉不再敏锐，也没有了年轻人从事繁重工作的意愿，因此我们应该让那些能够承担最高法院繁重工作的人来担任大法官。即使我们损失了个别在七十岁以后仍然能做好法官工作的人才，但这样可以避免法官虽然在职却无法良好履职的情形出现，这是符合公众利益的。

塔夫脱敦促制定宪法修正案，将法官的退休年龄设定为七十岁。卡明斯对这一发现十分满意，并呈文报送给了罗斯福，后者将这份文件转送给了众议院和参议院司法委员会主席。亨利·阿什赫斯特看起来不为所动，他回复说，设定法官退休年龄的观点需要仔细研究，并略为敷衍地表示此次国会会期不是讨论这个问题的时候。"你愿意和我谈谈吗？"2 月底的时候，罗斯福问卡明斯。尽管国会对于此事反应冷淡，但他们二人都不打算就此放弃。

那九个老头依然能够让人大吃一惊。2 月 17 日，最高法院以八比一的投票结果——只有麦克雷诺兹一人反对——支持政府建立田

纳西河流域管理局的计划。这是一项庞大的工程，它可以为整个南部输送电力并创造经济机会。在田纳西州诺克斯维尔市，工厂和作坊中的人们在听闻这一判决后都欢呼雀跃起来，一个高中乐队甚至上街游行庆祝。人们欢庆的歌舞遍布蜿蜒的田纳西河谷。庆祝这一胜利的新政派计划在全国推行新的“小型田纳西河流域管理局”。卡明斯指出：“对政府来说这当然是非常开心的一天。”那天，他和罗斯福详谈了很久，尽管后者曾声明希望最高法院否定所有的新政内容，但这一判决结果还是令他非常满意，并有些引以为傲。“批评对他们来说还是有好处的。”罗斯福说道。斯通没有看到他的那些保守派同
211 僚有屈服于外界压力的迹象，他担心这是人们对于最高法院的“普遍印象”，因而在私下里颇为焦虑不安。

无论如何，政府都有些高兴过头了。休斯所撰写的判决意见只关注一个问题，即田纳西河流域管理局能否出售亚拉巴马州威尔逊大坝产生的电力——在一州之内仅此一个大坝，且只有这一个作用。该意见对田纳西河流域管理局项目的合宪性问题只字未提，这一项目野心勃勃，显然不止修建水坝或提供电力这么简单；同样的，该意见没有对政府权力做出明示。雷·克拉珀指出：“最高法院的这一判决意见将所关注的问题缩小至其所能达到的最小范围，而在有关《农业调整法》和《全国工业复兴法》的案件的判决意见中，最高法院将所有问题都涵盖了进去。”一位友人在给范·德文特的信中提到他对这一判决感到欣慰，因为该判决所涉及的范围“受到了严格而明确的限定”。

尽管这一判决所涉及的范围十分狭小，但该判决的确有助于缓解最高法院所面临的局势。一些批评者不再吵吵嚷嚷了。《纽约时报》指出，该判决“有助于消除一些错误的观念，比如有人认为最高法院是由九个执意要将个人意志强加于国会、并将个人偏见写入宪法的老头组成的”。不过，《民族》杂志并不认为这一观点是错误的，它向读者

提出警示："这样的事情已经不止一次了，每当我们激动地以为最高法院的立场发生了转变，可结果却总是让人失望……我们不应该为一个田纳西河流域管理局的案件判决结果就高兴得忘乎所以。"

这一观点极具先见之明。4 月，新政再次受到攻击。"琼斯诉证券交易委员会案"（*Jones v. Securities and Exchange Commission*）涉及石油产地使用费交易商 J. 爱德华 · 琼斯，他向证券交易委员会提交了一份有价证券申请上市登记表，要求发行证券。证券交易委员会怀疑他虚报事实和数据，便发出了一张传票，而就在此时，琼斯撤回了申请。在他看来，事情应该就此结束了。然而，政府却不是这么认为的，联邦地区法院也不是这么认为的，后者要求琼斯携带个人文件前往证券交易委员会。上诉法院肯定了这一判决。但现在，最高法院的六位大法官推翻了这一判决。乔治 · 萨瑟兰在其所撰写的判决意见中写道，除了琼斯本人，"撤回申请与任何人无关"。"此事中任何其他利益存在的可能性"——即公共利益——"十分模糊，212
难以确定，因此必须作为非真实利益被排除于考虑范围之外"。萨瑟兰将证券交易委员会的调查权比作英国斯图亚特王朝的统治下"星室法院[1]不可容忍的滥用职权行为"，而星室法院一向以无情地镇压异己而闻名。尽管多数派没有裁决证券交易委员会的做法违宪，但《民族》杂志评论道："裁决其违宪也许会更好。"

"从萨瑟兰所撰写的判决意见来看，他好像认为自己还是一名联邦参议员，正在做一个党派性的演说。"弗兰克福特在写给斯通的信中抱怨道。他再次为休斯赞成这种荒诞想法而感到"痛心和无法理解"。斯通回复道："这份意见是为傻瓜而写的，而且这些人无疑从中获得了安慰。但我不认为受过法律训练的明智之人会接受这种废话。"他还说："最高法院的确到了最糟糕的时候……它会在宪法没有任何

[1] 星室法院是当时英国的最高司法机构，因其星形装饰而得此称号。

明令禁止的情况下，仅以无关紧要的陈词滥调蔑视国会的明确指令，这确实是一个极为重要的问题。”

“我很高兴地宣布，”首席大法官休斯在5月会见美国法学会时面带笑容地说，“最高法院仍然运作正常。”听者皆为此欢笑鼓掌，长达两分钟之久（弗兰克福特对此说法嗤之以鼻：“高傲自大。”）。休斯对最高法院出现分歧的抱怨毫不在意，他表示，在出现巨大争议的时期希求全体一致的想法“太令人惊异了”。“从思想的最高层次——神学、哲学和科学角度——我们得出了不同的看法。”针对法律原则这个最大的难题，他说，“我们不可能突然间达到观念固定不变的境界。”

全体一致无疑是很难达成的。然而，最高法院的多数意见中却不乏“固定不变的”共识。5月18日，在“卡特诉卡特煤矿公司案”（*Carter v. Carter Coal Co.*）中，最高法院正如人们所意料的那样推翻了《格菲烟煤法》。詹姆斯·W. 卡特的辩护律师是曾经成功地为谢克特兄弟辩护的华尔街律师弗雷德里克·H. 伍德。詹姆斯·W. 卡特的公司将百分之九十七的煤矿从原产地西弗吉尼亚州输出，但却在法庭上坚称采矿是地方性活动，对其言行上的自相矛盾毫无顾忌。
213 然而，七个产煤州提交了“法庭之友”[1]摘要书，声称该法案没有侵犯他们的权益，并表示如果没有联邦对煤炭行业的价格和劳动条件进行管控的话，这个产业将无以为继。但就卡特而言，则要求将该法案全盘推翻。这个要求至少在两方面显得格外大胆。其一，该法案有关工资、工时、工人权利的条款尚未实施，可能给卡特造成的损失仍未可知。其二，国会已宣布定价条款与劳动力条款“可以分

[1] 法庭之友（amicus curiae）非诉讼中的任一方，而是出于自愿或应诉讼双方的请求，提交相关的法律文书给法庭以协助诉讼的进行。

离”，这就意味着即便卡特在前一条款上取得了胜利，可后一条款——也就是该法案的剩余部分——也仍将继续有效。

萨瑟兰再次代表多数派——但这次休斯不在其列——撰写意见，他当即否决了条款分离一说。他说，该法案的这两个部分共生共存。他由此避免了只谈论影响卡特煤矿公司的那部分法案，即定价条款。这一灵活闪躲的举动使人不由得想到了罗伯茨，因为正是罗伯茨在“内比亚案”中支持国会按照《格菲烟煤法》行使权力，即规范价格。萨瑟兰却把目光投向了该法案的劳动力条款，他认为这一条款是一种过度的、“可憎的”授权，违反了正当程序，是对各州主权的侵犯。萨瑟兰认为，煤炭生产是一种“地方性活动”，随之产生的问题也是“地方性问题”。此外，劳动条件对州际贸易也不存在任何“直接”影响，因为还有一个中间步骤：按照多数派的逻辑，如果一次罢工会导致煤炭生产陷入停滞，那么影响州际贸易的不是罢工，而是生产停滞。因此，罢工的影响算是间接的。而且，这种影响其实非常有限，就如同在某一煤矿中由某种环境因素引起了一次罢工，它对全国铁路（火车机车依靠烧煤带动）瘫痪和全国经济崩溃的影响一样微弱。

卡多佐认为这一逻辑十分荒唐。他代表他自己、布兰代斯和斯通撰写了一份慷慨激昂的异议意见。与此同时，休斯独立于两派大法官之外。和自由派大法官一样，他认为价格和劳动力条款是可分离的，而且后者是具备法律效力的，因此应该予以保留。但他也赞成保守派大法官的一部分观点，认为劳动力条款违反了宪法，因此他投票时与多数派站在了一起。至于休斯是否赞同采煤业纯属地方性活动，或者他是否和萨瑟兰一样视其对州际贸易的影响微乎其微，214
他在撰写的附加意见中只字未提。斯通在给弗兰克福特的信中写道：“也许当你读完首席大法官的附加意见之后，你能告诉我他认为应该怎样判决，以及为什么要如此判决。”布兰代斯则向弗兰克福特提供了关于休斯的另一种看法。就在判决宣布两天后，布兰代斯便说道：

“他非常不开心。他对最高法院毫无掌控力。”

斯坦利·海伊从未见过他的上司如此沮丧。

海伊是最近才被雇来为竞选活动撰写演说稿的，为罗斯福工作的时间不算长，所以当第一次见到这位在整个房间（乃至整个国家）最无忧无虑的总统先生时，他感到十分紧张。5月18日下午，海伊抵达白宫，而就在数小时前，“卡特案”的判决刚刚宣布。他发现，罗斯福看起来既疲惫又沮丧。总统的日程秘书马文·麦金太尔几次试图用俏皮话来缓解气氛，但都无济于事。但几分钟后，罗斯福就重新打起了精神。他揶揄了最高法院几句，以此发泄自己的不满，然后看起来就振奋多了。在那天下午接下来的时间里，卡明斯觉得他“心情不错”，并十分乐于接受最高法院的判决意见。卡明斯自己也感觉良好，因为他发现了“一道门缝”：萨瑟兰极力回避价格控制问题。在卡明斯看来，这意味着如果国会重提《格菲烟煤法》中价格控制部分的话，休斯和罗伯茨随后都有可能站在自由派一边，对这一部分予以支持。

当罗斯福和卡明斯正在吃午餐时，一名幕僚交给他们一份斯坦利·海伊刚刚写好的备忘录，两人便暂停午餐读了起来。最高法院的判决让海伊倍感沮丧，他认为新政已经被最高法院严重摧毁了，因此在竞选活动的过程中，罗斯福应该谈谈他打算就此做些什么。罗斯福问道:“霍默,你怎么看？”卡明斯不认同海伊观点的基本前提。1月，在有关《农业调整法》一案的判决公布之后，卡明斯曾经气愤地冲进内阁会议室，但现在的他乐观多了。他平静地说，他们唯一真正的损失就是《全国工业复兴法》。《农业调整法》正在通过其他方式重新制定;《格菲烟煤法》也可以采取这样的途径；田纳西河流域管理局和证券交易委员会至少目前安然无恙；黄金条款案也是政府
215 获胜；此外，卡明斯补充道，政府的开支权也基本无损。

卡明斯继续说道，即使海伊对于新政处境的看法是正确的，也没有任何“政治理由”在大选之年打开司法改革的潘多拉魔盒。经济正在好转，反对派已经式微，而且 11 月败选的可能性微乎其微，除非总统一时失策。“没有足够有说服力的理由，我是不会改变对敌策略的。”卡明斯坚定地说道。

《芝加哥每日论坛报》声称：“总统会回避最高法院这一问题，因为这会威胁到大选。”就这一点而言，总统和这家报纸达成了罕见的共识。一名公民在给罗斯福的信中写道，“在大选结束之前”避开这一问题是明智的，“以防让‘宪法叫嚣者’抓住任何把柄”。甚至就连伊克斯——在罗斯福身边的人中，他一直以来最为支持在选举年与最高法院开战——现在都冷静了下来。到了 5 月底，他终于意识到，要为这样一次进攻打好基础可能需要花上几年时间。与卡明斯不同，他并不看好此次大选。在与为民主党进行民意调查的埃米尔 · 胡尔尧会面过后，他愈发感觉到形势严峻。但他确实和弗兰克福特一样，认为“此次竞选活动应该回避宪法问题”。

回避这一问题还有一个绝佳的理由：没有这一问题的话，罗斯福表现得非常好。春天是他重拾政治生涯好运的开端。1 月，他的支持率开始回升，当时正值最高法院扼杀了《农业调整法》。正如胡尔尧告诉一名记者的那样，直到最高法院在推翻《全国工业复兴法》和《农业调整法》之后，罗斯福的支持率才得以上升；在胡尔尧看来，这些一度被罗斯福视为“最高成就”的法案正是“1935 年使他受挫的元凶”。阿瑟 · 克罗克发现，颇耐人寻味的是，不同于 1935 年，罗斯福在 1936 年似乎接受了最高法院的裁决，并与之合作，而且即便在受到最高法院阻挠的情况下也依然有所建树。他不愿被激怒，从而又说出“马拉车”这样的话来，这在克罗克看来是“对有机法律的克制顺从”。这让罗斯福的支持率得以上升，也让他对秋天的大选抱有很高的期望。而他对平衡预算的承诺也是出于同样的原因。克罗克说："这段时间是他的春天。"

216 随着夏天的到来，这一做法也使得"宪法叫嚣者"最终搬起石头砸了自己的脚。共和党人将冬天积存的元气都耗在了旧的党内斗争中，现在为了提名党内的总统候选人，共和党人已经精疲力竭了。而自由联盟在哪里呢？当初阿尔·史密斯在晚宴上的演说声势浩大地拉开了该联盟在大选年活动的帷幕，但现在看来，那场演说无异于他们的谢幕演出。许多时政评论员将罗斯福的东山再起追溯至1月的那个晚上，当时"快乐的战士"和工业巨头们正喜不自胜，激情相拥，弄得天下皆知。

到春末的时候，自由联盟已经遭到重创，奄奄一息——对其予以打击的主要是来自亚拉巴马州的雨果·布莱克。这位不讲情面的参议员游说调查委员会主席，试图让主席去详尽调查在他看来"表面上打着高尚的名号……堂皇的理由"和无党派的承诺、实际上却干着"阴险罪恶的勾当"的组织；这一调查进行得轰轰烈烈，震动了新闻界、公民自由的倡导者以及美国自由联盟的执行委员会。3月，朱厄特·肖斯大言不惭地吹嘘，自由联盟愿意为布莱克提供他想要获得的任何信息，因为该联盟"没有任何见不得人的秘密"。很快，肖斯便为此懊悔不已。调查委员会传唤了自由联盟的领导人，调查了他们所有的电报、支票本、财务状况表等一切东西。由此，布莱克得以发现：农民独立委员会——一个试图鼓动农民反对新政的组织——其实是由自由联盟金主赞助的外围组织。"你知道朱厄特·肖斯先生是否在农业方面投入了大量时间？"布莱克在一场公开听证会上问道。"和我差不多吧。"证人回答道，他是自由联盟的一名在职宣传人员。

调查委员会对自由联盟及其隶属机构的曝光越多，这个组织越显得荒唐和令人气愤。布莱克曝光了爱国组织"共和国哨兵"的通信，信中声称美国正面临着"犹太威胁"，而其领导人则期盼着"希特勒"

的到来。调查还显示，“共和国哨兵”的赞助人包括通用汽车公司的阿尔弗雷德·P. 斯隆、太阳石油公司的J. 霍华德·皮尤、《农业调整法》一案中的代理律师乔治·沃顿·佩珀，以及伊雷内·杜邦——他们同时也是自由联盟、保卫宪法南部委员会以及一个得克萨斯小团体的赞助人。得克萨斯州的那个小团体曾将经费花在复制和分发照片 217
上，其中一张便是尤金·塔尔梅奇在某次集会上挥舞的、印着埃莉诺·罗斯福“参加一场黑人会议并由黑人在两侧护送上车”的照片。（这是《纽约时报》的说明文字，而得州人的原话可没那么文雅。）

肖斯渐渐成了公众嘲讽的对象，但他仍声称那些都是敌人所使的“花招”和“恐吓手段”。他原本指望在这一年利用自由联盟的资金和声势打败罗斯福，却没料到只能忙于自保，因为自由联盟违反了“无党派”的税务法规，很有可能要受到法律的制裁。4 月，自由联盟再次受到重创。在“琼斯诉证券交易委员会案”的判决公布后不到一个星期，自由联盟在宪法领域的权威詹姆斯·M. 贝克猝死于冠状动脉血栓症。尽管自由联盟从最高法院那里获得了全力支持，但这一年对这些自封的宪法保卫者来说依然举步维艰；眼看他们陷入窘境，总统那边则日渐满意。当一名记者告诉詹姆斯·法利有关自由联盟的最新活动时，法利笑着说道：“他们做得越多，我们越开心。”

第 13 章　无主之地

1935 年秋至 1936 年初夏的开庭期，最高法院陷入一场自其成立以来罕见且持续的争论之中，其保守的司法理念潜藏着巨大的社会风险，引起了各界的高度关注以及公众的强烈不满。经过最后一次短期争论，这次事件最终告一段落。 218

1936 年 5 月 25 日，最高法院以五票赞成、四票反对的结果判决《市政破产法》侵犯州权，并宣布废除这一法律。此判决为破产法案的最终版制定拉开了序幕。在州政府和绝大多数债务人同意的情况下，国会允许私营企业向联邦法院申请减少债务。而《市政破产法》将此权利同样授予了市、县和其他地方单位。本案的原告不是一个州，而是一个“水资源特别区”。即便这样，撰写多数意见的麦克雷诺兹仍表示该法律干涉了州政府的权利。他认为，州权必然包含着市、县和水区等每一个大大小小自治行政体的权利。但斯通对此案的判决却嗤之以鼻，他在给弗兰克福特的信中写道，此项判决是“最高法院的一个污点，但万幸的是本届开庭期已临近尾声”。

州政府究竟需要做到何种程度才能保护工人免受剥削？ 1936 年 6 月 1 日，即这届开庭期的最后一天，最高法院就这一问题再次展开讨论。早在1934年审理明尼苏达州不动产抵押贷款案和纽约州牛奶案时，为了公众利益，最高法院便授予各州更多调节经济活动的自由。
219 但在这之后又发生了许多事情，即使这两起案件的判决令人印象深刻，也无法预示最高法院的下一步行动。两年后，多数派大法官对州权的关注似乎从判决先例转移到了州政府尝试行使的具体权利上。

在最高法院正在处理的案件“莫尔黑德诉蒂帕尔多案”（*Morehead v. Tipaldo*）中，纽约州坚持为女性提供最低工资保障。因为在1933年时，纽约市三分之一的工作女性获得的薪资低于、甚至远低于市政官员所估算的能够维持生存的薪水。这些女性被迫在食物和租房之间做出选择（事实上她们并没有选择的余地），许多女性住在地铁站里。“洗衣女孩”更是受到极其残忍的剥削，她们忍受着残酷的工作、恶劣的工作环境，却拿着微薄的工资。即使在最低工资法实施以后，她们的工资仍少得可怜。约瑟夫·蒂帕尔多是布鲁克林区斯堡莱特洗衣房的经理，他是众多违反最低工资法并伪造工资单的商人之一，也因此被捕入狱。然而此案的利害关系远超出个人自由的范围。蒂帕尔多被保释出狱后，他的律师又帮助他回到监狱。这样，律师就能够以最低工资法违宪为由提起诉讼，要求释放其当事人。

纽约州为这场战斗做好了准备。最低工资法由菲利克斯·弗兰克福特和本·科恩精心起草，旨在推翻1923年最高法院为“阿德金斯诉儿童医院案”（*Adkins v. Children' s Hospital*）所做的判决。在该判决中，最高法院以五比四的投票结果判决华盛顿特区最低工资法违反契约自由原则，即此案中二十一岁的电梯操作员和她的老板，双方具有对坐谈判的自由。用萨瑟兰的话来说，两人可以行使“平等的权利……为自己争取最好的条件”。萨瑟兰如此极端的立场甚至使得首席大法官塔夫脱都不得不表示强烈的反对。不过，弗兰克福特和科恩还是在多数意见的字里行间找到了斡旋的余地。他们尽最大的努力来回应萨瑟兰提出的反对。然而，对于一些支持最低工资法的人来说，他们二人所采取的新方法却带着些许绥靖的意味。弗兰克福特对杰出的女性改革家莫莉·道森恳切地说道："我知道这对您来说微不足道……我相信，您作为一名务实的女性，一定愿意直面偏见，我们不妨将其称为最高法院的……偏见。"

"蒂帕尔多案"是一起测试案件。纽约州认为其最低工资法不同于华盛顿特区法案，因此无须遵循"阿德金斯案"的判决先例。同时，220
纽约州还呼吁对"阿德金斯案"进行"复议"——这其实是要求大法官推翻该判决的一种礼貌说法。布兰代斯、卡多佐和斯通同意"复议"。可休斯却表示反对；他已准备好提出异议意见，但仅仅是基于狭义的理由。相较于其他大法官，休斯在处理细微差别方面拥有更丰富的经验，他更倾向于以巧妙细微、难以察觉的方式避开棘手的判决先例，而不是将其推翻。休斯支持纽约州最低工资法，赞同将其"区别对待"，并抨击将契约自由原则作为绝对标准。虽然"阿德金斯案"的判决结果不得人心，但他仍希望维持原判。其他五位大法官的立场就简单多了：他们认为，这两项法律在本质上是基于同一个前提制定的，因此其命运也应该完全一致。皮尔斯·巴特勒大法官表现出少有的克制，他所撰写的意见初稿仅围绕这一点论述；此外，他还将这份意见初稿提供给其他大法官传阅和评论。

斯通认为，休斯在处理这两起案件时畏手畏脚，过分拘泥于"两项法律之间的细微差别"，这令他倍感沮丧和失望，因此他撰写了自己的异议意见来抨击"阿德金斯案"的判决。然而，此举激怒了持多数意见的大法官们，并招致他们针锋相对的回击。巴特勒在他的下一稿意见书中不仅再次肯定了"阿德金斯案"的判决，而且以"违背"正当法律程序为由，简单、粗暴地禁止各州制定实施最低工资法，任何尝试制定最低工资法的行为均违反了正当法律程序。但以上仅是巴特勒大法官的附带意见，只是针对本案中的问题；严格来说，它并不具备法律约束力。不难想象，有这五位大法官坐镇的最高法院不可能通过任何一项最低工资法。

这届开庭期即将结束，双方之争也进入了白热化阶段。过去几个月的激烈讨论已经超越了休斯和巴特勒在意见初稿中的那些谨慎又狭义的解释，双方都在寻求释放愤怒的发泄口。尽管休斯仍然坚守中庸之道，但这不过是一种幻想，其实现的可能性微乎其微。意见相左的双方立场的变动幅度相当大，且彼此间的立场也有重合之处。现在，斯通开始公开质疑同僚们的动机了。他怒斥道："此前，为了公众利益，最高法院曾判决一些立法机构可以适当限制公民的个人自由。现在，除了我们这九位大法官的个人经济偏好之外，很难想象还有其他理由认为不适合在立法层面上讨论雇佣合同了。"他认为，
221 宪法第十四条修正案中的正当程序条款"已不再包含宪法中那些我们偏好的经济信条，和以自由之名通过的、我们信仰的神学体系"。

终于，最高法院的这届开庭期结束了。目前的情形使雷·克拉珀想起莎士比亚悲剧的最后一幕中遍布尸体的舞台。斯通认为，这届开庭期"在许多方面都称得上是历史上最具灾难性的一届"。他在给姐姐的信中写道："最高法院充满了狭隘和蒙昧的观点。我认为睿智的人们都不会喜欢新政的实施方式，但这也不应该使我们忘记美国政府所拥有的权力，这些权力都是制宪者们赋予政府的。"他说道，最高法院禁止各级政府保护受剥削的工人，"这是把山姆大叔捆绑起来并系上了死结"。

从热油案判决宣布到"蒂帕尔多案"判决宣布的十七个月里，多数派大法官不仅摧毁了新政的中心支柱，而且限制了上至总统和国会、下至全国各州的权力。"蒂帕尔多案"判决被罗斯福称为"破坏运动的最顶点"。一些判决基于常见的理由，比如实质性正当程序和贸易条款，另一些判决则基于授权原则、特权和豁免权条款、税收和支出权，以及总统的免职权。在这一时期，新政值得一提的胜利只有获得最高法院勉强认可的黄金条款政策和《田纳西河流域管

理局法案》。

一年多以后，罗斯福在其《总统公文》（*Public Papers*）的前言中写道："历史……会将 1935 年和 1936 年的这些日子（总计十七个月）称为最高法院颁布'废除法令'的时期……三权分立的政府制度分崩离析，三个相互独立但在理论上相互合作的分支关系彻底破裂。"虽然这个描述有夸大的成分，但包括罗斯福在内的很多人都是这样认为的。

哈罗德·伊克斯在日记中怒斥道："这些因循守旧的老古董！又是神圣的契约自由权利——即未成年儿童或无助的女性与大公司谈判的权利！如果此案的判决仍不能够激起民愤，那就没有任何事情 222
能够触碰到这个国家的道德底线了。"

最高法院这一次遭到了广泛的批评和指责。即使其最忠实的拥护者也觉得必须要谴责这项判决。《纽约人新闻报》（即《奥尔巴尼纽约人报》）斥责道："若洗衣工场老板虐待他的马，老板应该依法被捕入狱。若老板剥削洗衣女工，他同样也应该依法被捕入狱。"《华盛顿邮报》认为，"很容易便能得出这一结论：最高法院已竭尽其所能"来控制各州。悲叹、困惑和愤怒的情绪在新闻界弥漫开来：三百四十四篇社论中只有十篇支持"蒂帕尔多案"的判决。几十家保守派报纸向前更进了一步（或几步），表明如果各州没有权力改善血汗工厂的工作环境的话，那么就不得不修正联邦宪法了。

最终，此案的判决引发了全国上下的强烈不满。多年以前，罗斯福政府就期待公众能够共同反对最高法院对新政的阻挠，这一期待终于在今天成为现实。当最高法院宣布《全国工业复兴法》《农业调整法》和《格菲烟煤法》违宪时，当最高法院在其他案件的判决中一点点地削弱各州的权力时，公众也曾大声抗议，但却从未有过如此的规模。最低工资法是过去几十年间激烈争论的焦点，之所以现在能够引起如此强烈的反响，部分原因是因为在这段时期内逐渐积累了广泛的群众基础。新政虽然不乏大肆的宣传和卓著的成效，但都不具备最低工资法的这一优势。美国超过三分之一的州已经正式颁布最低工资法；而在一些州里，该法案已经有了几十年的历史。最低工资法的宗旨是保障人们的基本生存需求。虽然这项法律确实带有一些家长主义的做派，但这也是智囊团的智慧结晶，早已深深扎根于美国人民的心中，即便是自由联盟都不会去谴责这项法律。

“蒂帕尔多案”所引发的争议已不再局限于新政的层面。整个国家现在面临的问题是：各级政府是否有权力消除现代生活中最严重的不平等。该问题已经无法再被有病的鸡肉、“俄国化”或独裁总统罗斯福等争论所掩盖，也无法再被错综复杂的贸易“流通”和晦涩难懂的法律术语所隐藏。对大多数美国人来说，“契约自由”只是一个抽象的概念；而“挨饿自由”，正如《新共和》杂志所言，对许多人来说却是切实存在的现实。

一名生活在纽约布鲁克林的男士在发给罗斯福的电报中写道：
223 “请增加最高法院里五十多岁的大法官的数量。”公众对于限制、惩罚或重组最高法院的呼声达到了前所未有的高度。6月2日，斯坦利·海伊建议罗斯福抓住这个机会，“与此前任何一起案件的判决相比”，“蒂帕尔多案”的判决都“更加能够促使人们赞同制定宪法修正案”。他附上了当天早上的《华盛顿邮报》：著名的保守派作家小弗兰克林·瓦特曼在专栏中声称该判决是罗斯福在数月里所收获的“最有利的政治突破之一”，并指出最高法院创造出了一块州政府或联邦政府均无权管辖的空白区域。为了方便罗斯福阅读，斯坦利将这篇文章做了标记，并在页边的空白处写下了几个字：模糊地带。

那天下午4点10分，在罗斯福总统任期内的第三百场记者招待会上，相比于瓦特曼或其他任何人，罗斯福似乎并不是十分在意这个判决。当记者再次问到新政要如何做到与最高法院近期的判决保持一致时，罗斯福笑了笑，并将这个问题改为："您对最高法院的这个判决有什么评论吗？"他停顿片刻，吸了一口烟，然后继续回答自己的问题——答案是否定的，他对该判决没有任何评论。不过，他却敦促美国人读读此案"所有三份"意见，即巴特勒、休斯和斯通所撰写的意见，因为这三位大法官为"政府无法介入的'无主之地'"划定了边界。

"您打算如何应对这个局面？"一名记者问道。

"我要说的就是这么多了。"罗斯福回复道。记者们大笑起来，他们知道关于此事他还有很多话要说，但现在或说 11 月以前，他们都不会得到任何回复，尤其是从罗斯福的口中。

"当下的这个议题，"《民族》杂志指出，"塞满了最致命的炸药。"从历史上看，在大选年抨击最高法院也并非明智之举。1896 年，民主党总统候选人威廉·詹宁斯·布赖恩因抨击最高法院而导致得票数急剧下跌。1912 年，前总统西奥多·罗斯福为夺回白宫，领导了一个反对派的第三党竞选活动。正是因为发声支持罢免大法官和推翻判决，他付出了高昂的代价。纵观近些年，1924 年进步党总统候选人罗伯特·拉福莱特提议赋予国会推翻最高法院判决的权力，也招致两个主流政党对他发动攻击。尤其是共和党人，他们利用此事来抹黑整个进步党的计划。共和党指派两位主要的宪法权威——时 224
任国务卿查尔斯·伊文斯·休斯和时任司法部长哈伦·菲斯克·斯通——来攻击拉福莱特的主张，将其形容为自由的终结。休斯在一次集会上用低沉而响亮的声音说道："若第三党的主张被采纳，那么你们所拥有的一切，你们的人身安全和生活保障，都将完全受制于国会。而他们将这称作进步！"

来自蒙大拿州的民主党参议员伯特·惠勒曾是拉福莱特的竞选伙伴。1936 年，他派人给罗斯福带话，让后者不惜一切代价避开与最高法院相关的任何议题，以防历史的重演。而罗斯福无需他人的建议，他已经做出了决定。然而，“蒂帕尔多案”却让罗斯福无法回避这个“头号政治问题”（雷 · 克拉珀等时政评论员语）。劳工领袖、民主党政客和普通公民都在敦促总统提出计划。因为如果他不这样做的话，那么他的对手可能就会拿出一套方案来。

如果放在上个星期来看的话，这样的想法可能会让人发笑。可现在，6 月 2 日，来自纽约州的共和党人汉密尔顿 · 菲什在联邦众议院力劝共和党人支持制定宪法修正案。他说，如果共和党不先声夺人的话，那么他们将在 11 月的大选中损失一百万张选票。共和党人在内战期间解放了三百万名奴隶；现在，共和党人必须“解放三百万名女工和童工”。菲什的这番话获得了共和党同僚们的掌声，他也承诺将把这个议题带到一个星期后在克利夫兰举行的共和党全国代表大会上去。其他人也有同样的想法。在前往共和党全国代表大会的路途上，赫伯特 · 胡佛表示支持制定宪法修正案。他说：“我们应该采取一些措施，把各州认为它们已经拥有的权力还给它们。”他补充道，在他的家乡加利福尼亚州，最低工资法“带来了许多好处”。

“不要让共和党人先发制人。”罗斯福的一名支持者在发给他的电报中写道。然而，就目前来说，罗斯福似乎并不打算采取任何行动。

共和党人陷入了一片恐慌。阿瑟 · 克罗克指出，最高法院的多数派“如同问题儿童一般叫人头疼，因他们的判决所引起的宪法修正案议题被带到了在克利夫兰举行的共和党全国代表大会上”。“蒂帕尔多案”使共和党党纲内的两个政策要点出现了分歧：一个是对于
225 最高法院的支持，一个是对于州权的日益强烈的支持。这个曾经诞生过林肯和西奥多 · 罗斯福的政党一直以来倾向于坚定地维护联邦权力，但在最近，他们却像南部的民主党人一样高举州权大旗。《哈泼斯杂志》的记者乔治 · 索尔问道：“为什么共和党的立场会发生如此巨大的转变？为什么共和党人现在的主张和民主党人的如出一

辙？”这其中的原因，当然不是共和党突然关心起纽约州等州在进行社会政策试验方面的权利。相反，这源于共和党人对工业巨头和金融大亨的认同，后者看待州权主义的出发点，和奴隶制盛行时代的南部民主党人以及种族隔离政策支持者极为相似：两者都将州权视作防止联邦政府约束其自身权力的一种手段。1936 年，宪法议题方面的著名时政评论员欧文 · 布兰特说道：“州权主义……是大企业和工业巨富对抗政府管控的一种防御机制。单打独斗的四十八个州无力应对这些富可敌国的企业和资本家。若（这些企业）脱离联邦管控，那么就没有任何机构能够监管它们了。”

但“蒂帕尔多案”揭示出共和党对州权的支持是有限度的。相比限制纽约州自治自由的最高法院，共和党保守派对党内的温和派和进步派更加愤愤不平，因为后者公开反对最高法院的判决。《恩波里亚报》颇具影响力的编辑威廉 · 艾伦 · 怀特极力主张：“共和党决不能让民主党在人类自由的新战场上打响第一枪。”怀特同时也是堪萨斯州州长阿尔弗雷德 · M. 兰登的密友，后者很有可能成为共和党的总统候选人。很快，兰登位于堪萨斯州托皮卡市的总部发表声明，否认怀特是在为州长发声，随后又迅速让怀特加入了决议委员会，负责党纲的起草工作。这可不是一件小事。一名记者指出，随着总统候选人的提名接近尾声，党纲成为“克利夫兰的首要问题”。

在共和党全国代表大会的会议大厅里，三个人用《哦！苏珊娜》（*Oh! Susanna*）的曲调自信地唱着：“兰登，哦！兰登 / 和我们亲爱的古老的宪法 / 带领我们走向胜利 / 这对我而言就已足矣。”但对兰登而言，这真的“足矣”了吗？最近，他宣称自己是一个“宪法自由主义者”。此话并不是表明他与布兰代斯、卡多佐和斯通的司法观念接近，而是将他自己与椭圆形办公室里的那个违宪自由主义 226
者进行对比。不过，保守派认为兰登在阻止罗斯福改革这件事上不够坚决，因此他的这一自我称谓并未让保守派对他产生好感。的确，兰登的立场处于道路的正中间，中和了激进的新政主义和保守的正统观念。他支持新政的目标，同时尽可能地把实现这些目标的责任留给各州。

但“蒂帕尔多案”使他的立场在宪法和政治上不再站得住脚。兰登陷入了“无主之地”，急需找到一条出路。哈伦·菲斯克·斯通让密使给兰登传话，劝告他要耐住性子。斯通说，最高法院的大法官们也只是普通人，而罗斯福总统的行为惹怒了其中一些人。但他相信，大法官们的怒气最终将逐渐消散。只要耐心等待，最高法院一定会纠正自己的错误。然而，兰登并不愿意等待。汉密尔顿·菲什的预言如同阴影一般笼罩着共和党全国代表大会：如果菲什是正确的话，那么耐住性子的代价将会是一百万张选票的流失，共和党在接下来的四年里仍将继续被排除在白宫之外。故此，正如怀特所敦促的那样，兰登决定“打响第一枪”。

当与会代表聚集一堂准备会商之际，右翼报纸恳请他们三思而后行。“请不要仓促修改宪法！”《波士顿先驱报》呼吁道，并告诫共和党人不要放弃他们“合法正当、具有号召力和感染力的口号——维护宪法”。《纽约时报》也提醒他们不要“急于向鲁莽的改革者投降”。当决议委员会开始制定党纲时，一些被兰登称为“宁死不屈者”的保守派人士利用一条又一条的纲领逼迫委员会做出让步。尽管兰登提出了抗议，但最低工资修正案的纲领依然遭到了否决。就在接受共和党总统候选人提名前夕，兰登正焦躁不安地坐在托皮卡市的办公室里盘算着提交自己的少数派报告，并筹划着党内论战的事宜；而在另一边，保守派们似乎正在逐渐夺回控制权。

在如此混乱的争论中，罗斯福倒是怡然自得。当共和党人在克利夫兰激烈争论之时，罗斯福在午夜刚过的数分钟后启程，开始了将近六千五百公里的美国西南部环行之旅。6 月 10 日早上，罗斯福
227 抵达阿肯色州的温泉城；随后，他坐在轮椅上，由工作人员从火车月

台护送到一辆警用防爆车上。这辆警用防爆车被涂上了苹果花[1]特有的粉红色，这是为了纪念阿肯色州建州一百周年，而罗斯福来到此地正是为了参加纪念庆典。当地阴雨连绵，天气闷热，罗斯福首先来到温泉城的浴屋，然后又参加了一个老派的野营集会，该集会上有很多打扮成拓荒者、士兵和印第安人的当地居民。最后，罗斯福乘坐火车到达小石城。当晚，在一个尚未竣工的体育场里，五六万名听众坐在临时看台上聆听他的演说。罗斯福的幕僚称这场演说“具有历史意义”，且与政治完全无关。

超过十米高的讲台背景上画着英勇的阿肯色州人，而罗斯福正站在这个背景下开始了他的演说。他首先提到了“路易斯安那购地案”[2]，正是这次购地使得阿肯色州和其他几个州加入了联邦。他说，在未获得所有法律人士完全一致同意的情况下，托马斯·杰斐逊总统毅然地和法国达成这一交易，展现了“他为了美国利益而采取行动的勇气和决心”。面对那些警告说宪法没有明确授权他购买新领土的人们，“杰斐逊回复道：‘联邦政府若要永远地存续下去，就不能少了作为主权国家的某些固有属性。’”。所以杰斐逊总统勇往直前，而且，“没有人将此案提交到最高法院”。听众此前一直在全神贯注、十分安静地聆听，讲到此处时，他们才大笑起来，并热烈地鼓掌。

接着，他自问自答道：为什么要在阿肯色州建立州政府？因为城镇或县级政府能力有限，无法解决所有问题。出于同样的原因，人们也需要一个强大的全国性政府来应对 20 世纪出现的问题，例如过低的工资和过长的工时；这些问题“现在愈演愈烈，在全国各地均有显现”。罗斯福继续说道，在加强各级政府的自治方面，宪法是“有史以来最伟大的发明”。他还宣称：“在宪法涵盖的广阔目标之下，我

[1] 苹果花（apple blossom）是阿肯色州的州花。

[2] 路易斯安那购地案（Louisiana Purchase）发生于 1803 年，由美国以大约每英亩三美分的价格向法国购得了超过五亿英亩的土地（约占今日美国国土的百分之二十二）。

们团结一心，继续前行。和绝大多数美国人一样，我们相信制定宪法的意义在于满足和适应我们这代人所面对的、令人惊叹的物质、经济和社会需求。”

就在同一时间，共和党的代表们正在就党纲进行投票，这一党纲声称可以“在目前的宪法之下”提高工资、减少工时。共和党内
228 的极端保守派战胜了兰登一派，赢得了这场公开辩论，并希望通过这种方式与罗斯福形成鲜明的对比。但他们并没能如愿。罗斯福略施巧计便化解了这一局面：他宣称自己真心实意地推崇建国之父们的智慧。于是，兰登成为唯一一位主张可能需要对宪法做出修正的总统候选人。顿时，共和党全国代表大会的会场陷入一片骚乱。《纽约时报》惊呼，这一结果“完全出乎意料”，该报次日的头条标题是“党纲袭击”，保守派共和党人在指责罗斯福盗用了他们最强有力的武器。

那天晚上，赫伯特·胡佛伴着台下雷鸣般的掌声走上讲台。他向那些认为——哪怕只是短暂地认为——两党有任何共同之处的人们做出了澄清。胡佛说，“美国人民应该感谢全能的上帝赐予我们宪法和最高法院”，因为只有这两者能够阻止罗斯福实行法西斯主义。胡佛指责道，如果罗斯福能够任命大法官的话，那么美国将会失去自由，并陷入暴力和压迫之中。因为情绪激动，胡佛说话时双手抽动、膝盖颤抖。“你们下定决心为自由而战了吗……？”这位前总统如此问道。而代表们则放声高呼回应：“为自由而战！”会议大厅外响起阵阵雷鸣，这为胡佛的演说增加了不少的气势。他高声说道：“美国是最早将人类自由写进宪法的国家，但这部神圣的法律却遭到了蔑视。现在，共和党面临的严峻任务是再次确立起宪法至高无上的地位。难道，还有比这更重要的事吗？”

听到这里，代表们站到了椅子上，他们高声尖叫、大声欢呼、有节奏地喊着口号，许多人还激动得泪流满面。共和党党纲的字里行间也呈现出胡佛所说的“为自由而战”的精神。在决议委员会中

保守派成员的努力下，这部党纲读起来就像革命宣言一样，不禁让人想起戒严时期地下反抗组织借着黑夜的掩护在路标、墙壁和围栏上张贴传单的感觉。党纲的第一句话便是："美国危在旦夕。"接着，党纲描绘了一幅恐怖的画面：一个中央集权的"专制"政权藐视宪法，夺取一切权力，发动阶级斗争，扼杀自由企业，并差遣"成群的检查员"骚扰和恐吓公众。这部党纲在形式和内容上均大量借鉴了自由联盟近期制作的一本小册子。

与此同时，兰登的团队也在许多关键问题上成功守住了阵地。229
在猛烈抨击新政、动员大家准备战斗的同时，党纲也默默接受了失业救济、劳动者权益保护、联邦监管证券和公用事业以及其他新政政策。这些政策很可能会继续实行。为了避免任何不确定性，兰登于 6 月 11 日向大会发送了一份电报，按照自己的意愿对党纲的一些条目做了明确解释。虽然党纲中并未提及修正宪法，但兰登承诺，若其他州的最低工资法遭遇到和纽约州最低工资法同样的命运，那么共和党一定会努力促成宪法修正案的制定。当兰登的幕僚长站在话筒前大声朗读这封电报时，代表们情绪低落，默默地听着。用一家报纸的话来说，共和党党纲已经被"兰登化"了；但是，共和党本身似乎还未被兰登同化。

共和党全国代表大会召开期间，本杰明·卡多佐在给斯通的信中写道："最高法院对最低工资法的判决引起了公众的强烈不满，对此我们需要抱有超乎常人的心态，保持镇定并坚定立场。多数派大法官谴责最低工资法是对自由的恣意攻击，而两党却均认为这项法案是如此必要和有益，甚至到了没有它我们就寸步难行的地步。这可能吗？绝对不可能！"

卡多佐不是唯一一位在公众的狂怒下为自己辩解的大法官。刚刚结束的这届开庭期使持有异议意见的三位大法官变得更加亲密，他们在整个夏天互通信件，相互支持。在位于科德角查塔姆的避暑别墅中，布兰代斯给斯通写信道：“你针对最低工资案判决（所撰写的异议意见）得到了公众的认可，你一定很高兴。而敌人的惊慌失措真是鼓舞人心。”斯通也认为整件事情“很有趣”，而且还有些振奋人心。他在给布兰代斯的回信中写道：“看来很多人已经逐渐明白，那些所谓自由主义少数派的抗议也许不无道理。”

保守派大法官们也时时关注着舆论。范·德文特在给巴特勒的信中写道：“亲爱的皮尔斯，随信附上《纽约太阳报》关于最低工资案判决的剪报。这是乔治（即萨瑟兰）寄给我的……文章上方有他
230 用铅笔做出的标记。我不认识这位作者，但很明显，跟很多做出或讨论判决的人相比，他对整体情况的理解更为透彻。”持多数意见的大法官很少被卷入论战。这次他们觉得受到了误解，所以很是困扰。斯通对“蒂帕尔多案”判决所撰写的异议意见将公众注意力集中到了大法官们的“偏好”上，而现在，令人深感不安的是，在新闻界、法学院和政坛引发不满的不仅是大法官们所做的判决，还有作为个体的大法官们本身。

在“蒂帕尔多案”的判决宣布后，许多热切关注最高法院的观察者更加强烈地认为，有问题的不是宪法，而是最高法院的五位或六位大法官。著名自由派作家、同时也是斯通好友的欧文·布兰特就撰写了一本名为《宪法风暴》（*Storm Over the Constitution*）的书，将于这一年的夏天出版。在该书的序言中，亨利·华莱士写道：“布兰特的论点是，若任命了能胜任的大法官，那么宪法就能拥有足够的权力。”布兰特因此反对修改宪法，但这并不是他最担心的问题。他指出，如果保守派大法官继续逆历史潮流而动，那么这将有可能引发更为激进、甚至暴力的反应。布兰特认为：“若一个司法体系无法对人民追求幸福的努力产生认同感，那也不可能限制民主制中可能出现的动荡和蠢行。相反，这一司法体系会让政府倍感沮丧；它将

是民主的对立面，只会激起法西斯主义者或共产主义者的叛乱。”

在距缅因州海岸不远、树木繁茂的霍特岛度假时，斯通给布兰特写了一封热情洋溢的信，以表达他对《宪法风暴》这本书的赞赏之情。他写道：“我很喜欢（你的书）……你说的没错，想要解决我们的问题，除了大法官们的品格以外，没有其他令人满意的办法。”布兰代斯也是这本书的忠实读者，他在给斯通的信中写道：“希望仙女们施展魔法，让我们来自宾夕法尼亚州的年轻人也读到这本书。”

布兰代斯所说的年轻人便是欧文·罗伯茨。这位最年轻的大法官在他广阔的农场里消夏避暑。毫无疑问，他和其他大法官一样密切关注着局势的发展。也许应该说，他比其他人更关注局势：就在共和党全国代表大会召开前不久，《纽约时报》曾报道过宾夕法尼亚代表团很有可能将“大量选票投给‘出生于本州的人’”，也就是罗伯茨。要知道，该州拥有全国第二大的选举人团。也有共和党官员就透露，该党三分之一的选票可能都会投给罗伯茨。在几天后，斯通的一个朋友告诉他：“一些银行家……私底下说罗伯茨大法官将成为共和党总统候选人提名中的一匹黑马。他们的话究竟是基于事实还是出于 231
臆想，我们很快就会知道了。”

早在一年前，希望罗伯茨竞选总统的呼声就开始了。共和党的战略家因为党内缺乏具有号召力的总统候选人而分外沮丧。他们曾考虑过罗伯茨：他接受过柯立芝和胡佛的政治洗礼；“茶壶山丑闻案”为他赢得了一致好评；他本人既年轻又有魅力，而且与新闻界关系良好。甚至，就连他在最高法院中的两面性，都使他看上去是一名足以与罗斯福抗衡、理想的“自由保守派”。另外一些共和党人则看中了斯通。但斯通与罗伯茨不同，据《时代》周刊报道，他“极力否认了参加总统竞选的消息”（此事发生在斯通对“巴特勒案”和“蒂帕尔多案”的判决撰写异议意见之前，而这两份异议意见也彻底打消了共和党人对斯通的兴趣）。当时，觊觎共和党总统候选人提名的参议员威廉·博拉指责说，大法官竞选总统的传言实则有着更为险恶的动机。他说，这些传言是一种“微妙”的诱惑，以便使大法官们循规蹈矩，做出合乎政党领袖心意的判决。

多年后，罗伯茨坚称自己“从未有过”竞选总统的想法；此外，他还向他在最高法院的继任者们发出严厉的警告：“无论一个人的思想和品格多么强大，如果他怀有成为总统的想法，那么这一抱负就可能对他的所作所为产生影响。”没有人能够确定罗伯茨本人是否有过总统梦。不过，可以确定的是，他至少从未公开说明或澄清任何关于他竞选意愿的报道。最后，终止这些传言的不是罗伯茨的否认，而是“蒂帕尔多案”。阿瑟·克罗克指出，在1936年共和党全国代表大会前夕，由于最低工资案的判决，提名罗伯茨为总统候选人的“绝妙主意”已被“彻底打消”。

不管罗伯茨在得知这个消息时是失望、解脱还是漠不关心，有一点可以肯定：他这个夏天可不好过。罗伯茨是爱惜羽毛之人，也许有点过于注重自己的公众声誉了。据一名和他有来往的记者说，罗伯茨“太渴望得到世俗的认可”。1936年，他和其他持保守立场的多数派大法官成为人们普遍蔑视和嘲笑的对象——甚至连共和党人也开始疏远他们。相比于其他大法官，来自公众的抨击给罗伯茨带来的伤害更甚。与其他大法官不同的是，罗伯茨仍然留在华盛顿，据
232 说还“活跃于各种活动”，经常能在宴会和其他活动上看到他。他不愿退到天鹅绒帷幕之后，也不愿退居到奥林匹斯山上。他保持坦诚并出现在公众的视野中，现在他反成了公众攻击的对象。

最高法院里的情形也是如此。罗伯茨撰写了有关《农业调整法》一案的多数派意见，而斯通则在异议意见中正面质疑罗伯茨，言辞间充满对罗伯茨的嘲笑。在新闻界，罗伯茨也经常被拿来和斯通做比较。正如《财富》杂志所言，所有人一致认为，与多数意见相比，异议意见具有“更有力的法律支撑以及更严谨的逻辑”。《新共和》

杂志对两位大法官辩论的输赢做出了预测。不出意料，斯通轻松地取得了胜利。即使罗伯茨并未撰写多数意见，斯通也可以迁怒于他。比如，罗伯茨在“内比亚案”中曾提出一个著名的见解，而斯通在“蒂帕尔多案”的异议意见中暗示，罗伯茨已经偏离了他当时的观点。如果他把“内比亚案”中的意见应用到最低工资案上，那么此案就会有一个不同的判决结果。纽约的著名律师查尔斯 · C. 伯林厄姆在给斯通的信中写道：“您击中了他的要害。尽管他身强体壮，但也有可能在夜间惊醒过来，然后在卧室的墙上看到‘内比亚’三个红字。”

那年夏天，休斯和夫人拜访了罗伯茨的庄园。他们在布莱恩科德度过了大约二十四个小时，其间两个男人几乎一直在交谈（他们的两位夫人也同样一直在对谈）。第一天，休斯和罗伯茨去散步，但并没有离开露台。“他们在露台上来回走了好几个小时，”伊丽莎白·罗伯茨回忆道，“我心里想，欧文不是一个经常散步的人，脚一定很疼。首席大法官和他聊了这么久，到底聊了些什么？为什么不休息一下呢？”她招呼了他们两次，让他们进屋喝茶。每次，他们都说“等一下”，接着便继续交谈。

当晚，在四人共进晚餐后，罗伯茨对休斯说：“我想给您看一些宾夕法尼亚州的旧法庭记录……”然后，两人就去了房子对面的图书馆，整晚都待在那里。伊丽莎白后来说：“他们都没怎么陪我们，甚至都没怎么和我们说话。我和休斯夫人谈起了各自的孩子、仆人、花园、天气，还有华盛顿的各种传闻。我们已经没有什么可聊的了，
可他们仍待在那里不出来。”第二天早上，这两位大法官又回到图书 233
馆继续交谈。至于谈的是什么，除了他们自己以外没人知道。

现在，该轮到民主党上场了。尽管罗斯福在小石城的演说成功打乱了共和党的计划，但仍有很多自由派人士希望民主党党纲包含修正宪法的条目。6 月中旬，随着民主党全国代表大会的临近，白

宫已被数不清的信件所淹没，这些信件提出的内容无所不有，从建议美元贬值到倡导消灭肺结核，甚至还有一份“运动员宣誓”。其中有许多建议与宪法相关——有的希望歌颂宪法，有的希望修正宪法，有的人希望重写宪法。一名来自伊利诺伊州的联邦众议员提议，创建一个为宪法修正提供建议的“公正的”专家委员会。一名记者兼律师告诫罗斯福要反对修正宪法的党纲，因为“它实属下下策”。

想要坚定立场变得越来越难。与共和党内部所经历的情形类似，兰登争取宪法修正案（如有必要）的承诺也加剧了民主党内部的紧张氛围。6 月 20 日，在代表们于费城召集开会的三天前，卡明斯提醒罗斯福，“越来越多的朋友认为”党纲“应该包括一些关于宪法修正案的肯定陈述……然而，最主要的困难似乎是，如果我们试图明确地解决这个问题，就必须比共和党的党纲或候选人更进一步；但这样的话，便会出现一个全新的局面，竞选活动的重点也可能会因此而发生改变”。卡明斯同意罗斯福最近一直在说的一句话：党纲应根据一般原则而定，而不是依照具体的规定。

大约在同一时间，罗斯福将萨姆·罗森曼召至白宫，他是罗斯福的长期顾问兼演说撰稿人。和往常一样，罗斯福为他准备了书房对面的一间客房。他这次来白宫是为了和斯坦利·海伊合作撰写罗斯福接受民主党总统候选人提名的演说稿。但当晚，总统也要求二人撰写党纲。罗斯福说，写得简洁些，以《独立宣言》中的这句话为基础：“我们认为这些真理是不言而喻的。”说完，他就坐着轮椅离开房间去睡觉了。

234 海伊操作着打字机。他和罗森曼不吃不喝，几乎通宵达旦地忙碌着。他们认为，他们的草稿符合罗斯福提出的简短的要求，但缺失了重要的部分。罗森曼后来说：“当时最紧迫的问题是：如何对最高法院近期的判决做出回应。”次日一大早，草稿和早餐一并送达到罗斯福床边。当罗森曼和海伊走进卧室时，唐纳德·里奇伯格已经在那里了。几天前，他曾尝试起草关于修正案的纲领；现在，他从口袋里拿出一张复写纸，递给罗斯福。过了一会，罗斯福轻轻地吹起了口哨。他说："我想就是它了。"他把复写纸上的内容念给其他人听，他们也都表示赞同。

里奇伯格故意使用了含糊不清的语言。他表示，民主党人将会采取行动，却并未说明其具体行动是什么。他保证说，既然最高法院很可能会继续阻止新政的实施，那么在这种情况下，民主党会寻求制定"起阐释作用的"修正案——该修正案不是为了创造新的权力，而是为了阐明或恢复国会和各州传统上拥有的权力，并且通过这种方式迫使最高法院承认这一点。可即便如此，这份草稿对于罗斯福的一些幕僚来说仍过于激进。在里奇伯格把这份草稿交给总统的几天之后，汤姆·科克伦和本·科恩在与雷·莫利共进晚餐时读到了它，二人当时大惊失色（至少雷·莫利是这样描述的）。他们坚称，如果按照草案所指的方向前进，民主党便是自取灭亡，而这也正中共和党的下怀。不过，他们也认为，宪法可能的确存在缺陷。科克伦和科恩急忙想办法修改草稿，但为时已晚。罗斯福已经对里奇伯格的版本做了最终修改，而事实上他几乎一字未动。

在费城，代表们顺利通过了这部党纲。虽然科克伦和科恩十分担心，但里奇伯格所起草的这部分内容达到了预期的效果。《纽约时报》赞许道："民主党承认最高法院享有的权威和尊重。它认为最高法院并非无可挑剔……但也并未提议限制最高法院目前的权力；它决定遵守最高法院的判决，并且根据这些判决制定计划……进一步修正宪法可能是必要的……但民主党不会剥夺各州处理当地事务的权责。"

在大会上发言的代表们再次高声强调了这一内容。参议院演说 235
人才辈出，来自肯塔基州的阿尔本·巴克利正是其中最杰出的一位。他发表了一场慷慨激昂的演说，在赞扬新政的同时又肆意抨击了最高法院。巴克利在听众赞许的高喊声中说道："当胡佛为被曲解的宪法祈祷时，我想起那些被剥削折磨的工人，想起每一个男人、女人和儿童的灵魂与肉体。""最高法院是无可指责的吗？"巴克利问道。"不！"代表们喊道。"最高法院神圣到不能反对它的判决吗？""不！"代表们再次喊道。巴克利说道："托马斯·杰斐逊不这么认为。安德鲁·杰克逊不这么认为。亚伯拉罕·林肯不这么认为。西奥多·罗斯福也不。"

很显然，富兰克林·罗斯福也不这么认为。但巴克利激情澎湃的演说使这一点再明白不过，省去了罗斯福本人再来开口。6月27日，月光透过云层洒落在富兰克林运动场上，罗斯福在这里发表提名演说，以激动人心的语言呼唤"与命运会合"。那天晚上，他只有一次隐晦地提到了最高法院："经济保皇派抱怨我们谋求推翻美国的体系，但真正抱怨的是我们试图夺走他们的权力。他们徒劳地躲到国旗和宪法后面，全然忘记了国旗和宪法代表什么。现在，与从前任何时候一样，它们代表民主，而非专制；代表自由，而非屈从；它们反对暴民和特权阶层的独裁统治。"

罗斯福说道："新的专制主义，已经被包裹在……法律制裁的长袍里。"但他承诺："斗争将会继续下去。"而他和美国将会赢得这场"事关民主生死存亡的斗争"。

阿尔夫·兰登后来说："我们将一切打点妥当之后，极端保守派便介入并随后控制了一切。"兰登认为，造成这个问题的很大一部分原因是他自己的竞选伙伴。出席共和党全国代表大会的代表们选择了弗兰克·诺克斯上校担任兰登的竞选搭档。此人是一名充满活力的老兵，参加过美西战争、第一次世界大战和公麋党运动。他按照
236 西奥多·罗斯福的样子打造自己的公共形象。诺克斯还是《芝加哥每日新闻报》的出版商，这份报纸与其在本地的竞争对手、麦考密

克上校出版的《芝加哥每日论坛报》一样都属于保守派报纸，但前者展现出了如诺克斯本人一样更加灵活的思维。在竞选活动开始之初，诺克斯明确表示，他支持对罗斯福和新政发动“猛烈的正面攻击”，而兰登坚持认为宪法问题是共和党的劣势。很快，兰登的这一观点就惹怒了他。6 月下旬，趁兰登度假之时，诺克斯和志趣相投的共和党主席约翰·汉密尔顿展开合作，两人发表激烈演说，发出警告，进行诽谤，无所不用其极。

他们两人用兰登极力抵制的方式开展竞选活动。诺克斯指责罗斯福“领导我们走向莫斯科”。汉密尔顿则声称，新政派正在策划用“其他机制”取代宪法。而与此同时，身为主要竞选人的兰登却沉默了数个星期，这使得他的竞选活动陷入自相矛盾的境地。恰逢此时，曾遭到雨果 · 布莱克的猛烈攻击、被共和党人抛弃并且被巴克利斥为共和党“私生兄弟”的自由联盟选择重回政坛，开始以“无党派”的立场打击罗斯福；自由联盟选择在此时采取行动并非出于巧合。然而，这对于日益陷入困境的共和党人来说并不是一个好消息。8 月，阿瑟 · 克罗克指出，“自由联盟的政治倾向过于明显”，甚至就连汉密尔顿也“宁愿绕道两公里也不愿让人看见他和自由联盟的成员站在一起”。

当兰登终于现身后，他在左翼和右翼之间不确定地来回摇摆——这样做毫不讨喜，且令所有人都迷惑不解。在同一场演说中，他可能会反驳他的竞选伙伴，随后又立即转为附和。雷 · 克拉珀是兰登的朋友，他在 10 月给威廉 · 艾伦 · 怀特的信中写道：“兰登的竞选活动似乎已经失败了。他反复批评罗斯福有损美国政府制度，这反而使一些不切实际且自相矛盾的具体政策显得更为怪异……我现在完全支持罗斯福。”

大选前夕，保守派指责罗斯福秘密计划增加最高法院的大法官人数。兰登——可能违背了自己的准确判断——也赞同这一指责。

在麦迪逊广场花园举办的一场重大集会上，他抨击总统曾“公开贬
237 低最高法院……并公开表示宪法已是一份过时的文件”。上面这句话值得人们的喝彩，然而下面这句就不是了：“如果在我们的文明中出现的变化要求对宪法做出修正，那么我们就应该修正宪法。宪法在过去进行过修正。那在将来，也可以。”冒着失去听众的风险，兰登尝试使用了政治暗示——他想知道：“总统对宪法有什么想法？……他会将宪法修正案交由公众来决定吗？或者他打算通过左右最高法院来避开宪法？”

“这个问题的答案没人能够确切得知。”兰登说道。

罗斯福自己也无法确切得知。这个问题仍然在他的脑海中挥之不去，尽管他坚定地拒绝打破《民族》杂志所指的“阴谋的沉默”。10月底，斯坦利·海伊在他的日记里写道，罗斯福“经常回顾关于最高法院的讨论，想知道其中一些高龄的大法官能够坚持多久”。

罗斯福的自律性很强。在密友之间，他频繁地讨论最高法院，想知道一些年长的大法官会坚持多久才退休（“我刚刚看到范·德文特，他看起来很糟糕。”汤姆·科克伦曾如此回答罗斯福和其他幕僚，并引起一阵哄笑）。但在公开场合，无论共和党人如何刺激他，罗斯福对最高法院的相关问题一直都保持着漠不关心的态度。甚至在竞选后期，仍有人反对他的“规避策略”。竞选活动临近尾声时，罗斯福在麦迪逊广场花园发表了一场重要演说。他的妻子埃莉诺·罗斯福听完后，耸耸肩说道：“这是一个很好的演说。”随后，她转向罗斯福的高级竞选助理：“但我认为他应该说一些有关宪法的事情。”（而海伊对此评价道：“她简直是说错话的高手。”）

罗斯福对莫利说：“此次竞选活动中有一个主题，那就是我自己。”他勇往直前，并自信地认为人们一如既往地支持着他。不过，民调结果对此却不是特别肯定。共和党总统候选人团队尽管乱作一

团，但到最后却展现了良好的选情：在竞选活动的最后几天里，虽然盖洛普民意调查显示罗斯福持续领先，但因曾准确预测而广受赞誉的《文学文摘》的民调却预测兰登将会大胜。事后来看，获胜方的竞选团队带有一股势不可挡的气势，罗斯福的团队更是如此；然而， 238
在 1936 年大选的最后阶段，选民们仍然被认为——或至少被期待——可能会送给罗斯福一个和《全国工业复兴法》及《农业调整法》一样的结局。

7 月，麦克雷诺兹在给弟弟的信中写道：“我感觉罗斯福可能会输，而且这种感觉越来越强烈。但我没有各处走动，信息不足，无法确定。”范·德文特也很少出门，但他经常出门的朋友们在 10 月份告诉他：“兰登获胜的可能性非常大。” 11 月 2 日，也就是大选的前一天，范·德文特告诉妹妹他没有预测大选结果。不过，在引用“报纸的舆论共识”后，他愿意做个猜测：“选举结果将会十分接近，除非有无法预料的潜在影响”。

可选举结果差别巨大。在海德公园的罗斯福家中，汤姆·科克伦正拉着手风琴，琴声里夹杂着从吸烟室里传来的电传打字机的声音。罗斯福收到了从纽黑文发来的早间快报。他以绝对优势赢得了总统大选，他自己甚至不敢相信这一结果，还询问相关数字是否经过了复核。在得到肯定的答复后，罗斯福往后一仰靠在椅背上，朝着天花板吐了一个烟圈。“上帝啊！”他说道。大选已经结束，而他连晚餐都还没有吃。

第 14 章　计划和目标

大选结果已经难以用语言来形容了。《奥尔巴尼联合时报》评论道："很难去分析罗斯福如龙卷风一般的选情。"在四十八个州中，罗斯福赢得了除缅因州和佛蒙特州以外的四十六个。选举结束后，有人在新罕布什尔州通往缅因州的一座桥上挂了一个指示牌：你正在离开美国。 239

联邦众议院议长威廉·班克黑德在给吉姆·法利[1]的信中写道："我已经完全说不出话来了。以前从未发生过这样的事情。"他这样说并非夸大其词。罗斯福赢得了五百二十三张选举团票和多达百分之六十一的普选票，而兰登只收获了八张选举团票，这是自 1820 年以来选举团票数差距最大的一次。一位女士写信安慰兰登："共和党选择您去完成一个任何人、甚至是上帝都不可能完成的任务。"此话不假，甚至就连告倒全国复兴总署的谢克特兄弟也把票投给了罗斯福。

[1] 吉姆·法利即前文提及的民主党全国委员会主席兼联邦邮政总长詹姆斯·法利，他曾担任过罗斯福的竞选经理。

罗斯福这一压倒性的胜利使得国家比自重建时代以来的任何时期都要接近一党统治。在罗斯福第一个总统任期内，民主党在国会中已占有大多数席位。而在第二个任期里，权力的天平将会更加倾斜。1937 年 1 月，新一届参议院将有七十六名民主党人，而共和党只有十六名——由于民主党人过多，其中的十几名参议员不得不穿过过道，坐到传统上属于共和党的那一侧座位上。《纽约时报》认为有必
240 要发表报道，称共和党“没有彻底消亡”。毕竟，兰登赢得了近百分之四十的大众选票。然而，不可否认的是：罗斯福大获全胜，共和党一败涂地。赫伯特·胡佛的亲信奥格登·米尔斯给这位前总统写信道：“我同意您的看法，现在的情况确实是一团糟。在这样的情况下，振兴共和党看起来几乎是不可能的。依我所见，我们唯一能做的是采取观望策略。在最近一段时间里，要根据事态的发展走向来确定我们的行动方针。”

为了获胜，罗斯福尽一切努力挽回他不断下滑的人气。他激励自满的支持者，打压敌人的锐气，带领移民、工会成员、天主教徒、女性和非裔美国人加入民主党，不仅创建了一个巨大的新联盟，还同时消灭了最近才被视为威胁的“第三方团体”。据《纽约世界电讯报》报道：“批评者和保守派新闻界对罗斯福的仇恨与日俱增，制造出我们这个时代从未听过的喧嚣。”但罗斯福通过语言与人格的力量，穿透这些喧嚣传达出一种坚定的意志和共担的责任。对手攻击他的爱国精神，诽谤他的健康和精神状态，针对新政引发持续论战，同时还有最高法院在扰乱他的行动，而罗斯福抵挡住这些攻击，并在许多方面变得比以往更加强大。

加利福尼亚州年迈的共和党人海勒姆·约翰逊在给儿子的信中写道：“现在，总统即将面临考验。”约翰逊认为，罗斯福面临的考验是他能否摒弃傲慢。他并非唯一一个有此担忧的人。大选后的第二天，全国各大报纸的社论都在呼吁——更准确地说，是在恳求——罗斯

福“保持克制”(《辛辛那提问询报》语)。《联合时报》希望罗斯福能够比第一个总统任期时“更加谨慎”。《巴尔的摩太阳报》希望他能够保持“谦逊”的品质。对此，休 · 约翰逊并不乐观。他抱怨说，罗斯福“喜欢戏剧性的事物”，“他的思想十分不安分，每天都必须接触些新东西”。约翰逊将军确信：“罗斯福在新的任期内将充分发挥他的想象力。没有人会对他予以阻止，只有少数人会提出抗议…… 241
他真的会认为人民赋予了他随心所欲的权力。”

事实的确如此。约翰逊的其他评论均值得商榷，但在最后一点上，他再正确不过了。11 月 6 日，在选举后的第一次内阁会议上，罗斯福宣布自己现在拥有了完全的自主权。一个星期后，他对勒翰德小姐说，他对任何人“都没有亏欠”。“我没有做出任何承诺。”他在竞选活动中提出的是一套原则，而非具体的措施；而且，正如他所指出的那样，此次竞选活动中最为重要的议题便是他本人。获得人们广泛支持的是罗斯福——既不是他的计划，也不是他的政党，而是他本人。因此，他可以做一切他认为合适的事情。一名观察者表示：“相较于第一个任期，总统在第二个任期内甚至会享有更大的自主权。”史蒂芬 · 厄尔利则往前更近了一步，他对雷 · 克拉珀说：“罗斯福选举自己为总统。”

不过，这并不意味着罗斯福将要挣脱一切束缚，从而鲁莽、专制或苛责地行事。到访白宫的人们发现，罗斯福仍能够脚踏实地，清醒地面对前方的挑战，这让他们颇感意外。人们没有看到总统显现出任何沾沾自喜或妄自尊大的迹象。这本来也不值得惊讶：如果像罗斯福的批评者所指责的那样，他倾向于“专制主义”，那么在 1933 年很多人鼓动他实施独裁专政时，他完全可以照办；他可以如一些人所愿将银行系统国有化，或者如阿尔·史密斯所建议的那样将宪法“打包”并“束之高阁”。但罗斯福从未这么做过。如此看来，他现在也不大可能会这么做，尽管他以绝对优势赢得了大选的胜利。

《纽约世界电讯报》问道:“作为胜利者,罗斯福可以随时挥动手中的鞭子。他会这样做吗?”为了迫使国会通过他的计划,他很有可能会。但为了折磨他的敌人,他则不太可能会。虽然罗斯福对新闻界倍感气愤(他曾将其称为“反动因素”),但在11月9日,他对老朋友约瑟夫斯·丹尼尔斯说:“我们所有人一直在尽力冷静地看待所取得的全面胜利,并郑重声明我们不会实施报复行为。”(但部分人另有想法:在大选之夜,一群罗斯福的支持者包围了芝加哥的论坛报大厦,用砖头将这家右翼报纸总部的窗户砸得粉碎。)

242 展望未来,罗斯福看到了一个能在第一个总统任期的基础上大大扩展成就的机会。不过,他也知道这一机会转瞬即逝。现在,经济复苏终于显示出了强劲的势头:生产扩大、收入增加、价格回升,但这可能会削弱公众对实施进一步改革的愿望。在大选前夕,罗斯福坚称“我们才刚刚开始战斗”——为了那些占劳动人口百分之十五以上的数百万美国失业者而战;为了那些仍在血汗工厂里为了微薄工资而劳作的男人、女人和孩子而战;为了公平、尊严和安全而战。可他知道,如果他们不能迅速且果断地投入战斗的话,那么很有可能会失败,并由此给美国和世界各地的民主带来严重的后果。

其他的一些阻碍同样隐约可见。罗斯福在竞选活动中曾说:“当下的世界充斥着战争和战争的谣言。这二者均不是我们所愿看到的。”他不仅是在为自己发声,也是在为绝大多数美国人发声。当西班牙陷入血腥的内战,当希特勒和墨索里尼介入局势并纵容法西斯分子之时,美国官方仍然保持着中立姿态。对此,公众也漠不关心。但罗斯福心里清楚,不干涉政策不是长久之计,而且无论是否采取行动,美国都将处于十分危险的境地。此外,罗斯福曾目睹威尔逊的新自由成为第一次世界大战的牺牲品,他知道新政可能将会面临同样的命运。

新政也可能会在国会搁浅。此前,很少有连任的总统能与国会相处得特别融洽。《纽约时报》的一名记者预测："罗斯福先生很有可能打破这一先例，正如他打破所有的其他先例一样。"但进步派人士和保守派民主党人的不满情绪就像是徐徐燃烧的导火索。甚至新一届国会中多数党的规模也对罗斯福造成了困扰。罗斯福告诉勒翰德，他原本不希望拥有这么大规模的多数党；一些左翼民主党人搭乘罗斯福竞选成功的顺风车进入了国会，不过，他们可能会变得难以控制并提交一些他将不得不否决的不合理提案——但他说，他们可能拥有足够多的票数来推翻他的否决。他知道，国会几乎肯定会阻挠他的行动。唯一不确定的是国会将在什么时间以什么缘由来阻挠他。

罗斯福的计划还面对着一个更为直接的威胁：最高法院。在第一次内阁会议上，罗斯福详尽地谈论了最高法院。当时司法部长并未
出席会议，他正在北卡罗来纳州打高尔夫球。而代替他出席会议的 243
斯坦利·里德告诉总统，斯通大法官病得很厉害（事实上，斯通正在死亡边缘徘徊。他患上了痢疾，与疾病殊死搏斗了六个星期；直到 12 月下旬，他才有力气前往佐治亚州的海岛，在阳光的沐浴中休养身体，并于 1937 年 1 月底返回华盛顿）。罗斯福则回复说，他估计麦克雷诺兹大法官在一百〇五岁时仍能在职。

罗斯福指示里德快速推进关于新政的案件，这些案件有关《社会保障法》《全国劳工关系法》和其他最高法院待审的重大改革法案，并补充说他预计这些法案将会全部被废除。哈罗德·伊克斯预感，如果真是这样的话，到那时罗斯福将会让公众来做出最后的决定。他相信："总统已准备好采取行动。"

但最高法院会先采取行动，为罗斯福让路吗？许多人认为会。首席政府律师斯坦利·里德便是其中之一。11 月 5 日，里德敦促罗斯福加快《社会保障法》的最高法院测试，因为"选举后最高法院的态度可能会不断地变化"。罗斯福拒绝了他的建议以及这一建议所

基于的前提。但其他人看到了颇为诱人的希望：摇摆派的大法官们可能会做出决定来结束这场危机。雷·克拉珀指出，一些罗斯福最尖锐的批评者开始显现和解的迹象。克拉珀谨慎地表示："既然我们认识到任何事情都有可能发生……那么最高法院的一些成员……会善意地伸出援手帮助政府解决迫在眉睫的问题吗？……如果像休斯和罗伯茨这样的人能够变得温和宽容，那么有关填塞最高法院、剥夺最高法院审查权或修改宪法的所有讨论都将不复存在。"一些人认为，最高法院将迫于压力而不得不做出让步。罗伯特·杰克逊表示："除非大选结果仅仅是海市蜃楼而已……否则最高法院必须做出让步。"

许多人都在密切留意最高法院是否出现让步的迹象。有些观察者表示，自大选过后，法庭中的氛围发生了巨大的变化：保守派大法官们更加尊重政府律师了，或者说至少减轻了对后者的公然敌意。正如一位法学院院长所言，很快就有迹象显示休斯和罗伯茨可能至
244 少"斜视"了一眼大选结果。11 月 23 日，最高法院支持了一项"纽约失业保险计划"，该计划很像 1935 年被推翻的《铁路退休法案》。当时斯通还在休养，所以投票结果为四比四。在最高法院，平局裁决意味着自动认可下级法院的判决，而纽约州上诉法院已裁定该法合宪。同时，平局裁决还意味着不会有书面判决，也不会公布每位大法官的投票情况。但此案中的投票情况显而易见：休斯和罗伯茨加入到了布兰代斯和卡多佐的阵营之中，他们都对该法予以支持。曾赢得"谢克特案"的律师弗雷德里克·伍德试图把失业法和"铁路退休金计划"捆绑到一起，声称纽约州的工资税未经正当法律程序便占有了雇主财产；但他似乎未能成功说服曾为《铁路退休法案》一案撰写判决意见的罗伯茨。尽管 11 月的这个判决只涉及州权，并未涉及联邦权，但一些人仍然预测最高法院现在一定会支持《社会保障法》。而卡明斯则更为谨慎。他在发给罗斯福的电报中写道，"这个结果令人振奋"，从中能够看出罗伯茨"正日渐倾向于自由派"；不

过，卡明斯认为，这与“联邦社会保障法案的合宪性问题之间没有任何关系”。

两个星期后，最高法院宣布了部分案件的判决结果，杰克逊将它们称为“犹豫之下的判决”。12 月 7 日，最高法院以一致同意的结果对两个州的“公平贸易”法案予以支持。另外还有十四个州也有类似的法律，这些法律稳定零售价格的方式实际上是通过州的行为复制了《全国工业复兴法》中的一部分内容。就在同一天，最高法院还在另一项一致同意的判决中驳回了一大批针对《公用事业控股公司法》的禁令诉讼，由此为政府提供了保护。该法是罗斯福在第一个总统任期内的一项重要成就。政府律师因此非常高兴，他们对《纽约时报》表示，“该判决将会打消一些人……采用‘抱团’战术攻击新政措施”的念头。虽然在一个星期后，最高法院以“技术细节”为由基本上撤销了这一判决，但几乎没有人注意到此事；最高法院已然给外界留下了这一印象，且该印象正日益被越来越多人所接受：大法官们听取了——并且正在遵循着——人民的裁决。

尽管身处于一片欢欣鼓舞的氛围之中，司法部的律师们对于接下来的任务仍然不敢有丝毫松懈。虽然社会保障税法尚未生效，但法律战早已打响；行政官员们预计，当 1937 年 1 月税收到期时，将会涌现出大批法律诉讼案件。除此之外，五起涉及《全国劳工关系法》 245
的案件仍在最高法院的待审列表中。在这些问题得到解决之前，行政机关的执法力度将会大打折扣。与此同时，田纳西河流域管理局受到了来自电力公司的攻击；12 月中旬，下级法院的禁令使该项目陷入停滞状态。公共工程管理局也面临着类似的攻击：涉及全国半数州几十个地方的公用事业项目也正处于法律的困境之中。

现在，问题已不仅仅局限于手头的案件了。最高法院的判决助长了“公众蔑视法律的气焰”，一份机密的司法部备忘录对此表示担忧。“就企业界人士而言，新政所有领域的整体情况，类似于当年实施禁酒令的情形……现在，只有在每一个法庭上对每一个细枝末节都进行论证以后，一项法律才能成为真正的法律。行政机构本应顺利运作，现在为了生存已经完全被法律战斗机器所控制……很多人为此感到担心。”

尽管一些人仍然希望能有一位或多位大法官认识到他们的行事方式有误，或者屈服于公众压力，或者索性退休，但同时人们逐渐意识到，这场危机已经进入到了一个全新的阶段，或许也是最后的阶段。正如《华盛顿每日新闻报》的标题所示，此次大选使得最高法院“不再‘不可触及’了”。雷·克拉珀经常与白宫内部人士交谈，他写道：“虽然最高法院的五六位大法官所持的政治理念与联邦政府、大多数州政府和超过六成的选民不同，但现在可以确定的是，罗斯福总统在第二个任期内将不会受到他们的阻挠。”甚至就连外国的观察者也认为，采取行动反对最高法院是不可避免的。《曼彻斯特卫报》[1] 问道：“如果第一位获得美国公众和国会压倒性支持的总统不去解决这个问题，那么谁去呢？”

然而，国会和美国公众是否在最高法院问题上支持罗斯福，这一点并不明确。据《时代》周刊的特纳·卡特里奇报道，国会还处在选举后的“恍惚”之中；罗斯福也还未曾试探国会的态度，无论是
246 关于任何具体的措施还是整体的司法改革。至于公众，盖洛普民意调查的结果显示其观点并不统一。虽然接近六成的公众希望最高法院能够“更加宽松地”看待新政，但这并不意味着他们希望最高法院受到制约：只有百分之四十一的人赞成限制司法审查权。在过去的一年中，支持司法审查权的人数有所上升，但反对者的数量也同样有所上升。当被问及美国最为紧迫的问题时，美国人给出的答案中甚至都不包括最高法院和宪法。

[1]《卫报》(*The Guardian*）的前身。

对罗斯福而言，这就是他在 1936 年回避这一问题的代价。在抵挡对手攻击的同时，他也放弃了教育公众的宝贵机会。与最高法院的较量将会是一场艰难的战斗，但罗斯福当时没有就此事表态，因而也就错过了为他的后续行动做好铺垫的机会。罗伯特·杰克逊后来写道，在最高法院这件事上，“总统完全没有必要发表看法”，因为他的立场十分明确。然而，其他人认为罗斯福错失了机会。《民族》杂志的奥斯瓦尔德·加里森·维拉德认为，罗斯福的沉默导致任何反对最高法院的举动都会触发一场“国会内外的激烈辩论，这可能成为美国历史上最关键的一场宪法辩论”。

11 月 6 日，一名记者询问总统：“既然大选已经结束，您现在可以表达一下对修改宪法的看法吗？”罗斯福回答道：“为什么要破坏今天的好心情呢？”

的确如此，这些天来他们兴高采烈，甚至可以说得上是欣喜若狂。尽管罗斯福知晓前路困难重重，但仍然兴致勃勃地讨论竞选，回顾他在智谋上战胜共和党人的每一个时刻。11 月中旬，当霍默·卡明斯结束高尔夫假期回到华盛顿后，罗斯福在白宫眉开眼笑地迎接他的到来，并对他转述了一个传闻：当罗斯福赢得卡明斯的家乡、共和党人的坚固阵地斯坦福德市后，卡明斯“开始畅饮狂欢”，一连消失了好几个星期。卡明斯回复道，这一说法“大部分都是真的”。两人坐了一会，无情地取笑对手的错误，其间提到了共和党竟试图引起公众对于宪法修正案的兴趣。

卡明斯还谈到了一件萦绕在二人心头的事情：他们需要更多的法 247
官。过去一年多以来，旧金山第九巡回上诉法院的威廉·登曼法官坚持不懈地给罗斯福和卡明斯寄送了大量材料：信件、电报、图表、列表和分好类的上诉请求。他这样做不仅是为了晋升，也是为了推动司法机构的重组和扩大。登曼有着一副罗马人的硬朗五官，头发银白，身材高大。在 C. C. 伯林厄姆看来，此人是一个“极度自恋且野心勃勃”的人。几十年来，登曼一直是加利福尼亚州有名的积极改革者。他向罗斯福展开持续不断的轰炸式游说，甚至其妻也致信罗斯福推荐自己的丈夫。罗斯福招架不住，最后于 1934 年任命他为联邦法官。

就职三天之后，登曼开始游说罗斯福和卡明斯增加联邦法官的数量。他在给卡明斯的信中写道：“十万火急！”他指出，第九巡回上诉法院就是司法体系的象征，那里不堪重负、“行动迟缓”，尽是些上了年纪的人，“他们记忆力衰退、心智下降、好逸恶劳、或是身体机能下降”。这将导致公众对法院系统失去信心，以及“(延迟执法)造成的社会和经济的弊端”。登曼对罗斯福说，司法联席会议本是由国会创立、由巡回法官组成、用以协助管理司法体系的机构，但现在被共和党人所控制，这一定程度上导致了司法体系无法进行自身改革。显而易见，这些人不希望增加法官人数，这样就能够防止罗斯福任命法官。为了证明他的观点，登曼提供了一份八页的文件，列举了每位法官的政治背景。后来，这份文件在自由派法官间传播开来。

在大选结束后，登曼更是加大了游说力度。(一名加利福尼亚州的律师后来写信给斯通大法官说：“如果登曼愿意待在家里，做好自己的本职工作，那现在就没有增加法官这回事了。”) 11 月 7 日，登曼给罗斯福寄了一封信，开头不是祝贺语，而是那句熟悉的请求：“新政需要更多的联邦法官。”

罗斯福越来越被这个想法所吸引。在担任州长时，他就已经精简纽约州缓不济急、过度拥挤和不负责任的法院系统；那时，领导这方面工作的雷·莫利早在登曼之前就将法官的年龄和工作效率联系到一起。罗斯福则更进了一步，将年龄和前景联系到一起：法院在他
248 眼中是愚钝共和党人的天堂，他们总条件反射般地敌视新想法。但

他那时认为，法官数量的增多并不能够解决法院的拥挤和保守问题。他表示：“当然，在人口增长迅速的地区，对额外司法人力的需求是合理的，但是……如果所有情况均采取这个补救方法，那就是火上浇油、乱上加乱……这对于极其拮据的纳税人来说，也无疑是雪上加霜。”

直到 1934 年，罗斯福才又产生了同样的想法。这一年，他在给卡明斯的信中写道：“你认为增加更多法官是绝对必要的吗？我还有一些疑虑。”但到了 1936 年的秋天，登曼已经对他们两人产生了影响。登曼将这一问题的三个要素，即年龄、效率和思想观念，融合成一个统一的论述，并提供了一个简单明了的解决方案：增加法官。如果无法摆脱年老的共和党法官，那么可以尝试增加更多年轻的民主党法官。登曼从未提到过最高法院，这并不是他关注的对象，却也在他触手可及的范围之内。

11 月 18 日，罗斯福登上印第安纳波利斯号军舰，开始了为期一个月的南美之旅。他的目的是参加在布宜诺斯艾利斯举办的拉丁美洲国家和平会议，但对他来说这次旅程同时也是一次十分必要的休假。在给母亲的信中，他提到了离岸近两万公里的深海捕鱼、打扑克、以及享受“睡眠和阳光”。卡明斯寄给罗斯福两大捆文件，其中一捆包含了所有他们仍在考虑的宪法修正案，另一捆包含所有在国会悬而未决的、关于限制最高法院的提案。每到一个港口，罗斯福都会收到更多卡明斯寄来的材料：备忘录、剪报和专家意见。罗斯福不可能看完这些资料。他很少会读超过十页的备忘录，而是更喜欢听作者本人详细介绍情况。不管怎样，在首次造访里约热内卢的途中，总统正享受着他所能想起的最长的休闲时光，并不急于处理最高法院的事情。

当军舰停靠在里约热内卢时，迎接罗斯福的是巴西人的热烈欢

呼和专制总统热图利奥·瓦加斯。两位总统坐在一辆敞篷车里穿过城市，人群则大声呼喊："民主万岁！罗斯福万岁！"瓦加斯听出这
249 句呼喊声中针对他的指责后，转身对罗斯福说："也许您已经听说我是一个独裁者？"罗斯福保持微笑,在继续行驶的车上边挥手边回答："也许您已经听说了，我也是一个独裁者。"

2月1日，在布宜诺斯艾利斯参加完会议开幕式后，罗斯福回到印第安纳波利斯号上。沿途人行道两旁又一次挤满了欢送他离开的成千上万的公众，即使是暴雨也未能减弱人们的欢呼声。不过，罗斯福的心情却倍感沉重。那天早上起床时，罗斯福获悉跟随他近十年的保镖兼密友格斯·根内里希突然去世，死因疑为心脏病发作。这对罗斯福来说是一个沉重的打击，根内里希不只保护和陪伴他，更让他看到不一样的世界：罗斯福曾告诉朋友，格斯"促使我成为一个更有人情味的总统"，是他派驻"在街头中的大使"。罗斯福常向根内里希征询意见：他的某些想法是否可行，或是在朗读演说稿时的措辞是否合适。在给埃莉诺的信中，罗斯福写道，"发生在可怜的格斯身上的悲剧"在回国的整个漫长旅途中一直笼罩在他们心头。

这还不止，又一个人的去世使罗斯福悲痛万分。1936年4月，在经历体力衰竭的长期折磨后，路易斯·豪在睡梦中辞世。自罗斯福在纽约州奥尔巴尼市任州参议员的二十五年以来，豪一直是他身边不可或缺的人。从曼哈顿到海德花园，接着是奥尔巴尼的纽约州行政大楼，最后到白宫，罗斯福的每个住所中总有一间属于豪的房间。豪干瘪矮小，有着一张酷似斗牛犬的脸和坚忍执着的性格。在1921年罗斯福患上脊髓灰质炎后，豪几乎凭借一己之力挽救了罗斯福的政治生涯。萨姆·罗森曼回忆道，对豪来说，罗斯福是"一种信仰"。即便如此，两人也是相互独立的，豪对罗斯福也并不是盲目崇拜。他比其他任何人更经常、更断然地说不。事实上，他不只是说不，也会说"你这个该死的笨蛋！"或"该死，富兰克林，你不

能这么做！”。在特别生气时，豪还会说：“我的老天！[1] 这是我听过的最愚蠢的想法！”

罗斯福对这一切都十分依赖。他非常信赖豪的政治判断。更重要的是，豪十分了解罗斯福的心理，坚决并且通常直接阻止罗斯福根据自己糟糕的直觉肆意妄为。豪总是在罗斯福身边，阻止他过于 250
接纳对手或报复性地反击敌人。在许多至关重要的方面，豪是罗斯福自我检查或自我控制的替身。他是罗斯福的平衡轮。或者，正如豪自己所言：“我的工作是提供攀登时的立足点。”

如今，罗斯福以压倒性优势赢得大选，同时又在很多方面面临挑战，就更是需要像豪这样的依靠。罗斯福从不缺少陪伴或顾问，他会一如既往地与才华横溢、精力充沛的人交流，也会不断更换、补充新鲜血液，包括他信任的人、喜欢的伙伴、经常听取意见的进言者，甚至还有一些时常对他说“不”的谏言者。但正如埃莉诺·罗斯福后来所回忆的那样：“没有人能够完全填补豪的空缺。”这个空缺会一直持续到罗斯福的生命尽头。在当下，空缺更为显眼。

从罗斯福政府开始运作的第一天起，有个问题就一直困扰着他们：针对最高法院应该采取什么行动？当军舰返程时，霍默·卡明斯正在为此寻求一个解决办法。他的资质和宝贵才能，就是尽力为总统排忧解难。

始终难以捉摸的答案，现在似乎触手可及。经过近四年毫无结果的尝试、各种僵局和不成熟的想法后，解决方案在 1936 年感恩节和圣诞节之间的几个星期内迅速成形。这可以部分地归因于大选结果，它大大增强了总统及其幕僚的信心，他们抓住了这个机会；但这也是际遇的产物：不同来源的想法巧妙地结合在一起，彼此相互促进。

[1] 此处的“我的老天！”为德文“Mein Gott！”。

在卡明斯看来，这暗藏着一种模式、一种自然的连贯性和一种必然性。

但首先必须清除道路上旧思想的残余。眼前，还有人在为宪法修正案造势。自大选以来，许多新政派开始认为这已成定局。民主党全国委员会妇女部负责人莫莉·道森宣称："我个人认为没有别的替代方法。"卡明斯越来越担心，国会在即将到来的会期开始后不久
251 就屈服于压力，共同支持某项构想拙劣的修正案，从而将罗斯福置于被动应对而不是主动出击的境地。因此，斯坦利·里德在 11 月底与本·科恩会面，要求他调查那些旨在遏制最高法院的各项修正案，以及法规所面临的"一些问题"。

科恩立即匆匆地给弗兰克福特和其他法学教授写了几封信。"您能帮我一个忙吗？"他问道。在给耶鲁法学院院长查尔斯·E. 克拉克的信中，科恩写道："我先提议一个观点，即经正确解释的宪法本身不会阻碍联邦或州立法的进步。"然而，科恩意识到，国会甚或罗斯福（如果被推动的话）可能仍会提出一项修正案；所以，他在排除糟糕的主意时也做了最后一次尝试，看看是否存在任何不错的主意。很快，他排除了扩大贸易条款或缩减正当程序条款的主意。科恩表示："我是一名实用主义者。"在他看来，任何一个对这些概念的重新定义都经不起时间的考验。相反，他倾向于一项允许国会推翻最高法院判决的修正案，就像总统可以使用否决权推翻国会法案一样。科恩说，只有这一项修正案符合他的观点，即问题的核心是"最高法院令人质疑的判决"，而非宪法本身的条款。

科恩对修正案的兴趣在于，可以将其作为一种对大法官施加压力的手段。他在给克拉克院长的信中写道，"现在的重点是把采取行动的必要性置于最显著的位置"，而不是选定一个解决问题的方法。在公开讨论过所有的可能性之后，"我们将能够更好地做出决定"。克拉克也认为，对大法官施加压力，可能会促使他们做出更好的判决。在回信中，院长还写道："期望最高法院主动纠正自身的错误不过是

一厢情愿罢了。如果不能真正地制定宪法修正案，那么至少去争取制定也是十分必要的。”

与此同时，司法部的一名年轻律师沃纳 · W. 加德纳正独自进行着一项关键且深入的调查项目。此人是弗兰克福特的门生，曾担任斯通大法官的助理，随后加入到法律人才济济的首席政府律师办公室。1936 年 10 月，距加德纳二十七岁生日过后不到一个星期，他便 252
被召至司法部长那间饰有木镶板的办公室。卡明斯对他透露了一个惊人的计划：总统打算在大选获胜后迅速对最高法院采取行动。卡明斯要求加德纳考虑每一个替代修改宪法的合理方案，并在大选结束后进行汇报。

加德纳此前就为这个“项目”做过贡献：1935 年夏天，里德曾让他确定国会是否拥有限制司法审查的权力。对此，加德纳提出了一连串反对意见。对于眼前这个更为紧迫的新任务，他也同样持怀疑态度。在经过两个月的努力后，加德纳于 1936 年 12 月 10 日交了一份长达六十五页的备忘录，内含丰富的历史细节和法律判例，以慎重但明确无误的语气对每个可能采取的行动表示了怀疑。加德纳认为：司法审查权具有深厚的历史渊源，不应遭到削弱；国会没有权力要求最高法院达成“绝对多数票”的投票结果；而且，限制最高法院管辖权的“希望渺茫”，尤其是因为“司法分支贪恋权力”。加德纳对他称之为“最愤世嫉俗的建议”甚至更加缺乏耐心：一些人建议按比例增减来核算法官的退休金——也就是说，法官在七十岁以后任职时间越长，退休金就越低。加德纳写道：“国会不仅试图削弱他们的权力，而且还在讨价还价中对他们进行羞辱。”他补充道：“年龄甚至算不上是评估法官的宪法理念是否落后的准确标准。”

他还简要地考虑了填塞最高法院的想法。他写道：“这项提议是唯一一个合乎宪法的……可以快速执行并能够确保成功。”但它仍可能引发许多问题。比如，这是一个“肤浅的补救办法，这个问题可能会每十年出现一次”，因为许多上任后的大法官可能会逐渐趋于保守。此外，也许是想到了斯通，加德纳警告说，国会可能需要增加“多达九位或十位新的大法官”，才能抵消“目前的自由派大法官被激怒
253 后通过判决立法违宪的报复”。加德纳说，增加过多的大法官将会使最高法院成为一个无从管理且“繁琐笨重”的庞然大物。

不过，加德纳并没有完全排除这个想法。在他看来，规模更大的最高法院，其“行政管理上的困难”并非“无法克服”；此外，最高法院规模的扩大是暂时性的，这也缓解了其行政管理方面的困难。他说，至于这一做法所产生的“政治弊端”，一场强调需要对宪法进行现代性阐释的“‘教育运动’就可能将其抵消掉”。加德纳认为，这就给罗斯福提供了两个选项，“必须在宪法修正案和扩大最高法院规模之间做出选择……”，在他看来，“似乎只有前者能够永久地解决我们的问题”。

卡明斯在加德纳的备忘录中看到了他想要的内容，也证实了他自己的想法。虽然备忘录中针对填塞最高法院一事未能提供特别的见解，但在反对其他方法方面做出了令人信服的论述。如果真的要在填塞最高法院和修改宪法之间做出选择，那么对卡明斯来说，选择的结果是显而易见的。在收到这份备忘录的一两天后，也就是12月11日或12日，他把这名年轻律师再次叫到办公室，让他完成后续的任务：起草一项扩大最高法院的提案。

加德纳后来回忆说，该提案的“中心条款”出自卡明斯本人之手，并且具有一种“反常的魅力”。几个月以来，这个想法就一直近在眼前，它藏匿于卡明斯办公桌上触手可及的文件中，直到最近才被注意到。就在卡明斯与其助理卡尔·麦克法兰的合著作品《联邦司法》（*Federal Justice*）——此书详尽介绍了联邦司法部的历史，将于几个星期后出版——的最后几页中，两人几乎是一带而过地提到了“年龄问题”。据该书描述，在1913年威尔逊政府时期，当时的司法部长曾抱怨，

那些“早该退休的法官已不能充分地履行其职责，从而导致司法受到影响”。对此，这位威尔逊政府的司法部长提出了一个新颖的解决方案：除了最高法院大法官以外，如果任何一位联邦法官拒绝在七十岁退休，那么总统将有权任命一位更加年轻的法官加入他们。这位 254
司法部长向国会建议：“这样做能够确保在任何时候都有头脑足够敏捷的法官及时并充分地履行法院的职责。”

这个建议最后不了了之。事实上，在提出这个建议的一年以后，这位司法部长便被任命为最高法院大法官。在 1936 年，七十四岁的他仍然在任。他就是詹姆斯 · C. 麦克雷诺兹。

1936 年 12 月，罗斯福再次试探公众舆论的反应。他把《科利尔》杂志的乔治 · 克里尔召进白宫，花了整个下午和晚上的时间合作完成了一篇文章。罗斯福聊了一会儿他的成就、目标和前方的障碍，并专门提到了最高法院。他颇为得意地对克里尔说：“我想到一个比宪法修正案更好的方法……”他从办公桌的抽屉里拿出一本翻旧了的宪法，问道：“你觉得这个怎么样？”他翻到第三条，即有关建立司法机关的那一条，向克里尔提问道：“这里有赋予最高法院凌驾于立法分支的权力吗？”接着，罗斯福自问自答，长篇引述了麦迪逊的制宪会议记录和乔纳森 · 埃利奥特主编的《各州批准联邦宪法会议辩论集》(*The Debates in the Several State Conventions of the Adoption of the Federal Constitution*)，以此来证明他一直以来持有的看法，即制宪者们反对司法审查权；罗斯福还说，约翰 · 马歇尔在“马伯里诉麦迪逊案”中提出，司法审查权是为了“阻止实施一项他所憎恶且不信任的新命令”(加德纳的学术备忘录中还有十二页密密麻麻的文字驳斥这些观点，然而这似乎对没有罗斯福产生丝毫影响)。

罗斯福坚持认为，解决这个问题的方法很简单：下一次国会通过与工资、工时、童工或住房问题相关的立法时，可以在提案后增加一项附加条款，向最高法院指明国会是在其权力范围内“提供公共福利”。克里尔问道，如果最高法院不理会这项附加条款呢？后来，他回忆起罗斯福是这样回答的：“‘那么，’总统当时紧绷的脸就像一
255 个拳头，‘国会可以扩大最高法院……任命符合时代精神的人。这怎么能算是激进呢？我们最开始时只有六位大法官，最多的时候有十位。’”罗斯福当时“自信满满……毫不动摇的态度”，给克里尔留下了深刻的印象。当克里尔问他是否打算征询国会领袖对此事的看法时，罗斯福“没有理会这个问题”。在克里尔看来，十分明显，罗斯福“把成功当选当成了纯粹的个人胜利”。

这篇文章名为《罗斯福计划和目标》（由罗斯福本人拟定），将刊登于12月中旬发行的杂志上。文章是这样开头的：“回顾11月3日那一天，他从未认为那是属于个人的胜利。”（显然，克里尔是在编造事实。）他甚至还写道，罗斯福连“一点痛苦”都没有。克里尔做了很多铺垫来解释真正的争论是在最高法院和国会之间，而不是在最高法院与罗斯福之间。接着，文章介绍了罗斯福关于公共福利和司法审查权的看法；最后还威胁道，如果其他方法“被证明是无效的，那么国会**可以扩大最高法院**，将大法官的人数从九人增加至十二或十五人”。这个被强调的短语正出自罗斯福本人。

正如1935年8月罗斯福和克里尔上一次合作时那样，他们等待着各方的爆炸式反应，可结果却又是一次风平浪静。也许是因为假期即将到来，使得国会、新闻界和其他人忽略了这篇文章，或者只是因为罗斯福及其身边的人打算填塞最高法院的传闻已经流传多年，所以这篇文章并没有什么令人惊奇之处。此外，还有另一种可能的解释，即正如大选结果所显示的那样，美国人民对罗斯福的支持已达到极高的程度，他可以攻击甚至威胁填塞最高法院，而不用受到任何惩罚。

等那期《科利尔》杂志真正面世时，只有两三个人意识到这篇文章已经过时，罗斯福并不包括在内。而在整个 12 月里，卡明斯和加德纳组成的“工作小组”取得了长足进步，他们即将完成被加德纳称为“联合出品”的提案，但尚未准备将此事告知罗斯福。在此期间，斯坦利 · 里德知道这一计划的存在，但据加德纳回忆，“他尽可能地（与其）划清界线”，这可能是出于他自身“天然的保守主义 256
思想”，或是单纯地对密谋反对最高法院的想法感到不适。作为首席政府律师，里德的职责之一便是以政府代表的身份出现在这些大法官面前。

提案很快便开始成形。在起草提案之初，卡明斯让加德纳拓宽提案的覆盖范围，将所有的联邦法院都囊括其中——不仅仅是增加法官人数，还包括改革法院的管理方式。卡明斯这么做是受到了威廉 · 登曼和麦克雷诺兹的影响，他们所提出的司法管理改革已应用于下级法院。加德纳将这些变化悉数写入提案，每隔几天就递交给卡明斯一份新的草案，随后他们会坐下来花一两个小时对草案逐字研读。麦克雷诺兹将法官拒绝七十岁退休与增加法官人数这两项内容捆绑到一起，这条规定“设计巧妙且完全合理”，这使得加德纳印象深刻，反复思考。他补充了一条他认为“最重要的推论，即当坚持在任的七十岁以上的法官退休后，不再任命新的继任者”。这个在加德纳 12 月的备忘录中首次出现的想法，避免了最高法院的永久扩张。加德纳回忆说，在一两个星期之内，“我们就有了……一项令我完全满意的提案”。

接着，有人寄来了一封信。在卡明斯看来，这一定是一个有意义的征兆。这封信来自普林斯顿大学的法学教授爱德华 · 考文。1936 年初，卡明斯向总统介绍考文时说，有一段时间，后者在宪法问题上“曾给予我们协助、安慰和支援”。敬仰考文的人很多，司法部长卡明斯尤其如此。考文曾发表过一篇关于“谢克特案”的文章，卡明斯写信向他表示敬佩之情:“真是令人叹服。”考文因其渊博的学识而备受赞誉，曾被普林斯顿大学校友兼前校长伍德罗·威尔逊看中，并被聘请进入该校任教。1936年，在哈佛大学成立三百周年之际，考文和阿尔伯特·爱因斯坦、尼尔斯·玻尔等人被授予“世界上最伟大的思想家”的荣誉称号。作为“活的宪法”的重要倡导者，考文与罗斯福、卡明斯一样对宪法修正案持保留意见，他称之为“糟糕、蹩脚的修正案”。

考文公开反对填塞最高法院。12月初，他在报纸上刊登文章，认为虽然填塞最高法院的做法合乎宪法，但却有一个“显而易见的”
257 缺陷，即这一做法需要“无限期地重复下去，直到最高法院被填塞进过多的成员，并且成为一个‘政治皮球’。到那时，最高法院将会失去法庭的权威和公众的尊敬”。考文更希望制定一项国会法案，或者——在绝对必要的情况下——制定一项宪法修正案，将联邦法官的退休年龄定为七十岁。

考文的文章激发了哈佛大学政治学教授阿瑟·霍尔库姆的灵感。12月7日，霍尔库姆在给考文的信中建议道:“国会制定一项法案，规定七十岁以下的大法官应该永远在最高法院占据多数……你觉得这个方法怎么样?”他指出，总统应该有权尽可能多地任命大法官，直到年轻的大法官成为多数主体。按照这个方法，假设当下没有年老的大法官愿意退休的话，那么罗斯福将会多出四个任命大法官的名额。他补充道:“我的感觉是，制定这样一项法案的威胁……可能会促使一些年老的大法官辞职……但如果未能达到这一目的，我相信公众会支持这个大体的提议，即最高法院应该由年轻人主导。”考文回复说，这个计划是“我见过的方案中最巧妙的一个……我会把你的想法转告给他们，让我们对结果拭目以待吧”。12月16日，考文在给卡明斯的信中写道:“期待最高法院能够对其自身制造的局面提出补救办法，这无异于乌托邦式的幻想。”他说，必须得采取行动。

为此，他提出了霍尔库姆的“巧妙建议”。

这并不是什么新鲜的想法，不过是对人们日渐熟悉的主题稍稍做了一点改动。加德纳已将与霍尔库姆的建议“大致相同”的部分写入提案草稿中；两者的共同想法是要让年轻的法官人数超过年老的法官人数，实则是为了方便前者将后者挤出法院。考文的信之所以显得重要，是在于其到来的时机。这封信在此时到来，证实了——而且是自主自发地证实了——卡明斯的思路是正确的。伟大的考文与卡明斯在同一时间持有相同的观点，如此之巧合，绝对是天意！当然了，如果一个人希望这是天意的话，那么他自然就会忽略任何不利的迹象。

卡明斯立即给考文回信，表达了他的热情。他承认：“当然，我知道针对‘填塞最高法院’存在大量的偏见。我一直想知道，这几个字会对我们产生多大的震慑力。”

现在，卡明斯对这几个字不再感到害怕。过去的几个星期充满 258
了艰辛但令人振奋的智力劳动、突如其来的领悟和令人愉快的巧合，这让一切都变得不一样了。12 月 22 日，他匆匆地写了一张便条递交给罗斯福总统，要求与他见面。他写道：“（关于）宪法问题，我有‘无尽的’想法和一个计划。”

第 15 章　警钟

1936 年 12 月 26 日，星期六，卡明斯前往自己在司法部的办公室，最后一次查阅有关最高法院的一厚沓文件。下午 5 点，他驾车前往白宫，随后怀里抱着一堆简报和备忘录走进大门。接下来的两个小时里，卡明斯和罗斯福在椭圆形办公室进行交谈。其间，罗斯福的儿子詹姆斯为他们送上茶和点心，然后便迅速地离开了。

罗斯福刚从海外度假回来，皮肤晒成了小麦色。他看起来十分悠闲，滔滔不绝地谈着这次旅行，好似除了要考虑南美洲官员送他的礼物中哪些该留下、哪些要捐赠给史密森学会以外，世界上便没有其他的烦心事了。罗斯福指着地板上的一个大皮箱，让卡明斯将它打开，欣赏里面的一套银茶具。最后，当再也找不到聊天的话题时，罗斯福才说可以讨论宪法的问题了。但随即他又岔开话题，提到了他不久后需要向国会提交的国情咨文、预算以及就职演说等一系列问题。

绕了一大圈之后，罗斯福终于决定关注眼前的问题。他对卡明斯说："直说吧，告诉我你的想法。"卡明斯回应道："首先，我有个请求，如果我说我想到解决方法了，请不要取笑我。"话音刚落，两个人便大笑起来。

260 接着，卡明斯的态度便严肃起来。他告诉罗斯福，在对这一问题进行了长时间的仔细调查后，他发现所有能想到的解决方法都遭到了“强烈反对”。卡明斯继续说：“所以，在我看来，我们必须追本溯源，分析自身的问题，这样才能对症下药。”他描述了近期最高法院判决的趋势，特别强调了自由派提出的异议。正如他在日记中写到的那样，这些情况表明，“真正的问题不在于宪法，而在于如何解释宪法。我们认为，宪法被曲解了”。

“继续，”罗斯福说，“你的想法很好。我真希望能有个速记员在场。”

卡明斯总结道，自己的直觉一直以来都是正确的：修改宪法、延后审判、冒险破坏权力制衡都毫无意义，因为事实上“它们都无关紧要”。他说，再进一步看，各种修正案的背后其实都聚集着——或隐藏着——一大群人。人数不断增加的保守派也支持修改宪法这一观点，但仅仅是因为这一观点不可能付诸实际，而且同时很可能将政府卷入一场费时费力却注定失败的战争中。卡明斯敦促道，现在必须打消任何制定宪法修正案的念头，将重点放在真正的问题上：一部分大法官固守成规，拒绝“与时俱进”，这是十分危险的。

罗斯福打断卡明斯的话，提到了一则传言。他说，麦克雷诺兹身边的消息人士告诉他，这可能是麦克雷诺兹、萨瑟兰以及范·德文特的最后一届任期，这三人都可能会退休。但罗斯福并不认为自己能够等到那一天，验证传言是否成真。卡明斯也不。他说，时间是他们的敌人，在最高法院本届开庭期结束之前必须采取行动，以免将问题拖延至下一届国会、中期选举，乃至罗斯福第二个总统任期的结束之时。卡明斯指出：“我们最需要的就是速度。”不仅是速度，还有“快速司法”。卡明斯说，登曼法官的判断一直以来都是正确的：联邦法院就是一则笑话，一团混乱；他们人手不足，无法跟上诉讼程序的流程。许多美国人不愿意申请合法的诉讼，因为他们担心在案件结束之前，自己早已破产或寿终正寝。卡明斯说：“眼下最急需的是快速司法，而现在的情形是在给我们的文明抹黑。”社会需要更多 261
的法官。

如果要说有任何区别的话，那就是卡明斯还没有说清登曼的观点是否与最高法院有关。据罗斯福所知，登曼所关心的大量备审案件的积压问题仅限于下级法院。随后，卡明斯再次“另辟蹊径”。他提到，塔夫脱曾说过：宪法的一大“缺陷”是未规定法官七十岁退休。在经过深思熟虑、逻辑缜密的初步尝试，大胆的归纳推理以及看似无关的题外话讨论后，卡明斯终于说出了最后结论：“如果整个联邦法院系统需要扩充法官人数的话，那么最高法院就没有特殊的理由拒绝这么做了。”事实上，他有一个要求最高法院扩充大法官人数的绝好理由：最高法院经常拒绝审理重要的案件。很显然，最高法院需要更多的大法官。如果说此举是在填塞最高法院的话，卡明斯说：“那么，我们可能是被这个短语吓到了。”

卡明斯还告诉罗斯福，解决方法很简单：制定一项法律，规定如果联邦法官在七十岁时拒绝退休，那么总统有权再额外任命一位法官。罗斯福立刻就明白了。假如没有大法官退休的话，这将意味着他可以立即任命六位大法官，以对应目前最高法院中六位年过七十岁的大法官。如此一来，只拥有三位自由派大法官的少数派，就能在一夜之间成为多达九位的多数派。当然，这一提案必须先经由国会批准。但卡明斯预计，有关扩大法院的提案“很快便能通过……整个过程可能耗时不超过六十天，人们的激动之情将会慢慢退去，而我们的工作也终将会完成”。他承认：“在这一过程中我们可能会犯错，计划有时可能会受阻。但总体来说，我觉得一切将会十分顺利。”

罗斯福也是这么认为的。他甚至都没有停下来表示同意，而是直接开始讨论使提案得以通过的策略。不过，他也看到该计划的一个核心矛盾，并就此提出质疑：如果一位七十岁的法官拒绝退休，那么总统将任命另一位法官“与其共职”；但是如果一位七十岁的法官选择退休，那么其位置将被其他法官取代，结果并未增加法官人数——如果这种情况发生，该计划对减少法院积压案件又能起到什么作用
262 呢？年轻法官的工作效率要高于年迈的法官，但这样就无须增加法官数量了吗？对于这些问题，卡明斯无法回答。他认为，除了“进行尝试并检验其效果”以外再无他法。如果大量法官退休，国会则需要用更加直接的方式增加法官数量。

在交谈了一个多小时后，他们现在谈话的内容开始偏离主题。显然，卡明斯已经表明了自己的来意，也听取了罗斯福的意见，还借用了西奥多·罗斯福几十年前针对年老大法官的“尖锐评论”来取悦对方。渐渐地，罗斯福总统平静了下来。卡明斯问他：“要我继续说吗？或者您需要思考一下？”

罗斯福答道：“我正在思考。”随后，便沉默不语了。

接着，罗斯福十分突然地改变了话题。他说自己听到传闻称，卡明斯和妻子塞西莉亚希望有一天能够去菲律宾，就任他 1933 年为其提供的总督职位。卡明斯告诉罗斯福，根本没有这回事（的确，从一开始卡明斯就没打算去菲律宾，但他十分精明，并未这样说）。罗斯福表示，那就太好了，因为他十分希望卡明斯可以继续担任司法部长。“总统先生，您真的想让我留下？”卡明斯问道，并保证自己无论如何都将保持忠诚。“是的，我希望你留下。我希望你能留在我身边。”罗斯福总统答道。卡明斯立即用感激且自然的语气赞美总统“无尽的仁慈”。

无人知晓总统这样问是出于何种目的。如果罗斯福真的听到了传言，他根本不可能相信。因为他知道，卡明斯急切、甚至是拼命地想要保住现在的职位，如果让他离开，他一定十分不情愿。罗斯福也并不需要卡明斯对自己保证忠诚，因为他对卡明斯绝对信任。

不论出于什么原因，在他们二人走上一条不确定的道路前，都要寻找机会再次确认他们是紧密相连的。现在已是晚上 7 点了，卡明斯收拾文件准备离开。在他离开之前，二人回忆起罗斯福就任总统之初的那些日子。卡明斯说："那时，我不得不主要依赖我的直觉。"

"你的直觉通常都是正确的。"罗斯福答道。

沃纳·加德纳后来称，在圣诞假期期间，"支持填塞最高法院的圈子"又稍稍扩大了一点。现在，这一群体还包括了年轻的司法部长助理、《联邦司法》的作者之一卡尔·麦克法兰，他被加德纳形容为"一名能干但不够细心周到的管理者"。另一位司法部长助理、颇受卡明斯器重的亚历山大·霍尔佐夫，则被加德纳形容为"既不够细心周到，又不够能干"，此前他一直活跃在该"项目"的边缘，现在也参与到核心部分中来了。更加值得注意的是，与罗斯福关系最为亲密的顾问都被简要告知了该提案的相关事宜。12 月底的一天上午，萨姆·罗森曼在白宫一楼欢迎加德纳的到来，并陪他上楼去往总统那十分简朴的小卧室。加德纳在这里胆战心惊地待了一个小时，回答了罗斯福关于填塞最高法院提案条款的问题。一两天之后，他与罗斯福的首席助理詹姆斯·罗斯福（他刚刚加入他父亲的顾问团队）共进午餐，又被问及了相同的问题。 263

即便存在反对的声音，也无一被记录下来。相反，提案受到了热烈欢迎。就在此时，卡明斯邀请本·科恩和汤姆·科克伦到自己的办公室长谈；加德纳当时向他们介绍了提案的流程及内容，他后来回忆称科恩和科克伦"强烈支持此提案，未提出修改意见"。科恩仍在科克伦的帮助下致力于分析制定宪法修正案的可能性，早前的备忘录草稿就已显示出两人的热情。而在从司法部长及加德纳那里得到新的想法后，他们对"总统提出的新机制"做了充满激情的评述。两人写道，填塞最高法院的做法"早就应该实施了"。

他们坚称："自大萧条以来，还未曾任命过哪怕一位新的最高法院大法官。"（这一说法并不准确，休斯和罗伯茨于1930年获得任命，卡多佐于1932年获得任命。）"没有一位大法官将大萧条与战争一样来严肃对待。"这是在呼应布兰代斯曾经提出的一项异议；除此之外，备忘录中还有多处体现出科恩和科克伦经常寻求"老以赛亚"的意见，并遵循他的指令。两人清楚，对年老大法官的攻击不论隐藏得多么
264 完美，都一定会被布兰代斯等大法官视为对能力卓越且思想进步的年老法官的诽谤。因此，他们极力强调："这一计划并不要求大法官超过七十岁就必须退休。如果有超过七十岁的大法官认为自己的言论和判断同更加年轻的新大法官一样有分量，并还能为宪法献身，那么他仍然可以留在最高法院。总统的提议仅仅表明，上一代大法官不应作为宪法的唯一守护者，因为宪法不属于任何一代人，而是属于我们的世世代代。"

作为一种推销说辞，科恩和科克伦在这方面还有许多工作要做。年龄是否是一个无法避免的问题？两人对此似乎并不确定。一方面，他们在备忘录中承认，睿智的年老大法官有"充足的理由"继续留在最高法院；另一方面，他们引述事实称，在七十岁以下的三位大法官中，有两位都在"蒂帕尔多案"中投票支持纽约州的最低工资法，而在七十岁以上的六位大法官中，仅有两位投票支持该法。换言之，相较于年老的大法官，年轻的大法官更倾向于认为关键的经济改革是合乎宪法的。备忘录还指出："这一结论不可避免，即对于一位普通法官来说……到了七十岁以后，他将很难理解……变化了的社会和经济状况。"年龄的矛盾不仅是该备忘录中的一大短处，同时也是整个计划中的一大缺陷。尽管作为团队中最具智慧的科恩和科克伦首先做出了合理的尝试，也简述各种言论，但他们的观点仍不具备说服力。

或许这些都已毫无意义。自 11 月起，最高法院就已发表了一系列意见，表明其可能会屈服于民意。这一趋势一直持续到了下一年。12 月 21 日，最高法院以七比一的投票结果（斯通仍然缺席，仅麦克雷诺兹一人反对）授予了总统在外交事务的“巨大外部领域”中几乎毫无限制的权力。尽管并未提及总统在国内的权力，但这一压倒性的投票结果仍然出乎人们的意料。据《时代》周刊报道，萨瑟兰在其撰写的多数意见中就像“在用赞美诗歌颂万能的上帝”一般。
两个星期后，最高法院以八比〇的投票结果否决了一名自由联盟律 265
师的论点，维持了禁止将监狱内制造的商品运至那些反对其销售的州内的做法。自由派对这一判决结果欢呼雀跃，他们还希望在禁止雇佣童工或管理工资工时上，大法官能不再将贸易条款视为无法逾越的障碍。1937 年 1 月 11 日，在另一项获得所有大法官一致同意的判决中，最高法院支持了对白银投机行为征收联邦税。在有关《农业调整法》的案件中，由六位大法官组成的多数派认为，加工税根本算不上是税收。这一案件过去仅一年之后，似乎再没有哪位大法官因罗伯特·杰克逊所说的“直接将征税权用于非税款收入”而感到困惑不安。

《华盛顿每日新闻报》问道：“最高法院开始转变立场了吗？”该报编辑说，到目前为止，最高法院一直在避免做出类似于上届开庭期的那种“破坏性判决”；而当其他适用性更窄的原则可以用于裁决案件时，大法官们也尽量避免引发宪法性问题。尽管真正的考验还未到来，但该报编辑认为，有理由相信最高法院将继续“修正其意见”，从而避免在政府分支间出现剧烈的冲突。

目前，这一切都并非难以想象。大选结果吓住了猛烈攻击新政的批评者们（如果大选结果还没改变他们的观点的话）。各大报纸在组织了——而不仅仅是如实报道——激烈的反罗斯福运动后，也渐渐归于平静。华尔街对于罗斯福所做出的关于平衡预算的承诺十分满意，认为财政政策出现了“令人振奋的趋势”。时政评论员开始在文章中谈到一个新的“和睦时期”[1]。不过,依然有一些人对此持怀疑态度。菲利克斯·弗兰克福特给罗斯福写信，提到自己最近与一位著名公司法律师的谈话。“我问他是否真的会出现另一个‘和睦时期’,”弗兰克福特写道,“他回答说:‘是的,只要白宫里的那个人明白事理。’这是不是很有趣？”但就目前来看,近期动荡的政治局势已趋于稳定。阿瑟·克罗克在《时代》周刊中指出，在残酷的运动过后，“国家可以利用现在的平静期，哪怕事实证明我们正处在幸福的幻像之中”。

当然，1936年至1937年冬天的和平期并不是永久的，而更像是精疲力竭及某些困惑所导致的停战。大选结果是如此振奋人心，似乎可以为所有的问题提供答案。然而在反思过后，人们发现大选结
266 果几乎未能解决任何问题。从最基本的层面看，现在仍不清楚选民们是否想进一步推行改革，还只是想完善现有的新政措施。至于罗斯福本人的目标，也仍不得而知。1937年1月5日，当国会召开时，罗斯福希望国会知道，他们的第一项工作应致力于完善《美国中立法》，以避免美国卷入西班牙内战。他还开始描绘其重组行政分支的宏伟蓝图——简化独立机构、准独立机构和各种委员会的繁琐系统，并将它们更多地置于总统的管控之下。然而，除此之外，无人知晓罗斯福第二个总统任期的其他计划。

至于新加入国会的民主党人的态度，那就更加让人难以捉摸了。他们中很少有人知道自己得以进入国会的真正原因：究竟是因为罗斯福的高人气，还是他们自身的魅力？是因为新政为国家和地区带来的益处，还是经济水平的整体提高？特纳·卡特里奇在《纽约时报》中写道，虽然公众认为新的国会议员将“迈着正步走向白宫”，但华

---

[1] 和睦时期（Era of Good Feelings）指詹姆斯·门罗（James Monroe）在1817年至1825年期间的两任总统任期，当时美国国内政党团结，一致向外。

盛顿的许多人认为“不能指望第七十五届国会有此作为……等待我们的也许是一个接一个的意外”。罗斯福再度当选后，权力大增，但政府成员面临着来自选民和说客两方面的压力。与此同时，罗斯福和国会领袖要求他人严以律己的能力正在逐渐减弱：到 1937 年，政治资助和公共资金已被大量使用。另外，人们预测罗斯福将于 1940 年退休，这使得一些人的雄心被重新点燃。由于这种种原因，资深民主党人对未来产生了不祥的预感。他们并不在意那些留下来的少数共和党人；对此，卡特里奇总结说：“他们最为关心的是民主党自身的处境。”

国会领袖也十分担心最高法院的情况，尽管其近期做出的判决颇令人鼓舞。当多数党领袖乔·罗宾逊于 1 月 2 日回到参议院时，他声称最高法院依然是改革中的一个障碍，因此必须对其有所行动。他认为，尽管修改宪法“将引发争论并需要时间”，但除此以外，别无他法。众议院议长威廉·班克黑德对两种看法都表示赞同：他说， 267
制定宪法修正案是“一个漫长而曲折的过程，但如果我们遇到问题，就必须着手解决，正面面对”。

国会会期开始前，保守的《纽约先驱论坛报》在其调查中描绘了一番略为不同的景象。该报引证说，南部保守派领袖对最高法院问题持谨慎态度，对宪法问题漠不关心，且“显然不想卷入麻烦”。尽管大多数南部保守派人士都表示将支持总统提出的任何合理改革，但他们认为，经济复苏就足以证明政府无须修改宪法就能够完美运作。这些国会议员称，南部人民已经“厌倦了争论”，只希望“减少麻烦，尽快取得结果”。这一描述与《纽约时报》的报道并非完全不符；罗宾逊和班克黑德二人均属于南部保守派，他们对修改宪法均没有热情，国会只不过是通过修改宪法这一主张来表明自己站在最高法院的对立面——至少在表面上是如此。还有一种可能是，他们与其他保守派人士一样，将支持修改宪法作为一种排除其他方法——

例如填塞最高法院——的手段。

大多数观察者预测，罗斯福将在 1 月 6 日发表的年度国情咨文中谈到最高法院。咨文演说稿的初稿言辞激烈，咄咄逼人，与“和睦时期”的特点完全不符。例如，最初的版本提到，全国复兴总署虽然管理不善，但完全可以改进方法来实现其目标——“假如最高法院没有通过判决将其整个推翻的话”。在最初的两版演说草稿中，这一部分并未修改，但在第三稿中，罗斯福将其删掉了，一并删掉的还有“最高法院少数派所认可的权力”这一部分。他还拒绝引用休斯的一句话，大概内容是说宪法是一种适应性较强的工具。连续数次商讨下来后，罗斯福和他的演说撰稿人修改了演说稿中的犀利言语，拒绝挑衅，支持调解，呼吁最高法院与其他政府分支协作，以增强“自由政府的基本权力”。

268 如果最高法院拒绝这样做呢？最新的演说稿断然声称：“如果可以的话，这些权力的实施便无须依靠修改宪法；但如果需要的话，也可以考虑修宪。”罗斯福起先对这句话稍稍做了修改，但后来还是将其删掉了。发布最后通牒并不是他的行事风格。尽管他急切地想要探讨有关最高法院的问题，但他依然不愿对解决方案发表意见。

1 月 5 日下午，也就是演说的前一天，罗斯福向内阁宣读了演说稿的最终版本。伊克斯认为该演说“措辞精妙，以平和且机智的方式明确指出了最高法院的问题”。然而，有一点他很担忧，这也得到了亨利 · 华莱士的同意：他们均认为此演说稿没有考虑修改宪法的问题。伊克斯回忆道：“总统坚持认为，演说稿并未表明不会采取……必要的手段……使最高法院步入正轨。然而，在我看来事实并非如此。但除了提出自己的观点外，我什么都做不了。”

第二天下午 2 点，罗斯福在詹姆斯的搀扶下来到了众议院会议大厅。人们欢呼雀跃，仿佛是在迎接一位征战归来的英雄。罗斯福双手扶着讲台的两侧，此时欢呼声此起彼伏，过了许久才安静下来。他的演说十分简练，且颇有气势，赢得听众的阵阵掌声，但气氛仍算十分平和。演说过半时，他说了以下这段话，人们这才激动起来：

去年，人们越发认为，如今的美国宪法并无明显缺陷。当务之急并不是修改我们的根本大法，而是使人们更加开明地看待它。对宪法的解释出现了一些问题，但若能够正确面对，这些问题则可以被视为推动进步的工具，而非阻碍前行的障碍。

民主党人激动得跳起来，兴奋地高声欢呼，这种景象似乎只有在竞选集会中才能见到。听众中人数极少的共和党人沉默地坐着，内心十分愤怒。而楼上听众席中的人们轻轻地鼓着掌，与其说是出于赞同，倒不如说是出于尊重。

罗斯福继续他的演说，这次引用了一百五十年前制宪会议上的辩论。他说道：

制宪者们深知，文明社会将对提议中的新的联邦政府提出 269
一些他们自己也无法预测的问题；他们期望，在未来的岁月中，通过对宪法进行更加开明地解释，国会能够在新的全国性问题上获得与过去那个时代等同的相对权力……

接着，便是罗森曼所说的“警钟”：

人们无法预测，将立法和司法行动更紧密地结合在一起是否会导致长时间的失败。必须要找到合适的方法，使现有的法律形式和司法解释与现代社会中进步主义的民主国家需求相适应。

罗斯福说道，当自由在世界各地遭到围困时，美国“必须继续努力使民主取得成功”。政府的三个分支必须各司其职。他以司法分支为结尾，解释了三个分支各自的职能。他坚称：“我们不会要求法院将不存在的权力变为现实。但我们有权要求已被认可或法律默许的权力变成为公共利益服务的有效工具。”

这些话使民主党人再次欢呼起来。《纽约时报》写道：“罗斯福似乎完全掌控了新一届国会。”然而，罗斯福在环视听众一圈之后，还是感到了一丝失望。根据传统，至少会有几位最高法院大法官到场。可今天一位大法官都没有出席。罗斯福怀疑有人将演说稿提前透露给了大法官，因此他们出于怨恨而待在家中。（或者说，他们不希望面无表情地听总统冗长的演说，让他将矛头直接指向自己，列举自己对国家所应尽的义务。）一个多星期后，大法官们的这种轻慢态度依旧让罗斯福耿耿于怀；不过，正如他在写给一位朋友的信中提到的那样，当得知大法官“至少看到了有关他们的评论”时，他多少还是获得了一些满足感。

如果大法官们真的看到了罗斯福有关最高法院的评论（几乎每
270 位大法官都看了），他们的反应也无从得知。罗斯福的言语模棱两可，足以引起截然不同的反应。对于罗森曼来说，他帮助罗斯福起草了演说稿，也就明白这些言语构成了一种隐约存在的威胁。而对于阿瑟·克罗克等时政评论员来说，这些言语则代表了一种“保守的方法”，因为罗斯福并没有提出任何激进的解决方案，反而暗示最高法院应该自我改正。《纽约时报》的编辑们也赞同克罗克的观点，他们写道，罗斯福的言论“听起来并不像是在考虑新试验和新改革”。他传达的信息“并不是战斗的呼喊，而是对于和平合作的呼吁”，因此“才有了一系列有关好事将近的预言和保证”。

然而，国会中的许多人认为罗斯福只是在拖延时间：假设国会议员不逼迫他，那在最高法院又一次表现出真实的面目后，他也将迅速行动，限制最高法院的权力。国会两院的领袖先是赞扬罗斯福有关无须修改宪法的言论，可仅仅几小时后又在记者面前直接反驳他的观点。约瑟夫 · 罗宾逊在当晚的广播中重复了他的坚定主张：“处理这个问题最可行、最安全的方法就是制定宪法修正案。”众议院议长班克黑德支持这一观点，他在第二天说：“我仍然看不出怎样才能避免修改宪法。”

在国会会期的头十天内，议员们针对宪法提出了近五十项修正案，包括允许国会推翻最高法院的判决、授权予国会制定有利于公众福利的法律、最高法院若推翻国会法案需要“绝对多数”的投票结果、将最高法院的角色限定为顾问、终结司法审查权等等。有些人还关心其他问题，包括为女性争取平等权利以及禁止“以任何目的发动战争”。但大多数人都旨在削弱最高法院的权力。一些国会议员还想到了其他方法。来自纽约州的联邦众议员伊曼纽尔 · 赛勒是司法委员会的成员，他在 1 月 10 日的一场广播演说中宣称：“如果最高法院再一次推翻我们的措施，那么就只剩下一条路可走——国会将填塞最高法院。”他提议将大法官人数立即增加至十一人。

支持宪法改革的团体开始大量增加。如果说这一现象会带来任
何后果的话，那么就是会有人来让混乱的局面变得秩序井然。1 月， 271
一个由律师、经济学家和劳工团体组成的代表团与内布拉斯加州参议员乔治 · W. 诺里斯会面，看他是否愿意充当这一角色。七十五岁的诺里斯总系着领结，看起来有些孩子气，他是一名持进步主义理念的共和党人——事实上，他的思想有点过于倾向进步主义了，因此《芝加哥每日论坛报》并不承认他是一名真正的共和党人，而是将他称为“乔治 · W. 诺里斯（立场激进，来自内布拉斯加州）[1]”。诺里

[1] 内布拉斯加州位于美国中西部，经济以农业为主，在政治上偏向保守主义，长期是共和党的阵地，这与诺里斯本人的政治立场形成了强烈的对比。

斯被誉为"《田纳西河流域管理局法》之父"。因此，他对司法分支的不满主要在于，法院的禁令使他的项目"几乎瘫痪"。这也是为什么代表团认为他将是一位积极的发起人（另一位人选是伯特·惠勒）。诺里斯同意主持3月的一次会议，旨在寻求双方的共同点。他表示："解决问题的人必须首先在自己内部彼此妥协,达成一致。"莫里斯·恩斯特是一名杰出的民权律师，他写信告知罗斯福有关这一会议的事宜："我们希望能够有相当数量的国会议员、州长和法官出席。这个会议产生的影响可能会十分巨大。"

罗斯福不可能对所有这些行动都表示满意，因为这将使情况更复杂、局面更混乱。但那时，他不应期待会有什么其他的事情发生。在年度国情咨文中，他并没有公布新计划，没有暗示改变即将来临，或是排除各种做法。因此，国会议员或其他任何人都没有理由在这件事情上退缩，等待总统采取行动。总统没有向一位国会领袖透露过他打算对最高法院所采取的行动。因此，他们每个人都觉得应该自由地追寻自己的目标，设定自己的时间表，采用自己的方式。

罗斯福在国会山的助手们有充分的理由相信，若总统心中已有计划，那么他不仅会告知他们，还会征询他们的意见，甚至是赞同他们的集体建议（如果有的话）。毕竟，他在行政重组提案中便采取了这种方式。1月初，罗斯福在白宫与民主党领袖会晤。他放了一个古巴雪茄盒在桌子上，屋子里渐渐烟雾缭绕。他身体前倾，与每名与会者进行目光交流，认真地聆听他们的谈话，自如地回答他们提
272 出的各种难题，展现出了他那开放且通融的行事风格。行政重组提案很难让人接受：为了追求实现有效政府，它将剥夺许多国会特权。一名工作人员回忆道，在了解到这一点后，罗斯福"急得像一只猫，比每个人想得都要多"。

尽管罗斯福没有承认（或明确否认），将要递交给国会的、有关

行政重组的咨文，早在会议召开之前便已写好，但他广开言路——或至少表面上如此，还是取得了明显且重要的功效：这使国会对他言听计从。罗斯福十分清楚，公众印象中如“橡皮图章”一样对总统俯首帖耳的国会事实上并不存在。国会是否与白宫步调一致，直接取决于罗斯福花多少时间与国会领袖打交道；据罗斯福自己估算，在国会会期期间，他每天要在这一方面花上三到四个小时，包括聆听、奉承、打趣、劝说，并促使党派领袖按他的意愿行事——同时使他们在多数情况下相信，他的提案正是在他们的建议下提出的。他努力避免给人们留下“挥动皮鞭的独裁者”（罗斯福本人语）的印象。这同样也关乎自我保护。皮尔森和艾伦指出，通过鼓励国会领袖积极主动地处理一些争议性事务，例如银行系统的改革或社会保障问题，“罗斯福让他的突击部队承受着战火的打击，自己则安全无虞地待在大后方”。

罗斯福喜欢与人讨论，发表观点，同时也喜欢聆听别人的发言。他与国务卿通电话时，常常会说：“科德尔，你有什么想法？”这就是他整日做的事情。这是他的乐趣所在，也能为他提供动力。乔治·克里尔说：“聚会和自由讨论使他的灵魂感到十分愉悦。”很大程度上来说，这也是他做决定的过程。罗斯福知道，小圈子——尤其是总统身边的小圈子——很容易成为一群事事附和之人，不论总统提出什么意见，他们都会同意。因此，他将参与决定过程的人多元化。他欢迎持不同观点的人，将局外人加入到圈子中来。这样做的结果通常是管理上的混乱——许多相互冲突和重合的指令混杂在一起。但这种方式往往可以填补他的思维空缺，也可以暴露并修正他逻辑中的缺陷。

然而，有时他会秘密地工作，对身边的密友和幕僚也不透露自己的计划。最为突出的例子就是 1935 年的“财产税”计划，这是他
针对休伊·朗的“分享财富”计划所做的回应。他没有和国会领袖 273

商讨就起草了提案，并要求国会严格遵照他所起草的条款采取行动。皮尔森和艾伦（以及几乎所有其他观察者）评论道："这一突如其来的行动在国会委员会中引发了争论，导致了对总统的不满，其程度远甚于罗斯福政府所做的其他任何决定。"

如何解释总统从关怀到专横的这一转变呢？一部分原因是，罗斯福早就料到保守派民主党人会反对他的计划，因此他并没有让他们参与该计划的制定，而是试图将该计划强加于他们身上。不过，他很快就意识到这是一个错误。不久后，他便又用回那老一套的面面俱到。但这一问题——正如 1935 年的"财产税"计划所示这的确是一个问题——有着更深层的原因。这直指罗斯福性格的核心：用罗森曼的话来说，就是罗斯福偏爱"充满戏剧性、高潮迭起的事物"。

罗斯福经常同幕僚说："我将引爆一个炸弹。"通常而言，这是一种警示。他喜欢出其不意：不论是在政治上还是在个人生活中，不论是在重要事务还是生活小事上。正如休·约翰逊所回忆的那样，"他聪明、狡猾、动作迅速。在出其不意这件事上，他从不分敌我。"1936 年的某一天，罗斯福问勒翰德小姐："你能保守秘密吗？"随后便告诉她，他计划将下午的内阁会议提前一点结束，将大家带到外面，给他们一个"大惊喜"：生病多时的海军部长克劳德·斯旺森将等在车中。罗斯福眼中闪烁着兴奋的光芒，说道："我们即将见证一场重逢的场景。"（勒翰德小姐并没有勇气告诉他，内阁成员不会像他那样对斯旺森的归来感到激动万分，因为后者虽是个有能力的公职人员，但还算不上特别杰出的大人物。）在政治领域中，他的这一喜好时而让他做出一些让反对者和支持者都倍感震惊的举动。他之所以这样做是因为他已经计算好，公众将会对他予以支持。关于这一点，他经常是正确的——但税收之争也表明他并不总是正确的。于是，罗斯福决定不再如此大步大胆地行动。相反，他大肆宣传每一小步，使其看起来比实际更大步、更大胆。

有时，秘密会悄无声息地结束。罗森曼回忆说：“他喜欢神秘。”这常常意味着在与国会领袖或幕僚商讨问题时，他喜欢隐藏关键信息，并以此为乐。罗森曼说：“并不是罗斯福想要隐瞒什么，他只是 274
不想让其他人知晓全部信息。他似乎不想让任何人了解全部情况。”

罗斯福可以滔滔不绝地谈上一整天，但这不等同于完全的坦白。他有一次建议亨利·摩根索：“永远不要让你的左手知道你的右手在干什么。”摩根索问道：“总统先生，我是您的哪只手？”罗斯福回答说：“右手。但我的左手一直放在桌子下面。”总统手下的成员若无意间发现他将同一任务分发给多人，就会产生不满情绪以及内部纷争。罗森曼回忆说：“有时，我认为这是因为这种做法给了（罗斯福）一种他喜爱的权力感，只有他自己知道整个计划的所有信息。一段时间之后，你就能接受他这个缺点了，尽管这是一种效率低下的行事方式。”

这样做的后果不仅仅是效率低下，还显得十分轻率鲁莽。填塞最高法院的提议就是例证之一。在 1936 年底的一次内阁会议上，总统开玩笑似地问道：“霍默，你的计划进行得怎么样了？”这是一个只有他们两人才能明白的玩笑。除了卡明斯，内阁成员对该“计划”毫不知情。伊克斯和华莱士多年来一直在推进针对最高法院的激进行动，但他们对该计划均一无所知。从司法的角度来看，劳工部长弗朗西丝·珀金斯的处境最为危急，因为最高法院即将审理有关《社会保障法》和《全国劳工关系法》的测试案件，可她对该计划同样毫不知情。副总统约翰·南斯·加纳是罗斯福在国会山的主要联络人，但他也被如此对待。在每个星期五下午的会议中，内阁成员都会抱怨最高法院的所作所为，而罗斯福则会神秘地微笑，或是冲卡明斯会心一笑。有时他甚至会参与到谈话中，但并不透漏任何信息。尽管他已做出决定，但仍表现出会接受新观点的样子。

这种对神秘感的迷恋背后，可能是罗斯福认为进一步的讨论是没有必要的。伊克斯、华莱士和珀金斯认为，他十分清楚在最高法院的问题上应该做些什么。在这一问题上，多年来他一直在广泛听取多方意见——寻求博学之人的看法，深入探寻各种可能性，考虑宪法和政治方面的影响。他和卡明斯在这些问题上进行了长期的准
275 备，到 1937 年时已经很难再找到他们没有顾及的方面。因此，在关键的决策时刻，罗斯福拒绝再进行进一步的讨论。知晓该计划的所有人——加德纳和其他助手——都无法（或无意）公开反对罗斯福的决定。若有谁试图公开反驳，则将会从圈子中被驱逐出去。卡明斯一直以来都瞧不起罗斯福身边散漫的知识分子团体，诸如弗兰克福特这一类人，而后者认为司法部长就是一个惟命是从的应声虫。现在，卡明斯终于可以不用理会他们了，这让他十分高兴。

罗斯福后来表示，所有这些保密行为都只有一个目的：防止有关最高法院的计划被泄露给新闻界。不过，接受这一解释就意味着要相信，出其不意这一因素在该计划的成功中所扮演的角色，要比其在《全国工业复兴法》和《社会保障法》（及任何他曾经提前讨论、甚至与国会领袖和白宫记者公开讨论的改革方案）的通过中所扮演的角色更为重要。罗斯福从未说明为何他认为采取出其不意的行动——而这一做法几乎无可避免地会羞辱并激怒国会领袖——将会带来更多的成果，而不是与后者合作，共同探讨解决方案。除了卡明斯之外，如果罗斯福身边的人问及这些问题，想必他很难作答。

看起来，罗斯福与最高法院之间的矛盾影响了他的判断，也显示出了他的自毁倾向。他喜欢神秘，偏爱心机手段，而非坦率直白，他时而还怀有恶意，渴望趁人不备发起突袭——所有这些性格特点都展现在填塞最高法院的计划中。现在，这个喜欢出其不意的男人给整个国家带来了一个大大的意外，这是历任总统从未尝试过的。在准备就绪之前，他不会与任何人分享他的秘密，也不会将其透露给任何心存疑虑的人。他和卡明斯有自己的解决办法——这些办法

异常精巧,在他们看来堪称完美。在亲手打造的幻影中,他们两人——召开了一场只有他们自己参与的制宪会议——实则是聪明反被聪明误。这两位精明老练的政客相互支持，彼此支援。他们将一个激进的方案视为理想的解决之道：切实可行、温和适度、英明睿智、合乎逻辑。

第 16 章　恪守、维护、捍卫

沃纳·加德纳十分震惊。在过去一个月里，他大部分时间都在起草并修改填塞最高法院的提案。他年仅二十七岁，就有幸能够为总统介绍这一计划的基本情况。他开始感受到作为提案起草者的自豪。在 1937 年 1 月的最初几个星期里，他获悉——与他原先的预想所不同的是——这一提案不是用来解决最高法院的蓄意阻挠行为，而是用来减轻过度劳累的大法官们的工作负担。 276

加德纳曾在最高法院担任过助理。他知道，无论联邦下级法院的情况如何，最高法院绝对没有被案件淹没。他后来说，因此“人们为之战斗的宪法对质”实际上已经变成“一个诡计”“一种为兜售谎言而做出的努力”“一次对麦迪逊大道式欺诈[1]的实践”。加德纳想知道谁应该为提案的这一改变负责，他自己的猜测是卡尔·麦克法兰，因为“他与卡明斯关系密切，是个注重实际的人”。这可不是什么赞美之辞。

[1] 麦迪逊大道是纽约广告业中心，自上世纪初以来便聚集了大量广告公司，常被视为广告业的代名词。

加德纳认为改变已经发生，这或许是一种错误的想法。卡明斯是否曾经考虑过对最高法院多数派大法官所持有的保守主义立场进行正面攻击，或者哪怕是直接提及这一点，这些也都无人知晓。当卡明斯于12月将计划呈交给罗斯福的时候，他就已经将增加法官的需求与法庭的案件积压情况捆绑到了一起。他没有必要将此告诉加
277 德纳。卡明斯对该计划进行了拆分，只将其中的部分信息分别告知了他认为有必要知道的人；而加德纳只需负责起草提案，无须了解该计划是如何被拆分的。

无论如何，在发现了这一情况后，加德纳便退出了这一计划。1月初，他向卡明斯递交了另一份立法草案，对于将大法官人数上限设为十五人这一提议做了最后的论述（其后的结果证明他赢了），仅此而已。多年以后，他已记不清当初自己是否逃避了许多提案方面的额外工作，或是对此表达了强烈的反对情绪，才使得卡明斯去向他人寻求帮助。不管怎样，加德纳都已退出，并且对事态发展的转变十分震惊。

本·科恩和汤姆·科克伦也同样十分震惊。12月，他们为此计划（或者说他们所知的内容）欢呼雀跃。在有关最高法院提案的备忘录草稿中，他们提出要裁掉年老且思想落伍的保守派。但当他们于1月初得知提出该计划的理由是工作效率而非思想观念时，他们便退缩了。他们对填塞最高法院本身没有意见；但他们不能接受以错误的前提来推行该计划。两人都对提案新的理论基础表示震惊，立即将备忘录修改成一份包含相反意见的简报，试图改变罗斯福的想法；然而，他们虽然充满激情，可这一努力最终却毫无意义。

他们写道，年老的大法官们在“做出判断时并不一定会更加武断或者……对于现实的需求更加无动于衷”。事实上，随着年龄的增长，“一些大法官的内心会变得愈加平静，对于各种尝试也变得愈加宽容”。另外，增加大法官的人数会使得他们表现得如同立法者一

样——陷入派系之争，热衷于“发表演说”，并为自己“拉选票”。科恩和科克伦表达了自己的疑虑，认为国会或国家不会对此提议举行公正的听证会。在所有人看来，这都将是对司法独立性发起的一次攻击。他们总结道：“扩大最高法院的规模充其量就是一项权宜之计，很可能无法（实现）其目标。”他们敷衍性地提出了一个替代方案，即制定一项宪法修正案，以给予国会推翻最高法院判决的否决权。1 月 7 日，他们上交了该备忘录，并随即与之撇清关系。当天下午，科克伦出现在伊克斯的办公室，称宪法修正案不可能获得通过，进行这一尝试绝非明智之举。伊克斯在日记中极不情愿地认同了科克伦的观点，他写道：“这可能是因为，我们只有扩大最高法院成员 278
数量这条路可以走了。”伊克斯期待的是真正的改革，是永久性地削弱最高法院的权力。他相信，这一改革终将到来。

1 月中旬，罗斯福在第二次总统就职典礼的前夕接受了《纽约时报》的安妮 · 奥黑尔 · 麦考密克的一次深度采访。安妮发现罗斯福容光焕发，充满活力，十分乐观。用她的话来说，仿佛总统的重担是“鼓励他的一针兴奋剂”。在她看来，“他还是那个几年前的罗斯福；很难再找到像他这样在举止和思想方面几乎未曾改变的人了”。这一点让她颇为惊讶。“但是，显然重点已经发生了变化。他对其政策的解释与从前有所不同了。”四年前，在面对经济危机时，他曾提到改革和复兴。如今，他的目标更注重根本，“证明民主政府的正确性，并使之变得更强大”。

在 1 月 6 日发表的年度咨文中，罗斯福阐明了这一观点，为了实现这一目标他决定改革最高法院。但他让麦考密克放心，这一目标不会通过宪法修正案来实现。麦考密克在报道中指出，总统“并不想提及此问题”，他更愿意调整自己的方法以避免冲突。她还写道：“（我）怀疑罗斯福是否愿意（如果他能够做到的话）削减最高法院的权力。

罗斯福表示，他对最高法院的全部希望就是：能够跟上时代的发展。他认为，最高法院的所思所想应该与政府的其他分支处于同一个时代。而通过行使任命权，任何一位总统都能实现这一目标。”

这是一场危险的游戏。在短短几个星期里，罗斯福先后在《科利尔》杂志中发出威胁，表示即将采取行动，又在年度咨文中暗示不会这样做，同时还明确地告诉麦考密克他正耐心地等待大法官离世或退休。罗斯福所做的不仅仅是对自己的计划遮遮掩掩：事实上，他已经下定决心采取行动，但他仍竭尽全力否认这种可能性。所有的这些评论都是被正式公布、记录在案的，因此可以肯定的是，批评者不久之后将会质问罗斯福这些前后矛盾、带有误导性甚至是完全不诚实的发
279 言，并让他对其做出解释。对于任何这种经过深思熟虑的战略，除了想让更多人偏离目标，以便在最后公布提案时让人们倍感震惊外，再很难看出有什么其他目的。很显然，罗斯福期待人们做出强烈的反应。他在1月15日给弗兰克福特的信中写道：“此事十分机密，我可能会在两个星期后给你一个特大的意外。即使你不同意，也请不要现在就做出最后的判断，我将会把这件事告诉你。”

1937年，总统就职典礼有史以来第一次在1月20日、而非3月4日举行。1933年获得批准的宪法第二十条修正案缩短了大选日与总统宣誓就职仪式之间的间隔期——在1932年到1933年间的那个冬天，这一间隔期充满了不确定性。现在，四年之后，节日季的喜庆气氛一直延续到了1月中旬。当罗斯福准备进行第二次就职宣誓时，整个华盛顿的圣诞树和彩灯都被换成了条幅和彩旗。在白宫铺着红色地毯的走廊里，圣诞花依然摆在那里。

自从第二十条修正案首次提出之时，人们就开始担心就职典礼当天的天气情况。不过事实证明，人们的担忧出了点差错。与原先预测不同的是，1937年1月20日并没有下雪，气温也没有骤降；但

是那天却狂风大作，下起了倾盆大雨和雨夹雪。就在正午之前，哈罗德·伊克斯和亨利·摩根索在喝完一长颈瓶的威士忌暖身后，走出国会大厦来到观礼台上。此时，雨水如同消防水带中喷涌而出的水柱一般有力地击打着他们。在观礼台下，数千名观众站在齐脚踝深的泥里，挤在一起等待了几个小时，他们所带的雨伞根本无法抵挡大雨的侵袭。还有数千名观众已经到达了联邦车站，在看到眼前的天气状况后，他们意识到已无法赶到仪式现场，因此决定在晚间报纸上阅读罗斯福的演说。

在马路对面的最高法院大楼内，有七位大法官在为就职典礼做着准备。斯通仍然处于疾病的恢复期，而布兰代斯还像往常一样，从不参加公共活动。但剩下的“七个老头”如其他老年人一样，都对恶劣的天气感到害怕，不得不为在雨中行走做着准备。到了上午11点，他们依照传统身着大法官袍在法庭集合。首席大法官休斯正式宣布，280
大法官们将出席就职典礼。听到此，大法官们纷纷起身，脱掉大法官袍，叠整齐后交给信差，然后乘坐电梯去往地下室，那里有汽车在等待他们，把他们送往国会大厦参议院中的老会议室。这是他们一年多以来第一次去那里。信差没有进入国会大厦的通行证，与门卫争执了一番，因此稍稍耽搁了一会。随后，大法官们又穿上了长袍，接着便走出了国会大厦。

面对瓢泼大雨，大法官袍并不能帮上什么忙，因此大多数大法官都穿上了厚重的大衣，头戴黑色的无边便帽。七位大法官走进搭建在就职典礼台上的雨棚，那里铺着的红地毯已经像海绵一样被雨水完全浸湿，助手们将椅子提起，把上面的积水倒掉。乔治·萨瑟兰就座后一直瑟瑟发抖。不过，当比他年长的詹姆斯·麦克雷诺兹被人护送到平台上之后，他还是站了起来，并将座位让给了后者。大约五分钟后，萨瑟兰又重新坐到了他之前的座位上。那是因为麦克雷诺兹担心会染上肺炎，再加上对就职演说毫无兴趣，于是便离开礼台，直接回家去了。（伊克斯在附近看到了这一幕，嘲笑道："此人真是外强中干啊。"）

看着前来参加就职典礼的人群，罗斯福说道："如果他们能承受这场暴雨的话，那么我也能。"从宾夕法尼亚大道前往国会大厦的途中，罗斯福乘坐的豪华轿车的窗户一直是开着的。他将大礼帽丢在一边，并解开了大衣领口。他同意在国会大厦内等待半小时，希望大雨能渐渐停止。但雨没有停，于是他由詹姆斯搀扶着走上一个长长的斜坡，来到就职典礼台上。首席大法官已经在那里等候了。休斯先是摘掉无边便帽，起身欢迎总统，并准备宣读就职誓词。

数以千计的人们不顾如此恶劣的天气前来参加总统就职典礼，正是为了亲眼见证罗斯福宣读就职誓词；人们对此的兴趣甚至超过了紧随其后的就职演说。在这场自内战以来最大的宪法危机中，罗斯福和休斯一直是敌对的双方；现在，他们两人之间的距离不到一米。当首席大法官念出誓词时，一面湿透了的印有四颗星和一只鹰的总统旗升了起来。站在两人中间、稍稍靠后的是一名来自最高法院的工作人员，他手里捧着重达二十磅、有着两百年历史的罗斯福家族家传《圣经》,《圣经》上盖着一张玻璃纸，以防被雨水打湿。罗斯
281 福将左手放在《圣经》上,将右手举起。他全神贯注地听休斯念誓词，然后一字不差地将其重复了出来。罗斯福没有微笑，但在宣读誓词时将下巴微微扬起，并重点强调了几个词：

> 我谨庄严宣誓，我必忠实执行美利坚合众国总统职务，竭尽全力，**恪守**……**维护**……**捍卫**美利坚合众国宪法。愿上帝助我！

《纽约时报》评论道："说什么并不重要，重要的是怎么说。罗斯福加强语气的部分引起了人群的注意。雨伞下的人们看着彼此，他

们明白了总统的用意。”

随后，许多人离开了就职典礼的现场。许多酒店大堂和餐厅内的收音机都可以收听到罗斯福的演说，尽管恶劣的天气会对此有所影响。无线电工程师们起初以为落在就职台雨蓬上的雨滴声是静电发出的干扰声，但随着一阵雨夹雪袭来并击打着讲台时，广播中传来的声音听起来就像是击鼓声。坐在总统附近的人情况也好不到哪儿去：麦克雷诺兹大法官的一名助理发现自己“根本听不清罗斯福所说的任何一个字”。

然而，留在就职典礼现场的人们，包括六位大法官在内，都向前倾斜着身体，仔细聆听总统的演说。有传言称，罗斯福将在演说中提到最高法院。汤姆·科克伦极力要求总统不仅要攻击最高法院，还要攻击自由联盟的律师，因为他们建议其客户在最高法院做出判决前无视新政法规。就职演说的第一版草稿这样写道：“再也不能将爱国主义当作幌子来实施反动行为了。再也不能打着建国之父们的旗号，来反对将他们的信仰理念付诸当代的实践了。”但罗斯福删去了这几句话。演说中本来还有许多强硬的语言，许多对于“不计后果的利己主义”及“无情的铁石心肠”的嘲讽，但罗斯福不想在演说中提到自由联盟。

他同意用隐晦但尖锐的言辞提及最高法院。作为对第一次总统就职演说的呼应，他表达了对于宪法的信念，正如建国之父们所设想的那样，即宪法创造了“一个强大的政府，这个政府拥有足够的联合行动的权力，能够解决当时及现在完全超出个人或地方能力的问题”。他停顿了一下，将脸上的雨水擦掉，继续说道：“今天，我们 282
运用相同的政府权力来实现相同的目标……1787 年宪法并不会使我们的民主制度软弱无力。”与他曾经在年度咨文中提到过的那样，他再次呼吁政府的三个分支各司其职。他说，美国人民“将坚定不移地认为，政府的每一个部门都应该使用有效的手段来实现民意”。萨姆·罗森曼在罗斯福说这句话的时候紧紧地盯着休斯的脸，后来他回忆道："毫无疑问，首席大法官理解了总统的意思。"

罗斯福后来与罗森曼交谈时也提到，当他在宣读誓词时，他觉得自己仿佛是在对休斯说："是的，但这是我所理解的宪法，这一宪法十分灵活，足以解决任何有关民主的新问题，而不是您的法院所高举的那种阻碍进步和民主的宪法。"当然，罗斯福的批评者对此讽刺持有不同的看法。在就职典礼结束一天后，纽约公园大道的一名律师就写信给休斯说："昨天听了您向总统宣读的就职誓词，您又要求他在您面前保证'支持美利坚合众国宪法'，这让我十分欣喜和满足——我已经很久没有这么高兴过了。联想到总统曾试图将那些讽刺和蔑视之语强加于宪法与最高法院之上，那宣读这一誓词对他来说无异于哑巴吃黄连。"休斯出于礼貌，写了一封简短的回信："对于您所提及的问题，我不予置评。"

有关"计划"的传言越来越多了。罗斯福的幕僚们，甚至罗斯福本人，都对自己做出的暗示越来越不在乎了。就在就职典礼之前，罗斯福与他的忠实支持者、来自印第安纳州的联邦参议员谢尔曼·明顿进行了简短的会面。令人难以置信的是，当明顿不紧不慢地走出白宫后，他告诉正等候在外的一群记者，罗斯福正计划召开一次大型会议，将会与国会领袖商讨限制最高法院的计划。明顿提醒道，他说的这些话仅仅代表他自己，并不代表总统。一名白宫助理对此予以了证实。尽管如此，此事仍然成了报纸的头条新闻。越来越多的人推断，罗斯福"谨慎等待的……态度"(《纽约时报》语)只是装装样子罢了。

令人倍感震惊的是，全国复兴总署的前负责人唐纳德·里奇伯
283 格也同样鲁莽冒失。1月初，他向罗斯福递交了一份提案草稿，要求最高法院大法官在七十岁退休。罗斯福和卡明斯告诉他这是违反宪

法的。但很显然，他们或者别人其实还向里奇伯格透露了更多内情。1 月 20 日晚，里奇伯格举办了一个就职典礼后的鸡尾酒会，借此机会把罗斯福的就职演说归功于他自己，并向专栏作家雷 · 克拉珀透露了一些秘密。那晚，可能是在喝了一两杯掺有冰水的威士忌之后，里奇伯格将克拉珀拉到一边，克拉珀后来将他的话记录在了日记中：

> 罗斯福准备发布许多重磅消息，这将震惊整个国家——他说罗斯福无所畏惧，甚至想要以扩大规模的方式来填塞最高法院……他说罗斯福已决定限制最高法院，使其只考虑份内的事；哪怕许多人认为这并非明智之举，罗斯福依然会这么做。

克拉珀没有将这则独家消息告诉任何人。按照他自己的说法，他“百分之七十五地支持新政”，并在白宫与最高法院的斗争中支持前者。其他人则没有这份责任感，因而将他们所听闻的一切通通告诉了新闻界。有时候，这些言论已经十分接近真相了。霍华德报社华盛顿分社告知旗下所有的报纸厂商，总统正在考虑增加最高法院的大法官人数。就在就职典礼结束后发送给报社的一篇专栏文章中，皮尔森和艾伦甚至猜对了将要增加的大法官人数为六人。他们说，行动即将展开。

消息正通过越来越多的方式泄露出去。1 月，卡明斯不经意间向前驻意大利大使布雷肯里奇 · 朗透露了罗斯福的计划。罗斯福自己也向查尔顿 · 奥格伯和约翰 · L. 刘易斯透露了计划，前者是美国劳工联合会的法律顾问，而后者任职于美国产业工会联合会，曾试图通过谈判，结束在密歇根州弗林特市通用汽车公司工厂发生的一场静坐罢工。罗斯福向这些工会领袖频频示好，这反映出他热切地希望说服他们，使其相信自己对愈演愈烈的劳资争议已有一个长久的解决之道——即重组的最高法院不久后将维护劳工权利。

出于以上这些原因，当罗斯福在1月24日收到记者欧文·布兰
284 特的来信时并未感到惊讶。“几位参议员告诉我，您将在最近几天发表一则关于最高法院的声明。如果这一声明是批评最高法院或对其做出严格要求，那么我建议您不要这么做。”布兰特恳求道：

> 您的言论遭到了许多人的批评，而且这类批评仍将持续下去……您现在所说的任何话都将引发激烈的反应……我认为，您所能施加的最强势的压力便是目前普遍存在的压力——这一压力来自不确定的局势，我希望您能吊住反对派的胃口。与自由派大法官的谈话使我确信，在宪法解释方面将会发生根本性的变化。

布兰代斯、卡多佐和斯通从布兰特那里得知了这些传闻。麦克雷诺兹也从其他地方听说了。约翰·诺克斯是麦克雷诺兹的助理，此人极具洞察力，在给父母的信中他写道：“有人已经向大法官通风报信，但我还不清楚具体内容是什么。他要么是害怕出现通货膨胀，要么是害怕被逼辞职。他让我仔细检查他从1903年开始的履历（麦克雷诺兹于1903年在华盛顿找到第一份工作），还一直给他的股票经纪人打电话。一名华尔街的百万富翁建议他将一部分财产转往加拿大和英国。除此之外，我不清楚发生了什么，不过我想，总有一天我会弄明白的。”

现在，真相在几个星期之内就会水落石出。新闻界的炒作，再加上国会内外立即采取行动的决心，都迫使罗斯福不得不将计划提前。他认为，关于填塞最高法院的提案可能需要一段时间才能获得通过。在那之后，他将会选出新的自由派大法官，并得到参议院的确认。因此，提前开始计划十分重要，这样既能解决问题，又能使

其尽快生效。只有到那时,政府和国会才能自信地进行有意义的改革,新组建的最高法院将不再是它们的绊脚石。

在研究了日程表之后，罗斯福看到了一线希望。一年一度的白宫司法晚宴将于 2 月 2 日举行。不论是对他自己还是对大法官，或 285
是对出席晚宴的其他人来说，在晚宴举办前实施该计划都将是一件十分尴尬的事。六天后，即 2 月 8 日，首席政府律师斯坦利 · 里德将出现在最高法院为劳工法案做口头辩论。罗斯福担心，若是在口头辩论结束后、当大法官商议案件时宣布此计划，可能会让人们觉得他这是在威胁最高法院（出于一些原因，他并不担心在口头辩论的前夕宣布此计划会产生同样的效果）。这就使可能宣布该计划的日期缩小到了三个工作日。罗斯福选择了第三个工作日，即 2 月 5 日，星期五，距就职典礼结束仅仅两个星期的日子。

1 月 30 日，星期六，萨姆 · 罗森曼从纽约赶赴华盛顿参加总统的生日舞会，该年度舞会将为脊髓灰质炎的治疗提供资金支持。勒翰德小姐催促罗森曼早些到场参加一场十分重要的午餐会。关于午餐会的内容，她没有多说，罗森曼也没有追问。他和一些前来参加舞会的电影明星同时到达了白宫。按照计划，罗斯福会先与这些明星共进午餐，但他为了与幕僚开会而取消了这一安排。当罗森曼乘坐电梯去往二楼时，他突然感到强烈的不安。他知道将会有很严重的事情发生，否则罗斯福不会放弃与珍 · 哈露这样的明星共进午餐的机会。

在椭圆形办公室中，桌旁坐了五个人：总统、罗森曼、卡明斯、里德和里奇伯格。在用餐的过程中，罗森曼愈加显得迷惑不解，因为谈话的内容没有重点，大家一直在闲聊。罗斯福高声说，这一平静的午餐使他想起了一战时期英国的“掩饰军舰”（Q-Boat）。当德国的潜水艇出现时，伪装成普通商船的掩饰军舰便会假装投降，然后放下假的船体壁板并开火攻击。除了罗森曼，在场的所有人都哈哈大笑起来。直到这时，他才意识到，他是“五个人中唯一一个被蒙在鼓里的”。

桌子收拾完毕后，门也被关上了。罗斯福坐到了办公桌后面，看了一眼旁边的卡明斯，告诉大家他希望朗读两份文件：一份是给国会的咨文草稿，一份是由司法部长所写的一封附带的信。接着，他
286 缓慢而严肃地依次朗读了这两份文件。在信的开头，卡明斯写道：“司法管理工作中的行动迟缓是我们联邦司法体系中的一个突出问题。几乎每位前任司法部长均对此感到忧虑。这也使得法官、律师、企业界和公众倍感愤怒……”他继续写道：“而且这一问题仍在不断恶化。”信中还提到在法院中增加“足够数量的法官”，新增的法官将“偏年轻化，会保证有充足的精力主动解决待审案件，而不会被动地被待审案件所淹没”。这封信以数据结尾，表明地区法院需要处理的案件数量的确过于庞大。

给国会的咨文草稿将卡明斯信中未提及的内容接了下去。此份草稿从经验、目前的需要，以及国会维持“联邦司法体系的正常和与时俱进的运作”的责任方面论述了增加法官数量的理由。咨文和附带的提案（即加德纳撰写的提案）意在“通过不断注入新鲜血液以使所有的法院重焕生机”。同时，也可通过其他途径实现这一目标，例如，在下级法院中增加“代诉人”一职以加快案件的审理；将法官暂时调到案件堆积的法院；若案件涉及宪法问题，则立即直接上诉至最高法院。罗斯福朗读的文件中包含很多司法管理方面的内容，但他压根没有提及真正的问题：最高法院多数派的保守立场。

罗森曼最初的不安现在转变成了一种深层的恐惧。很明显，他面临着一项艰巨的任务，就是要将这些文件润色以使公众信服——即便他自己都“很难明白，（罗斯福）打算怎么让公众相信他突然开始关心起司法体系的拖延现象，而非终结对宪法的曲解”。就罗森曼所听接收的信息而言，他完全不能说服自己。但他十分了解总统，

知道为何这一计划对他具有吸引力："（该计划）设计巧妙，透着一股浓浓的机灵劲。"

里奇伯格和里德同样有着不祥的预感。里奇伯格提醒罗斯福该计划"十分虚伪，具有欺骗性"，并主张坦率、直接地攻击最高法院里的保守分子。与此同时，里德也提醒道，想要以大法官们工作效率低下为由推行该计划，恐怕十分困难。作为首席政府律师，他有责任追踪最高法院已解决及未解决的案件进展。就在一年前，他还在纽约州律师协会进行了演说——演说稿已经过白宫的审阅和批 287
准——表扬了几十年来最高法院在"更加迅速的判决方面所取得的巨大进步"。他说，在 19 世纪 60 年代"《法定货币法》在通过了六年后才正式生效"，但现在"黄金条款决议在不到两年内就已实施"。收入所得税在 1895 年被最高法院否决前已征收了三十四年；与之相对应的是，《农业调整法》在不到三年内就被推翻。也许，这并不是一个明智的判决结果，但至少其判决过程十分迅速。另外，里德和卡明斯刚刚向国会递交了报告，称从地区法院到最高法院，所有的联邦法院都不存在案件堆积的问题。报告还表扬了最高法院拒绝审理许多案件的行为。里德甚至认为最高法院应该在选择审理案件方面更加严格；他写道："因为绝大部分案件……不值得最高法院进行审理。"在如弗兰克福特这样的自由派和范·德文特这样的保守派之间，这是近十几年来两派少有的一致意见。

总统听取了幕僚的担忧，但并没有对此予以过多的理会。他已经做出了决定。通常，他做一个决定要花很长时间——这一次是好几年。但一旦做出决定，他就会很快进行下一步。现在，罗斯福的态度清楚地表明，他请这些人来到白宫是为了给草稿润色，而非对内容提出质疑。下午 4 点，午餐会结束了。当大家离开时，罗斯福告诉罗森曼，"目前的这一版咨文草稿毫无情感温度"，需要进行修改，使它听起来"更加振奋人心"。于是，罗森曼便直接前往内阁会议室，将所有的文稿铺在长桌上，对咨文草稿进行修改。直到傍晚时分，他才系上黑色领带，戴上金色袖扣（上面印有罗斯福和他的名字的首字母缩写，即 FDR-SIR，这是总统送给他的礼物），下楼去参加生日晚宴和舞会。

第二天是星期天，罗森曼一早就继续对咨文草稿进行修改。午餐时，他将新的草稿递交给了总统。在这份草稿中，罗森曼尽可能地强调了真正的问题，即最高法院的保守主义立场。即使罗斯福不会直接指出这个问题，但他仍然希望通过更加贴近现实情况的描述，可以使咨文显得更为可信。罗森曼修改过后的草稿虽然保留了“案件堆积”这一观点，但同时也强调了大法官年老体弱以及他们“固
288 有的保守主义立场”。但这一说法也存在其自身的问题。罗森曼对“心理或生理衰老”的讨论不仅极有可能冒犯最高法院中年老的大法官们，而且更为危险的是，也极有可能冒犯国会中年老的议员们，而正是后者掌控了该提案的命运。

当罗森曼在白宫润色咨文草稿时，里德和里奇伯格于那天下午在卡明斯的住处对文稿进行着其他修改。直到 2 月 2 日，即举办司法晚宴的星期二当天，文稿的大部分内容都已敲定。里奇伯格认为增加大法官数量的做法应该只是暂时的，而卡明斯则坚称应将其作为长久之策。那天下午，罗斯福花了三个小时思考这一问题；最后，他赞成卡明斯的观点。晚上 7 点，他们匆匆系上白色领结，穿上白色燕尾服，前去参加司法晚宴。

里奇伯格要先匆忙回家换上衣服，再匆忙赶往白宫，但还是迟到了，这算极为无礼了。其间，他在衣帽间急忙脱下大衣时，三个饰纽从衬衫上崩落。侍从帮忙将它们揿回，但太过用力，在衬衫上留下指印。随后，里奇伯格和妻子急忙前往白宫东厅，而罗斯福夫妇和最高法院的七位大法官已经在那儿愉快地聊天了。

工作已接近完成。2 月 3 日傍晚，在与总统进行了近五个小时的会议后，未完成的工作仅剩下数据及其他细节的修改。等到其他人离开房间后，罗斯福问卡明斯，是否该让内阁和国会的关键领袖知晓这一消息了。卡明斯认为时机已到。他觉得“十分有必要”通知相关领袖，“这样他们才不会感到惊讶，计划的实施也才能更加顺利”。罗斯福打算在星期五上午 11 点的记者招待会上宣布有关最高法院的计划，因此卡明斯建议在上午 10 点召集相关领袖，让他们提前知晓这一计划——就提前一小时。卡明斯在日记中写道：“总统认为这是个好主意。”

与此同时，罗森曼准备乘火车返回纽约的家中。勒翰德小姐将他拉到一边说：“总统对于咨文一事非常紧张。我想，如果您能待到 289
一切……尘埃落定之后再离开，他肯定会十分欣慰。”罗森曼与罗斯福共事了将近十年，从未见过后者在做出决定后如此紧张。因此，罗森曼留了下来。幸好他留了下来：晚上 8 点半，其他人回到白宫，他们又花了几个小时继续修改文稿。

2 月 4 日下午，除了里德要去最高法院办事以外，其他人又检查了一遍终稿。现在，罗斯福看起来已经十分自信。他将新闻发言人史蒂夫 · 厄尔利叫到书房，然后把咨文递给了他；看到厄尔利脸上惊讶的表情后，他颇为得意。厄尔利之所以能够提前获知这一消息，是因为他需要时间来准备应对新闻界如潮水般的询问和打探。可尽管已到了最后的时刻，罗斯福还是没有将消息告诉他的高级顾问。他让日程秘书马文 · 麦金太尔召集内阁成员和国会领袖在第二天一早就“机密事件”召开会议，但他没有告诉麦金太尔开会的原因。当晚，他也不允许将咨文、信件和提案油印出来，以防其中的内容被白宫记者获知。罗斯福通知手下在早上 6 点半再启动机器。罗森曼回忆称：“这种戒备是前所未有的。”

白宫社交季已接近尾声。2 月 4 日晚，罗斯福按计划应出席在白宫东厅举行的又一场招待会，届时将有一千两百多人到场，包括军事领袖、内阁及政府官员、工会领袖和记者等。次日早上，他们中的一部分人将会再见到罗斯福。到时，他们将聚集在楼下，聆听总统最后一次宣读咨文终稿，这个核心圈子现在还包含了詹姆斯·罗斯福和史蒂夫·厄尔利。詹姆斯回忆道："我们都发出了战斗的呐喊。"

但有些人的呐喊并非发自内心。当罗斯福在参加招待会时，詹姆斯的妻子贝特西·罗斯福举办了一个小型晚宴，邀请了罗森曼、汤姆·科克伦及女友佩吉、勒翰德小姐和另一名总统助手格蕾斯·塔利。除了填塞最高法院计划外，他们讨论的内容再无其他。科克伦一反常态，十分严肃，不停地想象"老以赛亚"——八十岁的布兰代斯大法官——的反应。他说："我已经征得总统的同意，去（最高法院）告诉他即将发生的事情。他一定不会喜欢这件事。"

290 即使富兰克林·罗斯福有着同样的忧虑，东厅里的任何一个人也不会发觉。那天晚上，他状态极佳：思维活跃，十分爽朗，显然没有被任何担忧所困扰。他高兴地对一群宾客（包括一两名记者在内）说："明天将会有大新闻。"当人们请求他透露更多信息时，他却只是哈哈大笑。

第 17 章　万事终结的开端

“你来这儿做什么？” 291

参议院司法委员会主席亨利·阿什赫斯特和众议院司法委员会主席哈顿·萨姆纳斯是最早来到内阁会议室的，后者向来脸色阴沉、言语辛辣。这天是 2 月 5 日，将近早上 10 点，他们都有同一个问题要问对方，但也都没有得到回答。两人便靠墙站着，等着有人来告诉他们来这里是要讨论什么。

不久，其他人也陆续到达，包括副总统加纳、参议员罗宾逊、众议院议长班克黑德、众议院多数党领袖萨姆·雷伯恩，以及内阁的绝大部分成员。白宫医生罗斯·麦金太尔按照詹姆斯·罗斯福的要求站在门口，像哨兵一样笔直不动，以防总统待会儿宣布的消息会让人晕倒或心脏病发作。

罗斯福总统滑着轮椅匆匆地进入了会议室，后面跟着一名秘书，秘书手里拿着刚油印出来的文件。她将文件分发给长桌边的每个人。大家坐定，扫了一眼这些文件，但从文件封面上丝毫看不出会议的
内容。罗斯福总统叫着大家的名字，亲切地跟他们问好，并对自己 292
的仓促深表歉意。他告诉他们，半小时内，白宫记者团将会来到总

统办公室，与大家共同等待这个消息。

随后，他透露了文件的主要内容：重组联邦司法体系的计划——他说，这是他对自己重组行政机构提案的配套措施。他解释道，他已经拒绝了修改宪法的提议。他说，纽约的自由联盟人士坚信，继续推进改革的唯一方法是采用“历史悠久的美国式”方法，即修改宪法——尽管他们也筹集了一大笔资金来阻止任何修宪企图。罗斯福说，他也反对另一项立法，即当最高法院投票人数达不到总数的三分之二或四分之三时，最高法院无权推翻国会法案；他认为，这一途径无疑是违宪的，会让他前功尽弃。

因此，罗斯福给出了另一个解决方案。他花了将近一个小时大声宣读文件，还不时地停下来加以解释。在某一处停顿时，他说他在文件后附上了一份提案草案——“亨利和哈顿要在这里下功夫了”。卡明斯认真扫视着众人，观察他们的反应。他觉得约翰·南斯·加纳看上去满面愁容，“整张脸都皱着”。伊克斯也注意到了加纳，他认为这是副总统唯一一次没有在会议中开口讲话，这可不是什么好兆头。但随着罗斯福继续宣读文件，加纳看上去似乎放松了一些，甚至朝卡明斯眨了下眼——卡明斯也松了口气，推断“(加纳)无疑会全心全意支持总统”。但卡明斯很难看出乔·罗宾逊的内心想法。罗宾逊作为参议院多数党领袖，理应促使该提案通过。他最大的愿望是在最高法院获得一席之地，所以总统的提议无论成功与否都会影响他的命运。此时他盯着桌面，嘟囔着表示同意，但是脸色却变得铁青。

众议院议长威廉·班克黑德一本正经，神情严肃，看上去高深莫测。萨姆纳斯同样如此，只是在总统提到国会将为退休大法官提供全额退休金时，脸色才稍稍好转，因为他一直想完成这件事。与此同时，亨利·阿什赫斯特看上去全神贯注，在座位上笔挺而坐，
293 头微微后仰，眼神盯着天花板的某个地方。总统的讲话结束时，他

是唯一发表意见的人。他说，迄今为止，他一直致力于修订宪法，但是总统说服了他，他现在支持总统的决定。

讨论到这里就结束了。罗斯福立即赶去参加记者招待会，乔·罗宾逊恪尽职守，起身跟随他前往总统办公室。其他的国会领袖折起文件塞进西装口袋，穿过大厅中的众多记者，一言不发，从白宫中鱼贯而出。司法部长在屋内驻足片刻，回味着内阁同僚对他的祝贺之辞。在他看来,所有人都“非常满意”——但没有人比得上亨利·华莱士，他在整个会议过程中都“洋溢着微笑”。“你和总统先生真是一对好搭档。”华莱士说。弗朗西丝·珀金斯对卡明斯说，她在整个会议期间都在观察华莱士，他一直挂着那种心满意足的微笑，就像只吞了金丝雀的猫一样。

在加纳（他在国会中影响巨大）陪同下，国会多数党的领袖们乘车返回国会。此前，没人警告过他们，也没人咨询过他们，现在看来也没人想讨好他们，总统只希望他们能够统一意见。但是当汽车驶出白宫大门，绕着财政部行驶的时候，反对的声音就已经出现。哈顿·萨姆纳斯宣布：“伙计们，现在是我采取行动的时候了。”

在总统办公室里,记者们还在等待。将近两百名记者排成半弧形，围绕在总统办公桌前，办公室的窗外是被新雪覆盖的南草坪。11 点还差几分钟时，罗斯福进入办公室，神情放松，甚至有些愉悦。他的轻松愉快与乔·罗宾逊的神色黯然形成了鲜明的对比。后者阴郁地走向角落的座位，看到米切尔森这位志趣相投的民主党全国委员会宣传员，难过地摇了摇头。

罗斯福在办公桌后就座，靠在椅背上，笑容满面。他宣布说自己有“重要事件”公布，这件事就是他手里拿着的文件。“你们走的 294
时候，文件会发给你们，”总统说，“在此之前任何人都不能离开。”这是他的新闻发言人让他这样做的，以免在总统咨文正式发布之前，记者提前退场去国会征集议员评论。“我们带来了午饭。”一名记者说道，其他人都笑了起来。罗斯福答道：“我真为你感到高兴。”

然后，罗斯福稍作停顿，满怀期待地扫视四周。接着，他大笑起来。“正如大家所知，”他说，“很长一段时间以来，人们一直在讨论法律的合宪性问题。”记者中迸发出一阵“啊”的声音。罗斯福笑道：“我们已经得出了最终结论，司法分支同样需要整改。”他着重强调了“整改”这个词。“这与之前建议国会整改行政分支一样。”罗斯福随后宣读起卡明斯的信，声音轻快而急促，甚至兴奋得有些上气不接下气。很快，信读完了，他开始谈起将要向国会宣读的咨文。

罗斯福巧妙地体现出行动的必要性，并举出先例：“在我们的共和国成立之初，法院的人员问题就一直备受国会关注。”他说，自乔治·华盛顿时代以来，立法机构一直在调整法官的人数和职责，那时的大法官需要“巡回审判”——游访全国，帮助联邦下级法院处理案件。罗斯福说：“还有，在那个时代，‘巡回审判’意味着需要骑马，也可以称之为‘前马拉车时代’。”这一比喻引发了哄堂大笑。他高兴地说：“咨文里并没有这句话。”房间内笑声迭起。

然后，罗斯福进一步陈述了“积压的联邦诉讼案”、法庭审判无休止的拖延，还有最高法院的“重担”问题。他提出，最高法院无法完成自己的工作，甚至“毫无理由”地拒绝了提交上来的百分之八十五的个人诉讼案件。罗斯福说：“这一论述可不得了，把法官年老体弱这一问题提上台面来了——这一问题比较敏感，然而还是需要大家开诚布公地讨论。”他稍作停顿，抬头望了大家，记者们又忍俊不禁，这显然让他很满意。

这句话是萨姆·罗森曼精雕细琢出来的，现在被总统说得像一
295 个段子。从总统的表现中，除了伪真诚和真讽刺，记者很难得知咨文的主题，甚至提案在表面意义上的主旨也不得而知。约瑟夫·艾尔索普和特纳·卡特里奇这两位政治新闻记者在《星期六晚邮报》

联名发表的文章中回忆，罗斯福似乎把他们绕进了一个巨大的玩笑中，让记者“为他计划的完美无缺而喝彩，从而记录下巧妙计划的迂回战术”。雷 · 克拉珀在他当天的日记中写道：“很显然，罗斯福知道这次会议的历史重要性，但他的处理方式丝毫不严肃庄重。”他注意到，罗斯福极力想“引人……为他暗讽法庭而发笑，尤其是谈到法官们退休和年迈的问题时”。罗斯福提到了 1869 年一个为法官提供退休金的法案，并称该法案致力于解决法官“行将就木仍不肯退休”这一问题，大家笑了起来。“我指的是 1869 年。”他申明道，也就是说——并不是 1937 年。听到这里，大家又哄然大笑。

罗斯福接着说，向法官提供丰厚的退休金这一方法，充其量“也只能解决部分问题”，因为年迈的法官有时“难以发现自己的衰老，‘他们似乎十分执着于表现得精明强干’”。他补充道，这句话是引述自“一位非常重要的法官……你们自己想想是谁说的。我是不会告诉你们的”。很多记者都知道，那位法官就是查尔斯 · 伊文斯 · 休斯。

罗斯福对休斯的名字避而不提，这自然增加了一丝趣味性；这也是对卡明斯所提要求的小幅修改，他在起草咨文的时候就强烈要求总统不要公开提及休斯。罗斯福十分希望将填塞最高法院计划归功于詹姆斯 · 麦克雷诺兹——他在担任司法部长时就提出了一系列改革措施——但是卡明斯在讲稿中同样未提到他，只是简单提及了历任“司法部长”。但是，罗斯福又一次没能控制住自己。他告诉记者：“大家别猜了……这位法官就是麦克雷诺兹。”记者中立即爆发了整个演说过程中最大的一次哄笑。

最后，总统的脸色严肃起来，他详细讲述了增加法官人数的理由：

> 现代社会错综复杂……要求法院不断引进新鲜血液……法官脑力或体力不济，面对复杂多变的情况，无法审时度势。渐 296
> 渐地，透过为上一时代服务的旧眼镜，新鲜事物也变得模糊不

> 清了；年纪大的人会认为当下与往昔并无不同，不愿探索当下、探寻未来……
>
> 宪法规定，法官实行终身制，意在让法院免于诱惑或干扰，给出准确裁断，而非创建一个停滞的司法机构。有计划地持续引进年轻血液，可以提振法庭，使之能够认清瞬息万变的世界，顺应其需求，认识到司法的本质，并将其加以运用。

随后，罗斯福匆匆过了一遍草案的要点，看上去似乎连他自己对此也不大信任，仿佛这份草案“不过是（萨姆纳斯和阿什赫斯特）为了减少组织语言的麻烦后的成果”。过了一会儿，内容变得更为专业，罗斯福也读累了，便立即收了起来。他向记者望去，笑了笑后宣布：“以上就是全部内容。”

“谢谢您，总统先生。”前排的一名记者说道。另一名记者插话问道：“鉴于刚刚您所讲的，当法官精神不济而又拒绝退休时，就用这一方法来处理案件吗？

与此前许多问题一样，这个问题也被当作笑话问出，也被当作笑话所接受了。不过，总统本人已经厌倦了这些笑话。“就到这吧。”他简短地说，不再接受提问。他还提醒记者，今天的报道材料已经足够了，如果再不离开，就会被其他人抢先报道了。大家冲向办公室大门，你推我搡地争抢材料，里面是信件、咨文和草案的复印件，而罗斯福则坐在轮椅上，安静地看着他造成的这个混乱场面。

用汤姆·科克伦的话来说，他上一次“闯入最高法院的神圣更衣室”还是在黑色星期一那天，他受大法官布兰代斯之邀，给总统
297 递个口信：后者“一直生活在愚人的乐园中”。而这一次，2月5日这天早上，科克伦经过总统批准，主动去了最高法院，对于填塞最高法院提案给布兰代斯提前提个醒。科克伦希望这一小小的友善之

举能够“缓和冲击”。罗斯福也考虑过亲自和布兰代斯谈谈，但又不想“引发争执”。

科克伦在财政部大楼外叫了一辆出租车。总统在这里耍了个小小的花招：他拒绝了科克伦乘坐白宫官方汽车的要求，以免在提案提交至国会之前引起人们的注意。科克伦一到达最高法院，便直奔大法官更衣室，这引起了休斯和麦克雷诺兹的不快；有一场口头辩论五分钟后就要开始了，大法官们不欢迎其他人在这时闯入更衣室。布兰代斯对科克伦的闯入显得十分惊讶。当其他大法官向法庭走去时，布兰代斯在后面逗留了一会儿，示意科克伦跟他一起走去大厅。

科克伦告诉布兰代斯，是总统先生让他来的。他给了布兰代斯一封新闻稿，继续说道：“如果我们有办法让您置身计划之外的话，那么总统一定会这么做的。他无意冒犯您。”布兰代斯仔细阅读新闻稿，沉默了一会，抬头告诉科克伦，他感谢总统的好意，然后语气严肃地说道：“告诉你的总统，他犯了个大错。他本来只须再等待些时日即可。我真为他感到遗憾。”科克伦想知道布兰代斯所说的“等待”是什么意思，却没有勇气问。布兰代斯在说完这句话后与科克伦握了握手，随后便穿过了红色的天鹅绒幕布。

法庭上，人们聚集起来。律师团中增加了各种看客和不速之客，据一名最高法院职员回忆，是“大批大批的人涌进最高法院大楼”。尽管罗斯福已经对新闻记者进行了精心安排，但消息还是传出去了。现在，很多人都知道了大法官们（布兰代斯除外）所不知道的。太多人想要亲眼见见这“九个老头”，看他们是否会紧张。很快，法庭挤满了人，更有几百号人被挤到门外的台阶上。

当消息传来时，大法官们的反应颇为温和。正午刚过，一名白宫通信员给法庭书记员送来了一捆油印文件。就在大法官们刚刚坐定、法庭辩论开始之时，书记员从幕布后出来，将文件递给了首席 298
大法官休斯；接着，一名听差员沿着法官席将这些文件依次分发给了其他大法官。

听众骚动了起来。负责当前案件的律师站在讲台上一动不动，因为他突然明白，他所说的话大法官们一个字都没有听进去。记者们绷直了身体，观察大法官是在阅读这则消息还是其他文件；然而在记者区，他们很难看得出来。布兰代斯打开了台灯，看上去读得很仔细，脸上挂着淡淡的笑容，偶尔挠挠耳朵。卡多佐扫了一眼文件，随后便放下了。萨瑟兰和斯通看上去在通读全文。休斯抬起头，问了这名可怜的律师一个问题，然后继续看资料。他跟范·德文特低声说了句什么，后者勉强笑了笑。罗伯茨则摸着下巴，飞快地翻页，然后翻到某个地方停下来仔细阅读。他偶尔与巴特勒交流下眼神，随后两人相视而笑。

口头辩论结束后，麦克雷诺兹回到了自己的公寓，这里也是他的办公室。他的助理约翰·诺克斯整天都待在这里。麦克雷诺兹丝毫没有提及填塞最高法院计划，整个下午基本上都是在沉默中度过的；直到读晚报时，诺克斯才得知该提案。报纸上当然没有任何大法官方面的评论，但是援引了最高法院不具名的“工作人员”的话，后者尖锐地指出，最高法院完全跟得上其工作步伐。

最高法院的对面正是国会大厦，当国会议员缓缓走进众议院大厅，他们看到麦克风正在被匆匆架起：这里马上将会有消息向全国广播。但是什么消息呢？很快，大厅就挤满了人。

正午刚过，众议院书记官开始大声宣读总统关于司法体系的咨文。上个月，罗斯福总统就站在这里，在他的年度咨文中宣誓要针对现代社会的新情况“寻找途径……来，改变我们的法律形式和司法解释”。这是那次演说最值得注意的一句话。但是现在，随着改革途径
299 浮出水面，没有任何欢呼声传来。《华盛顿邮报》指出，国会本已对罗斯福提出的重组行政机构的提案大为惊讶，而关于填塞法院计划的

消息更是“在突然之间爆发出来，令人震惊不已”。该计划使得国会议员们“要么苦恼难过，要么欢呼喝彩……，他们措手不及，他们分成了多个派系：示忠派、怀疑派和直言反对派”。在两院的衣帽间中，他们三三两两地聚在一起，焦虑地讨论着该怎么想、怎么说、怎样行动。尽管他们之前已经对最高法院问题有过探讨，竭力找出解决方案，但是没有人对这一切做好准备，甚至最殷切期盼最高法院改革的人也是如此，而这正是罗斯福总统的目的——让大家都猝不及防。

不满情绪很快扩散。众议院的共和党人刚从大选后的愠怒中走出来，便立刻准备好发表关于“法西斯和共产主义独裁”的讲话，如鱼得水一般。少数党领袖伯特兰·斯内尔从填塞最高法院计划中看到“万事终结的开端……罗斯福总统已经使国会对他言听计从，而该提案通过后他就会拥有全部的权力”。这是意料之中的事，同样不出意外的是保守派民主党人的反对意见：据《纽约时报》报道，总统的这一计划让他们“作呕”。更让人惊讶的是副总统加纳的表现：当书记官宣读总统的咨文时，他站在衣帽间的门廊上，捏住鼻子，并做出拇指朝下的手势，所有人都目睹了这一幕。

然而，几乎没有人会公开反抗。人们对罗斯福总统极为忠诚，对最高法院又十分不满，再加上国会中始终存在的政治软弱丝毫不见少。除非选民明确要求反对这样一位备受欢迎的总统，很少有民主党人会反对罗斯福——现在要看出美国人如何作想也为时过早。众议院中，只有一名民主党人说了一句反对该提案的话。而在参议院中，大多数民主党人，无论他们真实的想法是什么，都站到了乔·罗宾逊这边，后者对这一提案表达了不温不火的支持。他说：“这一计划绝不是什么根本性的创新。”参议员们对这一观点表达了支持，有的愉悦盎然，有的热情似火。约瑟夫·格菲雀跃地说：“这是一个完美的解决方案。”雨果·布莱克引用了其“无可辩驳的逻辑”。南卡罗来纳州的詹姆斯·伯恩斯更是称提案“保守”，还表示：“我不知

道这是否可行，但是我是支持它的。”即使是加纳，在衣帽间里流露
300 真情后，也允许记者拍下他得知这一消息后微笑的照片。在照片中，他与阿什赫斯特还有另一名参议员翻看着该消息，三人都笑容满面。

共和党参议员的反应最为奇怪。他们中的大部分人都拒绝对此做出回应；而仅仅在几天前，威廉·博拉还在全国广播演说中斥责干涉最高法院的行为。现在，随着罗斯福的计划为大家所知，博拉的中立姿态实在有几分滑稽。他说：“这一信息十分重要，里面有些东西看上去并无不妥，但有些我则无法认同。”他就此拒绝进一步阐述或者评论，只说出了最显而易见的一点：“该问题会被深入讨论。”

无疑，该提案将会经历声势浩大的讨论。甚至会如《芝加哥每日论坛报》预料（和希望）的那样，引发“自二十年前国际联盟失效以来最大规模的立法战争”。但是没有人会赌罗斯福败北。《纽约时报》第二天预计，“民主党一边会出现强烈的反对声音”，但也认为该提案“会稳步通过”。对此，《巴尔的摩日报》表示同意：“总统碰巧有很大权力，反对派很难压制……这种权力有关任免权，有关威望，有关大笔资金。”

最初的报道似乎证实了以上推断。《华尔街日报》当日的“初步调查”表明，众议院中的反对声音很少，参议院支持和反对的比例为五十三比四十三，情况可观。“前景很好。”霍默·卡明斯对此表示赞同。整个下午，他都待在办公室中以躲避记者的采访。他在日记中写道，预测会有一些“反对的声音，但可能不会有预计的那么多”。他的助手约瑟夫·基南花了一天的时间拉选票。“他告诉我，跟他谈过话的参议员都认为这很不容易，他们都乐意帮忙，”卡明斯写道，“他们认可我。”

白宫内，总统和和几名幕僚都挤进了勒翰德小姐的办公室，通过广播听公众的反响，大家的心情都十分愉悦。罗斯福的国会联络员查尔斯·韦斯特下午从国会回来，带回一个好消息。罗斯福在他

的日记中写道："最精彩的部分是，保守派似乎怒不可遏、面红耳赤。其他大多数人则认为，在必要时修改宪法，这是个宏大计划。"当晚，301
罗斯福总统在办公室与詹姆斯、詹姆斯的妻子贝特西以及勒翰德小姐共进晚餐。广播里在对最高法院提案进行评论，他们听了一会儿。詹姆斯说："这些评论有些有理，有些不尽然。"晚饭后他们玩了几局桥牌，詹姆斯回忆道："过程很愉快。父亲虽然不善于叫牌，但是玩得相当不错。"

无论对抗多么徒劳，全国的报刊都不会轻易让步。据罗斯福自己的估算，1936 年有百分之八十五的报刊都反对他（民主党全国委员会得出的数字为百分之六十）。如今保守派的报纸也参与到了斗争中——《纽约客》几个星期后对此评述道："彩旗飘扬，号角阵阵，不顾一切寻求救赎。"纽约一家右倾报社曾在 1915 年对卢西塔尼亚号沉没[1]进行了大幅报道，这次也一样，在很多头版专栏中对罗斯福的演说进行报道。据《纽约客》报道，另一家报社"丝毫不加掩饰，大肆报道"。

但反对该方案的并非只有保守派的报纸。当时的一项调查显示，在 1936 年支持罗斯福再次当选总统的报纸中，如今有超过三分之二反对他的填塞最高法院计划，其中一半以上态度十分坚决。更为糟糕的是，虽然支持政府改革计划的报社总计发行量达三百一十万，但是持反对意见的报社受众人数是前者的四倍之多。"我记忆中，没有任何影响政府的问题能让报社浪费如此多的笔墨……"哈罗德 · 伊克斯回忆道，"总统将面临一场前所未有的恶战。"

[1] 1915 年 5 月 1 日，英国邮轮卢西塔尼亚号满载乘客（大部分为美国人）从纽约出发，六天后在爱尔兰南部海域被德军的鱼雷击沉，造成超过一千人死亡。当时正值一战，大西洋正进行无限制潜艇战，德国驻美大使馆也在邮轮出发前登报警告乘客：凡是悬挂英国旗帜的船只都会受到无限制攻击。

这一计划公布后的几天里——虽然大多数国会议员都在等待公众意见，继续保持沉默——但新闻界却采取攻势，从若干方面反对该计划。在2月初的报刊上，社论版几乎涵盖了所有在接下来几个月里的反对意见。攻势来得如此凶猛，起初还很难维系下去；白宫开始在一些内部备忘录上跟踪记录报刊评论。第一本白宫备忘录上记
302 载，流传最广的指控称罗斯福拒绝在竞选运动中讨论他的计划，这是“对国家的欺骗”，指控他“违背诺言”。《华盛顿邮报》控诉道：“罗斯福先生从未要求、更未得到人民对他现在提议的授权，相反，他成功消除了”法院改革的相关讨论。一些评论家认为这种做法十分幼稚。《纽约时报》的阿瑟·克罗克写道，选民肯定知道，罗斯福打算对法院有所行动，也不得不对法院采取措施。前全国复兴总署主席、现专栏作家休·约翰逊表示，“总统先生所做的一切都是他当选时承诺的”，即让民主制发挥作用。但公众却普遍认为，罗斯福并没有全盘托出他的计划，正如《巴尔的摩太阳报》所声称的，他“对公众不够坦率”。

如果罗斯福在2月5日就对全国人民明白地指出了保守法院所存在的危害，并将他的计划进行修饰，使之看上去是最完美、最温和的一种改革方式，那问题就不会出现了。但是，《时代》周刊指出，罗斯福把他的担忧和目标统统掩盖在“赏心悦目的合理性”之下。小弗兰克林·瓦特曼在《华盛顿邮报》中写道：“在我国的官方文件中，极少有文件如‘填塞最高法院’计划的咨文一样，既设计精巧而又合情合理。但是，尽管该咨文语气谦和，论证严密，却依旧无法掩盖罗斯福先生的真正目标，即让最高法院按照他的意志行事。”

的确，虽然报纸上全是关于该计划伟大的“聪明之处”，其理由却骗不了任何人。更糟糕的是，正如一份白宫内部备忘录上所言，该计划带有一丝“政治花招”的意味，导致很多人相信，罗斯福藏有更隐晦、更不可告人的目的。形式是为功能服务的：该计划的形式

和它颇具欺骗性的设计，似乎证明了其邪恶目的。《洛杉矶时报》称，“很难去从揣测我国的总统”，但“该项目的提出肯定并非出于好意”。《华盛顿邮报》也对法院待审案件过多这一说法提出了质疑，表示人们“很难……不认为总统是为了把这一革命性改变强塞给国会，才在知情或不知情的情况下歪曲了事实”。至于其他人的反应，如《恩波里亚报》的威廉 · 艾伦 · 怀特所说，罗斯福这出“精巧的舞台剧”比不诚实还要糟糕，这正是在罗马和柏林会上演的“把戏”。这样看来，这个计划已经不是欺骗，而是一场政变。

“这是一场不流血的政变，”沃尔特 · 李普曼在一个名为“占领 303
最高法院”的专栏中哀叹道，“自从南北分裂以来，美国历史上从未出现过如此庞大而深刻的问题。”据李普曼称，这个问题有关“一个人是否可以通过迂回的方式统领政府的三个分支以及国家的根本大法”。独裁，正是当时对罗斯福最为普遍的指控。编辑和专栏作家都将罗斯福和希特勒、墨索里尼相比较。威廉 · 艾伦 · 怀特警告称，随着欧洲的暴政愈演愈烈，“最高法院改革会成为美国出现的第一缕危险信号。诚然，罗斯福先生是作为总统执政，而非作为元首[1]。”（美联社的报道给这场争论添了一把火，该社声称有纳粹报刊欢迎填塞最高法院计划，还将罗斯福描述成“一位反对政府‘过时’思想、具有强硬领导权的斗士”。据一位意大利官员称，墨索尼里也对美国“朝着法西斯强有力的中央集权看齐”而表示欢迎。）

如果该计划得以实施，“美国会走向灭亡”，《纽约先驱论坛报》如此断言。该报还表示，白宫偷偷承认了“一个明确的图表”，将罗斯福和墨索里尼、希特勒摆在了一起：这三位都曾在国家困难时期掌权，都利用社会动荡作为借口使法律变为例行公事，有名无实。法西斯清单中的最后一项——“废除法院”——更是与之类似。当然，

[1] 此处的“元首”一词为德文“Der Fuehrer”。

自罗斯福就任总统以来，一直有人控诉他的做法将毁灭美国，现在看来，至少有些人相信这一指控是真的了。除了右翼报刊之外，那些“还不错”的报纸也充斥着对“独裁统治”的预言。纵观罗斯福执政的四年间，编辑很难抓到罗斯福追求最高权力的把柄，但是人们很容易相信他的继承者会如此；有人说，罗斯福已经开启了这扇大门。《芝加哥每日论坛报》评论称，下一任总统甚至会是“三K党的工具，随之而来的便是民族和宗教上的不容异己、极端狂热”。

但是这一最高权力是如何行使的呢？最高法院是如何被掌控，判决又是如何提前预设的呢？卡通漫画家将最高法院描绘成罗斯福
304 触手可及的“另一枚橡皮图章”，紧挨着“国会”这一图章。亨利·路易斯·门肯写道，如果该计划通过，“最高法院会像口香糖一样容易拿捏，随便哪个巫师在总统耳边说点什么，最高法院就会每天、甚至每小时为之变形。”胡佛任内的司法部长威廉·米切尔指出，在这种情形下，任何一个于最高法院就职的人都“知道他们必须听从主人的指令”。最后，若罗斯福任上的大法官不听从他的指令，他可以再次填塞最高法院——一次又一次地扩充——直到如白宫备忘录以戏谑的口吻描述的那样：“终有一天，我们所有的孩子都被征召来担任大法官。”

这些批评认为，罗斯福在任命“他的”大法官之后，还能够影响他们——甚或不用白宫施压，他们自然就会忠于总统。当然，罗斯福若是克服重重困难，使填塞最高法院计划得以通过，那在挑选新法官时就不会漫不经心，他将会提名可靠的自由派人士。同时，他期望大法官不仅忠于自己，而且同样支持他所尊崇的“活的宪法”。在罗斯福看来，这是他为确保决策正确所能做的最大努力了。大部分前任总统都曾失落又有理有据地抱怨过，他们亲自任命的大法官“背叛”了他们。西奥多·罗斯福后来为选择霍姆斯而表示后悔，威尔逊总统也一直对建议他选择麦克雷诺兹的顾问耿耿于怀。罗斯福

总统深知，一旦某人穿上大法官的长袍，他就再也无法约束或控制这个人了。除此以外，正如欧文·布兰特所写道的那样，像霍姆斯、布兰代斯、卡多佐和斯通这些出色的人，即使符合罗斯福对自由派大法官的要求，他们在进入最高法院后也不太可能对总统言听计从。

但是，大部分评论家都不加批判地接受了这一观点。在 1937 年 2 月的头几天里，在任何一个社论版面上，人们只有四处搜寻才能在各种各样的质疑中找到为罗斯福说的好话。这些好话当然出自一些少部分支持填塞最高法院计划的报纸，如《费城纪事报》就十分欣喜地声称："改革是对特权堡垒的围攻……昨天总统咨文发出后，股市就崩盘了，但是血汗工厂里的工人、撂荒土地上的农民并不会受到波及……最高法院中五位年老、保守的大法官追逐既得利益和特殊 305
利益，还要过多久，我们整个国家才能摆脱这五人操纵下的束缚呢？"在所有的专栏作家中，雷·克拉珀竭尽所能，反击对填塞最高法院计划的批评，有时还会引用卡明斯的话。克拉珀坚称，所有可能的措施之中，这是最"温和的"做法。但是在尖锐的呐喊中，这样的声音很难被听见。无论 1936 年反对罗斯福的数字是百分之六十、百分之八十五，还是别的数字，现在人们都几乎一致指责填塞最高法院计划。白宫虽然一直在调查新闻界的反应，但是却并没有费心去寻找支持该计划的声音，因为支持者的数量实在是过少。

新闻界和总统二者谁为美国公众说话？这一问题似乎在 11 月已经解决，但是如今又卷土重来。虽然无法立刻评估出公众对填塞最高法院计划的态度，但是，1937 年有一个途径能快速对大众民意做出不完全估算，那就是电报。以该衡量标准看，罗斯福的计划从一开始就困难重重。

国会办公室很快发现自己不堪重负，不仅仅是因为记者数量之多（亨利·阿什赫斯特一天之内收到了一千份电报），更是因为公众对计划的抵制程度之大。要求国会通过该提案的电报数量少之又少，而白宫里的电报则悄无声息，让人不安。过去四年中，几乎每宣布一个重大行动或重大消息，人们都会发来大量电报，积极响应总统。不同以往的是，人们对最高法院改革消息的反应却很平淡。在总统收到的“晚间信函”中，有一些人对计划热情洋溢：一位芝加哥的女士写道，总统的“宏大计划”显示，“政府真的是在……回归人民。如果我们需要证据的话，那么晚报报道——律师（无形政府的走狗）在痛苦地呻吟，他们撕碎长袍，大喊着‘独裁’——便是证据。我们祈祷您能成功。”但是令白宫幕僚感到懊恼的是，大部分电报都要求罗斯福总统进行炉边谈话，进一步解释他正在寻求做出的改变。

2 月 6 日清晨，当预测该提案将很快获得通过的报纸送至售报
306 摊时，这一预测已然过时。很显然，现在将会有一场战斗。这不是一场当提案生效时发生的那种软弱的、形式上的抗议——这种抗议自 1933 年以来便屡见不鲜——这是一场真正的战斗：以思想为武器，以怒火为燃料，恐惧的两派将为美国政治体制的生死存亡而战。

第18章　第一个楔子

“这将会是一场宏大的斗争！”罗斯福在给乔治·克里尔的信中 307
写道。但自从一开始,“最高法院之争”（这一名称很快变得广为人知）的进展并不如罗斯福所愿。这场全国大事件的主演们固执地拒绝按照剧本演出。

2月8日，罗斯福宣布填塞最高法院计划后的第四天，史蒂夫·厄尔利邀请雷·克拉珀到白宫，讨论罗斯福这一策略的背景。厄尔利承认，暂时看来，总统“不会采取行动……反对派分崩离析之后，他才会介入”。从克拉珀的记录来看，厄尔利称罗斯福“曾阻止了整个内阁的行动”，包括司法部长卡明斯，之前每当司法委员会举行听证会时，卡明斯都会“进行猛烈抨击”。厄尔利“称罗斯福不会重新进行国会选举……他说对国会进行打压、让其无法翻身不是什么好事——他说该手段只有在绝境中才能运用”。克拉珀用斯克利普斯-霍华德报社的信纸写下这句话:“如果罗斯福真的走到这一步的话，那就说明他是真的十分担忧了。”

当时，罗斯福并没有流露出任何担忧的迹象。不过，民主党领袖的反应还是让他有点诧异。众议院议长班克黑德对一名同僚说，罗

斯福把国会蒙在鼓里，“因为他知道这将引起大乱”。无论如何，总
308 统本应该意识到这一点。但事实很快便证明，他并没能预料到，填塞最高法院计划在他这些忠心耿耿——却又时常心怀愤恨——的手下之间带来了怨恨、伤害、羞辱和背叛。

他们之所以愤愤不平，原因有很多。首先，几个月来，罗斯福只是静静地坐着，像谜一样让人无法猜透；与此同时，国会议员公开谈论他们偏好的最高法院问题解决方案——包括进行全国广播演说，思考在公开的记者采访上应如何作答，并以自己的名义和威望支持提倡各种改革方案（以宪法修正案为主）的团体。罗斯福只需要在私底下展开对话，或者暗示自己即将公布答案，从而阻止议员们的这些谈论，免得国会领袖陷入不可避免的尴尬处境；但是，他却放纵他们一点点陷进去。现在，任何一位多少是靠向总统进言才获得影响力的领袖，都会被认为是个傻瓜。这在罗宾逊和班克黑德身上十分突出——“他们显然步调不一致”，克拉珀在日记中这样写道。艾尔索普和卡特里奇写道，罗斯福没有让国会参与提案的草拟，让人觉得“似乎连去掉一个句号都不允许”。最后，罗斯福给出了之前那些勉强的理由，还明确表示希望民主党领袖能够支持填塞最高法院计划，这又进一步羞辱了他们。

2月6日，也就是罗斯福召开记者招待会后的第二天，亨利·阿什赫斯特将国会形容为“汇集了愤怒情绪和对立意见的海洋”，这一点也不令人惊讶。这一天早上，罗斯福把加纳、罗宾逊、班克黑德等人召集起来共同商讨策略，花了很长时间解释他为何没有跟大家透露他的计划。詹姆斯·罗斯福在日记中写道：“他们感到有点受伤，有种被排除在外的感觉。”这种轻描淡写的论调，再加上总统那一贯的冷漠态度，都表明白宫要想改变原先的错误还有很长的路要走，并且可能还会导致事件的恶化。

罗斯福对国会领袖的高压政策，表明了他完全认为领袖们理应

如此。罗斯福对此心知肚明，国会领袖也知道。从某种程度上讲，罗斯福很享受这一切。他让这些“驮马”朝着他们不愿意去的方向进发，不理会他们的愤怒与嘶叫，并从中获得某种恶意的快感。1936 年，总统对他的一名幕僚说道：“能够让乔 · 罗宾逊这样的人……完完全全地听命于我，这让我很自豪。”

但是，罗宾逊的情况与众不同。百日新政的三个多月里，他费 309
力运作，通过了那些连他自己都不相信的计划。罗斯福让罗宾逊提出条件，作为他忠心耿耿、辛苦工作的报酬。对罗宾逊来讲，开价十分容易。有一个位置他已渴望良久，胜过任何其他职位：他想成为最高法院大法官。

罗宾逊本人从未羞于承认这一点。作为牧师的儿子，罗宾逊虽然没有受过什么正式教育，但在二十岁时就成了法官学徒。他在回乡管理农场之前，曾在阿肯色州洛诺克镇一家律师事务所的后院读过布莱克斯通的《英国法释义》(*Commentaries*)。尽管罗宾逊口若悬河，举止粗俗，擅长马匹交易、威逼恫吓这类与人交往之事，但他仍然渴望穿上庄严肃穆的大法官袍。因此，罗斯福的承诺支撑着他克服了难关和种种羞辱，用《时代》周刊的话说，新政正是他用那“马夫般的肩膀”扛着通过的。艾尔索普和卡特里奇在《星期六晚邮报》的专栏中评论道：“罗斯福利用了罗宾逊，让他做牛做马，并强硬地将自己的想法加之于现行法律。”罗斯福很少对罗宾逊表达应有的感激之情，不仅如此，总统的核心集团成员——至少是知识分子——尽管十分依赖罗宾逊坚实的臂膀，但颇为轻视这位来自阿肯色州农村的粗浅同僚，不让他参与政策制定，对他的想法也不屑一顾。

这种居高临下的态度让罗宾逊好几次都想要反抗。但是他视忠诚胜过一切，并把这份忠诚献给了总统。年复一年，随着离罗斯福对他的承诺越来越近，罗宾逊越来越有勇气，完成了许多不可思议的工作。他那如优秀士兵般的耐心一次次地经受住了考验，而填塞最高法院计划与他的政治直觉完全背道而驰，也最为考验他的耐心。即便如此，由于乔·罗宾逊与罗斯福在荣誉、责任和自身利益方面密不可分，他会为总统的目标再次冲锋——不过这或许是最后一次了。

但是，罗宾逊无法保证他的同僚们也会如此。到 1937 年，罗斯福和民主党领导层的关系就像是一对老夫妻，他们生活并不幸福，又产生了无数龃龉，但是却不会或者不能分开。他们需要对方——可又极度厌恶对方。双方都认识到，在这段关系中，罗斯福是占优
310 势的一方。他们的不满无法改变这一事实；在目前以及其他大部分情况下，罗斯福认为他们的不满都不会改变结果。

对罗斯福来说，相较于保守派的沉默，民主党的不满就显得更微不足道了。克拉珀于 2 月 5 日写道：“自由联盟的垮台来得太快了，肖斯必须让它复活。”罗斯福热忱地希望这会成为现实。《时代》周刊评论说，“自由联盟发出的震耳欲聋的谴责”将会是罗斯福在填塞最高法院提案的斗争中的“最大助力”。威廉·艾伦·怀特称，“自由联盟、杜邦及他们那一帮人”一直是“人们想象中的黑色野兽”。怀特希望他们能听从劝告，保持低调。宪政民主协会领袖、海军上将萨姆纳·科特勒也同样如此。他在给自由联盟的创立者、海军上将里奇蒙德·P. 霍布森的信中写道，富有的宪法捍卫者应该在此期间“安静地合作，打开钱包贡献出资金，然后去迈阿密划船钓鱼”。“拯救宪法”组织在自控方面能力一直不足。但自 1937 年 2 月以来，他们便沉默不语，这表明他们这些年学会了一样东西：他们在幕后会更有影响力。

很快，参议院的共和党人得出了同样的结论。在罗斯福的咨文宣布后的第二天，精明的参议院少数党领袖——来自俄冈勒州的查尔斯·麦克纳里、爱达荷州的进步主义者威廉·博拉与密歇根州的

阿瑟·范登堡进行了会面。用麦克纳里的话来说，他们三人决定“让走廊对面的人负责讲话”。在对新政进行了多年的猛烈抨击后，大多数共和党人并没有主动自觉地约束自己。在整个 1936 年，他们的策略几乎是在斥责民众——这就像身处他国的典型美国人，若是发现自己周遭的人都不懂英语，便提高嗓门，放慢语速，以为这样说出来的话别人就能听懂。但是，共和党领袖在经过 1936 年后也学到了一课。博拉向朋友解释说：“如果我们被打败的话，那么也一定是因为民主党的票数比我们的多。”所以，参议院的共和党人决定再坚持一个多星期以观望事态发展。相比安静地观望，范登堡更喜欢参与争论，因此他私下里将这一决定称为“我所接触过的需要自我克制 311
的工作中最难完成的一个”。尽管如此，他还是保持了沉默。他提醒自己：“最重要的是获胜。”

与此同时，共和党主席约翰·汉密尔顿保证会竭尽全力制止党内其他可能会发声的人。2 月 9 日，阿尔夫·兰登的手下告知新闻界，州长将在纽约的一场演说中攻击填塞最高法院计划。党派代表随之被动员起来。当兰登在芝加哥换乘火车时，他——以及他的演说草稿——遭到《芝加哥每日论坛报》出版商罗伯特·麦考密克的拦截，后者劝他重写一份演说稿。安排该任务的不是别人，正是朱厄特·肖斯。后来，兰登表示，肖斯阻止了他说错话，这让他松了口气。他对斯坦利·海伊解释道：“我们想让那些有意阻止总统的民主党人尽可能轻松一些。”

但并不是每个人都能被轻易地说服。2 月 6 日，赫伯特·胡佛在华尔道夫酒店的套房中发表了一则声明，指责罗斯福逼迫最高法院屈从于他的“个人权力”。同一天，前总统给范登堡致电，表示他愿意加入斗争，可范登堡却恳求他置身事外。“是谁要捂住我的嘴？”胡佛愤怒地问道。范登堡在日记中写道：“这是生命中的一大悲剧。胡佛仍然是‘毒药’（这一说法的正确与否并不重要）……这一考量是多么不公！一位前总统居然要刻意淡化自己的存在！但是这种淡化存在的必要性却是……真真切切的。”在多次电话沟通和其他斡旋之后，胡佛才同意保持沉默——不过只是暂时的沉默。在随后的两个星期里，他都勉强坚持不发声。然而，在面对芝加哥工会联盟所做的一次演说中，他终于爆发了，他谴责罗斯福的提案是自由的终结，是通往专制之路的决定性一步。“我们正眼睁睁地看着一个国家走在灭亡的道路上，”胡佛说，“每个美国人都有理由对我们的共和国表示担忧……女士们、先生们，我给大家一个口号——‘停止干涉最高法院’！”

抛开胡佛不谈，几乎所有的高层共和党人都保持着《华盛顿邮报》所说的“战略性沉默”。对支持该计划的人而言，共和党的自律让人不安。于1934年脱离共和党加入进步党的参议员小罗伯特·拉
312 福莱特现在发出了警告的声音。“不要被误导，”他在一次广播讲话中说，“11 月反对总统的力量，现在同样在反对他。出于策略的原因，无疑会选出其他人作为领袖……人们将依靠民主党反对派来领导这场斗争。”

面对共和党人留下的空白，持反对意见的民主党人似乎得到了暗示，开始宣称他们反对填塞最高法院计划。美国南方被担忧所笼罩。第一个发起进攻的人，正是来自北卡罗来纳州的联邦参议员约西亚·贝利。1935 年，他就曾公然谴责了任何试图修正或干涉宪法的举动，认为这是“对美国最神圣事物的玷污，是用双手亵渎了约柜[1]”。所以，他现在承诺反抗总统的计划也就不足为奇了。贝利哀叹道：“我的遗憾无以言表，这件事我责无旁贷。”七十九岁的参议员

[1] 约柜（Ark of the Covenant），亦称“结约之柜”，是《圣经》中古代犹太人存放刻有十诫的两块石板的圣柜，藏于古犹太人圣殿内的至圣所。

卡特·格拉斯来自弗吉尼亚州，他矮小好斗，同样对此计划没有任何好感；此人曾被罗斯福称为“顽固守旧的造反派”，这当然这并不是什么爱称。“我当然会反对这一计划。”格拉斯说。他对新政的大部分内容都持反对意见。“我会竭尽所能反对新政，但我从未想过这对我有任何好处。如果总统要求国会明天自杀，他们也会言听计从。”

他们加入了托马斯·康纳利带领的反抗活动，此举十分关键。康纳利来自得克萨斯州，在司法委员会任职，也是南部学校的大演说家。当他身着一身黑色西装，系着蝶形领结，顶着一头一直垂至立领的银色卷发大步走上参议院发言席时，在约瑟夫·艾尔索普看来，他们似乎迎来了一名“来自 19 世纪的访客”。一遇上辩论，康纳利便不知疲倦、冷酷无情。作为新政的忠诚拥护者，他的服务赢得了罗斯福的奖赏——后者将赞助和联邦资助投入得克萨斯州，也在康纳利连任参议员的过程中鼎力相助（康纳利“向白宫方面哭诉，而罗斯福解救了他”，一名白宫幕僚无不讽刺地说）。但是对康纳利来说，填塞最高法院计划表明，罗斯福在第二个任期内放弃了改革手段，转而变为激进主义者，这一迹象让人担忧。

《华盛顿邮报》评论道：“填塞最高法院计划……也许是扩大保守 313
的南部民主党人和新政派之间裂痕的第一个楔子。”南部政客和罗斯福的关系深厚，但却摇摆不定。讽刺的是，罗斯福在 1932 年竞选民主党总统候选人提名时，代表的是西部和南部各州，而阿尔·史密斯则是代表东北各州城市的领袖。对罗斯福来说，这种合作并非仅仅出于便利，他实则深爱着南部。自 1924 年起，他在佐治亚州的沃姆斯普林斯（当时的布洛克镇）每天泡几个小时温泉、进行腿部康复训练后，罗斯福便尤为喜欢佐治亚州。他喜欢南部乡村和那里的食物——比如烧烤、芜菁，甚至偶尔还喜欢负鼠。他也喜欢南部的政界人士：他们真诚，富有活力，喜欢慵懒地聊天，这一切很美好，与常伴他左右的北方精英倔强淡漠的性格形成鲜明的对比。

令人惊奇的是，他们彼此都有这种感觉。在罗斯福执政早期，南部的“普通百姓”——佃农和工厂工人们——都认为这位来自哈德逊山谷的贵族深谙他们的很多经济问题。新政中的《田纳西河流域管理局法》和《农业调整法》等项目开始慢慢带动当地经济的现代化，南部各地区对他的忠诚度都有了极大的提高。随之而来的还有政治忠诚。一名来自北方的国会议员不无鄙夷地写道:“为了教育、铺设高速公路、棉铃虫和果蝇（棉花和水果）、城市电气化，南部的国会议员接受了救助，被罗斯福驯化。”这些救助改变了他们——从对任何侵犯州权的改革都保持警惕的“狭义解释宪法者”,变为了“为了巨额经费而秉持爱国情怀的广义解释宪法者”。

但是这种说法过于愤世嫉俗了。州权仍然是南部政治信仰的主要信条，早在内战爆发的几十年前，种植园园主和他们的政治护卫者就提出了这条原则以对抗废奴运动。而相比于州权，新政对全国性问题更为关注，再加上其对联邦权力的积极运用，这都与南部的传统认知相冲突。对于现存的过时社会等级制度，新政也同样保持轻视态度。由于对经济秩序和新政对公众的支持极为不满，大多数南部政治家对罗斯福的实验感到十分不安。联邦支出和负债增长，还有对工人的赋权，这些都让他们倍感恐慌。南部的企业家觉得新法规，尤其是《全国工业复兴法》的规则和协议，把他们排挤在外。
314 很多强烈批评《全国工业复兴法》的都是小地方的大人物，他们不满本地自治权和廉价劳动力明显减少，对保证黑人与白人享受同等工资和工时的法规更是厌恶至极。

不过，新政及其对种族的淡化，使得越来越多的美国黑人对罗斯福充满感激。“您让贫穷的人有了饭吃，有了衣穿……”有人在写给总统的信中说，“您治愈了破碎的心……我们这些黑人看到民主党做到了前所未有的事情……您是上帝派给我们的第二个‘摩西’，带领美国变成应许之地。”

除此以外，为了安抚南部的基层群众，罗斯福在种族方面的行动是渐进而难以察觉的。虽然他支持立法废除私刑，却拒绝支持联邦颁布有关禁令，担心这样做会激化种族矛盾，削弱他在美国经济公正方面的努力。而说到种族隔离，罗斯福的政策——简单地说——就是寻找别的出路。即使如此，贝利、康纳利和格拉斯等参议员认为，新政——及其在当地的受欢迎程度——是对他们的权威地位和“南部生活方式”的致命威胁。在他们看来，罗斯福所做的是将一直以来建立在种族基础上的南部政治联盟进行重组，让白人和黑人联合起来支持他的项目、他的原则以及他本人。

南部政界人士担心丧失地位，这并非毫无缘由。国会中仍以南部人居多。但自 20 世纪 20 年代以来，他们在民主党中的人数逐渐减少。1928 年史密斯的提名是对他们的重击，终结了他们对大选的控制；八年后的 1936 年，民主党让这一终结成了白纸黑字的现实：在白宫的施压下，南部的民主党人拱手让出他们掌握了一个世纪之久的总统候选人提名否决权，他们同意废除一项有争议的规定——即要求总统候选人获得三分之二的代表投票，而非简单的多数票。随后，在那年 11 月的大选中，罗斯福赢得了压倒性的胜利，即使整个南部都不支持他，他也可以连任总统。（但事实并非如此，罗斯福在南部大获全胜。）

填塞最高法院提案紧随这些羞辱之后出台，这引发了南部的担 315
忧。在该提案颁布之后，贝利在给友人的信中写道，总统“决心得到黑人的选票，我无须告诉你这意味着什么”。在贝利和其他人看来，这意味着在罗斯福任命的大法官进入最高法院后，最高法院将会终结种族隔离制度。紧随其后的是，支持民主党的黑人选民数量迅猛增加，南部白人在政治（和经济、文化）上的地位将会湮灭，而罗斯福则将会第一次得到对一个真正意义上的自由派政党的控制权。这一切，都是由最高法院增加大法官席位而导致的。

对于南部的保守派民主党人来说，最高法院的斗争是存亡之争。随着民主党人数的增加，党派多样性的提升，他们发现，自己只是其中的少数派，不仅人数上不占优势，还与国会成员、普通公民和移民的意见相左，当然也与最终放弃共和党、转而投票支持民主党（仅限于黑人能够参与投票的范畴内）的黑人意见不一。1936年竞选大捷之后，罗斯福理想中那种不为改革和极端保守所分裂的政党离实现又近了一步。他谈到了重新结盟，明确地告诉南部民主党人这样的信息：要么改变，要么走人。国会中的南部领袖完全理解这一信息的含义，他们对自己与罗斯福之间的关系越来越恼火；民主党的反对派三人组贝利、格拉斯和康纳利也明白罗斯福的意思，他们如今将最高法院的斗争视为南部的最后坚守。

罗斯福颁布填塞最高法院计划后，另一个有二心的群体也与其划清了界限，他们就是参议院中的进步派。罗斯福曾希望他们抛开党派关系，支持他的提案。这并非不切实际。进步主义参议员曾经表示过他们对于最高法院的担心，包括最高法院的权力、成员以及判决结果。在某些情况下，他们比罗斯福担忧得还要早。几十年来，像海勒姆·约翰逊和乔治·诺里斯这样的共和党人，还有像伯顿·惠勒这样的民主党人，早就对司法至上主义提出过警告，迫切要求对法院的权力加以限制。约翰逊是西奥多·罗斯福在1912年大选中的竞选伙伴，他支持后者关于撤销法官和法院判决的提案；1924年，
316 惠勒曾试图让国会拥有针对最高法院判决的否决权；诺里斯则一直以来都在呼吁削弱最高法院的司法审查权。他们所要求的都是激进的变革——比填塞最高法院更为彻底。每个动作都会极大地改变政府各分支机构间的平衡。如果说有参议员特别有可能将填塞最高法院计划视为温和、谨慎和合理的变革，那么肯定非他们莫属了。

然而，近些年来，他们开始理解最高法院对公民自由的保护，

对司法权力的怀疑也有所减少。20 世纪 20 年代，最高法院开始将《权利法案》的关键部分引入州法，许多大法官，不论是自由派还是保守派，都支持不分种族或思想观念的言论自由、出版自由、结社自由和宗教自由，支持保障被告的权利。这些判决赢得了包括进步派在内的很多人的赞赏。正如罗伯特 · 杰克逊所回忆的那样，到了 20 世纪 30 年代中期，许多少数群体开始相信“只有最高法院能保护他们免受专横的多数人的侵害……黑人认为这是他们面对白人专政唯一真正的保护；天主教徒认为最高法院保护了教区学校；少数群体认为，如果最高法院受行政或立法分支的支配过多的话，那么他们现在所享有的安全……就将不复存在”。与少数群体一样，很多进步派人士也认为，“政治”分支是对自由的极大威胁，它比独立的司法分支所产生的威胁更甚。

进步派对行政权力十分警惕，而他们对罗斯福个人的不信任又加深了这种警惕。这些因素当然是错综复杂的。给任何总统——尤其是罗斯福这样的总统——能够迅速改组最高法院的权力，都是进步派参议员所无法容忍的。在这方面，海勒姆 · 约翰逊的表现十分具有代表性。他反对这一计划的原因综合了个人、政治和思想观念方面的多种因素。他是参议院中永远的反对派；无论对民主党总统还是共和党总统而言，他都是一个威胁。约翰逊一旦发起怒来，很少有政界人士能够与之匹敌。他的好斗程度随着年龄的增长而增加：1937 年，当约翰逊七十岁时，他已经放弃了进入白宫或者最高法院这样的梦想，对富兰克林 · 罗斯福的态度也愈加不满。

在罗斯福宣布填塞最高法院计划后的第二天，约翰逊在给儿子的信中写道：“我们正在通往法西斯的道路上。他会变成一个十足的 317
独裁者……我不会对一个人微弱的反对力量抱有任何幻想，但我宁愿在这样一场战斗中战死。”这并不是耸人听闻。约翰逊体弱多病，他发自内心地认为这场斗争会要了他的命。尽管如此，他似乎仍然准备牺牲一切，因为他知道他的力量不容小觑。他通过自己的顽强不屈和十足的好斗精神，对其他进步派人士施加某种影响——但即便如此，诚如艾尔索普所说，约翰逊“看上去似乎随时要咬上他的同僚一口”。他在佛罗里达州休养了很长时间，回来后便开始谴责填塞最高法院计划。几天后，哈罗德·伊克斯对此总结道，约翰逊“毫无疑问准备好要极大地破坏总统的事业”。

很快，约翰逊的变节导致其他进步派参议员竞相效仿——第一个星期，每天都有一两个人变节——每个人都极具破坏性，联合起来则破坏力倍增。虽然单从人数上看，他们给反对势力增加的力量微不足道，但他们经验丰富，拥有公众的信任，而且成员多元化——这制造了一种两党联手反对填塞最高法院计划的景象（如果还不算是事实的话）。即使与大多数政治联盟一样，西部进步派和南部保守派的联盟也只是权宜之计，但仍然具有极大的象征力量。当乔治·诺里斯这位罗斯福口中的“美国最温和的进步派骑士典范”也宣称自己“不赞成该计划”时，罗斯福虽仍存有自信，但是也渐渐有了动摇之心。

而在 2 月 13 日发生的事件则使局势更趋恶化。《纽约时报》曾预言它的来临：“惠勒谋划反叛。”这并不是像其他人一样选择与总统的计划“分道扬镳”，而是一场全面的“反叛”。诚然，在所有最初反对提案的人中，只有惠勒才具有发起大规模反抗的手段和地位。一方面，惠勒不像约翰逊那样似乎在独处时才最为快乐，他只有在有同伙时才感到舒心。乔治·克里尔就曾写道，惠勒“从本质上讲是具有合作精神的……他喜欢与别人交往”。《时代》周刊也评论道，惠勒是“参议员中的参议员”。此人肩膀宽阔，身材瘦长，犀利的蓝眼睛藏在八边形眼镜片的后面，总是摇摇晃晃地走过国会大厦，嘴里叼着一只雪茄，手里拿着一顶破旧的斯坦森毡帽，渴望着与人搭话，
318 建立关系。他那亲切和蔼的态度，几乎掩盖了他的残酷无情。他的

微笑则充满了孩子气，但《民族》杂志在 1924 年声称，这种微笑是“冷漠的，死一般的”——这种矛盾就是他吸引力所在。

> 他要求颇高，但同时富有吸引力，而这种吸引力正是源于他的苛求和不妥协，或者说是因为他在政治上的残忍无情。很多改革者都有柔软的一面，惠勒却没有……在政策上，他还算有人情味。但是对人，他则冷酷无情，铁石心肠，小气吝啬。

惠勒必须这样。他是蒙大拿州政治纷争的产物。但他并非土生土长的蒙大拿州人：他来自马萨诸塞州的一个小镇，是一个鞋匠家庭中的第十个孩子，口音还保留了那儿的乡音。之后，他一步一步地向西部进发，首先去了密歇根州的一所法学院，然后去了比尤特，据（他自己）说，在去往西海岸的火车上他被几个玩牌老手搜刮得一干二净。1910 年，他进入蒙大拿州众议院，开始反对主导该州的铜矿产业。第一次世界大战期间，作为美国最年轻的联邦地方检察官，他为保护公民自由而无所畏惧。因拒绝起诉“亲德派”妨害治安的指控，他被一群暴民逼走离开了狄龙镇，并拖累了给他安排职位的参议员托马斯 · J. 沃尔什。为了保护沃尔什，惠勒选择辞职，接着进入参议院跟随沃尔什，两人一起调查哈丁政府的丑闻事件。这同样导致惠勒成为众矢之的。司法部派间谍到蒙大拿州跟踪他，搜查他的办公室，窃听他的电话，并发现了一些秘密；在这一做法未能达到预期的效果后，司法部又试图诬陷他收受贿赂。1925 年，惠勒因该项指控接受审判，陪审团仅花了十三分钟便宣布惠勒无罪。他是一名斗士——也是一名幸存者。

如果惠勒看到，在他四周的暗处都是敌人，那么他的判断多半是对的。但是怀疑影响了他的性格，让他心生怨恨。惠勒永远与别人存有积怨，永远在获取、培植并释放怨恨。而在所有人当中，他怨恨最深的莫过于富兰克林 · 罗斯福。

319 他们之间的关系几乎从一开始就十分糟糕。1930 年 4 月，二人曾同时在纽约的杰克逊纪念日宴会上发言。罗斯福当时强烈反对美国财富集中化，而惠勒起身称赞了他："我环顾四望，想找到一位能够打着团结好战的的改革派旗帜、带领人们走向胜利的领袖，我便禁不住把目光转向你们的罗斯福州长。整个西部都希望罗斯福来领导这场斗争，我确信，在他的带领下，我们可以取得胜利。"惠勒后来补充说，自己之所以这样做是"为了阻止阿尔 · 史密斯当选"。无论如何，他现在已经成为首个公开支持罗斯福当选总统的重要民主党人。因此，正如《纽约时报》所报道的那样："这大大助推了罗斯福州长一把。"罗斯福当然很欣喜。但是他想尽量远离那些以他的名义开展的行动（这一考量被证明是错的），一个多月之后才联系惠勒，这使得后者一直怀疑自己是否得罪了罗斯福。"你提到了我，"6 月，罗斯福终于给惠勒写信道，"这让我甚感高兴。"然而，怀疑的种子已然就此种下。

虽然惠勒对罗斯福心存怀疑，但在 1932 年的芝加哥民主党全国代表大会上，惠勒还是在罗斯福的总统候选人提名资格上起到了关键作用，他为后者争取到了不少支持——特别是休伊 · 朗的支持。而他之所以如此积极地协助罗斯福，也是事出有因。据罗斯福的一名筹款人回忆，惠勒"极其希望获得副总统候选人的提名"。但是选择惠勒将会是一个冒险的举动——很多民主党人仍然对于他在 1924 年短暂地脱离民主党、以进步党候选人的身份提名副总统而感到十分愤慨。尽管如此，惠勒仍然渴望被提名，因而对罗斯福选择约翰·南斯 · 加纳而心存愤恨。这名筹款人还说："1932 年，罗斯福没有选择惠勒作为副总统候选人，从此他开始反感罗斯福。此后，他再也没有全心全意地支持过罗斯福。"

这种愤恨与日俱增。选举结束后，惠勒去沃姆斯普林斯看望新当选的总统，他后来表示：“我并没有收到邀请……我是不请自来的。”罗斯福问惠勒，他的政治庇护人托马斯 · J. 沃尔什是否愿意离开参议院，担任司法部长。对此，惠勒和沃尔什都略有犹豫，两人担心如果沃尔什辞职的话，蒙大拿州州长将会让他们的死敌——J. 布鲁斯 · 克雷默，一名民主党官员兼矿业公司说客——来填补沃尔什走后的空缺。但惠勒仍然承诺会与沃尔什讨论该问题（最后，沃尔什接受了司法部长一职，但却没能活到就任的那一天）。那天，在沃姆
斯普林斯，惠勒还表达了对罗斯福的立法议程的担心。不久，他对 320
卡明斯说：“我告诉州长，在用过那些该死的缓和手段后，他会发现这并没有起什么作用，除非我们查出物价下跌的原因，否则民主党两年后将会失败得惨不忍睹。”惠勒接着高兴地说道：“州长似乎极为诧异。”惠勒对于这一问题的答案——和偏好——是金银复本位制，是制造银币。据卡明斯回忆，惠勒对此自我吹嘘，“他（指惠勒）开始把自己当作先知”——但同时，他自己也是祸患的源头。

1933 年 3 月，沃尔什在赶赴总统就职典礼的路上去世，这对惠勒来说是一个巨大的打击。二十五年来，惠勒几乎把他视作父亲。惠勒称：“我的悲痛无以言表。”而当霍默 · 卡明斯代替沃尔什成为司法部长后，这种悲伤转变成了愤怒。后来，惠勒澄清自己并不想要这一职位；但无论怎样，他都对卡明斯提出了强烈的批评，后者在他看来无法胜任这一职位。更加糟糕的是，卡明斯还是布鲁斯 · 克雷默的朋友。虽然蒙大拿州州长约翰 · 爱德华 · 埃里克森没有任命克雷默成为参议员，而是自己填补了沃尔什的空缺，但克雷默肯定从政治庇护和影响力方面获得了大量的补偿——从而在华盛顿和蒙大拿州首府海伦娜都得到了权势。所有这些都让惠勒无法忍受。

这一切都发生在总统就职典礼之前。

在接下来的四年里，惠勒怀恨在心的人越来越多，类型也不尽相同。早在 1935 年，他曾在参议员办公室中私下对记者怒斥罗斯福

的不当行径。在几乎每一次改革和进步中——他本人支持其中的大多数——惠勒都发现了腐败交易和潜在的保守主义。“他对罗斯福已经不抱任何信任了，”1935年，雷克斯·特格韦尔如此评价惠勒，“他抱怨罗斯福的摇摆不定、他对企业界的迁就、他对理性支持者的不友好行为……以及他那不敢大胆进行经济变革的政府。”惠勒还指责罗斯福已经投入大企业及国会支持者的怀抱，如参议员乔·罗宾逊和来自密西西比州的参议员帕特·哈里森；关于后者，惠勒曾警告说：“此人永远也不会真正支持罗斯福，并且迟早会伤透罗斯福的心。”

最让惠勒心生怨恨的是，他在1930年做出的预言变成了现实：
321 虽然进步派都十分固执己见，但罗斯福已经成为他们的“领袖”。尽管有像惠勒这样的参议员认为罗斯福背叛了进步主义的理念，也因而都憎恶他，但他们必须明白，在国会之外，一心谋求改革的领袖和选民却不这么认为。甚至就连那些看到了新政不足之处的人——这种人可不少——都认为，要实现那些过去二三十年来迟迟未实现的梦想，罗斯福是必不可少的选择。进步派参议员对此倍感恼怒，因为这说明总统已经开始接手他们的议题，并得到他们的追随者的支持。“罗斯福以为自己是谁？他以前不过就是一名略有权势的人物罢了。”惠勒对一名白宫幕僚厉声说道。惠勒自己，还有休伊·朗都也都略有权势。而今，惠勒称，罗斯福“就像一名想要铲除权势人物的国王”。

的确，罗斯福正在架空惠勒。虽然白宫时不时地需要惠勒的议会技巧，但大多数时候，罗斯福拒绝向他寻求建议，即使是那些惠勒极为关注的议题，譬如银币。1934年，当惠勒决定再次竞选参议员时，罗斯福穿越了整个蒙大拿州却闭口不提他的名字——这对他来说几乎是一种难以想象的侮辱。对于像惠勒这样骄傲的人而言，这种轻慢是很难接受的；但是惠勒忍气吞声了一段时间。正如一名记者所写的那样，他感染了“总统的病毒”，不能冒险与同属一个党派且深得民心的总统决裂。在 1936 年时，惠勒已经开始为 1940 年做准备了。他开始对罗斯福下手，一直抱怨说自己大材小用。虽然罗斯福敦促他的竞选经理充分发挥惠勒的作用，但惠勒依然不依不饶。8 月，惠勒在给科克伦的信中写道，若罗斯福的手下“继续抛弃他们的朋友……那么人们必将讨厌忘恩负义之人，那些四年前支持他的人，如今看到这一切后”，将会使罗斯福失去明尼苏达州的选票。

1937 年，惠勒卸下了责任感，耐心也所剩无几。“他决心要把罗斯福拉下马，这个意愿十分强烈。”一名十分了解他的记者说。2 月 5 日，惠勒在去纽约的途中买了一份报纸。他看到“罗斯福投下了一枚政治炸弹”。一开始，他没有就此发表任何评论，但是对自己准备采取的行动了然于胸。伯顿 · 惠勒并不喜欢最高法院，但他也无法容忍填塞最高法院的做法。这对他来说是一场骗局，是披着改革外衣的另一场争权斗争。惠勒后来称：“我发现，应对罗斯福的唯一方 322
法就是勇敢地面对他。”因此，他将会与填塞最高法院计划做斗争。不仅如此——他还将会领导这场斗争，并让它成为自己的斗争。

在惠勒公开表示他的意向之前，托马斯 · 科克伦邀请他到位于国会山的道奇酒店共进午餐。他们工作关系从前一直较紧密，彼此也曾经互相欣赏。但是因为某些原因——很有可能是因为科克伦与罗斯福越走越近——科克伦发现自己成了“背叛”惠勒的一员。惠勒也毫不掩饰自己对科克伦的轻蔑。现在，在道奇酒店朦胧的灯光中，他们两人压低声音，对填塞最高法院计划争执不休。

他们后来对这次午餐的描述各不相同。科克伦表示，他开始“善意满满……如果填塞最高法院按照计划进行，我希望罗斯福会任命（惠勒）为自由派大法官，以弥补没有任命他为司法部长的遗憾”。惠勒不记得有这样的提议，只有一份邀请他加入新大法官的“候选人”名单。无论怎样，惠勒都不买账。据科克伦说，几分钟后，惠勒的愤怒爆发了。

“你记得休伊·朗吗？”惠勒突然问道。记得，当然记得，科克伦说。惠勒说，如果不是因为我，休伊不会在1932年支持罗斯福，罗斯福也就不会成为总统。然后，惠勒摇了摇手指，高声问道：“你看到罗斯福是怎么对待休伊的吗？”

科克伦停顿了一会儿。“你该不会是认为罗斯福把他杀了吧？”

惠勒没有直接回答。“很长一段时间以来，我一直在观察罗斯福，”他说，“我们把他当作我们的一分子，推选他当总统。看看他是怎么对待休伊的吧，他会继续把我们其余的人都一一毁掉。”随后，他警告说：“他犯了一个我们期盼已久的错误——现在是我们挫挫他的锐气的时候了。”

科克伦语无伦次地谈到最高法院，谈到“麦克雷诺兹对我们的所作所为”实在阴险狡诈，并恳求惠勒“好好想想这个问题”——然后，
323 他警告惠勒，无论他喜欢与否，“某项提案终究是会通过的”。在他们两人的描述中——惠勒一拳砸在桌子上，吼道：“不会的……提案不会通过。还有，我会拼尽所有进行斗争！”

科克伦回到白宫转告该消息时颤抖不已。罗斯福听完他的汇报后，沉默了片刻，最后说道：“休伊。上帝啊，他们不相信——”

“我不知道，”科克伦说，“伯顿斗志满满，那是他的强项……但是显然，从现在开始，这不再是关于最高法院的立法斗争了；这是权势人物反抗您的斗争，恐怕您也不得不采取这种方式来与他们斗争了。”他敦促总统“马上召见伯顿”，让一切恢复正常。

第二天，2月13日，民主党全国委员会的宣传总监查尔斯·米切尔森给老朋友惠勒打电话，说是要见见他。米切尔森这么做完全是出于主动，并非是由于罗斯福的授意。惠勒拖延了一阵子。在公布了反对填塞最高法院计划的声明后，他才邀请米切尔森来到他的办公室。米切尔森说，他拜访惠勒的目的是希望能够“阻止仇恨情

绪的进一步加深”；他确信，惠勒和罗斯福最终想要达到的是同一个目标。他还敦促惠勒在与罗斯福共进晚餐时“研讨解决这个问题”。

据惠勒的回忆，他答道：“查理，总统应该会选择那些更容易被说服的人。他应该找一些软弱的人，收揽他们，因为若与我共事他将一事无成。”他将一份反对声明的副本递给米切尔森，上面写道：“总统的提议充其量是一个权宜之计，但这开创了一个危险的先例……提议中没有任何民主的、进步的、或任何根本性正确的成分。”

随后，没有白宫会面，也没有和解的迹象。相反，惠勒与其他反对派参加了在马里兰州参议员米勒德 · 泰丁斯家中举行的晚宴。与其说这是一场晚宴，不如说这是一场加冕礼。长桌两边坐了十几名反对填塞最高法院提案的人士。这是惠勒首次参加这个团体的活动，但自罗斯福宣布该提案以来，他们就经常举办这样的活动。参加活动的包括两党的保守派成员，还有一些温和派民主党人和进步派共和党人。汤姆·康纳利也在场，此外还有约西亚·贝利、卡特·格拉斯、范登堡和博拉。他们并非天然的盟友，但他们为了共同的目标聚到了一起。今晚，他们选定伯顿 · 惠勒作为他们的领袖。

惠勒站起身来，发表了简短的讲话。这一讲话在一些人听来更 324
像是训话。然而，他们却愿意忍受这一训话——更重要的是，他们愿意让自己按照惠勒所要求的那样成为他的追随者。“在这场战斗中，惠勒对我们来说绝对必不可少。”阿瑟 · 范登堡在日记中写道。“他挺身而出与罗斯福对抗，理应得到我们的全力配合。”

“伯顿，虽然我们不能取得战斗的胜利，但我们还是要奋力一搏。”弗吉尼亚州民主党人哈利·伯德在那场晚宴上说。战斗虽然徒劳，但这种崇高的感觉却真实而深刻。考虑到总统的力量和民主党多数派的规模，如此小规模的裂痕并无法阻止总统提案的推行。这道小裂痕需要进一步地分裂。

“我认为战线正在形成，我们需要与摇摆不定的人联起手来。”詹姆斯·罗斯福在2月8日的日记中这样写道。联手是“白宫战略委员会”所提出的第一个要求，詹姆斯是该小组名义上的领袖。他还不到三十岁，刚刚被任命为父亲的助手。尽管母亲并不同意这个决定，她对长子是否准备好承受这一工作所带来的压力表示怀疑。

从某些方面来看，詹姆斯已经准备好了。他从小在政治氛围中长大。1928年，在哈佛大学读三年级时，他就曾在足球训练后走上过竞选讲台。在父亲提名州长的当晚，詹姆斯在广播辩论中为民主党发声（为共和党发声的是查尔斯·伊文斯·休斯的女儿伊丽莎白·休斯）。毕业后，詹姆斯留在了坎布里奇，后来他结了婚，并进入保险行业。他在二十五岁左右时萌生了竞选马萨诸塞州州长的念头。他身材魁梧高大，性情温和，很有亲和力，与父亲关系亲密——但是对罗斯福的幕僚来说，这些特质无一能帮助他成为“继承人”。1937年1月，罗斯福宣布，他的儿子会与史蒂夫·厄尔利、马文·麦金太尔一起成为总统秘书，接替已故的路易斯·豪。

詹姆斯填补了这一职务空缺，却无法弥补豪的去世所造成的能力空缺。虽然罗斯福执意让自己的儿子接替豪，但没有人可以完成
325 这一任务，詹姆斯也毫不例外。他丝毫没有豪的精明或固执，也不可能像豪那样将罗斯福斥为“该死的蠢货”。詹姆斯的日记中充斥着成对的感叹号（“！！”）、对他人的乏味观察（“我喜欢他的态度”），还有对各类事件的乏味观察（他预测填塞最高法院计划将会“引发大规模的讨论”），这些都暴露了他缺乏政治人物所必备的精明与世故。但他仍然希望“为父亲出谋划策”，因为最高法院之争已经被证明是罗斯福总统任期内最激烈、最不可预测以及影响最为重大的战斗之一。

詹姆斯所领导的委员会是特别设立的，规模不大，人员组成上较为随意，大部分人从未在一起共事过，也从未希望过有这样的机会。

成员彼此间的质疑相当普遍。然而现在，他们共同承担着两大职责。第一，管理“列表”：每日清点国会支持者、反对者和观望者（最后一种暂时占大多数）的人数。委员会成员充当罗斯福在国会的代理人，到国会给出承诺、写下借据，并时而做出威胁——这些本是众议院和参议院领袖的职权，但是在这样的情况下，总统认为他无法依靠罗宾逊和其他人。于是，他转而依靠詹姆斯、科克伦、查尔斯·韦斯特和约瑟夫·基南。其中，基南是一名调查员，身材壮实，脸圆而红润，为卡明斯处理司法资助款有关事宜。此人办事巧妙，直率坦诚，让政界人士觉得放心；而科克伦那种过度的热情和过分显露的才华则让他们反感。

但科克伦很适合委员会的第二个任务：认真准备填塞最高法院这一提案。这意味着为国会内外的支持者提供最好的论点、展开研究、起草演说稿，并为会议、广播节目、市政厅集会、参众两院辩论挑选发言人。因为该提案让每个人都措手不及，连支持者也都为之不知所措、瞠目结舌。他们在这个星期里焦虑不已，等待白宫给他们分发讨论话题、数据以及司法和立法方面的历史资料。总统本人在这方面也帮了一把手。他将一摞文件送至卡明斯手中，附条写道：“你难道不认为这些资料中的大部分，尤其是那些优秀的部分，应该被送到合适的参议员和众议员手中，让他们在辩论中和所有我们建议的其他事宜中派上用场么？罗斯福。”他把其他部分一同递给科克伦， 326
以供查阅。为了查到有力论点，甚至连亚利桑那州马里科帕镇高等法院法官寄给总统的信中所提出的建议，他们都没有放过。

与平时一样，科克伦与本·科恩共事。他们对填塞最高法院都没有什么真正的积极性，但科克伦热爱斗争，而科恩受责任感所驱使，因而对这份工作也尽心尽力。他们招揽了朋友米尔顿·卡茨加入，为他们撰写演说稿，此人之前是全国复兴总署的律师。不过卡茨认为填塞最高法院的计划“荒谬不经”，拒绝为其歌功颂德（相反，他写了抨击最高法院的文章，这个他倒是可以忍受）。加入他们的还有查理·米切尔森，他自称“捉刀人”，影射自己为他们做的代笔工作。在科克伦看来，米切尔森的思想像“短剑一样锋利”，他是一名眼光敏锐的优秀“代笔人”。一名漫画家曾将他画成腹语者：一个膝盖上是喋喋不休的“参议员”，另一个膝盖上是“内阁成员”，脚上是其他人。米切尔森年纪不小了，一副长脸上时常流露出疲态，一些人认为他最好的年华已经逝去。詹姆斯·罗斯福一直认为他“年迈无能”，但很快又发现他“非常活跃精明”。

米切尔森的能力从来都是毋庸置疑的，但他的忠诚却并非如此。部分原因在于他的朋友朱厄特·肖斯这位自由联盟创始人。肖斯在1929年把米切尔森从《纽约世界报》华盛顿分社中挖走，让其任职于自己主管下的党派总部。他们的关系在反对胡佛的斗争中日益紧密坚固。甚至在肖斯变节、米切尔森公开嘲讽自由联盟的律师监察员以后，人们依然能够看见两人偶尔在五月花酒店餐厅的一角边就餐边小声谈话，脑袋几乎要凑到一起。

米切尔森后来表示：“说到新政，我需要有人告诉我新政的确切含义，这样我才能知道自己是不是一个新政派。”他说这话时是1944年，距离罗斯福首次就任总统已过去了十多年。米切尔森这种冷静的不可知论也延伸到了他对填塞最高法院计划的态度上，而他似乎也不打算努力消除这种看法。后来，他否认这种个人看法对任何事
327 产生过任何影响。“我不过是个宣传者而已。”他耸耸肩说道。他的确只是一个宣传者，但他更是一个优秀的宣传者，这就是为什么他能够参与斗争、而没有被放任自流的原因。史蒂夫·厄尔利认为，若米切尔森再次回到肖斯、阿尔·史密斯以及杜邦家族等其他同僚的阵营中，他将会变得十分危险（而且是前所未有的危险）。

战略委员会成员在早餐或午餐时三三两两地聚在一起，或是挤在白宫西翼狭窄的门厅中查看国会最新传来的报道。他们给罗斯福

提出的第一个建议是让他召集国会议员——摇摆不定者和支持者都包括在内——来到白宫讨论该计划。罗斯福觉得这个建议不错，于是便很快发出了邀请。尽管会议的气氛紧张而凝重，但一切进行得还算平和有序。2 月 10 日，来自内华达州持怀疑态度的参议员帕特·麦卡伦在与罗斯福会面之后表示："会谈很有意思，也很愉快，非常坦诚。"而另外一些参议员却无法抑制住愤怒之情：在 2 月 13 日的一场会议上，来自犹他州的威廉 · H. 金对总统出言不逊，其他人惊骇于他那不顾礼节的做法，反倒当时条件反射般地想要忠诚于罗斯福。罗斯福一如既往地平易近人；他既善于调节气氛，也对参议员们的忧虑给予关切，因此一些参议员觉得罗斯福是可以接受妥协的。然而，大多数人都发现，他心意已决——铁了心要使提案通过。

2 月的大部分时间里，罗斯福每天都举行一到两次这样的会议。《时代》周刊认为："总统似乎执意要一个一个地游说参议员。"很快，他开始怀疑这样做到底有没有用。虽然他没有要求来宾承诺对提案投赞成票，但他还是希望至少有一些人会主动这样做。可事实却是：没有一个人主动给出承诺。在听了他的游说后，那些反对他的参议员和众议员也并未转变立场。

事实上，在总统做出这番努力之后，一些人反而发出了更为犀利的批评之声，这其中就包括内布拉斯加州的进步派人士乔治 · 诺里斯。最初，他对该提案的态度是——"我不认同"——虽然这很难说是一种支持，但也不能说他完全不支持。毕竟，诺里斯是拥护修宪的领军人物，他可能反过来会支持填塞最高法院。罗斯福将他召至白宫——然后让他等了整整一个小时，这让他仅存的善意也所剩无几。罗斯福的日程秘书马文 · 麦金太尔相当保守，对诺里斯这样的进步派人士，不是忽略他们约见总统的要求，就是让他们没完 328
没了地等下去，这种居高临下的办事风格也常被他们抱怨。1937 年，皮尔森和艾伦指出，进步派认为："要通过麦金太尔的刁难，比骆驼通过针眼还难。”詹姆斯·罗斯福也发现了这一问题。他在总统会见诺里斯这天的日记中写道：“正是这些看似微不足道的事情，往往会让热心支持者的热情冷却。”

或者说，让他们的热情变得冰凉。诺里斯在与罗斯福会面之后没有表现出任何软化的迹象。事实上情况正截然相反，诺里斯当天就宣称：“开诚布公地说，我认为总统的计划非常糟糕。”此外，他发誓会继续通过修宪实行彻底的改革。他认为，如果现在就填塞最高法院的话，那么这种扩充会周而复始地进行下去，“直到最高法院变得像众议院一样规模庞大，到那时我们就不得不再修建一座大理石宫殿了”。

这样的会谈仍在继续，但气氛已然转变。“父亲做出了新的策略规划”，詹姆斯在2月14日记录道：总统现在“一个一个地会见参议员，记录下他们提出的替代提议，然后向他们解释这些提议是行不通的”。总统在每次会谈开始时都会提到一幅知名的英国漫画，画面描述的是第一次世界大战时期，炮弹在战壕上方爆炸，下方一名士兵对另一名士兵说：“如果你有更安全的战壕，现在就过去吧。”他要求国会议员表态，他们是否真的认为宪法修正案——无论什么类型的——很快就能获得批准，或一定能获得批准。大多数时候，议员都对此保持沉默。他们没有更好的战壕可去，罗斯福说。

在一次记者招待会上，记者们问道：“您能告诉我们，国会议员对您的司法改革提案都有什么提议吗？”罗斯福笑了笑，回答道：“你们不会想在这里待上一天吧？”但是在他的态度中包含有一丝强硬。《时代》周刊称，虽然他曾经毫不费力地取得过很多次大胜，但这一次他显然“挽起了袖子……”，“观察者从未看到过富兰克林·罗斯福如此积极地争取什么。最高法院的斗争一开始并不激烈，这预示未来将要发生的事情……这也意味着，比起新政已有的结果，这场斗争的结果更加不确定。”

但罗斯福仍然十分自信，这并非毫无缘由。《时代》周刊在 2 月 329
中旬预测道：“所有的迹象都表明，总统（将会）得到自己想要的东西。”在华盛顿，几乎没有人不同意这句话。白宫幕僚、内阁成员、两院领袖及普通议员、国会记者——所有人都认为罗斯福一定会获胜。这可能比预期所需的时间更长，罗斯福也可能比原先计划的要更为努力，但是其结果似乎是确凿无疑的。“当然，总统已经掌控了全局。”海勒姆·约翰逊嘟囔道。他在给儿子的信中写道，罗斯福“十有八九会获得胜利”。

看起来，自由派支持者开始联合起来了。据《民族》杂志报道：“全国的工人、农民以及进步派的思潮都支持该提案，这一点已经越来越明显。”这似乎是所有不同的工会派系唯一能达成一致的事。在进行了诸多争论之后，美国劳工联合会的领导层于 2 月 17 日正式支持填塞最高法院计划。曾因帮助罗斯福竞选而于 1936 年成立的劳工无党派联盟给每一名国会成员寄去了一封信，信中表示，希望每一名劳工的朋友都能支持该计划。（詹姆斯 · 罗斯福在日记中写道：“我确信他们会提出条件以换取对我们的支持。”）除了“全国农庄”外，所有的农庄集体都一致支持提案——部分原因在于亨利 · 华莱士的煽动，他在农庄领袖会议上说，如果填塞最高法院计划通过，政府就能对《农业调整法》稍作改动，重新启用。诚然，白宫抓住这次机会，提出它可能会重组新政的大部分内容，包括《全国工业复兴法》的一部分——这正是工会恰好喜欢的。

《民族》杂志宣称，“罗斯福将会获得胜利”，并且认为抗议的声音很快就会平息，提案将会通过，“除了看看哪位大法官决定带头退休外，并没有什么可以做的”。新闻界已经开始猜测罗斯福最终将要任命的人选了。罗宾逊、阿什赫斯特、萨姆纳斯、里奇伯格和弗兰克福特位居大多数名单之首；此外还有科克伦、科恩、罗森曼、罗伯

特 · 杰克逊，以及参议员布莱克、伯恩斯、哈里森、明顿和瓦格纳。
330 罗斯福的朋友们开始了游说，让他选择他们自己偏向的人选。“我谨向您推荐欧文 · D. 扬。”国际商用机器公司的托马斯 · 沃森写道。他说，扬先生是通用电气公司的董事会主席，对于“变化中的国家现状有着深刻的理解”。

这一切显得有些过于草率仓促了。在 2 月 15 日公布的本周盖洛普民意调查显示，公众的意见基本持平：百分之四十五的人赞同，百分之四十五的人反对，还有百分之十的人举棋不定。一个星期后，反对者略具优势。罗斯福仍需争取大众的支持。然而，这些复杂的民意调查结果可能也是好消息。即使罗斯福还没有开始斗争——他自该计划公布以来还没有进行过任何公开的辩护，全国已经有大约一半的公众在支持他了。同时，即使在反对者当中，民意调查显示，大多数人对填塞最高法院计划的前提也是予以支持的：必须采取行动以实现最高法院的自由化。罗斯福对身边的人说，随着人们逐渐理解填塞最高法院计划，该计划将会得到越来越多人的支持。

全国各地铺天盖地的报道让总统变得愈加乐观。2 月中旬，欧文 · 布兰特在写给科克伦的信中提到，《圣路易斯星时报》的民意调查显示，该市四分之三的公众都支持总统的计划——这远远超过了盖洛普全国民意调查的结果。原因何在？布兰特写道：“我认为，是因为该报社论对最高法院的批评逐渐塑造了公众意见。”全国其他地区还没有开始进行这样的准备，但似乎现在采取行动也并不晚。2 月 11 日，《阿森斯旗帜先驱报》的编辑给哈尔利 · 布兰奇（詹姆斯 · 法利在民主党全国委员会的首席助理之一）写了一封信，信中说道：“我担心我们的一些代表会觉得佐治亚州过于保守，任何改变最高法院的行为……都不会得到他们选民的同意。照现在的情况来看，这或许就是事实，但是我确信，如果在佐治亚州举办一次教育说明性的活动……那么本州的民意将会倾向于罗斯福计划的那一边。”布兰奇将这封信递送给了罗斯福。

除此以外，一两个星期过后，表达愤怒之情的电报的数量开始减少。2月中旬，联邦众议员兼狂热的新政派莫里·马弗里克告诉罗斯福，从得克萨斯州选民的来信上看，最初，三分之二的人都反对该提案，但现在选民更倾向于该提案，来信中有四分之三的人都对此予以支持。这或许是因为马弗里克公开对填塞最高法院提案表示 331
支持的缘故，但那些不支持该提案的国会议员也声称自己选区的选民出现了类似的态度变化。同时，许多最为愤怒的来信都是写在印有浮雕的信纸上的，而使用这种信纸的正是愤怒的上层阶级，他们在去年秋天便投票反对罗斯福。但这没有引发任何运动。来自纽约州的参议员罗亚尔·科普兰在写给民主党全国委员会一名委员的信中说道："这些信件可能有一定影响，但是我对此表示怀疑。"

《纽约时报》指出，国会中很多人都保持着"谨慎的沉默，等着看舆论会倒向哪边"。民意调查和公众来信让他们一头雾水，这两者之间的矛盾也同样让人困惑。尽管无论是在公开场合还是在私下里，国会都表达了强烈的不满，但新一届国会里的成员都还没有准备好足够多的人以进行反抗。基于内部调查的结果显示，众议院多数党党鞭仍然预测他们会以一百票的微弱优势获胜；而在参议院中，艾尔普索和卡特里奇口中的"坚定的新政支持者"布莱克和明顿等人则站在总统这边。尽管乔·基南每天对参议院进行完调查回来后都感觉筋疲力尽，但他并没有觉察到失败的迹象，只是感到眼前的任务异常艰巨。他的统计记录显示，在2月中旬，有三分之一的参议员支持该计划，三分之一的参议员反对该计划，另外三分之一表示中立。最后一类表示中立的参议员几乎都是民主党人——因此，这部分人最后很可能会支持罗斯福。这也就不难理解，为什么当国会领袖试图与总统达成妥协时，他们发现总统毫不退让了。

霍默·卡明斯自得其乐。他在给爱德华·考文的信中开玩笑似地问道：“您对近况有什么看法？一些老骨头眼下就像伴奏用的响板一样喋喋不休。”填塞最高法院计划被斥为“狡猾至极”，但这丝毫没有让卡明斯感到不快。他对雷·克拉珀说，既然该计划的基本前提是合理的，那么即便它的表现形式有些过于巧妙，那又有什么关系呢？该计划清楚无误地建议，七十五岁以上的法官应该退休，这其中也包括深受人们爱戴的布兰代斯大法官。而在2月10日的记者
332 发布会上，卡明斯对以上这个让人不快的事实没有做过多强调。“我们失去了一些优秀的法官，他们的离开让我们痛心，”卡明斯说，“但是总体上来看，别离不是我们痛惜的理由。”

司法部长对该计划的成功信心满满，因此他开始高调地将这一计划的提出归功于他自己。“我认为报纸记者对提案始源的摸索劲头十分好笑。他们现在已经开始漫无边际地瞎猜了。”他在日记中写道。事实上，卡明斯一点也不觉得这很好笑：在与詹姆斯·罗斯福会面时，他“滔滔不绝地谈论了这项提议的历史价值，以及他作为共谋大计者之一的满足感，并明确表示，他很不满报纸上说该提案与本·科恩和汤姆·科克伦相关”。他还和雷·克拉珀坐在一起还原事情的真相，极其详细地描述了自己制定计划的过程，不过其描述并不完全准确。克拉珀记录道：“他声称科克伦和科恩都没有参与其中，罗伯特·杰克逊也没有。”

菲利克斯·弗兰克福特同样没有参与，尽管大多数观察者并不这样认为。考虑到他与罗斯福的关系——事实上，他是罗斯福的首席外部法律顾问——很难相信他会置身事外。2月8日，报纸专栏作家弗兰克·R. 肯特引用“普遍观点”，称弗兰克福特是填塞最高法院计划的主要策划者。

这一推断让弗兰克福特教授十分惊恐。出于多种原因，他不愿与这一计划有任何牵连，而其中的首要原因在于他根本不相信该计

划。他在《社会科学百科全书》(*The Encyclopedia of the Social Sciences*)中1934年的一则词条中写道，“数字‘九’并非具有神力，但有效的司法行动必须有所限制……从经验中可以获知，扩大最高法院规模的结果只能是自掘坟墓”，因为这会让大法官们的有效交流和思考变得困难重重。但弗兰克福特不仅仅是一名实用主义者，他还有一点浪漫主义情怀。他对近期的很多判决都义愤填膺，这也反映出他对最高法院这一机构的敬畏——用“爱”来形容似乎稍嫌不够。他存有某种信念，认为最高法院迟早会推翻自己的统治，并坚决反对改变自身的结构或功能。

但弗兰克福特的恐惧还有一个原因，那就是他的野心。在所有
应对宪法危机的方法中，填塞最高法院是最为激进的一种。弗兰克 333
福特渴望在最高法院任职，因此他显然不愿与该计划有任何瓜葛。早在1935年就有传言，说他敦促罗斯福填塞最高法院，但他很快就更正了人们的这一印象。一名费城律师曾写信问他对此传言有何想法，他回复了一封言辞激烈的信予以斥责：“律师至少应该具备责任感，而不应沉溺于……闲言碎语之中。”

现在看来，弗兰克福特的担忧不无道理。在填塞最高法院计划宣布后的两天内，反对他的人就开始猜测他参与了其中的策划，以此抹黑他的声誉、破坏他在最高法院任职的机会。2月7日，本·科恩在给弗兰克福特的一位朋友、英国著名政治学家哈罗德·拉斯基的信中写道：“这里发生了一场巧妙煽动起来的运动，旨在让人们相信菲利克斯太过激进而不适合被提名，而总统也会应战以挫败他的野心。”

罗斯福的确预料到了这一情形，并试图先发制人。在提案公布之后，他在马萨诸塞州坎布里奇市致电弗兰克福特，希望获得他的帮助以使提案通过——但总统的意思是暗中的协助，而非公开的支持。总统让他暂时低调一些，这样以后在任命他为最高法院大法官

的时候就不会引发事端。但即便如此特殊的处理方式依然让弗兰克福特感到不安，他纠结于该选择忠于罗斯福还是布兰代斯。布兰代斯在九位大法官中年纪最大，而总统在2月5日宣布的提案让他成了另一位透过“模糊的眼镜”看世界的法官。

尽管如此，弗兰克福特依然对自己的职责没有任何怀疑。暂且不论他的真实想法，他给罗斯福的感觉是，他不仅赞同该计划，而且还欣赏这一计划的呈现方式。“总体方案的技巧性‘让我震惊’……”他在2月7日给总统的信中写道：

> 秘密保守得极为严密，丝毫没有泄露，这同样使我大感“震惊”……的确，您让我“震惊”的方式兼具戏剧性和艺术感。但除此之外，那些无法以理性或是以现有宪法解释原则来
> 334 证明其合理性的一系列判决，更是使得您与我都确信：必须把宪法从最高法院中分离出来，必须把最高法院从自身中抽离出来……显然，一些大手术是必不可少的。与身体上的手术一样，对国家所做的任何大手术都会给人们带来一定程度的震惊。但是，正如您所了解的那样，我深信您会本能地做出明智的选择。

据弗兰克福特后来的回忆，他在写下这些话之前，在桌边坐了一个小时——这是折磨他心灵的一个小时。1937年的整个春天，尽管他积极地为罗斯福贡献了各种意见、鼓励、演说措辞以及其他各式各样的支持，但有关最高法院的斗争仍然使他备受煎熬。他的慢性神经炎又犯了，夜里疼得睡不着觉，甚至连坐起来都十分困难。他把自己真实的感受告诉了他的好朋友本·科恩、汤姆·科克伦和其他“弗兰克福特派人士”——新闻界正是这么称呼他们的。后来，他的另一名门生、年轻的新政官员大卫·金斯伯格回忆称：“弗兰克福特激烈地宣称（填塞最高法院计划）非常糟糕，也非常危险……

他不会让罗斯福达到目的。”

但是在这一小小的保护圈之外，弗兰克福特则守口如瓶，即便对朋友也同样如此。著名律师和填塞最高法院计划的批评者格伦维尔·克拉克给弗兰克福特写信，想要知道“为什么现在当所有人都在寻找光明时，您却保持沉默”。弗兰克福特含糊其词地回复道，如果他开口说话，那么人们将不会将他视为一名宪法学者，而是“犹太人、‘赤色分子’和‘异类’的象征”。对于其他人，他的解释各不相同，但往往不尽如人意。“我对最高法院及其所为太过了解……因此我无法像有些人一样自由地谈论。”弗兰克福特对纽约的一名杰出律师如是说，这里面有些事实依据——尽管从前他从不忌讳谈论最高法院。

现在，他似乎满足于让别人来引领全国性话题。在给联邦第二巡回上诉法院德高望重的勒恩德·汉德法官的信中，他写道：“我的方法是……‘说出最高法院这么长时间以来的真相，我不在乎您会提出什么解决方案或者反对意见’。”事实上，弗兰克福特在私下里敦促罗斯福“让这个国家接受教育”，让美国公众了解最高法院应该扮演什么样的角色，以及保守派大法官又是怎样僭越这一角色的。但弗兰克福特假装出来的漠不关心，反而激起了更多的“闲言碎语”。那年春天，哈佛俱乐部在纽约举行了一场小型聚会上。弗兰克福特 335
在该聚会的发言中几乎没有提到关于最高法院的斗争，这让听众甚感困惑。一些人走的时候还在小声嘀咕，说弗兰克福特教授肯定是反对这个计划的，而罗斯福则承诺任命他为最高法院大法官，以此来换取他在该问题上的沉默。

弗兰克福特并不是唯一一个强忍疑虑的总统顾问。即使是那些在 1 月曾质疑填塞最高法院计划的人，如今也纷纷站到了总统这边，比如汤姆·科克伦、唐纳德·里奇伯格和萨姆·罗森曼。斗争的开始、对罗斯福的忠心以及熟悉的政敌，都使得他们决心要取得胜利。罗森曼在 2 月中旬写给罗斯福的信中说道：“新闻界对有关最高法院之争的大肆报道让人联想到了去年 6 月和 7 月时的竞选活动。”

> 对三四流的竞选者来说，大肆攻击总统是让他们登上头版的绝佳机会。他们的呼声越大，报道所占的篇幅就越多……就新闻界来说，我不知道您从声音微弱的数百万公众身上获得了什么感触。我能感觉到人们有一种很强烈的情感，即这是唯一一个可以打破壁垒，让民主制真正发挥作用的办法。这是一场激动人心的斗争……我知道您对于大战一场的决心已定——这无比正确！与您已经取胜的斗争相比，这场斗争实际上比看起来的还要容易。加油！”

决心和自欺之间的界限是很难把握的。随着冲突从衣帽间转移到众议院和参议院并蔓延至全国，有迹象显示，白宫，或者至少白宫里的一些人，正在自负的危险边缘摇摇欲坠。詹姆斯 · 罗斯福 2 月 15 日的一则日记完完全全地体现了这点：“我们……要在惠勒参议员身上下大功夫了，希望能让他重回我们的阵营。”

第19章　晕头转向

一时间，群情激奋，争论不休。从2月5日早上开始，各方意 336
见从广播、社论、报纸专栏、市政厅、教堂讲坛纷至沓来，其中有的对总统的计划表示支持，也有的表示反对。电话接线员在转接空档会争执几句；女服务生为请愿书收集签名；在各州首府和华盛顿，邮袋都装得满满当当；电报里也充斥着各种恳求的声音，收件人都是在这件事上可能有发言权的人。自20世纪20年代初关于是否加入国际联盟的争论之后，甚至是自重建时期以来，都未曾有过如此激烈的争论——评论员们都不记得美国人民何时曾发出过如此强烈的意见。

在1937年2月，唯一一个没人谈论最高法院命运的地方，似乎就只有最高法院了。2月5日之后，最高法院便异常安静。就在5日当天，一群记者走进乔治·萨瑟兰的办公室，看到他在和欧文·罗伯茨谈话。记者向这两位大法官询问他们关于填塞最高法院计划的看法，却被他们婉拒了。此后，最高法院这部分区域便禁止记者进入。长长的走廊上只能隐约听到打字员敲击键盘的声音，还有鞋跟落在在大理石地面上的声音。据新闻报道，大法官们进入了“前所未有的隔绝期”。

337 但实际上也不全然如此。2月6日晚，亨利·华莱士为首席大法官休斯和大法官巴特勒举办了一场小型宴会。看到宴会进行得这么顺利，每个人看上去都轻松愉快，社会名流、改革派人士兼民主党领袖黛西·哈里曼十分惊讶。不过，她觉得休斯时不时也展露出了担忧的神色，因此猜想众人可能是强颜欢笑罢了。然而，巴特勒看上去完全是一副轻松自在的神情。他与哈里曼相谈甚欢，过了一会儿,两人便谈到了年龄的问题。巴特勒说他之前觉得七十岁就算老了，但现在不这么认为了。说完他咧嘴笑了笑。

最高法院在公众面前的模样依旧高深莫测。2月8日星期一，大法官们参加了自总统的计划推出以来的第一次口头辩论。当天，在驱车前往最高法院大楼的路上，大法官麦克雷诺兹的助理约翰·诺克斯犯了个错误，他向麦克雷诺兹提起总统的填塞最高法院计划，而后者则明确地表示不想谈论此事。大法官一言不发，双眼凝视着窗外，盯着来往的车辆。诺克斯假装看一眼旁边驶过的汽车，忐忑不安地瞥了上司一眼。他后来写道：“他表情冷峻严肃，让我想起了身处决战中的将军，对于下一步要采取什么行动极为困惑。”

法庭外面，两百名听众排成了一条长龙，希望能看一眼大法官们，或许还能听到两起主要案件的辩论——一起案件关于劳工权利，另一起关于言论自由。此外，传闻大法官要宣布他们对华盛顿州最低工资案的判决，因此法庭中弥漫着兴奋的气息，听众们盯着法官席上方的时钟。后来，就在时钟刚刚响了十二下的时候——什么都没发生。又过去了一分钟，但在最高法院的法庭中，却像是过了一个世纪。首席大法官休斯一向以准时而闻名，听众早已习惯于看到他在正午时分出现，因而此时不由得注意到了大法官的迟到。终于，有人出现了——但不是休斯，而是布兰代斯。他环视四周，迷惑与窘迫之情溢于言表，随即向后退回到帷幕之后。就在这时，随着法槌咚的一声响起，首席大法官休斯出现了。后来，记者戏称布兰代斯是唯一一位无惧面对公众的大法官。

此外，在法庭中还出现了其他不合常规的地方。休斯坐在座位上，身体向前倾，他清了清嗓子，叫申请成为律师的人上前来——议程的第一项从来都不曾如此。在此之前，每逢星期一，首席大法官都要宣布判决、发布法院命令。而今天，这两件事他一件也没做。雷·克 338
拉珀坐在记者席上，感觉眼前的景象像是一场静坐罢工；除了进行了几个律师的宣誓仪式外，没有处理别的事情。“天啊！”记者室的工作人员说道，“最高法院已经晕头转向了。”

大法官们在得知罗斯福的提案后，都不同程度地感到心烦意乱。卡多佐在给堂兄的信中写道：“‘不能公开’，不能传播，我和你一样持反对态度，并且大为震惊。”他向助理约瑟夫 · 劳强调，他反对这一计划：“不会有法官同意这一计划的。”但卡多佐说这话的时候有几分悲痛。即便如此，他还是对罗斯福忠心耿耿。布兰代斯也私下表达了自己的失望之情。他一直以来都反对新政中那些“聪明的诡计”（这是布兰代斯大法官的原话）。这次的填塞最高法院计划再次表明了罗斯福的“聪明”。并且正如汤姆 · 科克伦所预料的那样，布兰代斯对其中对老年人的质疑表示愤怒，他对哈佛大学历史学家阿瑟 · M. 施莱辛格说，保守是基因的产物，而非年龄。他还说，随着年龄的增长，老年人通常积累了一定的经济基础，在免于生存的压力后，其观点会更倾向于自由主义。《纽约客》杂志同意这一看法：

> 总体而言，我们认识的八十多岁的人，要比七十多岁的人更为激进、更为杰出。因为他们行将就木，所以他们更愿意考虑对国家来说更为大胆的想法。而恰恰是处于五十岁到七十岁之间的人，才会谨小慎微，坚守原则，未雨绸缪。

哈伦·菲斯克·斯通——最高法院内部最严厉的批评者——在写给姐姐的信中承认："最高法院是自作自受。"他早就预见到了这一天。菲利克斯·弗兰克福特在给斯通的信中写道："卡珊德拉[1]不会因自己的预言最终得到证实而感到高兴，我知道你也不会因为自己所预见的情况成为现实而感到丝毫愉悦。尽管没有达到理想的结果，但是你已经做到了问心无愧。你已经完成了自己该做的工作，而关于追求错误的方向会带来的危险后果，你对同僚们也给予了充分的警告。这些一定会让你心安。"但弗兰克福特猜错了。斯通在给一位朋友的信中吐露心声："看到（最高法院）成为'政治足球'，我备感
339 担忧。"他给另一位朋友写道："姑且将所有的错误都归咎于最高法院，但对坚持我们伟大的政体和珍贵的价值观来说，它的传统、职能和工作方式仍然至关重要。我担心，在当前的情绪压力之下，这些都要被牺牲掉了。"

斯通自去年秋天生病以来，身体仍十分虚弱，多数情况下要依靠吸管进流食。尽管如此，填塞最高法院计划中对老年人衰弱无力、效率低下的描述仍然令他十分反感。他在给儿子们的信中写道："尽管该计划在措辞上是要求最高法院提高效率，让'九个老头'各尽其责，但所有人都看到了这些话的实际含义。事实的真相是，最高法院无须提高效率，无论年纪大小，大法官们都能与世界上其他的法官一样各司其职。"斯通预测，斗争将持续很长时间，而且投票结果也将不相上下。国会里的朋友告诉他，如果该提案通过不记名投票进行表决的话，最后肯定会被否决。但斯通深谙议员们对于报复的担忧以及对继续任职的渴望，这可能会导致一个不同的结果。

最终，无论斯通对最高法院的错误判决抱有何种态度，他都无法同意填塞最高法院计划，也无法同意该计划的基本前提——必须

[1] 卡珊德拉为希腊神话中的女预言家。

马上对最高法院采取行动，否则新政便将垮台，整个社会政治秩序也会因此崩塌。他在给儿子们的信中写道："我认为，不论他们中意的提案是否能够通过，国家在接下来的两年内都不会崩溃。"他还说："法院的态度发生了变化，若采取正常的人事变动，再加上强硬派的态度有所缓和，我认为我们在合理时间内会看到国家的转变……而罗斯福所钟爱的计划失败后则会导致国家瓦解，并且前者取得成果的时间要远远早于后者。"

这就是自由派的反应。斯通的前助理、该提案的主要撰写人沃纳·加德纳一直都在担心，提案会刺激到罗斯福在最高法院的几位盟友。这一担忧是正确的。尽管形势尚不明晰，但他仍然害怕会因此招致报复，导致新政中的项目被推翻。无论怎样，自由派大法官临阵倒戈，是罗斯福与"四骑士"斗争造成的附带伤害，即便未能提前预见，也是无心之过。

保守派的反应一如既往。大法官詹姆斯·麦克雷诺兹开始与世隔绝，除了公务和密友外，其他一律不理。他的助理约翰·诺克斯 340
回忆道："一切都太突然了，没有丝毫征兆，他突然就变得封闭了。"这与麦克雷诺兹收到的一张来自芝加哥的明信片有关，那张明信片的言语中充满了愤怒，还威胁道："有些人就是什么都学不会，不关心人类，不关心现实。你们这些糟老头正是如此。你们要是有点良心，讲点道理，懂得尊重穷人的权利，上帝也不会离开你们……你们现在是罪有应得，愿你们这个跟头栽得狠一点。"另一张从丹佛寄来的明信片，背面贴着从报纸上剪下来的麦克雷诺兹的照片。照片中，麦克雷诺兹戴着强盗的眼罩，额头上工整地印着"辞职"二字，标题则写着"'头号'敌人"。

一两个星期之后，再有类似的明信片寄来，诺克斯就不再让麦克雷诺兹看到了。但他对信件却束手无策，因为麦克雷诺兹不让他打开信件的封口，他也就无法看到信的内容。信件都是由麦克雷诺兹在自己房门紧闭的书房里亲自处理的。每次在麦克雷诺兹读过信件的第二天早晨，诺克斯都能闻到烟味。这是因为麦克雷诺兹把这些信件都烧掉了。他时不时会这样做，在金属托盘上把私人信件一封一封地烧掉。也许，这样做能让他发泄和放松一下，但目前他还没有显示出任何类似的迹象。有时，将火熄灭之后，他会变得烦躁不安，拿起东西出去散步。“让我陪您去吧，”为他服务了很久、同时也饱受他折磨的通信员哈利 · 帕克不止一次这么说，“您要是自己走的话，可能会遭到袭击！”这时，麦克雷诺兹就会瞪他一眼，说：“我自己去。我一直都是孤身一人！要有人敢袭击我的话，哼！我就用这个拐杖打他！我还很能打呢！”然后他便猛地拉开门，回头用不屑的眼光瞥上帕克和诺克斯一眼。有一次，麦克雷诺兹临走之前说道：“想想这些可都是拜总统所赐！”

麦克雷诺兹焦灼不安，却又桀骜不驯。诺克斯于 2 月 21 日在给父母的信中写道：“麦克雷诺兹肯定不会主动辞职。这是内幕消息，谁都别告诉！！！他自己是这样说的，但他似乎又认为提案能够通过。”诺克斯也认为提案会通过，他担心会丢掉工作。他也向父母表达了自己的担忧：“大法官一走，助理就得跟着走。”尽管他说的没错，但看来他并不知道，提案不会强迫任何大法官退休。不过，有
341 些大法官可能会为了表示反对而选择辞职，虽然麦克雷诺兹已经排除了这样做的可能性，但是罗伯茨告诉密友，如果该提案通过的话，他就将离开最高法院。因此，助理们忧心忡忡地关注着国会的辩论。诺克斯写道：“范 · 德文特的秘书（助理）要养活四个孩子，他要是丢了工作的话，我会十分难过。我的情况倒没有想象的那么糟。”不过为了保险起见，诺克斯开始申请其他工作。芝加哥一家法律事务所的朋友回信说，他那边没有空缺的位置，并将此归咎于罗斯福：“朋友，十分抱歉……新政没有使律师的实际工作量增加，文书工作反倒大大增加，而且还要把这些书面资料提交至各个办公署，这么一

来就牺牲了那些在过去理应很重要的事情。”如此看来，憎恨富兰克林·罗斯福的理由又多了一个。

另外一位大法官威利斯·范·德文特也记录下自己对该计划的最初反应。听到这一消息后，他表现得好像早已预见般地听天由命。12 月时，他曾警告过一位老朋友，要准备对付即将来临的“无法避免的麻烦”。他本人看似也早已做好准备。“非此即彼，”他耸了耸肩表示，“现在尚无法肯定地预测结果。我尽量不去谈论这件事。”相反，他在马里兰州霍华德县沉浸于农场劳作的热情之中。当围绕最高法院的狂风暴雨肆虐之时，他用最高法院的信纸给管理家产的儿子艾萨克写信。这些信篇幅很长，细致入微。他告诉艾萨克，要在哪里安装电围栏，在哪里安两个小水槽（“一个装泔水，一个装清水”），详细写明了盐水和玉米秸秆的混合比例（大法官警告说，盐水太多会导致大多数牲畜的消化系统紊乱），还交代他要向其他农民询问建议（“在养猪方面，有没有你觉得有用的期刊或杂志？”）。

没有一位大法官公开评论罗斯福的计划，这是预料之中的事。不过全国广播公司却仍心存希望于 2 月 5 日给首席大法官休斯发了一封电报，提出“最高法院中若有人想谈论这一提案，公司的广播设施随时恭候”。首席大法官的一名助理回复道：“多谢，但是他并不想享用这一特权。”哥伦比亚广播公司也做了类似的尝试，该司负责谈话和教育类广播的主管爱德华·R. 默罗还找机会与休斯见了一面，商量是否可以发表广播讲话，但也遭到了拒绝。随后，2 月 13 日，百代新闻社发布了每个星期推出的新闻短片，在全国范围内的电影
院播出。“罗斯福改组最高法院的计划，成了废奴运动以来最热门的 342
话题。”短片的一开始，旁白便如此说道。接着便是“首席大法官休斯就最高法院的独家声明”。旁白未曾提及的事实是，他们所播放的短片拍摄已有六年之久。对于影片未经允许擅用他的观点，休斯表示十分担心，便致电联邦调查局局长埃德加·胡佛。后者施展了他

广为人知的说服力，让百代撤下了该短片。

大法官们仍然一片沉寂。约翰·诺克斯回忆道：“在罗斯福发起他那惊人的攻击之后……在最高法院的大部分乐趣都消失了。自那以后，大法官们相继退出了公众视野。”然而，大法官们是否能一直保持沉默，却尚无定论。司法委员会的一名参议员宣布，关于该提案的听证会只要开始，他就会召齐九位大法官来作证。

罗斯福的反对者大多数是非常现实的。他们不指望能够推翻填塞最高法院计划。相反，他们努力削弱、修改——或若有可能——取代这一计划，以迫使总统做出让步。他们最先拿法官退休金做文章。1932 年，国会实行审慎的财政政策，将当时刚刚退休的霍姆斯大法官的退休金减半。从此以后，大法官们便一直对退休金问题忧心忡忡。尽管后来国会又恢复了大法官的退休金，但在任的大法官依旧忧心不减。正如斯通在 2 月 6 日给欧文·布兰特的信中写的那样，大法官们从此便开始担心自己的退休金“会随时被砍掉”。“国会可能会调整法官的退休金”，斯通写道，这可能是“阻碍大法官退休的一大因素”。事实上，若不是出于这点考虑，范·德文特和萨瑟兰两位大法官肯定早在罗斯福上任之初便退休了，国家也可由此免于政府分支之间的纷争。

在此以后，罗斯福试图采取补救措施，使最高法院大法官与下级法院法官一样，由国会批准“退休”，而非“辞职”；他们可以留职
343 待命，余生领取全额工资。1935 年初，在白宫的鼓励下，众议院司法委员会的哈顿·萨姆纳斯提出一项提案，即年龄满七十岁、任期满十年的大法官可以享有终身薪酬。具有讽刺意味的是，1935 年 3 月 6 日清晨，九十三岁高龄的霍姆斯大法官逝世，国会大厦挤满了前来吊唁的人；而就在同一天，众议院否决了这一提案。萨姆纳斯 1937 年 1 月重新提出这项退休金提案，认为这样可以鼓励大法官退休，

从而结束危机。几个星期后，罗斯福在给一位朋友的信中这样写道："与从前一样，我明确地同意这一做法。"但他看上去对此并无多大兴趣。他和卡明斯似乎都没有考虑到该提案可能给自己带来的影响，也没预料就在填塞最高法院计划的消息传出没过几天，国会议员就试图用这一提案替代填塞计划，作为摆脱混乱的出路。

2 月 9 日，《纽约时报》报道众议院正在"力推"萨姆纳斯的提案，"他们孤注一掷"，"最后的一线希望"便是说服大法官退休。第二天，司法委员会的一名成员参加了一档广播节目，指出麦克雷诺兹和范 · 德文特有可能退休。"当然了，"这位议员承认，他们若是在这种情形下退休"将会尊严尽失"。"出于自尊考虑，他们也可能会拒绝退休。"尽管如此，他仍旧催促二人退休。如果他们愿意辞职的话，那么国会就可以弃用罗斯福的计划，或者修改计划，将新增大法官的数量由六名减为两名——由此，罗斯福总共只能任命四至五名大法官了。

罗斯福曾经赞赏过退休金提案，现在却不得不对其更为小心谨慎。人们对最高法院大法官的财产安全过分关切，使得罗斯福心烦意燥。阿什赫斯特力劝罗斯福利用自己的职务便利运作一下（以促成退休金提案），但罗斯福痛恨这种做法。班克黑德同样敦促罗斯福"单独会见萨姆纳斯，越早越好"，以便商定一个方案。总统对这个建议同样很是恼火，因为他曾经说过："我不喜欢有人拿枪指着我的头，告诉我该怎么做。"这是他秉持的一条原则。萨姆纳斯刚举办了一次记者招待会，公然谴责填塞法院计划"臭名昭著"。因此，罗斯福也对萨姆纳斯怒火中烧。史蒂夫 · 厄尔利向罗斯福汇报说，萨姆 344
纳斯发起"猛烈的攻击"，对提案进行了"面面俱到的痛斥"。当有记者问萨姆纳斯打算何时在众议院司法委员会提出填塞法院计划时，他耸耸肩，回答道："顺其自然吧。"而这对"计划"的推行全然没有帮助。

萨姆纳斯该“被收拾一下”了，詹姆斯·罗斯福严厉地发出警告。2月10日上午，总统会见萨姆纳斯，想要劝他“重归正途”，但“没有取得很大进展”，詹姆斯后来如此评论道。无论如何，当天众议院以三百一十五票对七十五票的结果通过了退休金提案，这一票数差距并不能完全体现出议员之间的巨大分歧。国会现场的辩论十分激烈，导致众议院议长班克黑德突然之间强行宣布辩论结束，切换话题，让助理朗读一篇关于缓解旱情的总统咨文，因为大家对这一话题的争议要小得多。

退休金提案通过后不久，消息便穿过第一大街传到了最高法院。当时大法官们正在听取有关《瓦格纳法》一案的口头辩论——该案是最高法院在本届开庭期中有关新政的最为紧迫的案件。一则打印出来的简讯从左至右传过大法官席。所有的大法官都相继戴上眼镜，阅读纸条，微微一笑，再将纸条传给下一位大法官，直至最后一位大法官读完。他们低声讨论了一会儿，然后又回到之前的口头辩论上来。

对海勒姆·约翰逊来说，退休金提案是“一个诱饵”。他在给儿子的信中写道：“那些卑鄙之徒想用该提案使那些胆小如鼠、畏畏缩缩的人免于表明立场，手段真是卑劣。”如果说这真是一场赌局的话，那么它的赌注风险颇高，而且萨姆纳斯似乎将会获胜。萨姆纳斯看到自己的提案通过，满心欢喜地去拜访詹姆斯·罗斯福，想要做笔交易。他自信满满，掺杂着些许狡黠。他说提案刚刚在众议院得以通过，参议院正在紧急审理，建议总统之后给他六个星期的时间，他可以说服至少两名大法官退休。作为交换条件，他要求罗斯福少任命几位大法官。

在讨论中，萨姆纳斯的筹码并非是退休金提案，而是他已说服司法委员会的多数成员一起反对填塞法院计划。若萨姆纳斯能够将填塞法院计划扼杀在司法委员会之中，那么即便该计划可以在众议院中获得颇高的支持率，那也将毫无意义。面对这一情形，白宫有两个选择：放弃这一计划，或是倾其手段、无视规则，将该计划推 345
至国会进行投票。众议院议长班克黑德和多数党领袖萨姆·雷伯恩恳请总统不要以此方式分裂众议院。他们说，唇枪舌战会异常激烈，不仅会使最高法院改革惨遭厄运，也会使其他诸多事情在劫难逃。

就在詹姆斯·罗斯福与萨姆纳斯见面的时候，战略委员会对于白宫应采取的策略产生了分歧：科克伦和基南认为应粉碎萨姆纳斯的计划，而查理·韦斯特和众议院领袖则希望不走标准程序，在参议院而非众议院提出提案。对此，罗斯福父子举棋不定。但在和萨姆纳斯会谈之后，詹姆斯更倾向于全面回避他：不做交易，不谈让步，但也不采取毫无必要的挑衅。"有两件事十分明显，"他在日记中写道，"第一，我怀疑（萨姆纳斯）能否说服大法官退休；第二，即便他能做到这一点，也无法缓解现在的情况。从政治角度来看，让总统无法实施自己的计划,也是糟糕的策略。我在与史蒂夫（即厄尔利）交谈后，他也同意这一看法。"詹姆斯还写道，他在"和父亲共同处理这件事"。如他所料，他父亲允许参议院通过退休提案，但若要为此向萨姆纳斯或其他人让步，他绝对不干。同时，总统还决定暂时先绕过众议院，待参议院通过填塞最高法院提案之后再重返众议院。

在国会，人们还在疯狂地寻求折中的方法。几乎每个派别——无论是不情愿的支持者，还是紧张不安的反对者，抑或是担心后果而未表明立场的人——都极力避免斗争升级。如果萨姆纳斯的提案最终失败的话，或许宪法修正案可以起些作用。针对这一问题，各种观点再度涌现，与之前一样，这些观点或是发自内心，或是冷嘲热讽，或是彻底绝望。在《纽约时报》看来，这些提议没有一个"有可能获得采纳"。即便如此，"如果总统的支持者与反对者一直势均力敌的话，修正案的拥护者们希望国会可以转向他们那一边"。

“这没什么可稀奇的。”白宫幕僚对此嗤之以鼻。他们说国会讨论的其他解决方案同样无法打动总统，罗斯福早已考虑过所有这些
346 可能的方案，并将其一一否决。的确如此。罗斯福花了两年时间，几乎对每个能够想到的宪法修正案都进行了深思熟虑，他已经全副武装，准备好毙掉每个提议。

现在看来，他的准备不得不变为现实了。罗斯福在宣布填塞最高法院计划之时，本希望自由派将这一计划视为一种温和稳健、讲究实效、切实可行的方法，是一种优于宪法修正案的方法。许多人也确实是这样想的。然而在斗争开始两个星期以后，总统发现，有些自由派对该计划无动于衷。这或许是因为他们担心这一计划可能会威胁到权力制衡制度，抑或是他们认为真正的问题不在于现任大法官，而在于司法权力本身。因此，左翼人士继续呼吁修订宪法。也有一些提倡宪法修正案的人愿意先填塞最高法院，然后再限制其权力。哈罗德·伊克斯便是其中之一。他认为，填塞最高法院“完全合乎情理……但在我看来，这并不会是最终的解决方案，因为……照最高法院的脾气，它肯定会削减所有权力，唯独不削减自己的”。伊克斯相信：“我们最终还是会修订宪法的。”

有一些左翼人士整体上却倾向于道德或政治上的绝对主义，坚持要求“要么修宪，要么拉倒”。在他们看来，司法专制盛行数十年之久，是时候对最高法院这一堡垒展开猛攻了。正如《新共和》杂志所说，对“更为热情的新政派而言”，罗斯福的计划“令人十分失望”。他们“扎稳脚跟，期待着迎接一场势均力敌的激烈争夺”，一场能够限制或取消司法审查、以便能永久制服最高法院的“光荣”斗争。而如果解决方案仅仅是应急的权宜之计，甚至用其他方法代替真正的改革，他们是断然无法接受的。罗伯特·H. 杰克逊抱怨道：“他们反对总统的计划，因为他们想要一个可以终结司法权力的修正案。”尽管这类人仍在少数，但仅在自由派中，他们的数量已经足够，

呼声也够高，足以为保守派打掩护，而后者的真正目的则是要阻止任何形式的司法改革。

左翼专栏作家海伍德·布鲁恩恶狠狠地批评了这类人：“让他们的真诚都见鬼去吧，简直愚蠢至极！”唐纳德·里奇伯格也有些气急败坏，因为他注意到，保守派在“最为激进的提案”被提出后情不自禁地“喜形于色”。《民族》杂志还提醒读者们不要“让反动派 347
有可乘之机”，“他们谩骂‘填塞最高法院’计划，为司法独立可能会遭到的打击而欣喜若狂，还会强调宪法修正案是改革的唯一途径。千万不要落入他们设好的陷阱。他们之所以看重宪法修正案，就是可以拖延时间，最终反将其推翻。”

里奇伯格恰恰说出了罗斯福所想的话。不过，罗斯福在与朋友查尔斯·C. 伯林厄姆往来的信件中，也表达了同样的观点。伯林厄姆是纽约年迈的大腕律师，支持改革，之前明确表示支持宪法修正案。2 月 19 日，伯林厄姆听到填塞最高法院计划的消息，十分惊恐，随即给总统写信，力劝总统改变方针。

亲爱的富兰克林：

我有一阵子没来叨扰你了。

对于最高法院的多数意见，我的感受肯定比你强烈，尤其是对与《农业调整法》和最低工资法有关的案件的判决，还有罗伯茨大法官对铁路工人退休金一案所发表的愚蠢言论。但是我不喜欢你的策略。想必你是仓促中做的决定，而且这毕竟是你的国会。我们可以参考之前最高法院大法官的人数变动。仅有一个人试图去影响最高法院的判决，那就是任命布拉德利和斯特朗的格兰特总统……（但是）这一事件……一直被认为是丑闻，不甚光彩。

我这里有两个可行方案：

一、通过退休金提案，这样一来就不会再有大法官重蹈霍姆斯的覆辙，遭到无礼的待遇。

二、通过一项两院联合决议……修正宪法，七十五岁强制退休，但不针对现任大法官。我相信如果通过这样的联合决议，所有七十五岁以上的法官，包括布兰代斯、休斯、范·德文特、麦克雷诺兹，都将在修正案正式生效之前辞职……他们要是不肯放手，撑到国会采纳这一决议之后再辞职，则会有损他们的颜面。我今早和（民主党全国委员会的）莫莉·道森说了这件事，她说："让他们签字我就相信！"

348 几天后，罗斯福回信写道：

我同意莫莉·道森的看法！就仅限于你我之间，要通过任何一个宪法修正案都有两个难题……首先，在修宪的方法上或在修正案的语言组织上，我们二人便无法达成共识。

其次，罗斯福认为，接下来的两年中，对于任何修正案，国会中支持票数要达到三分之二是"几乎不可能的"。

反对社会经济立法现代化趋势的国民意识到了这一点，因此拼命支持宪法修正进程。许多人也会加入其中，但他们并不知道实际操作中所存在的困难。

最后，罗斯福提醒说，如果国会一定要想方设法通过宪法修正案，

你我都心知肚明，现在要求修正宪法的势力，也会反过来阻止修正案的通过，借口可以仅仅是他们不喜欢国会采用的这

> 一修正案。如果你不是为人审慎正直、恪守道德的话，那你也完全可以发起一场运动，阻止修正案通过，不费吹灰之力便可赚到五百万美元……这钱来得多容易啊。
>
> 因此，我的老朋友，通过反证法或者什么你觉得好听的理由，你必须与我一起，只能通过立法手段来将美国从动荡不安的前景中解救出来。如果我们在接下来的四年中不采取有建设性的措施来解决社会经济问题，那么国家的命运将岌岌可危。我不想冒这个风险，我想国家也不会。

罗斯福在与参议员们的“闭门会议”中也明确强调了这一点。尽管如此，无论是以书信形式还是当面对批评逐一答复，都徒劳无益，这一点越来越明显。每次召开记者招待会，都有人问他是否打算“上 349
广播”为提案辩护。“不会。”他一如既往地回答。不过他也不再会将“上广播”的话语权拱手让给对手了。如果对手不能如他所希望的那样自动偃旗息鼓，他想，那就让他们销声匿迹吧。

第20章　真正的危害

反击开始于1937年2月13日。《纽约时报》报道，罗斯福已决定要用“最猛烈的炮火”对愈加猛烈的指责发动反击，参议员拉福莱特是第一颗“炮弹”。 350

选择拉福莱特意在表明，进步派仍会继续支持总统。在一次由汤姆·科克伦起草的全国广播公司的广播演说中，拉福莱特指出，现在要求修宪的人中，大部分在“去年11月之前还在高谈阔论宪法的神圣和修宪的罪恶”。拉福莱特逐一审查每个反对填塞最高法院计划的主要理由，想要将它们完全颠覆。他说，总统并不是独裁者，“但最高法院用其意志取代这个国家人民意愿的时候，用其自以为是的旧理论取代主流经济理论的时候……最高法院就成了独裁者，而我们屈服于法西斯式的专制体系。”对于“填塞”法院的指控，拉福莱特反驳道：“‘填塞’最高法院由来已久——为了经济保皇派的利益，为了自由联盟成员的利益，为了维护保守派和自由放任政策，最高法院一直在被‘填塞’。”

第二颗“炮弹”是霍默·卡明斯。2月14日星期日晚上，卡明斯发表了广播演说，并在全国所有主要广播网播出。私底下，卡明斯

351 像以往一样安静，对这场“战役”的结果充满信心。然而这时，用他写给首席政府律师斯坦利·里德的话来形容，他意识到“我们做的事着实很难”。他的广播演说意在让犹豫不决的参议员们拿定主意。一开始他便讲道，计划推出至今“只有短短的九天”，“但这么短的时间内，不友好的声音不绝于耳，令人恼火，悲恸、丧失理智的呼声漫天彻地”。与之形成鲜明对比的是，卡明斯以令人愉悦的声音和理智的思路，层层深入地讨论填塞最高法院这一问题。然而到目前为止，案件堆积这一论点早已不足取信，卡明斯也没能提供新的事实或见解来改善它的名声。他一直在重复他或罗斯福之前说过的话，直到广播的最后才有一点点新内容出现，但也只是谴责针对罗斯福的“恶意攻击”,说这些攻击是1936年竞选时的翻版。卡明斯总结说，填塞最高法院的计划“符合正当需要，它合乎情理、温和稳健，是条捷径，并且符合宪法”。发表完自己的观点之后，卡明斯打点行装，前往佛罗里达州度假几个星期：打打高尔夫球，在沙滩上晒晒太阳。

炮火还在继续。先是参议员谢尔曼·明顿于2月16日发表广播讲话，几天之后，伊克斯前往得克萨斯州首府奥斯汀，在州参众两院的联席会议上发表讲话。这是个充满敌意的地方。一星期前，得克萨斯州参议院率先打响反抗的第一枪后，其他各州首府纷纷响应。得克萨斯州的议员提出一项攻击总统提案的决议，白宫方面对此给予警告，并要求州长詹姆斯·奥尔雷德与作为得克萨斯州人的副总统加纳一同平息这次反叛。然而，该决议几乎全票通过。几日之内，缅因州议会痛斥填塞法院计划是对宪法的“暗中袭击”，明尼苏达州众议院就该计划是否会“导致法西斯主义和独裁”进行辩论，纽约州首府奥尔巴尼的反对者向这一计划“宣战”。部分州支持罗斯福，但是大多数州持反对态度，后者主要是担心最高法院若是倾向于自由派，新政便不受约束，各州的权利也将面临末日。

伊克斯登场了，他倒十分享受这场争斗。在奥尔雷德的陪同下，他阔步迈进得克萨斯州议会大厦，手里拿着一打笔记，其中有些是罗斯福的原话。伊克斯并未公布讲话的主题，因此州议员们并不知道他会讲些什么。身为内政部长，他首先谈到了公共工程和石油产业。随后，他话锋突然一转，声称要谈一谈最高法院的问题。不少听众 352
吓得倒吸了一口气。“我迈开双腿，在宪法问题上艰难跋涉。”伊克斯之后如此回忆道，称他本应该“拳脚并用”。他坚称罗斯福有权采用任何方法来捍卫新政，斥责最高法院篡夺权力，并说“因为年岁过大就不能弹劾某人”是种耻辱。可以说，这次演说丝毫不留情面。

就在同一天，民主党领袖将战火延烧至联邦参议院。罗宾逊和阿什赫斯特在此发表演说，支持总统的计划；不过他们两人的演说漫不经心，枯燥无味。与之形成鲜明对比的则是反对派领袖伯顿·惠勒当晚在全国广播公司发表的演说。惠勒开场便兴高采烈地与听众打招呼：“诸位好啊！”之后时而严厉谴责，时而言辞尖锐，时而讥笑嘲讽。惠勒尽情享受着他“真正的自由主义”领袖的角色，在讲坛之上口出狂言，高声谩骂。他说，总统想要“个人权力”，想要“让政府机构的每个人都服从他”。他指出，真正的自由主义者不能容忍此事发生。他还缓慢而庄重地说道：“自由主义事业，从来都不是通过暗做手脚、选举舞弊，或是填塞最高法院来实现的。”

惠勒占了上风，还按捺不住要对司法部长个人发起猛烈攻击。他揶揄卡明斯的演说，尤其是后者说的“不友好的声音不绝于耳，令人恼火”这句哀叹的话。“也就是说，他们让司法部长很是恼火啊，”惠勒讥讽地说，“真是遗憾……！从这句话看出来，他是多么傲慢啊！‘我们这位凯撒究竟吃了哪些美食，才会生得这样伟大！’[1]”接下来，惠勒的话便揭示了更多他原本想掩盖的动机，他忆起了他最尊敬的

[1] 语出莎士比亚剧作《裘力斯·凯撒》（*Julius Caesar*，又译作《尤里乌斯·凯撒》或《该撒遇弑记》）。

汤姆·沃尔什:“如果换作他担任司法部长的话，肯定就不会出现目前如此巨大的分歧。他一定不会建议总统填塞最高法院。并且……”惠勒补充道，若罗斯福仍不顾一切地继续推行他的计划，“他就不得不另寻一位司法部长了”。

皮尔森和艾伦两位专栏作家把惠勒的话放在了心上，他们写道：“对几乎每一名反对罗斯福填塞最高法院计划的自由派或是民主党参议员来说,其背后的原因都不仅仅是信念这么简单。信念、原则、救国，这些是（自由派）所宣扬的。但这些冠冕堂皇的话不过是伪装而已，
353 真相另有其事。”当然，公平地说，有些民主党参议员确实是出于信念而反对填塞法院。但是就惠勒而言，事实绝非如他所说的那么简单——而他的伪装显然并没起到到多大的作用。

这场广播战不仅没有停歇，反而有愈演愈烈之势——双方深夜突袭，用演说给予对手以重击。但从根本上来讲，这并非是一场文字战。其他形式的压力更为直接，罗斯福统统将它们派上用场。公共工程、公共款项、公职任命，这些是在国会必行之事，而总统可以将其下放，也可以拒不下放。不管怎样，它们都极具诱惑力，这是因为参议员若是没有公职或资金的分配额度，在地方上就基本没有影响力。因此到最后，最高法院的命运，新政的命运，还有整个国家的命运，完全可能取决于堤坝、桥梁、邮局的修建，以及海关局的人事任命。詹姆斯·法利作为邮政部长，掌控着联邦资助和任命的流向。罗斯福指示法利，若一个州的两位参议员均反对填塞最高法院计划，那么就暂缓该州司法部门等机构的人事任命；若两位参议员的意见出现分歧，则将所有的任命权给予支持该计划的一方。阿肯色州的乔·罗宾逊就主动表示可以支持总统的提案以换取公职任命权，毫无疑问，他可以得到他想要的。而犹他州的威廉·金却与之相反，此人不仅反对总统的提案，还将总统教训了一番，也因

此被总统拒之门外。法利在日记中写道："鉴于他对于填塞最高法院计划的态度……他推荐的人选，罗斯福一律不予考虑。"

犹豫不决的参议员们则焦虑不安，反复权衡反对总统的代价。尚在第一个任期内的佛罗里达州民主党人查尔斯 · O. 安德鲁斯，由于在最高法院问题上持"观望态度"，便收到了儿子严厉指责的来信："我不明白，您怎么能反对总统……您身在华盛顿，之前从未有过任命权，无法明白任命权有多重要，但是您一定要得到这一权力。"在白宫策略委员会乔 · 基南的催促下，佛罗里达州州长弗雷德 · P. 科恩还给安德鲁斯发电报，告诉他佛罗里达州有九成公众支持该计划，如果安德鲁斯不服从命令的话，那么"你……在本州的重要性将会受到影响"。

各方压力汹涌而来。听说司法委员会委员、伊利诺伊州议员威 354
廉 · 迪特里克态度摇摆不定，汤姆 · 科克伦就给芝加哥的巨头凯利－纳什机器厂打电话施压，这是转变该委员立场的必要一环。其他民主党控制的机构，比如堪萨斯城的彭德格斯特机械厂，也收到了同样的指令，结果也基本相同。各州的官员也纷纷被要求给予支持。肯塔基州的一名民主党参议员马弗尔 · M. 洛根不支持总统的提案，该州州长便"合乎时宜"地去了趟白宫申请防洪经费。洛根明白来意后，便转变了态度。罗斯福对待格拉尔德 · 奈则更为直接。报纸爆料奈会发表演说反对该提案。随后，他便被总统召至白宫，详尽讨论了北达科他州在建的联邦项目。罗斯福从头至尾都没有提及最高法院计划，但是他的意思已十分明了。"我们非常依赖于联邦政府，百分之两百地依赖。"奈如此回忆道。当地的农场领袖在接到白宫的指示后，还在一个星期日的早晨就来到他家给予了警告。但即便如此，奈最后还是不顾一切地按原计划发表了演说。

从某种意义上来说，填塞最高法院计划，即增加大法官人数，其本身就是一个"大型任命权项目"，一位前法官如是说。还有人说，这正是该计划的神来之笔。保守派专栏作家弗兰克·肯特写道:“持怀疑态度的参议院观察者认为,总统手头要是有三五十个法官职位,他就能够通过一项要求参议员每到星期五便把脸涂黑、头戴百合花的提案,或是其他任何过分的愚蠢要求,他们都会照做不误。”参议员们自己可能也曾经想要这份工作。很多人都觉得,联邦法官一职——享有法官袍所赋予的至上权力及无声威严,无须竞争,不受选民、说客或律师的左右——自然是公职生涯的终极目标。

然而,正是因为如此,参议员才要保护司法体系,保护它的威力和特权。雷克斯·特格韦尔评论道:“就对最高法院的攻击来说,每位有可能进入司法体系的人虽未切身体会,却都感同身受。”大部分参议员都有可能进入司法体系,然而几乎没有人想在权力被限制的法院供职,并且几乎所有人都相信法院权力的丧失正是罗斯福计划的后果之一。正因如此,再加之罗斯福必须缩减政府项目以平衡
355 预算,所以任命权和联邦拨款不像从前那样具吸引力和诱惑力。“(最高法院)这一问题太重要了,”艾尔索普和卡特里奇指出,“参议员们都过于兴奋,而微不足道的政治欺凌和司法贿赂完全影响不了他们,虽然这两种手段在历届政府中都十分常见,也的确非常管用。”

事实上,罗斯福也并不常常使用政治欺凌这一手段。尽管他想打任命权这张牌,但这一手段也是有限度的。隐晦的威胁是一回事,将威胁付诸实践却是另一回事。参议院司法委员会主席亨利·阿什赫斯特虽然公开声明支持总统的提案,可实际上他的态度却颇令人生疑;而对待阿什赫斯特,汤姆·科克伦力劝罗斯福“来硬的”,但罗斯福拒绝了。阿什赫斯特的家乡亚利桑那州和奈的家乡北达科他州一样,当时还基本上属于联邦财产的一部分,其在经济上高度依赖政府资助。汤姆·科克伦建议罗斯福把这条路堵死。他后来说道:“我一直都不明白总统怎么……在这件事上不行使他的权力。”但是总统对这种政治手腕并无兴趣。他知道,最高法院之争结束后,他仍需

依靠阿什赫斯特。“我不会把他们吞得丝毫不剩。”罗斯福对参议院的一位密友这样说道。

反对势力每天都在国会大厦隐蔽的角落里交换意见，调整战略，并接受惠勒下达的最新指令。罗斯福拥有总统的权力，但是惠勒及其团队经验丰富，能力超群，并且是主场作战，因此颇具优势。惠勒的团队追求效率，残酷苛刻，进行了一项惠勒称之为“密集游说”的行动。在此次行动中，每名“指导委员会”的成员都需要对自己最熟悉的且尚未表态的参议员进行游说。他们像接近猎物一样接近自己的对象，无论是国会、衣帽间、参议院办公楼等地点，还是鸡尾酒宴会、男子社交聚会等场合，他们都不放过任何机会。委员会成员经常就最高法院和宪法的问题进行争论，但也不忘给同僚们的担忧煽风点火——所用力度比争论宪法问题的更大一些——以使他们担心总统拥有至高无上的权力从而实行专制，担心新政立法的下一波冲击会比之前的更加激进、更加不受最高法院的控制。

在每天的例行会议上，成员们汇报各自手头的情况。但最有用 356
的情报却另有来源。乔·罗宾逊的一名助理莱斯利·比弗尔每晚都给惠勒打电话，告诉他每位参议员的倒向。比弗尔为何要这样做呢？惠勒后来表示他也不确定。他猜测，这背后是不是有着乔·罗宾逊本人的支持——也许他想借此来增强反对力量，迫使罗斯福做出妥协。惠勒说：“罗宾逊并不比我们更能忍受填塞最高法院的斗争。”（当然，惠勒本人则对这场斗争兴致勃勃。）

特别是对惠勒而言，这是一个全新而陌生的领域。昔日的联盟已经打破，崭新的联盟正在形成。这一新联盟建立于共同的思想观念、权宜之计、勃勃野心以及满腔恶意之上，但目前也还杂乱无章，尚未形成联合一致的整体。这其中很多事情都讲不通：保守的共和党人、自由联盟的成员、银行家、公司律师、工业巨头，甚至蒙大拿州的铜业大亨——是什么让这些曾经的头号敌人，变成惠勒现在最热情的支持者呢？政治让不可能变为可能，正如让敌人变为支持者一般，这都是老生常谈了。但真正令惠勒局促不安的是媒体巨头、报业大亨的加入。对于惠勒所相信的一切，媒体巨头们往往态度坚决、言辞激烈地反对，并且长期以来都将惠勒视为攻击的目标。新政尚未实施的那些年，他们的日报谴责惠勒是“财富分配者”。在罗斯福第一个总统任期内，他们则嘲笑惠勒以及整个国会“在橡皮图章的阴影下”畏缩不前。现在，随着最高法院之争的局势逐渐明朗，他们的看法也改观了。他们认为惠勒正直、独立，并且恪守民主党的规则。他们高呼，惠勒在“拯救国家”。惠勒可能依然是麦考密克的《芝加哥每日论坛报》笔下的“极端分子”；但眼下，惠勒是站在他们这一边的极端分子。

其中，有一位名气稍小的报业主弗兰克 · E. 甘尼特正是惠勒的合作伙伴。报业大亨们总爱出现在公众视线之中，比如其中最惹人注目的威廉 · 伦道夫 · 赫斯特；而这位甘尼特呢，若是他走在其报纸所发行并赞颂的中小城市中也不会被人认出，尽管他本人喜欢穿招
357 摇的衣服和闪亮的鞋子。他那些“文明、健康、有教育意义、娱乐性的报纸”（他们企业宗旨中的原话）主要面向纽约州。在那里，他拥有在州府奥尔巴尼发行的《纽约人新闻报》、旗舰报刊《罗切斯特联合时报》，以及曾经是其主要竞争对手的《民主纪事报》（1886 年，十岁的甘尼特还曾当过报童送过这家报纸）。从年轻时开始，甘尼特便热爱媒体业，他不仅仅把这当作一项职业、一份工作，而是将它视为说服大众的手段。他在纽约乡郊的波利瓦读高中，在该校第九十三届毕业典礼上，弗兰克·甘尼特就站在八位同学及其家人面前，发表了题为《报业与民意》的演说。演说的内容无法追溯，但从这次演说可以看出，尽管甘尼特当时年仅十七岁，但他已经认识到出版物可以改变、唤起、激发和引导公众情绪。

甘尼特热衷于指点江山，并且热爱改革运动。禁酒令便是一个例子。他本人滴酒不沾，即使是禁酒令废除之后，他旗下的所有报纸仍禁止刊登酒类广告。另一个他比较关心的问题，用他的传记作者的话说，就是“怎样超越同类人”。甘尼特是白手起家的典型，也正是这种靠自己力量成功的人，会将激励他人勤俭节约、奋勉开创视为己任。也正因如此，他常常说些老生常谈的话，进行道德说教，讲些箴言信条，比如“水滴石穿”之类。他说的每句话都具有说教意义，他丝毫不觉得这么做有任何不妥。“甘尼特真诚博爱，心怀善意，也是社会生活之中最糊涂的一种人。”进步派记者乔治 · 塞德斯如此评价道。

这个攻击直指甘尼特的社会、经济及政治观点。客观来讲，甘尼特的那些观点，并不比商会其他成员的观点混乱。他并非是唯一一个在最初便支持新政的商人，直到联邦政府开始管控媒体业之后，他才改变主意。与大多数出版商一样，甘尼特十分痛恨全国复兴总署出台的报纸法规（尽管其中漏洞百出），并且对于罗斯福将大批报童定为童工的做法，他也十分愤恨。用其传记作家的话来说，甘尼特后来表示，自罗斯福在那场记者招待会抨击了“马拉车时代”后，
他对罗斯福领导力所怀有的“本就仅剩一线的希望荡然无存”。但无 358
疑，那一线希望早就开始消散了。1936 年，甘尼特的司机就曾说他“激烈地反对罗斯福”。

1936 年早些时候，甘尼特发现了一项新的事业：七十岁的参议员威廉 · 博拉竞选共和党总统候选人。甘尼特定期给博拉写信，告诉他自己所做的工作，并向其提供建议，表示自己“正在为了您的竞选而……忙碌万分”。在那年春天的信中，甘尼特还写道：“您若无法获得提名，罗斯福就会重新当选，最高法院就会重组，宪法将会被弃之不顾。”然而，甘尼特最关心的并不是宪法。在另一封写给博拉的信中，甘尼特将宪法排在首要任务的第五位，前面四项分别是

失业、农业、自由企业制，还有经济发展。甘尼特建议道："相较于宪法和最高法院，人民群众……更关心自己的工作和机会。"

甘尼特的努力得到了回报。在俄亥俄州的初选中，总统候选人需要选出一名竞选伙伴，于是甘尼特就成了博拉的副总统候选人。1936 年 5 月，在与前总统和前首席大法官的长子、俄亥俄州的"政治宠儿"罗伯特·塔夫脱的对战中，博拉惨败。在发给博拉的一份电报中，甘尼特将塔夫脱的胜利归因于"组织有力、资金丰厚、恶意歪曲事实"。6 月，博拉想安排甘尼特当兰登的副总统候选人，但没有成功，最终取代他的是其同行兼竞争对手弗兰克·诺克斯。"这一战我们打得很漂亮，也都竭尽全力，不必悔恨……"全国代表大会结束后，甘尼特给博拉写道，"我希望您为了我们的信念继续战斗下去。我希望能一直与您合作。"

他们两人都未曾预料到的是，机会很快就来了。俄亥俄州初选过去九个月后，罗斯福便推出了填塞最高法院计划。甘尼特立即飞到华盛顿与博拉商讨对策。据甘尼特回忆（或编造），博拉曾指着甘尼特说："依靠……你的职业背景，你可以告诉家乡的人们这项提案有多危险。你特别适合这项任务……行动起来，快点行动起来，否则一切就完了！"其实，甘尼特并不需要这种鼓励，他早已采取了
359 行动。罗斯福那枚炸弹投下不到一天，甘尼特就从他位于迈阿密海滩的越冬住所给全国所有报社都发去了电报；他写道，总统已经"精明地掩饰起他那令人震惊不已的'填塞最高法院'计划"。"我们要给他，或是给任何人完全掌控所有政府部门的机会吗……？这一提案……"甘尼特沉重地总结道，"是通往专制和绝对独裁的一步。"

在接下来的几天里，甘尼特与纽约的共和党人通过电话进行了激烈讨论，并且还决定自费给一万名杰出的国人寄出"测试邮件"，呼吁人们采取"果断、激烈的行动"，并表示"需要足够多的钱来唤起公众觉醒"。之后，不断有人寄来支票，每天能收到超过一千美元。

回到纽约后，甘尼特又寄出了四万九千封信，并在 2 月 14 日宣布成立“支持宪政全国委员会”。他说，委员会的目标是要“动员个体及群众反抗有损司法体系独立性的提案，并对反抗活动进行协调”。第二天，甘尼特待在国会，坐实了他即将与惠勒及参议院中其他反对人士达成的伙伴关系，这个关系将卓有成效。除博拉以外，甘尼特绕开了所有的共和党人。“我们希望委员会由自由派和民主党人构成，”甘尼特后来说道，“这样就不会有人指责我们有党派主义的动机了。”委员会包括历史学家、记者、牧师、农场领袖、商人、退伍老兵——他选的这些人都是“无党派”精英。然而，这在很大程度上只是做做样子而已。大多数成员，即便是民主党人，都曾猛烈地批评过新政。当有切实的工作需要做的时候，甘尼特就秘密联系共和党全国委员会，该委员会的宣传员威廉·哈德是甘尼特和惠勒之间的联络人。

甘尼特的团队在曼哈顿东 42 街的一家大型工厂顶楼办公。在宽敞的屋子里，十五名年轻的女打字员坐在打字机旁。屋子用临时搭制的隔间隔开，长长的松木桌子摆放其中，上面堆满滚筒印刷机和胶印的直邮广告材料。不仅如此，这个位于七楼的办公室曾属于另一个名字浮夸的组织：物价及购买力重建国家委员会。这个委员会成立于 1933 年，由商人发起，目的是为控制通货紧缩。这两个组织不仅办公场所相同，起源和世界观也一样。甘尼特主导委员会的财政，360
日常运作则交给一位经常鬼鬼祟祟的怪人：爱德华·A. 鲁梅利。这位玩转群众邮件运动的大师在顶楼的角落里办公，桌上的物品常乱七八糟地堆放着。

鲁梅利博士（他于 1906 年获得德国弗莱堡大学的医学博士学位）面色红润、身材粗壮，表面上和蔼可亲，实则内心险恶、专横跋扈。一位老熟人形容他为“态度强硬，圆滑世故”。此人博学多才（他还曾就读于牛津大学和圣母大学），在政治上原先支持进步党，后来改变立场，思想右倾。此外，鲁梅利还当过卖国贼。一战期间，他充当德国间谍，接受德国皇帝秘密提供的一百四十万美元，买下了《纽约晚间邮报》，大肆宣传亲德反英。他虽然精心策划，隐匿形迹，却最终暴露身份，并于1920年获罪。他后来得到柯立芝总统的赦免，回到家乡印第安纳州拉波特县避了一阵风头，大力推销富含维生素的食品。在罗斯福的第一个总统任期内，鲁梅利复出，通过直邮广告运动给国会施压。他一心想要激起群众的怒火。鲁梅利曾经写道："人们欢呼与热情的背后有一种心理，这种心理将成千上万不够聪明的人卷入旋涡而不自知。"

随着阿莫斯·平肖后来的加入，甘尼特的三人组终于形成。平肖是纽约的一名杰出律师，公麋党就是在他与其弟吉福德（后来任宾夕法尼亚州州长）的帮助下于1912年成立的。阿莫斯·平肖其实更倾向于进步派，他之所以与甘尼特和鲁梅利走到一起，是因为他鄙视罗斯福，对新政深感恐惧，并且撰写政治宣传手册的文笔颇佳。平肖看似不可能与鲁梅利结为伙伴，但二人都怀有满腔热忱。曾在平肖的公园大道公寓用过晚餐的人描述道，他的公寓里当时"热闹非凡，不断有通信员冲进来，递给鲁梅利一些纸条，然后鲁梅利冲出去打长途电话，神神秘秘的，氛围好似大屠杀前夜的希特勒总部"。

甘尼特不喜欢"宣传"这个词（尽管他对这个词并没有明显的
361 憎恶之意）。他有次思忖道："'宣传'不能制造情绪。它只能揭露和释放情绪。"他后来说道，他的委员会的目标就是"激起人们早就有的情感与恐惧"，并使之"直指华盛顿"。为此，委员会发起了猛烈的攻势。最高法院之争开始的第一个月，甘尼特的团队在全国投递了五十万封信——这一数量比他们原先计划的要少，因为每封信都目标明确，只投给有影响力、有威望、活跃在政治舞台且资金安全的人。在支持宪政全国委员会的总部，到处都是长串的名单，以及写满名字和地址的卡片，其中包括十六万一千名律师，十二万一千名医生包括牙医，六万八千名商人，十万名新教牧师，三万五千名神父，三千一百名拉比，还有数千名各州各市的政府官员、教师等等，每个人都被归为不同类别并制成表格。鲁梅利不想再增加目标人数了；在他看来，他们的目标“已有七十万人，完全涵盖了全国的领导阶层”，并且塑造了那些“从不思考”的人们的想法。罗伯特 · 杰克逊收到了信，汤姆·科克伦也收到了。信中写道:“亲爱的科克伦先生，我们给您写信的原因是，在 1936 年时，您曾十分关心政府问题，并由此大力支持过民主党或共和党。因此想必目前您也十分关心有关最高法院的问题。”

这些“身处领导阶层的人”收到的信件，遣词谦恭有礼，全篇内容都对当下反对填塞法院计划的争论表示了支持。甘尼特手下的研究人员将所有能找到的公开言论整理出来，提炼出最强有力的内容，重新印了几十万份。这些内容来源于报纸、反对派参议员的演说文稿、宣传册、宣传短文、支持宪政全国委员会委员写给国会的“公开信”，当然还有刊登在发行人栏里、由内甘尼特亲自写的文章，这是给没看过他报纸的人准备的。甘尼特将他写的社论重新印成海报大小，并建议张贴“在工厂、学校、基督教青年会等组织机构的公告栏”。其中一篇典型的评论文章是这样开头的：

> 罗斯福总统因破坏法院与法律的尊严而受到指控。就因为并非所有大法官都同意他的观点，他便对最高法院发起攻击……如此一来，人们会觉得我们的法院是可以嘲笑、否决和无视的。 362
>
> 难怪了解时局的人们都惊慌失措……每个少数群体都焦虑万分……犹太人、天主教徒、新教的各个教派、黑人，这些人都曾相继遭到迫害，遭到指控，他们如今开始意识到这对他们来说可能意味着什么。
>
> 对此，你能做些什么呢？振作起来……趁还来得及，唤醒

美国，否则民有、民治、民享的政府将不复存在！

紧接着，甘尼特呼吁人们进行捐款。他将呼吁信装在崭新的白色信封里，信封上贴着面值一点五美分的前总统沃伦 · G. 哈定纪念邮票，并用亮红色的纹章戳着“即刻行动起来”几个大字。

甘尼特想要丰富其所传递的信息。于是他又印制了几十万份反对填塞最高法院提案的演说文稿，利用参议员的“免费邮递权”寄出，一分邮费也不用给。换句话说，甘尼特只须提供文件和收件人名单，那剩下的费用都算在了广大纳税人身上。甘尼特还弄到了这些演说的录音，并将录制了这些演说的黑胶唱片寄给全国三百多家广播公司，其中还附有一张纸条，断言广播已被填塞法院计划的支持者所控制。纸条上写道，贵广播公司的听众应当听到不同的观点。类似的信也寄给了小城镇的报纸，比如马萨诸塞州伍斯特县的《邮报》。甘尼特建议报社编辑：“如果您提醒人们通过当地广播关注到这些内容，您就可以服务于读者……”

这些小城镇的报纸是宣传重地。甘尼特比绝大多数人都更理解人们对这些报纸的渴望，于是他就用报纸上的一栏栏文字来满足他们。但除了这些宣传的渠道，他还想要同盟。他给全国的每一名报纸编辑写信，邀请他们加入这场运动。后者的回应还算乐观，他们其中大多数人已经参与到反对最高法院计划的运动中了。不过，至少有一个人对甘尼特的信表示了强烈不满。《麦迪逊首都时报》的编
363 辑威廉 · T. 埃维尤写了一封公开信予以回击，称甘尼特的要求“愈发令人作呕”，“你们这些美国出版商协会的权贵虚伪矫饰、自私至极，利用新闻自由为自己牟取特殊利益……大型报纸自私自利，憎恶罗斯福政府，你们玩的游戏，恕我无法奉陪。”

然而，《麦迪逊首都时报》还好不是甘尼特的报纸。甘尼特自己曾十分骄傲地表示，他从未对任何自己名下报纸的编辑发号施令。

的确，他手下的编辑曾拥有很大的自主权；到了1936年，还有几个人敢于支持罗斯福。但是随着最高法院之争不断加剧，甘尼特在其中的作用越来越重要，他手下的编辑看到信头写着老板名字的紧急呼吁，很难不将其视为直接下达的命令。在填塞法院计划这一问题上，不只是社论，所有的新闻报道都要服从公司的统一口径，这也不足为奇。2月中旬，《纽约人新闻报》的记者怒气冲冲地指责编辑毙掉了他们公开支持填塞最高法院计划的文章。记者们要求重新签署协议，强调“完整、准确、真实、公平地展现事实”。管理层拒绝了这一要求，理由是：弗兰克·甘尼特的诚信会由此遭到质疑。

1933年，包括沃尔特·李普曼和阿尔·史密斯在内的时评家都曾认为，罗斯福若要挽救宪法，可能得暂不遵守宪法。四年后的今天，甘尼特似乎对新闻自由也抱有同样的看法。他的报纸与政治宣传之间的界限越来越模糊。对于不同观点，甘尼特的报社十分冷淡。2月，“联合特稿通讯”的业务经理警告雷·克拉珀说，他若支持填塞最高法院计划，他的专栏销量便会下降。经理解释道，“太多出版商都强烈反对该计划”，但反对最强烈的当属甘尼特。克拉珀回复道：“对此，我只有一个态度，那就是我会符合逻辑地、并也只能遵循逻辑地碰碰运气。”几个星期之后，业务经理准备再次给甘尼特名下的报纸推销稿件和专栏。他告诉克拉珀：“情况还不错，除非你再次支持填塞最高法院。”

甘尼特斟酌着，他作为一个出版商，影响力应该体现在发行量上。他一直计算着寄出的信件、分发的翻印文章、收到的捐款总数。但除此以外，他的影响力便无法估量。尽管《新共和》杂志将支持宪 364
政全国委员会视为“目前为止最重要的组织”，但随后也立即补充道，在华盛顿几乎没人把弗兰克·甘尼特当回事。该杂志声称：“人们认为他的政治手腕比学前班水平高不出多少。”批评者指出，甘尼特宣传的对象，大多是已经转变立场的人。然而，毫无疑问的是，甘尼特给人们原本不安的情绪火上浇油，使得人们愈发恐慌，并给填塞法院计划的反对者们提供了有力的反击武器。正是因为有他在，有关最高法院的争论才变得更为响亮、更为激烈。如果正如他所宣称的那样，他的目标是“激起人们早就有的情感与恐惧”的话，那么他无疑已经做到了这一点。

到 1937 年，美国自由联盟基本上算是解体了，但是它的政治影响和运作方式依旧留存；正是在它的协助之下，平肖这种古板守旧的人与鲁梅利博士这种令人厌恶的人之间方才建立起联盟。支持宪政全国委员会再次向世人展示：产业和财政巨头不仅拉拢那些怪人，而且他们自己也变成了怪人。巨头们也像平肖一样，因为新政而心烦意乱、独自抱怨这是一个“国际阴谋，意欲捣毁私人企业”，而阴谋的核心人物便是富兰克林 · 罗斯福。对怀有这种抱怨的人而言，关于最高法院的斗争是“一场反抗管制经济的斗争，这才是关注的重点”，正如平肖对甘尼特吐露的那样。

弗兰克 · 甘尼特为人十分有原则。他特别关心自由机构和自由市场的命运。但正如自由联盟曾接受过杜邦的大笔资金，或鲁梅利被指控为德国间谍后曾被亨利 · 福特以其代理人身份拯救过（但并未成功），甘尼特同样和某些人形成了同盟关系。用鲁梅利的一位老熟人来形容，这些人是“百分之百的骗子和投机分子……他们在危急关头只知自私自利，他们见钱眼开、唯利是图，企图破坏任何一个他们可能掠夺的东西”。这话确实合乎情理。

并非只有甘尼特才怀有爱国热情。海军上将里奇蒙德 · P. 霍布森也曾投身于多种运动，他在 1935 年建立了宪政民主协会，此后便一直在准备一次对美国自治政体的攻击。宪政民主协会在建立之初
365 的两年中并未取得显著的成就。但现在，协会重新确立了自己的目标，准备在全国范围内发起一场反对填塞最高法院计划的运动。

“这场斗争可能成功，也可能失败。”霍布森的幕僚如此认为。他们还发动了一场大型运动，对小城市和农村地区反对罗斯福提案的群众进行动员。他们的动员运动深入到各种午餐会及互助会，比如麋鹿兄弟会、老鹰兄弟会和国际狮子会等；他们还地毯式地给报纸编辑写信，范围涵盖全国各地，比如加利福尼亚州奥罗维尔市和俄亥俄州齐尼亚市。在给两地的报纸编辑的信中，霍布森写道：“得知贵州、贵县、贵群体有组织地反对总统的提案……还有市民结成了反对组织共商对策，我们迫切地想要知道这类消息。您可否为我们提供呢？”多数编辑欣然同意。

几个星期之内，霍布森团队便建立了包括超过五百多个下属委员会的关系网。“其中许多委员会……都是在我们的建议下成立的。”宪政民主协会的一名领导人对另一名如此夸耀道。的确，这些委员会正是按照宪政民主协会的标准招收“有影响力的人，后者愿意组织一个个临时团体，例如‘史密斯维尔市支持最高法院委员会’之类”。那些委员会也收到了油印的指令单，指示他们精心准备新闻稿，开展信件写作运动，训练面向广播及市政厅的“发言人团”，以及召集请愿者在临近下班时到工厂门前集合。宪政民主协会还撰写了市民大会的标准流程，事无巨细，一律列出。一则标题为“会议指南”的备忘录写道：齐唱《美丽的美利坚》，当地神父祷告，杰出公民演说，然后在招待员分发铅笔、统计反对最高法院计划票数的同时播放一组曲目。最后，备忘录上规定，会议以国歌《星条旗永不落》结束。

不过，并不是所有这样的组织都是宪政民主协会创建的，也不是所有组织都只关注宪法。多年以来，霍布森一直在结识各类爱国人士及宗教组织，这些人既有正派社会中的主流人物，也有边缘人物。其中有一个致力于“让美国一直保持美国特色”、名为“美国联盟”的大型庇护集团与霍布森形成了伙伴关系，其集团囊括了如保罗·列维尔组织、清教徒后裔组织、美国忠诚兵团女眷组织、弗拉 366

特布什星条旗俱乐部以及限制移民协会[1]。这些组织共同目睹了这样一场运动：这场运动“谴责、削弱、摧毁美国宪法，侮辱、批判美国国旗，颂扬各种格格不入的理论，并将其注入我们的政治家庭生活之中”。他们还声称，填塞最高法院提案是一种“东方的专制主义”——尽管在他们的八项目标之中，保护宪法仅位列第七，前面还有“将不受欢迎的人驱逐出境”“反对异族群体”将美国的控制权交到“外国政府”手中等。

除了这些边缘组织外，霍布森还在“美国上帝十字军”组织中找到了盟友，该组织常对那些“激进的无神主义及所有摧毁信念的颠覆性活动”（填塞最高法院包括在其中）发出警告，并有无数的原教旨主义者响应了这一号召。其中，不乏像《犹太人对基督教的攻击》（*The Jewish Assault on Christianity*）的作者格拉尔德 · B. 温洛德这样的人。此人是堪萨斯州一名声名狼藉的牧师，他曾组织过有成千上万人参与、被称为“堪萨斯州纳粹”的运动。这一次投身反对填塞最高法院计划的运动，温洛德给他的追随者寄送了一封言辞激烈的信件，标题醒目地写着“危机时刻就在当下”。他指责罗斯福“意欲成为绝对的独裁者……基督教的美国即将在今天迎来末日”。

相较之下，支持填塞最高法院计划的组织在意志上就稍显薄弱了。比如全国大众政府联盟这类组织，它们也会寄送信件或呼吁群众捐款，但其效果比不上上述那些充满宗教热情的团体。在基层，针对填塞最高法院计划的反对活动开展得热火朝天。参议院的反对派领袖对这些情况掌握得一清二楚，他们与家乡的煽动者关系密切，对其给予鼓励，并提出合作方案。

366 [1] 保罗 · 列维尔组织、清教徒后裔组织、美国忠诚兵团女眷组织、弗拉特布什星条旗俱乐部以及限制移民协会均是当时的右翼组织。

号称“公关大师”的查理 · 米切尔森已经无计可施了。或者表面上看起来是这样，而这种情况在人们的记忆中还是第一次出现。米切尔森的民主党宣传活动磕磕绊绊，进展得并不顺利，丝毫不像去年秋天那样运作顺畅。“软弱、笨拙、近乎敷衍了事。”艾尔索普和卡特里奇评论道。他们断定，米切尔森就是装装样子而已。此前他 367
曾说过要建立一个公民委员会，由美国证券交易委员会前主席约瑟夫 · P. 肯尼迪来领导宣传填塞法院计划，但这一建议后来却没有了下文。不过，米切尔森倒是的确建立了一个“独立的”公共资讯委员会，该委员会的新闻简报和宣传手册铺天盖地，与甘尼特组建的委员会形成了对抗之势；而科克伦等人也在继续为支持罗斯福的参议员起草演说稿、安排广播演说。在《新共和》杂志看来，他们的这些努力“严格说来无可挑剔”。但这只是少数人的观点。面对甘尼特的猛烈攻击，米切尔森的宣传活动显得微不足道；罗斯福的幕僚对提供给他们的材料质量也颇有微词——一名参议员收到发言稿后只是瞥了一眼，一个字都不打算用。

但是，真正的问题并非是为总统宣传的人投入不够、能力不足，而在于罗斯福处理该提案的方式出现偏差。罗斯福在 2 月 5 日的咨文中向公众说明了填塞最高法院的理由，但是这些理由不够全面，带有误导性，也没有说服力；这一点很多人都注意到了。不过，这仍然是罗斯福提出该提案的理由。他之前所描绘的最高法院是这样的：备审案件积压成堆，年迈的大法官疲惫不堪，拒绝审理重要案件（法律用语为“拒绝调卷令”）。罗斯福希望，自己的支持者能够多少相信上述这些现象。除了极少数人——比如伊克斯，他想说什么就说什么——以外，支持该计划的演说者们感到有必要先将这些理由阐述一遍，然后再说他们真正想说的话。因此，不少人在演说时语气犹疑、言辞混乱，这也就不足为奇了。于是，2 月 5 日的咨文成了原罪，此罪将降临到随后的每位信使身上。

2月底，罗伯特·杰克逊回到他和罗斯福共同的家乡纽约州北部。杰克逊回忆说："在詹姆斯敦时，我原以为人们会支持总统的任何提议，但他们却对填塞最高法院计划感到迷惑不解，无法领会该计划的必要性。"罗斯福此前没有充分动员他们——而现在，他似乎又没有花费多大功夫来说服他们。当杰克逊回到华盛顿之后，他给罗斯福写了直言不讳、甚至可以说是言辞尖锐的信，其激烈程度连罗斯福此前也从未见识过。"我在平民百姓中待了一段时间，现在又回来了，"杰克逊在2月22日的信中写道：

> 368 很遗憾地向您汇报，在我看来，支持您最高法院改革计划的人数不增反降。我认为，这无疑是由于我们处理问题的措辞所致。我们无法期望公众能理解"拒绝调卷令"的重要性。首先，他们连调卷令为何物都不知道……他们不理解日程排满是什么感觉，也没有人为了一堆数据而加入斗争……我们不要再谈论最高法院不予受理的案件了，谈谈他们受理过的案件吧。

杰克逊敦促罗斯福把理由讲得简洁明了一些，抓住"争论的问题所在"：最高法院如何让自己变为了一个超级立法机构，保守派大法官如何"费尽周折地"切断了一切经济改革的途径，又是如何歪曲着宪法的本意。杰克逊写道："若人们明白这场斗争的目的是要将最高法院变成一个更具时代性、不受任何党派控制的机构，那么他们一定会毫不怀疑地支持您。我无法以那些统计方法来获得人们的任何回应，我觉得谁都做不到。"

三个星期前，在罗斯福宣布该计划的前夜，萨姆·罗森曼和斯坦利·里德等人也表达了同样的观点，但却没有起到任何作用。可此后发生了很多变化，罗斯福的想法也明显有所改变。2月25日，当罗斯福在白宫会见杰克逊和里德时很快做出了让步，这着实让两人大为惊讶。“这一计划的纲领真的挺糟糕，对吧？”罗斯福承认道。数年后，他回忆道：“我在一开始提出填塞最高法院的计划时犯了一个严重的错误。我没有充分地强调真正的危害——那些就像是经过了仔细研究并持续多年的政策一样的判决都源自于最高法院。”罗斯福花了三个星期的时间来承认自己的错误，这三个星期至关重要，代价高昂，足以让他丧失公众的信任，助长敌人的士气，使自己的目标岌岌可危。因此，在 2 月的最后几天里，他决定把一开始就应该做的事情完成：直接对最高法院宣战，将真正的问题展现在美国人民面前。

他一直想在这个时候进行一次炉边谈话。2 月 9 日，他在给弗兰克福特的信中写道：“谈谈对司法体系的整顿，与此同时也会谈到行政分支的整顿以及洪灾救济等事宜。”很明显，这样的演说在眼下 369
是必需的，罗斯福也承认这一点。不过，他看起来并不急于发表演说。这件事被搁置起来了，直到在佐治亚州的沃姆斯普林斯度过了两个星期的假期之后，他才着手处理。杰克逊（语气婉转地）回忆道，这使罗斯福的幕僚“极为烦恼”，总统“否决了他们所有人的意见”。在白宫会议上，杰克逊“介入其中”，强烈要求罗斯福在南下之前发表全国讲话。“我对他说，如果他迟迟不表态的话，恐怕公众态度会发生背离。”罗斯福也曾仔细考虑过这个建议。

与此同时，有报道称罗斯福将在全国巡回演说，游说公众支持他的计划，白宫对此十分愤怒。“假的！”史蒂夫 · 厄尔利怒吼道，他将这些谣言归咎于“敌对力量”。他可能是对的。对全国人民发表演说是一回事，“在全国巡回演说”在当时看来完全是另一回事，罗斯福坚决反对后者。此前最后一位为推动争议性提案而进行全国巡回演说的总统是伍德罗 · 威尔逊；当时是 1919 年，他想号召人民支持美国加入国际联盟。众所周知，巡回演说令威尔逊精疲力竭，并最终使他虚弱不堪。威尔逊问道：“我们敢不敢拒绝参加这一组织，伤一伤全世界的心？”全国上下一致的回答是：“敢！”《时代》周刊指出，从此以后，只要一提到巡回演说，人们就会想到“失败的耻辱”。假如罗斯福踏上火车去到华盛顿之外的地方发表演说，那么这便无异于举起白旗承认失败了。

但是，正如《时代》所指出的那样，罗斯福“有一件伍德罗·威尔逊所没有的利器，那便是无孔不入的广播”。2月26日星期五，也就是罗斯福会见杰克逊的第二天，他举行了记者招待会，宣布他将在两个星期后发表他第二个任期内的首次炉边谈话。或许不应该用“宣布”一词，因为罗斯福当时未经准备，只是回答白宫记者几个星期以来一直在问的问题：“您打算就填塞最高法院计划进行广播演说吗？”

“我想是的，”他这次如此回答，“昨晚我和史蒂夫（即厄尔利）说起了这件事。同往常的炉边谈话一样，这次谈话也是有关国家的大体形势。”

“谈话的内容会包含最高法院吗？”有人问道。

“同往常一样、有关国家大体形势的谈话。”罗斯福又重复了一
370 遍。他并未直接回答记者的问题，这有些奇怪。在座的记者都知道，炉边谈话不会寻常；罗斯福自就任总统以来，只发表过八次炉边谈话，几乎每次谈话的内容都极为重要。“与以往一样，谈话内容会包括很多事情。”他轻松地说道。“你们可别乱猜了。我想史蒂夫会将谈话时间安排在3月9日晚上10点半，谈话将在哥伦比亚广播电台、全国广播电台以及相互广播电台播出，其他的我就不得而知了。就平时的老一套。”

尽管罗斯福没有告知新闻界，但他已经决定就填塞最高法院计划发表两场演说，而非一场。第一场演说会安排在广播谈话的前几天，即3月4日在五月花酒店举行的民主党大型聚会上。这一聚会——以及遍布全国的超过一千场类似的聚会——号称“庆功宴”，目的是

庆祝民主党在 1936 年的胜利，不过或许更重要的是帮助偿还他们的竞选负债。罗斯福的演说将会通过广播播送至全国各地的每场庆功宴上。这是个绝佳的机会，可以将民主党人召集起来，寻求他们对填塞最高法院计划的支持。但与此同时，这也使一个本应超越党派政治的问题笼罩上了党派主义色彩。正如詹姆斯·罗斯福所写的那样，就关于最高法院计划发表演说的地点“选在（一盘菜）一百美元的庆功宴上是否明智”这一问题，总统的幕僚之间出现了“相当激烈的争论”。但最终罗斯福做出决定，他对这一问题给出了肯定回答。

詹姆斯在 2 月 26 日星期五的日记中写道：“看样子周末又要工作了。”萨姆·罗森曼如往常一样从纽约被召回。汤姆·科克伦收到通知，要他第二天早上前往白宫。唐纳德 · 里奇伯格和哈利 · 霍普金斯也收到了同样的通知。几个星期以来，罗斯福一直在让交战双方发表着各自的言论。现在，他有了两个可以表达自己观点的机会，也就是这两场演说——“我们的大部分希望就寄托在这两场演说上了”，詹姆斯如是写道。

第21章　新的怒吼

“你爸爸既紧张又疲惫。”罗斯福夫人埃莉诺在3月3日给女儿安娜的信中写道，“针对填塞最高法院计划的抗议之声让他恼怒不已。”埃莉诺发现，在罗斯福和他的演说撰稿人准备庆功宴演说稿的过程中，罗斯福有些“急躁”。他们很快就完成了初稿，速度堪称“壮举”，而且草稿压根未涉及“最高法院”这一字眼。汤姆·科克伦最初的笔记着重强调了“进取”的重要性，他写道：“我们的进取定将遭到反对派的抵触。”终稿保留了这句话（罗斯福在旁边批注：“这正中要害。”）；但随着演说内容的推进，“反对派”不仅指人们熟知、令人生厌的“经济保皇派”，还包括他们在最高法院的盟友。3月4日是演说发表日，也是罗斯福的就职演说四周年纪念日。正如霍默·卡明斯在日记中写的那样：“这是一场‘征战演说’，必将激起那些保守派老骨头的争论。” 371

3月4日晚，四十三个州（以及部分领地及美属领土）共举办了一千两百六十三场庆功宴，五十多万民主党人身着正装出席晚宴。

但其间多数人，尤其是在华盛顿五月花酒店的民主党人，却无暇庆祝。11 月大选胜利的辉煌已然暗淡下来，最高法院之争使得此前所构想
372 的“和睦时期”成为笑柄。当大多数共和党人乐得保持沉默之时（哈罗德·伊克斯将之讥讽为“和脱脂牛奶一样索然无味”），民主党人却在相互攻讦。最高法院之争实为内部纷争。民主党人在参议院的“脾气”越来越暴躁，争论持续升级，音量不断攀升，好比嗡鸣不断的哨响。

就在几天前，乔·罗宾逊已经在参议院发表了公开演说，谴责反对派“不公平”的宣传。此番言论遭到爱德华·伯克的强烈反击，尽管这位来自内布拉斯加州的年轻民主党人“理应”对多数党领袖示以尊敬。次日，在位于奥斯汀的得克萨斯州众议院，参议员托马斯·康纳利将当下的危机与重建时期的“黑暗与压抑”进行类比，他认为，“当时美国国会偏激的大多数……颁布了最严格的法律，所激发的偏见和盛怒滋生了各种恶行。1875 年颁布的《民权法》竟然将‘拒绝承认黑人享有平等社会地位’定为重罪”。后来，最高法院推翻了这一法案，康纳利感叹道“感谢上帝”，用其原话来说便是：“政府、国会、总统先生，你们无法侵犯南部人民的权利……保持现状即可，不可再得寸进尺。”

也有人认为目前处于“僵局”，艾尔索普和卡特里奇用了“堑壕战”这个最为贴切的军事术语来描述这场冲突的挫折和徒劳：今日赢得一方战场，他日失去一方战场，无得无失。盖洛普民意调查于 3 月 1 日宣布，公众对该计划的支持率下降了四个百分点，降至百分之四十一，同时有百分之四十八的人持反对态度。一波反对浪潮即将掀起了吗？或许是的。但寄给国会议员的民意邮件似乎指向了另一个方向。简言之，经过了一个月的演说宣传后，双方并未取得预期中的效果。因此，“无所事事”的双方只得展开新一轮的演说，越来越肆无忌惮地互相攻击。到了 3 月，广播公司的播音员们已经达到了能力的极限。哥伦比亚广播公司播音员爱德华·R. 默罗同全国

广播公司、相互广播公司的播音员一样，在总统发表关于最高法院计划的演说之前拒绝再播送相关的演说了。

在五月花酒店，内阁成员、参议员、说客、各色各样的随行人
员以及想求得一官半职的人们聚集在舞厅里，就座于纤尘不染的白 373
色餐桌前，其中以男性居多。《时代》周刊对此冷冰冰地评论道："对于多数民主党人来说，为了带上妻子而多花一百美元可谓'奢侈'。"当总统与第一夫人抵达酒店时，由西德尼指挥的交响乐团开始演奏《向统帅致敬》(*Hail to the Chief*)，人群随着音乐声起立欢呼，乐团接着演奏《幸福的日子又来了》(*Happy Days Are Here Again*)，欢呼声更为响亮。南部代表也高声喝彩。也许，他们之间尚存有一丝好感。

当晚，共有一千三百位民主党人出席晚宴。晚宴菜单上有钻纹龟汤、雄鸡胸肉加史密斯火腿以及维克图瓦沙拉。晚上 10 点半，罗斯福在他人的帮扶下从椅子上站起来，走上讲台开始演说。他语调庄重，甚至可以说是严厉。人群也不再吹口哨和呐喊。罗斯福带着人们回忆起四年前的今天，当时"我们面临着严重的国家危机。如今，我们再度面临危机，虽然不同于此前，但从根本上来说更为严重"。罗斯福说，这将是他今晚演说的主题，也将是五天后"炉边谈话"的主题。

"我们正在庆祝去年赢得连任的胜利。"可他的语气并非"庆祝"。"但这并非最后的胜利。"他指出，"反对派借此再次制造混乱和喧嚣"，并且认为，"这些新的怒吼恰恰证明了我们已经开始信守承诺，也证明了尽管国家三分之一的人民仍衣不蔽体、食不果腹、居无定所，但我们已经在着力攻克这些困难"。他的声音越来越坚定："去年 11 月我们发出警告，表明我们准备开展战斗，但很明显有人并未当真。我是认真的，你们也是认真的。"最后这句话，如罗斯福的一贯作风，是他在最后一刻加进演说稿的。他停顿片刻，然后讲述了一个故事，

巧妙地将话题转到了眼前的问题上。罗斯福说，几天前一名国会议员来拜访他：

我们先大致谈了一番国家大事，然后就司法体系做了详谈。我对他说："约翰，我想告诉你一件对我来说十分重要的事，你也有权利听我亲口告诉你。那就是，我有一个远大的人生理想。"

约翰竖起了耳朵。

374 我继续说道："我已连续两次以绝大多数选票成功当选美国总统，但这距离我的目标还差得很远。我有一个更为远大的理想。"

约翰探身向前，这会儿已经坐在椅子边缘上了。

在场的朋友们也侧耳聆听。此前有传言说罗斯福打算破例连任三届总统。

我接着说："约翰，这个理想与 1941 年 1 月 20 日有关。"

我能感觉到他的脑海中定是浮现了什么可怕的想法。所以，为了打消他的疑虑，我接着说："我的理想是，1941 年 1 月 20 日，当我把这把'交椅'传给我的继任者时，无论他是谁，他所接手的国家应是完整的，是和平繁荣的，是为人民服务的，是懂得如何稳中求发展的，是知晓如何跟进人类发展步伐的，是足以证明民主国家形式可以实行、也将会延续的……"

"我不希望，我交给继任者的国家，会像布坎南交给林肯的那般[1]。"

[1] 詹姆斯 · 布坎南（James Buchanan，1791—1868），美国第十五任总统，其在任内激化了美国南北矛盾，卸任前有多个州宣布退出联邦，还导致了民主党内部分裂，给继任者林肯留下了国家四分五裂的棘手局面。

罗斯福很享受把这段经历讲给他的撰稿人听，也更加兴致勃勃地讲给五月花酒店里全神贯注的观众们听。但在晚宴上，他更为严肃，坦言自己的“焦虑”，担忧美国的民主政治可能无法长存。他警告众人：“到目前为止，我们并不能确保美国政府体系的三匹马可以同时发力。如果三匹配合默契的马耕种一片田地，尽管土地难耕，只要它们齐心合力，这片田地……还是……可以……犁好的。”罗斯福有节奏地边抬头讲话，边低头看稿。“如果有一匹马躺下，或朝另一个方向使力，这片田地……就无法……犁好了。”

晚宴上，民主党人吹起口哨、高声欢呼，全国各地听到广播的民主党人也一同欢呼。此时此刻，总统终于直面争端，此前他从未在演说中提到“最高法院”这一字眼。而这一次，他把最高法院对 375
民主的威胁清清楚楚地摆到了台面上。他斥责“无心思考、停留在过去的人”时，大家对罗斯福影射的对象其实了然于胸。他提醒大家注意《农业调整法》以及其成立的前提：国会拥有“宪法赋予的完整权力”来解决国家问题。“而你们知道是谁夺取了否决权，也知道是谁最终否决了《农业调整法》。”罗斯福故意“含糊其词”。接着，他提到了《全国工业复兴法》：“我们尽力建立一项机制，以便调整雇主和雇员之间的关系。可是结果如何？你们知道是谁夺取了否决权，也知道是谁最终推翻了这一法案。”他继续列举遭到否决的法案：《铁路退休法案》《格菲烟煤法》以及纽约州最低工资法案。毫无疑问，废止这些已通过的法案——

> 是顺应了最高法院多数派的“个人经济偏好”；在我们所生活的这个国家中，没有合法的权力能解决最困难、最务实的问题——这如入无主之地，终究徒劳无益。

到目前为止，罗斯福的讲话主要面向全国人民。最后，他话锋一转，向民主党呼吁。他敦促道，“我们首先要敢想”，全国人民期望执政的多数党能够“不受司法阻碍”，解决问题。“若我们没有锐意进取的勇气，那么将会有其他人愿意为公众开辟出一条道路。”他的意思很清楚：必须推行填塞最高法院计划，否则将会丧失执政权。

最后，罗斯福提高了声音，张开手臂，说出结语：

国家的三分之一的人民仍衣不蔽体、食不果腹、居无定所。就是现在！

“现在”一词，出口轻柔，却字正腔圆。

成千上万的农民忧心忡忡，担心来年的收入能否还得上他们的贷款！就是现在！

成千上万的工人长时间劳动，却得不到应有的薪酬！就是现在！

376 成千上万的孩子本应在学校读书，却在煤矿和磨坊工作！就是现在！

后果严重的罢工造成了数百万美元经济损失！就是现在！

春季爆发的洪水再次威胁着河谷！就是现在！

沙尘暴还在继续！就是现在！

为了信守对支持者的承诺，为了实现真正的民主，就是现在，我们必须立刻采取行动！

这确实可称得上“征战演说”。多个亮点使得它成为罗斯福的“伟大演说”之一。罗斯福的支持者们为此等待了一个月，因而在听到演说时不由得欣喜若狂。班克黑德说：“这一演说杰出非凡。”来自艾奥瓦州的民主党参议员克莱德·赫林也表示："演说在艾奥瓦州肯定相当受欢迎。"贺电佳言不断通过电报传至白宫，其中一个电报仅有一行："对，就是现在。"自由派的新闻界盛赞罗斯福的领导方向及说服力。《费城纪事报》响应了罗斯福颇具紧迫感的语言："那些衣不蔽体、食不果腹的人可能等不到萨瑟兰、麦克雷诺兹、范·德文特、巴特勒、罗伯茨和休斯同他们的父亲在天堂相聚之时。他们不愿意让自己的孩子在接下来的十年中仍食不果腹，等待修正案缓慢通过。"

《纽约时报》反驳道："如果说我们的国家正面临着一场危机，那么就是宪法危机，而总统就是始作俑者。"大多数报刊社论都像往常一样，负面且犀利。就连不屑于评论政治的《纽约客》撰稿人 E. B. 怀特都有感而发，他对罗斯福予以谴责："他好比一个'鹰童军'[1]，极力想让这个国家'日新月异'，可最终场面却失控了。他在演说中用了一连串的'就是现在'，好似急躁的救世主在呐喊。美国今天还不用我们来拯救，它可以等到明天。与此同时，总统先生，我们正好可以利用今晚再好好思考一番。"

而对于反对填塞最高法院计划的民主党人来说，罗斯福这一演说中最无法接受的就是，他试图呼吁全党团结一致。他那套认定填塞法院计划符合民主理念的说法是一回事；但他宣称党内不团结的代价就是失败，这是另一回事。更糟糕的是，他曾暗示，反对他的民 377
主党人就好比是那些反对他的共和党人、美国自由联盟人士、经济保皇派，以及于 1936 年为反对他而成立的"律师组织"。由此，民主党反对派被激怒了，他们决心更加努力地揭露填塞法院计划的"先天之恶"。他们还表示，如果总统仍继续坚持自己的计划，那么他们甚至有退党的打算。《华盛顿邮报》指出："罗斯福先生故意制造争端，在民主党核心部位钉入了一个楔子，以期造成不和。他觉得没有什

[1] 鹰级童军是美国童军的最高级别。达到这个级别的童军，叫做"鹰童军"或简称"鹰"。

么比‘填塞最高法院’更为有效的计划了。”

但是此次演说确实“言之有效”么？若说无效，恐怕很难。据《民族》杂志的评论，罗斯福的说服力是如此神奇，有些美国人甚至“拒绝听他的广播（演说），唯恐……自己被他说服”。多家报纸刊物在基于大量铁证的基础上，确认总统为自己赢得了不少皈依者。罗斯福本人同样渴望巩固这一良好印象，在上午的记者招待会之前，他将成堆的电报放在办公桌上。一名记者成功“上钩”，问道：“总统先生，这些都是您的崇拜者发来的吗？”

罗斯福回答说，“这仅仅是其中的一部分”，并顺口补充道，八份电报里有七份都支持他的计划。

尽管庆功宴的演说“情真意切，颇具感染力”，但反对派参议员仍然不愿相信这次演说会改变整个国会的想法，虽然他们私下里也承认担心演说对公众舆论的影响。而某位参议员曾向宪政民主协会的一名领导人透露，“在最后投票期间，他们最终还是会遵循自己所在州多数选民的意见”，然而多数选民意见却尚不明晰。反对派别无选择，只得苦苦斗争，并“希望某些大法官能够识时务地辞职，也不失为解决争端的一种途径”。

庆功宴演说是罗斯福推行其计划的第一步行动，炉边谈话则是第二步，而罗斯福对前者的反馈似乎也非常满意。3月7日，詹姆斯·法利在日记中写道，他难得见到“总统有此好兴头……他说自己有些累了，但整体无大碍，还非常期待能到沃姆斯普林斯去休养一番”。
378 法利认为，罗斯福最为兴奋的时刻便是身处斗争之时——这一次尤为如此。填塞最高法院计划很明显“是他心中的头等大事”。

然而，他的好心情并未持续多长时间。伊克斯3月9号拜访了白宫，发现总统“状态并不好”，对当晚炉边谈话的讲稿发着牢骚。科克伦、罗森曼和里奇伯格都已倾力而为；弗兰克福特也从坎布里奇赶来，在遣词和思路上提供了不少帮助；但是“这个演说稿就是不对劲”，伊克斯写道。罗斯福觉得也许还得重新再来一遍。但伊克斯表示，罗斯福想在五天内就同一主题做两场大型演说，这有些不切实际。伊克斯的话虽然帮不上什么忙，但却有几分道理。

的确如此，总统、演说撰稿人和秘书们都已经精疲力竭了。炉边谈话的初稿用双倍行距打印了足足有五十页，足以证明这篇讲稿都是泛泛之谈。勒翰德小姐为了重打第四版草稿，一直工作到深夜，最后因为过度劳累而有些头晕（另一名秘书格蕾斯·塔利称之为“荒唐可笑的行为”），甚至还在括号中表达了自己的想法给撰稿人看。比如：“任命新的大法官需要从德才兼备的人才之中选取（那就大概只剩三个候选人了），哈定总统在不到两年的时间内任命了四位大法官（看看他如今是何模样），所以今天，我在美国宪法中寻求立法手段，希望能免除宪法修正案中的繁杂程序。（这会儿我都快累趴下了。）（我真想来杯汽水，你们这群家伙此时一定正喝着呢。混蛋！）”

3 月 9 日那一天，等到夜幕降临时，罗斯福已经完全接受了演说稿。讲稿使用了三倍行距和蓝色字体，他还给需要加重语气的关键词标了下划线。白宫里没有播音室，所以用一楼的外交接待室来代替——这是一个椭圆形的房间，凑巧的是，里面的确有个壁炉。管家们搬来了桌子，还拿来了一盏阅读用的台灯、一壶水、一个玻璃杯、一块手表，和国家广播网的三个笨重话筒。房间里还杂乱地摆放着无线电设备、新闻摄像机用的灯，还有大约三十把坐起来并不怎么 379
舒服的折叠椅，以供亲友、客人和公职人员就座。

大约晚上 10 点 20 分，广播开始前十分钟，罗斯福走了进来。他在桌前就座，抽着香烟，焦虑地确认着讲稿的每一页，这些讲稿一如既往地固定在黑色皮革的活页笔记本里。罗斯福又从一个小巧的银色心形盒子里拿出来一颗牙桥，他讨厌戴这个东西，但如果不戴的话，他在念某些单词时嘴里就会轻微跑气。在话筒前准备演说的时候，他极为注意自己的声音——甚至会在演说前两三个小时把内科医生召进白宫，帮他清理鼻窦。汤姆·科克伦对此回忆道："他完全清楚，这一切都要仰赖他的语音语调……他看待自己的声音……好比一个歌剧演唱家看待自己的嗓音一样。"

罗斯福才是新闻界宣传的主导者，这早在1924年就显露无疑了。当时，《纽约时报》的一名作家认定罗斯福是少数能够通过"播音测试"的美国政客之一：多数演说者都是冲着麦克风叫喊，就好像他们的言语要穿过嘈杂的会议大厅，直达坐在最后一排的人一样。而罗斯福有个"诀窍"，能够使自己所讲的内容听起来既亲切又随意。他给听众的感觉就像是顺道来拜访，在自家客厅进行一场轻松愉快的谈话。"人们就是这么感觉的，"弗朗西丝·珀金斯后来说，"这种声音让他们在情感上和罗斯福凝聚在了一起。"罗斯福担任州长之时就开始了广播演说，他把声音的优势发挥到了极致。他选词刻意简单：使用"我"和"你"这样的称谓，还有易于理解的比喻，让每次谈话都有种亲密的感觉。即便他现在置身于装饰华丽的房间，面对不断闪烁的闪光灯，对着六七千万"朋友"发表他的演说，他也可以做到。

这个星期四的晚上，全国广播公司红网电台的节目是由弗雷德·阿斯泰尔来介绍歌舞片《随我婆娑》(*Shall We Dance*)中几首格什温创作的歌曲；相互广播电台播放的是一档推理幽默短节目；哥伦比亚广播公司播放的是由十四岁的朱迪·加兰主持的节目。这些节目结束后，便到了罗斯福的演说时间。罗斯福瞥了一眼手表，掐灭香烟，喝了口水。首席无线电工程师点点头，总统便开始了他的演说。

这次同样是一个"征战演说"。如同上次"庆功宴"的演说那般：起初严肃沉闷，随后便直奔主题。再一次，罗斯福回归到银行
380 业危机的问题上，这次他提醒听众，他决定控制黄金的供应。他说，最高法院裁决此案时，"只要投票结果达到'五比四'，就能承认这

项政策的合法性”。他着重强调了“五比四”，就好像整件事情——关于充满争议的判决这件事——本身就是对民主性原则的藐视。“一票之差将可能会把这个伟大国家的一切事物抛回至无望的深渊之中。这四位大法官做出这样的判决，无异于认为在私人契约下强迫割下一磅肉的权利，比美国宪法建立不朽之国的主要宗旨更为神圣。”

这次，他一改上次演说的风格，不再时而有所暗示地扬眉，不再用“你知道是谁”的口吻，也不再扭捏。这次演说不仅直接提到了最高法院，还史无前例地公然抨击了司法体系，前后长达半个多小时之久。罗斯福控诉道：“最高法院从未发挥其司法机构的职能，反而扮演了一个政策制定机构的角色。”它把自己定位成“国会的第三个议院——正如同一位大法官称它为‘超级立法机构’那样，这完全曲解了美国宪法，凭推断强加了那些根本不存在、也从来不可能存在的含义。因此，作为一个国家，我们势必要采取行动，把美国宪法从最高法院中拯救出来，把最高法院从它的错误中拯救出来”。

为了捍卫该提案，罗斯福几乎只字未提他 2 月 5 日向美国国会提出的国情咨文；相反，他此时此刻宣布“打算要把国家宪法从岌岌可危的司法体系中拯救出来”。对于改变大法官人数的问题，他坚信“这不是什么新奇激进的做法”，国会此前已有先例。劝说最高龄的大法官退休也并非特殊之举，四十三个州都有同样的诉求，美国陆军、海军、行政分支、无数的大公司和学校，都有七十岁退休的规定。罗斯福在此扮演了一个既熟悉又具有影响力的角色：他是整个国家的总统，却从未自视高人一等；他一直激励、引导着人们，孜孜不倦，仁慈博爱，明察善断。

只是，说到这会儿，他又发火了。整整一个月来他都在忍受针对他的动机的谩骂，其中不乏有所谓的“朋友”援引宪法来攻击他，
而宪法正是他试图拯救的。罗森曼回忆道：“总统先生对于‘填塞最 381
高法院计划’的指责极度敏感。”他决定奋起反驳：

> 那些反对这项计划的人高声呼号，试图激起偏见和恐慌，说我打算在最高法院中安插支持者，甚至有言称这会开创不良先例。
>
> 他们所说的“在最高法院中安插支持者”到底意图何在？我将直言不讳地回答这个问题，以结束对我的无端误解。如果你们想用这条罪名来指控我，认为我想把顺从的“提线木偶”安排到大法官之位，任其藐视法律，并按照我的意愿去裁定法案。对此，我的回应是：任何一个称职的总统都不会提名“提线木偶”式的最高法院大法官；任何称职的参议员也绝不会认可该提名。
>
> 但是假如这项指控成立，即我任命了大法官且得到参议院认可，后者认为我所提名的大法官有资格和深识时务的众多大法官们平起平坐。那么，我所任命的大法官决不会在立法政策上逾越国会进行决断，我所任命的大法官会尽职尽责当好判决者并非立法者。如果这样依旧是你们口中所说的“安插亲信”，那么我就要代表我自己、代表支持我的大部分美国公众说：我们准备开干了——现在就干。

对那些声称“别插手最高法院”的批评者，罗斯福明确表示，

> 我们现在同最高法院的冲突并非制度问题，而是用人问题。目前最高法院的部分人止步不前，否定我们对现在所做出的必要努力，我们不能因少数人的判断而牺牲宪法的命运。

罗斯福在证明了自己的计划正当合理之后，接着便谈论起宪法修正案的问题。他意识到，这一理念风头正劲。根据盖洛普民意调
382 查显示，一项提倡在工农业方面给国会更多权力的修正案的公众支

持率自去年 12 月以来猛增十三个百分点，达到百分之五十八。在起草演说稿时，白宫战略委员会的一些成员敦促罗斯福做出如下表态：如果反对派支持能够达成罗斯福目的的宪法修正案，并保证其通过的话——这两个条件反对派都不可能做到——那么罗斯福就放弃填塞最高法院计划。罗斯福拒绝了这个明显是冷嘲热讽的建议。尽管如此，为了阻挡宪法修正案的浪潮，罗斯福必须做出表态。他决定强调一下修宪的难度：不仅要起草修正案、达成共识、获得通过，还要经受大法官们的重重审查。他颇有深意地引述了首席大法官休斯的话提醒人们注意："宪法修正案如同宪法一样，是由大法官们解释的，而不一定如制宪者或如你我所愿的那样。"

罗斯福的话语中夹杂着不少嘲讽，直截了当地对那些明确表态支持宪法修正案的"新闻出版商、商会、律师协会和制造商协会"表示："我认为你们无法把美国公众们一直蒙在鼓里。"他也对那些"真心相信"能修改宪法的自由派人士表示，"修宪过程十分漫长，根本不可能应对得了当前的问题"，并且提醒他们，那些刚刚缔结的保守派盟友，最终也会"阻挠"任何有价值的宪法修正案。罗斯福酸溜溜地说："看吧，看看你们找到的那些古怪的共事者，他们什么时候真心地站在你们这一边，共同为社会进步而奋斗了？"

最后，罗斯福把话题转回到他的第一次就职演说的主题：请相信我们的国父们。在此次炉边讲话的结语中，罗斯福说最高法院"打破了平衡"，破坏了政府的权力分支，"与美国宪法的最高目标直接冲突。我的目的就是恢复平衡。我将对了解我的人做出庄严的承诺：在这样一个民主受到践踏的世界里，我将会寻求美国民主的胜利。我们每一个人也都应倾力而为"。

广播技术人员示意，总统先生的广播到此结束。接着广播公司开始播放国歌《星条旗永不落》，外交接待室里的听众纷纷起立，以示尊重。待国歌奏毕，观众对罗斯福先生表示了感谢和祝贺。罗斯福

383 在桌前又坐了几分钟，他重读讲稿，以便摄影师拍摄新闻照片。随后，他和他的幕僚上楼去了椭圆形办公室，喝了点鸡尾酒，吃了点三明治，同时从第一批发来的电报中随意抽出几份来看。其中一份来自埃莉诺，此时她正在美国南部做巡回演说，电报上写着："讲得真好。"

大部分支持他的人也都这么认为。但是像惠勒一类的批评者则认为，他的论点"很聪明……但总的来说很糟糕"。就和当时预想的一样，批评和赞扬纷至沓来。第二天，盖洛普民调机构着手调查公众的想法；但在结果出来之前，就只能靠传闻来推测。寄给参议员的信件显示，人们对于该计划的支持度高涨，这对罗斯福来说这无疑是个好兆头。但是对于这个计划的反对之意也并未表现出衰减的迹象。3 月 11 日，斯通大法官和妻子去华盛顿剧院看了场电影。第二天，他在给儿子们的信中写道："新闻纪录片展示了一张罗斯福在庆功宴演说中攻击最高法院的照片，并重复了他的一些最为人津津乐道的言论。几乎没有人鼓掌。但是接着播放的参议员伯克反斥总统提议的演说却赢得了观众的阵阵掌声。"

斯通大概是出于谨慎起见，未曾公开表态。然而，在朋友面前，他则表现出了恼怒的情绪，因为在罗斯福演说中最有力的两颗"炮弹"便是"超级立法机构"和"个人经济偏好"——而这两个词都来自于斯通自己撰写的异议意见。

3 月 10 日，参议院司法委员会主席亨利 · 阿什赫斯特一大早就起来了。然后，这位亚利桑那州人去洗了一个土耳其蒸汽浴。他用这个方法让自己做好准备，来迎接有关最高法院提案的听证会。接连几个星期，白宫一直在催促他，用詹姆斯 · 罗斯福的话来说，就是"赶紧行动"。阿什赫斯特却回答："做事不急，履险如夷；不温不火，安心如我。"他这种缺乏紧迫感的作风着实让总统恼火。但是，在与阿什赫斯特相处多年后，罗斯福早已了解了他的行事风格，知道盼望他能够快点行动简直是白费力气。整整二十五年，亨利 · 方廷 · 阿什赫斯特漫步于参议院，穿梭于听证会，好似莎士比亚剧中的演员怅然若失地发现自己身处乡村夏日演出季般格格不入。他身着硬翻领燕尾服，戴着黑丝带金边夹鼻眼镜，讲话方式也很飘逸。用他自己的话来说，他“对讲话的艺术有一种狂热”，这主要体现在他对多音节词的偏爱上。亨利 · 阿什赫斯特或许生来就如此慢条斯理。

对于目前的问题，他的态度也是如此。1936 年 1 月，在最高法 384
院推翻《农业调整法》之后，阿什赫斯特建议罗斯福总统静候时机，等待最高法院在宪法与经济问题上做出改变。他的这一观点更像是与前总统胡佛站在同一战线上，而非与罗斯福站在一起。尽管阿什赫斯特赞同新政的大部分做法，但最近他又称填塞最高法院计划为“暴政的前奏”，这也在某种程度上与他自身的原则背道而驰，因为他在同年的 2 月 6 日曾表示，填塞最高法院计划是司法委员会史上所能达成的最伟大成就。他说过，“我本人就是‘反复无常大学’的名誉校长”，也说过，“身处参议院就像是在滑旱冰，你所到的地方，一部分取决于你自己的意愿，一部分取决于旱冰鞋把你往哪儿送”。

听证会当天，参议院司法委员会主席阿什赫斯特带领着该委员会的十八位成员庄严肃穆地依次入场。听证会在参议院的党团活动室举行，室内由大理石层级铺设而成，装修豪华。阿什赫斯特首先入座，其他成员紧随其后。主席敲响法槌，他的声音穿过扬声器刺啦作响：“委员会将于此讨论 S. 1392 号关于政府司法分支改组的提案。现在请委员会听取联邦司法部长的陈述。”

霍默 · 卡明斯是第一名证人。因为房间里气氛比较凝重，大部分司法委员会成员似乎对他并不关心，只希望他快些讲完，然后给下一名可能讲些有趣东西的人让路。卡明斯对这一议题并未做出实质性的补充。唯一一个新论点，就是反驳“独裁者”这项指控。他说把填塞最高法院计划叫做夺权简直“荒谬可笑”，因为没有哪位总统能够未经参议院和提名者本人的首肯，就把忠实的内应安排到最高法院内部。他还指出，“独裁只有在畸形的经济状况下才会滋生，出于危难、恐惧和不公”，——而后面这三样事物才是最高法院的捍卫者们在捍卫的，出于他们的固执。

陈述完毕，卡明斯略作停顿，面带微笑，然后半抬双臂。“如有任何问题，先生们，我将尽力回答。”这才是观众们要看的重头戏。一连几天，填塞法院计划的反对者们扬言要对司法部长来场凶猛的
385 盘问，然而他们并没有张口，只有几次急躁而快速的交锋，双方都做了稍许让步，听证会上实则并未出现真正的争论。据《时代》记者特纳·卡特里奇报道，卡明斯全程都表现得“温文尔雅、包容克制、风趣幽默”。当时有一名参议员控诉填塞法院计划并非为“永久的补救之法”，卡明斯又笑了笑，回答说：“这位参议员，人的一生中并没有什么是永久的，那些梦想永久的人都是在做白日梦。”参议员诺里斯沉浸在自己的幻想中，无所事事地用一根橡皮筋啪啪作响地弹着一沓纸，周围的听众也愈发焦躁不安。这刺激到了阿什赫斯特，他跃身起立，高声说道：“请参议员和听众们不要在大厅内来回走动，不要把纸揉来揉去，更不要噼里啪啦地弹橡皮筋！”

罗伯特·杰克逊是第二名证人，他倒是给人留下了别样的印象。早在两个星期前，联邦助理司法部长杰克逊就提醒过罗斯福总统，自己的证词可能跟卡明斯的有所不同。罗斯福并未将此事放在心上。听证会第二天，也就是3月11日早上，杰克逊来到司法委员会成员面前，全然不顾其上司前一天所陈述的证词。杰克逊讲话冷静清晰，不夹杂任何感情，听起来非常具备当大法官的潜质（曾有传闻说他将被任命为大法官），而不是像卡明斯那种典型的政客腔调。杰克逊表示，新政“处于很危险的境地，很有可能迷失于宪法的隐喻迷宫中”。民意、权力制衡，以及在司法方面予以立法机关尊重的传统，这三者都未能牵制最高法院。“最高法院的司法克制也形同虚设，而且修

正案也不能使权力恢复制衡，”杰克逊警告说，“曲解宪法的大法官们同样可能曲解修正案，而这些大法官的思想是无法修正的。”

“衷心祝贺您今天精彩的发言！”阿什赫斯特在参议院的便笺纸上如此写道。褒扬之词从四面八方纷至沓来。“整场听证会中再也没有比这更富有才华、思路更清晰的观点了。”《民族》杂志如此赞扬道。斯通在给儿子们的信中写道，杰克逊给“最高法院滥用职权的行为”来了一次“彻彻底底的曝光”，并补充：“关于近几年最高法院做出的判决，杰克逊道出了其中的许多真相。他的直言不讳让那些做出这些判决的大法官相当难受。”

下午 3 点，在杰克逊作证两个小时后，罗斯福总统乘坐专列前 386
往位于佐治亚州的沃姆斯普林斯。美国驻法大使威廉 · C. 布利特全程陪同，并向总统简要汇报了欧洲的当前局势。几个星期前，布利特就通知总统，不出多久欧洲就要爆发全面战争。现在，意大利一直在到处挑衅生事，尤其是对西班牙内战的干涉使得布利特更加确信了自己的预测。尽管如此，由于此前罗斯福的休假被耽误了很久，因此现在放松休闲才是他的主要任务。不过，他依然决定通过电话或安装在松山小别墅里的电报跟踪时事进展。他计划着要把大部分的时间花在休息和娱乐上：在著名的泳池内游泳，同那些同样患有脊髓灰质炎的孩子一起抛球玩，相比起地面来，他们在水中活动得更为自由；驾驶他那辆小巧的棕色福特手动挡敞篷车在佐治亚山泥泞的红土路上兜风；再读读书、晒晒太阳、在松木炉火前整理集邮册。

罗斯福自提出填塞最高法院计划以来，终于可以好好休息一次了。他进行了两次演说之后，该计划的支持率开始上升。虽然幅度不大，但是对于白宫来说，这个趋势已经很能鼓舞人心了。邮寄给参议员们的信件也显示了这一转变。也许更为重要的是，总统的任免权开始发挥其潜在的影响力了。来自西弗吉尼亚州的联邦参议员、民主党人拉什·霍特曾批评过“填塞最高法院的提案”，他说在这次最高法院之争前“甚至有人找我询问在政府部门工作的门卫的事情”，但在他发出声音后便无人问津了。一个反对派团队也观察到这一形势：“许多起初就发言表示强烈反对的人，现在都孤立无援了。不过，他们都在拼命地寻找妥协的方法以挽回局势。”

参议院的反对派们开始紧张起来，他们的人数也呈减少的趋势。海勒姆·约翰逊在给儿子的信中写道，“反对派中的一些中间派被他们拉拢过去了”，他认为现在的票数差额已经足够通过提案。乔治·诺里斯向来直言不讳地反对填塞法院，现在也发出了调停的呼声，这或许是因为他所在的一个支持修宪组织现在全体转向支持罗斯福的计划，而该组织定于3月下旬召开、由他本人来主持的会议在不久后也被取消。

在总统休假期间，他的内阁成员为了保持领先优势发起了一项
387 运动。一部分人去了南部，因为南部支持填塞法院计划的公众基础十分庞大（某些州的支持率达二比一，南卡罗来纳州的支持率更是高达三比一），可见选民的意见同其代表参议员的意见大相径庭，这也是最高法院之争中众多矛盾之一。南部公众对填塞法院计划的热情在一定程度上反映出了该地区相对贫困的问题：通常，最贫困的美国公众最为支持该提案，或许是出于对罗斯福总统及新政的忠诚，或许是出于对常与其利益相悖的法院的敌意。无论怎样，南部参议员显然更关心抽象权益，比如州权和司法独立，更不用说民主党已经失去对南部的掌控这一不争的事实了。南部参议员已经严重跟不上选民的步伐，很容易由此落得“背叛”的罪名。因此，詹姆斯·法利前去拜访汤姆·康纳利负责的得克萨斯州时，他提醒说，背叛民主的人将会“向敌人施以援手”。同时在约亚西·贝利所在的北卡罗来纳州，伊克斯指责了填塞法院计划反对者们根本不配拥有人们“真诚的信任”，这赢得两千多名民主党人最热烈的掌声。阿瑟·克罗克

则审视着这些现象，希望它们能“给国会议员们当头一棒”。

填塞法院计划的势头正旺，事件接连发生，不断为其造势。国内日益严重的劳工罢工危机也更加有利于促进该计划的通过。1 月份就已发生了二十五次罢工事件，工人控制工厂，导致工厂关闭；3 月份则共发生一百七十起罢工，涉及十六万名工人，给经济发展造成大规模威胁。全国范围内，工会越来越激进，而公司也愈发顽固，后者同绝望的劳工代表们进行着耗时耗资、甚至血腥的对峙，双方都无法就工作条件及工会权利达成一致。2 月，全美汽车工人联合会在密歇根州弗林特的一家通用汽车工厂举行罢工活动，活动继而演变成了暴力冲突，这也绝非首次。公司的保卫队加上雇佣的打手都手持枪弹、催泪弹、警棍和在雪佛兰工厂内做的木棒，他们同工会的工人发生暴力冲突，直到一千两百名国民警卫队士兵身佩刺刀来维持秩序，场面才得以控制。美国公民自由联盟创始人莫里斯 · 恩斯特在市政厅会议上说道：“美国今天处于沸腾之中。如若要从中解 388
脱，我们要么靠最高法院做出改变，要么靠街角扫射的机枪。”

等到罗斯福前往佐治亚州度假之时，参议院已经因为罢工问题而完全沸腾了。乔 · 罗宾逊宣称：“危机正在逼近。”罗斯福私下里向他承诺，他一回到华盛顿就会立即会见国会领袖。（短短数小时之内，罗斯福的这一承诺便登上了各大报纸的头版头条。他向记者抱怨道：“这就是为什么我在宣布最高法院的相关事宜之前未对他们透露任何信息。”国会议员们守不住秘密。）

而填塞法院计划的支持者，如来自亚拉巴马州的雨果 · 布莱克，将罢工的罪责都归咎于最高法院，将其称为从根本上解决罢工问题所“无法逾越的障碍”。罗宾逊宣布，在最高法院裁定《瓦格纳法》是否合宪之前，参议院将不会采取任何行动。因为在“卡特煤矿公司案”中，最高法院裁定将矿业归地方所管。若正如预期这样，那联邦政府将无权出面阻止罢工。《民族》杂志称，这样一来工人和中产阶级都将期望寄托于最高法院之争的最终结果之上。罗斯福也抱有同样的期望。某天夜里，罗斯福同伊克斯通电话时心情异常愉悦。而伊克斯后来也表示："在我看来，最高法院就这件事上在磨蹭。也有说法认为，目前工人罢工，相较于总统来说，最高法院更难辞其咎。"

罗斯福的反对派不顾他不断攀升的获胜概率，仍然坚持战斗。在罗斯福发表"炉边谈话"当晚，惠勒就在电台上指责总统"轻率、招人恨"。两天后，四千名狂热的爱国分子集聚于曼哈顿卡耐基音乐厅高唱国歌。参议员排成一列，竞相用愈加激烈的言辞谴责填塞法院计划，如同比赛一般，引来阵阵欢呼。最终获胜者是参议员爱德华·伯克，他引用了罗斯福1936年提名演说中最出名的一句："此时此刻，我们的确'与命运会合'。毫不夸张地说，美国的宪政民主即将走向终结。民主即将死亡：所有仅存在于表面上的州权即将终结，三权分立即将终结……独立的司法体系即将终结。"

如果真是这样的话，司法体系也不会悄无声息地终结。3月16日，詹姆斯·麦克雷诺兹打破沉默，成为第一位就填塞法院计划公开发表看法的大法官。他本就是参与制造这一争议的一员。当晚，他参加了于华盛顿卡尔顿酒店举办的大学兄弟会年度晚宴，并发表了讲话。麦克雷诺兹过去也曾在这类宴会上发表过讲话，但往往都是追忆过往和歌颂兄弟情谊。而今晚，他走上讲台，一改往常，略带踌躇地表示，他可能会就当前形势发表一些看法，在场的一百二十五名听众对此予以了充分的支持。他首先指出，制宪者有意将地方性事务归属地方管辖，而仅仅将"某些重大事务"归属联邦政府管辖。但这些重大事务显然不包括大萧条，因为麦克雷诺兹将大萧条描述为"暂时的不便"——即便没有政府的干预，美国人民也能够克服这一不便。他说："我们必须唤醒民众以承担他们所应尽的义务，而非享受他们所谓的权利。"

他语速平稳，语调较高，说话时不做任何手势。观众频频鼓掌，尤其是在他重申其个人信条时：“我曾宣誓尽我最大的能力保证公允，对富人及穷人一视同仁。我努力将我的义务铭记于心。我保护住在第五大道上的有钱人，也同样保护佐治亚山上的老黑。如果没有正义，没有仲裁者来裁决纠纷的话，那么政府将无法正常运转。”（在第二天的报道中，文风儒雅的《纽约时报》将麦克雷诺兹所使用的那个带有种族主义色彩的词汇，替换成了不那么令人反感、但与原意相距甚远的“乡下人”。）

麦克雷诺兹的语气忽而充满挑衅，比如“如果你们是最高法院的成员，你们就一定做得比我们好么？”，忽而有些宿命论，比如，“我应该乐观起来。我想告诉你们一切都很美好。可我不能，因为我愿意寄希望于美国人民的勇气，我希望他们能以自己骄傲的方式解决问题。”麦克雷诺兹并未提及罗斯福或者填塞法院计划，但他暗示得足够清楚了。他认为：“一个具有良好竞技精神的人，能向公平的法庭呈请公平的提案，且能诚心地接受结果。”

麦克雷诺兹本以为他的所有评论是不会公开的，可是他并不知道，在场的某位“兄弟”是美联社记者，而这位记者“兄弟”的职业本能压倒了兄弟情义。第二天一大早，麦克雷诺兹的言论便登上全 390
国各大报纸的头版。国会中一众填塞法院计划的反对者曾经一直期盼能够有大法官加入到这场最高法院之争中来，现在他们不免感到有些失望，因为麦克雷诺兹不是他们想要的那种代言人。况且，他的演说招致了来自各方的怒斥，其中就包括全国有色人种协进会的指责。某家报纸编辑在给卡明斯的信中写道：“麦克雷诺兹帮了您一个大忙。当然，最为关键的问题是：如今的最高法院并非是‘公正的法庭’。”在一次电台辩论中，乔·罗宾逊用一席讽刺的话吸引了不少注意力：“回顾大法官们所撰写的判决意见，绝对找不到哪位大法官因为自己所做的判决而招致指责，让自己落得毫无竞技风度。”他本来还可以补充说，因为麦克雷诺兹长期以来违反竞技精神的行为，切维·切斯乡村俱乐部[1]差点儿取消其会员资格；但罗宾逊考虑了一下，没有说出口。（也许是因为他自己已被该俱乐部“永久性地冻结”了会员资格，原因是他在打高尔夫球时朝着同伴的脸上揍了一拳。）

在许多观察家看来，麦克雷诺兹的爆发反而昭示了其软弱——这是一次大选失败后的发泄，一次光明消逝时的怒火。罗伯特·杰克逊在给朋友的信中写道：“对方的理性似乎已经崩溃，他们剩下的只有情感上的固执。”局势已经发生了变化，卡明斯在沃姆斯普林斯向罗斯福报告说：“公众的心理发生了改变。”莫莉·道森也在那个星期给罗斯福写信道：“当然，您肯定会赢。”同时，她还及时恢复了关于大法官候选人的游说。3 月 21 日，当法利和罗斯福聊天时，两人都认为反对派——用法利的话来说——正在迅速地“崩塌……节节败退”。递交给罗斯福的调查报道显示，“最高法院运动取得了长足进展”，尤其是在西部地区，据悉至少有百分之七十一的公众支持总统的最高法院计划。与此同时，参议院的听证会仍在继续，而填塞法院计划的反对者在听证会上处于不利地位。如罗斯福本人所言，这些反对者在质询来自政府的证人时似乎“自己就乱了阵脚”。

白宫信心满满，决定提前停止向司法委员会提出证据。罗斯福的战略小组在科克伦和基南的带领下，挑选并培训了一批给人留下
391 深刻印象的证人——其中不乏工会领袖、法学院院长、联邦法官，以及如爱德华·考文和欧文·布兰特这样的著名时政评论员。布兰特曾说过：“保守派大法官们……都十分正直诚恳。当玛丽·安托瓦内特[2]说……‘他们为什么不吃蛋糕’时，她也同样十分正直诚恳。”在罗斯福看来，一切都进展得非常顺利。但是两个星期的听证会下来，他们的证人几近半数已经出席了听证会，科克伦和基南却愈发强烈

[1] 华盛顿上流社会的俱乐部。

[2] 玛丽·安托瓦内特即法国国王路易十六的王后，相传她曾在饥荒时询问大臣百姓为何不吃蛋糕，但也有人认为此事为谣传。

地认为，反对派参议员其实是在拖延时间——他们询问证人的问题充斥着长篇大论，兜兜转转，翻来覆去，如此日复一日。

在战略委员会看来，这些拖延战术表明，反对派领袖尚不准备让自己的证人亮相。所以罗斯福决定迫使他们出手。3 月 20 日，星期六上午，白宫派出了最后一名证人——这使得伯顿 · 惠勒这位反对派的第一名证人，只剩下四十八小时来准备证词了。填塞最高法院计划的批评者将他们所剩无几的希望全都寄托在了他的身上。一份内部备忘录显示，一个反对团体声称："据消息人士透露，惠勒为此'将不遗余力'。"

第 22 章　屈服

3 月 22 日，星期一，数百名听众将参议院党团会议大厅挤得满 392
满当当。他们是前来旁听伯顿 · 惠勒关于填塞最高法院计划的反对意见的。人群的兴奋之情显而易见。然而，《华盛顿邮报》却不禁希望能由一位或多位最高法院大法官来进行开场陈述。该报的社论看上去甚为悲观：“国会必须决定美国历史上关于最高法院的最为关键的问题，然而却全然未曾听取最高法院成员的意见，人们必将会因此而后悔不已。”但是该报也坚持认为这一点对大法官们有利。大法官们的沉默表明，相较于为了捍卫自身的名誉而反击肆无忌惮的攻击，他们“更致力于保持司法体系的独立性”。

当天上午 10 时过半，亨利·阿什赫斯特宣布听证会正式开始。“各位参议员，”他开场道，用词比平常更为讲究，“我们今天尤为荣幸地请到了联邦参议院最杰出的成员之一——来自蒙大拿州的伯顿 · K. 惠勒参议员。”惠勒坐在桌前，面对同僚开始了陈述：“其实我并不希望出现在这里。”随后，他又说了些伪饰的话。惠勒表示，他出现于此并不意味着不尊重罗斯福总统，他同总统“非常友好……从来没
有罅隙，只有诚挚”。他认为，应该为填塞法院计划受到指责的不是 393

罗斯福，而是“年轻人们”——很明显，即汤姆·科克伦和本·科恩——据他所述，这两人早在一年前就向他提出了同样的建议。“(罗斯福)很可能并不知情，或并未首肯。”惠勒回忆道：“我当时告诉这些年轻人我反对这一建议；我认为这是原则性错误，美国民众永远不会支持这个建议。”(据科克伦和科恩声称，当时的提议仅仅是一篇演说稿，而非一项提案，况且这篇演说稿还是在惠勒的要求下写成的。)

惠勒在得知总统的计划后“十分震惊”。他极力厘清了总统声明中的核心观点：最高法院的九位大法官年事已高，无法胜任其工作。惠勒说，他继而投身于寻求真相，查阅了书籍、法律期刊以及司法部的报告。最后，惠勒说：“我找到了这个国家……唯一掌握事实真相的人。”他把手伸进西装口袋，掏出一份文件。“真相在此。”他在吊足了众人的胃口后继续说道：“这是最高法院首席大法官查尔斯·伊文斯·休斯于1937年3月21日写的一封信，这封信同时也得到了大法官布兰代斯先生和大法官范·德文特先生的认可。咱们一起来看看这些绅士们是怎么说的。”

这封信以冷静而不屑的口吻开头：“最高法院完全能够履行其职责。”接着，这封信逐条攻破关于最高法院能力低下的谬见。参议员们对该信的内容表示怀疑。听众俯身向前，侧耳凝听，生怕漏掉一字一词。就连这间听证室里的常客、著名的“在华盛顿织毛衣的女士们”[1]，也都听得漏织了好几针，毫无察觉地任由织针掉落在大腿上。有位男士全神贯注地倾听着惠勒的发言，全然忘记了自己手里拿着的香烟，直到烟头烫到手指才反应过来。惠勒难以抑制喜悦之情，不由得附带做了些评论，这招致了参议员们的怀疑：究竟惠勒刚刚所述内容是休斯的原话，还是他自己的“个人见解”。

[1] “在华盛顿织毛衣的女士们”，指埃莉诺·罗斯福及其他政要的配偶，她们常在国会、白宫等重要场所编织。

休斯指出，增加大法官的数量会降低最高法院的效率，以此直击罗斯福提案的核心。因为“将会有更多的法官参与审理和商讨，更多的法官需要被说服，也将会有更多的法官做出判决”。至于有些支持者提出了规模扩大的全新最高法院应划分成“不同的部门”来审理案件，休斯对这个建议则不屑一顾。他认为，“宪法并未授权建立两个或两个以上的最高法院”，或任何其他类似的做法。关于这一 394
问题以及信中提到的所有问题，首席大法官明确表示，其观点代表了整个最高法院的一致意见。他同时也承认，由于时间所限，他未能同最高法院的每一名成员都进行协商，但他非常“自信地”担保，其所有观点“与所有大法官的观点一致”，不仅仅是得到了布兰代斯和范·德文特的认可。

这封信所产生的效果是爆炸性的，而惠勒也将其作用发挥到了极致。尽管他的发言又持续了好一会儿，间或夹杂着对罗斯福和卡明斯的攻击，并且充满了他那惯用的悲壮措辞（“为了我所抱有的自由主义理念，我饱受折磨，恐怕这些你们都鲜有体会。”），但是他的目的在发言开始的几分钟内就已经实现，剩下的不过都是些收场话罢了。当惠勒终于从证人席上站起身时，支持填塞最高法院计划的委员们正在怒气冲冲地写着他们的反驳观点，而反对派在经过两个星期的听证后，终于第一次露出了灿烂的笑容。惠勒脚下的梅红色地毯上到处都是“见证”他表演的碎屑:笔记、废纸团、烟盒包装纸、挥动手臂时抖落的烟灰。下午的听证会主要是农民协会主席的发言，在惠勒的重磅炸弹袭击过后，这一发言显得异常无趣；记者注意到，参议员们的心思都放在前排某位金发秘书身上了。

惠勒做到了许多人都没能做到的事情。在过去的六个星期里，多方都试图将首席大法官牵涉到有关最高法院的争斗中来——或是发表演说，或是接受采访，或是在广播中发声——无论以何种方式，只要公开回应即可。有一份发给他的电报是这样写的："毫无疑问，若您能透露任何消息以供《纽约时报》发表，我们将感到无限荣耀。"但休斯不为所动。他礼貌地回绝了所有的邀请。直到这次听证会之前，用《时代》周刊略带绝望的话来说，他"虽然缄口不言，可仍然是这场最高法院之争中的核心人物"。

或许休斯的沉默是有意为之的。尽管表面上他对该计划不予置评，可与此同时，他一直在专注于幕后的工作，意在阻碍填塞最高法院计划，同时捍卫自己的声誉。在2月5日最高法院计划面世后
395 的数天内——甚至是数小时内——他的这一工作便已开始。《华盛顿邮报》的记者兼专栏作家小弗兰克林·瓦特曼在那时曾专程拜访休斯，发现他私底下非常乐意就此事发表意见，但所说内容不可公开。休斯认为，大法官的年龄同最高法院案件审理进程缓慢没有直接关系。他还补充说，最高法院并非无法胜任其职责。很多资料都可以证明他的说法，他让瓦特曼去查阅以首席大法官为首的司法会议所做的研究、司法部向国会提交的报告，以及过去十年间最高法院备审案件目录的详细调查报告等材料。瓦特曼将其研究成果写成一篇篇文章（但并未公开其资料来源），有力地揭穿罗斯福的论调，这些文章每一篇都占据了头版。

这还不是事情的全部。自由派引用休斯三十年前任纽约州州长时的言论："我们都受制于宪法；但宪法是什么，却是由法官们说了算。"休斯对此一直十分恼怒——但现在，他的恼怒之情比以往更甚。在1937年前，这一言论一直被自由派用作批评最高法院的工具。现在，他们更是把这一言论扔回给休斯，作为其"自证其罪"的证据，承认法官（正如布兰代斯、卡多佐和斯通大方承认的那样）确实是判决的主体，以他们认为合适的方式解释宪法，而非仅仅传递宪法最初的、神圣的、明确无误的含义（而这正是保守派所坚持的）。自由派认为休斯这一言论所表达的含义并无任何问题；这一言论也反映

了他们对于法官角色的认知。他们所谴责的是，保守的多数派（有时也包括休斯在内）不愿承认他说的是事实。例如，在“巴特勒案”中，罗伯茨大法官废除了《农业调整法》，但却拒绝承认该判决中包含有任何个人判断的成分。

休斯的这一言论开始出现在新闻报道、专栏、工会传单、书籍和演说中——无一例外，都是用来谴责最高法院多数派的。不过，多数人都断章取义，忽视了他最初说这句话时的语境。当然，休斯本人依旧没有忘记，所以他如今决定纠正人们的这一错误理解。3月，他向右倾媒体《纽约先驱论坛报》的出版商奥格登·雷德寻求帮助，将自己以前的一卷演说集给了对方，证明自己在1907年时的观点的确与现在人们所称的大不相同。他当时认为，法院应该将重点放在宪法问题上，而非湮没于复杂的监管事宜中，后者交由行政机构管理更为合适。据此，雷德就休斯言论的真正含义发表了一篇社论。396
随后，休斯给雷德写信道：“非常感谢您以及您的工作人员能够为我此前被过分误用的言论正名，并将我此番言论的背景公之于众。”

惠勒很有可能对休斯的这一切幕后行动毫不知情；在3月中旬，当反对派开始组织证人到参议院听证会作证时，他并未料到休斯也会有兴趣参与。但是，休斯的确有兴趣参与——这一点是惠勒无意间知道的。那段时间，惠勒的女儿伊丽莎白·科尔曼刚刚生下儿子，某天布兰代斯的妻子爱丽丝顺道看望新生儿。惠勒家族和布兰代斯家族有着十多年的交情。20世纪20年代中期，当惠勒被卷入一场莫须有的腐败指控时，布兰代斯邀请他们一家前来做客，并鼓励他“振作起来”。现在，爱丽丝临到出门时转身对伊丽莎白说：“告诉你父亲，在这场‘最高法院之争’中，布兰代斯大法官站在他这一边。”在访客的汽车还未开走之前，伊丽莎白便给她的父亲打了电话。

这样一来，惠勒就有了底气，于是前去拜访布兰代斯。惠勒担心冒犯大法官，所以就谨慎地问了一个有关最高法院备审案件目录的问题。布兰代斯说这个问题应该问首席大法官。惠勒回答："我也知道，但是我不认识首席大法官。"

布兰代斯说："首席大法官认识你，也知道你现在在做什么。"然后让惠勒当场给休斯打了电话。

3 月 18 日星期四，惠勒、犹他州的威廉·金和佛蒙特州的共和党人沃伦·奥斯汀一同前往休斯位于 R 街 2223 号的家中拜访他。在休斯陈设朴素的房间里，首席大法官休斯坐在一把自己担任州长后便一直使用的高背椅上，倾听着参议员正式邀请他出席听证会的计划。惠勒一行人发现休斯（用后者自己的话来说）"十分乐意"。不过，休斯后来回忆说："鉴于当时微妙的情况，我认为不能只有我一位大法官出席听证会。"他希望另有大法官能够加入他："最好是布兰代斯大法官，因为他是民主党人，而且一向以自由主义著称。"可是后来，当休斯找到布兰代斯时，布兰代斯却强烈反对任何大法官出席听证会。于是休斯又想到一个办法。他问布兰代斯，若惠勒参议员写信
397 向我寻求答案，而我也写信作答呢？布兰代斯认为这一办法甚为恰当，范·德文特对此也表示赞同，而休斯也只征求了这两位大法官的意见。

第二天早上，休斯便打电话给金和惠勒（并一反常态，将通话内容誊录了下来）。"我强烈认为，最高法院其实不应以任何直接或间接的方式参与到这场争论中来。"休斯这样跟金说，全程并未提及布兰代斯。"我觉得，考虑到现今的情形，我不宜直接出现。这是我经过深思熟虑后得出的结论。我也咨询了一些人，这件事你自己知道即可。我相信你会理解其中的缘由。"他随即又补充说："当然，如果司法委员会想就最高法院的工作事宜咨询详细信息的话……"他接着提高音调对金和惠勒说道："如果他们愿意以书面形式交流沟通，我们将以同样的方式进行答复，并告知他们所有必要的事实。"

次日是星期六，惠勒同意了这一提议，并告诉休斯，他希望能

在星期一早上收到信件，以便用于发表反对言论。休斯后来说“我时间很紧”，但立即着手起草回信，并在星期日早上将回信草稿给布兰代斯和范·德文特过目。“他们两人均仔细阅读了草稿，并表示认可。”休斯后来坚称他“没有时间去征求其他大法官的意见”，即使卡多佐和范·德文特一样住在同一栋楼里，斯通也就住在两个街区之外，而且不出意外的话，两人在星期日早上都会待在家中。当天下午，休斯把惠勒叫来家中。惠勒刚一进门，休斯就把信递给了他，并且郑重地说道：“覆水难收。”

惠勒在参议院作证后的次日早晨，一幅社论漫画以“正中靶心！”为主题，把休斯的信描绘为一枚炮弹，在罗斯福的论点中砸出了一个大大的窟窿。《纽约时报》写道，“权威而又意外”，休斯的“反对意见”使得政府震惊不已，总统计划的支持者们不得不“慌忙地加强防御工事”。

“震惊”的确属实，但“慌忙”则言过其实，至少该计划的中心人物们不是这样的。在惠勒作证的那个上午，罗斯福在沃姆斯普林 398
斯的泳池中游泳，随后返回别墅休憩；傍晚时分，佐治亚大学文学社的成员前来拜访，并授予总统该社团的荣誉会员身份。两天后，罗斯福在与伊克斯交谈时，似乎并没有为休斯的信所困扰。尽管伊克斯将休斯的信称为“巧妙的策略”，可是他指出：“我们不久前已经放弃了这一论点（即最高法院的案件堆积问题）。”卡明斯同样未对休斯的信给予太多关注。在惠勒的发言结束的几小时之后，卡明斯在日记中记述了那天发生的事情，甚至都没有提到那封信。他倒是评论了自己在国家剧场观看凯瑟琳·赫本出演的戏剧《简爱》（“总体而言，演技非常精湛”）。次日，他承认休斯的信“的确带来了轰动效应”，但紧接着又写道：“这个问题很容易解决。”

“宪法并未授权”将最高法院划分为多个部门，休斯在信中提到的这句话备受新闻界的关注。众所周知，休斯除了评判具体案件以外，从来不会就任何问题发表看法，因而此次他做出的司法见解着实令人惊讶，甚至可以说是震惊。《新共和》杂志的一篇社论谴责这一言论为“一派胡言”，而这篇社论实为政府官员的瑟曼·阿诺德所写。该社论指出，休斯的信“将司法审慎抛至九霄云外……这一做法违背了我国司法程序的所有传统……无疑是司法分支篡夺立法权的最后一步——在国会决定提案通过与否之前发出声明以示最高法院的反对”。可并非人人都认为事态有如此严重。在阿瑟·克罗克看来，华盛顿呈现出一幅“普遍乐观”的景象，因为休斯的信预示着新时代的到来：最高法院将加入白宫和国会“‘三思而后行’的合作模式”之中——这正是罗斯福长久以来所期盼的。

这种情形不可能发生。休斯只是允许自己改变（或打破）常规，而非将其推翻。此外，卡多佐和斯通强烈反对休斯以最高法院全体成员的名义所写的这封信，此外可能还有其他大法官也会反对。而休斯则非常聪明地向人们传递了这样一个印象，即他所有的同僚都支持他在信中所述的全部内容——而大多数报刊对此也不加甄别地予以接受。比如《纽约时报》就认为首席大法官代表了“最高法院
399 全体大法官”。卡多佐是性格最为温和的大法官，为人宽宏大度，可是这一则消息比填塞法院计划更让他愤怒不已。

斯通也相当恼火。弗兰克福特在给斯通的信中写道：“我简直不能相信……你会对这一咨询意见表示同意。”斯通回复道：“你说得没错！我根本没看到首席大法官的信，也不知道有这么回事，直到我在报纸上读到时才获知。像给出是否违宪的建议这种事情，我是肯定不会参加的。”但斯通对这一事件的反应比他表现出来的要更为复杂。他实际上是同意休斯信中的大部分内容，包括大法官人数增多将导致效率低下这一观点。他在这段时间给欧文·布兰特所写的信中表示：“内部会议……也会随着大法官人数的增多而变得更加难以

实施。”而且斯通也不反对休斯所采取的策略，他自己也曾经做过类似的事。和休斯一样，他曾经把事实资料寄给记者，以帮助他们揭穿大法官们已不堪重负这一论调（他利用布兰特作为中间人，鼓励罗斯福提出一项宪法修正案以规定法官在七十五岁退休）。他也曾想过亲自现身司法委员会的听证会。可是最终，他决定不就填塞法院计划公开发声——因为他有点伤感地意识到，大法官必须承受的压力之一就是：“在面对不公正的批评和各式各样的误解之时，大法官都必须保持沉默；能为其能力和人格发声的，只有此前就案件判决而公开发表的意见。”

相比之下，路易斯·布兰代斯则同意让休斯为自己的能力和人格发声。这大大增加了这封信的分量，同时也伤了布兰代斯的追随者的心——而且这一伤害是无法弥补的。汤姆·科克伦后来说道：“在那之前，布兰代斯于我有一种特别的吸引力。我在（黑色星期一那天）同他交谈之后……这种感觉依然没变。然而，在得知他与休斯和惠勒为伍之后，我感觉就像背后被人捅了一刀……后来我就再也没有拜访过他了。”弗兰克福特也感觉遭到了背叛。他写了一封措辞严厉的信，准备寄给布兰代斯——“即便已征得您的同意，但是看到首席大法官将您推上前线，我依然十分反感”——可最后这封信并未寄出（取而代之的是措辞相对缓和的另一封信）。不过，弗兰克福特还是向罗斯福袒露了他的真实想法：

> 这就是休斯典型的行事风格。他假装不干预政策的制定，同时却努力对其施加影响，这也是多数派大法官长久以来最主要的罪责。布兰代斯竟然允许休斯以他的名义发声，这让我深感悲痛，想必您也有着同样的感受。 400

毫无疑问，罗斯福与弗兰克福特的感受相同，但他缄口不提自已对这两位大法官的看法。尽管他与布兰代斯关系紧张,可是他对“老以赛亚”充满了深深的崇敬与爱戴。至于休斯这位在许多方面都算得上最为强劲的对手，罗斯福也勉强一种崇敬之情。也许，休斯对罗斯福也抱有类似的情感。在偶然相遇时，他们还会互称对方为“州长”。这是他们之间的纽带。每当罗斯福的幕僚们对休斯出言不逊时，他都会大为光火。虽然罗斯福不喜欢别人在计谋上胜他一筹，但多年后他也不得不承认:“休斯是这个国家里最好的政治家。”

多年以后，休斯公开表示自己并不后悔。但是在回忆录中，他也略微为自己做了辩护。他坚称，“当所有的大法官聚集在一起时”，他“立即”解释了为什么当时他只能征求其中两位大法官的意见，并表示他希望所有的大法官都认可他所做的一切。“一些大法官随即表示同意，其他几位大法官似乎也默许了”。也许他心知肚明，如果斯通和卡多佐真的默许的话，那也只是因为信件已经公开。“没有人表示反对。”休斯后来在写给自己——或者说，写给历史——的笔记中如此写道；因为他知道，他抛弃了真正的“全体一致”，仅剩下表面上的“无人反对”。最高法院的意见往往会因为大法官的妥协而变得软弱无力，为了避免削弱他那封信的力度，他咨询了不多不少恰好两位大法官——一位自由派，一位保守派——以表明他们代表了其他大法官。

撇开这些不谈，休斯对自己的这一举动感到相当自豪。他后来带着明显的满意之情写道:“这封信造成了十分轰动的影响。”其他人也是这么认为的。雷克斯·特格韦尔认为这封信“有力地驳倒了富兰克林在咨文中提出的论点……终结了通过这项提案的所有可能性”。罗伯特·杰克逊则认为这封信“扭转了局势”。不过，他们都是在事
401 情过后许久才得出这样的评论。在 1937 年 3 月,杰克逊仍然认为“总统的计划毫无疑问将会获得通过”。而在伊克斯看来，休斯的信只是摧毁了一座已然废弃的城堡而已。罗斯福指出，最高法院已成为一

个政治机构，而且为了反对总统，最高法院不惜以任何代价打破先例、丢掉礼节；总统正在强化这一观点，而休斯的信不仅没有撼动这一观点，甚至可以说更加强调了这一观点——他的行动便是最好的证明。

当休斯正在筹划如何公开发声的时候，罗斯福也在酝酿一个惊人之举。这一惊人之举同样涉及一位最高法院大法官，不过这位大法官早已退休。尽管已八十岁高龄，但约翰·H. 克拉克依然充满活力，他也是唯一一位仍然在世的前任大法官。克拉克于 1916 年由威尔逊总统任命，他站在霍姆斯和布兰代斯这一边，并以直言不讳而著称。但仅仅六年后，他便辞去了大法官一职，以全心全意地参加国际联盟的宣传活动和“战争非法化”运动。哈定总统随即任命坚定的保守派乔治 · 萨瑟兰填补他所留下的空缺，包括威尔逊在内的自由派人士因此颇为不快。威尔逊在给克拉克的信中写道：“我一直以来希望您和布兰代斯大法官能够发挥自身的影响，在某种程度上遏制最高法院极端保守的倾向……我们所面临的最明显的、也是最直接的危险就是：法院将会越来越挑战公众对于正义的认知，并由此导致人们极度反感司法权威，这将会严重打破我们体系的平衡。”

在接下来的十年里，由于美国坚决拒绝加入国际联盟，于是克拉克便彻底从全国性舞台上消失了（《时代》周刊称他为“被遗忘的大法官”）；也正因为此，他偶尔公开发表的观点具有相当大的影响力。1937 年 3 月，白宫开始竭力劝说他公开支持填塞法院的提案。他很快就同意了。可他也很快提出了许多条件：他不会批评最高法院，不会批评其成员，不会批评其判决，也不会对该提案献上任何溢美之辞。罗斯福开始担心，如果克拉克的演说不温不火的话，那么这样做可能将会弊大于利。

接下来就是紧急干预——詹姆斯·罗斯福等人开始写信、发电报、 402
打电话。乔治 · 克里尔以总统的名义警告克拉克的亲信，如果大法官执意要按照他所开列的条件发表演说的话，那么其结果将会令人扫兴，惨淡收场。克里尔敦促道："我希望您能尽量消除他关于'礼节'的执念。我无法理解他为什么会有这种想法，他充分了解麦克雷诺兹、萨瑟兰和范·德文特，足以明白他们根本毫无礼节可言，甚至连最基本的礼仪都没有……这已不再是辩论了。这是殊死之战。"

克拉克毫不退让。最后，罗斯福认可了他的这一谨慎之举，建议他只强调一点：填塞法院的做法是"完全合乎宪法的"。如果克拉克的演说仅仅是陈述显而易见的事实，那么这将会让其带有一丝争辩的味道。反对派声称填塞法院计划深具破坏性、毫无意义、不计后果、带有法西斯主义倾向，甚至更糟，但是几乎没有人质疑其合宪性。尽管如此，3 月 22 日晚，就在休斯的信被公开的数个小时后，克拉克进行了一场十五分钟的广播演说。这一演说几乎没有任何能够激起人们兴趣的内容。不过，他的确是按照罗斯福的要求进行表态的，"有太多人认为"该计划违宪了，因此他出于"公民责任"必须纠正这一看法。

《华盛顿邮报》斥责道，"显然，他错误地认为"该计划的合宪性问题是"争论的焦点之一"。正如罗斯福所担心的那样，克拉克的演说并没有被视为对总统计划的支持，而是"用不痛不痒的赞美对其进行了谴责"。另一家报纸则将这场"大张旗鼓的演说"称为"一枚显而易见的'哑弹'"。克拉克并未对这一结果表示出任何歉意。他在几天后给罗斯福的信中写道："如果我像首席大法官那样随意理解所谓'礼节'的话，那么我本来可以更为充分地支持您的计划，并更为严厉地抨击最高法院。"当然，这正是罗斯福原本所希望的。

3 月 29 日，星期一，多达五万三千人集聚在白宫的南草坪，这创下了历史记录。《时代》周刊将之描述为这个在本月饱受罢工困扰的国家中"一场最大的且无关罢工的集会"，它就是一年一度的复活

节滚彩蛋活动。孩子们由母亲带领着寻找彩蛋，并把它们装在篮子里，403
用长柄勺推上坡，最后再相互投掷。他们还在用绳子圈起来的围栏里玩着捉迷藏游戏。这是罗斯福从沃姆斯普林斯度完周末后回来工作的第一天。在这个阳光明媚的春日午后，他戴着一顶灰色旧毡帽站在南廊上，手扶栏杆支撑着身体，旁边站着身着一袭绿色绉纱长裙的埃莉诺。罗斯福告诉孩子们，他也想和他们一起在草地上玩耍，但"我把复活节彩蛋当早餐吃了"，这引得人群一阵欢笑。随后，总统就回去工作了。

罗斯福彻底休息了一回。最高法院之争、静坐罢工、明年预算在国会引发的纷争全然没有打扰到他，他该打牌还是打牌，该游泳还是游泳。现在，既然他已经回来了，华盛顿的许多人预计他将会对这些不断升温的危机做个了断。不过很明显，下一步行动将会针对最高法院。两项重要的判决即将产生，每一项判决对最高法院提案以及其他事宜都有着深远的影响。第一项判决所涉及的并非一起案件，而是一系列有关《瓦格纳法》以及工人组织工会的权利的案件——在静坐罢工似燎原之火席卷全国之时，这一判决可谓是公众心中的头等大事。在 2 月初，最高法院听取了双方辩论；在接下来的几个星期里，上至白宫、下至地方警察局的各级政府部门都已做好准备：因为所有人都相信，如果判决结果对劳工不利的话，全国将会爆发大规模的劳工骚乱。

第二项判决事关最低工资法，这多少让人有些意外。在"蒂帕尔多案"中，最高法院以五比四的投票结果推翻了纽约州精心制定的最低工资法。现在，还不到一年，最高法院再次面对同样的问题——哪怕此次争议中的法规（即已经实施了二十五年的华盛顿州最低工资法）与纽约州最低工资法、在 1923 年"阿德金斯案"的判决中被推翻的华盛顿特区最低工资法几乎一模一样。眼下的这一案件，"西海岸酒店诉帕里什案"（*West Coast Hotel Co. v. Parrish*），涉及一名名叫艾尔西·帕里什的女服务员。她起诉其雇主，即位于华盛顿州韦纳奇市的卡斯凯迪亚酒店，要求后者支付她两百一十六美元十九美分，这是她实际所获薪酬与该州规定的女性最低工资之间的差额。卡斯凯迪亚酒店欲以十七美元和解，而帕里什则上诉至州最高法院并获得胜诉。卡斯凯迪亚酒店对判决结果不服，将该案继续上诉至联邦最高法院，并援引了“阿德金斯案”的判决——特别是其中的
404 这一论点：最低工资法不仅剥夺了雇主的“契约自由”，也剥夺了劳工的“契约自由”。

考虑到“蒂帕尔多案”的判决宣布没有过去多久，再加上该判决又一次坚定地重申了“阿德金斯案”的判决，因此完全可以预料到的是，当“帕里什案”于1936年10月上诉至最高法院时，四位保守派大法官一定会投票反对受理此案。的确，他们是这么做的。但令人惊讶的是，欧文·罗伯茨作为“蒂帕尔多案”中的多数派，此次却投票支持受理“帕里什案”。一位保守派大法官向另一位抱怨道：“罗伯茨这是怎么了？”

1936年12月16日和17日，最高法院听取了“帕里什案”的口头辩论。几个月过去了，该案的判决仍未做出。一些大法官乐于重新考量最低工资法，但是他们似乎并不急于对该案做出了断。白宫战略委员会拟出了一系列要点问题以供填塞法院提案的支持者使用，这些问题包括：“最高法院为何迟迟不做判决？……案件所涉及的问题已有先例……难道最高法院不做判决是另有隐情吗？……难道最高法院受到了总统提案的影响……？难道最高法院担心若此次的判决再次重申‘阿德金斯案’的判决，那么公众的不满将会一发而不可收拾吗……？难道理应凌驾于政治之上的最高法院是在玩弄政治权术吗？”

3月29日，数以千计的人们涌向最高法院，急切地想要知道这些问题的答案，哪怕十五个街区之外的复活节滚彩蛋活动也吸引不

了他们。怀着对有关《瓦格纳法》的案件判决的期盼，大量的人群齐聚于最高法院，因而麦克雷诺兹的助理约翰·诺克斯费了好一番功夫才穿过拥挤的大厅来到法庭。正午时分，大法官们穿过帷幕、在皮椅上坐定以后，便宣布了近二十起案件的判决——但有关《瓦格纳法》的案件并不在其中。先是卡多佐、麦克雷诺兹、斯通和萨瑟兰各宣读了三份判决意见；接着，罗伯茨宣读了一份判决意见，而坐在红木桌前的其他大法官们也依次进行了宣读；最后，只剩下休斯还未开口。在这些判决意见中，只有一小部分引起了听众的极大兴趣。这其中的一项判决以九比〇的投票结果对 1934 年的《铁路劳工法》予以了支持，该法要求铁路公司与维修工人进行谈判，这标志着贸易权已延伸至修理厂。另一项获得所有大法官一致同意的判决则支持非盈利性征税，以遏制枪支的非法交易。在第三项值得注意的判决中，最高法院支持了修订过后的《弗雷泽－莱姆基法》，该法旨在减轻负债累累的农民的负担。在 1935 年的“黑色星期一”，布 405
兰代斯曾代表全体大法官宣布第一版《弗雷泽－莱姆基法》无效；现在，他再次代表全体大法官宣布，国会已经纠正了该法在宪法方面的错误。

听众们的热情开始减退了。但首席大法官的热情却没有减退。休斯一直在专心地扫视着听众，留心观察他们的反应，偶尔也会流露出自己的内心想法。比如，当斯通在宣读有关《铁路劳工法》的判决意见时，休斯向后靠在椅子上，脸上带着一丝微笑。现在，终于轮到他宣读判决意见了。他向前探了探身，拿起了桌上的文件。突然，麦克雷诺兹站起来收拾好自己的东西，转身走出了法庭。他已经知道了这起案件的结果。他无法忍受亲耳听到判决的宣布。

休斯开口了：“此案事关华盛顿州最低工资法违宪与否。”法庭里顿时有了生气。休斯抬起头，停顿了一下，然后继续宣读。

大多数听众已经知道，休斯在“蒂帕尔多案”中成了少数派。

事实上，只有他一个人算得上是少数派。布兰代斯、卡多佐和斯通都认为应该推翻“阿德金斯案”的判决，而休斯则提出单独的异议，其理由的适用范围更为狭窄。只有他一个人认为，纽约州最低工资法有别于在“阿德金斯案”中被推翻的华盛顿特区最低工资法。在他看来，“阿德金斯案”不在“蒂帕尔多案”的讨论之列，也未曾遭到纽约州律师的质疑，因此该先例仍然有效。斯通将休斯的这一论证方式称为“有趣的技巧”，实则带有嘲讽、轻蔑之意。在自由派占主导的法律界，休斯由于不愿着手解决大多数人所关心的核心问题——即“阿德金斯案”——而招致了不少骂名。

但如今，在“帕里什案”中，休斯意识到复议“阿德金斯案”的判决结果“不仅十分恰当，而且是当务之急”。这其中有多方面的原因：首先，华盛顿州最高法院拒绝遵守“阿德金斯案”的判决；其次，与华盛顿州一样实施类似最低工资法的州不在少数；再说，“阿德金斯案”的判决出现了五比四这一如此胶着的投票结果；更不用说，在有关纽约州最低工资法的判决宣布后的十个月内所“出现的糟糕的经济形势”了——休斯声称，所有这些因素都表明了复议“阿德金
406 斯案”的判决的“必要性”。不过，他并未承认，在 1936 年 6 月宣布“蒂帕尔多案”的判决结果时，他所提及的大多数情形就已经存在了。

在前两起有关最低工资法的案件中，核心问题都是契约自由——这一自由长久以来被认为隐含于宪法第十四条修正案的正当程序条款之中。在休斯为“蒂帕尔多案”所撰写的带有试探性质的异议意见中，他将契约自由称为“合理但不绝对的权利”。现在，他以更加自信的姿态表达了同样的观点。他用浑厚的声音问道：“这一自由所指为何？宪法中没有提及契约自由。宪法谈到了自由，规定未经正当法律程序，不得剥夺任何公民的自由。”他继续说道，自由并非“不可控制的……受到保障的自由是一种处于有组织的社会中的自由，它要求法律保护人民的健康、安全、道德规范和福祉免遭威胁。因此，

宪法中所提及的自由必然受到正当程序的约束，与其主体间的关系合理且对公众利益有利的规定即为正当程序”。

规定女性的最低工资合理吗？这样做是为了服务于公众利益吗？休斯与其他四位大法官——包括三位自由派大法官以及一反常态的罗伯茨——对这两个问题均给出了肯定的回答。休斯问道：“与关注女性健康、保护她们免受肆无忌惮又一手遮天的雇主的剥削相比，还有什么比这更为接近公众利益的吗？”同样的工作，女性的工资就比男性的少；她们势单力薄，缺乏与雇主讨价还价的能力，是剥削行为的“现成的受害者”。休斯接着说道，各州的立法者着手解决这些不平等的现象，这一做法是完全合情合理的——立法者这么做并不是代表某个特殊的利益群体，就像人们常常所认为的获得最低工资的那些劳动者；立法者这么做实则是代表了整个社会，后者以救济金以及为救济金提供来源的税收的形式，承担了雇主“出于自私而忽略公共利益”所造成的后果。正如休斯在三年前的“布莱斯德尔案”的判决中所做的那样，他“从司法的角度”观察现实——如今，这一现实是社会对救济的“惊人”需求——尽管他并未就此问题进行详述。休斯毫不客气地指出：“根本没有必要援引官方数据来证明众所周知的常识性知识。”很明显，他是在谴责那四位持异议意见的大法官。

现在，休斯已经决定不仅要支持最低工资法，而且还要宣布“阿德金斯案”的判决“并没有真正地运用管理雇主与雇工关系的原则”。为此，他援引了一系列的判决先例，其中最引人注意的是 1934 年的 407
“内比亚案”的判决；罗伯茨在为该案所撰写的判决意见中将“合理性”视为检测各州经济管理法规的手段，并极大地拓展了“公共利益”的内涵。沿着罗伯茨的论证思路，休斯往前更进了一步。“内比亚案”严重削弱了实质性正当程序这一原则，而现在，“帕里什案”使其走向了终结。休斯以胜利者的口吻宣布：“我们最后得出的结论是，‘阿德金斯诉儿童医院案’的判决不再具有法律效力。”

由于罗伯茨转变了立场，这一判决才得以实现。但此时，罗伯茨却好像一点也高兴不起来。看上去，他似乎更想逃离法庭。他双眼紧闭，往后靠在椅子上。此前，一位保守派大法官问另一位保守派大法官：“罗伯茨这是怎么了？”——这一问题的答案无人知晓，而“帕里什案”的判决结果只是让他的动机变得更加难以捉摸。明天的头条新闻将会这样写道：最高法院推翻了其此前关于最低工资法的判决，可事实上，改变的仅有罗伯茨一人——他转变了自己在去年夏天的立场。在对待“阿德金斯案”时，休斯的立场也出现了转变，但是与除了罗伯茨以外的所有其他大法官一样，他在该案中的投票结果还是与他在“蒂帕尔多案”时保持一致。是休斯对“内比亚案”的肯定让罗伯茨吃了定心丸吗？也许吧，但是休斯在为“蒂帕尔多案”所撰写的异议意见中也援引了“内比亚案”，而这一举动却并未产生任何影响。在休斯所列举的需要复议“阿德金斯案”的诸多理由中，罗伯茨是否同意一二呢？也许吧——但人们也只能是再次猜测而已。在这一天里，罗伯茨的缄默不语简直让人气恼至极。

现在，乔治·萨瑟兰俯身向前，眼睛盯着听众，警惕人们是否会在见证了最高法院“自食其言”之后露出满意的笑容。许多人开始离开法庭。萨瑟兰平静地、甚至是漠然地拿起他所撰写的异议意见开始宣读起来。起初，他的声音很轻，听众们几乎听不到。过了一会儿，他停下来喝了一口水，这似乎给了他一些力量。随后，他的激情不断上涨，还不时用指节敲击桌面以示强调。还剩下一些听众选择留在法庭里。

萨瑟兰的异议意见实际上是一连串的斥责。首当其冲受到斥责的是罗伯茨，萨瑟兰指责他屈从于公众舆论或是来自同僚的压力：

408 在得出正确结论的过程中，最高法院的成员应该对其同僚所提出的反对观点给予充分的考虑，这是毋庸置疑的；但是归根结底……作为法官，他曾宣誓不受外界因素影响，而应遵从自己的判断。在考虑法律的有效性问题时，如果他不假思索地就接受了别人的观点，那么这说明他未曾充分地履行自己的职责……如果在如此重要的问题上他放弃了自己的判断，那么这无异于背弃了自己曾经的誓言。倘若如此，他将无法坚守自己的信念，也无法保持其在司法和道德上的独立性。

罗伯茨听后，面露愠色。他一边用手帕擦了擦嘴角，一边冷冰冰地瞥了萨瑟兰一眼。接着，萨瑟兰又将矛头指向斯通。在有关《农业调整法》的案件中，斯通提出了著名的异议意见。当时他指责保守派大法官缺乏自制，依照自己的“偏好”行事。萨瑟兰说道：

行使司法权力的唯一制约……是法官的自制，这一观点既考虑不周，又十分有害。自制属于意志层面，而非判断层面。对法官的制约来自其当初就职时的誓言、宪法以及其自身的良知和信念……少数派有权对判决持异议意见……但就算异议意见再强烈，也不可无视礼节或者非难持相反意见的一方。

随后，他又将矛头指向休斯。休斯曾经提到，事态的发展要求对“阿德金斯案”进行复议。对此，萨瑟兰反驳道：“宪法的意义不随经济的兴衰而变化。”

最后，他似乎是在向富兰克林·罗斯福隔空喊话，并提到了填塞法院提案：

如果宪法在遵照原则下得到了合理阐释，从而阻碍了人们想要达到的立法，那么应该为此负起责任的是宪法本身，而非

409 遵守宪法条款并对其予以实施的最高法院。在这种情形下，纠正方法——且是唯一正确的纠正方法——就是修订宪法。

为了“更加全面地讨论”废止契约自由将会带来的危害，萨瑟兰在最后挑衅般地将矛头指向现已被推翻的“阿德金斯案”以及遭到普遍谴责的“蒂帕尔多案”。他的攻击可谓毫无保留。发言结束后，他一脸严肃地将异议意见放在桌上，然后往后一仰靠在了椅背上。

“今天真是异常精彩啊！”一直坐在政府咨询席上的罗伯特·杰克逊高兴地说道，“最高法院正走在前进的道路上！”

乔·罗宾逊在收到通信员带来的消息后，高声表示同意，打断了惠勒对填塞法院提案的攻击。罗宾逊的脸由于兴奋而发红；他胜券在握般地将拳头举向空中，一动不动，然后宣布：“今天，最高法院彻底推翻了它自己！”

惠勒立即说道：“我敢肯定，这位来自阿肯色州的参议员一定高兴极了。”

“我当然高兴极了。”罗宾逊回答道，然后开始宣读最高法院的判决意见，并用手使劲地敲击红木办公桌以示强调，同时冲着填塞法院计划的反对者摇晃手指。总之，他十分享受这一宣读过程。

“很好。”惠勒插话道。

“对，就是很好，”罗宾逊大声说道，“最高法院对于所有案件的判决，我们都只能毫无疑义地全盘接受！可是在这起案件中，少数意见在多年后终于成为了多数意见！”旁听席中有一名听众开始鼓掌，直到有人冷冷地瞪了他一眼之后方才停下来。随着辩论的继续进行，双方参议员都各执一词：在罗宾逊看来，“帕里什案”的判决表明了在最高法院中有正确的人十分重要，而且这样的人越多越好；而在惠勒看来，该案的判决恰恰说明了最高法院具备自我修正的能力。

或者他们是现在才这样认为的。此前，惠勒对最高法院并未抱有多大的期望，他认为最高法院不会主动地修正自己最严重的错误——事实上，正因为此，他一直在推动一项宪法修正案，以赋予国会推翻最高法院判决的权力。罗宾逊仍在继续敦促实施填塞法院 410
计划，但他同时也意识到自己与从前的立场有所抵牾。弗兰克林·瓦特曼在其专栏中颇为欢快地指出："当最高法院推翻新政立法时，他认为应该填塞最高法院；当最高法院支持新政立法时，他还是认为应该填塞最高法院。不管你怎么做，有些人就是不会知足。"

"帕里什案"将局势完全搅乱了。在最高法院宣布判决后的日子里，无人知晓哪一方可以因此在政治上获利。这一判决对填塞法院提案所产生的影响——以及填塞法院提案对这一判决所产生的影响——是人们激烈争论的话题。"经济偏好不会屈服于精心撰写的法案，"霍默·卡明斯在一份官方声明中写道，暗指在"蒂帕尔多案"中精心撰写、却被最高法院推翻的最低工资法，"尽管有时这些经济偏好会屈服于事态发展所带来的压力。眼下的这一事件生动地表明，总统的提案是无比正确的。"总是与联邦政府唱反调的《芝加哥每日论坛报》则声称，"帕里什案"的判决"摧毁了填塞最高法院的论点"。双方的观点都有可信之处。正如有些人所声称的那样，在短短一星期的时间之内，休斯的信和休斯的判决就削弱了罗斯福的势头，这也并非不可能。除非罗斯福一方加足马力，将重点放在最高法院是政治机构这一论点上。威廉·博拉在 3 月 30 日给同僚的信中写道："目前的状况让我们有些摸不着头脑……我们不知道'我们的目标是什么'。"

为了抓住优势，政府迅速地行动了起来。这需要他们就填塞法院计划的理由向公众做出新的解释。在 2 月时，罗斯福曾表示最高法院无法充分地履行其职责。当该论点被攻破以后，他转而声称大法官落后于时代，阻碍了社会的进步。现在，最高法院通过"帕里什案”的判决给予了自由派长期追求的胜利，填塞法院计划的理由因而不得不再次改变。从罗伯特·杰克逊在参议院听证会上给出的证词中，政府高级官员找到了一个论点：在3月初，杰克逊在预测政府可能将会在近期赢得一起案件的时候就说道：“政府即便以五比四的投票结果获得了胜诉，这些胜利也无法令人满意。如今，法律的有效与否取决于某个个人的观点的持续性，或建立于所有大法官的观点始终如一的假设上，这一情形对于欲拓宽权力行使范围的政府来说无法令人满意。”

411 卡明斯在一份官方声明中也表达了同样的观点：“仅仅因为一位大法官改变了主意，州立法机构的宪法权利就得到了恢复。”他不屑地表示：“宪法在1937年3月29日星期一的含义，与其在1936年6月1日星期一的含义并不相同。”——1936年6月1日，最高法院推翻了纽约州最低工资法。在政府及其支持者看来，问题不单单在于自由派大法官仅以多出一票的优势获得了胜利，还在于这多出的一票是由欧文·罗伯茨投下的。在最近几年里，罗伯茨已经不止一次地转换立场，他让自由派欣喜过（比如“内比亚案”），也让自由派绝望过（比如关于《铁路退休法案》和《农业调整法》的案件的判决，以及“蒂帕尔多案”的判决）。钟摆何时停下？又会停在哪里？《民族》杂志的编辑们写道：“我们不想显得无礼或永不知足……不过，不能因为必要的立法终于得到最高法院的确认，或者因为‘坏’的法官似乎变成了‘好’的法官，我们就应该认为情况乐观，今天任何头脑清晰的人都不会上当受骗……罗伯茨的想法非常多变……不足以给任何人任何坚定的希望。”

相比之下，哈罗德·伊克斯口中的“冷硬四人派”则立场坚定，这一点在萨瑟兰的异议意见中体现得非常清楚。斯通在给儿子们的信中写道：“四位所谓的保守派在异议意见中阐释了他们僵化的观点：宪法是一成不变的，应该永远以同样的方式来运用宪法，而不论其所涉及的问题发生了怎样的变化。恐怕……这一观点会激起人们对于最高法院的批评，并强化改革最高法院的需求。”甚至就连在“白色星期一”（为了与两年前的“黑色星期一”形成对比，新政派将 3 月 29 日称为“白色星期一”）获得全体大法官一致同意的判决，也都无法证明这四位大法官的观点有任何缓和的迹象；他们只愿意容忍宪法上有限的进步，这本身便说明了他们自身的局限性。“被迫的自由主义。”《民族》杂志对此嘲笑道。一次在方向上的突然改变，并不一定意味着发自内心的改变。

在 3 月 30 日的记者招待会上，一名记者问道：“总统先生，您认为最高法院是在进行自我纠正吗？”罗斯福耸了耸肩，说道：“在我看来，这已经算不上是新闻了吧。老实说，我还没来得及阅读他们的判决意见。”他只是说他打算和司法部长谈谈，想知道十四年前在“阿德金斯案”中被推翻的华盛顿特区最低工资法有没有因“帕里什案”而恢复。另一名记者问道：“假设是这样的话，您打算将《全国 412
工业复兴法》和《农业调整法》这样的法案——”罗斯福打断了他的提问：“你说的这个‘假设’太假了。”

“今天发生的一切多么令人兴奋啊！”

莫莉 · 道森是一名长期为最低工资法而斗争的领袖。她在给同僚的信中写道，过去几十年的斗争终于即将获胜。在“帕里什案”的判决宣布的两天之后，基于纽约州最低工资法（该法在“蒂帕尔多案”中被最高法院推翻）而制定了类似法律的八个州的代表齐聚华盛顿，讨论这一法律的重新制定。一些立法者甚至提出扩大这类法律的覆盖面，从而将男性如同女性一样纳入其保护的对象之中。道森写道：“想想那个愚蠢的罗伯茨竟然拥有玩弄权术并由此决定最低工资法命运的权力。但是，感谢上帝，他认为支持我们在政治上对他有利！”

菲利克斯 · 弗兰克福特也同样为最低工资法斗争过，因此他和道森一样为该案的结果感到激动不已；不过不同的是，他的激动之情并非全然发自内心。弗兰克福特对于最高法院作为一个机构抱有深深的信念；在他看来，这一判决可谓是“喜忧参半”，因为他认为罗伯茨的“急剧转变”只不过是“对目前的局势所做出的在政治上的无耻回应”。弗兰克福特在3月30日给罗斯福的信中写道：“罗伯茨转变了立场，就连瞎子都看得出来最高法院沾染上了政治。”

这是左翼人士的普遍看法。罗伯茨转变立场这一行为本身（而非其所带来的结果）并不值得庆祝；相反，这一行为应该遭到蔑视和嘲笑，并时刻予以提防。《费城纪事报》一篇题为《君王欧文·J. 罗伯茨》的社论问道，“作为一名前公司律师”，这位大法官“是否已成为一代君王……可以左右我们的命运”。来自华盛顿州的民主党参议员刘易斯·施韦伦巴赫则使用了更加具有不祥意味的比喻：“我们的国家已经谈论了许多有关独裁的危险，但是……罗伯茨比墨索里尼、希特勒或其他任何人都拥有更大的权力。”

对罗伯茨而言，这段时间一定很难熬——现在的情形和判决“蒂帕尔多案”的那个夏天有些类似，当时他承受了大多数指向最高法院的责难，即使那份犯了众怒的判决意见是由皮尔斯·巴特勒所撰
413 写的。罗伯茨所做的只是签上了自己的名字而已。但这已足以让许多人推测他比赫伯特·胡佛更为右倾。这也终结了一些人所抱有的罗伯茨是“自由主义保守派”的念想，并消除了他作为总统候选人的可能性。如果说哪位大法官可以对批评置之不理的话，那么这位大法官肯定不是欧文·罗伯茨。他十分在乎——他的一些朋友认为，他过分在乎——自己的名誉。现在，距离那个让他深感痛苦的夏天还没有过去多久，他又遭到了人们的孤立、嘲讽和攻击。他别无选择，只能默默忍受。与斯通一样，他认为能够为大法官进行辩护的只有其公开发表的意见。这对罗伯茨来说可能算不上安慰：与在“蒂帕尔多案”中一样，在“帕里什案”中，罗伯茨自己并未发声，而是让

另一位大法官代为发声。

多年后，已从最高法院退休的罗伯茨试图解释他的所作所为。1955 年，在罗伯茨去世后发表的三页备忘录中，他揭露了所谓的立场转变背后的真相。他在备忘录中并无道歉之意。他没有为自己转变立场的行为辩护，而是用平实无悔的语言对此予以了否认，声称自己的立场自始至终从未改变。他将当时所有的剧变——“蒂帕尔多案”后全国民众针对最高法院的强烈的反对情绪，以及人们近乎一致地认为他在“帕里什案”中转变立场是出于政治原因——都归咎于司法程序上的技术问题。

纽约州在“蒂帕尔多案”的上诉申请中声称“阿德金斯案”并不适用于该案，因为纽约州的最低工资法完全不同于华盛顿特区的最低工资法。罗伯茨回忆道：“这一说法在我看来充满虚伪和胆怯。”他说，纽约州过于温顺，没有要求最高法院推翻“阿德金斯案”的判决。与之形成对比的是，在华盛顿州的案件中，“‘阿德金斯案’判决的权威性受到了明确的质疑，该州要求最高法院复议并推翻该案”。因此，他才有了复议并推翻该案的机会。

这就是罗伯茨辩解的关键所在。他没有改变主意；他只是改变了立场，仅仅是因为华盛顿州给了他这样做的机会。一些人接受了这个理由。哈佛法学院院长欧文 · 格里斯沃尔德在罗伯茨去世时表示：“如果（‘蒂帕尔多案’中的）辩护律师不想让‘阿德金斯案’的判决被推翻，那么他作为法官就根本没有理由这样做。”罗伯茨选择了一个“好律师都会选择的做法”。

然而，其他的好律师，比如布兰代斯、卡多佐和斯通，却不这么认为。在“蒂帕尔多案”中，这三位大法官准备好了要推翻“阿德金斯案”，无论纽约州的上诉申请中是否包含有这一请求。斯通在 414
异议意见中写道：“赞成申请调卷令的意见限制了大法官的选择，使其在裁决宪法问题（如果该上诉申请得以批准，那么大法官必须对此宪法问题做出回答）时只能考虑相互冲突的判决先例，我从未听说过类似的要求或惯例。”没有任何一项法律原则，包括遵循先例原则，会要求最高法院使用糟糕的判决先例。

此外，罗伯茨的回忆并不准确。恰恰是纽约州在“蒂帕尔多案”中——而不是华盛顿州在“帕里什案”中——对“阿德金斯案”提出了明确的质疑。虽然纽约州不可否认地将重心放在其最低工资法与众不同这一点上，但是它还采用了双管齐下的方案。纽约州在上诉申请中提出，鉴于该州的“法案以及由此准备改进的环境”，请“对‘阿德金斯案’进行复议”。很明显，纽约州的意思是将“阿德金斯案”的判决废止并抛掷一旁。纽约州的律师采取了终点一致的双重路径。休斯选择了其中的一条路径，斯通、布兰代斯和卡多佐选择了另一条路径。而罗伯茨呢，他一条也没选。相反，他与“冷硬四人派”站到了一起。

罗伯茨在备忘录中承认：“对我来说，正确的做法应该是基于我曾经采取过的狭隘理由来提出我的意见。可是我没有这样做。”他从未解释其中的原因。罗伯茨在 1936 年时应该清楚，他一旦在“蒂帕尔多案”的判决意见上签字，就表明他赞成这一意见中的全部内容：其对“阿德金斯案”的判决、以及对契约自由和实质性正当程序这两项臭名昭著的原则的有力支持和再次重申。无论在该判决出炉时罗伯茨的真实感受如何，他所表现出的不仅仅是表面上、而且是发自内心地接受了这一判决。

在许多人看来，最高法院转变立场的时机并非巧合。几乎所有人都认为是罗斯福的提案吓得罗伯茨改变了立场——这位大法官在最高法院之争中已经失去了战斗力，而总统的幕僚也乐于传播这一说法。可事实却是，罗伯茨、休斯、布兰代斯和卡多佐在 12 月 19 日便投票赞成了华盛顿州最低工资法，而填塞法院计划在将近两个月之后才正式提出。哈伦·斯通当时还处于病危状态。他的投票其实无足轻重，因为当投票结果为四比四时，该州的最低工资法将得以维持。但是正如罗伯茨所回忆的那样，“我们觉得这一结果并不值得庆祝”，因此，一旦斯通身体条件允许的话，他应该有权做出决定，并让他们这一派的结果成为真正意义上的判决结果，而非仅仅因为投票结果持平而自动默认下级法院的判决结果。故此，休斯将该案 415
搁置，待斯通身体恢复到可以参加案件审议后再做判决；而斯通参加该案审议的日子是 1937 年 2 月 6 日——就在此前一天，罗斯福公布了他的填塞法院计划；也正因为此，自由派大法官在“帕里什案”中所获得的胜利，现在才变成了所有人眼中的屈服。

休斯故意拖延了宣布判决的时间，以期能弱化外界的印象；可是随着最高法院之争进入第三个月，拖延本身变成了最高法院的负累。休斯不得不向无法避免的事情做出了让步。根据最高法院的规定，大法官无法透露判决宣布的先后顺序；商讨会中的内容也必须严加保密。但就像罗伯茨后来所坚称的那样，事实似乎证明了“总统所采取的任何行动……都与我在‘帕里什案’中所做的决定无关”。

事实也许的确如此。纵然“帕里什案”的判决在填塞法院计划宣布之前已基本确定了下来，但毋庸置疑的是，罗伯茨和休斯受到了如下诸多因素的影响：“蒂帕尔多案”所遭受的批评、公众对于最高法院日益明显的恼怒、法律期刊所表达的愤慨、罗斯福在连任竞选中所获得的惊人胜利（这一结果让大法官们大为惊讶），以及贯穿于 1936 年一整年的有关罗斯福或国会即将采取严厉措施以遏制最高法院的传言——或事实。如果说其中任何一个因素对判决产生了影响的话，那么其影响程度也不得而知；而且这也无法说明，罗伯茨或休斯在面对事态发展时改变了自己的基本理念。然而，这些因素很有可能促使他们对自己的理念加以审视，然后据此采取行动——迈出更为大胆的一步，直面艰难的选择而不再逃避。

菲利克斯·弗兰克福特指出："几乎没有什么猜测能够比判断最高法院的……判决动机更为不可靠的了。"然而，人们不用多加猜测就能料到，上述的部分因素在某种程度上重重地压在了罗伯茨和休斯的心头，并在他们内心的天平上占据了一点分量。这就解释了在"蒂帕尔多案"判决宣布后不久，当有关最低工资的问题再次出现于最高法院面前的时候，他们为何会感到如释重负。事实上，当罗伯茨告诉休斯他将投票支持华盛顿州最低工资法时，休斯差点就给了他一个拥抱。暂且不谈他们后来所发表的声明，在这里必须指出，他们摆脱了施加于自身的束缚，直面最根本的问题，因为当时的事态发展让他们将"帕里什案"视为一个理想的机会：一个补救之前错误的机会。

第23章　鲜血或墨水

谁都寸步不让。最高法院在最低工资问题上的急剧转变并没有使双方的决心产生任何动摇或削弱的迹象。1937年3月29日晚，在最高法院宣布判决结果的数小时后，参议员卡特·格拉斯从病床上起身（他长期患病，一直在卧床休养），在医生的陪伴下来到一间广播演播室，对最高法院的判决进行了长达一个小时的猛烈抨击。“我的内心充满了痛苦。今晚，我所说的话都发自肺腑。”卡特如此说道，声音在广播中变得沙哑。他声称，总统的提案“完全没有任何道德感可言……人民从未授予他破坏最高法院的权力”。 416

这位来自弗吉尼亚州的联邦参议员身体虚弱，不停地咳嗽。他说话时饱含感情，特别向某一地区的人们发出呼吁——南部参议员时而会采用这种做法，尽管在面对全国听众时这种做法并不多见。他谴责像哈罗德·伊克斯这种“只会空想的煽动家”。在他看来，伊克斯“最近因为南部在公立学校实行种族隔离而对南部指责有加，（并）敦促废除所有种族隔离的法令……这位怒不可遏的宣传家对于最高法院的贬损无异于要求南部再经历一次悲惨的重建”。面对这一攻击，《华盛顿邮报》欢呼道：“是时候直言不讳

417 了……在南部的许多地方，对于他这一提议的反应很有可能……既坚定又猛烈。”

但罗斯福也毫不退让。4月1日，在与詹姆斯·法利、参议员雨果·布莱克共进午餐时，总统的心情轻松且愉快。他坚信，为了取胜，他所要做的就是再进行一场精彩的演说。法利对此的信心与总统不相上下，因而对总统的这一观点表示赞同。可他认为取胜所需的时间要比罗斯福预期的更长一些。布莱克提醒道，这一提案的反对者正打算利用国会的那一套把戏将投票尽可能的推延。“我们会用烟把他们熏出来，”罗斯福答道，“然后迫使他们早点投票。”

就在同一天，罗斯福送出一封信，这封信将在州际贸易委员会成立五十周年的庆祝活动上宣读。该委员会管理着铁路（尽管不太成功），并在当前的情况下是一个有用的比喻。罗斯福指出，私人利益集团曾经反对州际贸易委员会的创设，并曾经预言该委员会将会毁掉经济。罗斯福写道：“这是头脑顽固之人的观点，他们还停留在过去那种‘让公众见鬼去吧’的旧式思维模式中——和穷人一样，固守老掉牙的经济观念的人永远都存在。”但州际贸易委员会证明了“全国性需求只有通过全国性行动”以及对于宪法的自由解读才能满足。《纽约时报》洞穿了他的意图，在第二天的头条新闻中便写道：“总统重启了最高法院之战。”与此同时，在参议院党团会议大厅，司法委员会的听证会每天早上都迎来满满一屋子的听众。法利对一名同僚说：“反对派真是会装样子。”的确，想要否认这一点并不容易。司法委员会主席阿什赫斯特饶有兴致地主持着一系列表演，参加表演的有工会领袖、农场联盟官员、法学院院长、专栏作家、历史学家、股票经纪人、爱国社团主席、神学家、基督教主教以及犹太教宗教领袖——将他们联合在一起的正是对填塞最高法院计划的强烈反对。事实证明，罗斯福将舞台让给这些反对者的决定是个错误。反对派参议员在挑选和指导证人方面显得十分精明熟练——在接连

数个星期中，这些证人的表演诚挚而真切，且颇具启发性和娱乐性，
对总统计划的通过构成了议事阻挠。尽管阿什赫斯特承诺对总统的
这一提案予以支持，但他丝毫没有表现出想让这一表演赶紧结束的
意思。“这些听证会太精彩了，给了我们不少的精神启发，”他兴高 418
采烈地说，“再说了，如果不举行听证会，说不定我们还得做比这更
糟糕的事。”

典型的证词——如果有的话——是以对罗斯福的赞誉开始的。一名证人宣称：“我一生都是民主党人，我坚定地支持罗斯福。”大多数证人都强调：有问题的不是总统，而是总统的提案——假如填塞法院的提案被作为先例获得认可，那么未来的总统若不像罗斯福这样审慎该怎么办呢？C. C. 伯林厄姆将自己形容为罗斯福的“崇拜者和朋友”，这一形容恰如其分。他提醒司法委员会：“并不是所有的休伊 · 朗都死了，而且随着政治的钟摆来回摆动，我们可能会有保守的总统和保守的参议员，他们……可能会让新的最高法院为他们的意志服务。”

其他人则不愿不加怀疑地接受罗斯福的善意。多萝西 · 汤普森是一名颇具影响力的外国记者，她刚刚被从纳粹德国驱除出境。她隐晦地表示，专制者都是“用这种方法”获取权力的。她说：“现代政变……并不会摧毁国家的司法机构。”汤普森还指出，希特勒没有触动魏玛宪法——他甚至宣誓忠于魏玛宪法——随后便将其抛诸脑后了。普林斯顿大学校长哈罗德 · W. 多兹也做了一个类似的比较。此人平静地吸着烟斗，将围绕最高法院的纷争比作了纳粹主义的兴起，并解释道：“敏锐而强有力的政治领袖……懂得如何利用危急状况下人们的心理。”他们制造出危机，然后以此为借口获取超出寻常范围的新权力。

在全国各地，尽管经济正在恢复，但自 1933 年以来出现的危机感依然十分强烈。司法委员会在举行听证会之时，罢工和民众骚乱

正席卷全国。《时代》周刊写道："静坐罢工的热潮像闪电一般出现在全国各地。"在短短一个星期之内，弗林特和庞蒂亚克的九家通用汽车工厂因工人而关闭。在特拉华州的威尔明顿，参加罢工的卡车司机在街上四处游荡，用砖头砸向有轨电车、公共汽车和店铺的玻璃，以及任何目所能及的东西。在明尼苏达州的艾伯特利，当警察用催泪瓦斯攻击一栋工会大楼时，一家车床厂的工人掀翻了汽车，焚烧了一辆警车，并将另一辆警车推到了河里。工会领袖似乎对其成员失去了控制。民意——当然还有国会意见——渐渐开始对罢工活动
419 不利起来。国会党团会议大厅笼罩在一种被围困的感觉之中。来自北达科他州的联邦众议员威廉·莱姆基惊呼："这个国家已经处处燃起了大火！"莱姆基曾在1936年代表反罗斯福的、具有平民主义性质的"联盟党"（Union Party）参选总统，该党是由休伊·朗和查尔斯·库格林神父创立的。

这不是发生在德国国会的那次纵火——不是莫名出现的危机——虽然有人并不这么认为。一名叫威廉·麦克道尔的密歇根州律师向参议员们讲述了在底特律的凯迪拉克广场上举行的一场可怕的集会。在该集会上，当全美汽车工人联合会的领袖霍默·马丁站在一辆小型卡车的车斗上谴责最高法院的大法官时，四到六万名参加罢工的汽车制造工人齐声欢呼。"我们知道，那九个老头一直在静坐罢工……"马丁在3月23日时曾声称，"除了法西斯式警察国家外，美国民主所面对的最大威胁是美国联邦最高法院。作为工人，我们将会获得我们所应得到的一切，哪怕我们因此而不得不将所有的政府官员从他们的位置上赶走。"在党团会议大厅里，麦克道尔尽力让听众们理解这句话的意思。他说道："若四万名热爱和平的公民向美国联邦最高法院发出嘘声，那么情况就危险了。"他还指责罗斯福是为了威胁最高法院才鼓励工人参与静坐罢工。

在这一情形下，听证会中充斥着对暴力行为的预言就毫不令人惊讶了。人们所预言的暴力行为包括一名证人提出来的“对大法官不流血的暗杀”，或者用哈佛法学院欧文·格里斯沃尔德的话来说，填塞法院的提案等于是“用文雅的方式”将“大法官们推下法官席并予以枪决”。参议员康纳利利用全国黑人大会干事约翰·P. 戴维斯出席听证会的机会，挑起了南部对于废除种族隔离制度的恐惧。康纳利对戴维斯进行了长时间的盘问，盘问内容正是关于用自由派人士填塞最高法院的根本目的。

> 康纳利：你抱怨校园实行种族隔离的做法……你……希望新的最高法院将南部所有确立了校园种族隔离的州法都认定为违宪，是这样吗？
>
> 戴维斯：是的，我认为这些州法不符合——
>
> 康纳利：你赞成……白人和黑人混校，认为他们应该彼此平等，享有相同的社会地位，是这样吗？
>
> 戴维斯：是的，因为那种经历—— 420
>
> 康纳利：我关心的不是其中的原因。我只想知道你是否持这样的观点？
>
> 戴维斯：是的。
>
> 康纳利：这样看来的话……这一提案的部分支持者的目的在于，废除那些妨碍不同种族达到完全社会平等的州或联邦法律。这样说没错吧？
>
> 戴维斯：没错，参议员先生。

尽管如此，听证会上还是有轻松的时刻，但这些听来令人发笑的话语并非出于有意：得克萨斯州最高法院保卫联盟的领导人向参议员介绍该联盟的一名成员——一位“来自罗斯县的琼斯先生，一位自耕农”[1]；伯林厄姆对罗斯福的仓促行事进行一场掉书袋的批评（“爱默生曾说过：‘为何如此激动呢，我的小先生？’”）；值得一提的是，对于少数几位被称为证人的女性，参议员们还为她们的“先见天赋”和“直觉能力”奉上了浮夸的溢美之词。撇开对于民主终结的恐惧不谈，这些听证会常常演变成荒诞的闹剧，数以百计的听众不时爆发出会心的大笑。

总体而言，这些听证会也许会出人意料地颇有实际内容，并不完全充斥着泛泛而谈的空话。它充分吸收和利用了有关制宪会议、重要案件、法律原则、英国普通法，甚至法国和阿根廷司法审查实践的讨论内容。虽然参议员们在专业知识方面无法做到与证人们并驾齐驱，可是他们做了充分的准备，因而在听证会上的表现大体来说还比较令人满意。当然了，身为参议员，他们颇为洋洋自得，发言时常常口若悬河、滔滔不绝。用艾尔索普和卡特里奇这两名记者的话来说，他们发起了“冗长、密集、充满华丽辞藻的毒气攻击”。没过多久，就连参议员们自己也开始对这些长篇大论厌倦起来。但所有这些发言还是有一些作用的。“想要从这些演说中找乐子易如反掌……”旁听了六个星期以来所有的听证会的艾尔索普和卡特里奇如此说道：

> 夸张、重复、毫无逻辑，用词华丽堆砌，实则充满了偏见与自私；若埃德蒙·伯克[2]听到他们所使用的英语，恐怕都要为这一语言的前途命运而伤心流泪——大多数发言都是如此。可这些发言也给了国家一个认真思考问题的机会。仅凭其中不断

[1] 此处可能是介绍者的口误，将“腊斯克县”（Rusk County）说成了英文音似罗斯福或俄罗斯的“罗斯县”（Russ County）。

[2] 埃德蒙·伯克（Edmund Burke，1729—1797），爱尔兰政治家、作家、演说家和哲学家，英美保守主义的奠基者。

重复的内容，这些发言便将支持与反对的观点统统都灌进了选民的耳朵里。

但人们记住的大多是反对的观点。科克伦比任何人都迫切地希望早点结束这场对于政府的测试。他仍然就“瓦解”反对派夸夸其谈；可是随着一个又一个星期过去，这些听证会以及他所负责的其他事务却使他的身心都受到了煎熬。他的体重猛增了十多公斤。他对阿什赫斯特也怒不可遏。在他看来，这位参议院司法委员会主席“故意将听证会延长，直到公众将罗斯福视为独裁者为止”。或者，更有可能的是，直到某一事件——如最高法院的某项判决或某位大法官的退休——使形势变得对反对派更为有利时为止。罗斯福在司法委员会中的支持者三次试图结束听证会，但都没有成功。在 3 月末第一次试图结束听证会的努力失败后，反对派又增加了五十名证人作为回应。 421

总统似乎并没有受到听证会的影响。4 月 5 日，他在给弗兰克福特的信中写道：“正当我们一言不发，保持着自己的尊严时，我们也眼看每一名新证人前来指责这一提案，并提出新的改进措施。我这里最新的统计结果显示，目前已经有超过两百项的宪法修正案提案和超过一百项的立法提案被提出来了。毫无疑问，我们的反对者完全摸不清情况，这对我们来说意味着成功，尽管这一成功要等到 6 月或 7 月才能显现出来。反对派每天都在发作癫痫，正因为我们‘保持了冷静’。”

“那九个男人将决定我们是拥有和平还是面对暴力，”公民自由联盟的律师莫里斯·恩斯特在 1937 年写道，“美利坚合众国的这一章将由何种人来书写？他们将用鲜血还是用墨汁书写？”

所有这一切似乎都取决于《全国劳工关系法》（其更广为人知的

名称是《瓦格纳法》）的命运。不论用哪个名称，该法都是一支细细的芦苇，其承载的是整个民主制度的存亡。该法保证了工人成立组织、并通过工会代表与雇主谈判的权利，还禁止不公平的劳动行为，给予全国劳工关系委员会以解决劳资纠纷的新权力。在大多数人看来，以上这些都是十分值得实现的目标。可问题在于：几乎没有人认
422 为该法是合乎宪法的——法律界不这么认为；国会投票通过该法的议员们不这么认为（他们支持该法纯粹是害怕激怒工会，并期待最高法院最终将该法废除）；霍默·卡明斯不这么认为，他“认为（该法的）合宪性相当令人怀疑”，因此敦促罗斯福将其否决；最后，罗斯福本人也不这么认为，他曾经拒绝签署该法，直到最高法院在 1935 年 5 月的“谢克特案”判决中将《全国工业复兴法》废除，使得他在政治上没有了其他的可行方案后，他才将该法签署生效。尽管如他们中的某个人指出的那样，参议员瓦格纳以及该法其他的起草人在回应“谢克特案”判决时已经对该法案做了“许多明显的改动”，但是在关于贸易条款下的联邦权问题上，用一名政府律师的话来说，该法的“立场颇为极端”。可以肯定的是，该法案将会遭到质疑，并且是强烈的质疑。

法案的起草人考虑到了这一点，因此在法案的开头写了一篇读起来像是案件摘要的序言。这篇序言煞费苦心地想要证明这一观点：劳工问题并不像许多或者说绝大多数大法官所认为的那样是一个地方性问题；相反，这个问题是遍布全国的贸易活动的一部分。该法案的发起人指出，罢工和其他有关工资、工时、退休金和劳动条件的僵局对州际贸易产生了直接的影响。当工人们走出工厂或静坐罢工时，工厂不得不关停歇业；当工厂关停歇业后，货物就无法流通。第一步行动一旦开始，最终的结果将无可避免。

在自由派看来，这一点显而易见。而在最高法院保守派的眼中，这一点则显得似是而非。在 1936 年 5 月有关“卡特煤矿公司案”的

判决中，四位保守派大法官以及罗伯茨认为，劳资纠纷充其量只能给州际贸易带来间接影响。在他们看来，这一点并不足以支持《格菲烟煤法》。根据贸易条款原则——尽管这一原则既不准确，也前后矛盾——有些活动对州际贸易有即时、直接，或较为直接的影响，而其他一些活动则可以说没有类似的影响；有些行业“关系到公共利益”，其他行业则无关；有些企业位于贸易活动的中心位置，其他企业则位于边缘地带。所有这些因素都将影响到最高法院对于《瓦格纳法》的裁决。

全国劳工关系委员会的律师们知道，在最高法院认定《瓦格纳法》合乎宪法之前，该法将无法实施。的确如此，在该法的合宪性遭到质疑的情况下，下级法院对其发布了禁令，企业也对其不屑一顾，该法实际上形同虚设。公司法律师们援引有关财产权的“更高等级 423
的法律”来反对《瓦格纳法》(自由联盟下属的律师委员会的第一次“判决”对象便是《瓦格纳法》，该委员会一致认为《瓦格纳法》标志着对于宪法原则的“彻底背离”)。因此，与其被动地坐等接受任何阻挡他们前进的判决——《全国工业复兴法》正是以这种方式走到穷途末路的——全国劳工关系委员会的律师们制订了一个测试《瓦格纳法》合宪性的整体方案。他们搜索了全国所有上诉法院的待审案件列表，寻找既包含有最残酷的剥削和最令人同情的受害者、也包含有对他们最有利的法律问题的劳工案件。政府律师们从中仔细地挑选案件，这些案件既牵涉大企业，也牵涉小企业；既牵涉主要行业，也牵涉次要行业；既牵涉制造业领域，也牵涉服务业领域——（劳工委员会的律师们认为）所有这些案件都与州际贸易有着直接的关联。

通过将这些特定的案件上诉至最高法院——最后被选中的是五起案件——政府的目的不仅是要赢得这些案件，维持《瓦格纳法》的有效性，而且还要开辟新的宪法阵地，为今后联邦权力的扩展铺平道路。这些案件就贸易条款的解释对保守的多数派大法官进行了一场广泛且一致的攻击。事实上，政府正在联合起来，同时从数个方面对这一原则发起进攻。

1937 年 2 月，在填塞法院计划宣布仅仅数天后，大法官们便听取了这五起有关《瓦格纳法》的案件的辩论。司法部长卡明斯对政府在辩论中的表现非常满意。他向罗斯福做出汇报："最高法院现在不得不仔细思量这一问题了。"他说这话时是 2 月 11 日。两个月后，最高法院还在思量这一问题。判决结果迟迟没有公布；随着时间过去了一个又一个星期，越来越多的最高法院的批评者指出，最高法院在判决上的拖延正在制造出一片滋生犯罪和暴力的空白地带。

《民族》杂志评论道："静坐罢工已经发展到了人们无法再容忍的地步了：人们在表达希望和恐惧时已经变得语无伦次了。"哈佛大学前校长阿伯特·劳伦斯·洛厄尔将这些罢工活动形容为"无法无天的……武力暴动、暴民统治以及无情的专制独裁"。有史以来第一次，中产阶级美国人赞同《华尔街日报》的观点：看起来，这些罢工活动将会导致革命的爆发。到了 3 月底，参议院已经被罢工活动搅得极
424 度心神不宁了，参议员们——至少有一个星期的时间——完全停止了最高法院之争，转而以同样的热情开始就罢工争论起来。最响亮的反对声来自南部的参议员约翰·L. 刘易斯，此人以及他所领导的美国产业工会联合会正在南部声势浩大地组织纺织厂的工人们。刘易斯宣称，他的目标是建立一个拥有一百二十五万名会员（并非偶然，许多会员都是黑人）的工会，并终结廉价劳动力这一现象。4 月 7 日，参议院以压倒性的多数将罢工活动斥为"与合理的公共政策背道而驰的非法行为"。这一决议不过是一份形式上的集体声诉，缺乏法律的效力。包括海勒姆·约翰逊在内的许多参议员试图将造成这一局面的责任归咎于白宫。他坚称："在这一情形下，总统应该采取行动，这是他的职责所在。"

这些言论是断言，有值得讨论的余地。白宫认为，这些罢工活

动应该由地方性执法部门来应对，总统不具备干预罢工的权力，除非地方官员要求联邦政府采取相应的行动。而这样的要求,还没人提出。不论怎样，这一想法是合乎情理的——正如许多人所想到的那样——罗斯福应该运用他作为总统的威望来应对罢工问题。然而，他并没有这样做。他保持着沉默。他不仅没有表现出反对罢工，而且还与罢工活动的领导人们过从甚密，后者谎称得到了他的支持。国会和新闻界的批评声音越来越多，他们异口同声地指责，罗斯福对于罢工的沉默是受到了工会的收买；在 1936 年罗斯福第二次竞选总统时，刘易斯依仗其工会的力量在罗斯福的胜选中立下了不小的功劳。人们猜测，在这场浮士德式的交易中，还包括劳工对于填塞法院提案的支持。

如果真是这样的话，那么罗斯福从这场交易中并未得到任何好处。他对罢工活动的默许无法为他的计划赢得任何切实的支持。一般来说，工会——不仅仅是美国产业工会联合会——所发出的声音正是罗斯福想要的，而且他们也支持罗斯福的提案；可是到目前为止，工会所采取的行动却过于微不足道了。在总统的提案问题上，工会并没有紧迫感。一名劳工领袖给詹姆斯 · 罗斯福写信，赞扬明尼苏达州工会将“一封私人信件寄送给所有民主党选区的工人”以敦促他们支持该提案；在内布拉斯加州，“工会通过电话联系了许多杰出的自由派领袖”。这些做法同 1936 年时的情形相比，简直大相径庭。1936 年，工会以一种近乎宗教狂热的热情为总统的再次当选全力以赴。那次竞选活动就是一场圣战，其目的无异于一场拯救——拯救人民于微薄的工资、每日无休止的工作，以及毫无人道可言的工作环境。当然了，现在这些依然是工会的目标，罗斯福也依然是他们 425
最大的希望。那么，工会的热情都到哪里去了呢?

随着劳工运动的发展，一部分工会的热情在派系斗争的内讧中被磨损掉了。工会曾联合起来共同对抗共和党，随后又回到相互斗争的老路上去了：老资格的手艺工会美国劳工联合会与新兴好斗的美国产业工会联合会彼此对抗。工会间的斗争削弱了他们之间的联合体——劳工无党派联盟——的力量，使得其无法实现其“支持通过‘填塞法院’提案这一伟大事业”的承诺。简单来说，工会组织人心涣散，分歧重重——尤其在现在这一罢工活动此起彼伏的时期。

讽刺的是，就相互争斗的工会派系而言，其领袖在一件事情上倒是达成了共识：罗斯福不值得信任。美国劳工联合会的比尔·哈奇森和威廉·格林抱怨说，总统正在帮助他们的对手，即美国产业工会联合会；而他们的对手阵营中的刘易斯也抱怨说，总统对他的组织的帮助还不够。罗斯福无论怎么做都无法平息这两者的不满之情。哈奇森自不必说，他曾经效力于共和党竞选委员会，一向坚决反对罗斯福；而刘易斯这位曾经的罗斯福盟友，也精明地意识到若劳工对填塞法院计划不给予积极的支持，那么他将能加大其自身对总统的影响。因此，在帮助罗斯福以任命六位同心同德的大法官的方式来扩大总统权力的问题上，这两个工会组织都不是特别热心，他们都仅仅满足于观望最高法院将如何决断《瓦格纳法》的命运。眼下，他们抱定主意拒绝回应一切挑衅。为政府的计划发声的人试图将劳工拉入关于最高法院的斗争中来，但丝毫没有奏效。3月24日，在纽约经济俱乐部一场与参议员爱德华·伯克所进行的辩论中，罗伯特·杰克逊将引起罢工风潮的责任抛给了法官：“我们的法官埋下了镇压的种子，我们收获了暴力的果实。”那天晚上稍晚些时候，在美国劳工党于卡耐基音乐厅举行的一场集会上，杰克逊面对两千名听众说道，最高法院用“丛林法则”取代了理性的法律。他说，“在资本与劳工的整场斗争中”，大法官们释放出来的信息是：放弃平和与审慎，“用你们所拥有的武器以武力来解决问题吧”。在接下来的几个星期里，最高法院依然在《瓦格纳法》的合宪性问题上沉默不语，政府及其盟友因而继续强调着这一论调。4月10日，哈罗德·伊克斯和参议员阿尔本·巴克利参加了在芝加哥体育馆举行的劳工和进步派团体的群众集会（策划这一集会的委员会敦促道：“参与集会的群众越多 426
越好。”）。他们在集会上发言，并对“静坐罢工的法官”发起了猛烈的攻击。伊克斯说，这些法官正在阻止美国人回到他们的工作岗位上。与会的一万两千名群众高声呼喊以示赞同。

对于这种煽动劳工给大法官施压（不论是采用何种方式）的暗示，工会没有给予回应。攻击最高法院固然能够获得工人们的欢呼，可是相较于最高法院的“九个老头”，普通工会成员的敌意更多地是针对破坏罢工的工贼、工会的高层管理人员、由企业主控制的徒有虚名的工会组织、受雇来对付罢工工人的暴徒，以及“与法西斯主义者无异的”警察。罗斯福认为，和其他因素相比，最应该为工人的困境负起责任的是最高法院。针对总统的这一观点，大多数工会领袖只是给予口头上的支持而已，根本没有采取任何切实的行动。

“您的‘最高法院之争’进展得怎么样了？”霍默·卡明斯在 4 月 8 日的时候问罗斯福。罗斯福大笑起来：“‘您的‘最高法院之争’进展得怎么样了？’这么说是什么意思？”卡明斯回答说，他认为总统“在这一问题上负有主要的责任”。

不论他们二人的话中是否带有任何不快的情绪，总之卡明斯在日记中并没有提及这一点。但他们当然清楚，这一计划是两人共同构想出来的，他们对此也非常满意。2 月，卡明斯故意让人（包括他的同僚、记者、参加各种宴会的宾客）知道，他——而非科克伦、科恩、弗兰克福特或任何其他人——才是这一计划的真正策划者。他就像一个刚刚当上父亲的自豪的男人一样，到处给人递烟，并期待获得别人的祝贺。但是在随后的两个月里，卡明斯的日子就没那么好过了。尽管他依然对自己的作品充满了自豪，可是他不得不对该计划中的不足之处背负骂名。在参议院听证会上作证时，C. C. 伯林厄姆就曾高声质问卡明斯为何“不选择辞职，而是容忍甚或参与这一卑鄙的计划”。其他人则说得更为直白。保守派专栏作家弗兰克·肯特指责卡明斯，说他在最高法院的工作负荷这一问题上存心向总统提供了错误的信息，因此必须辞职。卡明斯将这篇专栏文章递送给罗斯福，同时附上了一张便条。他在便条上写道：“毫无疑问，您已经看到了这篇充斥着诽谤的文章。几乎同样的手段也被使用（在其他地方）。也许不久以后，我们也可以采用这种手段。”

427 说实话，除了忍气吞声以外，他们别无选择。4 月 10 日，在烤架俱乐部举办的宴会上，卡明斯就此做了一个很好的示范。那天，宴会上的一个讽刺短剧将他刻画成一个“相当无能的部长”,这位“部长”还叫道：“我终于在最高法院打赢了一场官司！”卡明斯坐在贵宾席上，一边欣赏短剧一边友善地大笑。烤架俱乐部的一名成员在介绍这个讽刺短剧时,称之为对于“未来几年中……最高法院的情形”的一瞥。话音刚落，十五名记者便列队走上舞台，每名记者都打扮得如同最高法院大法官和卡斯珀·米尔克托斯特（当时的连环漫画中的一个人物，该人物整日无精打采，惟命是从）的混合体。一名助理说道：“安静，安静！这一或多或少值得尊敬的、人数或多或少的最高法院现在开庭了。”随着科尔·波特最近的热门歌曲《小可爱》（*It's De-Lovely*）响起，一名扮演“十三号大法官”的记者开始宣读最高法院关于罗斯福计划的判决：

> 最高法院很年轻，它的待审案件也很少，
> 但若你想要得到我们的判决意见，
> 那么我们既磨蹭，又靠不住，还糟糕透顶！

“好了，赶紧吧，”一名白宫通信员催促道，“赶紧将这些新的法律裁定为合宪。总统需要这些法律。今天上午他花了将近两个小时

才使国会通过了。有一场危机要发生了……你们不需要了解其中的内情。就连国会都不了解内情。”

首席大法官米尔克托斯特说道：“最高法院的先生们，我们开始工作吧。拿出你们的橡皮图章吧！”

罗斯福坐在宴会的正席，此时他和众人一起放声大笑。卡明斯坐在离总统不远的位置上，斯通大法官则紧挨着卡明斯就坐。在讽刺短剧休息的间隙，卡明斯和斯通“非常亲密地交谈了很长时间”。卡明斯在日记中写道：“在我看来，总统关于填塞法院的提案是一个非常自然的建议，因为保守派法官已经让我们吃了太多且太久的苦头。我认为，最高法院是咎由自取。他也认为的确如此。”斯通曾经“告诉过同僚们，这一天迟早会到来”。卡明斯问道，罗伯茨是如何做到在最低工资相关案件中转变立场的。“斯通说他对此一无所知。他说自己也不能理解罗伯茨的这一行为。”卡明斯猜测：“首席大法官在其 428
所撰写的（‘帕里什案’）的判决意见中为罗伯茨搭建了一座桥，后者正是沿着这座桥走了过来。（斯通）说：‘没错，正是如此。但他所应该做的不是走过那座桥。对他来说，更好的做法应该是写下（一段）四到五行的附加意见，说明他从前的想法是错的……’（斯通）认为，这样做显得更加坦诚，长远来看效果也会更好。”

至于填塞法院的提案，斯通希望大法官的人数别增加得太多。卡明斯语气略为生硬地回答说，这就要看年纪最大的大法官们怎么做了；如果他们辞职的话，那么大法官的总人数将保持不变。最后，斯通警告说，不论最终最高法院的规模是大还是小，总统在选择大法官提名人的问题上都必须慎之又慎；他说，选择大法官提名人是一项异常艰巨的任务。卡明斯对此表示赞同。他问斯通，共和党内有没有人有可能在担任大法官之后加入到自由派的行列。这个问题把斯通难住了。“他说，共和党早已极度枯竭腐朽，他们已经不再拥有任何可用之才了。”卡明斯写道。

就在沙拉端上宴会桌之前，一个由新闻记者组成的合唱队来到了舞台上。他们一齐指向坐在贵宾席上、正笑容满面的首席大法官休斯，随后齐声唱起了《祝您生日快乐》。原来，第二天就是休斯的七十五岁生日。当生日歌唱毕，参加烤架俱乐部宴会的宾客——包括惠勒、康纳利、阿什赫斯特和萨姆纳斯在内——纷纷起立鼓掌。掌声雷动，经久不息，明眼人都知道这其中包含了什么意思。

“我最亲爱和勇敢的‘老战士’，”休斯的妻子安托瓦妮特在他生日当天给他的信中写道，“我们一直携手相伴，身心无虞。最重要的是，随着岁月的流逝，我们的爱愈加深厚，愈加真挚……对此我万分感激。”她继续写道：“有了这些作为支撑，我们可以挺过一切困难，哪怕是令人无法容忍的填塞法院计划所带来的‘明枪暗箭’的伤害。”

的确如此。休斯似乎对一切困难都有着相当不错的承受能力。在面对一位同样向他祝寿的朋友时，休斯回答道：“在时间方面，唯一能够让我全神贯注的只有最高法院的日程安排。让我高兴的是，最高法院的日程一直以来都安排得井井有条。”

第 24 章　及时的转变

4 月 12 日，星期一，最高法院大楼被人群挤得水泄不通。自从 429
最高法院之争开始以来，类似的场景每个星期都会出现在最高法院的大楼里；更确切地说，自从两年多以前与新政有关的一切问题肇始以来就这样了。许多人慕名前来华盛顿欣赏盛放的樱花，他们中的不少人也在大清早就加入了最高法院大楼前的排队队伍，希望能够获准参与旁听。其中一名获准参与旁听的是电影《瘦子》（*The Thin Man*）的导演“伍迪”· 范 · 戴克，他说眼前的情景使他想起了某些重要电影的首映礼。

当然，没有比首席大法官休斯更好的演员了。首席大法官在正午时分大步走进法庭，几乎未向法庭中的众人看上一眼。他朝坐在大法官席最右边的欧文 · 罗伯茨点点头，于是罗伯茨便开口说道：“我奉命宣布最高法院对 365 号案件，即‘美联社诉全国劳工关系委员会案’（*Associated Press v. National Labor Relations Board*）做出的判决意见。”终于，《瓦格纳法》的命运要尘埃落定了。

罗伯茨宣读了该案和另外一起有关巴士公司的案件的判决意见。这两起案件均可视为政府的胜利，但就其本身来说算不上是一种突破。例如，在“美联社案”中，四位持异议意见的大法官——巴特勒、麦克雷诺兹、萨瑟兰和范·德文特——没有从美联社从事州际贸易的角度进行驳斥；相反，他们提出的反对理由是，《瓦格纳法》干涉
430 了新闻自由。既然州际巴士公司很明显是将人们从一州送往另外一州，因此在第二起案件的判决意见中，九位大法官一致同意维持全国劳工关系委员会所拥有的权力。

直到休斯开始宣读一起有关钢铁公司的案件，即“全国劳工关系委员会诉琼斯和拉弗林钢铁公司案”（*N.L.R.B. v. Jones & Laughlin Steel Corp*）[1]的判决意见时，法庭中的气氛才活跃了起来。五位大法官构成了该案中的多数派。休斯代表多数派发言，他不仅支持《瓦格纳法》，而且似乎将其奉为神圣不可侵犯；艾尔索普和卡特里奇注意到，休斯在宣读判决意见时，语气中带着“一丝绝对正确的意味，这使得当下的场景就如同末日审判的预演一般”。他的声音低沉，白色的胡须随着他说话的动作而上下摆动。在对该案做出判决时，他没有遇到任何困难，也没有遇到任何特别复杂之处；在一名略为吃惊的全国劳工关系委员会律师看来，休斯在宣读该案判决意见时的语调和神态似乎在说明“该法一直以来就是如此，关于该法从未有过真正意义上的分歧”。

分歧当然还是有的，而且是非常严重的分歧，很大原因是与“卡特煤矿公司案”有关——最高法院在1936年以五比四的投票结果对该案做出判决，裁决认为煤炭生产属于地方性活动，与州际贸易之间没有直接关联。在为有关全国劳工关系委员会一案的会议而做准备时，卡多佐曾尝试起草一份备忘录，以说明最高法院无须推翻“卡特煤矿公司案”的判决也能支持《瓦格纳法》——可随后他放弃了

[1] 全国劳工关系委员会诉琼斯和拉弗林钢铁公司案：1936年，美国第四大的钢铁生产商琼斯和拉弗林钢铁公司解雇了十名加入工会的员工。全国劳工关系委员会命令此公司重新雇用员工并补偿相应工资，遭拒绝后便将对方告至法庭。

这一尝试，因为他发现这么做根本行不通。因此，当两位大法官在会议上说他们可以做到这一点时，卡多佐十分震惊。这两位大法官一位是罗伯茨，他在“卡特煤矿公司案”的多数意见中签上了自己的名字；另一位是休斯，他为“卡特煤矿公司案”的多数意见撰写了附加意见，这使得他与保守派保持了一定的距离，但最终他还是与后者站在了一起。当休斯在为“琼斯和拉弗林钢铁公司案”所撰写的意见中以“在此案中不具备约束力”为由对“卡特煤矿公司案”和“谢克特案”的判决不予理会时，卡多佐备感震惊——可同时也十分欣喜。休斯直接不顾那些历史案例，相当于以轻蔑的态度来承认它们的合宪性。“是的，先生，这是一份非常了不起的判决意见！”卡多佐在给休斯的信中写道。

这确实是一份了不起的判决意见，但也是一份斗志满满的判决意见。休斯声称，劳工成立组织并选择代表为他们与资方进行谈判的能力属于“基本权利”；这一权利，他刻意补充道，是“工业界想要获得和平所必需具备的条件”。保守派长久以来认为劳资纠纷——充其量——只会对州际贸易产生间接的影响；针对他们的这一观点，休斯用以驳斥的并不是针锋相对的原则，而是“事实经验”。那么，经验在这里告诉了人们哪些道理？答案便是：“由产业冲突所造成的（琼斯和拉弗林钢铁公司的）停运将会对州际贸易产生非常严重的影
响。鉴于被告的活动所涉及的范围十分广泛，若说其停运所产生的 431
影响是间接或微小的，这一结论是毫无根据的。很明显，这一影响是直接的，而且有可能带来灾难性的后果。”

在这里，休斯提出了最为尖锐的斥责，而他所斥责的对象是这样一个保守派群体：数十年来，这一群体一直使用一种狭隘、机械的方式运用着“直接－间接”的测试方法：

> 我们被要求在面对我们的国家生活中最清楚无误的事实时

> 闭上眼睛，然后在智力的真空中处理直接影响和间接影响这一问题……当不同的产业在全国范围内组织起来时，它们与州际贸易之间的关系便成为了它们活动中的主导因素；如此一来，这种观点——即当有必要保护州际贸易免于遭受到产业战争的毁灭性后果的牵连时，这些产业的劳工关系却是国会无法踏足的禁区——还站得住脚吗？

尽管休斯强调琼斯和拉弗林钢铁公司是一个大型的全国性企业，但是其巨大的规模并非决定性因素。这一点在那天紧跟“琼斯和拉弗林钢铁公司案”后宣布的两个判决意见中清楚地显现了出来。这两起案件的投票结果也是五比四，可是它们所涉及的企业规模较小（一个是拖车公司，另一个是男士制衣厂）。现在，政府已获得了全面的胜利。

雷·克拉珀注意到，当首席大法官休斯以胜利者的姿态宣读这些判决意见时，一位多数派大法官看起来“就好像（他）正在地狱中受煎熬一样”。这位大法官就是欧文·罗伯茨，而且他数月以来一直如此。在2月举行的有关《瓦格纳法》一案的口头辩论以及在4月举行的有关《社会保障法》一案的口头辩论中，罗伯茨均显得“沉默且闷闷不乐”，卡明斯如是对内阁形容道。他说，罗伯茨“没有看政府律师哪怕一眼”，也没有向律师提出任何问题。在数起有关《瓦格纳法》的案件中为政府做辩护的查尔斯·怀赞斯基发现罗伯茨“相当沉默，这不是什么好兆头”。现在，虽然罗伯茨在五起有关劳工的案件中都站在政府这一边，但他的表情分明是在告诉众人：他与休斯不同，他对此并没有丝毫的满足感。

也许这其中的原因在于：这两位大法官的目的地虽然相同，可他
432 们走过的路却不尽相同，而罗伯茨走过的路显然更为崎岖。多年来，休斯用一种更为广阔的视野来看待贸易权：早在1916年，当休斯还

是最高法院大法官（而非首席大法官）时，他就认为州际贸易“属于实际性事务”，因此不应该由抽象的法律教条来划定州和联邦权力之间的界限，或具有“经济统一性”的活动之间的界限。二十年后，休斯在“卡特煤矿公司案”中投下的赞同票是一个例外，与其说这源于他所秉持的信念，不如说是他想要避免再一次出现五比四的尴尬局面。休斯在“卡特煤矿公司案”的判决中没有与保守派对抗，这使得他的热情再次在“琼斯和拉弗林钢铁公司案”的判决中迸发出来，这也标志着休斯又回到了正轨。

相比之下，罗伯茨往往用传统的眼光来看待贸易权。他曾经在“卡特煤矿公司案”的多数意见中签署了自己的名字。此外，他在亲自为“埃尔顿铁路公司案”（即 1935 年有关铁路退休金的案件）所撰写的意见中不仅对劳工关系与州际贸易之间存在关联的观点提出了质疑，而且还进行了嘲讽。不过自那以后，罗伯茨改变了很多。在关于最低工资的案件中将罗伯茨推向自由派阵营的那些压力——法律教条上以及政治和私人方面的压力——现在看来又改变了他在贸易条款上的态度。以静坐罢工形式呈现出的“事实经验”可能也起到了一些作用。尽管如欧文 · 格里斯沃尔德回忆的那样，罗伯茨是一个“天生的保守派”，但与萨瑟兰和其他保守派大法官不同的是，他不是一个教条主义者；格里斯沃尔德眼中的罗伯茨是这样的：“头脑开放，思维敏捷，善于接受新事物……他的判断力不是静止不变的，可是变化的速度却相当缓慢。”虽然缓慢，可效果却十分惊人。

罗伯茨从前也曾加入过自由派的阵营，但最后他都回到了右翼的怀抱。可是对于那“四骑士”而言，罗伯茨这次转变立场似乎带有永恒之意。他们认为，罗伯茨已经永远离开了他们的阵营——随同他一起离开的还有他们为自己的信念而做的斗争。随着判决日一天天地临近，他们为了撰写关于《瓦格纳法》的案件的异议意见而协同努力，脸上流露出明显的失落之情。当麦克雷诺兹的助理约翰·诺克斯走进这四位反对派大法官在商讨案件的办公室时，他感觉自己“正在见证法律上一个时代的终结，以及整整一套思维模式的死亡”。

的确，萨瑟兰对“美联社案”所撰写的异议意见带有一丝伤感的意味：该意见似乎在暗示，最高法院已经退出了拯救宪法的斗争，而保卫自由的最后一场战役则留给了“这块土地上人们”来进行。萨瑟兰宣称：“让他们来抵抗所有的侵蚀吧。就不复存在的自由而言，
433 最令人哀伤的墓志铭莫过于指出：自由之所以消逝，只因在时机尚存之时，它的拥有者却没有伸出手对其予以挽留和拯救。”霍默·卡明斯在日记中写道，萨瑟兰的“这些文字读来几乎让人流泪”。麦克雷诺兹所撰写的异议意见涵盖了所有三起有关工业的案件。他的意见采用了一种截然不同的语调。约翰·诺克斯注意到，当休斯在宣读“琼斯和拉弗林钢铁公司案”的判决意见时，麦克雷诺兹的脸看上去“如同花岗岩一般刚毅，他的双眼直视前方——却什么都没看在眼里”。然而，当麦克雷诺兹开口说话时——同往常一样即兴而发——一丝冷笑悄悄地浮现在他的脸上。他语气平和，娓娓道来，但稍带一丝愤恨；为了强调所说的内容，他拿着一支铅笔不时地朝着听众指指点点。他的语气听上去——至少卡明斯是这么认为的——似乎正在对罗伯茨和休斯进行着说教。

麦克雷诺兹说道，若遵循多数派的论证思路，那么“几乎任何一件事——婚姻、出生和死亡——都以某种方式对贸易产生着影响”。他开玩笑说，更多的婚姻意味着更多的孩子，而更多的孩子则意味着到时候会有更多的劳工。随后，他又恢复了平日的严肃模样。在此前不久，萨瑟兰刚刚用伤感之辞结束了发言；而麦克雷诺兹则依着自己的脾气，以一通怒气冲冲的话语来收尾。他厉声说道：“我们的州都彻底消失了吗？这一判决比我国人民做梦所能想到的还要宽泛。这一事件过于重大，它造成伤害的可能性又过于巨大，因此我们觉

得有必要将我们看到的情形展现在大众面前。”

当判决意见宣读完毕后，大法官们起身穿过红色的帷幕离开了法庭。这时，一名杰出的律师从座位上站起来，对他的同伴说道：“首席大法官拯救了最高法院。”

他的同伴回答道：“我认为，首席大法官也拯救了美国。”

4 月 12 日下午，当有关最高法院判决的消息传遍华盛顿之时，有些人猜想罗斯福肯定会怒不可遏：首席大法官再次在谋略上战胜了总统，将后者填塞最高法院的最后一个理由击得粉碎；此时此刻，罗斯福说不定正在狠狠地诅咒着休斯呢。可事实上，这些案件的判决结果让罗斯福高兴万分。当卡明斯到达白宫准备与总统谈论这些判决时，他发现总统“心情好极了”。法利在与总统通电话时，也从他 434
的声音中听出了欣喜之情。不仅是罗斯福，还包括他身边的所有人，都为此欣喜若狂，欢呼雀跃。

政府获得的胜利意义重大。《民族》杂志欢呼道：“这一胜利完全可称得上是一个奇迹。”数以百万计的工人现在可以自由地成立组织而无须担心遭到镇压，可以自由地、有底气地与雇主谈判——因为这些长久以来遭到质疑的自由终于得到最高法院的认可。现在，有关劳工的法规有了强制约束力。此外，正如罗伯特 · 杰克逊在最高法院的餐厅对雷 · 克拉珀所说的那样：“这些判决重新采纳了约翰 · 马歇尔有关国家主义的定义。”在这一定义中，联邦政府拥有其所需要的一切权力，且无需受到州权理论的制约。“琼斯和拉弗林钢铁公司案”的判决打开了联邦权力急剧扩张的大门，这是一百年来任何其他判决都无法比拟的。“这是一个多么重大的改变啊！”在该案判决结果公布后的第二天，卡多佐在给弗兰克福特的信中如此写道。

在华盛顿流传的一句俏皮话中，“琼斯和拉弗林钢铁公司案”的判决是“一转及时救九人”[1]。我们无法得知是谁编造了这句俏皮话，但后来有许多人声称是这句话的作者。它之所以能流行开来，正是因为它表达了斗争的双方都相信的一点：为了避免遭到填塞的命运，最高法院直接投降了。为了不因过于刚硬而变得支离破碎，最高法院选择了适度的柔韧而弯下了自己的身躯。克拉珀在日记中写道：“罗（斯福）的提案迫使最高法院做出了这一改变。”莫里斯·恩斯特在给罗斯福的信中写道：“祝贺您在有关《瓦格纳法》的案件判决中获得的胜利！这是您有关最高法院咨文所产生的首个实际影响。”

虽然一些人将最高法院的这些判决归功于静坐罢工，可甚至就连罗斯福最坚定的反对者都将最高法院的让步记在了罗斯福头上。海勒姆·约翰逊在给儿子的信中写道：“三个月前，在关于最高法院的这些争论开始之前，是不可能出现这一情形的……我认为，他们（休斯和罗伯茨）这次这样投票是对的，但我一点也不尊重他们。在我看来，他们是屈服于威胁才投票支持《瓦格纳法》的。我认为，就最高法院的人员组成来看，最高法院根本不值得我们为之战斗，要不是因为有更重要的因素牵涉其中，我才不会参与到这一斗争中来呢。”

首席大法官这一“相当精明的做法”（卡明斯语）甚至让一些自由派人士也产生了和约翰逊一样的想法：他们对判决结果感到满
435 意，可这一结果背后所隐藏的大法官的懦弱却让他们惊恐不已。弗兰克福特在发给罗斯福的电报中写道：“今天以后，我得换个诚实的行当了。”

“填塞法院的提案已经死了”，参议员伯顿·惠勒的这句声明，说出了大多数同僚的心声。他说，总统现在不能“借故在最高法院

[1] 原文“A switch in time (that) saved the nine”，由一句英语古谚“A stitch in time saves nine”（一针及时省九针）变体而来。

设置十五个大法官席位了”。就连来自密苏里州的总统提案支持者哈里·杜鲁门也不得不承认：“看起来最高法院已经有所改观了。”当然了，总统提案的反对者在评价时则更为刻薄：汤姆·康纳利将这一提案形容为“一辆两个轮胎均漏了气的汽车”——这两个漏气的轮胎分别是“帕里什案”和“琼斯和拉弗林钢铁公司案”。另一名反对派领袖说：“如果总统足够聪明的话，那么他今天就应该撤销这一提案。全国人民都会因此而感激不尽。”只有像罗宾逊和阿什赫斯特这样的参议院领袖——他们坚定地支持总统的提案——才不会说出这样的话；但正如《华盛顿邮报》所言：“人们在发表这些言论的同时眨巴着眼睛，比划出玩笑似的手势，这说明他们的真实想法并非如此。”

就填塞法院提案达成妥协的时机已经成熟。支持者不知道他们是否拥有足够的票数以通过该提案，反对者则不确定他们是否拥有足够的票数以否定该提案，而且双方都被长达两个月的相互攻击而折腾得筋疲力尽。同样地，双方均迫切地想要知道（力挺总统或与总统对抗所带来的）政治后果，并急切地想要将注意力转移至其他更为紧迫的问题上去，现在这些问题已经堆积如山了。最高法院之争已经形成了一个可怕的瓶颈，对亟需的立法活动造成了严重的阻碍。弗兰克·肯特在其专栏中抱怨：“国会会期漫无目的，议员倦怠而迟缓，这在以前是从未有过的……三个月来，（国会）一事无成。”乔·罗宾逊也承认这一点，他对记者说，除了此次国会会期外，他不记得还有哪次国会会期到了这一阶段在日程上的重要提案数量还如此之少。在拨款问题上，第七十五届国会远远落后于三十年间的其他任何一届国会：在十一项开支提案中，只有一项获得了通过。

在有关《瓦格纳法》案件的判决结果宣布后的第二天，罗宾逊将罗斯福在参议院的联络人约瑟夫·基南召至他那位于国会核心区域的办公室，与他一步一步地将这些判决意见仔细过了一遍。罗宾逊说，总统已经完全得到了他梦寐以求的东西——不是一个规模更 436

大的最高法院，而是一个持自由主义理念的最高法院。他对基南说："把这件事赶紧定下来……如果总统想要妥协的话，明天我可以给他争取几个额外的大法官席位。他现在应该做的就是宣布他已经获胜，并同意做出妥协将这件事情确定下来，然后让这一切赶紧结束。"

基南将罗宾逊的话转达给了罗斯福，其他人也向罗斯福提出了类似的建议。欧内斯特·林德利是一名记者，自从罗斯福在奥尔巴尼担任纽约州州长以来，他就一直在对罗斯福的政治生涯进行报道。他请人转告罗斯福，他应该"放轻松，让一切再次恢复平静"——并非完全放弃这一提案，而是不再紧盯这一提案不放；当最高法院商议《社会保障法》的命运之时，就让这一提案成为悬在最高法院头上的达摩克利斯剑。就在这个时候，欧文·布兰特在给罗斯福的信中写道，"'十五'这个数字已经在全国成为了恐怖的象征"；他应该通过宪法修正案的方式规定大法官在七十五岁退休。尽管布兰特拒绝透露他的消息来源（即斯通），但他还是提醒罗斯福："（最高法院的）自由派最为担心的是，若强制性地将控制权交到自由派手中，恐怕最高法院的威信会因此受损。"

但这些提出妥协建议的人既误判了罗斯福，也误判了他的对手。尽管大多数反对总统提案的参议员都满足于对该提案做些修改，但反对派的领袖们——惠勒、伯克等人——对增加哪怕两位大法官也持激烈的反对态度。"从原则上来说，两位（大法官）和六位一样糟糕。"威廉·博拉在给一名同僚的信中写道。同样地，总统也斗志满满。这完全符合他的性格。1933 年，甚至在罗斯福宣誓就职总统以前，德鲁·皮尔森就发现："在他那亲切、和蔼的外表下……隐藏着钢铁般的意志——在与几乎无法治愈的疾病抗争了多年之后，他的意志变得愈益刚强。所谓钢铁，正是坚韧不屈的。有时，罗斯福需要很长时间才能下定决心……可是一旦他做出决定后，想要他再做出改变就很难了。"因此，在 1937 年 4 月 12 日这天，罗斯福告诉法利，他依然认为他的提案十分有必要。在卡明斯看来："总统在这一问题上的立场和之前一样坚定不移。"此外，还有一个原因：罗斯福没有认输的习惯。事实上，就一般情形而言，他不会轻易认输；而就这一场具体的斗争而言，尽管他不愿大声承认，但无论是认输还是屈服让步，其代价似乎都过于沉重了。

在次日的一场记者招待会上，罗斯福声称，他还"没有来得及仔细阅读（这些判决意见）"，因此他对此无法置评。他一边说着，437
一边咧嘴笑道："我就在私下里说说，大家不要传出去。当私下里与家人在一起时，就在我拿起报纸后，我整个早上都一直在哈哈大笑。我一个上午都愉快极了。"他说，在"亲爱的老伙计《先驱论坛报》"中，那天早上有一篇题为《伟大的判决》的社论。这篇社论，他继续说道，使他的思绪回到了 1935 年 9 月，当时一批"非常非常杰出的律师……在一个名叫美国自由联盟的组织下运作——"，说到这里，他停顿了一下，依然面带着微笑。"我的这些话可都是私下里说说的。你们把它写下来是什么意思？"

记者们大笑起来。"您可能会改变主意。"一名记者说道。

罗斯福解释道，凭着直觉，他要求他的新闻发言人史蒂夫·厄尔利"稍稍深入挖掘一下，然后他便把我想要的找到了出来，这篇文章很有意思"：刊登于 1935 年 9 月 21 日的《先驱论坛报》的"一篇美丽的社论"赞扬了自由联盟的律师们所做出的反对《瓦格纳法》的"判决"。罗斯福说，这篇社论的标题是《反对〈瓦格纳法〉》。

"呃，我觉得越来越有意思了。"罗斯福咧嘴笑道，记者们也再次大笑起来。"而我甚至还没有开始看《华盛顿邮报》和……《芝加哥每日论坛报》呢。"他确实乐不可支，而记者们也同样如此。他说："今天是非常非常愉快的一天。"随后，让听众们高兴的是，他又补充了一句评论，他说这句话来自于一名幕僚："在过去的两天里，'无主之地'被清除掉了，但看看取代它的是什么——现在我们又处在'罗伯茨之地’中了。”

直到一名记者问到那个“核心问题”——即关于《瓦格纳法》案件的判决意见对填塞法院提案的影响，罗斯福才停止插科打诨。他回答说，这些判决的范围限于集体谈判权。他说，就这些判决是否适用于童工、最低工资或最高工时等问题，他已经问过他的幕僚了；他说，他们的答复是：“只有上帝知道！”至于“大街上的普通人”，他猜想他们的看法可能是这样的：“‘到目前为止，一切都还不错，但是——’然后，也许再加上一句：‘那又如何呢？’”

这么说似乎令人难以置信。报纸上充斥着豪言壮语般的宣言——诸如“劳工关系的崭新时代”和“美国经济和政治生活中的转折点”等——在这种情形下，很难让人们意识到最高法院的所作所为其实
438 是微不足道的，而且这些判决（就像罗斯福在另一场记者招待会上所坚称的那样）只不过是恢复了“全国复兴总署中极其微小的一部分而已”。可罗斯福的这一怀疑并不只是装装样子。他的观点反映了他的幕僚们的一致意见：尽管政府收回了一部分失地，但三分之二的劳工——这些人从事于服务行业，或行业性质明显属于州内贸易的工业——从这些判决中没有获得任何益处。此外，如罗伯特·杰克逊回忆所说，罗斯福和他的幕僚们感觉到，虽然政府的胜利看起来非常了不起，可大法官们“现在打算通过一起起具体案件的判决将其影响力一点点地削弱，直至其最后消失殆尽”。司法部的律师们经过分析后得出的结论是，“有关州际贸易的全新定义，其基础并不稳定”，最高法院仍然“有可能不会支持（科恩和科克伦正在撰写的）任何”有关最低工资和最高工时的提案。那一性质的联邦管理可能仍然是违反宪法的。就像一些人（包括休斯）所指出的那样，“琼斯和拉弗林钢铁公司案”的判决并非完全不符合现存的法律原则，它只是修改了现存的范式（“直接－间接”测试；“贸易流动”理论），而非将其推翻。因为该案的判决意见没有推翻“卡特煤矿公司案”

或“谢克特案”的判决，而仅仅是认为二者“在此案中不具约束力”，所以这两个判决依然能够作为先例被援引。尽管休斯的解释清晰无误，但他已经埋下了含糊不清的隐患。

除此以外，和“帕里什案”一样，该案也存在五比四的投票结果这一问题。《民族》杂志表示了担忧：“我们国家的命运维系在单单一位大法官的选票这一根细线之上。”罗斯福也担忧不已。许多立法都面临着危险——提高工资和限制工时的立法；禁止童工和不公平行业行为的立法；保护投资者、农民和老年人的立法；修建房屋，以及防止洪水、土地侵蚀和干旱的立法——当总统仅仅只能依靠三位，或最多四位大法官的投票时，再继续前行未免显得草率而鲁莽。总统对幕僚们说，就算休斯可以指望得上，罗伯茨也不可靠。几乎罗斯福身边的所有人都感觉到，最高法院做出的这一转变不是出于其所持有的信念，而是出于恐惧；因此这一转变是策略的产物，无法持久。在他们看来，最高法院并不是一个自由派的机构——就像卡明斯在一次广播演说里所说的那样，最高法院是“一个笼罩在自由主义氛围中的……保守法院”。

故此，罗斯福别无选择，只能继续战斗。他坚定地认为自己一直以来都是正确的，并依然十分自信地认为自己最终将会获胜。在 4 439
月 16 日的一场记者招待会上，当谈到最近提出的一个妥协方案时，他大笑起来，说道：“每隔十到十五分钟，就会出现一个新的妥协方案。”在华盛顿的格里菲斯体育场开幕日那天，当他和其他观众从场地上（当时，华盛顿参议员队正落后于费城运动员队）向天空看去时，一架小飞机正拉着一幅巨大的红色标语条从空中飞过，标语条上写着：“要比赛——不要填塞。”见此，罗斯福又一次大笑起来。

其中的一些行为是错误的虚张声势。罗斯福能够看出，在参议院，有关填塞法院计划的投票数差距并不大。他开始担心罗宾逊会不和他商讨而直接同意达成妥协方案。不过总的说来，总统还是足够乐观，也因此能让身边的人士气满满——“将船帆鼓足风，将轮胎充满气”，让之前心灰意冷的菲利克斯·弗兰克福特重新振作起来，后者于4月底来到白宫帮助策划该如何进行下一步的斗争。在与罗斯福相处了数小时后，“我的兴致高涨……似乎就要飞了起来”，弗兰克福特在给罗斯福的信中如是写道。到了4月的最后几天，罗斯福心情大好，便动身去墨西哥湾垂钓了——在整整两个星期的时间里将这一斗争交由幕僚们来应付。

4月28日，罗斯福乘坐着总统专列一路南下。透过车厢窗户，他能够看到北卡罗来纳州、南卡罗来纳州和佐治亚州的纺织厂。在有关《瓦格纳法》案件的判决宣布后，美国产业工会联合会在这些工厂中加大了活动力度，极力将工人们招揽至工会中。罗斯福的专列还经过了北卡罗来纳州的加斯托尼亚，此地在1929年爆发了美国历史上最著名、最暴力的罢工活动之一。在新奥尔良，罗斯福参观了邦内特卡雷溢洪道，人们认为这一分洪河道在去年冬天使整座城市免遭洪水的侵袭。随后，他又想到了成群的大海鲢在海中游过的场景。于是，在得克萨斯州阿兰瑟斯帕斯，在一小队海军驱逐舰的护送下，他乘坐着波托马克号总统游艇出海了。

他出海的收获少得可怜。到5月9日，他只有两次钓到了鱼；在得克萨斯州的沿海港口，当摄影记者问他钓到的鱼有多大时，他笑着用食指和大拇指比划出大约五厘米的长度。5月11日，波托马克号驶入得克萨斯州加尔维斯敦的码头，随后罗斯福登岸走访了附近的几个城市，并与该州州长詹姆斯·奥尔雷德以及一些当地的政界人士见了面。

在这些人中，有一名来自丘陵地区的当选联邦众议员——他名叫林登·贝恩斯·约翰逊，时年二十八岁，是一个四肢瘦长的年轻人。2月，得克萨斯州的一名联邦众议员去世，议员席位因而空缺。

4 月 10 日，也就是最高法院宣布有关《瓦格纳法》案件判决的前两天，身为全国青年总署得州地区前负责人的约翰逊在一场特殊的选举中击败众多候选人，成功当选为该州的联邦众议员。约翰逊在政坛默默无闻；因此，在竞选活动的一开始，他和幕僚就决定为其打造出“罗斯福的追随者”这一形象。这意味着完全彻底地支持罗斯福的施政纲领，包括他所提出的填塞法院计划，而该计划曾经遭到得克萨斯州议会的强烈谴责。约翰逊最亲密的顾问对他说：“记住，林登，当然这个计划只不过是一堆废话而已。但如果你支持这个计划，罗斯福的朋友们就会支持你。”私下里，约翰逊并没有就该计划发表过任何意见。曾经与他共过事的一名同僚回忆道：“他根本不关心这个计划。”他关心的是赢得选举。 440

于是，约翰逊开始为填塞法院的提案摇旗呐喊。他在首次演说中宣称：“我愿意与这一提案共命运。”在八名候选人中，只有两名候选人公开反对提案，约翰逊却批评剩下的候选人，说他们“就像阉割过的公牛一样犹豫不决”。他站在一辆平板拖车上，挥舞着一双大手，比出各种手势。他告诉得克萨斯州的同胞们：“在全国关于总统提案的问题上，这是第一次、也是唯一一次考验……你们把票投给我，就等于在告诉总统的敌人：人民是站在总统这一边的。这就是你们面临的考验。罗斯福先生现在正处于危难之中。当我们需要帮助时，他向我们伸出了援手。现在他需要帮助。我们会向他伸出援手吗？”

听众给出了肯定的回答，他们高声呼喊以示赞同。在 4 月 10 日投票日那天，约翰逊果然获得了多数选票，虽然人们并不知道选民们是否认同约翰逊在有关最高法院问题上的立场。不管怎样，相较于约翰逊在填塞法院提案上所持有的立场，他所展现出的活力和热情是更为重要的政治资本。尽管如此，他依然不失时机地巩固自己作为“罗斯福追随者”的这一形象。他在获知选举结果的数分钟后，便给他在美联社和其他通讯社的朋友们发去电报，告诉他们他已经为总统的计划赢得了信任的一票；他还鼓励支持者将这一消息传达给罗斯福本人。在一封颇具代表性的电报中，得克萨斯州前众议院议长托马斯·B. 洛夫告诉罗斯福，有关司法系统的提案刚刚“在得克萨斯州赢得了一场重大胜利……总统提案的支持者林登·约翰逊以大幅（得票数）当选联邦众议员”。

罗斯福获知这一消息后颇为高兴。据汤姆·科克伦回忆，罗斯福曾在竞选活动中不动声色地给约翰逊提供过帮助，并“为这一竞
441 选胜利而兴高采烈”。现在，得克萨斯州的情形似乎证明人民依然站在总统这一边——而无须担心盖洛普民调结果，后者显示人们对总统计划的支持率正在下降。罗斯福在垂钓旅行的途中曾在得克萨斯州阿兰瑟斯港短暂停留。在此期间，他与该州州长奥尔雷德进行了一次会晤。其间，罗斯福对约翰逊竞选活动的细节表现出强烈的兴趣，并问到这位新当选的联邦众议员可能会愿意在哪个委员会任职。

约翰逊的第一份奖励是与总统合影，这一机会令人垂涎，并经过了精心的安排。5 月 11 日，约翰逊站在得克萨斯州加尔维斯顿湾的码头上咧嘴而笑，细条纹西装上衣的翻领上别着一朵白色的夹竹桃花（加尔维斯顿市正是以夹竹桃花而闻名）。罗斯福正双手扶着栏杆走过跳板，他也高兴地咧嘴而笑。当他踏上码头后，奥尔雷德向他介绍了约翰逊。罗斯福立即握住了约翰逊的手（后来，约翰逊让人将奥尔雷德从这张照片上抹掉）。约翰逊的出现让罗斯福十分欣喜，因此他邀请这名年轻人与他一起登上总统专列，共同度过三个小时，直到抵达科利奇车站。“他们就是在专列上待了一会儿而已”，科克伦回忆道——可事实上，罗斯福和约翰逊那一整天都待在一起。在到达科利奇车站后，约翰逊并没有下车，他继续陪同着罗斯福，直到在三百二十公里外的沃思堡才离开。总统在一张小纸条上写下一个电话号码和“汤米”这个名字，并告诉约翰逊如果他需要任何帮助的话，可以给科克伦打电话。

在罗斯福后来的讲述中，约翰逊的当选很快就演变成了一场巨大的胜利，在这场胜利中，一个“了不起的年轻人”——罗斯福补充道，这个年轻人有朝一日将会当上总统——公然反抗政党意愿而以“罗斯福的追随者”的姿态参加竞选，并随后独自支持填塞法院计划。与此同时，约翰逊曾经保证“只会因为一个原因”去往华盛顿——即加入最高法院之争，却在此问题上再未吐露只言片语。至少在公开场合中，他再也没有发表过任何相关的言论。然而，他后来却的确出现在了科克伦的办公室，随身携带着地图，上面标识着他想让联邦政府在佩德纳莱斯河修建的水坝和农村电气化工程的确切位置。

当总统正在墨西哥湾追逐大海鲢时，科克伦还留在华盛顿为手头的事情头疼不已。自 2 月以来，他就一直四处炫耀，夸口说：“事 442
情已经十拿九稳了。”可事实上，参议院的听证会正在持续不断地进行着，而且参议院的领袖们也表现出了沮丧的情绪，这让他的信心大为消减。他与本 · 科恩和罗伯特 · 杰克逊商议，想要制定出一个新的策略。他们三人一致认为，罗斯福应该暂时放下这个提案，待到下一个国会会期时再将其提交，到那时他将会得到足够多的支持票数。为了挽回颜面，白宫可以宣称最高法院的转变延迟了——但并没有消除——对于“新鲜血液”的需求。约瑟夫 · 基南和查理 · 韦斯特这两位白宫战略委员会中与国会领袖接触最为密切的成员，也均认为这样做最好不过了。

至于他们的上司，詹姆斯·罗斯福，则被乔·罗宾逊、阿尔本·巴克利和帕特 · 哈里森堵截在国会一间隐蔽的办公室里。这三位参议员以不无肯定的口吻告诉他，总统想要再增加六位大法官的斗争已经失败了，而总统拒绝面对这一事实的做法正在撕裂民主党。罗宾逊说道：“罗斯福先生，请转告令尊：他最好将整件事交给我们来处理。我们会尽力而为的。”

第二天，5 月 4 日，在白宫趁着吃午餐的机会，詹姆斯将战略委员会召集起来，卡明斯也加入了其中。“我们在国会中的一些朋友颇有些失败主义的论调。”卡明斯在当天的日记中写道。詹姆斯重复着那三位参议员对他说的话，而在餐桌上，所有人一致认为应该将这一消息尽快告知总统。于是，焦急的幕僚们马上给总统打电话，却发现他乘坐游艇出海了。因此大家商定，詹姆斯在总统下个星期回程的途中将他的专列拦截，看看他是否愿意修改其计划，或至少将其推迟一段时日。

如果詹姆斯确实将这一建议转达给了总统，总统也没有采纳。5 月 13 日，就在詹姆斯在密苏里州圣路易斯市登上总统专列后不久，罗斯福将记者召至餐车，提醒他们他在去年竞选总统时喊出的口号：“我才刚刚开始战斗。”他说，他在得克萨斯州的旅行使他了解了“人民的想法”；他能够感觉得到，人民和去年 11 月时一样对他的目标予以支持。他没有特别提及填塞法院计划，但记者们都明白他这番话的含义。

443 那天下午晚些时候，当专列在印第安纳波利斯停靠时，吉姆 · 法利也登上了专列，与总统一起待在一节私人车厢里。他递给罗斯福一份名单，上面是十几名摇摆不定的参议员的名字，若施以恰当的压力，这些参议员兴许能够被争取过来。法利敦促总统在傍晚时分将这些参议员召至白宫进行一对一的会谈——将其他人请出房间，关上房门，让参议员感觉到压力。法利告诉罗斯福，他（指罗斯福）无法承受失败所带来的后果。

总统于 5 月 14 日回到白宫。刚一回来，他便立即将罗宾逊、班克黑德和雷伯恩召至他的办公室，向他们展示了在本次国会会期中“必须提交”的新的立法项目名单：以工代赈项目的十五亿美元拨款；禁止童工并管理工时和工资的法律；农场租佃项目；特许权税提案；1938 年财政年度平衡预算；关于洪水治理、土壤保持和水利发电的立法；以及司法体系的重组。在最后一项上，罗宾逊要求达成妥协方案，并再次遭到了忽略。不仅如此，他和他的同僚们还因为脱离了民众而遭到总统的训斥。

总统对他们说道："华盛顿是一个真空地带。"如果他们像他一样"去全国各地走走看看"（可事实上，在过去的两个星期里，罗斯福待在海上的时间要远远多于他待在陆地上的时间），那么他们将会发现，正如罗斯福后来在给朋友的信中写道的那样："人民的想法是怎样的，再清楚不过了……绝大多数民主党选民都站在我们这边；而就整个选民群体而言，我们也拥有大量的支持者。"罗斯福坚称，人民是站在他这边的，并"最终"会将他们的观点表达出来；他说，为了达到这一目的，他可能会在 1938 年或 1940 年的大选中将这一问题再次提出。

这些参议员以前也曾经见过罗斯福虚张声势的模样；可现在，他看起来并不像要吓唬人。说实话，他看起来似乎已经胜券在握。他隐晦地威胁要在 1938 年国会初选中对反对派民主党人发起反攻——或者，更加令人难以置信的是，他威胁要在最高法院问题的基础上寻求第三个总统任期，这让罗宾逊等人无比愤怒。结束与总统的会面之后，班克黑德和雷伯恩对记者们嘟囔着说，罗斯福"已经穿上了战袍"。罗宾逊没好气地补充道，他看不到任何修改这一提案的"前景"。第二天，《纽约时报》将罗斯福的意图展露无遗："最高法院之争将会进行到底。"

第 25 章　同意

5 月 18 日早上 8 点，约翰 · 苏特家中的电话铃声响起。电话中，444
一个声音说道：“苏特先生，范 · 德文特大法官想知道，您是否可以在去办公室的路上去他的公寓一趟。”

这通电话本身没有任何出奇之处。苏特任职于美联社，负责报道有关最高法院的新闻，因而多年来，他时常去往各位大法官的家中；最高法院的多位大法官，尤其是威利斯 · 范 · 德文特，都将苏特视为朋友和知己。苏特现年七十一岁，与大法官们也是同龄人。大法官们从未对他谈起过尚未判决的案件，他们谈论的内容仅限于过往的判决和一般性的法律问题。但大法官们有时的确会向他吐露一些秘密，而苏特从未将这些秘密泄露出去过。现在，在这个阳光明媚的星期二早上，苏特搭乘了一辆出租车，在去往康涅狄格大道 2101 号那栋宏伟的大楼的路上，他思忖着范 · 德文特将会和他谈论什么事情。“我只能想到一件事……”苏特回忆道，“那就是大法官的退休问题。”

的确如此，关于范·德文特退休的说法已经流传开来了。三天前，苏特在美联社的同事们给通讯社提交了一篇题为《密切注意最高法院大法官的退休》的报道。该报道援引"高层人士的消息",认为范·德文特即将退休，这一事件"可能会突然间改变整场斗争的走向"。《新共和》杂志抱怨道，诸如此类的传闻对填塞最高法院计划形成了"迄今为止最致命的一击"，因为这些传闻使得那些犹豫不决的参议员们
445 静观其变，等待危机的自我化解。因此，这一说法让白宫方面颇为不安。许多不同的观点指出，四位或更多的大法官即将退休——很有可能是为了抗议总统关于最高法院的提案。4月的时候，一名前参议员告诉乔·基南，他从国会消息人士处获知:"布兰代斯准备请辞以给总统的提案制造障碍。如果这样做不能阻止提案的通过、国会依然对其予以认可的话，那么所有大法官就会请辞——该死的集体辞职。"据消息人士说，这一信息"确凿无疑"。

这一情形让许多保守派人士也忧虑不已。尽管大法官拿捏好时机、在合适的时间离职确实可以对填塞法院计划予以阻止，但这样做也给了罗斯福一个任命自由派大法官的机会——或者更加糟糕的是，这位大法官还有可能是一名"赤色分子"。1936年4月，一名女士在范·德文特七十七岁生日当天给他写信道:"为了我们的国家和朋友，留下来。"每年在他的生日前后，围绕他年事已高这一问题，他都会收到大量的信件——这些信件来自他的家人、以前兄弟会的成员、企业家，以及一名声称为"成千上万名热爱美国的美国人"代言的纽约律师——他们都恳请范·德文特继续担任大法官，不要轻言退休。"请您不要退休，不要让一个共产主义者……来填补您留下的空缺。"他的一位朋友恳求道。每一位大法官都收到了类似的信件——随着最高法院之争的继续推进，这样的信件越来越多。在回复其中的一封信件时，詹姆斯·麦克雷诺兹宽解道，他听从了一位牧师的劝诫，这位牧师让他留任。"我们将会拯救最高法院和宪法,"这位牧师说道，"哪怕这样做会引发革命！"而麦克雷诺兹则补充:"想想看吧，什么人将会成为我的继任者！"

范 · 德文特家中的书房宽敞，四周的墙上不是放满了书，便是悬挂着最高法院过去和目前的大法官的签名肖像画。当苏特在书房中落座时，他觉得这位大法官压根没有考虑过退休这一问题。范 · 德文特一边拿着烟斗吞云吐雾，一边聊着苏特的健康问题，还不时给出一些建议。两人就这样轻松愉快地聊了十五分钟。就在前一天，他在最高法院以清晰、有力的声音发表了一份长达半个多小时的口头意见。现在，他看上去和昨天一样充满了活力。虽然范 · 德文特外表看着稍显虚弱，可实际上他的生活却比其他几位大法官都要充实忙碌：他最大的乐趣来自于他那位于马里兰州的农场，他时常穿着齐膝深的靴子在农场里走动巡查。他还酷爱猎鸭，每年夏天都要在加拿大的一个运动俱乐部待上一段时间，他在那儿打猎、垂钓、打高尔夫球。当范 · 德文特侃侃而谈时，苏特告诉自己：他作为记者的 446
直觉是错误的，范 · 德文特不可能退休。

接着，范 · 德文特突然说道："我想见你的真正原因是：我准备告诉总统我要退休了。"他递给苏特一份他写给罗斯福的简短信件副本，上面写道，"我希望能够享受到"最近的司法退休法案中所规定的那些权利，并于 6 月 2 日，即本次开庭期的最后一天，从最高法院退休。范 · 德文特在向老朋友提供了这一独家新闻之后，要求他在等到白宫方面收到这一消息之后再公布。当苏特带着这一重大消息离开范 · 德文特的公寓时，后者对他说道："你一定要来农场看我。"

范 · 德文特的信件是放在一个盘子里连同早餐一起送到总统的床边的。罗斯福读完了这封信；随后他让贴身男仆拿来一些纸，他在纸上开始起草给大法官的回信。"亲爱的范 · 德文特大法官先生"，罗斯福写下这样的开头，而不是往常的"亲爱的威利斯"；接着，他向范 · 德文特致以"最美好的祝福"，并写道："在您离开华盛顿开始夏季假期之前，若可以来白宫与我见上一面，我个人将感到不胜荣幸。”这就是回信的全部内容。很快，这封信用总统专用的厚实的淡绿色信纸打印了出来，信中既没有感谢范·德文特在二十六年中为最高法院所付出的努力，也没有赞扬他为法律和国家所做出的贡献，尽管这些溢美之词也都是惯常使用的客套话。

当参议院司法委员会的成员刚刚抵达举行听证会的房间时，他们就被告知了这一消息。他们来此不是为了辩论；相反，他们来此是为了投票，以决定是否将罗斯福填塞法院的提案提交至整个参议院以供商议。他们的投票很快就有了结果：反对该提案的人以十票比八票占据了优势，这个结果也在意料之中。在民主党人中，支持者和反对者各占一半，这使得罗斯福甚至连本党的微弱优势都无法取得。这样一来，参议院司法委员会给该提案和罗斯福的威信带来了又一次重击。尽管罗斯福强烈反对做出妥协，但该提案的所有支持者（除一人以外）均投票同意由马弗尔·洛根提出、得到乔·罗宾逊支持的一项替代措施，即以每年不超过一人的速度允许暂时增加最高法院的大法官人数；同样的，这一替代措施以十票比八票遭到了否决。

这两个事件发生的时机——参议院司法委员会的投票和范·德
447 文特对于退休消息的公布——有可能只是巧合，可是经验丰富的观察者对此表示怀疑。“范·德文特大法官长久以来便深谙政治的这一套。”阿瑟·克罗克提醒道。其他人则指出，威廉·博拉和范·德文特是朋友，他们住在同一栋公寓楼中；据《时代》周刊报道，不仅威廉·博拉，还有伯顿·惠勒，他们“都……雇用着同一名助手”。这不仅仅是人们的猜测而已。惠勒最近从作家马奎斯·蔡尔兹那里得到一个建议，后者时常充当惠勒和布兰代斯之间的联络人。在最近的一次交谈中，布兰代斯告诉蔡尔兹，若受到来自正确的一方的鼓励，一位大法官可能将会退休。蔡尔兹将这一消息告诉了惠勒，但并没有透露这一消息的来源。惠勒听闻后说道：“不论你的朋友是谁，他都说得没错。请告诉他：这件事很快就会有结果了。”而随后鼓励大法官退休的就是博拉——虽然他后来对此予以否认（他坚称："我承认我颇有胆量，可我不会做这样的事情。"）。

填塞法院计划的反对者在得知这一消息时反应不尽相同。一些人认为，范·德文特在威逼下屈服了；其他一些人则认为，他在谋略上战胜了罗斯福。"在目前的这一形势下，您做了一件勇气非凡的事情，一件十分爱国的事情。"一手促成法官退休金提案的哈顿·萨姆纳斯在给这位大法官的信中写道。对海勒姆·约翰逊这位高龄而顽固的参议员来说，范·德文特的退休也许"既是幸事一件，同时又极其不幸"。他在给儿子的信中写道："我不应该和范·德文特争论，因为他已经七十八岁了，而且他的健康状况也一直不太乐观。但是……如果我是他的话，我宁愿死在任上，也不会选择在这个时候退休。"范·德文特本人承认，选择此时离开最高法院让他"感觉既难过又轻松"，可就像他在给堂兄的信中所写的那样，他最大的愿望还是赶紧"摆脱这些工作和混乱的局面"。路易斯·布兰代斯早已感觉到，范·德文特已做好了离开的准备。后者在给朋友的信中写道，尽管他尚有一些精力，但他"很清楚，我的时日不多了……或许仍有许多人不认可我的退休决定，可我之所以做出这一决定，与其说是因为年事已高，倒不如说是顺应了时代潮流"。

无论如何，范·德文特退休的消息的确产生了预期中的效果。《华盛顿邮报》的一则卡通漫画中，范·德文特脸色阴沉，手上拿着手枪，正朝着一个填塞法院提案的拟人化形象的头上开枪——这一举动正是对参议院的反对派表示赞同。国会和新闻界要求罗斯福要么 448
在该提案上做出重要让步，要么完全放弃提案，而且呼声日益响亮。《波士顿文抄报》认为："罗斯福先生正'处于危险之中'。"然而，罗斯福却没有表现出任何类似的迹象。5 月 18 日下午，当法利给总统打电话，就他给范·德文特所写的"有趣的"信件中的冷漠语气以及要求大法官前来拜访他的建议"和他开开玩笑"时，罗斯福大笑着回答说，假如是麦克雷诺兹辞职的话，他是不会提出这一邀请的。法利在日记中写道，罗斯福“显得心情极好，根本未受范·德文特退休所引发的震动的影响”。在当天下午举行的记者招待会上，罗斯福拒绝就范·德文特的退休对填塞法院计划所可能造成的影响进行推测。他说：“我认为大法官的退休算不上是什么新闻。”当被问到他一直以来孜孜以求的任命大法官的机会时，总统只是耸了耸肩。他说：“我根本没有想过这一点。我完全没有考虑过这个问题。”

罗斯福并不是在糊弄任何人，他说的是大实话。那天下午在参议院，民主党人和共和党人一齐将乔·罗宾逊团团围住，对他又是拍后背又是拉胳膊，又是猛握手又是拥抱，还称呼他为“大法官先生”。数年来，众所周知的是，在罗斯福就任总统的首个百日里，他就向罗宾逊许下了诺言：等到最高法院的大法官席位出现空缺，他就将任命罗宾逊为大法官——这是对任何公职人员的最高等级奖励。

在范·德文特宣布退休的数小时内，参议员詹姆斯·伯恩斯和帕特·哈里森就快速地发表了一份声明，要求罗斯福兑现他对于罗宾逊的承诺（这一行为并非是出于利他主义，事实上，伯恩斯和哈里森两人都想当上参议院多数党领袖）。他们给白宫方面去了电话，要求在第二天与罗斯福会见。此次会见相当糟糕。罗斯福曾多次说过，他不喜欢别人拿枪指着他的头，而这两位参议员给他的正是这种感觉——与任命大法官的正确顺序相反的是，现在是参议院挑选出最高法院大法官的人选，然后再来征求总统的意见并由总统认可其选择。让罗斯福更加恼火的是，两名主要的共和党人——博拉和查尔斯·麦克纳里——在给罗斯福的信中写道，共和党赞同立即选择罗宾逊作为大法官提名人。他们保证，只要总统提名罗宾逊，他们将迅速批准这一提名。在棒球比赛中，这种做法被称为“自杀式强迫取分”，即三垒跑者在投手投球之前就开始跑回本垒。

449 当然，总统做出了承诺——并且是公开的承诺——这样一来，罗斯福便绝对不可能反悔了。然而，正如哈罗德·伊克斯在日记中所写的那样：“很清楚，关于罗宾逊的建议使总统处于为难的境地。”伊克斯眼中的罗宾逊是这样的：“(他)内心是一个保守派。现在，人们提议将他任命为最高法院大法官以作为最高法院的‘新鲜血液’，并认为他比起那些顽固的大法官们‘更具自由主义倾向’。这真是再讽刺不过了。”罗宾逊的年龄——他到 8 月将满六十五岁——是他的优势。伊克斯指出，罗宾逊真正的问题是：许多人都将他视为一个隐蔽的保守主义者。当然了，他百分之百地支持新政，可没人相信他的支持是发自内心的。在新政时期之前，他在改革方面的记录比大多数自由派所愿意承认的还要更加进步；事实上，在罗斯福就任总统之前，他就已经在为争取社会保障和反对童工而斗争了，而且他还与普通美国人有着强烈的共鸣。然而，他也效忠于那些主宰着他所管理的领域中的公共事业公司巨头们；虽然他算不上是一名种族主义者，但他对于种族歧视的做法却没有什么明显的反感，并且对阿肯色州东部产棉区黑人佃农的苦境视而不见。假如共和党人和南部民主党人对于将罗宾逊提名为最高法院大法官感到兴奋的话——他们明显如此——那么其中很大一部分原因正如《时代》周刊所言，他“根本就不是那种能够让政府完全放心的新政派”。

“罗宾逊无法胜任大法官一职！”《民族》杂志发出了抗议的呼声。自由派团体和刊物一直满怀期待地等待着最高法院出现空缺席位，如今他们全都变得义愤填膺起来。数年来，各大报刊一直以确凿无疑的口吻报道关于罗宾逊被提名为大法官一事；但现在，当自由派真的面对这一现实时，他们却根本无法承受——尤其是一想到如果填塞法院的提案遭到拒绝，那么这就意味着在一段时期里，这将会是罗斯福唯一一次任命大法官的机会。全国有色人种协进会的沃尔特·怀特在给埃莉诺·罗斯福的信中写道，一想到这一可能性，非裔美国人就感到异常难过；埃莉诺将这一意思转达给了总统。大约在同时，由六十位知名的劳工、民权和其他进步派人士组成的团体——这一团体中包括卧铺列车员兄弟会的A. 菲利普 · 伦道夫、纽约市哈莱姆区[1]的牧师小亚当 · 克莱顿 · 鲍威尔，以及社会党领袖诺曼 · 托马斯——起草了一份递交给罗斯福的请愿书，他们宣称："在我们看来，将罗宾逊参议员任命为最高法院大法官将是对美国所有争取社
450 会公正的运动的一个打击。"罗宾逊在高层还有一些反对者。欧文·布兰特告诉汤姆 · 科克伦："过去两年来，斯通最为担心的就是罗宾逊被任命为大法官。"

或许，罗斯福对此有所预知，因而早在3月便开始想办法如何来避免兑现他的承诺。他向一名杰出的律师咨询，想知道是否可以根据宪法的不适任条款[Ineligibility Clause，又被称为薪俸条款(Emoluments Clause)]取消罗宾逊的提名资格，该条款规定：国会议员不得被任命至由他们参与创建的职位（就大法官一职而言，国会议员对增加大法官人数这一议题进行了投票），也不得被任命至由他们增加了薪酬的职位（比如罗宾逊就支持过法官退休金提案）。但罗斯福没有再继续追究这一点，很可能是因为罗宾逊的盟友们清楚地表明，他们不会因为这一依据就放弃对罗宾逊的支持。

现在，罗斯福在任命大法官一事上受到了严重的束缚。自由派的观点没错：数月以来，他一直坚持认为，最高法院需要由年轻、现代、具有进步主义思想的人来担任大法官，在这之后他却又任命罗宾逊为大法官，这样做无异于自相矛盾。可与此同时，罗斯福也明白，如果他拒绝履行对罗宾逊许下的诺言，那么如《时代》周刊所言，这将有可能比填塞法院提案"惹来的麻烦更大"。参议员们已经在小声而公开地表达不满。对罗斯福而言，摆脱眼下困境的唯一办法似乎就是坚持填塞法院这一主张。他对亨利 · 摩根索说："如果我手头

---

[1] 哈莱姆区，位于纽约曼哈顿北端，曾长期为黑人文化与商业中心。

上有三个空缺的大法官席位，我也许能够将其中一个给乔·罗宾逊。”可是他没有三个（或六个）空缺的大法官席位——至少目前还没有。他唯有一个选择，尽管依然保持乐观，但他知道自己不应想当然地要求更多。

目前的形势饱含讽刺意味：对罗宾逊来说，他要面对着填塞法院的凄惨战局，自己也被卷入了其中；对罗斯福来说，他一直期盼着能有一位保守派大法官退休，可等到这个时刻到来时，他却一点也高兴不起来，反而变得灰心沮丧。虽然他曾经自称能够“在瞬间做出判断”，可这种说法并不完全正确。他确实经常能够快速地做出决断——在美国历史上，很少有总统能够在全面考虑问题、透过现象看本质、权衡事物的重要性、鼓舞士气和采取行动方面与罗斯福相媲美。但是，当面对着那些他无法接受的替代方案时，他却往往会搪塞推脱、停滞不前、拖延时间。眼下的情形便属于后面这一类。他既没有提名 451
罗宾逊，也没有拒绝对于罗宾逊的提名。除了拖延，他没有做出任何决定。他甚至拒绝与罗宾逊说话，以防后者逼迫自己做出决定。

“您会同意参议院将罗宾逊参议员提名为最高法院大法官的决定吗？”5 月 21 日，在椭圆形办公室举行的一场记者招待会上，一名记者向罗斯福发问，这个问题引得白宫记者团的记者们发出一阵赞许的笑声。“拿出您的橡皮图章吧！”另一名记者玩笑似地说道。

“恐怕我得向你们道出实情了，”总统回答道，语气中带着一丝满不在乎的意味，“我根本没有考虑过大法官席位空缺这个问题。真的，我一点想法都没有。而且，我暂时也不打算考虑这个问题，而且就算我决定了，我也不会告诉你们的。你们所写的任何文章都应该冠以《第 23 号推测》之类的标题。这件事可没有什么新鲜的，天哪，也不会有什么新鲜的。”

罗宾逊毫不掩饰他对于罗斯福这番话的看法。他厉声对参议员哈里·伯德说道：“所有人都告诉我，除了白宫里的那个家伙外，大家都是支持我的。”他郑重宣布：“除非他首先开口和我说话，否则我是不会和他说半句话的。”如此一来，总统和罗宾逊之间的通讯线路就沉寂了好多天。直到当罗斯福确定他的直觉是正确的之后——即除非他能够任命一名以上的自由派为最高法院大法官，否则他不能任命罗宾逊为大法官——他才派特使吉姆·法利向罗宾逊转达这一决定。罗斯福料想罗宾逊的反应肯定会十分激烈，因此他认为此时最好和后者保持一定的安全距离。此外，他还有一点考虑：即当别人问起时，他希望能够有底气地说，就任命这一问题他没有与罗宾逊商讨过，因而他并没有为了获取罗宾逊的支持而与后者达成任何交易。

“大法官先生”，法利以这一称呼亲切地开场道。他让罗宾逊放心，他的提名是安全无虞的。“稳稳地坐在船上，（不要）使其晃动。”这是法利的建议。一旦填塞法院的提案获得通过，大法官的席位就是他的了。罗宾逊松了一口气。然而，他依旧对罗斯福心怀怨恨。他原本期待着总统将他邀请至椭圆形办公室，并向他做出道歉——哪怕承认这一事实也行，可是他的希望又一次落空了。他与总统之间的隔阂仍未消除。这已经不是罗斯福第一次以如此糟糕的态度对待罗宾逊了，但这可能是罗宾逊第一次以同样糟糕的态度回敬罗斯福：他拒绝再向白宫提供有关填塞法院提案的每日舆情统计，而这项工作他此前一直都在进行。

总统的幕僚们仓促地对形势做出判断，并对整件事的不满情绪
452 愈益严重。他们彼此之间的矛盾也日益突显。查尔斯·米切尔森回忆道：“随着我们的运动的失败愈益明显，大家的脾气变得暴躁起来，误会也越来越多。每个人都越来越喜欢埋怨别人。”比如，米切尔森和法利等政党工作人员指责基南和科克伦傲慢自大、单纯天真，他们将参议员对总统的反对归咎于这二人身上。而像科克伦这样的白宫幕僚则指责民主党全国委员会办事被动，并嘲弄在全国各地发表

关于最高法院的演说的法利（一名智囊团成员认为这些演说“既软弱又愚蠢”），认为他这么做的目的是为了培育支持力量，以便为自己1940年的总统竞选活动服务。所有人都指责詹姆斯·罗斯福，认为是他组建了这一难以驾驭的团体，要将他们团结起来本就不是一件容易的事，而詹姆斯显然也能力不足。

一些幕僚还对总统本人颇有微词。科克伦后来说，罗斯福“根本没有真正地在最高法院之争中负起责任”。罗伯特·杰克逊也向雷·克拉珀抱怨道，从一开始，“整件事的处理方式就非常糟糕”，罗斯福本应该在大选之前或等到最高法院做出一个极其恶劣的判决之后再采取行动——因为从最高法院在本次开庭期所做出的判决中，找不到需要填塞最高法院的理由。杰克逊说，最高法院将总统的这一提案的最根本的原因给否决掉了，并且如果最高法院支持《社会保障法》的话（最高法院可能随时会这么做），那么罗斯福还能从最高法院那里得到些什么就不得而知了。克拉珀在一篇专栏文章中也提到这一点：罗斯福已经迫使最高法院做出了变革，因此他应该宣布获胜并终结这场斗争。第二天上午，克拉珀在白宫遇到了查理·韦斯特。“你昨天写的那篇文章真不赖，”韦斯特对他说，“但不要引述我的话。”克拉珀在日记中写道，史蒂夫·厄尔利也认同这一观点，即撤回填塞法院提案是“公正的做法”。

甚至就连法利——就在几天前，他昂首阔步地从一场内阁会议中走出来，大笑着回答一名记者的提问：“为什么要达成妥协呢？”——现在，他在私底下也承认，一项增加两个大法官席位的提案将会“挽救所有人的颜面”。法利在一份备忘录中写道，如果达成妥协的话，那么其他立法活动的僵局也会被打破。此外，如果反对派参议员有了可以支持的提案，那么这将会“使许多家伙摆脱目前的尴尬局面”，并让他们“能够尽快地回归到主流中去”。但这一机会有可能稍纵即逝。法利认为，最重要的是罗斯福现在就行动起

453 来达成妥协——因为“填塞法院的提案所产生的矛盾几乎与大选所产生的矛盾不相上下”。

法利最能感受到这些矛盾所带来的冲击。他不仅是政策的执行者，一直以来，他还是一名熟练的中间人，擅长调解民主党内各个相互竞争的派系间的矛盾。他为人平易近人，坦诚包容，这使得他特别适合这一角色，也使得他成为总统身边不可或缺的人。但现在，法利——就像罗斯福本人一样——却发现他的魅力不起作用了。

5 月 24 日，在三项并非完全无法预料的判决中，最高法院以分歧严重的投票结果对《社会保障法》予以了支持。卡多佐撰写了其中两起关键案件的判决意见——一份判决意见支持该法案中的失业保险条款，另一份判决意见支持该法案中的老年退休金条款。讽刺的是，在商讨案件判决时，卡多佐选择和斯通、布兰代斯和罗伯茨站在一起，他们决定不对退休金条款提出质疑，理由是上诉方不具备起诉资格。然而，休斯坚持要听取该案件的口头辩论，可能是想用另一个里程碑式的自由派判决来结束本次开庭期。在商讨案件判决时，他与四位保守派大法官（但后者的动机当然与他的不同）站在一起，决定就该法案本身进行考虑。

口头辩论安排在 4 月和 5 月，这些辩论之所以引人瞩目，主要是由于其所针对的目标：欧文 · 罗伯茨。“我面对的是一个‘一人法庭’。”罗伯特 · 杰克逊向克拉珀吐露心声。“我着重强调了那些对保守派大法官具有吸引力的论点。”杰克逊说道。比方说，他强调《社会保障法》促使人们更加节俭并使“工作的人”受益。据欧文 · 布兰特所言，杰克逊并不是当天唯一一个“努力说服……罗伯茨”的人；其他大法官——既有自由派也有保守派——也提了一些问题，似乎“意在避免罗伯茨偏离正确的方向”。所有这些努力所产生的效果很难估测。杰克逊注意到，罗伯茨“是整个法庭中最面无表情的大法官。

当你在辩论中抛出强有力的论点时，你能看到首席大法官的目光微微闪烁……但从罗伯茨的脸上你却什么都无法看到”。

很显然，这一策略的效果十分显著。罗伯茨加入了卡多佐所撰写的两份判决意见。这两份意见对于联邦税收和支出权以及公共福利条款的解读，甚至比最为乐观的政府律师所能想到的还要宽泛。454
这些判决不仅支持社会保障计划，而且赋予国会相当大的权力以通过有条件的联邦拨款的方式来劝导州采取华盛顿所规定的行动。在1936 年有关《农业调整法》的案件判决中，罗伯茨拓宽了对公共福利条款的阐释，由此得出了农业属于地方性问题这一结论——如今，最高法院走出了当年的阴影，包括罗伯茨在内的全新多数派正在建立一个新的宪法秩序。

在克拉珀看来，卡多佐“费尽心力地让罗伯茨和休斯放宽心，说这份意见与有关《农业调整法》的案件的判决意见是一脉相承的……他说，很明显，这份意见是对于罗伯茨在该案中转变立场的一种回报”。这一说法只说对了一部分：卡多佐的确对《农业调整法》相关案件的判决中涉及公共福利条款的部分予以了认可；可另一方面，他却推翻了限制税收和支出权的那一部分。不论怎样，罗伯茨站在了卡多佐这一边。事实上，卡多佐关于退休金案件的判决意见深受《农业调整法》相关案件判决意见的思维路径的影响，甚至就连萨瑟兰和范·德文特都不得不站到他这一边来。这一结果使得麦克雷诺兹代表他自己和皮尔斯·巴特勒再次发表了一篇长篇大论的演说——在整个发言过程中，麦克雷诺兹一直带着怀有恶意的笑容；他对《社会保障法》和多数意见予以谴责，认为这二者在知性层面上显得软弱无力。“对于无关数据的援引以及对于人类情感的诉求，无法扩大授予国会的权力。”麦克雷诺兹厉声说。克拉珀当时也在法庭中，他认为麦克雷诺兹的言论“卑鄙可耻……没有任何想象力或同情心。有的只是刻薄与恶毒”。

在本次开庭期中，麦克雷诺兹和其他保守派大法官一败涂地，因而麦克雷诺兹在开庭期即将结束时有这样的表现倒也显得恰如其分。最高法院自10月集合以来，没有推翻过哪怕一项新政措施。1937年6月1日，当最高法院开始夏季休庭期时，范·德文特愉快地嚼着口香糖最后一次出现在了法庭中。《华盛顿邮报》宣称："新政获得了全面的胜利。"在众多报纸看来，罗斯福在这一斗争中的比分是十二比〇。阿瑟·克罗克在《纽约时报》中写道，"在宪法解释方面……取得如此迅速的进步，这在我国是前所未有的"，更不要说这些进步都是在同一次开庭期中取得的。

哈伦·菲斯克·斯通将本次开庭期形容为"在最高法院的整个历史中最为激动人心的开庭期之一"。尽管如此，他在给儿子们的信
455 中还是这样写道："本次开庭期并没有让我感到特别高兴。"在开庭期的前半程，他病得非常厉害，而"在开庭期的后半程，我们一边工作，一边还要忍受人们对最高法院不间断的攻击以及对我们工作的曲解"。让斯通至少"感到欣慰"（虽然这欣慰中也夹杂着苦涩）的是，自塔夫脱担任首席大法官以来，斯通就一直在提醒保守派大法官不要将手伸得过远，"而既然一些同僚意识到了他们的错误，我就无须将我所说过的话收回"。但一想到未来，斯通还是"充满了忧虑"。首先，因为他怀疑"突然的转变能否持久"；其次，因为他担心罗斯福会选择什么样的人来接替范·德文特。斯通在给弗兰克福特的信中写道："我对于任命人选没有什么信心，因为据信他们是以某种特定的方式来投票的。"随后，他又补充道："我多么希望接替范·德文特的人是你啊！"

弗兰克福特（他和斯通抱着同样的希望）觉得最高法院的转变"颇有些卑下"——倒不是因为其产生的结果（他对结果赞誉有加），而是"因为首席大法官和罗伯茨在政治态度上一百八十度的转变，就如同翻筋斗似的"。人们给予休斯的如潮水般的赞誉——赞扬他具

有自由主义的视野；赞扬他手腕灵活，使罗伯茨乖乖就范；赞扬他具备把控最高法院的强大能力——让弗兰克福特难以忍受。“当我看到一个虚构的光环是如何被加诸于一个最擅长政治算计的人的头上时，用那位老绅士（霍姆斯）的话来说，我就不由得‘作呕’。”弗兰克福特在 6 月 2 日给斯通的信中写道。

弗兰克福特有些言过其实了。休斯当然获得了一些赞扬，而且他在法庭上的态度清楚地表明他将每一次宪法上的进步都视为个人的胜利。但他也遭到了一些严厉的批评，尤其是来自自由派的批评。专栏作家罗伯特 · S. 艾伦写道：“在过去的这三个月里，休斯先生一直在玩弄政治权术，而且玩得颇为灵活大胆。”这也许是一句恭维话，但无疑暗含贬义。6 月初，欧文 · 布兰特给罗斯福写信，提到他一直在进行的一项案件梳理研究，这些案件都是经休斯之手判决的。布兰特将这一研究的结果刊登在《新共和》杂志上，并冠以“休斯大法官有多倾向于自由主义？”的标题。他给出的答案是：休斯不是特别地倾向于自由主义。布兰特认为，在关键问题上，休斯“比罗伯茨大法官还要更倾向于保守主义”。他是从休斯在“安静”时期的判决投票中得出这一结论的；所谓“安静”时期，是指公众在此期间没有对最高法院给予特别的关注。可是当民意有所要求时，布兰特指出，休斯便化身为自由主义的急先锋。“当查尔斯 · 伊文斯 · 休斯采取自由主义立场时，他将之昭告天下。当他采取保守主义立场时，他则 456
是默默地投票，任由他人被自由主义者撕得粉碎。”

布兰特在写给罗斯福的信中还加上了一条附言：“我越来越认为，关于最高法院的计划应该等到（休斯）退休时再制定。”白宫幕僚对此表示赞同。科克伦向伊克斯抱怨道：“休斯将一手烂牌打得极好，而我们则将一手好牌打得稀烂。”总统的手下在谋略上略逊一筹——用罗伯特 · 艾伦的话来说，就是“被将了一军”——因此他们仔细翻阅宪法，想看看能否通过某种方式强行用他人来取代休斯担任首席大法官。不过，他们什么都没有找到。

“这与我所预期的一模一样。”罗斯福对史蒂夫·厄尔利说道，后者刚刚给他带来有关《社会保障法》的消息。在第二天下午的记者招待会上，罗斯福宣称自己“对于昨天的判决感到非常非常高兴”，可再次像《瓦格纳法》相关案件判决公布后他所做的那样，他尽可能地减少最高法院的判决所带来的影响。他说：“我们都希望，在今后的日子里，同样的人性化的观点将会成为主流；但是当然了，还有许多问题仍未解决——还有大量的问题。”他列举出人们现在早已熟悉的议题：关于童工的禁令、关于工资和工时的法规、防洪措施，“诸如此类……到目前为止，还有其他六起有待最高法院判决的案件，这些案件均涉及非常非常重要的议题”。

事实上，就在那个星期——而这一时机并非巧合——罗斯福提出了在他整个总统任期内涵盖范围最广的提案之一，该提案禁止工厂雇佣童工，并创设劳工标准委员会以管理从事州际贸易的企业的工资与工时。在一份递交给国会、措辞严厉的咨文中，罗斯福暗示，该提案正在朝着与“哈默诉达根哈特案”的判决“迎头相撞”（卡明斯私底下所言）的方向发展。“哈默诉达根哈特案”自 1918 年宣布判决以来便饱受争议，最高法院在判决上出现了巨大的分歧，并最终裁决禁止童工的法令超出了国会管理贸易的权力范围。

在起草这一提案时，罗斯福的一些幕僚认为如有可能的话，最好避免直接与“哈默案”发生冲突，但总统却选择了一条风险更大的路径，即逼迫最高法院要么支持这一判决先例，要么将其推翻。
457 卡明斯指出：“若能将‘哈默诉达根哈特案’的判决一劳永逸地废除，那么国会在行动上所受到的牵制将会大大减少……这将是一个巨大的进步。”霍姆斯为“哈默案”撰写了在最高法院的历史上最为重要的异议意见之一，这一异议意见在随后的二十年中成为了自由派的指路明灯，而罗斯福在其关于工资和工时的咨文中也对这一异议意见进行了详尽的引述。他特意指出："虽然霍姆斯大法官先生所代表的是最高法院中的少数派，可却也代表了美国人民中的多数派。"

劳工标准提案不仅试图纠正社会弊病或去除长期存在的改革障碍，还意在改变舆论话题。海勒姆·约翰逊抱怨道，罗斯福"使国会的工作日程安排得满满当当，以此希望国会不要专注于他的填塞法院计划，这样他就能蒙混过关"。正如法利写道的那样，毋庸置疑，罗斯福的确希望让国会讨论填塞法院提案以外的议题，但与其说他想要蒙混过关，倒不如说他想给民主党内的批评者提供一个在 1938 年中期选举之前"回归潮流"的理由。罗斯福这次十分谨慎，他专门与国会进行商讨；与关于司法系统的咨文不同的是，关于劳动标准的咨文只是勾勒出该提案的大致结构，并没有给出详尽的细节。

然而，罗斯福再次误判了形势。在一些填塞法院提案反对者看来，有关劳动标准的提案提供了一个看似忠于罗斯福、实则对其计划予以破坏的机会。至于其他人，则将该提案视为违反宪法的政治诡计，并很快将其否决——或者就南部参议员而言，他们认为该提案对他们州内低薪的制造行业产生了冲击。《新共和》杂志指出，"要求他们同时既支持全国工资－工时法案"，又支持填塞法院提案，"这可能已经超出人类所能承受的极限了"。

用克罗克的话来说，如今已变成了一个"充斥着反感和不满的时代"。罗斯福与国会之间的关系比以往任何时候都要糟糕，他在国会山的声望也降至最低点。这其中，填塞法院提案既是原因，也是表征：该提案反映了国会领袖是如何看待罗斯福专横跋扈的执政方式的。一名民主党参议员向克罗克抱怨道，当听到坏消息时，"他的态度就会变得非常冷淡"并拒绝再继续听下去。另一名参议员说道，他"笑哈哈地"就将我们提出的建议给打发了。此外，"他不让我们自己做任何事情"。早在最高法院之争开始前，在国会和民主党内部

458 就已经弥漫着一股烦躁不满的情绪；可是最高法院之争使得这一情绪有了倾注的重点、表达的渠道和高尚的目标。一开始是总统与最高法院之间的斗争，现在变成了总统与国会之间的斗争。相当数量的参议员已准备好做出最后的选择了。一名参议员告诉记者："在过去的四年中，我们从一场战斗中撤离，转而加入另一场战斗。但这场战斗是葛底斯堡之战。"

毫无疑问，这类言论让罗斯福更加难以从战斗中抽身。在整个5月底，无论是在公开场合还是在私底下，他都明确表示要将这一斗争持续下去。克拉珀认为："很显然，他宁愿失败……也不愿退缩。"然而，这么说未免太过于强调失败了。罗斯福从未将失败作为一个选项加以考虑过——因为他从不认为他会遭遇失败。但如今早已不是往昔了。

这是一段令人震惊且时常让人困惑的时期。此时，距离罗斯福就填塞法院计划进行的两次演说（并由此几乎在一夜之间便在斗争中取得了优势地位）还不到三个月。紧接着，他的优势地位便以同样快的速度开始动摇。休斯的信；反对派证人对该计划的连续数星期的公开指责；罗伯茨在有关最低工资法的案件中的惊人转变；政府在有关《瓦格纳法》和《社会保障法》的案件中的全面胜利；范·德文特的退休——所有这些因素叠加在一起，给罗斯福的填塞法院计划造成了重大打击。这些因素若单个来看，均无法撼动填塞法院计划。当每个事件发生后，罗斯福都相信自己将会取胜，他的自信在某些重要的方面可以说是合情合理的。其中有些事件——尤其是最高法院立场的转变——被他的反对者视为填塞法院计划的失败，而在支持者眼中则是对计划有利的论据。但是到1937年6月，支持者无法再继续否认他们的败局了。民意调查显示，自从范·德文特宣布退休以来，支持填塞法院计划的人数出现了显著的下降；尽管罗斯福相信人民是站在自己这一边的，可公众情绪的整体趋势却令人担忧。自大选后，总统的受欢迎度已大幅下滑：6 月，《财富》杂志所进行的一项调查反映出罗斯福的受欢迎程度在总统任期内出现了最为剧烈的滑落。

在这场持续了四个月之久的斗争中，罗斯福首次意识到填塞法院提案的失败不仅是有可能的，而且是极有可能的。至于他的幕僚们，和他的想法也差不多。科克伦、科恩和杰克逊都在给他施压，并提 459
供了以下建议：任命罗宾逊为最高法院大法官，哪怕这样做会让他遭受攻击；宣告“活的宪法”这一理念取得了暂时性的胜利；撤回填塞法院的提案，在下一个国会会期再提出。杰克逊回忆道：“我向他指出，根据他当时所处的环境，他应该宣告……最高法院获得了胜利，而不是他战胜了最高法院。”幕僚们已经起草了一份总统声明，宣称最高法院的转变应归功于总统：“我所提出的那些建议已经充分说明了宪法情况，并充分改善了司法程序。”

罗斯福还是不想放弃。从现在到下个国会会期之间，任何事都有可能发生。他目前的想法应该是这样的：只要国会愿意增加大法官席位，那无论增加几个，他都愿意接受。了解到这一点之后，总统幕僚们对一份已获得许多参议员支持、建议增加两个大法官席位的妥协方案提出了反对。科克伦等人向他提出：“如果您打算填塞最高法院的话，那就好好地将它填满。”在给白宫战略委员会的同僚们的信中，科克伦这样写道：“我们克服了有关填塞最高法院的情感障碍的话，”——写到这里，他停顿了一下，然后删掉了“的话”，换上了“之后”——“根据常识，接着就是完成这一工作了——不是被迫接受增加两个或三个大法官席位（这么做于事无补），而是一口气增加六个大法官席位，以此来抗衡四位保守派大法官以及两位狡猾善变的大法官（休斯和罗伯茨）的投票。”

但罗斯福之所以现在愿意接受他能够获得的任何额外的大法官

席位数，还有一个重要原因：这么做是他对乔·罗宾逊所许下的诺言付出的代价。为了使新政派感到他任命罗宾逊为大法官的做法是合乎情理的，他唯一的选择便是同时任命至少一名自由派人士为大法官。既然罗宾逊即将占据的是一个已经存在的大法官席位，那么额外增加两位大法官的妥协方案所具备的好处便是：罗斯福可以在任命（据称为）保守派的罗宾逊的同时提名两位自由派候选人——如此抵消下来，他就能收获多一张自由派选票了。可是就未来的案件判决而言，这么做并非万无一失。正如罗斯福所预期的那样，休斯和罗伯茨有可能会再次回归保守派阵营；而如果罗宾逊也加入保守派阵营的话，那么由十一位大法官组成的最高法院将会以六票比五票之势反对新政。但在目前的形势下，这已经是罗斯福所能做到最好的了。

6月3日，总统以谈论任命权为由派詹姆斯去了一趟罗宾逊的办
460 公室。就像之前计划的那样，詹姆斯在会谈中看似无意地提到罗宾逊已经很久没有去白宫拜会总统了。詹姆斯说道："参议员先生，父亲一直希望您能去拜访他。事实上，您好久都没有和他联系了，他为此颇为伤心呢。"听到此，罗宾逊嘟囔着回答道，他之所以不去白宫拜访总统，是因为他不想让别人认为他一心想要获得最高法院的大法官席位。詹姆斯耸了耸肩，拿起电话，接通了总统专线。这也是提前安排好的。罗斯福还是一如既往地轻松愉快——仿佛这两个星期以来他没有因为任命问题悬而未决而让罗宾逊备受煎熬一样，仿佛他自己也没有被逼到绝望的角落里一样。他在电话里邀请罗宾逊当晚来白宫共进晚餐。

数小时后，白宫里既听不到惋惜之辞，也听不到指责或抱怨，唯有罗斯福和罗宾逊就目前的局势所进行的坦率务实的评估，以及关于总统原先的提案有多少可以留存以继续使用的讨论。他们整整谈论了两个小时。罗斯福提出，如果有一位新娘的话，那么还应该有伴娘才对。四个席位，如果理想的话。毫无疑问，罗宾逊领悟了

总统的意思。

在离开白宫时，罗宾逊遇到了一群正在白宫台阶上等候的记者。他断然否认了总统放弃填塞法院提案的报道。接着，他隐晦地说道："可以感觉到的是，在过去几个月里，发生了一些变化，这些变化导致局势也出现了一些变动，但是向最高法院注入新鲜血液的必要性仍旧存在。"罗宾逊承认，他可能会对该提案提出一些修正意见，而并没有承认策略发生了变化。正如《纽约时报》在第二天早上的头版文章里所宣称的那样，他的表态充其量只是"暗示"而已。可是罗宾逊的笑容——一名观察者将其形容为"咧嘴大笑"——却告诉人们，这件事的背后还有更多有待披露的内容。

第 26 章　为自由而战

“和我们讲讲昨晚您和罗宾逊参议员的谈话吧。”6 月 4 日，在罗斯福每星期举行的例行记者招待会上，一名记者这样对罗斯福说道。 461

“他跟你们提到了这次谈话？”罗斯福答道，暗示自己还没看晨间报纸——随后，他又说自己都看过了。他说道：“你们在座的所有人都是对的。可是在国会山上的那些人昨天下午却写道，有关最高法院的改革已经取消了。当然了，这简直就是愚蠢至极。”

然而，罗斯福很快就表现出态度上的转变，或至少是重点上的转变。自从他在 1937 年 3 月所进行的炉边谈话以来，他首次以宽泛的语言谈到司法改革——“各个层级的法院，从地区法院直至最高法院”。既然最高法院似乎已经承认有关意识形态的论点，因此罗斯福再次提出司法体系的效率这一问题。他告诉记者，在一些地区，人们若想要自己的案件得到法院的审理，需要等上数年。至于最高法院，罗斯福嘲讽道，当数量众多的重要案件仍然悬而未决之时，大法官们却撒手不管，只顾着避暑去了。这些重要案件涉及的内容包括公共工程管理局、对于电力公司的管理以及其他至关重要的工程。

罗斯福说：“他们当然有权利度假。没有任何一条法律禁止他们

462 度假。”但他又以责备的口吻补充道，他经过“调查”后发现，虽然最高法院按照规定应该在10月的第一个星期一开始新的开庭期，可“除了最高法院的主观意愿外……什么都无法决定”其应该何时休庭或休庭期为多长时间。罗斯福的这番话再清楚不过地表明，年老体衰的大法官们疲于应付工作，早已是筋疲力尽。没错，他们可能在离开华盛顿去度假之前已经完成了所有的备审案件，可那些备审案件的数量很小，而他们的假期却很长——整整四个月。

罗斯福说道：“全国人们都看到了事情的本质，可华盛顿的许多人虽然忙忙碌碌，却只见树木不见森林。”当记者反复追问他能够接受增加多少个大法官席位时，他失去了耐心，说道：“又来了……我谈论的是司法体系的改革，而你们谈论的却是树木。”

“一片森林是由多少树木形成的？”一名记者问道。说到这里，整个讨论就此结束了。

在经历了一段痛苦难熬的日子以后，乔·罗宾逊现在在参议院里意气风发。他的权威地位最终获得了罗斯福的认可，他被任命为最高法院大法官一事也不再有任何疑问，这些都让他达到了名望的顶点——《时代》周刊打趣道：“就好像一位待产的母亲总是要比其他女性更受人尊敬一样。”四年来，罗斯福从未将权力交到他的手上。现在，罗宾逊十分高兴拥有了自主解决最高法院之争的机会——并且，在履行完作为参议员的最后职责后，他就会被提拔至一个新的位置，这一位置上的工作不同于他以往所从事的任何工作，在这一位置上他不会受到任何人、任何政党或任何利益的束缚。

两份妥协方案引起了他的注意。第一份方案是由来自佛罗里达州的联邦参议员查尔斯·O.安德鲁斯提出的。这一方案建议将最高法院的大法官人数增加至十一人：十位大法官，每一位代表一个联邦巡回法院；以及一位首席大法官，是由全国人民任命的。这个方案让最高法院像个联邦委员会，将以类似下级法院的任命方式来任命大法官们——也就是说，各州的政界人士和参议员将会为此进行大量的游说活动。对于满脑子都是任命权的政界人士而言，这正是这一妥协方案的吸引人之处。不幸的是，根据联邦巡回法院的地理划分，乔·罗宾逊所对应的管辖区域——也就是从阿肯色州一直往北延伸至美国和加拿大边界的地区——在最高法院已经有了一位代表，他来自明尼苏达州的皮尔斯·巴特勒。如此一来，这一方案便行不通了。

罗斯福更倾向于第二份妥协方案，也许是因为与他原先的计划 463
十分相似。来自新墨西哥州的联邦参议员卡尔·哈奇提出，每当有一位超过七十五岁的大法官拒绝退休之时，总统都应该有权再增加一位大法官。除了在退休年龄门槛上有所提高以外——在总统的提案中，大法官的退休年龄是七十岁——哈奇的计划还有一项不同：一年新增的大法官人数不能多于一人。参议员马弗尔·洛根提出了一个小小的修改意见：所有新增的大法官席位都应该是暂时性的。当新增的大法官退休后，其所占据的席位也应该随之撤销。最高法院将会时而扩大，时而缩小。卡明斯将这一方案称为“手风琴计划”。

罗宾逊要求洛根——一个高大魁梧的肯塔基人，曾经担任肯塔基州最高法院的首席法官——协同哈奇将这一替代提案起草出来。在一般情况下，提案中的条款将会由白宫制定。然而，白宫战略委员会早已成为罗斯福放弃掌控权的牺牲品。总统手下的“年轻人”长期以来一直是参议院领袖的眼中钉，他们最终也都被解除了职务。在委员会的所有成员中，只有深受罗宾逊赏识的乔·基南参与了探讨替代方案的会议。当然，卡明斯这位老资格的民主党成员也参与了。在国会和司法部的各种会议中，他和罗宾逊几乎每天都能见面。政治游说也已经成为参议院的一项内部事务。从现在起，对顽固抵抗的参议员施以威逼恫吓以使其服软、对其他人则好言相劝以使其不再骑墙观望的重任，就交由阿尔本·巴克利、雨果·布莱克、谢尔曼·明顿和罗伯特·拉福莱特等人来完成了。

这是一项艰巨的任务。如果在范·德文特宣布退休之后，罗斯福立即表示愿意做出妥协的话，那么参议院将会对总统这一明智的做法心存感激，说不定因此会给总统提供一个可以挽回颜面的解决方案。可事实却是，在接下来的整整两个星期里，总统一直对罗宾逊的任命问题避而不谈，这让他付出了巨大的代价。这一做法证实了参议员们在衣帽间里小声（或大声）谈论的有关总统行事专横的内容，也为参议员们发泄心中的不满提供了机会——他们的不满不仅来自填塞法院提案，也来自静坐罢工、预算以及罗斯福对于持续改革的坚持（而此时，经济上的紧急时刻似乎已经过去）。总统要求国会议员们在夏天的暑热来临前先完成他日程计划上的其余内容——总共七项关键措施——之后才能动身去避暑。

464 不论何种形式的妥协方案在双方看来都具有吸引力，因为妥协方案似乎只提供了一种解决方法——也就是让总统的目的无法达成的唯一方法。可既然总统原先的计划已经废弃不用了，而国会议员们对于总统的好感也正日益减少，因此达成折衷方案的斗争注定十分艰苦。虽然罗斯福增加六个大法官席位的计划目前只有百分之四十的公众支持率——这是迄今为止该计划所获得的最低支持率——但增加两个席位的替代方案也只是获得了百分之四十二的支持率而已。这一形势使得斗争的双方并不急于放弃原先固有的立场。在罗斯福的盟友中，劳工无党派联盟因受到鼓动而变得前所未有的好斗，该联盟敦促其在国会中的朋友拒绝任何替代方案；当看到重申自身重要性的机会出现时，该联盟还提出将这一议题在 1938 年或 1940 年交由选民们来投票决定。罗斯福的反对者也坚守着他们的立场。参议员爱德华·伯克说：“如果我们……在拒绝增加六个大法官席位之后……又同意增加两个席位，那么我们将会成为全国的笑柄。”

然而，在总统的反对者中却弥漫着紧张不安的情绪。他们知道，罗宾逊现在已全身心地投入到这场斗争之中，他不再受制于白宫或者他自己的矛盾心理。不受束缚的罗宾逊将会采取些什么行动呢?人们正拭目以待。6 月，他悄无声息而又极富耐心地展开活动。在他位于参议院办公大楼的套房里，他与同僚们进行着一对一的约见会谈，每天上午约见两到三个参议员，倾听他们的牢骚，回应他们的担忧。他一般会说:“那么，你的立场是什么？”有时他会得到他想要的答案，有时也不尽然;但随着日子一天天过去，他的活动似乎正在稳步推进。很快，罗宾逊找准时机，组建了十五人一组、由向他许下承诺（不论这些承诺是多么含混模糊）的参议员组成的团体以支持提出替代方案。此时，他加大了施压的力度。他进行了一场简短而措辞强烈的演说，内容有关正在起草中的提案以及他最为珍视的美德:忠诚。在每一次集会结束前，罗宾逊都会宣称，在场的所有人现在都坚定不移地投身于这一活动——除非有人走上前来予以反驳。到目前为止，这样做的只有一名参议员，而他所提出的不过是需要更多的时间来考虑。

6 月 11 日，在内阁会议结束后，副总统约翰·南斯·加纳告诉“老板”，他将会动身去垂钓。

从某种意义上来说，这一垂钓旅行并没有什么引人注意之处。加纳最喜爱的休闲娱乐莫过于和老朋友在故乡——得克萨斯州的尤 465
瓦尔迪（距圣安东尼奥市以西约一百三十公里的城市）——垂钓了。不同于富兰克林·罗斯福偏爱的那种驾着大船追逐大鱼的深海游钓，加纳更喜欢坐在安静的湖边，放下鱼饵，然后耐心地等待鱼儿上钩。这更合他的心意。加纳在小城镇开办过银行、商店，养过牛和安哥拉山羊，经营过山核桃果园，家境十分富裕。可尽管如此，他大体上仍是一个简朴低调之人。他和妻子艾蒂于 1903 年来到华盛顿（从那以后，他的妻子就一直担任他的秘书），1931 年成为众议院议长，一年后当选副总统；在这几十年里，他和妻子一直居住在一栋公寓楼里。他为人所知的嗜好只有两个：一个是扑克牌，他打牌主要是为了消遣，偶尔也赌赌钱；还有一个是波旁威士忌，在他办公室洗手盆上方的药柜里就存放着一瓶上好的波旁威士忌。每天上午10点，他都会为自己和到访的客人倒上少许，然后总是在举杯时说："为了自由而战。"这已成为他每天的惯例。

加纳此次的垂钓之行令人感到好奇的是其安排的时机。他在华盛顿的政治生涯已有三十五年之久；在此期间，他还从未有过在国会会期尚未结束时便动身去度假的先例。而他也知道，此次国会会期不同寻常。若有什么需要他施展影响力的时刻，肯定就是现在无疑。加纳曾经说过一句广为人知的话，他认为副总统"根本一文不值"；而他虽然身居副总统之位，却也没有为提升这一职位的作用付出太多努力。1937年1月，当加纳第二次宣誓就任副总统时，他决定在后面的四年中依旧保持沉默。但这一想法并没有充分反映他在国会山所拥有的权力以及所获得的尊重。在国会中，加纳比任何一位议员都受人拥戴。被称为"仙人掌杰克"[1]的他，拥有一头乱蓬蓬的白发和粗硬的眉毛，以及一双闪闪发亮的蓝眼睛；他常在参议院会议大厅的后部召集起追随者，并向他们提出各种建议。《时代》周刊将加纳称为"总统主要的幕后操纵者之一，巧妙利落的政治妥协的筹划者，新政在立法分支的亲叔叔"。加纳和罗宾逊是一对办事高效的搭档：罗宾逊采用拿捏到位的强制力量将指令推行下去，而加纳则运用简单质朴的才智、魅力和精明赢得议员们的投票。他们二人虽然全力为同一个议题贡献着时间与精力，可与此同时他们对这一议题却并不完全信任。

---

[1] 加纳在担任得克萨斯州议员时曾热烈支持用仙人掌当得州的州花，故被戏称为"仙人掌杰克"。

“这次旅行的日期在几个星期前就确定下来了。”当加纳得知有关他度假的消息登上报纸后，他不禁心生不满。“我已经告诉老板了，如果他需要我的话，我将……立即返回。”可他这样说却不能让白宫 466 里的任何人心安，更不用说罗斯福了。得克萨斯州纽埃西斯河的太阳鱼和鲈鱼在 7 月和 8 月同样活蹦乱跳，其鲜美程度不亚于 6 月，因此加纳在这个时候离开华盛顿不合常理——况且他这一走，何时回来并无定期。此时正值最高法院之争的紧要关头，而且罗斯福正费尽心力想要使这项充满争议议程的其余部分获得国会的通过。新闻界立即针对加纳的举动得出了“不祥的结论”（卡明斯语），猜测他一定是因填塞法院计划而“怒气冲冲”，由此才选择在这时离开华盛顿——一些民主党的高层人士倒是乐于认可新闻界的这一解读。

如果加纳果真怒气冲冲的话，那么也不全是与填塞法院的计划有关。由于很难确定加纳对于该计划的真实想法，人们的猜测因而五花八门、各式各样：法利认为他“强烈支持”该计划，伊克斯认为他对于该计划“不甚热心”，而在该计划在参议院宣布的当天，所有看见加纳捏着鼻子、做出大拇指向下手势的人都认为他持激烈的反对态度。可是加纳对罗斯福的不满主要在于，后者对于静坐罢工所采取的放手不管的态度使得罢工者越来越大胆，而且联邦开支——尤其是用于救济的联邦开支——已经处于失控的状态。加纳属于老派、重农的杰斐逊式民主党人[1]——相较于新政，他更倾心于威尔逊所提出的新自由[2]；因此，他虽然面对时代的变迁做出了一些相应的调整和适应，但罗斯福的劳工和预算政策还是冒犯了他对于财产权的

[1] 杰斐逊式民主党人（Jeffersonian Democrat）深信大多数人的自我管理能力，主张小政府、重农主义、言论自由和新闻自由，反对由商人、银行家和企业家组成的贵族精英。

[2] 新自由（The New Freedom）是伍德罗 · 威尔逊在 1912 年总统选举中提出的竞选纲领，亦代指威尔逊在之后第一个总统任期内的进步运动。此政治理念反对垄断，主张自由竞争和工人权益。

坚定信念。他对自己的信念也毫不讳言。那个夏天，他在给吉姆·法利的信中写道，总统“在某些事情上将手伸得太远……据我观察，他得出的一些结论无论从治国理政还是从爱国主义的角度来看都是无法持久的”。

到 1937 年春，加纳对他的“指挥官”所做的公开的“忠诚宣誓”已经无法约束他自己的恼怒情绪。因此，就像汤姆·科克伦所抱怨的那样，加纳“采取了强硬行动”。伊克斯对此表示赞同：“他几乎是在公然反抗总统。”当加纳在国会中的盟友加大对救济计划的攻击力度时，白宫幕僚看到了副总统在其中的推动作用，而后者对此并不避讳。双方的冲突在 5 月 14 日这天达到一个临界点。当时，内阁成员在总统办公室外等着参加每周的例会，而罗斯福正在办公室里就罢工、预算和填塞法院计划在得克萨斯州的接受程度等问题训斥着加纳。二十分钟后，他们两人走进内阁会议室。伊克斯注意到：“副总统看起来像是挨了结结实实一顿痛打似的。”在开会时，罗斯福明显想要安抚加纳，并让他参与到会议讨论中来，可加纳对此却无动于衷，只是冷冰冰地一言不发。

467 因此，在 6 月 11 日，加纳宣布他将去得克萨斯州度假。“他选择了一个心理上的正确时刻。”《民族》杂志指出，这一点无可辩驳。白宫幕僚（私底下）认为，加纳离开华盛顿的真正原因是他已经“崩溃”了；但加纳虽然已经六十九岁，却从未被视为年老体衰之人。对于自己所做之事及其将会产生的效果，他一向了然于心。在国会山的这三十年中，若要拿刀捅人，他都会躲在衣帽间的隐蔽角落里悄悄进行；然而，现在他却公然向“老板”传递出这样一个信息：在这个考验人心的时刻，你不能想当然地认为任何一名民主党人都会给予无条件的支持，甚至包括你的副总统在内。

6 月 13 日，加纳坐上由司机开的车离开华盛顿。第二天，司法委员会的成员悄无声息地走进参议院。其中一名成员帕特·麦卡伦拿着一份四十八页的文件，并将其递给参议院的一名年轻助理。这份文件的抬头写着“反对报告”这几个字。几个星期前，司法委员会已经就填塞法院提案做出决定：该委员会反对这一提案，投票结果是十票对八票。今天，他们呈递给参议院的正是委员会多数派的书面意见，这十名多数派成员中有七名是民主党人。委员会主席亨利·阿什赫斯特假装漠不关心，在办公桌前忙碌地写写划划。突然间，他站起身来，谴责这一多数派报告是“吓唬人的庞然大物”。他的话没有引起在场人们的太多关注，因为人们还没有看到这份报告。

这份报告并不满是枯燥乏味的法律分析；相反，其中充斥着尖刻、鄙夷和极其悲观的言辞，和麦克雷诺兹大法官在法庭上的言论风格颇为相似。该报告将填塞法院提案的所有前提、条款和目的都贬损得一文不名，没有对罗斯福给予任何认可，哪怕是他通过其意图所表达出来的善意。

麦卡伦和来自怀俄明州的约瑟夫·奥马霍尼（他在罗斯福获得芝加哥民主党全国代表大会的总统候选人提名之前支持罗斯福）是这份报告的主笔人，虽然一些言辞更为犀利的语句一部分来自惠勒，另一部分来自博拉——这两人中只有后者是司法委员会成员（后来，博拉还认为奥马霍尼抢了他的功劳，并因此忿忿不平）。他们声称，填塞法院提案“将强力诉诸司法体系。该提案试图对法庭施加一连串的行动……这就是该提案的目的，对此还有任何疑问吗？……任何诡辩都无法掩盖这一事实”。该报告举例说明“狡诈迂回的……方 468
法毫无成效，只会显得荒谬可笑”，并反复攻击总统在提出该提案时所使用的策略和技巧。该报告还提到提案中少有人注意到的一些内容，均与联邦下级法院有关。弗兰克·肯特就在最近的一篇专栏文章中提醒读者们注意，罗斯福同样急于填塞地区法院和巡回法院。考虑到这一点，参议员们便提出出于年龄而非需求的原因来增加法官人数的做法，将无法缓解案件堆积的问题。

参议员们一边对该提案的细枝末节倾注大量的注意力，一边再三地斟酌在他们看来正处于危险之中的基本原则。他们写道，宪法“现在正掌握在我们的手中，要保存还是毁灭它都由我们说了算”。他们向同僚们发出恳切的请求：

> 请让我们——第七十五届国会的议员们——用后人们无法忽视的语言宣布：我们想要拥有的是一个独立的最高法院，一个无畏的最高法院，一个勇于捍卫人民自由、公开发表真实想法的最高法院；而不是一个出于恐惧或受任命权力或派系热情所驱使而对国会制定的所有法律都予以赞同的最高法院。我们不是法官们的法官。我们并不高于宪法。

在该报告的结尾部分，作者还提到了建国之父们——这颇为应景，因为在报告的最后是针对总统提案的冗长控诉，而无论是从形式上还是从意图上来看，这些控诉都与《独立宣言》中针对乔治三世的控诉极为相似。

> 我们建议否决这一提案，因为该提案既无必要也无用处，而且背离了宪法原则，这是极其危险的。
>
> 该提案是以一种极其精巧复杂的方式呈递给国会的，只因要掩盖其真实目的。
>
> 该提案既不会消除法官席中的年龄因素，也不会消除分歧明显的判决结果……
>
> 该提案既不会降低诉讼的费用，也不会提高案件的判决速度。
>
> 该提案既无先例，也无正当理由。
>
> 469 该提案将会使法院屈服于国会和总统的意志之下，并由此

摧毁司法体系的独立性，而后者是对个人权利的唯一保障……

该提案的最终施行将会使我们的政府变为人治政府而非法治政府，其实际施行将会使宪法由政府的行政分支或立法分支说了算……

该提案应该被坚决地予以否定，以杜绝类似的提案再次被呈递给美国自由人民的自由代表们。

该报告中的所有论点在以前都曾经被人们提及过，可从未以如此集中的方式出现过。雷·克拉珀在日记中写道："该报告措辞严厉，对总统的提案进行了极其猛烈的攻击；读起来几乎像是对总统的弹劾提案。"他接着写道，否决填塞法院计划是一回事，"但若将填塞法院计划视为对美国精神中所有神圣原则的违背，那无异于是将罗斯福标榜为国家的敌人"。哈罗德·伊克斯对此表示赞同："如果总统的确如该报告所言犯下了这些错误，那么他应该遭到弹劾。"伊克斯还为报告中暗示最高法院"如同教皇一样，永无过失"（伊克斯本人语）而感到十分恼火。自由派报刊暂停表达他们对于罗斯福失败策略的不满，转而对司法委员会的报告发起了反击。《新共和》杂志集中力量攻击该报告对于最高法院的过度推崇及其"歇斯底里般的强烈措辞"，《民族》杂志则将该报告嘲讽为"政治上的猛烈抨击，其中充斥着含混不清的刻板形象和对我们政府未来的毫无由来的担忧"。《民族》的编辑最后总结道："读完该报告，唯一有理由感到高兴的是共和党全国委员会。"

此话不假，共和党人的确欣喜若狂——尤其是在该报告签字的十个人中有七个是民主党人，这充分说明民主党内部的矛盾正在升级。事实上，美国自由联盟中的杰斐逊派民主党人也十分欣喜，此前他们已经被排挤到政治圈的边缘地带。"这真是一次全面的辩护。"拉乌尔·德斯弗奈因对朱厄特·肖斯吹嘘道。在公开场合中，他们的盟友弗兰克·甘尼特赞扬司法委员会的“精湛的表达方式”；在私底下，甘尼特感谢该委员会的某些成员将这份报告的内容透露给他——因此，在这份报告正式公布之前的几天，他就已经将其复制出来并
470 空运至全国所有日报的报社。保守派报纸也十分兴奋。《芝加哥每日论坛报》宣称：“为填塞法院计划的惨败准备好葬礼吧。”这一言论与其说是客观的新闻报道，倒不如说是一厢情愿的主观猜测；但这一言论的确反映了一种普遍且理智的观点：总统已经被打败了。

最起码而言，总统“蒙受了迄今为止最为糟糕的公开羞辱”，雷克斯·特格韦尔回忆道。此外，司法委员会中支持总统提案的成员没为总统做出任何辩护，他们甚至拒绝提交少数派报告（科克伦还是如往常一样不顾参议院的礼节，他自己起草了一份少数派报告，并试图让阿什赫斯特接受，但遭到了果断的拒绝）。在公共场合中，罗斯福似乎不肯屈服。在6月15日的记者招待会上，他声称他还未读过该报告，尽管他承诺将会在周末连同关于各类问题的“十到十二份其他报告”一并阅读。显然，他想尽快摆脱这一报告的影响。他说自己想要的是：“一次投票，越快越好。国家也需要这次投票。”对最初的提案进行投票，还是对替代方案进行投票？“在参议院进行的投票，”他说道，并没有正面回答这个问题，“换句话说，参议院不要阻挠该提案的通过。我相信国家也不希望提案被阻挠。我相信，国家需要投票。”

当然，在私底下，罗斯福异常愤怒。在参议院的听证会中，反对派证人尽可能不对罗斯福本人进行攻击。相比之下，这份反对报告将罗斯福（虽然该报告并没有提及他的名字）描述为一个骗子、一个贪恋权力之人，一心只想压制最高法院、破坏宪法。正如阿瑟·克罗克所言，这一切都只可能是有意而为的——冷酷、有预谋的政治弑父行动，其根本目的不是要否决填塞法院提案，而是掌握整个党派的控制权。在罗斯福第二个总统任期刚刚进入第五个月之时，意

在取代他的竞争就已经开始了。当然，前提是罗斯福将不会继续连任——而连任的谣言早已广为流传，罗斯福本人也无意压制它。

此事不仅关系到谁将在 1941 年成为总统，也关系到到那时总统领导的将会是一个怎样的政党：是像目前这样分裂的政党，还是一个以来自南部和农业地区的成员为主、包括共和党人和右倾民主党人在内的坚实的保守派政党？或是一个以劳工为核心、包括两党进步派人士在内的、真正意义上的自由派政党？（此时，共和党的心思不在于重新入主白宫，而在于确保能够撑到下一次大选。）马文 · 麦 471
金太尔对雷 · 克拉珀说，重组即将开始；至于重组的结果，他认为是完全未知的。

“民主党会分裂吗？”《民族》杂志问道。副总统加纳的离去加上反对报告的发布使得“暗中的较量”（卡明斯语）浮出了水面。在克罗克看来，在该报告上签署名字的民主党人打响了 1940 年大选战役的“第一枪”，这一枪意在除去罗斯福。这是一个十分冒险的策略。反对者有可能反而会给罗斯福寻求第三个总统任期提供了议题。此外，克罗克指出，总统“十分记仇”。就算该报告的执笔人不论出于何种原因收回自己的言论，“想要像总统这般性情的人原谅他们，可能性也是微乎其微”。

6 月 16 日，也就是司法委员会发布这份报告的仅仅两天之后，罗斯福总统为了体现大度，邀请国会中的所有民主党议员——一共四百〇七名议员——参加在杰斐逊岛俱乐部（该俱乐部是民主党的一个休闲场所，位于切萨皮克湾）举行的“和谐聚会”。这个主意是罗宾逊想出来的。特纳 · 卡特里奇称之为“集中争取支持之举”。罗宾逊相信，在夏日阳光的映衬下，总统的魅力和亲和力会大大增加，这将有助于获取议员们对于替代提案的支持。共和党人则乐不可支地对这一聚会大加嘲讽，他们将民主党国会议员们比作“准备接受老师训话的小学生”。伊克斯认为聚会的主意非常不错，他给罗斯福写了一张便条，敦促他“得让在杰斐逊岛的那些人知道，他们应该在何处适可而止”。罗斯福回复说，他十分享受“挥动皮鞭的感觉”。然而，白宫却明确说明周末的聚会纯属社交活动，总统甚至都不会考虑惩处党内的反对者。有数十名反对填塞法院计划的国会议员拒绝了聚会邀请，包括卡特·格拉斯和爱德华·伯克在内。来自西弗吉尼亚州的拉什·霍尔特也拒绝了，他大笑着说道：“你们知道吗？有一个古老的罗马风俗：先款待，后收买。我可不想被收买。”

至少，这次聚会可以使罗斯福有机会暂时驱散笼罩在他总统任
472 期内的阴霾。“一切都是那么地令人沮丧，”雷·克拉珀在日记中这样描述华盛顿以及全国上下的氛围，“一切似乎都变得更加糟糕。人们紧张不安，似乎已经失去了理智。”至于罗斯福，“（他）每天都遭到国会的谴责；他让罢工活动愈演愈烈，公众对此也颇为不满……这是自他就任总统以来所遭遇的最严重的民意下降。”在参议院，加纳委托詹姆斯·伯恩斯发起了一项运动，意在剥夺联邦政府对于救济计划所负有的大部分权责，并将这些权责授予地方政府。新闻界将这一运动称为“加纳叛乱”——直到罗宾逊出人意料地接手领导这一运动，其名称才发生变化。此外，全国复兴总署的前负责人休·约翰逊将军也谴责罗斯福在第二个总统任期内的议程，认为其无异于革命的前奏。而在被罗斯福视为第二故乡的佐治亚州，当地媒体《梅肯电讯报》甚至呼吁弹劾总统。

与此同时，在驾车前往加拿大阿尔伯塔省旅行之前，最高法院首席大法官休斯进行了两场毕业典礼演说；对罗斯福而言，这两场演说无疑是两记响亮的耳光。在阿默斯特学院（休斯有个孙子正要从该校毕业），休斯抨击了“改革斗士们”——数十年前，他本人曾经被冠以这一称谓。休斯问道：“我们应该去哪里找到均衡的判断、理性的评估和合理的方法呢？”两天后，休斯在母校布朗大学（他有

另一个孙子正从该校毕业）再次回避了最高法院之争，但却似乎对反对报告进行了阐释。他声称："社会的主要敌人是那些虽然掌握了更多信息、却试图间接地用虚假报道及诋毁诽谤来实现其不可告人目的之人。"

所有这些指责都重重地压在了罗斯福的心头。罗斯福的知己路易斯·豪以及保镖兼密友格斯·根内里希均已去世，而埃莉诺大部分时间都不在华盛顿，因此罗斯福颇为孤独。每晚，他都独自一人在白宫办公。眼看总统日益变得孤独，他的幕僚们也担忧不已。

杰斐逊岛的聚会能略微缓解总统的孤独感——哪怕只是短短的一个周末而已。6 月 25 日星期五早上，大约一百三十名国会议员和其他政府官员乘坐海军分队的巡逻艇抵达杰斐逊岛。这是第一批抵达的参会人员。剩下两批分别将在星期六和星期日抵达。俱乐部会所是殖民地时期的建筑风格，外墙被涂成了白色，其容量根本无法 473
容纳这么多人，因此只有总统和一些内阁成员在此过夜。在他们中间，却少了弗朗西丝·珀金斯的身影。自 1931 年由一群民主党参议员成立以来，杰斐逊岛俱乐部便不对女性开放，所以珀金斯和国会中的六名女性议员都没有受邀参加这一"男士聚会"。一名女性众议员说："如果我们在场的话，也许男士们就无法自在地拨弄头发、脱下外套——或许还有衬衫了。"

来到杰斐逊岛以后，一些男士不仅脱掉了外套和衬衫，还脱掉了所有其他衣物，然后跨过石头到杰斐逊湾的清澈海水中畅快地游泳。与此同时，在俱乐部会所宽阔的游廊上，另外一些男士一边喝着薄荷酒和冰镇啤酒、吃着蓝蟹，一边玩着牌；他们中的一些人穿着法兰绒西服，热得直出汗，一些人则明智地穿上了夏装。还有一些男士像小孩子一样在会所前的场地上三五成群地聚在一起，他们或玩着双向飞碟，或唱着歌（其中一首歌是这样唱的："老大党共和党，她与从前不再一样。"），或钓着青鱼和黄鱼，或进行着模仿猪叫比赛，或懒散地打着棒球——其中一局的结果是六比六。“我们关于最高法院的争论也是这个结果。”一名议员大笑着说道。

而款待他们的主人正远远地坐在一旁。罗斯福穿着一件白色短袖衬衫和一条白色亚麻长裤，坐在一棵老树的树阴下热情地与宾客们打着招呼，他们中的许多人以前从未见过总统本人。每一天，罗斯福都会花六个小时坐在这里，与宾客们握握手、说说笑，并与一群群虽热得汗流浃背、却不愿摘下领带的来宾合影。一群国会议员还劝他加入所谓的“煽动者俱乐部”——一个大家都知道的虚构社团——于是，他跟着这些议员发誓要做一个出尔反尔之人。记者们虽聚集在杰斐逊岛对岸的码头上，却声称听到了罗斯福那熟悉的笑声在水面上荡起的阵阵回响。

罗斯福非常享受这次聚会，他拒绝在此时谈正事。有几名国会议员拿着公文包和大量的文件来到杰斐逊岛，接着他们都失望而归。然而，大多数议员们都十分高兴能够远离枯燥乏味的日常工作；在杰斐逊岛上，甚至连一部电话都没有（尽管停泊在岸边的波托马克号游艇与华盛顿保持着联系）。只有到了晚上，当最后一批狂欢者乘船
474 离开后，罗斯福和剩下的少数宾客才会坐下来开始严肃的讨论。就填塞法院提案的替代方案这一问题，卡明斯、罗宾逊和罗斯福进行了私下的秘密会谈；但为了不破坏周末的愉悦氛围，他们转而谈论起卡明斯口中的“非常令人愉快”的扑克牌局了。

杰斐逊岛的聚会十分成功。这不仅是一次室外散心活动，更是一次“培养友谊的盛筵”——新闻界这样的形容虽充满嘲讽之意，倒也十分贴切。此次聚会的气氛轻松愉快，即便是其间下了几次小雨，并且有像伯顿·惠勒这样的不满分子出席，也丝毫没有破坏聚会氛围。不仅如此，正如英国驻美大使罗纳德·林赛爵士在发给伦敦的报告中所提及的那样，民主党人“在动身回到华盛顿时变得愈发顺从了”。许多国会议员对此表示赞同。“我认为，他争取到了一些原先可能不

会支持他的人。”一名议员说道。看起来十分有可能的是：罗斯福已经获得了一些选票——这些选票或许就足以让结果大为不同。如果事实果真如此的话，那么之所以能做到这一点，他靠的并不是劝说、逼迫民主党人，也不是向他们许下什么诺言，而是如阿瑟·克罗克所言，他靠的是“亲和力、克制力和仁爱之心”，这些特质都被他充分地展示出来。克罗克指出：“演出十分成功。主角的表演毫无瑕疵，观众们也开始淡忘他所犯下的错误，继而感慨地回想起他那些遭到中伤的美德。”据说，那七名支持反对报告的民主党参议员在杰斐逊岛上遭到了其他议员的孤立；还有报道称，他们开始担心自己之前的做法太过分了。

“人人都失去了信仰。”参议员约西亚·贝利嘲笑道，但这只是他的感觉，并非事实。在民主党议员们返回华盛顿的几天之后，《华盛顿邮报》指出类似贝利这样的反对者“认为填塞法院的计划已毫无希望，这一观点过于乐观了”。各大报纸声称，五十四名参议员支持妥协提案——这一数字不论是加上还是减去两票或三票，都与双方的秘密计票结果相吻合。罗宾逊做到了这一点——他形成了一个多数派团体。他无法保证能够让这一多数派长期存在，但至少在目前，他获得了他们的支持。也正因为此，惠勒不再夸口说他可以击败任何妥协方案了。“你知道这意味着什么。”海勒姆·约翰逊在给儿子的信中写道。这意味着阻挠议事[1]。

现在，这一点似乎已无法避免了。甚至在杰斐逊岛的聚会开始之前，反对派领袖们就已经开始起草冗长的发言稿了；有了这些发言稿，参议员在阻挠议事时就可以稳稳地占据讲台。（当然了，想要通过发言来阻挠一项提案的通过，并不一定需要进行演说。任何写成文

[1] 阻挠议事：美国参议院不限制讨论自由，因此参议员会利用此特权进行无休止的发言以拖延时间，从而阻挠立法行动。

475 字的东西都能奏效：莎士比亚作品集、最近的《国会记录》、多年前的选举结果、亚伯拉罕·林肯或杰斐逊·戴维斯的传记等。）反对派还组成“五人行动组”，即每五名参议员一组、每组负责发言二十四个小时——如有必要的话，由在阻挠议事上有丰富经验的参议员组成的“后备小组”将会予以支援。帕特·麦卡伦宣称：“我会一直发言，直至我倒下为止。”反对派参议员还准备了一项“毒丸修正案”[1]，意在诱导南部参议员加入到阻挠议事的队伍中来：他们计划在替代提案中加上一项反私刑提案[2]。他们表示，这项修正案是给老邦联[3]的一个友情提示，让他们意识到由罗斯福填塞后的最高法院将会支持反私刑的联邦法律——防止某些南部参议员弄混了胜算几率而给替代提案投支持票。

此外，想要阻碍一项提案的通过，还有许多其他经久不衰的策略。参议院的一项法规禁止参议员每天就一项立法的发言次数超过两次，但参议员向一项提案所添加的修正案却是没有数量限制的，而就每一项修正案他也都可以发言两次。这样一来，想要阻挠议事简直易如反掌。7月初，参议员伯克弄到了一沓修正案的官方表格，并指派美国律师协会的一群年轻律师填写这些表格。一天半之后，这些律师们仅仅起草出十五项修正案，每一项修正案都对填塞法院提案进行了相当大的修改。这些律师心烦意乱，便前去拜访参议员贝利，他们撰写提案的低下效率让后者不由得哈哈大笑。贝利拿出一份该提案的副本，并让其中一名律师将他口授的内容记录下来。贝利先

---

[1] 毒丸修正案（poison pill amendment），亦称为破坏性修正案（wrecking amendment），指为原议案添加或减少内容、旨在阻挠议事并把原议案全部推翻的修正案。

[2] 反私刑提案（Anti-Lynching Bill）一直是美国政治史上的争议提案。为了阻止白人对黑人的歧视和虐待，众议员莱昂尼达斯·戴尔于1918年首次提出反私刑提案，提倡将私刑确立为一项联邦罪行，但在参议院遭到南部民主党人的阻挠。此后类似的立法也遭遇相似的命运，包括1934年由爱德华·科斯蒂根和罗伯特·瓦格纳共同起草的反私刑提案。

[3] “老邦联”指的是美国南部。

是指出将最高法院大法官人数控制在十五人的这一条款，并让这些律师将“十五”换成“十四”。然后，换成“十三”。再然后，换成“十二”。至于该提案的其他条款，也以此类推进行修改。领会到这一点之后，这些律师到第二天上午便起草出了一百二十五项修正案，每一项修正案都用打字机工工整整地打印出来——有了它们，每位反对派参议员足以进行二百五十次发言了。

在参加杰斐逊岛的聚会之前，大多数支持罗斯福的参议员都还没有准备好要与阻挠议事的行为相抗衡。但返回华盛顿之后，他们的斗志便被激发起来；他们准备好应对策略，不让反对者的计划得逞。罗宾逊及其手下相信，随着时间一个接着一个星期的过去，同时伴着华盛顿越来越让人透不过气来的暑热，反对派最终将会遭遇背叛。海勒姆·约翰逊任参议员已有二十年之久，他是阻挠议事的好手。这一次，他担心罗宾逊的判断是正确的。他在给儿子的信中写道：“我 476
知道人们是怎样对一件事情慢慢心生厌倦的。尽管这些人——我说的是这些民主党人——执拗得令人钦佩……但我认为，他们将会一个接一个地倒下。”

阿瑟·克罗克写道，倘若出现阻挠议事的情形，那么“民意将会挑选出谁是胜出的那一方”。根据盖洛普民意调查，就目前来说，在这一问题上支持双方的美国公众大约各占一半。可大多数观察者预测，阻挠议事的长篇大论一旦开始，民意肯定会对啰嗦的参议员不利。由于过于关注最高法院的议题，伯顿·惠勒和汤姆·康纳利已经感受到来自家乡州的不满；用不了多久，大部分反对派参议员肯定都会感受到来自公众的压力，督促他们将注意力放到其他更为紧急的议题上。举例来说，农民们正高声要求采取某种全新形式的《农业调整法》，而工人们则想要通过有关工资和工时的提案。他们的耐心是有限的。

可以想象，对于在参议院所进行的一个小时接着一个小时、一个星期接着一个星期的冗长发言，公众的容忍也是有限的。用不了多久，甚至就连反对填塞法院提案的美国人都可能会对这种阻挠议事的行为心生反感——正如《时代》周刊对1927年的一次阻挠议事所描述的那样："参议员们因此变成了一群不眠不休、整日咆哮的动物。"《时代》周刊后来还指出，参议员休伊·朗的"阻挠发言"，即他针对全国复兴总署计划（不论这一计划是多么不得人心）的频繁攻击，"使得国会内外都对他厌恶至极"。

到7月3日，纽约的工会成员已经为一份请愿书收集到两千个签名，这份请愿书警告参议员罗伯特·瓦格纳不要再参与阻挠议事。人们推测，像这样的请愿活动才刚刚开始。考虑到这一点，双方中的温和派民主党人开始想方设法寻求新的解决方案——又能解决当前这一问题，又不至于在国会中引发一场丑陋的党内争斗。事态的发展似乎对他们愈发有利。

至于他们是否能成功，将取决于罗宾逊能否制定出一项能够同时让白宫和大多数参议员都满意的妥协方案。到了7月初，已经有五十四名参议员向罗宾逊做出了支持新提案的承诺——但是这些参议员在许诺时，新的替代提案还未草拟出来。参议员们一旦知晓了替代提案，他们还会支持最初的提案吗？也许，罗宾逊将再次得到
477 了命运之神的眷顾。从杰斐逊岛回到华盛顿之后，他与卡明斯、斯坦利·里德及两位参议员马弗尔·洛根、卡尔·哈奇进行了商讨，并迅速拟定出了新提案的内容。"我们……十分顺利地达成了一致。"卡明斯在日记中写道。7月2日，卡明斯声称："事情已成定局。"紧接着，他又自豪地补充道："现在起草的这项提案从本质上来说与最初那项是一模一样的，除了有关最高法院的那一部分以外。"这一排除在外的部分可不容小视。然而，新提案完整地保留了原先提案中有关下级法院改革的内容，这在卡明斯看来意义重大（哪怕其他人并不这么认为）。当替代提案通过后，他就能证明"提高司法体系的

效率、清理堆积的待审案件、给司法体系注入新鲜血液的这一整套思路”是正确的了。

在最高法院这一问题上，替代提案有别于罗斯福原先的提案；但这一区别会让参议院满意吗？尽管罗宾逊等人付出了大量的心血，可修改后的提案仍然保留了最初提案中令批评者甚为反感的许多内容：提案扩大了最高法院；提案允许大法官的人数达到十五人；提案依然遵循着原先提案的理论依据。没错，年龄门槛（即大法官如果到此年龄而拒绝退休的话，那么将新增一位大法官）现在改为了七十五岁，而非最初的七十岁；但是，这只是一个小小的让步而已。的确，正如洛根所建议的那样，每年新增的大法官人数不能超过一人。可是在这样的设计之下，如果现任大法官如他们自己所说的那样不打算在下个开庭期期间退休，那么罗斯福几乎就能接连任命三位大法官：一位接替范·德文特；一位于 1937 年上任；还有一位在短短六个月后于 1938 年上任；如此一来，最高法院总共将有十一位大法官。这样做同样是在填塞最高法院——虽然填塞的速度较为缓慢。

然而，在罗斯福看来，这样做意味着一次撤退。虽然不是投降，可相较于他在 2 月提出的提案以及在随后四个月中一直坚持的要求而言，他这样做无疑等同于撤退。自就任总统以来，他还从未为意义如此重大的提案这么卖力游说过，接着还做出了让步，即使只让了半步。因此，该替代提案——对于持不妥协立场的人而言，这一提案无疑令人万分恼怒——足以终结长久以来的僵局了。毕竟，并不是所有反对罗斯福的人都想要使他难堪，或者永久性地削弱他的权力；许多参议员仍在想尽办法博得他的好感。

当罗斯福坐在杰斐逊岛上的树阴下时，他或许还没有赢得民主党人坚定不移的爱戴，但他似乎是赢得了他们暂时的信任。他们不 478
再动辄对他产生敌意。这不仅是由于罗斯福深具魅力，还在于他经受了相当程度的磨练。虽然就填塞法院提案的条款而言，他并没有做出太多牺牲，可是他放弃了一样重要的东西：掌控力。现在，乔·罗宾逊正稳稳地掌控着事态的发展。

报纸的头条新闻证实了这一点。7 月 2 日，《纽约时报》声称："填塞法院提案遭到参议院领袖搁置；替代提案已准备就绪。"就在当天，罗宾逊提出了即将交由参议院讨论的提案。现在，这场斗争变成了罗宾逊的斗争——而且大多数人预料他将会获得胜利。

第 27 章　与上帝对抗

热气在大平原上积聚，炙烤着广袤的大地。随后，西风吹来，479 热气渐渐向东转移。到了 1937 年 7 月的第二个星期，全国三分之二的人口都处在高温的炙烤之下。商店、办公楼和工厂都关上了大门。州政府和市政府的工作人员都放假回到家中，可家里同样让人热得难受。在艾奥瓦州的大西洋城，气温接近三十九摄氏度。在波士顿，人们纷纷涌向海滩消暑，大街小巷空无一人。在曼哈顿，高温使得建筑物上的檐口摇摇欲坠；建筑物表面的砖石纷纷掉落，警方不得不将金融区的人行道用绳索隔离开来。在纽约的布朗克斯区，单单一个星期五晚上就发生了七起火灾，都是由于安息日蜡烛因夏季的高温而融化、随后从烛台上跌落至桌布或窗帘而引起的。

报纸上每天都在报道和计算“因炎热而死亡或身体虚脱”的人数——在这些平淡冷静的描述中，屠夫、园丁和餐馆侍者在工作时突发心脏病；人们下车给汽车加油或在马路上行走时突然倒地死去；儿童在人满为患的游泳池或其他水域中溺亡。在全国各地，因高温天气死亡的人数就超过了一百人。

与大多数美国人相比，首都华盛顿的居民更加熟悉这种令人谈

之色变、似乎永无尽头的炎热天气。但是今年夏天的高温天气与近
480 些年相比更为不同。波托马克河上偶尔会刮起阵阵凉风，因此沿河两岸挤满了前来纳凉的人；夜晚的公园里满是逃离了闷热的公寓和联排房屋的人，他们拖家带口，带着枕头、毯子和第二天的早餐。热浪的侵袭使人心神恍惚，联邦参议院的大辩论便是在这样的氛围中拉开帷幕。虽然参议院会议大厅是华盛顿为数不多装有空调的地方，可是在参议员们看来，这却令人喜忧参半。参议院的工作需要他们时常进出国会，在冷得叫人发抖的室内和热得叫人难受的室外来回穿梭，这可让他们叫苦不迭——要知道，有三分之一的参议员都超过了六十岁。参议员们不愿意回家，因为家中没有空调；至于他们更愿意做的事，便是离开华盛顿；可一想到在接下来的日子里，最高法院之争还会将他们继续困在这里，他们的火气就如同温度计上的气温指示一样直往上蹿。

根据日程安排，有关替代提案的辩论将会在 7 月 6 日星期二下午开始。到当天上午 10 点左右时，环绕参议院会议大厅的听众席早已是人满为患。门路灵活之人以及参议员的夫人们端坐于显要人物的保留专座上。数百名童子军成员前来华盛顿参加一年一度童子军集会，他们衣着整洁，正分散在听众席的各处。当听众席全部坐满后，其他听众只有沿着听众席的后墙边站立，身旁立着早期历任副总统的白色大理石半身雕像。在听众席的大门外，人们排起了长龙，希望能够亲眼一睹辩论的情形。与此同时，在楼下面向讲台、呈半圆形排成数列的参议员议席中，参议员们正缓缓地来到各自的座席上。

此时，填塞法院提案的反对派领袖却不在参议院里。参议员伯顿 · 惠勒正坐在出租车里赶往白宫。上午 11 点，也就是辩论开始前大约一个小时的时候，他接到了同僚霍默 · T. 博恩的电话——博恩来自华盛顿州，是一名忠诚的新政派，当时他正在总统办公室与罗

斯福在一起。邀请惠勒前来白宫是博恩的主意，他刚刚告诉总统，惠勒可能会接受意在避免激烈的公开斗争的解决方法。博恩的这一直觉是否有充分的理由，人们不得而知；但罗斯福很快同意了他的观点。几分钟后，惠勒就抵达白宫。

惠勒一来到总统办公室，罗斯福就说："伯特，我只想就最高法院这一问题给你提供一些背景情况。"接着，罗斯福谈到了英国的司法体系，以及该体系的利落高效和灵活变通。罗斯福说，这正 481
是他想要的。可这些话却激怒了惠勒，他一如往常那般斗志昂扬。于是，罗斯福话锋一转，强调起惠勒对于民主党的忠心耿耿来。罗斯福力劝他暂时不要采取行动；让共和党人来领导这场斗争。但这一建议同样不被惠勒所接受。惠勒冷冷地答道，他准备继续领导反对派斗争下去。"好吧，我们至少可以让斗争别那么激烈。"罗斯福说道。

可是，就连这一点惠勒都无法赞同。"在我国，许许多多的人们把最高法院和宪法视为一种信仰，而事关信仰的斗争不可能不激烈。"惠勒记得他是这样答复的。可他同时承诺，若罗斯福愿意放弃填塞法院的提案，那么将会有两位大法官辞职，这样罗斯福就有机会任命新的大法官了。"可这件事有多大的把握呢？"罗斯福问道。惠勒让总统尽管放心。当然了，多年来罗斯福从未把惠勒的话太当一回事。最终，他们一个多小时的会谈无果而终。

从白宫出来后，惠勒宣称他的反对立场丝毫未变。他说他是这样告诉总统的："我算是您的朋友，而填塞法院计划将有损于您在民众心中的地位。这件事将决定您是一位伟大的总统，还是一位糟糕的总统。我不想让您遇到这样的事情。"

乔·罗宾逊走上铺着绿色地毯的参议院讲台，看起来就像是一头冲进斗牛场的公牛。这正是他的力量所在——在他的演说伊始，他便将这一力量运用到了极致。演说开始没几分钟，他就已经在用拳头捶打讲台，在空中挥舞胳膊，并冲着反对者大声咆哮了，而后者则不时以激愤的问题打断他的发言。突然间,数名参议员站起身来，要求罗宾逊回答他们的提问。“所有的问题我都会回答的。”罗宾逊斜着眼睛大声说道。一切质疑和挑衅他都照单全收。

罗宾逊的演说虽然耗时很长，却将节奏把控得很好。他时而放慢语速，时而加快语速，时而高声咆哮，时而沉思低语，并时不时迸发出各式各样的奇思妙语。他对该提案的条款进行了缜密周详的评论，接着对最高法院及其判决和捍卫者发起了猛烈的攻击。他的演说虽然算不上雄辩有力，但却给听众留下了十分深刻的印象。一名记者写道，罗宾逊似乎“又恢复了往日的活力”——在掌控参议
482 院的辩论方面，他变得比从前更加游刃有余。他不时冲着楼上听众席中的听众们说：“当人们不再像从前那样能干敏锐之后，他们对时间也就不那么敏感了。”人群中爆发出阵阵笑声，一些人认为这句话指的就是罗宾逊自己。罗宾逊继续说道：“我常想，从政不能算是一份工作。从政是得了一种病；当政治渗入人的骨髓之后，人就变得无可救药了。”这句话说罢，听众席中又爆发出一阵会心的大笑。

罗宾逊警告反对者不要没完没了地发言。他对反对者大加嘲讽，认为他们最好认输；他奉劝他们：“（不要）整日整夜地夸夸其谈，这既是对听众身体忍耐力的考验，也会将参议院置于尴尬的境地。你们可能不知道，面对这种长篇大论、夸夸其谈的考验，我的忍耐力可能比反对方的忍耐力要好得多……我想，我可能比来自蒙大拿州的参议员能忍更久。”此话一出，听众们又是一阵大笑。

听闻此言，惠勒一下从座位上跳了起来。“参议员先生，我可以插句话吗？”

“可以，请讲。”罗宾逊说道。

“我的身体十分健康。我一直在为此锻炼身体。”

罗宾逊耸了耸肩说：“很好。人们在没有经历过这一切之前，都会感觉十分自信。”

惠勒不耐烦地打断了罗宾逊的话：“我并非自以为是，我也从来没有自以为是。我也没有打算用阻挠议事的方式来威胁罗宾逊参议员。”他说他不过是认为，该提案的讨论必将“花费不少时间”。

“哦，没错。”罗宾逊以不无讽刺的语气答道。“亲爱的朋友，我绝对不会干涉你发言的自由……不过，当你从一名正常的辩论者变成一名阻挠议事者时，我想我是看得出来的。如果你阻挠议事的话，那么用一句俗语来说，我们就将会‘狗咬狗’了。”

听众们喜欢听他们这样争锋相对，可此时，罗宾逊却生出了一丝倦意。他疲惫地说道：“好吧，这一切终将会结束的。”说罢，他从衣服口袋里掏出香烟和火柴，全然忘记了参议院会议大厅禁止吸烟的规定——突然，他想起了这一点，于是立即放下手中的火柴。这时，爱德华·伯克站起来想要向他提问。“不，我的发言已经结束了。今天别再提问了……下个星期再说吧。”罗宾逊一边说着，一边挥舞着胳膊。“再见！”他高声说道，听众们再次大笑起来。随后，他大步向参议院衣帽间走去，看上去面容苍白而憔悴。

在随后的两天里，参议院会议大厅里的情形大同小异：整个大厅 483
人声鼎沸，持不同观点的参议员们相互指责，其间夹杂着人身攻击和谩骂。来自内华达州的基·皮特曼代替副总统加纳担任辩论的主持人；他敲击着木槌，徒劳地冲着议员席和听众席高声喊道：“请各位遵守秩序！”直到 7 月 7 日下午，喧闹的情形才有所缓解。那天下午，参议院提前休会，以便参议员们能够前往观看在格里菲斯体育场举行的全明星棒球赛。在闷热的天气中，罗斯福总统投出第一个球，比赛结果则是由来自扬基队的卢·格里克和乔·迪马乔所带领的美国联盟以八比三的比分大胜国家联盟。

观看完棒球赛后，参议院里的战火再次燃起。罗宾逊决定重启一项久未使用的规则，以确保参议员在发言时只须回答提问，除此之外，发言的参议员不用因为其他人的任何言论而中断发言；这项规则还将每名参议员每天关于一项议题的发言次数限制在两次以内。这招致了许多参议员的反对。这项规则的狡猾之处在于，为了预防阻挠议事活动的出现，罗宾逊对于“天”的定义不是指日历上的一天——这样的一天当然只有二十四个小时——而是指“立法上”的一日，这样的一日的时长可以无限延伸。1922 年，在有关一项关税提案的辩论中，一个立法日共持续了一百〇五天之久。但也就是在那一次辩论之后，相关的规则就再也没有被严格执行过。《时代》周刊指出，罗宾逊正在打破“参议院最大的不成文规则：即参议院的成文规则没有得到严格地执行……他的这一做法更像是一种高压手段，而这在联邦参议院非常罕见。许多年长的参议员……对此愤怒不已”。参议员们就规则问题争论不休，这让有关提案的讨论几近停顿。参议院里毫无秩序可言，人们陷于一片混乱之中；至于参议员的发言与提问，这两者间的区别本就十分模糊，而在这两天里，因为参议员们将发言与提问混淆，皮特曼不得不对他们予以制止，其次数不下十次。

填塞法院提案的支持者也不再克制自己的发言了。他们以一种幸灾乐祸的心态攻击最高法院。他们的攻击对象不仅包括最高法院的判决，还包括最高法院中的摇摆派大法官，即罗伯茨和休斯。参议员约瑟夫 · 格菲（他一手促成了《格菲烟煤法》的通过，但该法在 1936 年被最高法院推翻）攻击休斯，认为是他“发动”了反对填塞法院提案的运动。格菲用严厉苛责的言辞回顾了休斯漫长的职业生涯，并将他形容为“极其精明的政客”和“真真正正的谋略家”。谢尔曼 · 明顿对此表示赞同，他认为休斯是一名“高级”政客，“一名高薪、优秀的政客”。在他看来，罗伯茨转变立场的原因只有一个：“他听从了满脑子政治考量的首席大法官的蛊惑……休斯一直在向罗伯茨灌输政治观点。除此以外没有别的原因。”明顿认为，由此看来，填塞最高法院十分有必要，因为若不这样做，那么“当（罗伯茨）实现他的政治目的后，他就会恢复到从前的立场上去……他就会故态复萌”。 484

然而，参议员之间的攻击大多还是——民主党人在攻击民主党人。与此同时，就像约瑟夫·格菲所抱怨的那样，共和党人却保持着“死一般的寂静”。受到最多攻击的民主党人是伯顿·惠勒。除了时而对惠勒指名道姓外，民主党人还提到了与惠勒关系亲近的个人和组织——弗兰克·甘尼特、美国自由联盟和美国律师协会——说到这里，惠勒的民主党同僚们就不由得摇头，尽管他们所展现出的悲痛情绪稍显夸张。马弗尔·洛根哀伤地说：“惠勒背离了自他来到参议院后所为之奋斗的一切。现在，他正在为某一类人提供便利——同时，他也很清楚，如果不对这类人加以限制，他们将会摧毁我们的政府。”

总统提案的支持者还对那七名变节者——即在司法委员会反对报告上签名的民主党人——发起了攻击。这一行为不仅仅是简单的报复，还是政府所采取的一个重要策略。在杰斐逊岛的聚会结束以后，罗斯福的幕僚们将该报告视为一个重要的有利条件——在阿瑟·克罗克看来，该报告提供了一个机会，借此给那些变节者“打上总统竞选迫害者的标签”，并敦促其他民主党人捍卫总统。这一策略的效果相当不错，那七名参议员中的其中几名已经在私下里坚称，他们并没有真正地阅读该报告，而是在受人误导之后才在报告上签字的。当洛根手里挥舞着一份该报告的副本，并威胁着要将其内容大声念出来时，该报告的撰写者们想尽办法要打断他的发言。洛根指责后者，认为他们的头脑过于简单，根本没有考虑过该报告将会产生何种影响。洛根说，有“一场运动”正在酝酿之中，其目的是创建一个新的保守党派。“这个新党派的成员全都是金牛犊[1]的崇拜者。他们不喜欢罗斯福先生，从未对罗斯福产生好感。现在，他们开始对罗斯福发起反攻了。”洛根指出，这些民主党反对派正在给保守派人士提供帮助。

不过，尽管存在这样的言论，但严肃的辩论依然没有停止。参议员们讨论了一些在一个半世纪以前就让国父们担忧不已的基本问
485 题：政府不同分支间的权力平衡问题、法官有能力推翻民意的问题，以及其他的一些问题。谢尔曼·明顿问道，如果自由取决于最高法院中某一位大法官变幻无常的观点，那么“到底什么是自由”？对于一个犯了错误的最高法院，能否拟定任何制约机制？洛根警告说：“最高法院有可能会故意犯错。最高法院有可能会成为一个绝对的统治者。”然而，“有参议员告诉我，对于最高法院，所有人都束手无策；最高法院有可能会毁掉我们的政府，而人们对此却无计可施”。对此观点，洛根并不赞同。他坚持认为，宪法赋予了国会权力来“管控”最高法院。

在辩论的最初几天里，反对派没有派人上台发言。反对派为长期的围攻积蓄着力量，因而在一开始，他们仅仅满足于嘲弄和骚扰该提案的支持者，并不停地打断后者的发言。接着，到了7月9日星期五，伯顿·惠勒站到了讲台上，毫不停歇地讲了三个小时。在惠勒讲到第二个小时的时候，他似乎有点体力不支，便示意参议院的助理人员递给他一些牛奶（牛奶盛在小纸杯里定时送到参议院）。

这场演说带有典型的惠勒风格：既自以为是，又桀骜不驯；虽然咄咄逼人，但同时又处处设防。他一一回应了针对他的指责；在回应

[1] 据《圣经》记载，以色列人在离开埃及后最先拜的偶像就是金牛犊像；当时摩西在山上领受上帝所赐的律法，民众因为等得不耐烦，于是便造了一个金牛犊以供祭拜。

时，他时而会阔步走到提出指责的参议员面前，冲着他们摇晃手指。有人认为，参议员——尤其是那些随着罗斯福在 1936 年的总统竞选中获得压倒性胜利而得以当选的参议员——应该出于忠诚而支持总统的提案；对此观点，惠勒大加嘲讽。他警告说：“你们因美利坚合众国总统而当选，但如果这就是你们来此的唯一原因，那么你们也会因这位美利坚合众国总统而落选。”此外，他再次摆出受害者的姿态，声称“政府人员”被派往蒙大拿州，意在挑起工会成员对他的反对情绪。

最后，他把罗斯福的话安在了独裁者们的身上：“希特勒先生采取行动‘以顺应时代的需求’。墨索里尼……亲自设立了法院，以便能够‘顺应时代的需求’……”他由此得出结论：“德国有法院，意大利有法院，俄国有法院；当独裁者觉得有必要时，他们就会将人员安插在这些法院里，以顺应所谓的时代的需求。”

从星期五到星期一，反对派参议员占据了讲台，发表着无比夸 486
张的言论。“美国的劳动者们，觉醒起来！……助我们一臂之力吧！”帕特·麦卡伦尖声喊道，他此时正病得厉害。他声称这一事业“值得所有人为之献身”。约西亚·贝利将目前的情形比作重建时期——现在，人们早已熟知了这一比拟：在重建时期，“联邦政府那些手握刺刀的士兵”向南部挺进，“想要让黑人掌权，并赋予他们所谓的权利”——直到“独立的最高法院”终结了恐怖统治。反对派参议员们就这样一个接一个走上讲台，不断发表耸人听闻的言论。

渐渐地，反对派的努力有了成效。当贝利发言时，罗宾逊走到一边给白宫战略委员会的约瑟夫·基南打电话。“告诉你吧，我很担心。”罗宾逊说道。7 月 10 日的人数统计显示，总统一方的力量有所削弱：原先支持罗斯福的参议员为五十四人，现在降到了五十一人，或最理想的话也就五十二人；两天后，降至五十人。提案支持者开始匆匆拟定新的妥协方案——一份替代罗宾逊替代提案的提案。可是没人确切地了解局势的进展状况。汤姆·科克伦认为，反对派所声称获得的投票比他们实际获得的要多，但双方在各自所获的投票数上均有所夸大。只有一点确凿无疑，即正如阿瑟·克罗克所指出的那样：“似乎所有的士气都集中于一方。”

在7月12日星期一的午间会期开始之前，罗宾逊与约瑟夫·基南就一起早早地吃了午餐。基南觉得，罗宾逊看上去像生病了——虽仍有些干劲，但状态却十分糟糕。连日来，罗宾逊一直遭受着胃病的折磨；除了脱脂乳，几乎任何其他食物都无法下咽。基南恳请他不要再这么拼命工作了，可以让他的助手来负责参议院的辩论活动。可罗宾逊和他开着玩笑就把此事打发过去了。

那天下午，罗宾逊的情况变得更加糟糕了。当约瑟夫·奥马霍尼在讲台上一边发言、一边用手指在空中比划时，罗宾逊坐在他的红色皮转椅上，脸色变得通红。他好几次想要站起身来，看上去就像是要揍奥马霍尼一顿。最后，罗宾逊再也忍不住了。他感到胸口一阵剧痛，差点喘不过气来，便带着疲乏的神态离开了参议院会议大厅，来到了北面的柱廊上。那里的热空气让他的脑袋嗡地响了一声。
487 他一边喘着气，一边坐在一把老旧的摇椅中。两名服务人员给他端来兑了苏打水的热水，他喝完后感觉有些好转。随后，他派人叫来了阿尔本·巴克利和其他助理，向他们下达了有关下午辩论活动的指示，接着便回家歇息。

罗宾逊穿过马路来到卫理公会大楼，这栋大楼占据着马里兰大道旁的一块三角形地块，位于国会大厦与最高法院大楼之间。那天余下的时间里，罗宾逊一直独自待在他那间高温的狭小公寓里。他的妻子在小石城照料她患病的弟弟。到了晚上，罗宾逊和一名来自阿肯色州的老朋友去看了场电影，但仍然感觉十分虚弱。见此情形，他的朋友在他的公寓里陪了他一整夜。

稍事休息后，罗宾逊的身体状况似乎有所好转。第二天早上 9 点半，他来到办公室，准备接受记者兼肖像画家 S. J. 伍尔夫的采访和炭笔素描画像。罗宾逊穿着一套白色西装，手拿一支黑色雪茄。他抱怨说身体不舒服，不过伍尔夫却不这么认为。“他看起来身强体壮，活力十足。他的头脑异常敏捷，身体看上去也十分健康。”伍尔夫回忆道。罗宾逊坐在椅子上，身后的墙上挂着用相框装裱的公共事业振兴署的海报和一幅他妻子的油画。当伍尔夫为他画像时，他一直在滔滔不绝地说着话，最后终于说到了最高法院之争。

“我并不可认为国父们会如此盲目，以至于在制定宪法时从未考虑过未来的变化，或……认为‘马拉车’的时代将会永存……我很肯定，当制宪者们创建最高法院时，他们的初衷是：最高法院不能以任何方式阻挠民意。”他说，将权力赋予最高法院的是国会，因此，制止最高法院滥用权力的也应该是国会。“我们想要确认的一点是，最高法院将会严格履行其职责。我们需要的是解释法律而非对立法发表意见的大法官。”

关于政治局势是否会出现大的变动——在罗宾逊看来，大变动将不可避免——这一问题，他的措辞较为谨慎。他向伍尔夫透露：“我毫不怀疑，用不了多久，全国将会出现全新的政治联盟。那些面向未来的人们将会加入一个了不起的政党——我希望是民主党——而那些满足于生活在过去的人们则将聚集在另一个政党中。”罗宾逊很 488
清楚，大多数观察者都会将他归为后一类人，因此他称自己为一名“激进分子”，一个乐于接受新思想的人。“我不明白他们为什么要称呼我为保守派。”他表达了自己的不满。可是接下来，他的所作所为却对这一疑问给出了最好的诠释：他申明了限制联邦政府活动的理由。他说：“我们不能永远这样借钱度日。”

最后，伍尔夫完成了素描画像。画像中的罗宾逊显得孔武有力，英气十足——他略微侧着脸，眼睛斜视着前方，一副沉思的表情。

罗宾逊在画像的最下方签上自己的名字，随后伍尔夫收拾好自己的东西准备离开。在与罗宾逊分别时，伍尔夫说道："参议员先生，我希望在您就任新的职位后还能采访您并为您画像。我确信，您一定会就任那个新职位。"罗宾逊的脸上浮现出一丝笑容，他答道："暂时还不要过于乐观。"

没过多久，罗宾逊将大约三十名参议员请至办公室。他指出，反对派"正在将总统的提案撕得粉碎"。他挨个向每名参议员发问，想知道他们何时会发言支持该提案。他走到阿什赫斯特跟前。"亨利，你什么时候发言？"阿什赫斯特答道："我的医生将会告诉你我什么时候可以发言。而你呢，乔，没有医生的允许，你也不应该发言。"

事实上，罗宾逊无意再加入到辩论中去——至少那天他是这么想的。与参议员们的会面结束之后，他回到自己的公寓，哪儿也不去了。因此，当他卧床休息时，众议员哈顿·萨姆纳斯正在众议院会议大厅里抨击填塞法院的提案，称其为将会破坏"盎格鲁－萨克逊制度"的"一把切肉刀"。他的这番话赢得了同僚们热烈的掌声。此外，他还保证说，作为众议院司法委员会主席，他决不会让该提案在众议院获得通过。当罗宾逊卧床休息时，基·皮特曼无视他的直接指令，而是以参议院辩论主持人的身份规定：每一项新的修正案都是一个新的议题，每名参议员可以就此发言两次——这样一来，反对派参议员就能够无休无止地发言了。当罗宾逊卧床休息时，他的助理们紧握双手，担心如果他们不能将辩论叫停的话，民主党将会有分崩离析之虞，而这将会带来无可挽回的灾难性后果。当罗宾逊卧床休息时，四名参议员——其中三名被罗宾逊视为总统提案的潜在支持者——阐明了他们的立场：他们不仅会投票反对该提案，而且还会前往白宫敦促罗斯福放弃这一斗争。

489 与此同时，在卫理公会大楼，一个操作电梯的男孩知道罗宾逊独自在家，于是敲门问他是否需要有人陪伴。"我很好。"罗宾逊回答道。过了一会儿，当他的司机路过卫理公会大楼前来看望他时，他也给出相同的回答。

那天晚上下了一场雨——短暂的雷雨过后，热浪稍微有所消退。7 月 14 日星期三，早上的天气虽然说不上有多凉爽，但却是数个星期以来最让人感觉舒适的了。和往常一样，罗宾逊的女佣 8 点来到他的公寓为他准备咖啡；当一切收拾妥当以后，她等了一会儿。罗宾逊没有出现。这不大对劲。他从来都很准时。

女佣走近罗宾逊的卧室，从门缝往里张望。卧室里的灯亮着，床上空空如也。乔 · 罗宾逊去哪儿了？女佣十分不安，她来到走廊上找到那个操作电梯的男孩。他们一起进入公寓，并轻松地打开了卧室的房门。他们发现罗宾逊倒在床边的地板上，身上穿着睡衣，已经没有了呼吸。他的双手张开着，不远处散落着他用于阅读的眼镜和一卷《国会记录》。

半小时后，罗斯福还没有起床。史蒂夫 · 厄尔利打来电话，告诉他罗宾逊去世的消息。科克伦给勒翰德小姐打电话，提醒她做好准备，因为即将有许多人给总统打电话要求他放弃填塞法院的提案。果然，十五分钟后，著名金融家兼罗宾逊的朋友伯纳德 · 巴鲁克就打来电话，他敦促罗斯福放弃斗争，不要再让更多的参议员因此送命了。罗斯福毫不客气地回敬道，若要说是什么让参议员们的性命危在旦夕的话，那无疑就是阻挠议事的威胁；如果没有议员阻挠议事，填塞法院的提案很快就能在国会获得通过。

在起床之前，罗斯福口述了一份发给新闻界的简短声明："一位中坚分子离开了我们。一位心系战场的战士倒下了。"他将罗宾逊视为"挚爱的朋友"和一位进步主义者："那些最为了解约瑟夫·泰勒·罗宾逊的人在他身上看到了真正的自由思想。"

正午时分，来自阿肯色州的联邦参议员哈蒂 · 卡拉韦身着黑衣来到参议院会议大厅，正式宣布了罗宾逊去世的消息。参议员们纷纷致以哀悼。亨利·阿什赫斯特说：“他高擎理想主义的火把，冷静、
490 勇敢地走完了一条漫长而艰辛的道路，履行了自己的职责……”类似这样的悼词还有很多。但许多悼词都带着些许愤怒——这些愤怒当然不是针对罗宾逊，而是针对罗斯福，因为据说正是罗斯福将罗宾逊逼到了死亡的境地。一名参议员说：“有些参议员认为，罗宾逊承受了太多本不该承受的压力。”威廉·博拉借用总统所做的比喻，认为这位倒下的战士“对他的将军忠心耿耿，尽管在战线布局上他并不总是与将军保持一致”。罗宾逊并不完全赞同填塞法院计划，这一点广为人知。在雷·克拉珀看来，罗斯福十分看重自己的权威与尊严，而罗宾逊的去世正是为此“所付出的高昂的代价”。甚至就连声称持中立立场的《纽约时报》都认为，最高法院之争——而非长期的过度操劳——导致了罗宾逊的死亡。

一小部分人将罗宾逊的去世怪罪于他的反对者。盐湖城的一名女士在给博拉的信中写道：“你是杀死乔·罗宾逊的凶手，因为根本没有进行辩论的必要……你真无耻！”但是毫无疑问，大多数观察者将罗宾逊的去世视为对罗斯福的计划所做出的最终、也是最为合适的判决，这一判决让该计划再无成功的可能。伯顿·惠勒指出，“要不是有填塞法院提案的话”，罗宾逊“也不会去世。我恳请总统停止有关最高法院的斗争，否则他似乎就是在和上帝抗争”。

“结束你的行程。填塞法院提案将在这一会期中被否决。”一名直言不讳的总统提案反对者收到了助理发来的电报，他正在与家人度假。这一结论似乎并无不妥之处。报纸纷纷预测，罗斯福将会退出最高法院之争，并利用这一悲伤的时刻来修复民主党内出现的裂痕。然而，罗斯福的直觉却恰好相反。他决心继续推进这一提案，其力度更甚以往。“这是个令人开心的消息。”哈罗德·伊克斯对此评价道。可罗斯福本人却并不怎么开心，他只是心意已决。他的整个总统生

涯似乎都系于这一斗争的成败之上。专栏作家罗伯特 · S. 艾伦写道："如果他坚守立场，拒绝被吓退或打败，那么他将十分有可能……在其他措施上实现他的目的。如果他软弱下来并退出斗争，那么他就颜面扫地了，不仅仅是在此次国会会期中，而是在余下的总统任期内他都将无威信可言。"

对许多反对罗斯福的民主党人来说，这一斗争所涉及的从来就不仅仅是填塞法院提案而已。在一些人看来，最高法院之争提供了一个遏制改革势头的机会。在另一些人看来，最高法院之争使国会有机会摘掉"橡皮图章"的标签，并摆脱白宫的控制以获得独立。而在那些有意问鼎白宫的人看来，通过最高法院之争，他们可以从 491
罗斯福手上夺取对民主党的控制权，并由此支配（或成为）1940 年民主党总统候选人。

出于上述这些原因，由罗宾逊去世的消息所带来的停火状态并没能维持多长时间。仅仅过了二十四小时，新一轮的猛烈攻击便又开始了。7 月 15 日，反对派领袖宣布，他们拥有足够的票数将总统的提案送回至（或者用参议院的话来说，"再次委托给"）司法委员会——从立法角度来看，这就等于给该提案宣判了死刑；与此同时，白宫发言人坚称总统不会放弃斗争。那天上午，当四名新当选的参议员请求总统不要让民主党四分五裂时，后者告诉他们，民主党内早已存在分歧——如他所言，阿尔 · 史密斯等人和乔 · 罗宾逊等人之间的分歧，就如同南部联邦主义者和真正的自由派人士之间的分歧。

一名参议员鼓起勇气说道："总统先生，世界上最困难的事情莫过于对您说出那些您不愿听到的话。"说罢，这几名参议员重申了他们对填塞法院提案所持的反对立场，随后便返回了国会。

在国会，另一场斗争正在酝酿之中，即参议院多数党领袖的职位之争。

这一竞争在罗宾逊去世前便已展开。当罗宾逊即将被任命为最高法院大法官的前景变得明朗之时，参议员们便开始为取代他在参议院的位置而纷纷行动起来。其中的一名竞争者是阿尔本·巴克利。作为罗宾逊的首席助理，巴克利在罗宾逊去世的消息宣布后成为代理多数党领袖。他与罗宾逊走得很近，但他与白宫走得更近。巴克利是一名干劲十足的新政派，在那些因为支持罗斯福而得以当选的参议员中，他十分受欢迎；可其他参议员对他则没有多少好感。

詹姆斯·伯恩斯是多数党领袖的第二个可能人选。他精明能干，因此同时获得了罗斯福和加纳的信任；但巴克利的真正对手是来自密西西比州的帕特·哈里森——他身材高大而臃肿，走起路来步履蹒跚，可能是参议院里最受欢迎的参议员。哈里森全力支持新政，且从未有过怨言。可在内心深处，他知道他并不属于新政派。哈里森与银行家、大制造商和电力公司的交情甚笃。自由派专栏作家海伍德·布
492 鲁恩写道，若哈里森成为参议院多数党领袖，那么罗斯福第二个总统任期内“99.78%”的议程都将“遭到阻挠或破坏”。尽管如此，哈里森在竞争中依然具有优势；这其中一部分原因在于他在最高法院之争中所扮演的角色——或者说，因为他拒绝在最高法院之争中扮演任何角色。他尽职尽责地支持着总统的提案，但却从不为该提案付出过多努力。当罗宾逊要求他就该提案进行演说时，他拒绝了这一要求。他从来不参与党派斗争。因此，参议员们认为他也许能够弥合党派间的分歧。

当然，选择由谁来担任多数党领袖，这一权力属于参议院。可罗斯福心仪的人选并不难猜出。此人是巴克利，而非哈里森。7 月 15 日傍晚，罗斯福将巴克利召至白宫参加一场紧急会议，一同出席的还有其他三名热心的新政派。这本身已足够表明罗斯福的态度。在这场历时九十分钟的会议结束后，总统甚至都懒得再假装中立。在上床睡觉之前，他口述了一封写给巴克利的公开信，并将其发给新闻界。

这封信有个热情洋溢的开头，“亲爱的阿尔本，我很高兴，你让我注意到昨天和今天发生的某些事”——这些事就是：反对派扬言，现在他们已形成参议院中的多数派；此外，有传闻称罗斯福打算撤回填塞法院提案。“为了避免出现任何关于司法改革的误解”，罗斯福写道：

> 请让我对目前的形势做出澄清。自从参议院多数党领袖突然去世以后，我一直希望至少在他的葬礼举行之前，出于对他的尊重与怀念，人们可以暂时停止有关政治和立法事务的讨论。因此，在这样一个本应该为逝者哀悼的时刻，竟然有人攻于心计、忙于盘算，这让我深感难过。所以，为了公共利益着想，我不得不给你写这封信，尽管在我内心里对此是极不情愿的。我之所以给你写信，是因为你是参议院代理多数党领袖……
>
> 数年来，文明世界一直处在极度危险的境地。其原因有三——侵略和战备、经济危机，以及重大的社会需求。幸运的是，美国没有受外敌入侵之虞，也不存在这方面的风险；但美国人民要求获得经济上的保障，并要求在社会方面做出重大改进。若想要国泰民安，则必须做到经济保障和社会进步这两点……
>
> 如果放弃司法改革的话……那么完成上述两点的责任就
> 全部落到了联邦国会的身上。因此，请允许我再次提醒你，总 493
> 统和绝大多数人民的目标都是一致的；而且，我相信，为了实现这些目标而在本次国会会期内通过相关立法……正是国会议员——尤其是多数党国会议员——的职责所在。

霍默·卡明斯那天晚上写道：“毫无疑问，总统的信将会引起轰动。”此话不假。克罗克称这封信“火药味十足”。《波特兰俄勒冈人报》

轻蔑地称其为“满篇废话”。《纽约太阳报》认为其“既可怜又可鄙”。《洛杉矶时报》则十分不解，罗斯福为何“要去捅一个新的马蜂窝……整个华盛顿似乎都受到了热浪的影响，总统也不例外”。在会议大厅里，参议员们怒不可遏。有人问道：“这到底是谁的参议院？”

惠勒再一次站在道德制高点上怀疑总统“想从这类悲剧中获取政治资本。但如果总统真是这么想的话，那么给他提建议的人就太没有水平了；不过这也不难理解，毕竟人在刚刚失去朋友的这段时间里心情悲痛，判断力难免也会有所下降”。但惠勒本人可不是这样。他告诉记者：“当乔·罗宾逊去世后，我取消了所有的公务约会，并将填塞法院提案忘得一干二净。”

威廉·博拉在给朋友的信中写道：“总统尽力想要做的是……怎样防止溃败。”博拉认为，那天上午那四名参议员拜访白宫并敦促总统放弃该提案，这让后者心烦意乱。的确如此，罗斯福告诉吉姆·法利，当这几名参议员回到国会山后，他们散布消息称总统准备放弃了；那封以“亲爱的阿尔本”开头的信正是为了冲淡人们对此消息的反应。史蒂夫·厄尔利在一次与雷·克拉珀的交谈中证实了这一点。克拉珀在日记中写道：“史蒂夫说那封信的内容支离破碎。士气一落千丈，因此他们不得不立即采取行动，否则一切就将土崩瓦解。”

7月16日上午，正当参议院骚动不安之时，罗斯福穿上了晨礼服，前往参议院会议大厅出席乔·罗宾逊的国葬典礼。罗宾逊的灵柩上覆盖着鲜花，放置在会议大厅的讲台上。正是在这里，罗宾逊说出了他作为参议院多数党领袖的最后一个词：“再见。”

494 哈蒂·卡拉韦坐在那把属于罗宾逊的红色皮椅旁边。为了表示团结，惠勒和巴克利这两名最高法院之争中的主要斗争者并排坐在一起。罗斯福双手紧紧地放在大腿上，和他的内阁成员坐在灵柩前面。在过道的另一侧是皮尔斯·巴特勒大法官——他是唯一一位出席葬礼的最高法院大法官；因为在所有的大法官中，他是唯一一位能从度假地及时赶回首都的。

葬礼仪式很短，而且稍显生硬。没有人宣读追悼词，只有众议院和参议院牧师念着令人哀伤的祈祷辞，随后唱诗班唱起了圣歌。最后，罗斯福在别人的搀扶下站起身来，满怀同情地向罗宾逊的遗孀艾薇尔达·罗宾逊看去，接着便在众人的簇拥下来到了外面的大厅。跟随罗斯福一同来到大厅里的还有数名参议员，帕特·哈里森是其中之一。罗斯福冷淡地和他寒暄了几句，并让他那天晚些时候到白宫商议事情；而就在总统约定商谈时间的数小时后，哈里森和其他数十名参议员将会乘坐火车前往阿肯色州小石城参加罗宾逊的下葬仪式。总统将不会出席下葬仪式，他不愿前往阿肯色州，因此驳回了幕僚的建议，并给出了一堆彼此没有关联、毫无说服力的借口——而这成为参议院憎恨他的又一个理由。

尽管罗斯福的处境越来越艰难，但他依然（至少从表面上看）是华盛顿最为泰然自若的人。那天的事态发展逼得白宫的资深人士们几乎要发疯；可罗斯福就算深有同感，也丝毫没有将紧张不安的情绪显露出来。那天下午，法利来到白宫，发现总统“心情不错”。就在前一天，罗斯福还提到，罗宾逊没有能力让自己放松下来，也没有能力冷静地接受坏消息，这是他身体垮下来的重要原因。很显然，罗斯福没有这个问题。他可能会愤愤不平，可能会心怀怨恨，也可能会伺机报复，但他从来不会失去理智。现在，他看上去也丝毫没有失去理智的迹象。他不动声色地派遣基南和参议员们一同前往阿肯色州，希望通过最后的努力以达成妥协。那天下午，他还告诉哈里森，无论如何他都不会干涉参议院多数党领袖之争——罗斯福说这话时言不由衷，而哈里森也并没有信以为真。

奔丧的列车由十节普尔曼车厢连接而成。列车上不仅有参议员、众议员和数名白宫幕僚，还有四千朵鲜花以及放置着乔·罗宾逊遗体的灵柩。这趟列车当天晚上10点驶离了华盛顿联邦车站。没过多久，人们便三三两两地聚集在车厢的各处；车厢里的每一个隔间、每一段
495 走廊似乎都变成了会议室。最高法院之争和参议院多数党领袖之争中的不同派系警惕地注视着彼此。法利也在这趟列车上，同行的人们在交谈中流露出的满满敌意让他大为惊异。“他们在谈论彼此时措辞尖刻，显得颇为小气。”他在日记中写道。不过，他依然对达成某种妥协抱有希望。基南和查理·韦斯特在过道上不停走动，与人讨论并发表意见。但惠勒断然拒绝了所有的替代方案。

第二天，列车继续前行。铁轨两旁能看到聚集的人群——有些人是来给罗宾逊送行的，他们在列车经过时摘下帽子；还有些人是来观看列车的，因为这趟列车是第一趟由柴油动力火车头拉动穿越中西部的列车。在沿途经停的每一站，站台上都放置有报纸，参议员们仔细地翻阅报纸上的评论文章。像往常一样，大多数中西部报纸对罗斯福持严厉的批评立场。反对派在列车上传阅这些报纸，并就其中的内容展开热烈的讨论。现在，甚至就连地理因素似乎都变得对罗斯福不利。一名政府官员抱怨道：“我们真应该选择走南部那条线路。”在南部，民众更加支持填塞法院提案。

7月18日清晨，列车驶入了小石城车站。约翰·南斯·加纳在站台上迎接远道而来的人们。三个星期前，他在给罗宾逊的信中写道，只有两个人可以让他缩短假期：“一个是你，另一个是‘头儿’。”可事实上，“头儿”曾试图让他提前返回华盛顿，却没有成功——罗斯福在7月7日给他的信中写道：“老实说，我认为你应该快点回来。掌握好回来的时机，以免让别人觉得你是赶回来挽救修改后的填塞法院提案……我想再次告诉你我是多么想念你……请速速回来，我和其他人会非常高兴见到你的。”罗斯福没能让加纳缩短假期返回华盛顿，可罗宾逊去世的消息却促使加纳匆匆赶往小石城。当他出现在小石城的站台上时，从华盛顿一路赶来的参议员们大感宽慰，这

从他们脸上的神情就能看出。记者们写道，这些参议员拥抱着加纳，“就如同拥抱着一位久未露面的父亲”。

人们列队向阿肯色州州议会大厦走去，罗宾逊的遗体将会被放置在那里供人瞻仰。加纳也加入了队伍中。随后，他来到小石城乡村俱乐部。在那儿，参议员们在泳池里裸泳以缓解高温天气带来的不适;在场的少数几名女士只得扭头朝后窗望去。接着，乌云出现了，并越积越多。此时，参议员们已经淋浴完毕并穿上了亚麻西装。他 496
们在俱乐部里不断地对罗斯福、填塞法院提案以及彼此进行着猛烈的抨击，只有在教堂仪式的那一个小时里才保持了暂时的安静。

参议员们抬着灵柩来到玫瑰园公墓。乔 · 罗宾逊刚刚下葬完毕，暴风雨便来临了——霎时间，电闪雷鸣，风雨大作。两千名参加送葬的人被雨水浇了个透。当人群最终散去后，乌云也散尽了，天空中出现一道亮丽的彩虹。

在回程的列车上，人们再次聚在一起讨论。加纳也在这趟专列之上,他的私人车厢正是一天前放置罗宾逊灵柩的车厢。他脱掉外套。接着，他又脱掉了衬衫，并叫来列车服务员。“孩子，给我来点溪水。”他大声喊道——在他的家乡话中，溪水就是饮用水。法利也在加纳的车厢中，他觉得后者“心情极好”，并迫切地想要返回华盛顿“以消除他在离开时给人们造成的印象”。

只不过，加纳在返回华盛顿的漫长旅途中发现，他能为罗斯福做的事情简直少之又少。反对派毫不退让。而且，他们还获得了意想不到的帮助。当列车在西弗吉尼亚州停靠时，参议员们得知纽约州州长赫伯特 · 莱曼——当罗斯福任纽约州州长时，他任副州长，并被罗斯福称为“我的左膀右臂”——给罗伯特 · 瓦格纳参议员写了一封反对总统提案的公开信。这封信在列车上产生了极大的反响。一名参议员说道:“现在唯一能做的，就是给总统的提案叫来验尸官。”

眼下，事态发展得非常迅速。当列车向东行驶时，罗斯福正在白宫将幕僚召集起来。他们对莱曼的公开信愤怒不已。一名幕僚说:“这是在背后捅刀子。”罗斯福知道，莱曼所关心的问题远不止填塞法院提案——还有他那未实现的抱负以及遭遇过的实实在在的冷落——但所有这些都无法减少莱曼给他带来的羞辱。与惠勒的反对不同，莱曼的反对不能被当作个人意气而置之不理。莱曼既不善变，也不爱打破旧习。他是一个沉默、高效、具有变革思维的自由派。这些都增加了他的公开信的分量。然而，现在没有时间考虑这个问
497 题了。参加完罗宾逊葬礼的参议员大约在午夜时分就会抵达华盛顿，而该提案的命运——如果还未确定的话——将会在他们抵达后立即确定下来。

那天下午，罗斯福与雨果·布莱克、卡明斯、科克伦、科恩和基南（他从小石城乘飞机回到华盛顿以向罗斯福汇报他在旅途中的讨论结果）商讨了三个小时。据卡明斯的日记记载，基南告诉在座的人:“至少从目前来看，在有关妥协方案的问题上，情况并不像有些人认为的那样糟糕，我们也不应该走得太远……很显然，一些反对该计划的参议员依然很害怕打败总统，哪怕他们能够做到这一点。毕竟，总统是民主党所拥有的最重要的资本。”但布莱克却十分悲观。他认为，如果反对派真的拥有足够多的选票将提案送回至司法委员会,那么该计划就没有什么胜算。为了弄清楚惠勒是否是在虚张声势，罗斯福的手下决定“打探一番”，以确定是否存在达成任何妥协的可能。最不济，这样做也能拖延一些时间。

第二天是 7 月 20 日。这天上午，加纳前来拜访罗斯福。“您想让我留‘皮’还是去‘皮’？”加纳问道。罗斯福不明白这句话的意思，于是加纳解释道，“皮”是得克萨斯州的当地词汇，指的是包裹在残酷真相外边的修饰。总统听完后大笑起来。“去皮。”他说。

于是，加纳开门见山，指出填塞法院的斗争已经失败了。对此

结论，罗斯福没有反驳。不论就正反两派参议员的具体人数这一问题存有什么疑问，他都知道副总统是参议院真正的代理多数党领袖。除他以外，参议院再无权力更大的人物。因此，当加纳请求罗斯福允许他返回国会以确认能否拯救该提案的其他条款（即关于低等法院改革的条款）时，后者别无选择，只好答应这一请求。

那天晚些时候，在与伊克斯共进午餐时，罗斯福声称自己很乐观，他坚持认为有足够的票数以通过填塞法院提案。当然，他十分清楚当前的形势。但哪怕在面临最为糟糕的局面时，罗斯福都会迎难而上。然而，这一次却不同以往。伊克斯从未见过罗斯福"如此疲惫，如此焦虑"。他无法抑制心神不宁的情绪：不论是报纸错误地引述了他的话，还是刊登了直言不讳的专栏文章，或是仅仅有人提到加纳，他都会焦躁不安或是大发雷霆。

第二天上午，民主党参议员召开会议，选举本党在参议院的新领袖。当选的是巴克利。在无记名投票中，他以多出一票的优势胜 498
选——而这一票正是在白宫的干预下获得的。投票结果如此接近，这让罗斯福颇为惊讶，可他依然对结果十分满意。在他看来，他赢得了作为总统的一场全民公决。

不过，在之后数小时内，他又输掉了作为总统的另一场全民公决。加纳——说得好听点——敷衍地劝说了反对派做出妥协，随后便没有任何其他挽救总统提案的举动。他对惠勒说："去吧，把你的那一票投了。但看在上帝和民主党的份上，请务必要理智投票。"可就连这句话听上去都像是空话。不久，当着惠勒、阿什赫斯特、巴克利等人的面，加纳称填塞法院提案是国家、参议院和民主党所面临的一场灾难。他要求亨利·阿什赫斯特作为参议院司法委员会主席"扮演起提案掘墓人的角色"。阿什赫斯特哈哈大笑，同时用他那惯有的演员般的姿态向同僚们鞠了一躬，说道："先生们，我随时听候你们的差遣。"

7 月 22 日上午 10 点，最后一幕开演了。加纳站在司法委员会的成员面前；这天上午，惠勒和巴克利刚刚加入了这个委员会。加纳训斥着该提案最坚定不移的支持者们："自我欺骗没有任何作用。但凡有点理智的人都知道，任何与最高法院有关的提案都是不可能获得通过的。"

随后，他转向获胜的那一方说道："我们要尽量避免与总统发生正面冲突。"他提醒在场的各位参议员："他依然是民主党的领袖。"

巴克利建议，在司法委员会起草出仅针对低等法院改革的替代提案之前，将现存的提案（即罗宾逊修改过的版本）保留在参议院的议事日程上不予删除。这是一个象征性的做法——总统（如果愿意的话）由此可以说，参议院并没有真正地拒绝他的提案，而不过是将其搁置起来。这种严格的语义上的区别可能无法说服任何人，但巴克利觉得这样做也没有什么坏处。然而，这一建议却让反对派参议员怒不可遏，他们将其称为罗斯福使出的花招，意在使填塞法院提案一直保留在参议院的议程中。他们想让该提案从参议院的议程上消失。他们要求发起一项动议，将该提案再次委托给司法委员会。

这些参议员争吵了一个多小时。直到最后，该提案的支持者——如同做出最后一丝抵抗的节节败退的军队一般——变得精疲力竭，渐渐安静下来。随后，约瑟夫 · 奥马霍尼在一沓参议院便条簿上草
499 拟出投降的条款，其开头这样写道："不对最高法院做任何变动。"但众人讨论后决定，这一关键信息将不交由参议院辩论及确认。甚至就连"最高法院"这四个字都不会在参议院的辩论中出现。这是惠勒为了挽救罗斯福的颜面所能做的一切了；可事实上，正如雷克斯·特格韦尔所言，罗斯福"已经没有颜面可挽救了"。

两个小时后，在参议院里，马弗尔 · 洛根疲倦地站起身来。反对派（在巴克利拒绝后）选择洛根来发言，让他来反对这项他协助

起草的替代提案。此刻，他呼吁参议员们“一致同意”他所提出的将该提案再次委托给司法委员会的动议。这也是敌对的民主党各派系所达成的统一认识的一部分。“一致同意”意味着不进行演说、不进行辩论、不进行公开的“冲突”——一切都得到了彼此的默认。

可共和党人却另有想法。五个多月以来，共和党参议员一直遵从惠勒的安排，听从命令并躲在他的身后；现在，他们明白，惠勒和其他民主党反对派已经达到了目的，他们之间达成的共识不再对共和党具有约束力。于是，参议院共和党领袖查尔斯·麦克纳里站了起来，他反对洛根所提出的要求参议员一致同意的动议。现在，参议员们需要就是否将该提案再次委托给司法委员会进行一次唱名表决，因此，民主党人不得不面临一个两难的选择：要么支持一项不得人心、没有任何成功希望的提案，要么公开投票反对他们的总统。

这还不是问题的全部。在好几分钟的时间里，洛根一直在与共和党人周旋——后者想要诱使他说出“最高法院”这几个字，并清楚地说明参议院眼下的工作。“司法体系改革”——这是什么意思？一名共和党参议员佯装不解地问道。洛根尽最大努力巧妙地应对这个问题，可共和党人还是将他逼到墙角。老海勒姆·约翰逊提出最后一个关键问题。他那巨大的身躯从椅子里站起来。“我想知道，司法改革指的是什么？”他大声吼道。“这一改革针对的是最高法院还是低等法院？”他一边问道，一边对答案了然于心。洛根犹豫了一会儿。最后，他不得不承认：“司法改革针对的不是最高法院。”

“最高法院不在提案中了？”

“最高法院不在提案中了。”

“赞美上帝！”约翰逊高声喊道，同时张开双臂，望向上方的听众席，听众们则对他报以笑声和热烈的掌声。

接着便是唱名表决。当参议院书记官一一念到参议员的名字时，500
像雨果·布莱克一样的顽固分子对再次委托的动议大声地说“不”。

但是当阿什赫斯特和巴克利对该动议表示同意时，他们无疑是在传递这样一个信息：最后的挣扎和反抗毫无意义。大多数总统的支持者对此心领神会。随着唱名表决的进行，每一声微弱得几乎让人无法听清的“是”都会激起听众们的阵阵笑声。当谢尔曼·明顿以小得几乎让人无法辨别的声音表示他的同意时，听众们的笑闹声让加纳不得不敲响木槌以维持秩序。

表决的最终结果是七十票对二十票。填塞法院提案就此寿终正寝。可究竟获胜者赢得了什么，富兰克林·罗斯福又失去了什么，就目前来说还远未见分晓。

后记　我们才刚刚开始战斗

西奥多·罗斯福曾说："我对法律可能知之不多。但我知道，人们对法官抱有近似于对上帝的敬畏之情。"

一代人之后，西奥多的远房侄子富兰克林，在回顾他在填塞法院计划上所遭遇的失败时，也持有同样的观点。1937 年 7 月 23 日，也就是参议院否决填塞法院提案的第二天，罗斯福在椭圆形办公室召开了每星期一次的记者招待会，给自己与最高法院的较量和过往的类似较量做了对比。这天上午，总统显得兴高采烈，十分放松。他对参议院没有表现出任何恶意，也没有任何失望之情；而且很明显，他也毫无任何惋惜之意。

他沉思道："在西奥多·罗斯福时代，关于司法改革的需求，人们有诸多想法。在 1912 年的总统竞选中，这一需求所呈现的形式便是进步党提出了各式各样的要求，比如召回法官、公投推翻法院判决等。有意思的是，在十五到二十年的时间里，许多美国人的这一需求对法院产生了巨大的影响，这一点你们都知道。"他补充道，在 1924 年，"拉福莱特－惠勒这一竞选候选人组合……提出了各种各样的极端措施。在那些年里，当出现有关司法改革的躁动时，一些十分可观的成果也随之产生了。法院倾听着这些改革呼声,并立法——”罗斯福的这一口误引得记者们大笑起来。“我是说，他们做出了相应的判决。”罗斯福微笑着纠正道。

接着，以免任何人误解他的意思，他用简单明了的语言说道：
502 “今年，同样的情形会再次出现。”在这里，罗斯福第一次暗示，他一直以来的目的不是填塞最高法院，而是通过给后者施压，迫使其采取一种更为自由的立场。

他声称,这一点最高法院已经做到了。他说,他认为“相当有趣的”是，在他提出填塞法院计划后的那几个月中，最高法院的多数派采取了一种更为灵活的司法哲学。说到这里，罗斯福看了看两份刚刚根据他的口述写成的稿件。第一份稿件题为“填塞法院提案之前”，罗列了1937年2月5日之前最高法院反对新政的判决。第二份稿件题为“填塞法院提案之后”，列举了有关最低工资、劳工和社会保障法案的判决，以证明他的基本目的“已经暂时达到了。虽然我说‘暂时达到了’，但我希望这一结果是永久性的”。他接着说，公众想要确保最高法院将其目前的自由主义倾向一直延续下去。罗斯福最后总结说:“我们已经开始行动了，可我们还有很长的路要走。”

记者们原本十分期待罗斯福会大发雷霆，现在他们都失望而归[整场记者招待会中唯一的戏剧性时刻源于几名记者误认为罗斯福将大法官们称呼为“蠢货”(morons),不过讲稿证实总统说的是“更多”(more on),即大法官们“更多的判决与立法相关,而非与司法相关”]。那天在与吉姆·法利共进午餐时，罗斯福表示，他对自己在记者招待会上的表现非常满意。正如他的幕僚们所要求的那样，对于参议院否决他的提案一事，他没有流露出哪怕一丁点失望之情；相反，如法利所言，他“十分愉快地接受了这一结果”。尽管如此，法利还是在日记中写道，罗斯福向幕僚明确地表示“他不会就这样接受失败……他被人欺骗和出卖了，这让他倍感失望，而这些人本应该是他的忠实支持者”。

罗斯福认为，在这些欺骗他的人当中，副总统加纳是带头者。在那天下午的内阁会议上，罗斯福将加纳训斥了一番，他告诉后者：国会的职责在于推动总统的议程。罗斯福的语气十分严厉，随后他对此表达了歉意。尽管如此，哈罗德·伊克斯在接下来的一个星期里注意到，总统无法控制自己的情绪。“他抓住一切机会冲副总统说一些尖刻带刺的话，尽管他在说这些话时总是伴随着大笑。”

不过这些都无济于事。自就任副总统以来，加纳在新闻界的声誉从未像现在这样好过；报纸在介绍加纳时将他奉为“在关键时刻起 503
了重要作用的人物”，他“极其了解如何挽回颜面这一古老的技巧”。相反，罗斯福却认为，正是加纳（而非其他人或其他事）让他蒙受了巨大的损失。罗斯福身边的大多数人对此表示赞同。一名不愿透露姓名的白宫幕僚对新闻界直言：“加纳被要求做出妥协，但他却干脆投降认输了。”

然而，加纳并不是唯一的替罪羊。当总统的幕僚们在私下里进行反思和总结时，他们认为有许多人都应该为填塞法院提案的失败负起责任。在一份备忘录中，菲利克斯·弗兰克福特列出了多人的名字，以及他们之所以令人失望的原因：亨利·阿什赫斯特（“毫不称职”）、法利（“木讷和粗鲁得令人难以置信，并因此冒犯了参议员们的自尊感”）、休斯（他采取了“策略性的退让”，这“将总统对他的不满撇得干干净净”）、哈顿·萨姆纳斯、赫伯特·莱曼、参与静坐罢工的工人，以及乔·罗宾逊（他那“出人意料的离世”）。

政府中的一些人则显得更为冷静和豁达。他们同意自由派时政评论员迪恩·阿尔芬奇的观点；后者写道，填塞法院计划之所以失败，是由于“遭到了众多无法估量的因素所形成的合力反对”，“这些因素中既有情感主义的成分，也包含着神秘和恐惧的元素”。他认为，美国人民是带着类似于宗教敬畏的心态来看待最高法院的，他们对于司法神圣性深以为然，无法接受将大法官们描述为凡夫俗子的做法。就这一点而言，正如罗伯特·杰克逊所指出的那样：“改革法院的提案就好比是向教堂窗户扔石头。激起人们强烈反应的不是这一行为所造成的损失，而是这一行为本身所潜藏的意义。”

公众对于最高法院抱有多大的敬畏，这点值得商榷。数十年间，最高法院做出了诸多争议性极大的判决，再加上近期如“蒂帕尔多案”判决这样的“自我伤害的行为”，如今大多数美国人是否依然相信大法官是秉持司法公正和真理的圣贤，这一点着实让人心生疑虑。人们之所以对总统的提案持强烈的反对立场，与其说是出于对最高法院的崇敬，倒不如说是出于对罗斯福、新政、权力集中、美国独裁的威胁或者这四者结合的惧怕。敬畏与厌恶，可谓是一物之两面。

不过，将罪责归咎于个人而非无法估量的因素，既是一种自然而然的做法，也更能让人获得某种满足感。白宫幕僚开始大肆指责
504 起彼此来，这一过程持续数十年之久：汤姆·科克伦指责法利那些民主党全国委员会的手下对总统不够忠诚；法利则以同样的原因对科克伦予以指责；而所有人都指责霍默·卡明斯在最初想出填塞法院这个点子。

科克伦、科恩、弗兰克福特和罗森曼——大多数“共谋者”（这一标签是卡明斯给他们贴上的，他自己也是其中一员）——都极力否认他们参与过策划或推动填塞法院计划。他们编造出各种托辞，装作对这一计划知之甚少，并或多或少地道出一些实情来为自己开脱，比如他们从一开始就对该计划持有异议或一直以来就抱有疑虑等。科克伦与科恩——他们两人在该计划出炉前的数个星期里，既参加了与该计划相关的会议，也撰写了支持该计划的备忘录——眼看形势不利，马上坚称对该计划毫不知情。科恩在写给布兰代斯的信中一口咬定：“在填塞法院提案的形成过程中，没有人向我和汤姆征求过任何有关意见。”在他余生中，哪怕在面对最亲密的朋友时，

科恩都一再坚称：他是2月5日在佩恩车站从报纸上得知这一计划的，当然，该计划让他大吃一惊。他的密友将这些消息透露给与科恩关系不错的记者，后者将其作为事实刊登在报纸上。一家报纸还声称，弗兰克福特在随后的几个月——也就是1937年2月之后——再没有与罗斯福说过话。这不是猜测，它压根就是一条假消息，提供消息的正是弗兰克福特本人，而且，该消息还得到了科克伦的证实。

在所有参与制定该计划的人中，只有沃纳·加德纳——协助起草该提案的二十七岁司法部律师——对此予以了坦白承认。他这样做或许是为了消除良心上的不安。加德纳曾担任斯通大法官的助理，他觉得："我必须向斯通大法官坦白。因此我找到他，向他承认我起草了这一提案。"斯通像父亲般轻声笑了起来，说道："毕竟，你那时非常年轻。"

但加德纳只是一个小卒而已。若要说该计划的主要策划者，当然非卡明斯莫属。8月，卡明斯在回顾这一计划所遭遇的惨败时，对其过程进行着反复的琢磨——他并不感到懊丧，只是反复地琢磨着这件事。在一个星期日的傍晚，他在日记中详细记述了各种误判、突发事件和运气不佳的事例；在他看来，正是这些导致了填塞法院提案的失败。卡明斯写道，政府在国会中的盟友没有起到任何作用，而政府的敌人在组织方面做得更好，他们发起了"声势浩大的宣传攻势"；当然了，最高法院的立场也已转变为"明显的自由主义"；而 505
从劳资纠纷过渡到繁荣兴起的政治大环境，也削弱了公众对于任何一种类型的改革的需求。

卡明斯承认，政府犯了一个根本性的战略错误——他将此归咎于总统的一些幕僚，但他没有指出其姓名。他声称，这些人非常不明智地调整了"斗争的重点……使其从一场综合性的司法改革转变为仅仅针对最高法院人员构成的斗争"。他继续写道："反对派很自然地将此作为最容易攻破的一点……说实话，我们的斗争是沿着一条广阔的战线展开的，因此本不该将议题缩小……缩小后的议题使得整场斗争的重心发生了转移，而且导致在提案的内容上给外界造成一个完全错误的印象。”为了郑重起见，他最后写道：“我曾反对这么做。”

卡明斯在日记中所写下的这些内容值得引起人们的注意。当过去六个月的一切纷扰都尘埃落定之后，卡明斯的确是这么认为的：如果白宫坚持2月5日咨文的前提（即关注效率而非意识形态）不变，那么该提案可能已经获得通过了。当然，卡明斯自己的这一策略确实得到了执行，并且还坚持了数个星期，但结果却是严重损害了公众对于罗斯福的信任。该计划明显的掩饰使得总统的反对者对其诚意提出质疑，并对其动机做出恶意的揣测。萨姆·罗森曼回忆道：“该提案所赖以提出的原因是假的，因此自一开始便遭遇到了挫折。”卡明斯的观点是：给最高法院增加六位大法官的意图可以以程序改革的名义来实现，无论增加大法官人数的需求是多么迫切。不过，这个观点一直以来只是一个幻想而已。

然而，卡明斯直至去世都坚持这一观点。这几乎成了他的执念。1938年夏，他设宴招待几位朋友，其中包括雷·克拉珀。宴会结束后，克拉珀在日记中写道，卡明斯“不断地提及最高法院……努力地为自己辩解，因为就像他在宴席上所说的那样：‘现在，人人都认为这个计划是我的主意。’”。第二年，卡明斯重操旧业当起了律师。他坐在其位于白宫北面K街的事务所里，口述着一封写给已是首席政府律师的罗伯特·杰克逊的信；这封信既满怀希望，又略带惆怅。卡明斯在信中坚称：“当有关最高法院之争的历史最终写就并放置于宪法史的背景之下时……我们终将获得人们的赞誉。”

506 在这些记述的内容中未被提及的正是罗斯福本人。

哪怕在标记为“机密”的日记和备忘录中，总统的幕僚们都不愿将他们的真实想法诉诸笔端。可是在私下的交谈中，他们则没有那么谨小慎微——而科克伦也许是其中最口无遮拦的。他愤愤不平地向哈罗德·伊克斯等人抱怨道，“船长”在整场斗争中顽固得要命，他不肯接受有益的建议（也就是科克伦自己的建议），并拒绝了所有能够达成妥协的机会，直至一切都变得无法挽回。科克伦和其他人在私底下对约瑟夫·艾尔索普和特纳·卡特里奇这一对记者搭档讲述了同样的内容，这两人在1937年秋为《星期六晚邮报》撰写了关于最高法院之争、分为上下两部分的概要文章。在此基础上，两人于次年推出了更为详实的版本——一本名为《168天》（*The 168 Days*）的书。白宫幕僚们为该书的写作提供了大量有关罗斯福言行和动机的细节素材——其中许多素材是真实准确的，但也不乏一些或是记错、或是编造的内容。

艾尔索普和卡特里奇在这本书中描绘了一个可怕的罗斯福形象，这从其中一章的标题上便可窥出一二：“快乐的指挥官和绝望的部下”。他们认为，总统“背朝斗争……根本听不进来自前线的悲观报告”。相反，他“面带微笑，叼着烟斗，并将话题岔开”。他反复说着一句类似于口头禅一样空洞无用的话：“人民是站在我这边的。”当国会领袖敦促他改弦更张时，他对其建议“嗤之以鼻，一笑而过”。与此同时，他那些陷入重围的手下“想尽一切办法让他睁开眼睛”，却发现“他几乎活在一个梦想中的世界里”。因此，他的战士们不得不拖着疲惫的身躯再次投入战斗：

> 这一小撮人努力且忠心耿耿地工作着……他们感觉到所肩负的责任，并尽一切可能承担起这一责任。但他们中的大多数人没有意识到的是，他们所面临的唯一困难在于总统既没有将他们的努力成果整合起来，也没有对他们努力的方向做出指引。

在这本书中，罗斯福是一个希腊悲剧式的人物。正如作者所坦言的那样，该书的主题古老而熟悉——“狂妄……自大，以及随之
507 而来的毁灭”。根据该书的描述，罗斯福在又一次以压倒性的优势赢得总统大选之后便被傲慢蒙蔽了双眼，他不再受制于任何约束力量，并一心想要报复最高法院这个与其至高权力相抗衡的最后一座堡垒。这一想法愚不可及，是对神明（在这里意指国父们）的亵渎，一开始便注定会失败；除了罗斯福以外，所有人都意识到这一点。

当然，这些描述稍显夸张和讽刺。像所有给人以深刻印象的讽刺作品一样，该书的价值源于它对于现实的反映——这也就解释了为何该书在面世后的几十年间得以长盛不衰。艾尔索普和卡特里奇所记述的内容已经成为了人们对于罗斯福的普遍认知的一部分。该书为复杂而恼人的问题提供了干脆利落、清晰明了的答案。罗斯福为何会采纳填塞法院这一荒唐透顶的主意？因为他狂妄自大。他何以认为这一主意具有可行性？因为他狂妄自大。他为何拒绝听从理性的建议？因为他狂妄自大。当他已经失败（或胜利）之后，为何还要继续斗争下去？因为他狂妄自大。这个答案不仅满足了这类书籍的传统写作模式——即类似于埃斯库罗斯和索福克勒斯[1]的写作风格，而且还使我们能够将最高法院之争中的罗斯福形象与百日新政或二战中更加高明、更值得人们敬仰的罗斯福形象相调和。事实上，用“狂妄自大”来解释这些疑问，使我们得以将这段令人烦扰的插曲忘掉——这不过是一起偶发事件，一场令人神志不清的政治上的热病；这场热病于 1936 年 11 月毫无征兆地陡然发作，直到罗斯福经历严重的打击后才逐渐褪去。

罗斯福狂妄自大、目中无人，这一点毋庸置疑。就在罗斯福赢得第二次总统大选的前夕，雷克斯 · 特格韦尔形容前者是“我认识

[1] 埃斯库罗斯为古希腊悲剧作家，索福克勒斯为古希腊悲剧诗人。

的所有人中最为自信的那一个”。另一名罗斯福前幕僚斯坦利·海伊认为罗斯福对于自身、自己的命运、自己行为的正确性和自己成功的确定性有着“近乎于谜一般”的信心。海伊不无嘲讽地写道:“星辰写就了他的勇气和信心。”这种对于成功十拿九稳的心态是罗斯福最显著的特征。1936 年,弗兰克福特在一封给斯通的信中写道:“对大多数人来说,乐观主义是对现实的逃避,或是自我安慰的镇痛剂;对罗斯福来说,乐观主义是一种力量,是驱使他克服生命中的艰难险阻的强大动力。我认为,正是他所拥有的这种力量使他克服了(脊髓灰质炎带给他的痛苦和不便)。”也正是这种乐观主义的力量,才使得他在遭受重重磨难之际依然向人们传递着希望,并仿佛仅凭人格力量便能驱散“恐惧本身”一般。早在 1936 年 11 月之前,这些都是千真万确的事实。

然而,艾尔索普和卡特里奇说得没错:在罗斯福再次当选总统以 508
后,情况的确出现了一些变化。罗斯福的性格并没有发生彻底的转变,他并没有变成另一个人,但他一直以来所拥有的一些特质现在变得愈发明显。在此次胜选之前,他寻求的是调解和一致;他能够以较为超然的心态看待自己做出的决定,因为这些决定可能会被修改或废止;而且,弗朗西丝·珀金斯很早就指出,他愿意“强迫自己面对最为令人厌烦和沮丧的事实”——他性格中的这些方面时常(若不总是)会让他的自信心略为收敛。罗斯福的这些长处在 1937 年尤为显得不可或缺,可偏偏到了那时,这些优点却都已消失殆尽。自信不见了,取而代之的是傲慢自负;大胆不见了,取而代之的是鲁莽草率;紧迫感不见了,取而代之的是急躁不安;宽容不见了,取而代之的是睚眦必报;劝服不见了,取而代之的是威压胁迫。

即便是这样,单单一个“狂妄自大”也并不足以解释出现这些变化的原因。首先,罗斯福及其幕僚在两年多的时间里悄无声息又孜孜不倦地制定着他们的计划,并考虑了法院改革可能会遇到的阻碍和反对意见；这一点无法用“狂妄自大”这个答案予以解释。罗斯福的手下对法律史进行了广泛的调查研究，他们拟定出所能想到的所有宪法修正案，并且与学者、法官、记者和各式各样的改革者保持着通信往来；“狂妄自大”这个答案根本没有将这些内容考虑在内。“这个项目”（卡明斯语）非常重要，需要认真对待，而且在较长一段时间里，这将是一项集体任务。在罗斯福和卡明斯于 1936 年底结束讨论并做出最终结论之前，其手下对可能采取的各种途径进行了仔细的审查、充分的辩论，以及详细的草拟和筛除。此外，尽管填塞法院的决定无疑是在一种类似于自我陶醉的状态下做出的，不过它并不是罗斯福心血来潮的产物。这一决定也许——在某种危险的程度上——包含有自负和冲动的成分，但它同时也是理智思考的结果。这一决定也许是错误的，但它绝不草率仓促。

这一决定也并非脱离现实。在罗斯福第二次就任总统之时，全国上下有一个共识正日益高涨，即必须对最高法院采取一些措施——国会，或更有可能是总统，应该行动起来以终结眼前的僵局。少数人对此表示反对，可是许多美国人似乎接受了罗斯福的观点——“原地踏步将会招致灾难”。若民主不能起作用，若政府的三个分支不能协同运作以造福于“那些被遗忘的底层人民”（罗斯福 1932 年语），
509 那么将极有可能出现如下风险：社会和工业全盘崩溃，在通用汽车工厂中爆发的那种大规模骚乱反复出现——正是这些情形让其他国家加速滑向专制统治的深渊。大众对于最高法院的不满浪潮在 1936 年达到了顶点，在这一年里就限制最高法院权力的议题涌现了大量的精英人士评论、通俗歌曲、宣传小册子和国会提案；这一浪潮的发展与罗斯福没有多大关联，后者几乎从未在公开场合发表过相关言论。罗斯福在其计划宣布前的几个月里既没有与国会商议，也没有做好公众的动员工作，这一点固然欠妥；但他认为国会和公众最终都将支持他的计划，这一想法也不是全无理智。

最终，人们认为“狂妄自大”可以用以解释罗斯福在最高法院之争中的种种行为。这在以下这个例子中尤其明显。毫无疑问，罗斯福专横霸道：他在宣布填塞法院的计划之前没有与国会领袖商议，这已是一个严重的错误；而在宣布该计划之后的数月里，他依然对后者的建议置若罔闻，这使得情形变得更加糟糕。特格韦尔认为：“他花了相当长的时间才发现自己的这一问题；其主要原因还是在于过度自信。”然而，“狂妄自大”并不能充分解释罗斯福的行为。很显然，他过去异常敏锐的政治本能此时出现了偏差，但这些政治本能并没有完全消失。罗斯福没有在胜选的当晚（或之后的任何时候）变成傻瓜。假如他相信自己的直觉，而不是报纸、民意调查、他那些愤慨的反对者、甚至他的一些盟友所告诉他的那些话——他也确实相信了后者——那么他只是在重复着1936年大选的经历，当时也是有那么多人都严重低估了他的实力。

1937年，就像在前一年那样，罗斯福有理由不去理会那些耸人听闻的言论。正如在1936年那样，他在1937年持续不断地收到来自“战场”的大好消息——这些信息来自全国各地的州长、政治活动家和友好的新闻记者——在他看来，这无疑证明他的反对者误读了全国形势。罗斯福在给美国驻西班牙大使的信中写道：“你知道，所有那些报业巨头旗下的报纸——也就是全国百分之八十五的报纸——对政府所努力追求的一切都持有完全相反的态度。对这一情形最好的形容就是：1936年的大选活动……一直延续到了1937年。”随后，他又赶忙补充道：“然而，和去年秋天时一样，现在选民是站在我们这一边的。”

一些选民的确是站在他这边；然而，更多的选民并不——至少，在有关填塞法院计划的问题上，他们并不支持罗斯福。罗斯福所收 510
到的报告过于乐观了，他本应该对其有所质疑的。然而，这些报告看上去并非不合情理，一个头脑清醒的人很有可能相信其中的内容。

当那个头脑清醒的人通常都判断无误时，情况尤其如此。

上述分析并不是为罗斯福开脱；相反，其目的是尽可能更好地了解他。最高法院之争读起来确实像一部希腊悲剧，乔·罗宾逊的去世更是加重了悲剧色彩。但这种将原因（骄傲）和结果（失败）都配对好、试图解释整个事件的比喻，和当时人们对罗斯福的推崇之辞（比如有一家杂志当时就声称罗斯福是“古往今来最伟大的政治家”）一样，均缺乏准确性和启发性。填塞法院的计划并非注定不会成功。傲慢并不一定会导致失败。如果填塞法院计划是狂妄自大的产物，那么说实话，整个新政都是狂妄自大的产物。

面对失败，罗斯福并非未受影响。尽管从表面上看，他依旧轻松快活、强势自信；可事实上，他还是流露出了疲态。过去四年来的种种压力似乎终于令他不堪重负。就在参议院对填塞法院提案的投票结束后，哈罗德·伊克斯同罗斯福一起乘坐波托马克号进行了一次周末垂钓旅行。伊克斯在几天后写道：“当我观察总统时，我能明显地感觉到他为这一提案付出了高昂的代价……他的脸上满是皱纹……和1933年时相比，现在的他显得十分憔悴，而且无疑也更加焦虑。他最近所遭到的惩罚让他有点晕头转向。”罗斯福向卡明斯透露，他需要好好休息；他回忆起了让他父亲备受折磨并最终夺去其性命的心脏病，还说道，要不是因为他自己已然遭受着痛苦——他指的是脊髓灰质炎——说不定他早就过劳而死了。

然而，罗斯福却没有发出任何哀叹或抱怨。就一般情况而言，他不是一个时常懊悔或自责的人。8月2日，在与罗斯福共进午餐时，卡明斯问道，他是否对发起最高法院之争感到过后悔。没有，罗斯福答道；最高法院之争是不可避免的，而这仅仅是众多需要完成的事情中的一件。这一回答似乎是罗斯福对他就任总统四年半以来所经历的最激烈的冲突——同时也是所遭遇的最大的挫折——做出的全

部反思了。埃莉诺·罗斯福这样形容她丈夫的性格:“你下定决心去 511
做一件事，就会尽最大的努力将其做好。若这件事没有成功，你会马上着手开始下一件事，而不会把时间浪费在悔恨和抱怨上。”

罗斯福的确不会浪费时间，尤其是当斗争仍在继续时。就罗斯福及许多幕僚而言，正如科克伦在 7 月底说的那样:“派对还没有结束呢。我们参加的是一场旷日持久的战争。”弗兰克福特提醒罗斯福别忘了查尔斯·W. 艾略特（当罗斯福还是哈佛大学的一名本科生时，艾略特是该校校长）的名言:“在输掉一场战斗之后，一名真正的战士想要知道的是:‘新的战斗何时开始？’”同样，萨姆·罗森曼也给罗斯福写了一封情真意切的信，提示后者切记他自己在 1936 年大选活动最后一次演说中所说的话（或者更准确地说，是他对约翰·保罗·琼斯原话的改述）。“我知道，”罗森曼写道:

> 麦迪逊广场花园的那句话仍旧让您记忆犹新:“我们才刚刚开始战斗。”我知道，这一失败无法阻止您追求在第二次就职演说中定下的目标。在下一次国会会期开始之前，为了实现这些目标是否需要重新开启最高法院之争；或者为了避免新的斗争，目前的最高法院是否愿意贡献自己的力量以“让民主发挥作用”——这些疑问都将得到解答。

罗斯福在回信中写道:“亲爱的萨姆，你提到的这些事情都是千真万确的。而且我们知道，为了实现我们目标的战斗才刚刚开始！”

罗斯福不是唯一抱有这一信念的人。斗争的双方都认为，最高法院“被迫采取的自由派立场”不大可能会永远持续下去。“当罗伯茨改变立场之后，存在这样的希望——但仅仅是希望而已。”年轻的政府律师大卫·金斯伯格回忆道。他和他的许多同僚仍然“极度关心”即将到来的与新政相关的案件。既然政治风暴已经过去，那么如果罗伯茨和休斯与三位态度强硬的保守派大法官再度联手，他们将会再次形成最高法院的多数派，不论罗斯福任命谁来接替范·德文特的位置。

因此，更大的斗争既没有获胜也没有失败；正如《民族》杂志所指出的那样，这一斗争仅仅还在“休眠”之中。许多保守派对此观点表示赞同。麦克雷诺兹的一位朋友将填塞法院提案的失败形容为
512 “自《独立宣言》签署以来最伟大的胜利”，但他同时也提醒麦克雷诺兹：“斗争才刚刚开始。宪政的敌人受到来自莫斯科的鼓动，他们将会继续进攻……我希望您继续留任大法官。不要做出一丁点让步。绝不要辞职。活上个一百年，积极勇猛地去战斗吧！”

填塞法院提案的反对者做好了进行第二轮斗争的准备。弗兰克·甘尼特对其“支持宪政全国委员会”的支持者发出警告：“如果反对派松懈下来的话，那么总统将会成功地继续掌控最高法院。”甘尼特指出这样一个令人忧虑的前景，即总统将会报复那些领导他人反对其提案的参议员。他说，这些勇士们无疑将要面对“政府所能发动的火力最为集中的攻击。纳税人所交纳的数百万美元税收，将被用于政治宣传和毫无限度的赞助行为，总统的权力也将被用来反对这些参议员”。他声称，只要其中的三到四名反对者落选参议员，便足以使罗斯福填塞法院。1937 年 8 月，赫伯特·胡佛给最高法院独立联盟的负责人寄送了一封公开信。他在信中写道，诸如该联盟这样的组织“不应该被解散”；相反，这类组织应该做好充分的准备以维护所有“积极地抗击过”填塞法院计划的共和党人和民主党人。惠勒本人就可能是总统的报复对象之一；他商讨着计划组建一个演说家“飞行中队”，并将其派至填塞法院计划的反对者面临政治危险的所有州。

在 8 月 4 日的一场演说中，针对总统报复反对者的说法，以及新闻界对于民主党内所存在的“不可逾越的鸿沟和无法修复的裂痕”

的描述，吉姆·法利显得不屑一顾。他说，这些都是空穴来风。最高法院改革只是总统议程上的“一项”议题而已，而大多数其他议题都获得了民主党人的认可。更何况，政府从事的“是建设工作，而不是破坏工作”。然而，这些说辞既无法驱散眼下的恐怖氛围，也无法安抚那些觉得已被总统列为报复对象的民主党人。阿瑟·克罗克在一篇为《纽约时报》所撰写的报道中声称：“每一天，一些民主党人都对另一些民主党人说出各种威胁的话语。”

尤其是总统本人，他说出了各种各样的威胁话语。埃莉诺反复劝说富兰克林不要过于宣泄自己的愤恨之情，可他的愤恨由来已久。民主党内的反对分子没有意识到他们完全仰赖着总统的声望；私底下，罗斯福对此表示难以置信，甚至有些鄙夷不屑。罗森曼后来说道： 513
“这对他来说是一个难以接受的现实，特别是他再次当选总统的巨大胜利才刚刚过去不久。”

但罗斯福更加关注的是重新获得控制权，而非对敌人施加报复。堪萨斯州州长阿尔夫·兰登此时正安坐于州首府托皮卡市，他颇为满意地观察着事态的发展。在他看来，罗斯福已经毫无选择余地了。他在给雷·克拉珀的信中写道：“我从一开始就感觉到，罗斯福先生将会在参议员中……埋下分歧而非团结的种子。”他还指出：“他想要继续掌控国会，可我看不出他还能做什么。”兰登指出，“人群的天然本性”就是掠食弱小。

罗斯福的手下对此表示赞同。8月，雷克斯·特格韦尔对罗斯福说，“您的真正问题”现在是国会，“必须灭灭他们的气焰”；他说，有关最高法院的议题“倒在其次”。罗斯福认同特格韦尔的观点，但他无法将国会与有关最高法院的议题截然分开。事实上，这两者是交织在一起的。罗斯福无法重新控制国会，除非他迫使后者在司法改革问题上转变立场——正如最高法院已经转变自身立场那样。

因此，罗斯福将会继续斗争下去。那年夏天，法利指出：“他的决心一如既往地坚定……他很有可能会伺机而动，等到时机成熟时再提出填塞法院的提案。”的确如此，在该提案的失败过去仅仅数天之后，霍默·卡明斯就出现在了国会。他向众议员们征求意见，想要知道在那年晚些时候再次考虑原版提案中有关最高法院条款的可能性有多大（至少一名众议员如此婉转作答：“这一做法可能并不可取。”）。与此同时，当参议员为涵盖下级法院的提案（一些参议员将这一提案称为“缩小版填塞法院提案”）做着准备时，总统自己拟定了一份毒丸修正案的名单——每一项修正案在参议院看来都是无法接受的——其中最令人反感的一项修正案要求最高法院增加两位大法官。罗斯福告诉卡明斯，他不在乎这些修正案能否获得通过；他只想在中期选举临近之时让参议员的日子更难熬罢了。或者，正如罗斯福兴高采烈地向内阁所宣称的那样，他完全可以否决关于下级法院的提案。他说，他打算在接下来的几个月里好好地乐一乐，而且全国上下也该是时候放松一笑了。

514 8月12日，罗斯福以同样高昂的兴致宣布了他所挑选的填补最高法院空缺席位的人选：来自亚拉巴马州的联邦参议员雨果·布莱克。鉴于填塞法院计划所经历的一系列波折，罗斯福没有对身边的任何人透露他的决定；因此，他十分期待看到他们对此的反应（事实上，那天上午，史蒂夫·厄尔利才刚刚对记者们说，总统可能在未来的数个月里都不会填补该空缺席位）。布莱克确实是一个让人意想不到的人选。罗斯福在私下里承认，与其他一些他所考虑的人选（例如首席政府律师里德）相比，布莱克作为律师算不上能力出众；而且弗兰克福特曾经告诫他，布莱克缺乏技术上的知识以“识破首席大法官所玩弄的把戏”。此外，布莱克的性格与法官所需的性格恰好截然相反——他有着检察官的气质与秉性，以不屈不挠的毅力领导了参议院的诸多调查，因而为人们所熟知。

但与此同时，在罗斯福看来，布莱克具有许多可取之处。他很年轻，只有五十一岁；他来自亚拉巴马州，该州所在的司法巡回区在最高法院的人员构成上没有得到充分的代表；而且，更重要的是，他是一名斗志满满的真自由派，一名同僚称他为“狂热的进步主义者”。罗斯福时常在私下里说，要是没有布莱克，新政早已就面目全非了。此话不假，特别是布莱克对与工资工时相关立法的支持给他在亚拉巴马州带来不小的麻烦，他因此在1938年的参议院选举中有落选之虞。罗斯福认为，任命布莱克为最高法院大法官比起他连任参议员要更加容易些，因为布莱克若获得提名的话，他将受益于“参议员礼遇”（参议院通过这一传统对参议员予以照顾）。尽管布莱克在参议院不大受欢迎，但对他的提名肯定会得到参议院的认可。

“他们将不得不接受他。”罗斯福得意洋洋地对法利说道。这正是此事的核心所在。参议员将被迫批准对布莱克的提名，而大多数参议员对后者都充满了鄙视——而且更加有悖常理的是，最高法院最有力的批评者之一居然即将成为其中的一员。布莱克一直以来毫不掩饰对于填塞法院计划的热情。2月，他曾在广播中宣称：“如果最高法院需要九十六位法官的话……那么我将毫不犹豫地支持这九十六位法官。”简言之，对于一位想要激怒而非安抚反对者的总统来说，布莱克是一个完美的人选。詹姆斯·罗斯福后来回忆道：“父 515
亲对参议院十分生气，几乎是气得暴跳如雷。他想要报复他们，让他们吃不了兜着走。”

对布莱克的提名是装在一个密封的信封中递交至参议院的——人人都明白其中的象征意义。这一提名产生了预期中的效果。当布莱克的名字被宣读出来时，能够听见参议院会议大厅里的人们倒吸了一口凉气。伊克斯颇为满意地指出，罗斯福“无疑成功地搅动了参议院的神经”。参议员们对布莱克的提名无比愤怒，异常反感。他们所代表的一些选区选民也同样怒不可遏。一名女士在发给博拉的电报中写道:“仅凭这一提名建议，总统就应该遭到弹劾。”另一名选民则写信道:“当我们的最高法院大法官席上全是……懦弱的政治傀儡时，到时候是该用‘子弹代替选票’了。”但同时，自由派却欣喜若狂。《民族》杂志将罗斯福此次提名称为自伍德罗·威尔逊任命布兰代斯为大法官以来“最为英勇无畏的举动”;其他人则津津有味地谈论着罗斯福是如何给反对他的参议员们开了一个大玩笑。欧文·布兰特在给科克伦的信中写道:“这真是个了不起的提名!(爱德华·)伯克肯定气得脸都绿了。”

即使有些参议员对布莱克的提名持反对意见，但他们无法获得足够的选票来与参议院“历史悠久的”礼遇传统相抗衡。然而，他们却对该提名的讨论延长了数天之久。让罗斯福深感震惊、同时也让他的提名受到质疑的是，参议院在讨论中发现布莱克在20世纪20年代曾加入过三K党——罗斯福似乎对这一点并不知情，尽管在卡特里奇看来，此事“几乎已是人尽皆知”。但不管怎样，参议院在8月17日还是以六十三票比十六票的结果批准了对布莱克的提名。

罗斯福没有打算让反对者的怒气就此消退。在布莱克的提名获得参议院批准后的第二天，罗斯福在北卡罗来纳州的罗阿诺克岛进行了一场充满挑衅意味的演说以庆祝胜利。在演说中，他批评了他称之为“美国的麦考利大人”的人;“麦考利大人”是指一名19世纪的英国辉格党人，他对美国民主制心存疑虑，赞成将“最高权力”交由“受过良好教育的……精英阶层……这一阶层对于财产安全有着浓厚的兴趣”。罗斯福在引述这些话语时一直面带着嘲讽的笑容。

现在，罗斯福的不满不再仅限于最高法院议题了。国会中的民主党保守派在否决了填塞法院的提案之后，发起了一场“旨在反对(罗斯福的)整个计划的大胆运动”(一名专栏作家语)。在三个星期的
516 时间里，他们肆无忌惮地阻碍议事，不让罗斯福得到哪怕一丁点象征性的胜利。《华尔街日报》声称:“现在出现了一些情况。国会知道

它可以对来自白宫的指令不予理会……罗斯福总统也知道这一点；他还知道国会也知道这一点。”新政现在陷入停滞状态，而罗斯福——借用他自己的话来说——也无法再挥动手中的皮鞭了。

国会会期在刚刚开始时，议员们还信心满满，对于前景抱有很高的期望；现在，会期行将结束，在耳边响起的却只有议员们的相互指责与谩骂。在与罗斯福的会面过后，参议员约瑟夫·格菲在广播里对惠勒、伯克和其他民主党内的“忘恩负义之徒”进行了指名道姓的批评，并预言选民不久将会“把他们埋葬在失败者的遗忘之地”。受到批评的参议员们随后进行了回击，而这使得国会会期的最后一天——8 月 21 日——陷入了一场风暴。在一片喧闹声中，副总统加纳敲响木槌，接着书记官大声宣读起罗斯福的来信，总统在信中感谢参议员们的辛勤付出，并对他们致以最美好的祝福——听到此，参议员和旁听者都不由得暗自发笑。

随着国会会期的结束，议员们终于可以逃离华盛顿了。国会在休会前通过的法案数量不多，其中一项事关下级法院的改革。尽管该法案与罗斯福最初的提案相去甚远，但在限制罗斯福所指出的权力滥用这一方面，它的确迈出了有意义的一步：该法案使政府能够介入纯粹的私人案件，只要这些案件涉及到宪法问题；该法案加快了上述案件上诉至最高法院的速度；该法案限制了下级法院颁布与国会法案反向而行的禁令的权力；该法案还允许巡回法院的资深法官暂时性地将法官从一个地区法院调任至另一个地区法院，以协助审理积压的备审案件。《新共和》杂志称这一法案为“一个小小的胜利；放在其他时候，人们也许会认为这是一个大大的胜利”。

然而，罗斯福及幕僚却很难接受这个只实现了二分之一（或四分之一）目标的措施。反对派带来的羞辱仍然让他们记忆犹新。正如卡明斯所言，罗斯福敦促参议院领袖“在该问题上做出真正的摊牌”，但他的幕僚们让他别再纠缠于这个问题了；他们说：“此事越早结束越好。”于是，加纳便敲响木槌使该提案获得了通过；其通过速度实在太快，以至于那些顽固分子都没来得及发表反对意见。

517 可即便是这样，这件事依然没有尘埃落定，因为罗斯福还可以否决这一提案。在接下来的几个星期里，他一直在考虑是否要这样做。否决这一提案当然会带来某种心理上的满足感，但卡明斯一直以来热切地盼望着这些改革得以实现，因此他不认为该提案有任何需要反驳的地方，并建议总统对其予以签署。如果是这样的话，罗斯福有两种签署方式可选：他可以一声不吭，以示对该提案的默许；他也可以表现得极不情愿，以示对该提案并不认同。后一种方式更适合他。8 月底，他签署了这一提案——总统“显得十分勉强”，雷克斯·特格韦尔回忆道。罗斯福在一份声明中称，该法案是一项“有限的进步”，其主要的作用在于提醒人们那些尚未完成的工作。他随后详细列举了该法案的缺陷，其中第一条便是其未能缓解“最高法院目前所承受的重担”，也未能向“联邦法院系统提供新鲜血液”。罗斯福再次旧话重提（况且这一话题早就遭到了人们的奚落），这让时政评论员们感到难以置信。

最终的定论——至少从目前来看——出现在宪法日那天。

1937 年 9 月 17 日是联邦宪法签署一百五十周年纪念日。那天，罗斯福首先前往马里兰州的安提塔姆 [1] 观看了内战中最为血腥的战斗的模拟重演。接着，那天傍晚，在灯火通明的华盛顿纪念碑脚下，他面对着六万五千名听众发表了一篇征战演说，其战斗性丝毫不亚于他在最高法院之争中所发表的任何一篇演说。弗兰克福特为此撰写了一篇长长的演说稿，科克伦和罗森曼又进行了一番修改和润色，但演说稿的最终版大部分还是由罗斯福本人口述完成。事实上，最终成形的演说稿正是罗斯福对宪法的自由主义阐释这一问题所做的

[1] 1862 年 9 月 17 日，美国内战中残酷而未分胜败的安提塔姆战役在此发生。

最终辩护。

罗斯福认为，宪法是“一份由法律门外汉写成的文件，而非由律师拟定的契约”。他说，宪法具有较强的适应性，因而在国家的发展过程中发挥了相当大的作用。可是宪法意义不明、含混不清，也由此引发了两类人之间的“无休止的争斗”：一类人“想要保留宪法中这些原先宽泛的概念”，另一类人则“在我们每一次尝试改善人民的生活条件时都会大呼‘违宪’”。他说，这样的呼喊声“一直以来都存在于我们的身边，只不过最后都遭到我们的无视”。

罗斯福援引了建国早期的几个例子，但是带刺的那几个例子（弗兰克福特在演说结束后给罗斯福发电报称之为“正确的毒药”）在时间上则没有那么久远。罗斯福说道：“一年多以前，我国最为顶尖的 518
五十八位律师发表了……一份庄严而正式的意见书，他们认为《全国劳工关系法》违反了宪法。数月之后，首先是全国大选，然后是最高法院推翻了他们的这一结论。二十年来，最高法院中的关键人物（在五比四的投票结果中投下决定性一票的大法官）拒绝承认州女性最低工资法是合乎宪法的。几个月前，在我向国会递交了关于使法官年轻化的咨文以后，这位关键人物承认，最高法院这二十年来都是错误的——并推翻了他自己从前的观点！”他说，民意永远是压倒一切的力量；美国人民坚持要求政府的三个分支协同合作，在他们看来，“和那两个离人民最近的分支相比，离人民最远的那个分支并非更加神圣不可侵犯”。

罗斯福也承认：“想要让政府适应社会的需求，这仍需时日。”但他在最后指出了现实的紧迫性。在海外，“独裁统治正在取代民主制度”，在美国，“富人统治”或“无产阶级统治”的呼声不绝于耳，留给美国人民的时间已经不多了；国家无法“牺牲每一代人以使得法律追上时代的步伐”。因此，“在这一庄严的纪念日里”，罗斯福呼吁美国人民要对宪法充满信心——可与此同时，他们所笃信的宪法“应该为当前而非二十年前的社会服务”。

这就是罗斯福眼中的宪法——宪法之所以值得人们敬畏，“不因它有多么古老，而是因为它常用常新”。

8月，休斯还在加拿大艾伯塔省避暑。他在给斯通的信中写道：“我同意你的观点……有关最高法院的讨论还没有结束。有些人打定主意要改变我们的政府形式。”他这么说不仅是指最高法院的规模，也包括宪法的意义。当然，他是对的。在接下来的数月和数年里，罗斯福口中的“无休止的争斗”仍然在毫不停歇地继续着；宪法一如既往是人们争论的焦点。在罗斯福（以及马歇尔和汉密尔顿）看来，
519 宪法宽泛而灵活，其目的在于让联邦政府变得更加强大，而非令其处处受限，可这一观点从来不乏反对的声音。

然而，当最高法院在1937年10月开始新的开庭期时，反对上述观点的大法官人数减少了。这当中最显而易见的原因是雨果·布莱克代替威利斯·范·德文特成为大法官；但更重要的是，在每一起胜诉的新政案件中，休斯和罗伯茨都站在持自由主义立场的多数派这一边。他们并没有像许多人曾经担心的那样回到右翼的阵营中去。据首席政府律师斯坦利·里德说，政府甚至赢得了那些他原本以为会输掉的案件；有关新政的捷报一次次地从最高法院传来，激励着政府律师们更加努力地工作，以扫除政府面前的宪法障碍。

爱德华·考文在当时指出，“美国的宪法……经历了数次革命”，可没有哪一次像最高法院在1937年的短短几个月中所完成的革命这样“如此彻底、迅速又剧烈”。这一评价未免草率——但并非没有道理。这一革命花费了一些时间才正式开始——事后看来，最初开始的标志是像“内比亚案”和“布莱斯德尔案”这样的案件（这两起案件的判决年份都是1934年），甚或是更早的案件——同样，这一革命也花费了一些时间才得以完成。最高法院1936至1937年的开庭期

是其中的转折点，可直到“琼斯和拉弗林钢铁公司案”及其他一些自由派获胜的案件的数年后才标志着这一革命的完结。

若不是最高法院的人员构成在那个时期发生了变化，最高法院的立场转变不大可能如此全面而持久。很快，休斯和罗伯茨便与最高法院中真正的自由派分道扬镳了，尽管不是在所有的案件中都是如此，带来的结果也并不是像罗斯福曾经担心的那样糟糕。在1937年后，这两位摇摆不定的大法官比以往更加倾向于继续对经济实施管制；相较于资历较浅的同僚，他们对于其他两个政府分支也没有那么毕恭毕敬。在第一个总统任期内，罗斯福没有任命哪怕一位最高法院大法官。而到了1942年，最高法院的所有大法官都已是由他任命，除了斯通和罗伯茨以外——在休斯于1941年退休之后，罗斯福将斯通提升至首席大法官一职。这个新的最高法院包括了菲利克斯·弗兰克福特和罗伯特·杰克逊在内，它有效地解决了在罗斯福第一个总统任期及之前三十年里占主导地位的争论——即关于经济改革合宪性问题的司法和政治辩论。最高法院多数派现在判定，国会管理 520
贸易的权力实际上是不受任何限制的。“直接”贸易与“间接”贸易之间越来越模糊难辨的区别最终被弃之不用。1938年的“卡罗琳产品公司案”（*United States v. Carolene Products Co.*）[1]标志着最高法院几乎是全面退出了经济政策领域；从那时起，对于可能涉及影响政

[1] 美国诉卡罗琳产品公司案：1935年，卡罗琳产品公司因违反《加料脱脂乳法案》的跨州贸易条款而被控告，地方法院裁定《加料脱脂乳法案》违宪，政府便上诉至最高法院。斯通在此案的判决意见中表示，法院应认可立法机构在制定法律方面的“知识与经验”，在对经济或社会立法进行司法审查时遵循司法克制原则，并在著名的“第四脚注”（Footnote Four）提出法院应在以下三种情况对法律的合宪性进行更为严格的审查：（1）当法律影响宪法规定的权利，如违反前十条修正案或第十四条修正案；（2）当法律干扰民主程序，侵害政治程序完整性（如侵犯选举权、言论自由权）；（3）当法律被用来反对某些“孤立和与外界隔绝”的少数群体。这种对立法加以区分的司法审查态度后来发展成了著名的“双重审查标准”原则，“第四脚注”也被视为“宪法学中最著名的脚注”，从20世纪60年代开始得到重视和运用。

治参与、歧视少数群体或者对宪法明确授予的权利予以干扰的立法，最高法院开始采取更高标准的司法审查。基于不受欢迎的自由放任主义原则——即正当程序条款和契约条款——所做出的判决在短时间内接二连三地被推翻，宪法的主要部分也因此都进行了改动。在经历了漫长的努力之后，最高法院终于使自己跟上了20世纪的发展潮流。

这一过程是否耗费了太久时日？当然，罗斯福肯定是这么认为的。他在其《总统公文》中写道："一切正在发生。现在！"（他对最后两个字进行了重点标记）但就他对新政法规的签署批准与最高法院对这些法律的支持之间出现的时间间隔，还存在另一种解释方式。罗斯福的前幕僚斯坦利·海伊写道："在民主制度中，人们需要有时间歇口气。"而宪法，正如詹姆斯·布赖斯在多年前所指出的那样，"保证了人们有时间深思熟虑。宪法使人们在篡改它或通过它得到赦免之前不得不再三思考。"

毫无疑问，捍卫最高法院和宪法的大部分言论都是荒谬、极端的，有时还带有欺骗性。一名作家在1936年写道："人们谈论着我们的自由所面对的威胁，其中许多人真心实意地认为，罗斯福的再次当选意味着共和党报纸将会遭到打压，异见分子也将会被关押至集中营；但同样也有许多人只是担心，富人的为所欲为将会给自由带来威胁。"然而，不论罗斯福的批评者是出于何种动机，必须指出的是：他们挑起了有关新政的宪法原则的争论——可以说，这一争论确实很有必要，只是国会里的反对派却软弱无力，无法在这一争论中起到领导作用。

几十年来，严格限制政府权力的观念一直在司法体系里占据着主导地位。最高法院大法官、公众和总统本人应该再次注意到这一
521 观念。他们不一定要遵从这一观念，但至少要对其有所留意。从其判决的第一批新政案件起，最高法院便要求罗斯福回应一个长期存

在的宪法方面的严肃批评。最终，罗斯福的立场占据了上风；而且大多数人都认为，他所推行的改革有更为坚实可靠的基础。

这场宪法革命的很大一部分——连同引发这场革命的危机——全都发生于查尔斯·伊文斯·休斯就任最高法院首席大法官的任期内，这实在是一个极大的讽刺。数十年前，他曾是知名的改革者，但他从来都不是革命者。他的信念有着坚固的理性根基——他坚信理智、渐进的变革，认为观念应该缓慢地发展，直至渐趋完善。进入最高法院以后，他不再追求革新。在他看来，革新不是法官的职责所在。与此同时，和他的一些同僚相比，他不大愿意不顾公众福利而盲目遵循法律先例。在 1935 至 1936 年的整个开庭期里，这一信念让他夹在最高法院的两个阵营间左右为难。在宪法危机发展到顶点之时，一个舞蹈团用表演再现了最高法院的情形。代表三位自由派大法官的舞者在一边舞蹈，代表五位保守派大法官（包括罗伯茨在内）的舞者在另一边舞蹈，休斯则在两边不停地穿梭。这位曾经被人们视为上帝一样的大法官已然变成一个悲剧或悲喜剧式的人物。

哪怕在分歧严重的最高法院里果真存在中间地带的话，休斯也没能找到。相反，和罗伯茨一样，休斯的立场来回变换，仿佛他认为只要不停地变换立场，在每个阵营中都不做长久的停留，他就能够使最高法院保持某种平衡。可是事与愿违。他的这一做法反而加剧了最高法院的分歧。许多美国人认为最高法院就是一个政治机构，他的这一做法更是证实了人们的看法。最高法院因此遭到休斯所说的“来自于自身的伤害”。

在休斯的批评者看来，他就像克努特大帝[1]那样试图改变潮水的

[1] 克努特大帝（Canute the Great，995—1035），曾统治英格兰、丹麦、挪威等地，据传他曾试过命令大海退潮。

方向，因而显得愚不可及。这么说并不公平。休斯并非想要使法律或国家裹足不前；相反，他似乎相信他可以通过渐进的方式，例如对判决先例巧妙地进行优劣区分，而非直截了当地将其推翻，以此来推进宪法解释的发展。当然，他是法官，不再是民选的政治人物，而司法过程通常是一个缓慢渐进的过程。但是，如果政府不想与社会和经济现实脱节并因此招致危险，那么在有些时候，人们仍然必
522 须大刀阔斧采取果断的措施以实现法律和政策上的进步。20 世纪 30 年代正是这样一个需要人们大胆行动起来的时期。

罗伯茨在多年后回忆道："回顾那段时期，很难理解为了统一的经济发展……最高法院是如何与民意相对抗的。"和罗伯茨一样，休斯也意识到了这一点——可已经无法阻止最高法院在 1935 至 1936 年的开庭期里做出那些糟糕的判决了；可另一方面，他的这一意识仍足以对填塞法院提案产生阻力，并促使大法官们在阐释宪法时采取越来越灵活变通的姿态。无人知晓休斯这么做是对手头的案件做出的回应，还是为拯救最高法院和国家而采取的行动；但有一点必须指出，即正如《民族》杂志所言，休斯终于"敏锐地意识到，有些事情是无法避免的"。不论休斯是出于何种动机，他依然是 20 世纪初的那位"斗志昂扬的州长"；1910 年，在他首次被任命为最高法院大法官的前夕，他向一群耶鲁大学的学生提出建议："不论你们喜欢与否，但事实就是，判决结果由多数派说了算……我相信，和我一样，你们终将信任我国人民的判断力，信任他们所做出的决断。"

罗斯福多次说道："我们输掉了这次斗争，但我们赢得了整场战争。"

在 1941 年出版的《总统公文》1937 年卷中，罗斯福在前言中声称："就最高法院之争的目标而言……我们赢得了一场干脆利落的胜利。最高法院最终认输。最高法院做出了改变。最高法院开始解释宪法

而非歪曲其意。最高法院仍然还是原来的那个最高法院，大法官仍然还是原来的那些大法官。我没有任命新的大法官。可是，在我于1937年2月5日向国会提交那份咨文之后不久，这一改变就悄然发生了。现在看来，这是一个多么大的改变啊！”他接着写道，这就是为什么他将填塞法院计划的推出视为“我们现代历史中的一个转折点”。对于那些质疑这个观点的人，罗斯福并没有什么耐心。他写道：“拒绝承认在最高法院1937年的判决和最高法院之争这两者间存在某种关联，这样做未免有点天真。”

在当时，几乎所有人都认识到了这两者间的关联。对大多数见证了（以及许多没有见证）这一斗争的人来说，有一点不言自明：最高法院在风暴来临之前就已屈服。然而，几十年后，一些历史学家、法律学者和其他人却对这一看法提出质疑。有些人，例如最高法院首席大法官威廉·伦奎斯特，赞同罗斯福赢得了战争的这一观点；但 523
他们之所以这么认为，是因为“罗斯福获胜的方式也正是宪法所允许的方式——通过任命大法官这一途径逐渐改变联邦司法体系”。其他人则更加关注在最高法院之争爆发以前便已出现的法律原则上的变化，并因此怀疑1936年和1937年所发生的事情与法律原则上的变化之间是否存在很大（或任何）关联。就这一争论的核心而言，其所关注的不是最高法院做出改变的时机，而是司法过程的性质，以及是何种因素让法官们做出判决的。

这一时期的所有判决“都深受总统的态度或其重组最高法院的提案的影响”，对于这一观点，休斯予以强烈的反对。他坚称，这一观点“纯属无稽之谈”。但最高法院也不是全然地与世隔绝。在“帕里什案”判决宣布之后，《纽约客》杂志嘲讽道：“最高法院的彻底转变并不是源于外界的喧闹声。新建的最高法院大楼里似乎有一个隔音的房间，大法官们在来到这个房间以后才改变了主意。”不过，最高法院作为“揭示真相的工具”（一名学者不无讽刺地这样形容道）

无法承担那些法律和事实没有要求其去完成的任务，这一观念曾经并且依然拥有市场。承认最高法院的判决受到来自外界的影响，这让许多人惊恐万分；因为这表明司法体系归根结底仍属于人治而非法治的范畴——因而无法逃脱人类的偏见、冲动和本能。

但认为国家要么是人治，要么是法治，而不是将两者结合起来辩证地看待——这是一个错误的二分法。在当时盛行许多无益且一直流传至今的二元对立论，前述的二分法是其中一个，此外还有如下论点：最高法院要么是一个纯粹的法律机构，要么是一个纯粹的政治机构；立宪者的意图要么十分容易识别，要么永远含混不清（甚或根本不着边际）；法律原则要么已经由宪法预先设定，要么是人为构建而成；大法官们要么不受任何社会、政治或文化因素的影响，要么完全听任其摆布。这里所罗列的每一个论点背后的真实情形都要比想象中的复杂得多。

和所有的法官一样，最高法院的九个老头力求凡事公正客观、不偏不倚。制约他们的有判决先例、司法程序、法律原则以及眼前的具体案件，所有这些都限制了他们施展拳脚的空间。但他们不仅
524 仅是法官；他们首先是人——具有政治和社会意识的人。虽然程度各不相同，可他们都对民意大环境的变化颇为敏感，并且十分留意公众对最高法院以及作为个人的大法官的评价。他们既没有与现实生活脱节，也并非不受骄傲、羞耻、虚荣、愤怒、遗憾等情感的影响——所有这些都在这一时期（以及其他时期）的判决中清晰可见。他们是会改变的：前进、倒退、反复无常。他们还在不同程度上受到案情摘要、口头辩论、来自同僚的压力以及国家大事的影响。

休斯法院的内部冲突常常被描述为自由派大法官和保守派大法官之间的冲突；前者对国家的紧急情况反应积极，后者对此却无动于衷。事实上，他们都根据自己的理解对紧急情况做出了反应：自由派大法官赋予其他的两个政府分支以更大的自由，让它们进行新的试

验来缓解人们所遭受的磨难；保守派大法官则发起最后的抗争，要求人们发扬“个人主动精神、自力更生精神，以及就我所知真正的民主制发展所必需的其他基本美德”（乔治·萨瑟兰在1937年给朋友的信中如此写道）。

到底是何种因素影响了法官的判决，这一点不得而知。甚至连法官们自己都不一定清楚他们所做的判决主要是受到原则还是情感的影响，其驱动力究竟是法律或政治条款还是他们的良知。罗伯茨有一次在评价“帕里什案”时耸了耸肩，说道：“谁知道是什么对法官的判决产生了影响？”他打趣道：“也许要看他早餐吃了什么吧。”

如果说罗斯福赢得了这场战争，那么与此同时，他输掉了另一场战争。

罗斯福深陷与众多保守派民主党人的斗争之中。尽管海勒姆·约翰逊在最高法院之争结束后预测“参议院中的顽固分子将会回到主流阵营之中”，但事实上这些参议员并不急于这么做。1937年春夏所形成的战线到同年秋天已得到相当大的强化。国会中的保守派民主党人决定接替似乎已被最高法院放弃的角色：罗斯福前进道路上的绊脚石。当他们在国会休会期结束后重返华盛顿时，他们对国会的特别会期进行了一次突袭。新政的势头已一去不复返，再也无法恢复往日的辉煌。罗斯福的权威已挥霍殆尽，再也无法重塑不可战胜的形象。

1937年底突然出现了一次剧烈的经济收缩，这愈发激励了保守派民主党人。工业产值减少了三分之一，股价暴跌，又有两百万美 525
国人加入了失业大军。来自北卡罗来纳州的联邦参议员约西亚·贝利借机发起进攻，他发表了一篇“宣言”，要求减税，实现预算平衡，并为私人企业和州权摇旗呐喊。贝利希望重振曾经挫败过填塞法院计划的两党联盟，并最终激发起政治上的重组。虽然该宣言没有达到目的，但随着时间的推移，这一宣言终将成为现代保守主义的使命宣言。

回顾当时，显而易见的是，在1936年的大选胜利之后，民主党联盟已经变得规模庞大，成员复杂多样，因而难以管理和操控了。联盟内的所有派系都各自为政，互不相让。等到罗斯福第二个总统任期开始之时，自由派对于实施彻底的变革已变得前所未有地急迫，而保守派则前所未有地坚持要求获得一个“喘息的机会”。总统若满足了一方的需求，则势必会惹怒另一方。他逐渐倾向于自由派一方，这愈发加剧了民主党内来自南部和西部的成员对总统的敌对情绪。尽管这些分歧在华盛顿比在全国范围内更加显著，但支持民主党的选民们对于新政的好感远不及他们对于罗斯福本人的好感。

因此，填塞法院计划并不是民主党内这些分歧的始作俑者，但该计划加剧了这些分歧；该计划不是引发新政同盟分崩离析的根源，但它加速了新政同盟的瓦解；该计划还使共和党重新觉醒，使保守派实现了跨党联合，并打破了罗斯福无所不能的神话。一名观察者在最高法院之争结束后指出：“罗斯福值得拥有人们的支持，而不是过去那种敬畏、尊崇和偶像崇拜。”1938年初，由于国会保守派的阻挠，罗斯福经受了进一步的挫折；面对其领导权所遭遇的激烈反抗，他开始变得消沉起来。伊克斯在那年春天提到，总统“在我看来仿佛变了一个人似的。除非他振作起来，否则我估计今后两三年将会过得相当沉闷”。

然而，罗斯福仍有一丝斗志尚存。到1938年夏，在伊克斯和科克伦等人的鼓励下，他再次变得斗志昂扬起来。伊克斯和科克伦用一位联邦法官的话来为他鼓劲，敦促他“让天空布满雷电”，并让“参议院中那些参加选举的叛徒……尝尝战争的滋味”。在同年6月的一
526 次炉边谈话中，罗斯福宣布，他打算在即将到来的初选中支持真自由派，反对假自由派。他这么做并非出于报复之心，而是另有原因。

他极为担心，在国家即将面对来自外国的重大挑战时，将自己乔装打扮成自由派的保守派民主党人却正在阻挠重要改革的推行，并将由此削弱国家的力量。不过，正如萨姆·罗森曼所言，罗斯福无疑对最高法院之争的结果仍心怀不满，这使他无法意识到，干预地方政治将会“给他自身的支持率和威望带来极大的危险”。

这次所谓的“肃清行动”是一场灾难。罗斯福原本希望将“反动分子”清除出民主党。可让他始料未及的是，他们的力量反而变得更为强大了。他不仅没能将哪怕一名反对填塞法院计划的参议员赶出民主党，而且在那年秋天的中期选举中落选的民主党议员几乎都属于自由派阵营。这场民主党内斗过后，真正的赢家却是共和党，后者在国会两院中均赢得不少议席。

最高法院之争和民主党的肃清行动的确引发了党派重组，尽管这一重组在短期内并不明显，进展过程也不完全如罗斯福所想象的那样。在随后的四五十年里，保守派与民主党渐行渐远，这使得后者的力量遭到了削弱，因为在同时并没有进步派加入到民主党之中。保守派同盟诞生于最高法院之争，最初这一同盟的组建更多是一项权宜之计；随着时间的推移，该同盟渐渐成为美国政坛中的一个永久性组织，甚至在后来成为了一个主要的政治组织——不过，这都是在林登·约翰逊如罗斯福所预言的那样成为总统以后的事了（约翰逊来自得克萨斯州，1937 年以一项支持填塞法院计划的纲领而当选为联邦众议员）。约翰逊对于非裔美国人公民权的认可，最终促使大量的南部保守派民主党人离开富兰克林·罗斯福的政党，完成了他们转移至共和党并在该党内占据主导地位的过程。

罗斯福在 1936 年接受民主党再次提名他为总统候选人时说道：“人类活动的背后隐藏着一个神秘的周期。对有些世代而言，许多问题的答案都是现成的。对其他一些世代而言，许多问题仍未得到解答，

这是需要由他们来完成的一个使命。我们这一代美国人的命运掌握在我们自己的手中。”他说，在世界各地，许多国家“放弃了民主制
527 度”，这些国家的人民已“变得疲惫不堪，无法继续将争取自由的斗争推进下去”。他想让这些人们知道：“在美国，我们正在进行一场伟大而成功的战争……这场战争关系到民主制的生死存亡。我们发动这场战争的目的是挽救一个伟大而宝贵的政体，这既是为了我们自己，也是为了全世界的人们。”

三年后，当又一场大选临近时，从许多方面来看，美国人民的命运似乎并非掌握在他们自己的手中。的确，经济继续在向好发展，民主制经受住了大萧条中最困难时期的考验，而最高法院也开始与政府的其他两个分支协同合作。共和党无意再挑起过去的那一类宪政斗争。罗斯福本人在公众中仍然享有极高的声望。可尽管如此，到了 1939 年，他的第二个总统任期的显著特征似乎是那些错失的机会，而不是那些了不起的成就。在国内，他的政敌使那场“伟大而成功的战争”陷入了僵局；在国外，一场截然不同的战争已然打响。

1939 年 3 月 4 日早上——六年前的这一天，罗斯福首次宣誓就任总统；两年前的这一天，罗斯福发表了关于最高法院的“战斗演说”——总统专列驶入联邦车站，随后罗斯福从列车上下来。他刚刚结束为期两周的加勒比海上之旅。这次行程是一次工作休假，罗斯福在此行中的工作量比前几年的任何一个假期都要多得多。在旗舰休斯敦号上，他每天的大部分时光都是在办公桌旁度过的；有时，他会来到阳光充足的甲板上待上半天，检视海军军事演习的情况——这些演习是为了检测美国能否抵抗得住来自大西洋对岸的入侵。罗斯福在当选总统之前曾经担任过海军助理部长；现在，他手里拿着航海图和双筒望远镜，十分严肃认真地观察着海军演习。

3 月 4 日，他匆匆返回华盛顿参加一场周年庆典：不是他自己的就职庆典（按照传统，这一天他会在圣公会圣约翰教堂安静地祈祷，

祈求上帝的指引），而是美国首届国会召开一百五十周年庆典。作为庆典活动的一部分，那天晚上他将在国会参众两院联席会议上发表演说。他并不是当晚唯一一位发表演说的重要人物；另一位发表演说的重要人物是最高法院首席大法官查尔斯·伊文斯·休斯。

这两位对手此前从未在同一个讲台上发表演说。自 1937 年 1 月 20 日（那天，休斯负责主持罗斯福的总统就职宣誓，他们两人近距离面对彼此，中间只隔了一本罗斯福家传的《圣经》）以来，他们甚至从未在同一个场合出现过。现在，当休斯身着黑色的大法官袍走 528
上讲台时，原本庄重严肃的参议员、众议员以及其他公职人员突然发出阵阵热烈的欢呼声，其中还夹杂着口哨声。而当罗斯福出现在讲台上时，听众们的回应同样热烈，这是罗斯福两年多以来在国会受到的最为热情洋溢的欢迎。

据《华盛顿邮报》报道，随后的演说“带有辩论的味道”。至少，这一点是意料之中的。实际上，休斯和罗斯福所争论的内容可以归结为一点，两人都各自稍微花了一点时间告诉——也许是教训——对方：在民主制国家里，究竟何为改革的适当步伐。休斯声称：“若我们的制衡机制有时阻碍了在我们看来十分可取的快速行动，那么从长远来看，这一机制也确保了我们能够做出更为慎重的判断。况且，人们总能得到他们真正想要得到的东西。”

罗斯福一如既往地表达了更为迫切的心情，他无法容忍行动遭遇阻碍。他将自己的观点植根于美国历史之中，并提到了一个人们曾经十分熟悉的说法：“你们都听说过‘马拉车时代’这个说法吧。”听众们当然听说过。他解释道：“我们使用这一说法，不是贬损那些不得不在崎岖的公路上奔波数个星期才能在国会凑够法定人数的人们……我们使用这一说法，是想要解释那些干扰我们早期发展道路的冗长单调的拖延行为，以及地方敌对情绪和嫉妒心理。我们使用这一说法，是为了提醒我们今天的公民：汽车、火车、飞机、通过电线和穿越以太的电脉冲，使我国的每一位公民都不再有理由固守地方主义或拖延公共事业的进展；人们再也不能理直气壮地宣称，他们无法持续且充分地理解为何要加速文明的进程了。”

在罗斯福的整场演说中，似乎只有这番几乎毫无遮掩的话是针对首席大法官及其同僚而说的（不过，这番话虽然说得比较刻意，但针对性并不十分明显），后者此时正坐在台下，并对他的演说报以热烈的掌声。罗斯福所指责的不是那些没能“意识到”这一重要理解的人们，而是那些没能“继续坚持”这一重要理解的人们。他似乎是在含蓄地警告休斯——以及同样坐在台下的欧文·罗伯茨——不要忘了他们所吸取的教训，又回到右翼的阵营中去。

说完这些话，这场“辩论”便随之结束了。这两场演说的显著
529 之处不在于相异的方面，而在于众多的相同点。休斯和罗斯福均十分关注国外的局势发展——正如休斯所言，这是一个“动荡不安的世界”——他们指出，美国的国父们在《权利法案》中所保护的自由是人类的基本权利，是世界各地的人们与生俱来的权利。休斯谴责“权力所带来的荣耀”。罗斯福则指责其他国家倒退至“个人统治”以及“黑暗时代的所谓‘正义’”。结合着来看，这两场演说就像是一记强有力的组合拳。《华盛顿邮报》在次日欢呼道：“罗斯福和休斯抨击独裁者。”

面对共同的敌人，罗斯福和休斯均强调他们在目标上的团结性和统一性。罗斯福说道：“我们的国父们相信，为了国家的长治久安，他们所建立的这个政府在探索前路时是一个整体，在采取行动时也是一个整体；这一点完全正确。”休斯也表达了类似的观点。他声称，最高法院是“一个单独但并非独立的政府分支……在将民主制变得切实可行的这一伟大事业中，我们所有人都应同心协作”——这正是对罗斯福主要观点的直接回应。

事实上，战场已经发生转移。到次年 11 月罗斯福第三次赢得总

统大选时，纳粹已经占领了法国；在德军轰炸机的狂轰滥炸下，已经有超过一万名伦敦市民丧生；德国、意大利和日本已经签署三国同盟条约，并由此形成轴心国联盟。一名历史学家在 20 世纪 40 年代末问道："如果第二次世界大战没有为富兰克林·D. 罗斯福的领导权开辟出一个新的战场，那么他的政治生涯又将是怎样的一幅光景呢？"当然了，这个问题无人能答。当时的世界局势发生了剧变——这不仅为罗斯福继续担任美国总统创造了机会，而且（在大多数美国人看来）还使得罗斯福的继任显得十分必要。

罗斯福在 1936 年时曾说："我应征入伍参加这场战争。"他意指当时出现的国内斗争。但很快，人们便清晰地意识到：为了民主制的存续，美国人将在海外展开斗争；在拖延了许久之后，美国人民与命运的会合将在诺曼底、阿登高地和冲绳的海岸边成为现实。

致谢

一本写好的书看上去总是条理井然，但这种条理也总带着一点点欺骗性。想让信息得以充分展示，本书应该做出注解以说明某个想法最初是由谁提出来的；由于许多人在百忙之中抽空对本书的底稿进行修改，本书页边的空白处应该保留他们当时所写的评语。至于本书的尾注，虽然列出了所有引用文字的出处，但却无法列出写作灵感的来源。为了弥补这些错误，我特地写下这篇简短的说明文字——尽管这份说明也并不够充分。

和其他许多书籍的写作一样，本书的写作源于我逐渐认识到这一点：在一个看似熟悉的事件背后，其实隐藏着许多不为人知的故事。迈克尔 · 沃尔德曼，这位我在克林顿时期的白宫上司，指引了我去阅读约瑟夫 · 艾尔索普和特纳 · 卡特里奇所撰写的纪实报告《168 天》（在政治文学中，这是一部被人遗忘的经典之作），使我加入到 1937 年相关事件及成因的长期争论中；从此以后，我开始对填塞最高法院之争产生了兴趣。要不是迈克尔的话，我可能就不会写这本书了。

不久以后，我与小阿瑟 · M. 施莱辛格和威廉 · 范登 · 霍伊维尔进行了一次交谈，这次交谈使我更加强烈地意识到，过去那些对于罗斯福的行为所做的解释并不够充分。这些解释没有反映出许多历史学家——也包括小阿瑟·M. 施莱辛格在内——的观点。我只希望，我的这本书能够体现出他的一些看法。

本书前言中的内容是几年前由布朗大学两位知名教授提供的：詹姆斯·T. 帕特森，他一直以来都是我的良师益友，鼓励着我不断地前行；还有已故的爱德华·贝瑟，在他所教授的法律体系政治学这门课程中，他提醒学生们注意：我们不仅是在研究法律，也是在“检视生命中最为根本的一些问题”。

三位不同寻常的人士愿意分享他们关于 20 世纪 30 年代的最高法院的一些个人回忆，对此我十分感激。本尼特·博斯基曾经担任哈伦·菲斯克·斯通大法官和斯坦利·里德大法官的助理，他向我提供了他对这两位大法官的深入了解。他还十分大方地向我提供了沃纳·W. 加德纳所撰写的文件以及从未发表的回忆录。七十五年前，大卫·金斯伯格在菲利克斯·弗兰克福特的派遣下来到华盛顿担任本·科恩和汤姆·科克伦的助手；而今，他向我讲述了填塞法院计划提出后的几天里发生的惊心动魄的故事。（他还描述了与罗斯福商讨如何撰写演说稿时的情景：罗斯福时而会将手伸到办公桌的对面，将写满语句的小纸片递给他和萨姆·罗森曼。）还有一位是已故的奥斯汀·坎宁安——他年轻时曾在最高法院担任过办事员，为霍姆斯大法官递送过文件——他帮助我充分地了解了在新政时期来临前以及新政时期中的华盛顿。若我写作本书只是为了让他们将自己的故事讲述出来，那么这一理由便已经足够了。

我在国会图书馆的手稿阅览室度过了一个夏天。在那里，我幸运地得到了杰夫·弗兰纳里及其同事的指点。小托马斯·G. 科克伦十分慷慨大方地将封存有其父亲珍贵手稿文件的房间钥匙交给我，这极大地提高了我的工作成效。在位于纽约海德公园的富兰克林·D. 罗斯福图书馆，罗伯特·克拉克帮助我从浩如烟海的资料中查找从前未曾被人发现或研究过的资料。在查找资料的过程中，我极其幸运地遇到了麦克·希尔。他精力充沛、深具洞察力，不仅向我提出建议，还给予我鼓励与支持。借用弗兰克福特曾经形容首席大法官休斯的话来说，看着麦克埋首于档案之中勤奋工作就“如同欣赏托斯卡尼尼指挥管弦乐队一样”。此外，我还想感谢安娜·伊文斯、亚当·弗兰克尔和本·里德，他们为帮助我查找资料而付出了辛勤且高效的努力。

我要向好客的友人们表达我的感激之情。彼得·奥扎格和米根·普朗蒂－埃德尔斯坦为我在布鲁金斯学会提供了一个研究席位，以方便我构思出本书的计划大纲。后来，当我准备开始写作本书时，乔希·戈特海默在他的办公室里为我提供了一个位置，我在此既可以写作，也可以存放下我那些数量众多的资料；我在他的办公室里待了一年半，这里似乎就像我的一个永久归宿。保罗·奥兹拉克、汤姆·罗谢特、杰夫·努斯鲍姆和温卡·拉弗勒是我在西翼作家组织[1]的合伙人；在我因为写作本书而长期缺席的情况下，他们展现出极大的耐心和宽容。在此，我向他们致以深深的谢意。保罗和汤姆还阅读了本书底稿的大部分，他们不仅给我提出宝贵的意见，也给予在我看来十分必要的支持和鼓励。

除此以外，其他人也提出了深刻而犀利的见解，这些都让我受益匪浅。在我刚刚写作本书之时，约翰·Q. 巴雷特就有关各类人物、复杂的法律问题以及卷帙浩繁的档案背后的关联等问题给出了他的看法；后来，他又仔细阅读了本书的底稿。他给我的这些帮助让我十分感激。我的朋友大卫·格林伯格和莱恩·斯塔克也异常仔细地阅读了本书的底稿，并从基本框架到脚注等各个方面提供了建议。马

[1] 西翼作家组织（West Wing Writers）为一个演说撰稿和战略沟通机构，本书作者是该组织的联合创始人之一；该组织名字中的西翼是指白宫西翼，即白宫的心脏地带，总统、副总统及其幕僚的办公室都位于此。

特·达莱克不仅阅读了本书的底稿，提出了非常出色的观点，还将他的书房变成了我的私人借阅室（而且在借期规定方面非常宽松）。西翼作家组织的前成员纳特·杰克逊和梅根·鲁尼也为本书的底稿提供了或大或小的修改建议。

还有不少友人为我提供了各种各样的帮助，他们的付出无法在此一一详述。他们是道格·班德、拉尔夫·布伦纳、罗伯特·达莱克、布莱恩·弗洛卡、多丽丝·卡恩斯·古德温、大卫·格罗夫、费伊·哈斯金斯、梅根·雅各布斯、迈克尔·詹韦、威廉·洛伊希滕堡、卡罗琳·麦戈尔德里克、劳伦·莫雷尔、罗杰·纽曼、史蒂夫·佩韦和杰弗里·图宾。

W. W. 诺顿出版社的编辑斯塔林·劳伦斯是本书的责任编辑。他能力非凡——套用一句他不喜欢在写作时用到的陈词滥调——能够同时既看到森林，又看到树木。斯塔林的编辑和修改既面面俱到，又优雅得体，似乎就像大师一般毫不费力。现在，我十分荣幸地与他合作了两本书，而我对他的判断力的信任正与日俱增。尼迪娅·帕里斯、蕾切尔·萨尔兹曼以及 W. W. 诺顿出版社团队的其他成员提供了智识和后勤保障上的支持；这些支持形式多样，而且都是我所亟需的。另外，我还要万分感谢雷夫·萨加林。二十年来，他一直担任我的出版经纪人，也是我的密友；对我来说，他早已不可或缺。所有的出版经纪人都会对书籍提出各种要求；而雷夫不但如此，他还能激励作者们探索、思考，从而写出更好的作品。

在写作本书的漫长过程中，我的家人一如既往地给予我鼓励和支持。我的父母苏珊和巴里无条件地支持着我；同时，每当我向他们征询意见时（我时常这么做），他们都会提出积极而富有建设性的意见。每当我自己的热情即将燃尽时，我妻子的姐姐和弟弟——比伊和史蒂芬·爱泼斯坦——总会用他们满满的热情来为我鼓劲。

在一年多的时间里，我今年六岁的儿子乔纳每天在吃晚饭时都会认真地询问我又写了多少字。哪怕我告诉他“还不到一百字”，乔纳都会真诚地回复道:“爸爸，你真棒。”当交稿的最后期限日益临近时，我的编辑们有了一个新盟友——我三岁的女儿安娜。不久前，安娜递给我一个塑料玩具信封，告诉我她给我写了一封信。信是这样开头的:“亲爱的爸爸，我爱你。”念到这里，安娜停下来抬起头看着我。“如果你把这本书写完的话，我就再给你写一封信。”

我发现，我已经用尽了词典中所有合适的词汇来表达我的感激之情，接下来这位则配得上以上所有这些词汇，那就是我的妻子，丽贝卡·爱泼斯坦。但此时，无论用多少词汇，无论如何精挑细选，都已经无法形容我对你是多么感激了，丽贝卡。你就是我们家中的律师，是真正为“被遗忘的”人们发声的人，让我们这些只在书里读到（或写到）相关内容的人们肃然起敬。本书的每一页——此话不是夸张——都承载着你的智慧。为了本书的完成，你每个月都要面临在我们的家中腾出空间这一艰巨任务，而这本书也已经利用了我们所能腾出的每一寸空间。丽贝卡，我知道，无论我怎样感谢你都不为过——不仅是为了本书的写作，也是为了与本书没有任何关系、却是生命中最为重要的一切。

注释

注释中使用的缩略语

CDT *Chicago Daily Tribune*《芝加哥每日论坛报》

DOJ U.S. Department of Justice 联邦司法部

FDR Franklin D. Roosevelt 富兰克林 · D. 罗斯福

FDRL Franklin D. Roosevelt Presidential Library, Hyde Park, New York 富兰克林 · D. 罗斯福总统图书馆，海德公园，纽约

FF Felix Frankfurter 菲利克斯 · 弗兰克福特

HSC Homer S. Cummings 霍默 · S. 卡明斯

LOC Library of Congress, Washington, D.C. 国会图书馆，华盛顿特区

NYT *New York Times*《纽约时报》

OF Office File, Franklin D. Roosevelt Papers 办公文件，富兰克林 D. 罗斯福文献

OH Oral History 口述历史

PPA *Public Papers and Addresses of Franklin D. Roosevelt*, Random House, New York《富兰克林 · D. 罗斯福的公开文献与讲话》，兰登书屋，纽约

PPF President' s Personal File, Franklin D. Roosevelt Papers 总统私人文件，富兰克林 · D. 罗斯福文献

PSF President' s Secretary' s Files, Franklin D. Roosevelt Papers 总统秘书文件，富兰克林 · D. 罗斯福文献

TGC Thomas G. Corcoran 托马斯 · G. 科克伦

WP *Washington Post*《华盛顿邮报》

WSJ *Wall Street Journal*《华尔街日报》

UVA University of Virginia, Charlottesville, Virginia 弗吉尼亚大学，夏洛茨维尔，弗吉尼亚州

WVD Willis Van Devanter 威利斯 · 范 · 德文特

前言

1 **The cocktails were typically strong:** Rosenman, *Working with Roosevelt*, 152–53.

1 **"apparently the least worried man in the country":** Anne O' Hare McCormick, quoted in Schlesinger, *Coming of the New Deal*, 585; Rosenman, *Working with Roosevelt*, 153.

2 **Franklin Roosevelt stood at the pinnacle of power:** Patterson, *Congressional Conservatism*, 80–81; Schlesinger, *Politics of Upheaval*, 642–43.

2 **the Supreme Court—in a series of devastating rulings:** Jackson, *Struggle*, 40–41; Mason, *Supreme Court from Taft to Burger*, 98fn; Stone to FF, May 27, 1935, Stone Papers, Box 13, LOC.

3 **a "'no-man's-land' where no government... can function":** *PPA*, 1936, 191.

3 **"judicial tyranny":** Ickes, Jan. 24, 1936, *Secret Diary*, Vol. I, 524.

3 **"nine old men in kimonos":** Rogers quoted in *NYT Sunday Magazine*, Nov. 3, 1935: 4; Leuchtenburg, *Supreme Court Reborn*, 121; Alsop and Catledge, *168 Days*, 33; McKenna, *Franklin Roosevelt and the Great Constitutional War*, 269.

4 **"aloof from all reality":** Pearson and Allen, *The Nine Old Men*, 15.

4 **All were astounded:** Leuchtenburg, *Supreme Court Reborn*, 125; Alsop and Catledge, *168 Days*, 49, 58–59.

4 **"whether to take only one cocktail":** Richberg, *My Hero*, 222.

4 **The Judiciary Dinner:** Alsop and Catledge, *168 Days*, 63; *WP*, Feb. 3, 1937; *NYT*, Feb. 3, 1937, Feb. 2, 1883, Feb. 15, 1884; "Dinner at the White House," Feb. 2, 1937, Office of Social Entertainments, Box 42, FDRL; Henry F. Pringle, "Profiles: The President—II," *The New Yorker*, June 23, 1934, 23.

5 **Hughes, as ever, was a commanding presence:** Schlesinger, *Politics of Upheaval*, 465.

5 **the Hughes Court was at war:** Ibid., 466–67, 471, 482.

5 **Standing in the East Room:** Rosenman, *Working with Roosevelt*, 153; Alsop and Catledge, *168 Days*, 63; Hellman, *Benjamin N. Cardozo*, 220, 248; Pearson and Allen, *Nine Old Men at the Crossroads*, 19 (McReynolds quoted at 2).

6 **Senator William Borah:** *WP*, Feb. 3, 1937; Leuchtenburg, *Supreme Court Reborn*, 127, 129; "The Supreme Court," Address by Hon. William E. Borah, Feb. 1, 1937, 6–7, in Borah Papers, Box 783, LOC.

6 **Hughes strode across the room:** *CDT*, Feb. 2, 6, 1937.

6 **Cummings slid next to Sam Rosenman:** Rosenman, *Working with Roosevelt*, 154.

7 **Roosevelt, though, was savoring the moment:** Ibid., 154; Alsop and Catledge, *168 Days*, 64; Richberg, *My Hero*, 223; Davis, *FDR: Into the Storm*, 62–63.

第 1 章　完全掌控

8 **The Armory, by now:** *Baltimore Sun*, Oct. 26, 1932.

9 **"I am waging a war":** *PPA*, 1929–32, 831–42; *WP*, Oct. 26, 1932; *NYT*, Oct. 26, 1932.

9 **"Let's see who is responsible":** *PPA*, 1929–32, 837; *Time*, Nov. 7, 1932.

9 **"And now, a word as to beer":** *Baltimore Sun*, Oct. 26, 1932; *NYT*, Oct. 26, 1932.

10 **the answer to a fervent prayer:** *NYT*, Oct. 28, 1932.

10 **Republicans seized it with relish...The Roosevelt "slur":** *Time*, Nov. 7, 1932; *NYT*, Oct. 27, 1932; *WP*, Oct. 27, 1932.

11 **the other arbiters of opinion shrugged it off:** *WP*, Oct. 28, 1932; *Baltimore Sun*, Oct. 28, 1932; *NYT*, Oct. 27, 1932; *Baltimore Sun*, Nov. 1, 1932.

11 **Still, Roosevelt was not taking any chances:** *NYT*, Oct. 29, Nov. 1, 1932; Michelson, *The Ghost Talks*, 165; *Baltimore Sun*, Nov. 1, 1932.

12 **"What I said last night":** Leuchtenburg, *Supreme Court Reborn*, 83.

12 **the Depression continued to exact its heavy human toll:** Manchester, *The*

Glory and the Dream, 37, 40–42; Kennedy, *Freedom from Fear*, 163–64; Chandler, *America' s Greatest Depression*, 5–11, 31–32, 127–28; Bordo et al., *Defining Moment*, 7–9.

13 **He met with his advisers and made plans:** Schlesinger, *Crisis of the Old Order*, 456, 476–77, 467; Davis, *FDR: The New York Years*, 419–22.

14 **"future campaigns and victories together":** FDR to HSC, Jan. 19, 1917, HSC Papers, Box 169, UVA.

14 **Roosevelt and Cummings:** *Encyclopedia of Biography*, Vol. XV, 1924: 291–93, accessed at www.kichline.com/carrie/ICFA/homer.htm; *Time*, Jan. 9, 1939; TGC interview, Jul. 10, 1980, TGC Papers, Box 596, LOC; Pearson and Allen, *The Nine Old Men*, 239; *The Nation*, July 3, 1935, 14; *NYT*, Sept. 11, 1956; Shogan, *Backlash*, 64; Cummings, "The State vs. Harold Israel," 406–34; McKenna, *Franklin Roosevelt and the Great Constitutional War*, 8–9.

14 **At the 1920 Democratic Convention:** *Encyclopedia of Biography*, Vol. XV, 1924: 291–93; *NYT*, Jun. 29, 1920; Schlesinger, *Crisis of the Old Order*, 45; TGC interview, Jul. 10, 1980, TGC Papers, Box 596, LOC; *NYT*, Aug. 10, 1920; *WP*, Aug. 10, 1920; HSC Diary, June 11, 1937, 66.

15 **Cummings was back in the business:** Freidel, *FDR: The Triumph*, 242–43, 370; Farley, *Behind the Ballots*, 94; Neal, *Happy Days Are Here Again*, 178; Shogan, *Backlash*, 66; Robert Jackson to FDR, May 31, 1932, courtesy of John Q. Barrett, who notes that this is Robert Jackson of New Hampshire, not Robert H. Jackson of New York, who figures prominently in later chapters of this book.

15 **"The spirit that died with Wilson":** HSC Diary, Jan. 27, 1933, 114, Dec. 8–11, 1932, 64–65, UVA.

16 **"the possibility of changing the law":** Ibid., Jan. 17, 1933, 101–2, UVA.

16 **FDR called Cummings to offer him a position:** Ibid., Feb. 3, 23, Mar. 5–Apr. 1, 1933, 121– 22, 138, 159, UVA.

16 **FDR had selected Thomas Walsh...Walsh was dead:** Freidel, *FDR: Launching the New Deal*, 143–44, 150–51; Davis, *FDR: The New York Years*, 425; *Time*, Mar. 6, 13, 1933.

17 **"perhaps Homer Cummings":** McKenna, *Franklin Roosevelt and the Great Constitutional War*, 3–4; HSC Diary, Mar. 1–3, 1933, 148–50; Mar. 3–4, 1933, 151–53, UVA.

17 ***Time* magazine thought the appointment:** *Time*, Mar. 13, 1933.

17 **The inaugural platform:** Davis, *FDR: The New Deal Years*, 29; Schlesinger, *Coming of the New Deal*, 1.

18 **the site of the new Supreme Court Building:** Barbara A. Perry and Henry J. Abraham, "Franklin Roosevelt and the Supreme Court: A New Deal and a New Image," in Shaw et al., *FDR and the Transformation of the Supreme Court*, 13; Pearson and Allen, *The Nine Old Men*, 3.

19 **an American *Führer*:** Davis, *FDR: The New Deal Years*, 15; Landon and Smith quoted in Schlesinger, *Coming of the New Deal*, 3; *Barron' s* quoted in Leuchtenburg, *FDR and the New Deal*, 30.

19 **"People are looking to you":** Leuchtenburg, *FDR and the New Deal*, 1.

19 **Roosevelt's power was manifest**: See Schlesinger, *Coming of the New Deal*, 20–23; Davis, *FDR: The New Deal Years*, 201–5.

20 **No president had attempted:** Schlesinger, *Coming of the New Deal*, 20–21; Chandler, *America' s Greatest Depression*, 134; Bordo et al., *Defining Moment*, 10–11; Smith, Jean Edward, *FDR*, 316–17, 327; Hofstadter, *American Political Tradition*, 327; *PPA*, 1933, 17, 139.

20 **"To preserve...we had to reform":** 罗斯福这是在套用 19 世纪英国辉格党政治家兼历史家托马斯 · 巴宾顿 · 麦考利的话。菲利克斯 · 弗兰克福特曾引用过原句："为了维持下去，你就必须得改革。" (FF to FDR, Feb. 14, 1934, in Freedman, *Roosevelt and Frankfurter*, 192) Also see Burns, *Roosevelt: The Lion and the Fox*, 235.

21 **"Roosevelt took the status quo":** Perkins, *The Roosevelt I Knew*, 328; Keynes in Schlesinger, *Coming of the New Deal*, foreword to the Mariner edition, viii.

21 **Roosevelt resisted calls:** *PPA*, 1933, 3, 7; *NYT Book Review*, Mar. 3, 1957, and Jan. 4, 1959.

21 **Still, there could be no understating:** *PPA*, 1928–1932, 752; Sidney M. Milkis and Jerome M. Mileur, "Introduction: The New Deal, Then and Now," in Milkis and Mileur, eds., *The New Deal and the Triumph of Liberalism*, 3–4. Senator Thomas Gore in Leuchtenburg, FDR and the New Deal, 61; also see 33, 336.

22 **"broad Executive power"**: *PPA*, 1933, 14–15.

22 **"behind the façade of fear and need":** Ashurst Diary, Jun. 16, 1933, in Sparks, *A Many-Colored Toga*, 334; Irons, *New Deal Lawyers*, 116–17.

第2章 风暴中心

24 **"Mr. Hughes was the bull's eye":** *Time*, Feb. 24, 1930.

24 **the Supreme Court had defended:** *The American Mercury*, Vol. 15, No. 57, Sept. 1928: 51.

24 **a "carnival of unconstitutionality":** Mason, *Supreme Court from Taft to Burger*, 70; O' Brien, *Storm Center*, 43.

25 **Even so, Hughes had expected:** Pusey, *Charles Evans Hughes*, Vol. II, 652.

25 **its chief judge, Benjamin Cardozo:** Elman, *Of Law and Men*, 145.

26 **At Columbia Law School...his score:** Pusey, *Charles Evans Hughes*, Vol. I, 16–21, 24, 43; *The New Yorker*, July 6, 1935: 18–20.

26 **"His is the best mind":** Gilbert, *Mirrors of Washington*, 69.

26 **the downward sweep:** *New York Review of Books*, May 30, 1974; Alsop, *"I' ve Seen the Best of It" : Memoirs*, 116; Danelski and Tulchin, eds., *Autobiographical Notes*, xxviii; Louchheim, *The Making of the New Deal*, 71; FF quoted in Lash, *From the Diaries of Felix Frankfurter*, 274–75.

26 **He had this effect on everyone:** Pusey, *Charles Evans Hughes*, Vol. I, 146–47, 166, 336; *Time*, Feb. 17, 1930; Danelski and Tulchin, eds., *Autobiographical Notes*, xvii, xxii–xxiv; *New York Review of Books*, May 30, 1974; Ross, *The Chief Justiceship of Charles Evans Hughes*, 3; Hamilton Holt, quoted in Hughes, *Addresses and Papers*, 1908, i.

27 **Hughes's sanctimony was leavened:** *The North American Review*, May 1916, 659; *NYT*, Apr. 19, 1920; *New York Review of Books*, May 30, 1974; *The New Yorker*, July 6, 1935, 18; Gilbert, *Mirrors of Washington*, 79–80.

27 **His guiding philosophy:** Irons, *A People' s History*, 295; On Hughes' s liberal record as associate justice, see Hendel, *Charles Evans Hughes and the Supreme Court*, 64–67; Leuchtenburg, "Charles Evans Hughes," 1188; Paul A. Freund, "Charles Evans Hughes as Chief Justice," 9; Pusey, *Charles Evans Hughes*, Vol. II, 661; and Ross, *The Chief Justiceship of Charles Evans Hughes*, xii, 4–5, 7.

27 **Hughes's liberalism seemed consigned:** Freund, 7fn; "Lawyer' s Lawyer," *Time*, Feb. 17, 1930.

28 **"a conservatism less cheerful":** *Time*, Feb. 10, 1930.

28 **"subjected him to continued":** *The New Republic*, July 1, 1936; *The New Yorker*, July 1, 1936, 21.

28 **Hughes's apologists:** "McReynolds, Roberts and Hughes," *The New Republic*, July 1, 1936, 233; Murphy, Paul L., *The Constitution in Crisis Times*, 106–7.

28 **"the pure white flame of Liberalism":** *Time*, Feb. 17, 1930.

28 **an ugly confirmation fight:** Little, "The Omnipotent Nine," 57; *The Forum*, June 1930; *Time*, Feb. 24, 1930; *New York World*, Feb. 14, 1930.

28 **"no man in public life":** Mason, *Harlan Fiske Stone*, 297–98.

28 **"The Supreme Court is not only":** Ibid., 299.

28 **Another senator warned that:** Ibid.

28 **Their aim was not really to derail Hughes's nomination:** Ross, *The Chief Justiceship of Charles Evans Hughes*, 12, 15; FF, "The Supreme Court and the Public," 334; *Time*, Feb. 24, 1930; also see Mason, *Supreme Court: Vehicle*, 12–15.

29 **"Let us face the fact":** FF, "The Supreme Court and the Public."

29 **Owen J. Roberts:** Ross, *A Muted Fury*, 291, 293–94; Mason, *Harlan Fiske Stone*, 299–300; *Time*, Feb. 24, 1930, *The New Republic*, July 1, 1936.

29 **"As you well know":** Pusey, *Charles Evans Hughes*, Vol. II, 667.

29 **Hughes entered a Court long split:** Freund, "Charles Evans Hughes as Chief Justice," 8.

29 **The principal weapon:** Bertram Benedict, "The Guaranty of Due Process," *Editorial Research Reports*, Vol. 1, No. 19, May 20, 1937, 370–75, in Clapper Papers, Box 234, LOC.

30 **railroad lawyers, monopolists, and conservative thinkers:** Ibid., 376–78, 381; James W. Ely, Jr., "Property Rights and Democracy in the American Constitutional Order," in Hall and McGuire, eds., *The Judicial Branch*, 499–500; Irons, *A People' s History*, 236–37.

30 **"substantive due process":** Ely, "Property Rights and Democracy in the American Constitutional Order," 500–502; Fallon, *The Dynamic Constitution*, 84; Benedict, "The Guaranty of Due Process," 367.

30 **radical and reform movements sprang up:** Irons, *A People' s History*, 254; Beard quoted in Fred Rodell, *Nine Men*, 150.

31 **"bulwark of American individualism":** Maine quoted in Winchester, "The Judiciary—Its Growing Power and Influence," 812–13.

31 **"delusive exactness":** *Truax v. Corrigan*, 257 U.S. 312 (1921): 342, 344.

31 **the issue, as Holmes saw it:** *New State Ice Co. v. Liebmann*, 285 U.S. 262 (1932): 311; Harlan in *Lochner v. People of State of New York*, 198 U.S. 45 (1905): 68.

31 **By 1930, when Hughes returned:** Mason, *Supreme Court from Taft to Burger*, 60–61; author interview, Austin Cunningham, Dec. 6, 2005; *Time*, Feb. 24, 1930; Leuchtenburg, "Charles Evans Hughes," 1187; Sutherland, address at the Utah State Bar Association, 1895, in Paschal, *Mr. Justice Sutherland*, 27–28.

32 **"Liberals Have It":** *Time*, June 1, 1931.

32 **It was the triumph:** Paul L., Murphy, *The Constitution in Crisis Times*, 121fn.

32 **"abruptly dethroned":** *The New Republic*, Sept. 2, 1931.

33 **Many scholars agreed:** Mason, *Harlan Fiske Stone*, 314–15; Leonard, *A Search for a Judicial Philosophy*, 21; Corwin, "Social Planning Under the Constitution," 25, 27.

33 **despite initial impressions:** Ross, *The Chief Justiceship of Charles Evans Hughes*, 29, 41.

33 **Benjamin Cardozo of New York:** Mason, *Harlan Fiske Stone*, 310, 318, 323, 347–48.

34 **The schism could be:** Leonard, *A Search for a Judicial Philosophy*, 18.

34 **"The Supreme Court is above":** *NYT*, Oct. 27, 1932.

34 **Some of the justices:** Levinson, *Constitutional Faith*, 16; Kammen, *A Machine That Would Go of Itself*, 3; Ross, *The Chief Justiceship of Charles Evans Hughes*, 226.

34 **"black-robed gods":** *WP*, Feb. 16, 1936; *NYT*, Nov. 10, 1929. Also see Max Lerner' s classic critique of the "fetishism" of the Court and Constitution (Lerner, "Constitution and Court as Symbols," 1290–1319).

35 **"a life of judicial piety":** Lawrence, *Nine Honest Men*, 6.

35 **"In their private hours":** *NYT*, Sept. 6, 1922.

35 **Brandeis...frequently discussed the campaign:** Brandeis to FF, July 2, 1932, in Urofsky, *"Half Brother,"* 492; Lash, *Dealers and Dreamers*, 82–83; Stone quoted in Ross, *The Chief Justiceship of Charles Evans Hughes*, 46; Stone to FF, Sept. 30, 1932, Stone Papers, Box 13, LOC.

36 **Willis Van Devanter...complained:** WVD to Mrs. John W. Lacey, Oct. 7 and

26, 1932, and to Dennis T. Flynn, Oct. 3, 1932, WVD Papers, LOC. 休斯不太可能对富兰克林·罗斯福有如此低的评价。同为纽约州州长——这是两人之间的一个纽带——他们都曾是西奥多·罗斯福改良主义传统的继承者。(Ross, *The Chief Justiceship of Charles Evans Hughes*, 46)

36 **Van Devanter followed every major speech:** Ibid.; also, WVD to Flynn, Oct. 21, 1932, WVD Papers, Box 3, LOC.

37 **"I was not expecting":** WVD to Flynn, Oct. 21, 1932, and to Montgomery Webster, Nov. 12, 1932, WVD Papers, LOC.

37 **"I cannot see in Roosevelt":** Stone to Lauson and Marshall Stone, Nov. 9, 1932, Stone Papers, Box 3, LOC.

37 **FDR "did most of the talking":** Brandeis to FF, Nov. 9, 1932, in Urofsky, *"Half Brother,"* 503; Lash, *Dealers and Dreamers*, 99.

37 **watched Lincoln's funeral procession:** WVD to D.C. Bond, Apr. 10, 1934, WVD Papers, LOC.

37 **Hughes, who as a college student:** Danelski and Tulchin, eds., *Autobiographical Notes*, 37–38.

38 **"due, in large measure":** Brandeis, address to the Chicago Bar Association, Jan. 3, 1916, reprinted in Brandeis, "The Living Law," 463–64.

38 **in a speech at Milton Academy:** Roosevelt, *Whither Bound?*, 12–13.

38 **Van Devanter had "rather definitely":** WVD to Mrs. John W. Lacey, Oct. 26, 1932, and to L. R. Gillette, Mar. 14, 1933, WVD Papers, LOC.

39 **To look at Van Devanter:** *WP*, Feb. 16, 1936; Schlesinger, *Politics of Upheaval*, 456; WVD to Mary White, Apr. 22, 1937, WVD Papers, LOC; Pearson and Allen, *The Nine Old Men*, 188–89.

39 **Van Devanter rose rapidly:** *The New Republic*, June 17, 1936.

39 **Van Devanter's vote:** *NYT*, Feb. 9, 1941; Wechsler in Louchheim, *The Making of the New Deal*, 53; Pusey, *Charles Evans Hughes*, Vol. II, 667–68.

40 **when Congress...slashed the pensions:** WVD to Mrs. John W. Lacey, Jan. 11, 1933, WVD Papers, LOC; Brandeis to FF, Jan. 10, 1933, in Urofsky, *"Half Brother,"* 507, 507fn, 508fn.

40 **"confidential!!":** Stone to FF, Dec. 9, 1932, and FF to Stone, Dec. 13, 1932, Stone Papers, Box 13, LOC.

40 **"I do not like the idea":** Danelski and Tulchin, eds., *Autobiographical Notes*, 302–3; WVD to Mrs. John W. Lacey, Oct. 26, 1932, WVD Papers, LOC.

40 **"When the Court convened in the fall":** WVD to Mrs. John W. Lacey, Jan. 11, 1933, WVD Papers, LOC.

41 **"before long, you are likely":** FF memo on visit with FDR, March 8, 1933, in Freedman, *Roosevelt and Frankfurter*, 113; Nelson, "The President and the Court," 290.

41 **"was notice to all the Justices":** Danelski and Tulchin, eds., *Autobiographical Notes*, 302–3.

41 **"There is no assurance":** WVD to Mrs. John W. Lacey, May 3, 1933, WVD Papers, LOC.

41 **to "change in personnel":** Sullivan, "The Supreme Court as It Is Today," 298.

第3章 捷径

42 **"Have I a legal right to do this?":** *The New Yorker*, June 16, 1934.

42 **Far more pressing was the question:** HSC Diary, Mar. 3–5, 1933, 151, 153–54, UVA; Perkins, *The Roosevelt I Knew*, 194; Schlesinger, *Coming of the New Deal*, 95.

42 **The first phase of the New Deal:** Sparks, *A Many-Colored Toga*, 333.

43 **"I went about with my pockets bulging":** HSC Diary, Mar. 5–Apr. 1, 1933, 155–56, UVA.

43 **"Homer is a great fellow":** FDR comment to Ickes, quoted in ibid., Nov. 16, 1933, 125.

43 **the administration readied a series of reforms:** Schlesinger, *Coming of the New Deal*, 41–42, 200–201.

43 **"The matter had progressed":** HSC Diary, Apr. 21, 1933, 11–12, UVA.

43 **Agricultural Adjustment Act:** Irons, *New Deal Lawyers*, 23–24; Lash, *Dealers and Dreamers*, 122–23.

44 **"The whole project is very ambitious":** HSC Diary, June 16, 1933, UVA. The lawyer is Blackwell Smith of the NRA, quoted in Irons, *New Deal Lawyers*, 56.

44 **"the president had a tendency":** Jackson, *That Man*, 74.

45 **more a matter of temperament:** Davis, *FDR: The Beckoning of Destiny, 1882–*

1928, 208; Ward, *Before the Trumpet*, 335; Ward, *A First-Class Temperament*, 61–62 (emphasis in original).

45 **In 1907, when he passed the bar:** Ward, *A First-Class Temperament*, 63–64.

45 **Carter, Ledyard & Milburn:** Ibid., 71–72, 76.

45 **"I don't think he liked":** Eleanor Roosevelt quoted in Ward, *A First-Class Temperament*, 72–73; FDR to Edwin De T. Bechtel, Nov. 10, 1932, in Elliott Roosevelt, ed., *FDR: His Personal Letters, 1928–1945*, Vol. 1, 305–6.

46 **he was good with clients:** Ward, *A First-Class Temperament*, 75, 77; Davis, *FDR: The Beckoning of Destiny, 1882–1928,* 213. The clerk was Grenville Clark. Cousins and Clifford, eds., *Memoirs of a Man: Grenville Clark*, 16.

46 **"While he began [his professional] life":** Jackson, *That Man*, 50; Ward, *A First-Class Temperament*, 562, 656; FDR quoted in *NYT*, June 16, 1931.

46 **"a barrier to progress":** White quoted in *Time*, Oct. 15, 1934; FF to Cohen, Sept. 18, 1934, Cohen Papers, Box 13, LOC; *PPA* 1928–32, 570.

47 **"Society...must obey the laws of life":** Kammen, *A Machine That Would Go of Itself,* 19–20; *NYT*, Dec. 16, 1900.

47 **The shift was more than semantic:** Ibid.; G. Edward White, *The Constitution and the New Deal*, 168, 207–9, 217; Purcell, *The Crisis of Democratic Theory*, 74–75; Paul R. Brace and Melinda Gann Hall, "Is Judicial Federalism Essential to Democracy? State Courts in the Federal System," in Hall and McGuire, eds., *The Judicial Branch*, 179. 这是一个由来已久的争论。早在 14 世纪中期，英格兰法官们就曾为彼此的裁决是有理有据还是随心所欲而有过不少口舌之争。（"Notes and Comment: The President and the Court," 63)

48 **In his landmark study:** Purcell, *The Crisis of Democratic Theory*, 75–77.

48 **The apostles of "organic law":** McBain, *The Living Constitution*, 2, 272; Keller, *In Defense of Yesterday*, 157; Mason, *Supreme Court: Vehicle of Revealed Truth or Power Group*: 4–5; FF to Stone, Sept. 28, 1933, Stone Papers, Box 13, LOC; Mason, *Harlan Fiske Stone*, 356.

48 **Yet by the 1930s it was getting harder:** See FF and Landis, *The Business of the Supreme Court*, 308, 310; Schlesinger, *Politics of Upheaval*, 486–87; Purcell, *The Crisis of Democratic Theory*, 77, 81; Frank quoted in Purcell, *The Crisis of Democratic Theory*, 84.

49 **"a concept of the greatest generality":** Cardozo, *The Nature of the Judicial Process*, 71, 76–77, 124.

49 **deep believers in democratic government:** Purcell, *The Crisis of Democratic Theory*, 88–94; Kalman, *Legal Realism at Yale,* 11, 14, 17.

49 **traditionalists like James M. Beck:** Keller, *In Defense of Yesterday*, 157; Beck quoted in Irons, *New Deal Lawyers*, 116–17.

50 **what Roosevelt sought:** See Freidel, *FDR: The Triumph*, 47–52, 94–95.

50 **"As I have told you":** FDR to Cardozo, Dec. 9, 1932, in Elliott Roosevelt, ed., *F.D.R.: His Personal Letters, 1928–1945*, Vol. I, 307.

50 **"Roosevelt didn't see as clearly":** Robert H. Jackson OH, 456–57.

50 **Neither did he feel as bound**: Bickel, *The Least Dangerous Branch*, 113–14.

51 **"being associated with you":** Pusey, *Charles Evans Hughes*, Vol. II, 733; Hughes to FDR, Feb. 28, 1933, FDRL.

51 **"As things come up from time to time":** FF to Stone, Sept. 28, 1933; Memo, OF 41A, Box 49, FDRL.

51 **If anyone was ideally suited:** Matthew Josephson, "Profiles: Jurist–I," *The New Yorker*, Nov. 30, 1940, 24–25, and "Profiles: Jurist–II," *The New Yorker*, Dec. 7, 1934, 36–37; *NYT Magazine*, Sept. 30, 1934; Clapper, "Felix Frankfurter' s Young Men," *Review of Reviews*, Vol. 93, Jan. 1936, in TGC Papers, Box 638, LOC.

52 **Frankfurter's covert role:** Lash, *From the Diaries of Felix Frankfurter*, 44–47, 53; FF, *Felix Frankfurter Reminisces*, 236–37; Josephson, "Profiles: Jurist–I," *The New Yorker*, Nov. 30, 1940, 24.

52 **"technical legal doctrine":** *NYT Magazine*, Sept. 30, 1934.

52 **"an emergency more serious than war":** *Time*, Aug. 28, 1933.

53 **"aid in relieving a depressed industry":** *New State Ice Co. v. Liebmann*, 285 U.S. 262 (1932): 306.

53 **in a commencement address at Deerfield Academy:** *Time*, Mar. 27, 1933; Pusey, *Charles Evans Hughes*, Vol. II, 733.

53 **"not unresponsive to the shifting economic thought":** *Time*, Jan. 23, 1933.

53 **Historically, the Court:** Lasser, *Limits*, 120–21; Schlesinger, *Politics of Upheaval*, 451; Mason, *Harlan Fiske Stone*, 385–86; Mason, *Supreme Court: Vehicle*, 19.

53 **"In dealing with given cases":** "'Modern Tendencies and the Law,' an Address

by the Honorable Homer S. Cummings, Attorney General of the United States, Delivered at a Meeting of the American Bar Association at Grand Rapids, Michigan," Aug. 31, 1933, OF 10, DOJ, Box 1, FDRL.

54 **An impression spread:** Mason, *Supreme Court: Vehicle*, 22; Schlesinger, *Politics of Upheaval*, 252. As a useful contrast, see Irons, *New Deal Lawyers*, 254–71, on the administration' s shrewd and successful "master plan" to test the constitutionality of the National Labor Relations Act, beginning in 1935.

54 **an "open secret in Washington":** Quoted in Irons, *New Deal Lawyers*, 69.

54 **Others (Stone included) complained:** FF to FDR, July 10, 1933, in Freedman, *Roosevelt and Frankfurter*, 139; Stone to Marshall Stone, Dec. 13, 1934, Stone Papers, Box 2, LOC; Pearson and Allen, "The Men Around the President," 271.

54 **the administration was simply distracted:** Schlesinger, *Politics of Upheaval*, 252; Beard, *America in Midpassage*, 257.

55 **"Our good fortune still holds":** HSC to FDR, and Biggs to HSC, Apr. 30, 1934, OF 10, DOJ, Box 2, FDRL; Irons, *New Deal Lawyers*, 68–69.

55 **"Why are you so anxious":** Freedman, *Roosevelt and Frankfurter*, 132; Mason, *Supreme Court: Vehicle*, 21.

55 **"Supreme Court decisions...may unmake us":** FF to Josephine Goldmark, Jan. 10, 1933, Cohen Papers, Box 11, LOC.

55 **General Hugh Johnson:** Davis, *FDR: The New Deal Years*, 76.

55 **Johnson had demanded and received:** Ibid., 244–45; Schlesinger, *Coming of the New Deal*108; *Time*, Oct. 8, 1934.

55 **From the start, then, the NRA was something of a bluff:** Schlesinger, *Coming of the New Deal*, 114–15.

56 **It spawned songs:** *Saturday Evening Post*, Oct. 28, 1933: 68–69, 72.

56 **Roosevelt was approving codes:** Davis, *FDR: The New Deal Years*, 246–50, 253; Mason, *Supreme Court: Vehicle*, 21.

57 **"the political alignments now existing":** HSC to FDR, Nov. 8, 1933, OF 41, Box 48, FDRL.

57 **derided the Court as "powerless":** *The Nation*, Oct. 18, 1933, 428, 430.

57 **the number of justices was not sacrosanct:** Wilson, *Congressional Government*, 38; Bryce, *The American Commonwealth*, Vol. 1, 275.

58 **Up and down the number went:** Hall, *The Oxford Companion to the Supreme Court*, 472–75; Warren, *The Supreme Court in United States History*, Vol. II, 39, 380, 422–23, 446–47.

58 **Yet it loomed:** Bryce, *The American Commonwealth*, 276; Warren, *The Supreme Court in United States History*, Vol. II, 501.

59 **a precinct committeeman:** John P. Byrne to FDR, Apr. 18, 1933, OF 41a, Box 49, FDRL; Louis Howe to Byrne, May 1, 1933, OF 41a, Box 49, FDRL; Leuchtenburg, *Supreme Court Reborn*, 85; *Congressional Digest*, Dec. 1933, 297.

第 4 章　消逝的光

60 **"This afternoon Mother and I go":** Stone to Lauson and Marshall Stone, Mar. 16, 1933, Stone Papers, Box 3, LOC.

60 **"much pleased":** WVD to Mrs. John W. Lacey, Mar. 14, 1933, WVD Papers, Box 17, LOC.

60 **"Some of the subsequent measures":** WVD to Dennis T. Flynn, Apr. 6, 1933, WVD Papers, Box 17, LOC.

60 **"the new President has gotten":** James McReynolds to Robert McReynolds, Mar. 20, 1933, and Aug. 19, 1933, McReynolds Papers, Box 1, UVA.

61 **Brandeis looked more favorably:** *The New Republic*, Nov. 18, 1931, 4–6; Schlesinger, *Crisis of the Old Order*, 29; Mason, *Brandeis*, 245, 250; *Muller v. Oregon*: 208 U.S. 412 (1908); *The New Republic*, Feb. 5, 1916.

61 **Brandeis stood above reproach:** *The New Republic*, Mar. 25, 1916, 202; Robert L. Stern in Louchheim, *The Making of the New Deal*, 83; Ickes, Mar. 12, 1933, *Secret Diary*, Vol. I, 6; Mason, *Brandeis*, 582–83; *Time*, Oct. 13, 1941.

62 **Brandeis was uneasy about important aspects:** Rexford Tugwell, "Revised Diary," in Namo rato, ed., *Diary of Rexford G. Tugwell*, 295–97, 337fn, 338fn; Mason, *Brandeis*, 613–15.

62 **"promise in many specific undertakings":** Brandeis to FF, June 13, Aug. 3 and 14, and Oct. 24, 1933, and Feb. 27, 1934, in Urofsky, *"Half Brother,"* 523, 526, 528, 532, 541.

63 **Bigness, Brandeis warned:** Mason, *Brandeis*, 554–55, 557–58, 560, 574, 578;

Schlesinger, *Crisis of the Old Order*, 30–31; *The New Republic*, Nov. 12, 1956, 16–17; Apr. 15, 1933, in Namorato, ed., *Diary of Rexford G. Tugwell*, 338.

63 **"It was a terrible thing":** Brandeis to FF, Aug. 3, Nov. 9, 16, 1933, in Urofsky, *"Half Brother,"* 526, 534–35.

63 **"if the Lord":** Brandeis to Elizabeth Brandeis Raushenbush, Nov. 19, 1933, in Urofsky and Levy, *Family Letters of Louis D. Brandeis*, 533.

63 **"You are, I am sure":** FF to FDR, Apr. 17, 1933, TGC Papers, Box 588, LOC.

63 **Son of a Chesterfield, New Hampshire, farmer:** *Time*, June 23, 1941; Mason, *Harlan Fiske Stone*, 306, 322, 351; Gardner, "Mr. Chief Justice Stone," 1205.

63 **in the company of the Court's conservatives:** *Saturday Evening Post*, Sept. 20, 1941, 15; Mason, *Harlan Fiske Stone*, 252–54, 261–62, 306; Mason, *Brandeis*, 606.

64 **McReynolds, trying clumsily to draw Stone:** Gardner, "Harlan Fiske Stone," 9; Mason, *Harlan Fiske Stone*, 258, 351, 380; McReynolds to Stone, n.d., Stone Papers, Box 76, LOC.

64 **"Perhaps the most astonishing":** Stone to FF, Feb. 17, 1933, Stone Papers, Box 13, LOC.

64 **"The issues...cannot be settled":** Stone to Hoover, May 2, 1933, Stone Papers, Box 17, LOC; Gardner, "Harlan Fiske Stone," 11.

64 **"I certainly wish him well":** Stone to Lauson and Marshall Stone, Mar. 16, 1933, Stone Papers, Box 3, LOC.

64 **Dispirited by the New Deal:** Mason, *Harlan Fiske Stone*, 344–45, 347–48, 359–60, 370–71, 373.

65 **But Stone was resilient:** Ibid., 357–58.

65 **"We live from day to day":** Stone to Lauson and Marshall Stone, Jan. 18, 1934, Stone Papers, Box 3, LOC.

65 **"the first of the 'New Deal' cases":** Ibid., Nov. 9, 1933, Stone Papers, Box 3, LOC.

65 **a Minnesota state law:** Irons, *A People' s History*, 297–98; Paul L. Murphy, *The Constitution in Crisis Times*, 110fn; Mason, *Harlan Fiske Stone*, 360–61.

65 **Hughes had gone farther:** See Hendel, *Charles Evans Hughes and the Supreme Court*, 36–45; Dawson, "The Supreme Court and the New Deal," 648–49.

66 **After the *Blaisdell* decision:** *Home Building & Loan Association v. Blaisdell*, 290

U.S. 398 (1934): 442.

66 **Hughes described the Constitution:** Ibid., 425–26, 447; Hendel, *Charles Evans Hughes and the Supreme Court*, 174, 178; Leuchtenburg, "Charles Evans Hughes," 1190; Hughes, *The Supreme Court of the United States*, 222–23.

67 **"We find no warrant":** 290 U.S. 398 (1934): 443–44.

67 **Sutherland wrote the dissent:** *WP*, Feb. 16, 1936; Pearson and Allen, *The Nine Old Men*, 199; Paschal, *Mr. Justice Sutherland*, 3–4, 7–8 , 56–57, 62–63, 76; Arkes, *The Return of George Sutherland*, 4–6, 10; *Rocky Mountain News*, Jan. 6, 1938: 5, in Sutherland Papers, Box 8, LOC; *NYT*, Sept. 10, 1922.

67 **his dissent in *Blaisdell*:** 290 U.S. 398 (1934): 448–49, 451, 453, 472–74, 483; Arkes, *The Return of George Sutherland* 42–43, 246–47; Paschal, *Mr. Justice Sutherland*, 27–28, 79.

68 **"one of the great opinions":** Brandeis quoted in Friedman, "Switching Time," 1915.

68 **The Depression...was "nothing new":** 290 U.S. 398 (1934): 454, 471–72.

68 **here was the verdict of Justice Sutherland:** Paschal, *Mr. Justice Sutherland*, 9, 15, 28–29, 173fn; Steven Shapin, "Man with a Plan," *The New Yorker*, Aug. 13, 2007, 75, 77; Twiss, *Lawyers and the Constitution*, 16–17, 258, 264.

69 **the "mercy of severity":** Paschal, *Mr. Justice Sutherland*, 10–12; Spencer, *Social Statics*, 149–52, 238, 363 (emphasis in original).

69 **"A red-letter day":** HSC Diary, Jan. 8, 1934, 9–10, UVA.

70 **On the basis of the *Blaisdell* decision:** *NYT*, Jan. 9, 10, 1934; *Collier' s*, Feb. 17, 1934.

70 ***Nebbia v. New York:*** *NYT*, Mar. 6, 1934; Mason, *Harlan Fiske Stone*, 365–66; Irons, *A People' s History*, 298; 291 U.S. 502 (1934): 523, 531; Cushman, *Rethinking the New Deal Court*, 79.

71 **Roberts's abandonment of the restrictive "public interest":** Leonard, *A Search for a Judicial Philosophy*, 84–86; Ross, *The Chief Justiceship of Charles Evans Hughes,* 52; Fried-man, "Switching Time," 1921–22; Cushman, *Rethinking the New Deal Court*, 79; Pusey, *Charles Evans Hughes*, Vol. II, 700; 291 U.S. 502 (1934): 525, 536, 538–39.

71 **Arthur Krock:** *NYT*, Mar. 6, 1934.

71 **"Facile disregard of the Constitution":** 291 U.S. 502 (1934): 545–46, 548, 558–59.

72 **liberals were overjoyed by a decision:** *NYT*, Mar. 6, 1934; Mason, *Brandeis*, 617; Corwin, *The Twilight of the Supreme Court*, xvi, 44–45, 99; Mason, *Harlan Fiske Stone*, 367; Lasser, *Limits*, 123.

72 **"leaves a trail a mile wide":** Dennis T. Flynn to WVD, Mar. 23, 1934, WVD Papers, Box 37, LOC.

72 **Stone perceived *Nebbia*:** Mason, *Harlan Fiske Stone*, 368–69.

72 **"Has the Supreme Court abdicated?":** Mason, "Has the Supreme Court Abdicated?," 360.

第5章　猛烈的炮击

74 **gathering of the Gridiron Club:** WVD to Mrs. John W. Lacey, Apr. 18, 1934, WVD Papers, Box 18, LOC; Tompkins, "Princes of the Press," 171–73; Brayman, *The President Speaks*, 2–3; Essary, *Covering Washington*, 234, 236.

75 **The evening's entertainment:** WVD to Lacey, Apr. 18, 1934, WVD Papers, Box 18, LOC; Brayman, *The President Speaks*, 245–46.

75 **Senator Reed stiffly sang:** WVD to Lacey, Apr. 18, 1934, WVD Papers, Box 18, LOC; Bray-man, *The President Speaks*, 248. Clearly, Reed now took a different view of constitutional democracy than the one he had expressed in 1933, when he said, "If ever this country needed a Mussolini, it needs one now." (Quoted in Alter, *The Defining Moment*, 6.)

76 **"Are you wanting the President":** WVD to Lacey, Apr. 18, 1934, WVD Papers, Box 18, LOC; Brayman, *The President Speaks*, 248–49.

76 **A few moments later:** Brayman, *The President Speaks*, 249; "Reading Copy," Gridiron Club Remarks, Spring 1934, Speech Files #87, FDRL; WVD to Lacey, Apr. 18, 1934, WVD Papers, Box 18, LOC.

77 **Van Devanter...found the speech "ingenious":** WVD to Lacey, Apr. 18, 1934, WVD Papers, Box 18, LOC.

77 **"under very heavy bombardment":** FDR to FF, Mar. 24, 1934, in Freedman, *Roosevelt and Frankfurter*, 210.

77 **"The honeymoon is over":** Stone quoted in Schlesinger, *Coming of the New Deal*, 471.

78 **"private fulminations":** *Time* quoted in ibid.

78 **"As soon as the businessman":** Connally quoted in Wolfskill and Hudson, *All but the People*, 144.

78 **the spirit of shared sacrifice:** Chandler, *America' s Greatest Depression*, 3, 129; Wolfskill and Hudson, *All but the People*, 145–46; Schlesinger, *Coming of the New Deal*, 471–74; Leuchtenburg, *FDR and the New Deal*, 91.

78 **"It is perfectly apparent":** Snell quoted in Brant, *Storm over the Constitution*, 39; Schlesinger, *Coming of the New Deal*, 480.

78 **portrayed the New Deal as totalitarian:** Wolfskill and Hudson, *All but the People*, 148–49, 152.

79 **"an all-powerful central government":** Ogden Mills quoted in Schlesinger, *Coming of the New Deal*, 473.

79 **"post-depression psychosis":** Richberg quoted in ibid., 495.

79 **Roosevelt...began to express:** Ibid., 496–97; Davis, *FDR: The New Deal Years*, 372–73.

79 **He used his first fireside chat:** *PPA* 1934, 314–15, 317, 373.

80 **"The fundamental trouble":** FDR to Adolph Berle, quoted in Davis, *FDR: The New Deal*

Years, 373.

80 **"We're far stronger than ever":** TGC and Cohen to FF, Apr. 22, 1934, TGC Papers, Box 638, LOC.

80 **The principal trouble:** *Time*, June 25, 1934, and Oct. 8, 1934.

81 **"Administrative mistakes":** TGC and Cohen to FF, Apr. 22, 1934, TGC Papers, Box 638, LOC.

81 **The NRA was tilted:** Chandler, *America' s Greatest Depression*, 231; Schlesinger, *Coming of the New Deal*, 120–21, 126; Davis, *FDR: The New Deal Years*, 243, 260.

81 **"a bird of prey":** Nye quoted in Davis, *FDR: The New Deal Years*, 315; Schlesinger, *Coming of the New Deal*, 161.

82 **Workers appealed to the NRA:** Watkins, *The Great Depression*, 168–71; Schlesinger, *Coming of the New Deal*, 144–47, 149–51; *Time*, Oct. 15, 1934.

82 **"The NRA was headed hell-bent":** Creel, *Rebel at Large*, 276.

83 **"the great bulk of complaint":** *PPA*, 1934, 125–27.

83 **"*You* have set up":** Ibid., 126, 129, emphasis added.

83 **"If the business features...are defective":** Cohen quoted in Lash, *Dealers and Dreamers*, 234.

83 **"purely as an emergency agency":** Perkins, *The Roosevelt I Knew*, 211; Richberg, *My Hero*, 185, 188.

83 **Roosevelt himself remained enormously popular:** Fletcher, Farley, and FDR quoted in Lasser, *Limits*, 118–19; also see Schlesinger, *Coming of the New Deal*, 480–81, 505; Ickes, Sept. 27, 1934, *Secret Diary*, Vol. I, 198–99; Davis, *FDR: The New Deal Years*, 416–19.

84 **The November results:** *NYT*, Nov. 7, 1934; *Time*, Jan. 7, 1935, Nov. 8, 1934.

85 "**opposition is fading":** *PPA*, 1934, 462.

85 **"Mr. Justice Holmes had":** FF to FDR, Nov. 21, 1934, and FDR to FF, Oct. 4, 1934, in Freedman, *Roosevelt and Frankfurter*, 242, 237.

85 **"dogged determination":** Nov. 26, 1934, in Namorato, ed., *Diary of Rexford G. Tugwell*, 152.

第 6 章　黄金裁决

87 **The New Deal was already on trial:** *Time*, Feb. 12, 1934, Oct. 15, 1934, Nov. 26, 1934; Jackson, *Struggle*, 115.

88 **"I would like to have":** HSC to J. Crawford Biggs, Oct. 10, 1934, and Biggs to HSC, Oct. 11, 1934, HSC Papers, Box 177, UVA.

88 **concerned "hot oil":** Stern, "The Commerce Clause and the National Economy," 654–55; Pearson and Allen, *The Nine Old Men*, 244–46; Jackson, *Struggle*, 87–89; Schlesinger, *Coming of the New Deal*, 89.

89 **Cummings reported to Roosevelt:** DOJ Press Release, Oct. 20, 1934, OF 10, Box 2, FDRL; Cummings to FDR, Nov. 5, 1934, UVA.

89 **"in the hip pocket":** *Time*, Dec. 24, 1934; Stern, "The Commerce Clause and the National Economy," 656–57.

89 **"It is a rather extraordinary":** H. F. Stone to Lauson Stone, Jan. 8, 1935, Stone

Papers, Box 1, LOC.

89 **"sunlight is the best disinfectant":** Mason, *Brandeis*, 618.

90 **the delegation of power by Congress:** Irons, *New Deal Lawyers*, 70; G. Edward White, *The Constitution and the New Deal*, 108; "The Decision in the NIRA Cases," 284–88.

90 **"the old doctrine prohibiting":** G. Edward White, *The Constitution and the New Deal*, 108; "The Decision in the NIRA Cases," 288.

90 **"several of the others":** Lash, *Dealers and Dreamers*, 187.

91 **overturned the hot oil provision:** *NYT*, Jan. 8, 1935; *CDT*, Feb. 19, 1935; *Panama Refining Co. v. Ryan*, 293 U.S. 388 (1935): 430.

91 **Cardozo, the lone dissenter:** 293 U.S. 388 (1935): 434, 443.

91 **"The Supreme Court went Republican":** *NYT*, Jan. 9, 1935; Leuchtenburg, *Supreme Court Reborn*, 86; *CDT*, Jan. 8, 9, 1935.

91 **The administration was inclined:** *Time*, Jan. 14, 21, 1935, *WP*, Jan. 8, 1935; *NYT*, Jan. 8, 1935.

92 **"The anxiety...was profound":** Jackson, *Struggle*, 94–95.

92 **but left little clue where:** *NYT*, Jan. 9, 1935.

92 **"There was less delegation":** *The Nation*, Jan. 23, 1935.

92 **Even "the wildest New Dealer":** *CDT*, Jan. 9, 1935.

92 **a small "stag dinner":** Ickes, Jan. 11, 1935, *Secret Diary*, Vol. I, 273.

93 **FDR, ever since his first day:** Chandler, *America' s Greatest Depression*, 135, 161, 164, 166; Blum, *From the Morgenthau Diaries*, 62–63; *NYT*, Mar. 6, 1933, Mar. 10, 1933, Oct. 23, 1933, Jan. 31, 1934.

93 **The "gold clause":** Chandler, *America' s Greatest Depression*, 166; Jackson, *Struggle*, 98–99.

93 **"The action on the gold clause":** Brandeis to FF, June 13, 1933, and Oct. 30, 1933, in Urofsky, *"Half Brother,"* 523, 533.

94 **Stone was so appalled:** Mason, *Harlan Fiske Stone*, 391.

94 **"the difficulty is that most people":** Kaufman, *Cardozo*, 514.

94 **Was the cancellation of the gold clauses constitutional?:** George W.Whiteside to HSC, Jan. 5, 1935, OF 10, DOJ, Box 2, FDRL; DOJ Memorandum [most likely by Angus MacLean], Nov. 23, 1934, HSC Papers, Box 197, UVA.

94 **"to feel a bit like King Midas":** HSC to LeHand, Jan. 8, 1935, and *Advocate*, Jan. 17, 1935, attached to HSC to FDR, Jan. 28, 1935, both in OF 10, Box 2, FDRL.

94 **Cummings sat serenely:** *Time*, Jan. 21, 1935; Swisher, *Selected Papers of Homer Cummings*, 116–20; *NYT*, Jan. 9, 1935; Ickes, Jan. 11, 1935, *Secret Diary*, Vol. I, 273.

95 **"All is not gold":** FDR to Homer and Cecelia Cummings, Feb. 4, 1935, HSC Papers, Box 170, UVA.

96 **"outright defiance":** Jackson OH, 430–31.

96 **Jackson mentioned an article:** Ibid.; Ratner, "Was the Supreme Court Packed by President Grant?" , 343–58.

96 **"I told him":** Ickes, Jan. 11, 1935, *Secret Diary*, Vol. I, 273.

96 **to nameless presidential advisers:** For examples of leaks, see *Time*, Jan. 21, 1935, and previous chapters; *The Nation*, Jan. 23, 1935, 85.

97 **readied a range of constitutional amendments:** *NYT*, May 30, 1935; Costigan to FDR, May 29, 1935, and FDR to McIntyre, June 11, 1935, OF 466, Box 11, FDRL; George W. Kretzinger, Jr., Assistant Attorney, NRA, "Suggestion Concerning Constitutional Amendment," and Jack Garrett Scott, Acting General Counsel, NRA, to TGC, Sept. 9, 1935, TGC Papers, Box 270, LOC; "Constitutional Amendment," unsigned memorandum, Office of the Attorney General, Jan. 21, 1935, PPF 1055, FDRL; Kyvig, "The Road Not Taken," 470–71; *Time*, Jan. 21, 1935.

97 **Henry Wallace, the Secretary of Agriculture:** *NYT*, Jan. 25, 26, 1935.

97 **as Robert Jackson advised FDR:** Jackson OH, 430–31; Robert H. Jackson to FDR, the Secretary of the Treasury [Henry Morgenthau, Jr.], the General Counsel of the Treasury [Herman Oliphant], and George D. Haas, Jan. 12, 1935, memo courtesy of John Q. Barrett; for draft legislation, see PPF 1055, FDRL.

98 **At a dinner at the vice president's home:** Blum, *From the Morgenthau Diaries*, 127–29; Schlesinger, *Politics of Upheaval*, 257.

98 **Weeks passed without a ruling:** *Time*, Jan. 21, 1935; HSC to FDR, Feb. 4, 1935, PSF Justice, Box 56, FDRL; Ickes, Feb. 10, 1935, *Secret Diary*, Vol. I, 294; HSC Diary, Feb. 1, 9, 1935, 4, 6, UVA.

99 **Roosevelt called Cummings and Donald Richberg:** FDR, draft remarks, HSC Papers, Box 170, UVA; a revised later draft is found in PSF 165, FDRL.

100 **Pearson's, a small Washington:** *The New Yorker*, June 29, 1935; *NYT*, Feb.

18, 19, 1935.

100 **"We are all reasonably confident":** HSC Diary, Feb. 16, 1935, 10, UVA.

100 **At 12 p.m. the justices:** *Time*, Feb. 25, 1935; *U.S. v. Bankers' Trust Co.*, 294 U.S. 240 (1935): 307–8, 311, 316; *Perry v. United States*, 294 U.S. 330 (1935): 348, 350, 354–55.

101 **McReynolds had a personality:** Childs OH, 71; Sen. George Wharton Pepper in "Proceedings Before the Supreme Court of the United States, March 31, 1948, in Memory of James Clark McReynolds," McReynolds Papers, Box 7, UVA: 26; Pearson and Allen, *The Nine Old Men*, 224, 231; FF, *Felix Frankfurter Reminisces*, 101; *Time*, Dec. 4, 1939; John Knox to Donald McPherson, Jan. 19, 1937, Knox Papers, University of Chicago.

102 **Unlike his conservative brethren:** *NYT*, Aug. 19, 1914; *The New Republic*, July 1, 1936, 234; Ross, *A Muted Fury*, 91; Creel, *Rebel at Large*, 244.

102 **From the bench:** Little, "The Omnipotent Nine," 51; Joseph Percival Pollard, "Four New Dissenters," *The New Republic*, Sept. 2, 1931, 63; Fletcher, "Mr. Justice McReynolds," 35–36; McReynolds quoted in *Time*, Nov. 1, 1926, and Rodell, *Nine Men*, 201–2; W. G. Brantley to WVD, Aug. 29, 1934, WVD Papers, Box 37, LOC.

102 **"We would have been much better off":** James McReynolds to Robert McReynolds, Feb. 23, 1935, McReynolds Papers, Box 1, UVA; on the Sutherland memo, see Paschal, *Mr. Justice Sutherland*, 181–82, 255–58.

103 **On decision day:** *CDT*, Feb. 19, 1935; *NYT*, Feb. 19, 1935.

103 **"It is impossible":** McReynolds quoted in *NYT*, Feb. 19, 1935, and in Walter F. Murphy, *Congress and the Court*, 54fn. There is no exact transcript of McReynolds' s extemporaneous dissent, but most versions are similar; Murphy believes the most accurate rendering is McReynolds' s hand-corrected version of what appeared in the *Wall Street Journal*.

103 **"the last roar of an old lion":** Childs OH, 64–65.

103 **"took a good deal out of me":** James McReynolds to Robert McReynolds, Feb. 23, 1935, McReynolds Papers, Box 1, UVA.

103 **"as a disquieting reminder":** *The Nation*, Feb. 27, 1935.

104 **"The President is gratified":** *CDT*, Feb. 19, 1935.

104 **exhilaration in the White House:** Tully, *F.D.R.: My Boss*, 157–59.

104 **for a handful of appreciative aides:** The group included Tugwell and Moley. Tugwell Diary, Feb. 19, 1935, in Namorato, ed., *Diary of Rexford G. Tugwell*, 222.

104 **"Everybody was smiling":** HSC Diary, Feb. 18, 1935, 11–12, UVA.

104 **in a memo to Kennedy:** Tully, *F.D.R.: My Boss*, 160.

105 **"it would have marked the most":** *NYT*, Feb. 21, 24, 1935.

105 **Raymond Moley:** Namorato, ed., *Diary of Rexford G. Tugwell*, 222.

105 **"golden ruling":** *NYT*, Feb. 24, 1935.

105 **"in spite of our rejoicing":** FDR to MacLean, Feb. 21, 1935, OF 10F, Box 29, FDRL.

105 **the "curious language":** HSC Diary, Feb. 19, 1935, 14; HSC to FDR, June 15, 1935, HSC Papers, Box 174, UVA.

105 **"A great diversity":** HSC Diary, Feb. 19, 1935, UVA; Pusey, *Charles Evans Hughes*, Vol. II, 737; Cardozo quoted by Hughes in Danelski and Tulchin, eds., *Autobiographical Notes*, 301.

105 **"seemed to face both ways":** Stone to Lauson and Marshall Stone, Mar. 1, 1935, Stone Papers, Box 3, UVA. 在附加意见中，斯通不屑于政府拒绝承担其"庄严责任"，但是也并不同意休斯的以下看法：政府公债中的黄金条款产生的债务多于公司债券中的黄金条款产生的债务。在给斯通的信中，勒恩德·汉德称赞他是"唯一一个在智识方面'实话实说'的人"。(See 294 U.S. 330 [1935]: 359; Hand quoted in Mason, *Harlan Fiske Stone*, 391.)

105 **Wall Street bankers, too, saw a "straddle":** *WP*, Feb. 20, 1935.

106 **"few more baffling pronouncements":** Hart, "The Gold Clause in United States Bonds," 1057.

106 **"followed the command of a simple":** Gardner, *Pebbles*, 57.

第 7 章　最后的细线

107 **"People can't eat the Constitution":** *Time*, Nov. 19, 1934.

107 **the American Liberty League:** *NYT*, Aug. 23, 24, 1934.

107 **Raskob wrote to an associate:** Raskob quoted in *NYT*, Dec. 21, 1934; and in Schlesinger, *Coming of the New Deal*, 485.

108 **"a moral or an emotional issue":** Stayton quoted in Wolfskill, *The Revolt of*

the Conservatives, 111–12.

108 **This rescue mission:** Keller, *In Defense of Yesterday*, 127–29, 257–61; Kammen, *A Machine That Would Go of Itself*, 219–25, 231–33; Schudson, *The Good Citizen*, 202–4.

109 **The Liberty League, therefore, tapped into:** Kyvig, "The Road Not Taken," 469; Schlesinger, *Coming of the New Deal*, 484.

109 **The League was also heir to the "Stop Roosevelt" movement:** Neal, *Happy Days Are Here Again*, 110–15, 238–39; Wolfskill, *The Revolt of the Conservatives*, 103–6; Kyvig, *Repealing National Prohibition*, 158; Schlesinger, *Politics of Upheaval*, 518–19.

109 **the American Liberty League filled its coffers:** *NYT*, Aug. 24, 1934; *Time*, Sept. 3, 1934.

110 **a Kansas City lawyer named Jouett Shouse:** *NYT*, May 12, 1929; *Time*, Nov. 10, 1930.

110 **"I want my fellow Democrats":** *NYT*, May 12, 1929; *Time*, Nov. 10, 1930.

110 **Victim of a press leak:** *Time*, Sept. 3, 1934.

111 **The very structure of the League:** Ickes, *New Democracy*, 45, 47; *NYT*, Nov. 10, Sept. 7, Aug. 23, 29, 1934.

111 **Alfred P. Sloan:** *NYT*, Aug. 31, 1934. On GM, see Shogan, *Backlash*, 44.

111 **"gold dollar men":** Thomas quoted in *Time*, Sept. 3, 1934.

111 **In December 1934, a Gridiron skit:** *NYT*, Dec. 9, 1934; Brayman, *The President Speaks*, 258.

111 **Roosevelt himself gleefully jumped in:** *Time*, Sept. 3, 1934; *NYT*, Aug. 25, 1934.

112 **Its leaders...still commanded a certain respect:** *NYT*, Aug. 23, 26, 29, 1934.

112 **"Who is going to be the other party now?":** *Time*, Nov. 19, 1934.

112 **"That's fine!":** *Time*, Sept. 3, 1934 (ellipses in original). 罗斯福对自己作为党魁的角色多少有些矛盾——有时很热衷，有时则敬而远之，但他一直在随着时间推移而重新定义这个角色。民主党长久以来被各州和国会控制，长期以来都是强势行政分支的障碍；因此，为了实现关于新政的承诺，罗斯福对民主党进行了逐步的控制，而且从 1936 年开始让该党实现了从基于党派性的老派资助人团体转变为基于意识形态的联合团体——该团体对项目、原则以及总统的忠诚，超过了对党派本身的忠诚。 See

Milkis, *The President and the Parties*, 53–54, 57–58.

112 **The American Liberty League roared:** *NYT*, Jan. 15, 21, 1935.

113 **Across the landscape they roamed:** See *NYT*, Jan. 28, Feb. 4, 5, 11, Apr. 15, 22, May 20, 1935; Wolfskill, *The Revolt of the Conservatives*, 127.

113 **the "last thin line":** Wolfskill, *The Revolt of the Conservatives*, 114; *NYT*, Aug. 27, 1934.

113 **the New Deal had not gone far enough:** *WP*, Mar. 3, 1935; also see Schlesinger, *Politics of Upheaval*, 16, 96–98, 158–61.

113 **Credible leaders emerged across the nation:** Schlesinger, *Politics of Upheaval*, 98–107, 111–23; *Time*, July 27, 1936.

114 **a duo of demagogues:** Brinkley, *Voices of Protest*, 71, 114, 169, 179, 207–8, 212–15; *NYT*, May 26, 1935; Holli, *The Wizard of Washington*, 66.

114 **a motley collection of aging radicals..."Prima donnas":** Schlesinger, *Politics of Upheaval*, 134–35; Tugwell in Namorato, ed., *Diary of Rexford G. Tugwell*, 416–17; Ross, *A Muted Fury*, 303.

115 **these progressives had been unhappy with the New Deal:** Schlesinger, *Politics of Upheaval*, 134–35; Milkis and Mileur, "Introduction," and Morton Keller, "The New Deal and Progressivism: A Fresh Look," in Milkis and Mileur, eds., *The New Deal and the Triumph of Liberalism*, 7–8, 315–16; Hofstadter, *Age of Reform*, 302–4, 306–7, 310–11; Ross, *A Muted Fury*, 296–97, 303–4.

115 **feared its centralization of power...Wheeler declared:** Ross, *A Muted Fury*, 303–5; Burton K. Wheeler, "Issues Before America," Apr. 8, 1935, in TGC Papers, Box 234, LOC.

115 **On the evening of May 14:** Ickes, May 15, 1935, *Secret Diary*, Vol. I, 363.

115 **"going to go into the stride":** FF to FDR, May 16, 1935, in Freedman, *Roosevelt and Frankfurter*, 271.

115 **"tired, harassed and supersensitive":** HSC Diary, Mar. 2, 1935, 21, UVA.

115 **"growing confusion among plain citizens":** *Time*, May 6, 1935.

116 **the overall picture was bleak:** *NYT*, May 26, 1935; *WP*, Mar. 3, 1935; Schlesinger, *Politics of Upheaval*, 2–3, 11, 211–13.

116 **the Railroad Retirement Act:** Leuchtenburg, *Supreme Court Reborn*, 28–32; "Pensions Out," *Time*, Nov. 5, 1934; Donald Richberg, "Memorandum Concerning

Railroad Retirement Act," Aug. 17, 1937, Richberg Papers, Box 47, LOC.

116 **the railroad companies...filed suit:** Leuchtenburg, *Supreme Court Reborn*, 31–33; *Time*, Nov. 5, 1934; HSC to FDR, Mar. 16, 1935, and attached letter, Harold M. Stephens to HSC, Mar. 15, 1935, OF 10, Justice Department, Box 2, FDRL.

117 **This it did, in dramatic fashion:** *NYT*, May 7, 1935; *CDT*, May 7, 1935; *WP*, Feb. 16, 1936; Griswold, "Owen J. Roberts as a Judge," 336; *Railroad Retirement Board v. Alton R. Co.*, 295 U.S. 330 (1935): 349, 351, 368, 371; Leonard, *A Search for a Judicial Philosophy*, 61–62; Hendel, *Charles Evans Hughes and the Supreme Court*, 231–32.

118 **Hughes had written the dissent:** *NYT*, May 7, 1935; 295 U.S. 330 (1935): 374–75, 377, 379–80.

118 **"I perceive no constitutional ground":** Cardozo to Hughes, Apr. 19, 1935, Stone Papers, Box 61, LOC; 295 U.S. 330 (1935): 384, 391–92.

119 **"the boldest, frankest...opinion of his career":** "The Court Rules Out Security," unsigned article by Thurman Arnold, *The Nation*, May 22, 1935, 588.

119 **"I am prepared to believe":** FF to Stone, Stone Papers, Box 13, LOC.

119 **"the worst performance of the Court":** Stone to FF, May 9, 1935, Stone Papers, Box 13, LOC.

119 **"was not a very good bill":** Stone to Lauson and Marshall Stone, May 9, 1935, Stone Papers, Box 3, LOC.

119 **"reinforced, as nothing else could":** FF and Hart in Leuchtenburg, *Supreme Court Reborn*, 45–46; *The Nation*, May 22, 1935.

119 **"social program in peril":** *NYT*, May 7, 1935.

119 **The *Alton* decision...was "rotten":** FDR quoted in Leonard, *A Search for a Judicial Philosophy*, 62; *WP*, May 7, 1935: *NYT*, May 7, 8, 9, 1935; *The Nation*, May 22, 1935.

120 **The NRA...was now doomed:** FDR view described in Tugwell Diary, May 9, 1935, in Namorato, ed., *Diary of Rexford G. Tugwell*, 247–48, and Leuchtenburg, *Supreme Court Reborn*, 50; HSC to FDR, May 7, 1935, HSC Papers, Box 170, UVA.

120 **Within twenty-four hours:** *NYT*, May 7, 8, 1935; Leuchtenburg, *Supreme Court Reborn*, 49–50.

120 **"There seems to be no way out":** Tugwell Diary, May 9, 1935, in Namorato,

ed., *Diary of Rexford G. Tugwell*, 247–48.

121 **Cummings, on May 11:** Leuchtenburg, *Supreme Court Reborn*, 51.

121 **On Sunday, May 12:** Harry Hopkins Diary, May 12, 1935, Hopkins Papers, Box 6, FDRL; *NYT*, Feb. 18, 1935.

122 **"inflict injury"..."a new era":** *Nebbia v. People of State of New York*, 291 U.S. 502 (1934): 539. The newspaper is the *New York World-Telegram*, quoted in Lasser, *Limits*, 123.

122 **Who was Owen Roberts?:** *WP*, Feb. 16, 1936; *NYT*, May 18, 1955, May 10, 1930.

122 **he confounded nearly all:** See *The New Republic*, July 1, 1936, 235; *Time*, Nov. 26, 1934; Childs OH, 70; *NYT*, May 10, 1930; Leuchtenburg, *Supreme Court Reborn*, 45; *WP*, Feb. 16, 1936; *Time*, May 13, 1935; *WSJ*, May 7, 1935; author interview, Austin Cunningham, Dec. 6, 2005.

123 **Roberts shuttled back and forth:** Leonard, *A Search for a Judicial Philosophy*, 8–9; *Time*, May 19, 1930; *NYT*, May 10, 1930, May 18, 1955; Griswold, "Owen J. Roberts as a Judge," 333, 336–37; McCracken, "Owen J. Roberts—Master Advocate," 329; *The New Republic*, July 1, 1936, 235.

123 **Philadelphia, in the 1920s:** Weigley, *Philadelphia*, n535; Pearson and Allen, *The Nine Old Men*, 154–55.

123 **"Are we prepared":** *NYT*, Feb. 16, 1923.

124 **when President Hoover nominated:** *NYT*, May 10, 1930; Leonard, *A Search for a Judicial Philosophy*, 8, 10–12.

125 **Stone...had written:** Mason, *Harlan Fiske Stone*, 300fn, 310, 368, 429.

125 **Roberts...emitted enough mixed signals:** *Harper' s Magazine*, Vol. 167, Nov. 1933, 648; FF to HFS, Jan. 9, 1935, Stone Papers, Box 13, LOC. The case is *Dimick v. Schiedt*, 293 U.S. 474 (1935). According to Roberts' s clerk of many years, the justice was fundamentally a pragmatist (Leonard, *A Search for a Judicial Philosophy*, 12).

125 **"I was particularly delighted":** Robert H. Kelley to WVD, May 9, 1935, WVD Papers, Box 37, LOC.

126 **"Justice Roberts is a young man":** Louchheim, *The Making of the New Deal*, 99.

第 8 章 黑色星期一

127 **Daniel Oren Hastings:** *Time*, Mar. 18, 1935.

127 **Donald Richberg..."pep talk":** Ibid., May 27, 1935.

127 **The Recovery Act...was due:** Ibid., Apr. 29, 1935.

128 **The NRA was not entirely devoid of support:** Ibid., June 3, 1935.

128 **even ardent New Dealers:** Lash, *Dealers and Dreamers*, 250.

128 **"throwing-up of the presidential hands":** Moley, *After Seven Years*, 304.

128 **The Senate...passed a resolution:** *Time*, May 27, 1935.

128 **The NRA was waging a war:** Ibid., Mar. 18, 1935; Irons, *New Deal Lawyers*, 46, 54–56.

128 **Most of these cases concerned:** Schlesinger, *Coming of the New Deal*, 161; Irons, *New Deal Lawyers*, 55–57.

129 **the pool of potential test cases:** *Time*, Apr. 8, 1935; Lash, *Dealers and Dreamers*, 250–51.

129 **"You're pretty unconstitutional":** Perkins, *The Roosevelt I Knew*, 249.

130 **It was unlikely, however, that one appointment:** *Time*, Apr. 8, 1935; Irons, *New Deal Lawyers*, 76–80.

130 **"I have not defended":** Memo, Mar. 7, 1935, HSC Papers, Box 78, UVA.

130 **Richberg had reluctantly agreed to go forward:** Richberg, *The Rainbow*, 215–16.

130 **"the President was not particularly enthusiastic":** HSC to Stephens, Feb. 8, 1935, HSC Papers, Box 78, HSC Diary, Feb. 8, 1935, 5, UVA.

130 **Neither was Stanley Reed:** Reed, "Memorandum Re Supreme Court Review of BELCHER Case," n.d. [March 1935], and Paul A. Freund to G. Stanleigh Arnold, Mar. 14, 1935, 1, 8–10, HSC Papers, Box 78, UVA; Irons, *New Deal Lawyers*, 80–82.

130 **G. Stanleigh Arnold...made a strong, eleventh-hour pitch:** G. Stanleigh Arnold to HSC, Mar. 18, 1935, HSC Papers, Box 78, UVA.

131 **On March 25, with oral arguments:** HSC to Stephens, Feb. 8, 1935, HSC Papers, Box 78, HSC Diary, Feb. 8, 1935, 5, UVA.

131 **"The White House...was afraid to go":** *Time*, Apr. 15, 1935; Lash, *Dealers and Dreamers*, 252.

131 **"I knew the NRA":** *Time*, Apr. 15, 1935.

131 **There were in fact few industries:** Frank Freidel, "The Sick Chicken Case," in Garraty, *Quarrels*, 191–92, 200–201; Irons, *New Deal Lawyers*, 86–87; Schlesinger, *Politics of Upheaval*, 277.

132 **"a strong favorable decision":** *Time*, Apr. 15, May 13, 1935; Second Circuit opinion at 11–12, in McJimsey, *Documentary History*, Vol. 22, 162–63; Richberg, *The Rainbow*, 217–19; Schlesinger, *Politics of Upheaval*, 278; Lash, *Dealers and Dreamers*, 251.

132 **The message touched off:** Hopkins, "A statement to me by Thomas Corcoran giving his recollection of the genesis of the Supreme Court fight between the President and the U.S. Senate, Warm Springs, Georgia, April 3, 1939," Hopkins Papers, Sherwood Collection, Box 299, Folder 7, FDRL.

133 **"I assume that you have been kept":** TGC to FDR, Apr. 4, 1935, in Freedman, *Roosevelt and Frankfurter*, 260; Lash, *Dealers and Dreamers*, 252; *Time*, Apr. 15, 1935; Abe Feller to FF, Apr. 17, 1935, TGC Papers, Box 198, LOC.

133 **Representing the Schechters:** Richberg, *My Hero*, 193–94; Irons, *New Deal Lawyers*, 95–100; Freund in Louchheim, *The Making of the New Deal*, 103; *The Nation*, June 12, 1935, 669–70; Freidel in Garraty, *Quarrels*, 203; *Time*, May 13, 1935.

134 **The justices made quick work:** *NYT*, May 28, 1935; *Time*, June 3, 1935.

134 **Sutherland's opinion:** Leuchtenburg, *Supreme Court Reborn* 70; *Humphrey' s Executor v. United States*, 295 U.S. 602 (1935); *Louisville Joint Stock Land Bank v. Radford*, 295 U.S. 555 (1935); *NYT*, May 28, 1935.

134 **When the Chief Justice began:** *Time*, June 3, 1935.

135 **"The poultry...had come to a permanent rest":** *NYT*, May 28, 1935; *A.L.A. Schechter Poultry Corporation v. United States*, 295 U.S. 495 (1935): 542–43, 546, 548–49.

135 **Hughes did not invent the doctrine:** Stern, "The Commerce Clause and the National Economy," 649–52; Mason, *Harlan Fiske Stone*, 396; "The Decision in the NIRA Cases," 290; Louchheim, *The Making of the New Deal*, 98; Jackson, *Struggle*, 114.

136 **Stone had long distrusted:** Mason, *Harlan Fiske Stone*, 395; Kaufman, *Cardozo*, 513; Corwin, "The Schechter Case," 169; 295 U.S. 495 (1935): 554; Stone quoted in

Schlesinger, *Politics of Upheaval*, 282, and in Lasser, *Limits*, 133; Hendel, *Charles Evans Hughes and the Supreme Court*, 237.

136 **Donald Richberg...now slumped in his seat:** *Time*, June 3, 1935; *NYT*, May 28, 1935; *WP*, May 28, 1935.

136 **Corcoran expressed concern:** Cohen memorandum ("Given me by B.V.C. in Washington on Tuesday, May 28, 1935. FF"), Lash Papers, Box 68, FDRL; Lash, *Dealers and Dreamers*, 254–55; Schlesinger, *Politics of Upheaval*, 280; McKenna, *Franklin Roosevelt and the Great Constitutional War*, 104.

137 **"Where was Old Isaiah?":** Jackson OH, 428–29; Jackson *That Man*, 66.

137 **he seemed to be taking it all rather well:** Davis, *FDR: The New Deal Years*, 516; Clapper Diary, Feb. 24, 1937, Clapper Papers, Box 8, LOC.

137 **Later that evening:** High Diary, Mar. 28, 1936, Box 1, FDRL.

138 **"Today...was a bad day":** HSC Diary, May 27, 1935, 64–66, UVA; *NYT*, May 28, 1935.

138 **"The Constitution...has survived":** *WSJ*, May 28, 1935.

138 **The morning papers howled:** *Time*, June 10, 1935; *NYT*, May 28, 1935; *WP*, May 28, 1935; *CDT*, May 29, 31, 1935.

138 **In Washington, D.C., outside the town house:** *WP*, May 30, 1935; *NYT*, May 28, 29, 30, 1935.

139 **"We won't listen to the Supreme Court":** Hillman quoted in Fraser, *Labor Will Rule*, 324; *NYT*, June 8, 9, 1935.

139 **"Nine old men, nine old men":** "Let' s Sing," Education Department, International Ladies' Garment Workers' Union, n.d. [1935], collection of author.

139 **"The Supreme Court, which places property rights":** *NYT*, June 9, 1935.

140 **"Well my Dear Sir":** F. L. Evans to FDR, May 28, 1935, OF 466, NRA Misc., Box 11, FDRL.

140 **But many businessmen:** *WP*, May 30, 1935; Fraser, *Labor Will Rule*, 325; *NYT*, May 29, 1935; A. F. Hinrichs to Frances Perkins, June 15, 1935, in McJimsey, *Documentary History*, Vol. 22, 613–23; United States Department of Commerce, *Statistical Abstract*, 322.

140 **Prices...dropped immediately:** *NYT*, May 29, 30, June 2, 1935, 29; *Time*, June 10, 1935.

141 **Congress watched it all:** *NYT*, May 30, 1935; HSC Diary, May 27, 1935, 66; May 28, 1935, 69, UVA; Charles Wyzanski, "What the Schechter Case Does and Does Not Decide with Respect to Congressional Power over Commerce," second draft, July 27, 1935, OF 466, NRA Misc., Box 12, FDRL; Richberg, *The Rainbow*, 221.

141 **"Hardly a single major act":** *NYT*, May 28, 29, 30, June 1, 2, 1935; *WP*, May 29, 1935.

141 **Conservative Democrats who had never liked:** Hiram W. Johnson to Hiram W. Johnson, Jr., June 2, 1935, in Burke, *Diary Letters*; *NYT*, May 29, 1935.

142 **"It has been an awful headache":** Perkins, *The Roosevelt I Knew*, 252–53.

142 **Roosevelt had not determined:** *NYT*, May 29, 30, 1935; *Time*, June 10, 1935; Perkins, *The Roosevelt I Knew*, 252; Cummings quoted in Schlesinger, *Politics of Upheaval,* 288–89.

142 **"We have to meet this issue":** Ickes, June 1, 1935, *Secret Diary*, Vol. I, 372; May 30, 1935, in Namorato, ed., *Diary of Rexford G. Tugwell*, 252.

143 **Roosevelt did not drop any hints:** Press Conference #208 May 29, 1935, in FDR, *Complete Presidential Press Conferences*, Vol. 5, 302, 304–5; *NYT*, May 30, 1935.

143 **"I suppose that we have had":** Press Conference #208, May 29, 1935, in FDR, *Complete Presidential Press Conferences*, Vol. 5, 302, 304–5, 306–7.

143 **Privately, he seethed:** *NYT*, May 30, 1935, 16; Corwin, "The Schechter Case," 189; Hendel, *Charles Evans Hughes and the Supreme Court*, 239; Charles Wyzanski, "What the Schechter Case Does and Does Not Decide with Respect to Congressional Power over Commerce," second draft, July 27, 1935, OF 466, NRA Misc., Box 12, FDRL, 10–11, 15, 20; Richberg, *The Rainbow*, 221.

143 **"That damn little case":** Jackson OH, 431–32; Jackson also quoted in Leuchtenburg, *Supreme Court Reborn*, 79.

143 **The case concerned William E. Humphrey:** Leuchtenburg, *Supreme Court Reborn*, 53–54, 58–62, 68; Jackson OH, 431–32; *Time*, Sept. 25, 1933; *NYT*, June 2, 1935.

144 **"couldn't be lost":** Reed quoted in Leuchtenburg, *Supreme Court Reborn*, 64; "The President' s 'Right to Fire,'" *The Literary Digest*, Nov. 6, 1926, 5–6; *Myers v. United States*, 272 U.S. 52 (1926).

144 **Sutherland neatly dispensed:** 295 U.S. 602 (1935): 627–29; Fallon, *The Dynam-*

ic Constitution, 185–87; Jackson, *Struggle*, 109.

144 **"They cannot tell the Executive":** May 30, 1935, in Namorato, ed., *Diary of Rexford G. Tugwell*, 253.

145 **"the throwback force":** *NYT*, May 30, 1935.

145 **the *New York Times* printed a guide:** *NYT*, May 30, June 9, 1935.

145 **"Respectfully suggest you urge":** Charles Ide Kahn to FDR, May 28, 1935, OF 466, NRA Misc., Box 11, FDRL.

145 **A group of four House members:** *NYT*, May 29, 30, 1935.

145 **On May 29, in a letter to Roosevelt:** FF to FDR, May 29, 1935, HSC Papers, Box 170, UVA.

146 **"going to lie down":** May 31, 1935, in Namorato, ed., *Diary of Rexford G. Tugwell*, 256–57.

第9章 开枪

147 **"George says that those boys":** Rosenman, *Working with Roosevelt*, 111; Schlesinger, *Politics of Upheaval*, 284–85; *NYT*, May 28, 1935.

147 **As the press filed in:** *WP*, June 2, 1935; *Time*, June 10, 1935; *NYT*, June 1, 1935.

148 **Roosevelt began as he almost always did:** Press Conference #209, May 31, 1935, in FDR, *Complete Presidential Press Conferences*, Vol. 5, 309.

148 **He lifted the first telegram:** Ibid., 309–12, 314–15.

148 **"The implications of this decision":** *WP*, June 2, 1935.

149 **he dissected the opinion:** Press Conference #209, May 31, 1935, in FDR, *Complete Presidential Press Conferences*, 318, 320–22. 罗斯福在自己的书中（*Looking Forward*, 1933）也用了这个说法："有时候，我们会听到过去被说成是'马拉车时代'。"（73）而且，就像小阿瑟·M. 施莱辛格注意到的那样（*Politics of Upheaval*, 285），伍德罗·威尔逊曾在一个跟罗斯福所处的完全一样的语境中用了另一种说辞，威尔逊在《美国宪制政府》（*Constitutional Government in the United States*, 1908）中写道："*宪法并不意味着要把政府限制在马车时代*……世代之间，美国显示出了作为一个共同体的越来越多的特点；各州的经济利益也越来越成为共同利益；*而法院已经致力于把宪法变成与国家生活相匹配的工具了*。" (169–70, emphasis added)

149 **"does bring us up rather squarely":** Press Conference #209, May 31, 1935, in

FDR, *Complete Presidential Press Conferences*, 325, 329, 334.

149 **"every other nation":** Ibid., 333, 335–36.

150 **"You made a reference":** Ibid., 336–37.

150 **"Horse-and-buggy" touched off a firestorm:** *WP*, June 2, 1935; *NYT*, June 1, 1935; *Time*, June 10, 1935; *WSJ*, June 1, 1935; *CDT*, June 1, 1935.

151 **"definitely turned his back":** *WP*, June 1, 1935; Patterson, *Congressional Conservatism*, 42–43; *CDT*, June 2, 1935.

152 **What had happened overnight?:** *NYT*, May 31, June 2, 1935.

152 **"a marked change of front":** Ibid., June 1, 2, 1935.

152 **"you...have got the wrong idea":** FDR to James T. Soutter, June 10, 1935, PPF 2585, FDRL.

152 **"stop, look and listen":** Henry L. Stimson to FDR, June 4, 1935, PPF, 20, FDRL.

153 **"somewhere between your thought":** FDR to Stimson, June 10, 1935, PPF 20, FDRL.

153 **"we would have our hands full":** HSC Diary, June 20, 1935, 82–83, UVA.

153 **"If it [the Court] had split":** Robert H. Kelley to WVD, May 30, 1935, WVD Papers, Box 37, LOC.

153 **"talk of blackjacking":** *WP*, May 29, 1935.

153 **Roosevelt...had backed amendments:** *Pollock v. Farmers' Loan and Trust Co.*, 158 U.S. 601 (1895); *Hammer v. Dagenhart*, 247 U.S. 251 (1918): 276.

154 **it was "very dangerous":** *The Nation*, July 10, 1935, 41; Kyvig, *Repealing National Prohibition*, 478–79.

154 **"simple and practical":** *PPA*, 1933, 14–15; Kyvig, *Repealing National Prohibition*, 467– 68; FDR quoted in Schlesinger, *Politics of Upheaval*, 453 (emphasis in original). The official is Charles Wyzanski.

155 **"It is common sense":** *PPA*, 1929–1932, 646.

155 **he began to forward:** FDR to HSC and Reed, June 8, 1935, OF 10, DOJ, Box 2; FDR to HSC, July 5, 1935, and FF to FDR, Aug. 23, 1935, OF 10F, Box 29; Sen. Edward P. Costigan to FDR, May 29, 1935, and FDR to McIntyre, June 11, 1935, OF 466, NRA Misc., Box 11; Charlton Ogburn to FDR, Aug. 7, 1935, OF 41A, Box 49, FDRL; Leuchtenburg, *Supreme Court Reborn*, 93; FDR to J. Hamilton Lewis, June 28,

1935, PPF 1707, FDRL.

155 **he decided to send up a trial balloon:** *Collier' s*, Sept. 7, 1935: 7–8, 45–46; Davis, *FDR: The Beckoning of Destiny*, 505–6, 512–13; Creel, *Rebel at Large*, 289–91.

155 **Creel and Roosevelt's latest collaboration:** *Collier' s*, Sept. 7, 1935, 7–8.

156 **"Fire that":** Ibid., 8; Creel, *Rebel at Large*, 291–92.

156 **"Nothing...was more plain":** Creel, *Rebel at Large*; Gallup, *The Gallup Poll*, 2.

157 **"a fighting chance":** Jack Garrett Scott to TGC, Sept. 9, 1935, TGC Papers, Box 270, LOC.

第10章 监察员们

158 **"The Roosevelt tidal wave":** *Time*, Aug. 12, 1935; Holli, *The Wizard of Washington*, 65–66.

158 **"a good deal talkier":** Moley, *After Seven Years*, 302; Wolfskill, *The Revolt of the Conservatives*, 116.

158 **Despite predictions by the Liberty League:** *NYT*, Aug. 18, 1935; McNary quoted in Patterson, *Congressional Conservatism*, 36.

159 **Every step now seemed a stumble:** HSC Diary, May 28, 1935, 68, UVA.

159 **"like Joe Robinson":** FF memorandum, July 10, 1935, in Freedman, *Roosevelt and Frankfurter*, 282–83.

159 **"exhausted, irritable":** *NYT*, July 14, 1935.

159 **to "steal [Huey] Long's thunder":** FDR quoted in Moley, *After Seven Years*, 308, 310, 315– 17; Schlesinger, *Politics of Upheaval*, 325–28, 333–34; Leuchtenburg, *FDR and the New Deal*, 152–54.

160 **"so tired that I would have enjoyed":** Schlesinger, *Politics of Upheaval*, 337, 499; Leuchtenburg, *FDR and the New Deal*, 162.

160 **"facing 1936 with their chins":** *NYT*, Aug. 18, 1935.

160 **"Can Roosevelt be beaten?":** *Time*, Aug. 12, 1935; *WP*, June 3, 1935.

160 **"manna from heaven":** *WP*, May 31, 1935.

160 **Edith Roosevelt...implored:** *NYT*, Sept. 17, 1935; *Time*, Aug. 12, 1935; Schlesinger, *Politics of Upheaval*, 526–27; Keller, *In Defense of Yesterday*, 26.

161 **These were signs of life:** *The New Republic*, Jan. 22, 1936, 312; Schlesinger,

Politics of Upheaval, 518, 524–25; *NYT*, June 15, May 31, 1935.

161 **The League also showed a new breadth of vision:** *NYT*, July 10, 11, 12, 13, 18, 21, 1935; *WP*, July 12, 1935.

161 **The press lavished attention on the League:** *NYT*, Oct. 28, Nov. 2, 11, Dec. 26, 1935; *NYT Sunday Magazine*, Dec. 8, 1935, 23.

162 **For all the League's ambitions:** Keller, *In Defense of Yesterday*, 252, 267–68; *WP*, May 31, 1935; *NYT*, Sept. 7, 1934, Sept. 22, 1935; *Time*, Dec. 30, 1946.

162 **The Constitution had no shortage:** *NYT*, Sept. 10, 1934, June 6, 1898, Mar. 17, 1937, Oct. 5, 1934, Jan. 9, 1935; *Time*, Mar. 29, 1937; R. P. Hobson to Donaldson Brown, Aug. 21, 1935, and Hobson to Andrew W. Mellon, Sept. 30, 1935, Hobson Papers, Box 47, CDA, LOC; Hobson to H. H. Timken, Oct. 7, 1935, Hobson Papers, Box 52, LOC; Hobson to W. J. Cameron, Sept. 9, 1935, Hobson Papers, Box 50, LOC; A. J. Lepine to Hobson, Oct. 16, 1935, and Hobson to Lepine, Dec. 30, 1935, Hobson Papers, Box 50, LOC.

163 **the Lawyers' Vigilance Committee:** Kyvig, *Repealing National Prohibition*, 127–29, 172–74.

163 **Now, under the auspices of the Liberty League:** *NYT*, Aug. 22, 1935; Wolfskill, *The Revolt of the Conservatives*, 70–71; *The Nation*, June 12, 1935, 669–70.

164 **"58 Lawyers Hold Labor Act Invalid":** *NYT*, Sept. 19, 1935; Reed quoted in Wolfskill, *The Revolt of the Conservatives*, 72–74.

164 **"When a lawyer tells":** Wolfskill, *The Revolt of the Conservatives*.

164 **This sparked a cry of protest:** Ibid.; *NYT*, Sept. 20, 1935.

164 **At Roosevelt's prompting:** FF, unsigned editorial, Sept. 1935, in Freedman, *Roosevelt and Frankfurter*, 285–86.

164 **the American Bar Association (ABA) weighed:** *NYT*, Sept. 21, Oct. 17, 20, Nov. 1, 18, 1935.

165 **None of the committee's subsequent reports:** *NYT*, Dec. 30, 1935, 2; Wolfskill, *The Revolt of the Conservatives*, 77; Freedman, *Roosevelt and Frankfurter*, 292.

165 **"The legal profession certainly seems bent":** Stone to FF, Oct. 28, 1935, Stone Papers, Box 13, LOC.

165 **"Roosevelt's friends":** Rosenman quoted in Wolfskill, *The Revolt of the Con-*

servatives, 163.

165 **Roosevelt knew he was vulnerable:** *NYT*, Dec. 9, 1935.

165 **"A great many people":** Press Conference #210, in FDR, *Complete Presidential Press Conferences*, Vol. 5, June 4, 1935, 350.

166 **"I could not give them much comfort":** HSC Diary, July 5, 1935, 86–87, UVA.

166 **conditions in the coal industry:** *NYT*, Sept. 22, 1935; *Time*, April 8, 1935; Schlesinger, *Politics of Upheaval*, 334–35.

166 **"I understand that questions":** FDR to Samuel B. Hill, July 5, 1935, OF 41a, FDRL; Cummings draft of same, July 2, 1935, HSC Papers, Box 109, UVA.

167 **"President Roosevelt has come perilously close":** Snell quoted in Schlesinger, *Politics of Upheaval*, 336; *WP*, May 31, 1935.

167 **lawmakers were taking increasing care:** Schlesinger, *Politics of Upheaval*, 395; Mason, *Harlan Fiske Stone*, 395; *Time*, July 1, 15, 1935.

167 **Constitution Day:** "Patriots to Mark Constitution Day," *NYT*, Sept. 15, 1935.

167 **"A great holiday":** *New York Post*, Sept. 17, 1935, in PPF 1820, Box 9, FDRL.

168 **he was "more tranquil":** Moley quoted in Davis, *FDR: The Beckoning of Destiny*, 572; Holli, *The Wizard of Washington*, 66; Schlesinger, *Politics of Upheaval*, 338–41, 499; *Time*, Nov. 11, 1935.

168 **"disturbances loomed":** *Time*, Nov. 11, 1935.

168 **"I'm walking a tight rope":** FDR quoted in Davis, *FDR: The New Deal Years*, 590; Schlesinger, *Politics of Upheaval*, 500–502.

168 **"'hell broke loose' in the lower courts":** Jackson, *Struggle*, 115–16; *Time*, July 15, 1935.

169 **"At no time in the country's history":** FF and Fisher. "The Business of the Supreme Court," 611.

169 **the "alphabetical combinations":** Cardozo quoted in Hellman, *Benjamin N. Cardozo*, 295; *NYT*, Nov. 13, 1935.

169 **"Then"...FDR "said that":** Ickes, Nov. 13, 1935, *Secret Diary*, Vol. I, 467–68; Wills, *Explaining America*, 151–52.

170 **the justices "get away with":** *Washington Daily News*, Jan. 7, 1936, in Clapper Papers, Box 15, LOC.

170 **The charge, in fact, was nearly as old:** Fallon, *The Dynamic Constitution*, 6, 9;

Wills, *Explaining America*, 131, 135, 150, 155, 161; Warren, *The Supreme Court in United States History*, Vol. I, 7–8, and Vol. II, 702–3; William E. Nelson, "The Historical Foundations of the American Judiciary," and Kermit L. Hall, "Judicial Independence and the Majoritarian Difficulty," in Hall and McGuire, eds., *The Judicial Branch*, 20–23, 62–63; Warren, "The Origin of Its Power," *The Nation*, May 7, 1924, 526–28; La Follette quoted in Ross, *A Muted Fury*, 193; Warren, *The Supreme Court in United States History*, Vol. I, 266 (emphasis in original).

171 **This was likely true of Roosevelt:** Jackson, *Struggle*, 323.

171 **"It is but a decent respect":** Bushrod Washington quoted in Schlesinger, *Politics of Upheaval*, 450.

171 **"This presumption of constitutionality":** *PPA*, 1935, 4.

171 **"The President's mind":** Ickes, Nov. 13, 1935, *Secret Diary*, Vol. I, 467–68.

172 **He was somewhat misremembering:** Manchester, *The Last Lion*, 408–13.

172 **what he emphasized to Ickes:** Ickes, Dec. 27, 1935, *Secret Diary*, Vol. I, 494–95; *WP*, May 29, 1935, 2.

172 **Roosevelt's view of the problem:** FDR to Reed, Oct. 24, 1935, OF 41, Box 48, FDRL; HSC Diary, Nov. 15, 1935, 130, UVA; Irons, *New Deal Lawyers*, 249; Pusey, *Charles Evans Hughes*, Vol. I, 204.

172 **"We are under a Constitution":** On the general tendency, then and since, to take Hughes' s statement out of context, and Hughes' s aggravation at that, see Chapter 22, pp. 395–96.

第 11 章　慢性毒药

173 **On the afternoon of November 20:** HSC Diary, Nov. 20, 1935, 137, UVA; *Time*, Dec. 2, 1935.

173 **Roosevelt "seemed strong and happy":** FF to FDR, Nov. 23, 1935, and FDR to FF, Dec. 1, 1935, in Freedman, *Roosevelt and Frankfurter*, 295–96.

174 **The Agricultural Adjustment Act had been one of the proudest:** Bordo, *Defining Moment*, introduction, 12; Gary D. Libecap, "The Great Depression and the Regulating State: Federal Government Regulation of Agriculture, 1884–1970," pp. 181–224, in Bordo, ibid., 185–86, 189–90; Chandler, *America' s Greatest Depression*,

53–56.

175 **The public's view remained:** Chandler, *America' s Greatest Depression*, 217, 219; Schlesinger, *Coming of the New Deal*, 82; *NYT*, Jan. 7, 8, 1936; Gallup, *The Gallup Poll*, 9; Watkins, *The Great Depression*, 160, 193–94; Alexander Farmer, "The Good Giant and the A.A.A.," *The New Republic*, July 17, 1935, 272–73.

175 **Meanwhile, the AAA was under assault:** Schlesinger, *Politics of Upheaval*, 470; *Time*, July 15, 1935; Irons, *New Deal Lawyers*, 182–83; Schlesinger, *Coming of the New Deal*, 82.

176 **lawyers for the Hoosac Cotton Mills:** Irons, *New Deal Lawyers*, 185–86.

176 **A long dormant debate:** Fallon, *The Dynamic Constitution*, 171; Irons, *New Deal Lawyers*, 188–89.

176 **the first argument of consequence:** Perry and Abraham in Shaw et al., *FDR and the Transformation of the Supreme Court*, 18–21; Pearson and Allen, *The Nine Old Men*, 14–15.

177 **After seventy-five years:** *NYT*, Nov. 10, 1929; Martin, *CCB: The Life and Century*, 128–29.

177 **"I fear I shall never be reconciled":** Stone to FF, Oct. 18, 1935, Stone Papers, Box 13, LOC; Pearson and Allen, *The Nine Old Men*, 9.

177 **from "an artistic standpoint":** McReynolds to Robert McReynolds, Oct. 24, 1935, McReynolds Papers, Box 1, UVA.

177 **The gilded ceiling:** Stone to Helen Stone Willard, Nov. 15, 1935, Stone Papers, Box 4, LOC; *Time*, Dec. 16, 1935, Feb. 17, 1936; *WP*, Feb. 16, 1936.

177 **"I like to think":** *PPA*, 1935, 384–85; Irons, *New Deal Lawyers*, 189–90; HSC Diary, Dec. 9, 1935, 140, UVA.

178 **the Home Owners' Loan Act:** *NYT*, Dec. 10, 1935.

178 **Thus the oral defense of the AAA:** HSC Diary, Dec. 9, 1935, 140, UVA; Stone to Lauson and Marshall Stone, Dec. 13, 1935, Stone Papers, Box 3, LOC; Irons, *New Deal Lawyers*, 192–93.

178 **Reed was no match:** Irons, *New Deal Lawyers*, 182–83, 193–94; Pearson and Allen, *The Nine Old Men*, 283–84; Leonard, *Search for a Judicial Philosophy*, 7–9.

179 **Pepper built toward a crescendo:** Irons, *New Deal Lawyers*, 193–94; *Time*, Dec. 16, 1935; Jackson, *Struggle*, 132; Pearson and Allen, *The Nine Old Men*, 285.

179 **At the Gridiron Dinner:** Menu, "Schechter Skit," and "Supreme Court Skit," Clapper Papers, Box 28, LOC; Brayman, *The President Speaks*, 279–80; Pearson and Allen, *The Nine Old Men*, 22; Ickes, Dec. 15, 1935, *Secret Diary*, Vol. I, 485.

180 **"I am not one of those":** Reading copy, Gridiron speech, Dec. 14, 1935, pp. 1, 7, in Speech Files, Box 87, FDRL.

180 **his closing argument in the AAA case:** Pearson and Allen, *The Nine Old Men*, 24; McReynolds to Robert McReynolds, Dec. 16, 1935, McReynolds Papers, Box 1, UVA.

181 **There had been no conversion:** Stone, "Memorandum No. 8," Feb. 4, 1936, Stone Papers, Box 62, LOC; *Colgate v. Harvey*, 296 U.S. 404 (1935): 445–46; Fallon, *The Dynamic Constitution*, 228–29; Amar, *America' s Constitution*, 254; Schlesinger, *Politics of Upheaval*, 468–69.

181 **Then Stone fired back:** "Memorandum No. 8," Feb. 4, 1936, Stone Papers, Box 62, LOC; Stone to Lauson and Marshall Stone, Dec. 6, 1935, Stone Papers, Box 3, LOC; Paschal, *Mr. Justice Sutherland*, 176; 296 U.S. 404 (1935): 426, 441, 443; Stone to Lauson and Marshall Stone, Dec. 20, 1935, Stone Papers, Box 3, LOC.

181 **The *Colgate* decision drew little comment:** *NYT*, Dec. 17, 1935; Powell quoted in Schlesinger, *Politics of Upheaval*, 469.

181 **"Gosh it is unbelievable":** FF to Stone, Dec. 18, 19, 1935, Stone Papers, Box 13, LOC.

182 **"The tendency to press":** Stone to FF, Dec. 16, 20, 23, 1935, Stone Papers, Box 13, LOC; Wechsler in Louchheim, *The Making of the New Deal*, 54; Childs OH, 92.

182 **The bloc of three dissenters was secure:** Mason, *Supreme Court from Taft to Burger*, 70; Schlesinger, *Politics of Upheaval*, 468; Kaufman, *Cardozo*, 478.

182 **the justices had little to do:** Gardner, *Pebbles*, 47, 48fn; Kaufman, *Cardozo*, 477–80; Mason, *Brandeis*, 537–39; Pusey, *Charles Evans Hughes*, Vol. II, 670.

183 **"The mastiffs have been":** Brandeis to FF, Apr. 10, 1932, in Urofsky, *"Half Brother,"* 484, 484fn; Hellman, *Benjamin N. Cardozo*, 220, 248.

183 **In mid-December, the Court announced:** *NYT*, Dec. 17, 1935.

183 **The cabinet met on...December 27:** HSC Diary, Dec. 27, 1935, 151, UVA; description of Oval Room based on pictures at www.whitehousemuseum.org/floor2/yellow-oval-room .htm (accessed May 27, 2008).

183 **FDR...was in an expansive mood:** Ickes, Dec. 27, 1935, *Secret Diary*, Vol. I, 494–96.

184 **Roberts...opinion in *United States v. Butler*:** *NYT*, Jan. 7, 1936; *CDT*, Jan. 7, 1936; Schlesinger, *Politics of Upheaval*, 471.

184 **Roberts began by affirming:** Leonard, *A Search for a Judicial Philosophy*, 48; *U.S. v. Butler*, 297 U.S. 1 (1936): 61, 64; *Time*, Jan. 13, 1936; 297 U.S. 1 (1936): 62–63.

185 **The "broader construction":** 297 U.S. 1 (1936): 63–68, 70, 75, 77–78.

185 **Stone answered sharply:** Mason, *Supreme Court: Vehicle*, 28; Mason, *Harlan Fiske Stone*, 408, 408fn.

186 **a "hot dissent":** *NYT*, Jan. 7, 1936; *WP*, Jan. 7, 1936; Jackson, *Struggle*, 134–35.

186 **The dissent, joined by Brandeis and Cardozo:** 297 U.S. 1 (1936): 81, 83, 85; Mason, *Harlan Fiske Stone*, 408–9.

186 **called the "slot machine" theory:** Pound quoted in Leonard, *A Search for a Judicial Philosophy*, 53; 297 U.S. 1 (1936): 78–79, 87.

186 **"it is the business of courts":** 297 U.S. 1 (1936): 87–88.

187 **He seemed wholly unsurprised:** *NYT*, Jan. 7, 1936.

187 **Word filtered quickly:** Irons, *New Deal Lawyers*, 197.

187 **Cummings read it aloud:** HSC Diary, Jan. 6, 1936, 4–5, UVA.

187 **"Never before":** Jackson, *Struggle*, 136–37; Brant, *Storm over the Constitution*, 139.

187 **"so sweeping":** *NYT*, Jan. 7, 1936.

187 **Conservatives were overjoyed:** *NYT*, Jan. 7, 1936; *CDT*, Jan. 7, 8, 1936.

187 **"The lawyers and business men":** R. H. Kelley to WVD, Jan. 6, 1936, WVD Papers, Box 38, LOC.

188 **"The forces who control":** McReynolds to Robert McReynolds, Jan. 10, 17, 1936, McReynolds Papers, Box 1, UVA.

188 **Republicans grew more restrained:** *NYT*, Jan. 7, 8, 1936; *Time*, Jan. 20, 1936; Stone to Franklin W. Fort, Jan. 11, 1936, Stone Papers, Box 82, LOC.

188 **"The tongues of politicians":** *Time*, Jan. 20, 1936.

188 **"bureaucrats masquerading":** Basil Brewer to Roy W. Howard, Jan. 11, 1936, Clapper Papers, Box 48, LOC.

188 **the justices who had struck down the AAA:** *NYT*, Jan. 7, 8, 1936.

188 **a consensus quickly took hold:** Mason, *Harlan Fiske Stone*, 413; *NYT*, Jan. 8, 1936.

189 **"The Constitution is the Lord":** *The New Republic*, Jan. 15, 1936, 269.

189 **"mowed down":** Clapper, "Clapper Sees AAA Ruling as Blow at Democratic Government," *Washington Daily News*, Jan. 7, 1936, in Clapper Papers, Box 15, LOC. 克拉珀这个挑剔的专栏使他至少被一家报纸除名：来自马萨诸塞州新贝德福德的《水星标准早报》的编辑认为，这是在"藐视法庭"以及"在语气、目的、结果（如果有的话）和其他方面都具有明显的颠覆性"。(Basil Brewer to Roy W. Howard, Jan. 11, 1936, Clapper Papers, Box 48, LOC)

189 **when he held a press conference:** *Time*, Jan. 20, 1936; *NYT*, Jan. 8, 9, 1936; *CDT*, Jan. 8, 1936.

190 **"History repeats":** *NYT*, Jan. 9, 1936; *PPA*, 1936, 39–41, 43–44.

190 **a dinner of Young Democrats:** *NYT*, Jan. 9, 1936; Lora and Longton, *The Conservative Press*, 121, 127 (ellipses in original).

190 **the annual judicial reception:** *Time*, Jan. 20, 1936; Pearson and Allen, *The Nine Old Men*, 24; HSC Diary, Jan. 13, 1936, 17, UVA.

191 **"Your dissenting opinion":** HSC to Stone, Jan. 8, 1936, Stone Papers, Box 10, LOC (emphasis in original); HSC Diary, Jan. 10, 1936, 12, UVA.

191 **"The joke of it":** Stone to Lauson and Marshall Stone, Jan. 9, 1936, Stone Papers, Box 3, LOC.

191 **"But the Constitution":** Stone to Judge Moore, July 15, 1937, Stone Papers, Box 82, LOC; Stone to C. C. Burlingham, Jan. 9, 1936, Stone Papers, Box 7, LOC.

191 **Stone wrote a letter:** Stone to Hoover, Jan. 22, 1936, Stone Papers, Box 17, LOC; Mason, *Harlan Fiske Stone*, 417.

192 **"Frankly...I do question the motives":** McBain exchange quoted in Mason, *Harlan Fiske Stone*, 411–12; *Time*, Jan. 13, 1936.

192 **"What bothers me most":** FF to Stone, Feb. 14, 1936, Stone Papers, Box 13, LOC.

192 **"I don't know that I shall ever":** Stone to FF, Feb. 17, 1936, Stone Papers, Box 13, LOC.

193 **Hughes had recommended:** Rodell, *Nine Men*, 238; Stone, "Memorandum Re: No. 401," Feb. 4, 1936, Stone Papers, Box 62, LOC; Freund, "Charles Evans Hughes

as Chief Justice," 34; Leuchtenburg, "Charles Evans Hughes," 1194; Danelski and Tulchin, eds., *Autobiographical Notes*, 309–10; Roberts quoted in Ariens, "A Thrice-Told Tale," 648–49fn.

193 **"My how they do push":** Helen Stone Willard to Stone, Jan. 16, 1936, Stone Papers, Box 4, LOC.

194 **"Keep up the good work":** Howard Westwood to Stone, Jan. 14, 1936, Stone Papers, Box 82, LOC.

194 **a constitutional test of the Bankhead Act:** *Moor v. Texas & N.O.R. Co.*, 297 U.S. 101 (1936); *NYT*, Jan. 14, 1936; Wallace quoted in Schlesinger, *Politics of Upheaval*, 505.

194 **"puzzled...and disturbed":** HSC Diary, Jan. 13, 1936, 13–18, UVA.

195 **In the press, the conflict was usually:** Nichols, *Congress or the Supreme Court*, 1.

195 **Congress was not without tools:** Wills, *Explaining America*, 135.

195 **The proposals came in a cascade:** A. E. McCullough to Farley, n.d. [Jan. 1936], and Farley to FDR, Jan. 17, 1936, OF 41a, Box 49, FDRL; *NYT*, Jan. 7, 18, 1936; Leuchtenburg, "Origins," 373; Fite and Rubinstein, "Curbing the Supreme Court," 765; Joseph O' Mahoney to FDR, Jan. 10, 1936, PPF 1191–1211, Folder 1200, FDRL.

196 **All three Senate proposals:** *NYT*, Jan. 7, 17, 1936; "The Supreme Court Rules!" *The New Republic*, Jan. 15, 1936, 270.

196 **"Knowing some of the members":** Hiram W. Johnson to Hiram W. Johnson, Jr., Jan. 11, 1936, in Burke, *Diary Letters*; *The New Republic*, Jan. 29, 1936, 328–30.

197 **Roosevelt did not disagree:** Kenneth S. Davis, "FDR as a Biographer' s Problem," 104–8.

197 **Still, the pressure to act:** *Washington Daily News*, Jan. 7, 1936; *WSJ*, Jan. 9, 1936.

197 **"the position taken by Lincoln":** Dickinson quoted in Irons, *New Deal Lawyers*, 198; Ickes, Jan. 17, 1936, *Secret Diary*, Vol. I, 514–15.

197 **Roosevelt told the cabinet:** Ickes, Jan. 24, 1936, *Secret Diary*, Vol. I, 524; Cantril, ed., *Public Opinion*, 148, 344; Lash, *Dealers and Dreamers*, 267.

198 **"It is plain to see":** Ickes, Jan. 24, 1936, *Secret Diary*, Vol. I, 524.

第 12 章　一个非常重要的项目

199 **the night of the banquet:** *NYT*, Jan. 18, 24, 26, 29, 1936.

199 **the group's campaign against Roosevelt:** *NYT*, Jan. 19, 1936; Holli, *The Wizard of Washington*, 67; Cantril, ed., *Public Opinion*, 978.

200 **The League had been girding itself:** *NYT*, Jan. 26, 1936.

200 **the League had something to prove:** Cantril, ed., *Public Opinion*, 678; Gallup, *The Gallup Poll*, 5.

200 **Smith...would give it his all:** *NYT*, Jan. 24, 26, 1936; Wolfskill, *The Revolt of the Conservatives*, 151–52.

201 **The next day:** *NYT*, Jan. 26, 27, Feb. 1, 1936; Wolfskill, *The Revolt of the Conservatives*, 160–61.

201 **Smith "would have pleased me":** McReynolds to Robert McReynolds, Jan. 26, 1936, McReynolds Papers, Box 1, UVA.

201 **Democrats expressed bitterness:** *NYT*, Jan. 26, 27, 1936; HSC Diary, Jan. 28, 1936, 35–36, UVA.

202 **Joseph Robinson...delivered a rebuttal:** HSC Diary, Jan. 28, 1936, 35–36, UVA; *NYT*, Jan. 29, 1936.

202 **Eugene Talmadge:** *NYT*, Feb. 2, 1936: Schlesinger, *Politics of Upheaval*, 522–23.

203 **the president publicly blessed a proposal:** *NYT*, Feb. 1, 1936.

203 **Washington...constitutional convention:** Charles A. Beard, "What About the Constitution?" *The Nation*, Apr. 1, 1936, 405; *Time*, Feb. 24, 1936; Ernst, *Ultimate Power*, 318.

203 **For the past year, Cummings:** Irons, *A People' s History*, 312; HSC to John Dickinson, Dec. 28, 1935, in HSC, *Selected Papers*, 147–48; McKenna, *Franklin Roosevelt and the Great Constitutional War*, 158–59; Clapper Diary, June 12, 1938, Clapper Papers, Box 8, LOC.

203 **"What was the McArdle [*sic*] case...?":** FDR to HSC, Jan. 14, 1936, HSC to FDR, Jan. 16, 1936, and Alexander Holtzoff to HSC, Jan. 16, 1936, in PSF Box 165, FDRL; *Ex parte McCardle*, 74 U.S. 506 (1868). For contrasting views on whether Congress had actually subdued the Court, see Kutler, "*Ex parte McCardle*: Judicial Impotency," 835–51, and Murphy, Walter F., *Congress and the Court*, 37–40; Warner W.

Gardner to Reed, Jan. 14, 1936, J. T. Fowler to Golden W. Bell, Jan. 23, 1936, and Reed to HSC, Feb. 6, 1936, HSC Papers, Box 88, UVA.

204 **the "project" was still in its infancy:** Lasser, *Limits*, 148–50; Ickes, Jan. 24, 1936, *Secret Diary*, Vol. I, 524; FF quoted in Lash, *Dealers and Dreamers*, 267.

204 **Roosevelt's instincts:** Charles A. Beard, "What About the Constitution?" *The Nation*, Apr. 1, 1936, 406; Brant, *Storm over the Constitution*, 243; Kyvig, *Repealing National Prohibition*, 200; La Follette quoted in Ross, *A Muted Fury*, 195.

205 **the pragmatic bent of the New Deal:** Ackerman, *We the People: Transformations*, 347–48.

205 **Roosevelt was prepared to defy the Court:** Ickes, Jan. 29, 1936, *Secret Diary*, Vol. I, 527–30. 根据查尔斯·沃伦的说法，安德鲁·杰克逊从未主张有权忽视法院指令；与之相反，他曾说过总统可以根据合宪性来考量是否否决一件提案。（Warren, *The Supreme Court in United States History*, Vol. I, 761–64）亨利 · J. 亚伯拉罕认为这处引用很有可能是杜撰的。(Abraham, *The Judicial Process*, 355)

206 **"It will have to be fought":** Ickes, Jan. 29, 1936, *Secret Diary*, Vol. I, 527–30.

206 **"The real difficulty":** HSC to FDR, Jan. 29, 1936 (received Jan. 30), PPF 1820, FDRL (emphasis in original).

206 **"It will fall to your lot":** Ashurst quoted in Baker, *Back to Back*, 8; Schlesinger, *Politics of Upheaval*, 493; HSC to FDR, Jan. 29, 1936 (received Jan. 30), PPF 1820, FDRL.

207 **"some serious thought":** HSC to FDR, Jan. 29, 1936 (received Jan. 30), PPF 1820, FDRL.

207 **Now McAdoo's proposal reemerged:** HSC Diary, Jan. 17, 1933, 101–2, UVA.

207 **"a relic of the past":** *New York Herald* quoted in Borah Papers, Box 809, LOC; Robert W. Welch, "Old Men Rulers of the Nation," *NYT Sunday Magazine*, May 25, 1902, 5.

207 **when the Court was not composed...of venerable men:** Ross, *A Muted Fury*, 1; *NYT*, Dec. 30, 1932, Feb. 15, 19, 1936; Stone to Charles C. Burlingham, Oct. 4, 1935, Stone Papers, Box 7, LOC.

208 **in his speech at Milton Academy:** FDR, *Whither Bound?*, 12–13.

208 **Even Brandeis...was losing sight:** Ickes, Nov. 13, 1935, *Secret Diary*, Vol. I, 467.

208 **"That they are behind":** Leuchtenburg, "Origins," 366.

208 **such as Robert Jackson, felt the problem:** Jackson, *Struggle*, 187, 315; FDR to Clarence Ousley, Feb. 12, 1936, OF 41, Box 48, FDRL.

208 **Life tenure had long been a focus:** Ross, *A Muted Fury*, 93–95; Charles Fairman, "The Retirement of Federal Judges," *Harvard Law Review*, Vol. 51, No. 3, Jan. 1938: 430–31; B. F. Welty to FDR, Aug. 30, 1935, OF 41, Box 48, FDRL.

208 **"the imaginary danger":** Hamilton, *Federalist No. 79*, in Lodge, ed., *The Federalist*, 494.

209 **"Probably the faults of the system":** Krock, "Nine Judges—and Nine Men, Too," *NYT Sunday Magazine*, Mar. 29, 1936, 15.

209 **"I am glad that you found":** Hughes to Krock, Mar. 21, 1936, Hughes Papers, Reel 5, LOC; Hughes, *The Supreme Court of the United States*, 74–77.

209 **the Justice Department began:** Holtzoff to HSC, Jan. 29, 1936, HSC Papers, Box 147; "Report of the Royal Commission on the Despatch of Business at Common Law, 1934–6, Presented by the Secretary of State for the Home Department to Parliament by Command of His Majesty January 1936," pp. 90–91, in TGC Papers, Box 272, LOC; Memo, "Retirement of Judges in England," HSC Papers, Box 206, "Research Material, Aged English Judges," UVA.

210 **"they have lost vigor":** Taft quoted in HSC to FDR, Feb. 7, 1936, HSC Papers, Box 170, UVA. 这段话具有惊人的预见性：在七十二岁时，塔夫特的健康状况急剧恶化，但仍紧守着首席大法官的席位。"我变得越来越老，也越来越慢，不再那么灵敏，反而更加糊涂了，"他在 1929 年 11 月给自己兄弟的信中写道，"不管怎样……我必须待在法院，以免它被布尔什维克控制。"到了 1930 年 2 月，塔夫特终于不可避免地辞职；一个月后，他辞世而去。(Taft letter quoted in Schlesinger, *Politics of Upheaval*, 455.)

210 **The idea of an age limit:** FDR to Henry F. Ashurst, Feb. 15, 1936; FDR to Hatton Sumners, Feb. 13, 1936; Ashurst to FDR, Feb. 19, 1936, FDRL.

210 **"Will you speak to me":** FDR to HSC, Feb. 24, 1936, in OF 41, Box 48 and PPF 195, FDRL.

210 **On February 17:** *Ashwander v. Tennessee Valley Authority*, 297 U.S. 288 (1936); *NYT*, Feb. 18, 1936; *Time*, Feb. 24, 1936.

210 **"It was naturally a day":** HSC Diary, Feb. 17, 1936, 53–55, UVA.

211 **"the popular impression":** Stone to Lauson and Marshall Stone, Feb. 21, 1936,

Stone Papers, Box 3, LOC.

211 **Hughes had confined his opinion:** Jackson, *Struggle*, 145–46; Hendel, *Charles Evans Hughes and the Supreme Court*, 207–9; Mason, *Brandeis*, 629; Mason, *Harlan Fiske Stone*, 418; Leuchtenburg, *FDR and the New Deal*, 164–65.

211 **"The Court...narrowed the opinion":** Clapper to Marshall McNeil, Feb. 21, 1936, Clapper Papers, Box 231, LOC.

211 **"most carefully and definitely limited":** Frederick F. Faville to WVD, Feb. 26, 1936, WVD Papers, Box 38, LOC.

211 **"Not the least of [the] excellences":** *NYT*, Feb. 18, 1936; *The Nation*, Feb. 26, 1936, 236–37.

211 ***Jones v. Securities*:** *Time*, Apr. 13, 1936; Paschal, *Mr. Justice Sutherland*, 190–91; *Jones v. Securities and Exchange Commission*, 298 U.S. 1 (1936): 12–14, 23, 28; Jackson, *Struggle*; 152–53; *The Nation*, Apr. 15, 1936, 465.

212 **"Sutherland writes as though":** FF to Stone, Apr. 7, 1936, Stone Papers, Box 13, LOC.

212 **"It was written for morons":** Stone to FF, Apr. 7, 9, 1936, Stone Papers, Box 13, LOC.

212 **"I am happy to report":** *NYT*, May 8, 1936; FF to Stone, May 18, 1936, Stone Papers, Box 13, LOC.

212 **On May 18, in *Carter*:** Schlesinger, *Politics of Upheaval*, 476–77; Stern, "The Commerce Clause and the National Economy," 671, 672; Hendel, *Charles Evans Hughes and the Supreme Court*, 223; Leonard, *A Search for Judicial Philosophy*, 73; *Carter v. Carter Coal Co.*, 298 U.S. 238 (1936): 307–8, 311–16.

213 **Cardozo thought this absurd:** 298 U.S. 238: 317–41; Hendel, *Charles Evans Hughes and the Supreme Court*, 243–44; Freund, "Charles Evans Hughes as Chief Justice," 33.

214 **"Perhaps when you have read":** Stone to FF, May 18, 1936, Stone Papers, Box 13, LOC; *The Nation*, May 27, 1936, 664.

214 **"He is deeply unhappy":** Friedman, "Switching Time," 1962–63.

214 **Stanley High:** Stanley High Diary, May 18, 1936, High Papers, Box 1, FDRL; HSC Diary, May 19, 1936, 106–12, UVA.

215 **"no political justification":** HSC Diary, May 19, 1936, 106–12, UVA.

215 **"President Will Dodge":** *CDT*, May 20, 1936;

215 **"till after the campaign":** Gov. James M. Curley to FDR, Jan. 9, 1936, OF 41A, Box 49, FDRL; Leuchtenburg, "Origins," 379.

215 **Even Ickes...had cooled:** Ickes, May 22, 1936, *Secret Diary*, Vol. I, 602–3.

215 **Roosevelt was doing just fine:** Holli, *The Wizard of Washington*, 67; *NYT*, Mar. 22, 1936.

216 **Republicans were squandering:** *NYT*, Mar. 22, 1936.

216 **The League, by the late spring:** Ibid., Mar. 7, 11, Apr. 11, 15, 1936.

216 **the Senate Lobby Investigating Committee:** Ibid., Mar. 22, Apr. 17, 18, 1936.

217 **In April, in another blow to the League:** Ibid., Mar. 7, Apr. 13, 20, 1936.

217 **"The more they work":** Ibid., Apr. 14, 1936.

第13章 无主之地

218 **the Municipal Bankruptcy Act:** *NYT*, May 26, 27, 1936, 22; Schlesinger, *Politics of Upheaval*, 478.

218 **"a form of indecent exposure":** Stone to FF, May 30, 1936, Stone Papers, Box 13, LOC.

219 ***Morehead v. Tipaldo*:** Chambers, "The Big Switch," 48–49; *NYT*, June 2, 1936.

219 ***Adkins v. Children's Hospital*:** *Adkins v. Children's Hospital of District of Columbia*, 261 U.S. 525 (1923); Perkins, *The Roosevelt I Knew*, 250; FF to Mary ("Molly") Dewson, Dec. 7, 10, 1928, Cohen Papers, Box 11, LOC. 通过要求最低工资反映其所提供服务的合理价值，弗兰克福特和科恩以此来区分纽约的法案和华盛顿特区的法案；后者将女工的生活成本与最低工资相挂钩。(*Morehead v. People of State of New York ex rel. Tipaldo*, 298 U.S. 587 [1936]: 623; Chambers, "The Big Switch," 65–66)

220 **Hughes was prepared to differentiate:** FF and Fisher, 634, 634fn; Cushman, *Rethinking the New Deal Court*, 101. 在为“蒂帕尔多案”所撰写的异议意见中，休斯对“阿德金斯案”这个先例的含混处理几乎不可避免地引起了针对其意图的不同解读。阿尔菲厄斯·托马斯·梅森这位休斯的批评者提出，休斯“竭力保住‘阿德金斯案’这个判决先例”，是为了在将来的案件中给自己留下一条可能的退路。另一方面，理查德·弗里德曼则在休斯的异议意见中感受到了他对“阿德金斯案”有着“深深的鄙视”；弗里德曼写道，休斯“猛然把它扔到了一边”。真相当然无迹可寻，可能居于两者之中：首席大法官委婉地表达了对“阿德金斯案”的不安，不仅针对“蒂帕尔多案”，更对其在普遍情形下的合法性提出了质疑；但与此同时，他给予了“阿德金斯案”足够的尊重，来解释为什么在这起案件中它不具备“一种确切的权威性”。这种慎重的语气表明，与其说他把这起案件扔到了一边，不如说他和它保持了一定距离。(See Mason, “Charles Evans Hughes,” 7–8; Friedman, “Switching Time,” 1937.)

220 **“sad business”:** Stone to Burlingham, June 12, 1936, Stone Papers, Box 7; Stone to FF, June 3, 1936, Stone Papers, Box 13, LOC; Schlesinger, *Politics of Upheaval*, 479–80; Brown, *The Social and Economic Philosophy of Pierce Butler*, 68–69; Chambers, “The Big Switch,” 52–53, 53fn; 298 U.S. 587 (1936).

221 **“has no more embedded”:** 298 U.S. 587 (1936): 633, 636; Rodell, *Nine Men*, 241–42.

221 **the final act of a Shakespearean tragedy:** Clapper, *Washington Daily News*, June 1, 1936, in Clapper Papers, Box 230, LOC.

221 **“in many ways one of the most disastrous”:** Stone to Helen Stone Willard, June 2, 1936, Stone Papers, Box 4, LOC.

221 **“the climax to this course”:** *PPA*, 1937, lvii; Ross, *The Chief Justiceship of Charles Evans Hughes*, 58–59, 84.

221 **“history...may well refer”:** *PPA*, 1935, 13.

221 **“Positively medieval”:** Ickes, June 2, 1936, *Secret Diary*, Vol. I, 614.

222 **condemnation...was well near universal:** Rodell, *Nine Men*, 241–42; *The New Republic*, July 15, 1936, 290; *WP*, June 2, 1936. The oft-cited statistics on the conservative press come from *The New Republic*.

222 **“the liberty of contract”:** *The New Republic*, June 10, 1936.

222 **“Increase number of jurists”:** E. Larkin to FDR, June. 4, 1936, OF 41a, Box 49, FDRL; *WP*, June 2, 1936.

223 **“more than any previous decision”:** High to FDR, June 2, 1936, PSF 165, FDRL.

223 **“Have you any comment”:** H. G. Lea to FDR, June 3, 1936, HSC Papers, Box 179, UVA; Press Conference #300, June 2, 1936, in FDR, *Complete Presidential Press Conferences*, Vol. 7, 280–81; *NYT*, June 3, 1936. 1910 年，西奥多·罗斯福在相似的语境下用过相似的说法，指责最高法院的某些判决具有一定的风险，因为它们制造了“一

个中立的立场，在那里无论是州还是国家都无法行使权威，这会给一些非常富有的人提供保护伞，而这些人想要的就是侵犯整个社会团体的利益”。(TR in Denver, Aug. 29, 1910, quoted in *NYT*, Aug. 30, 1910.)

223 **"The issue...is packed":** *The Nation*, June 3, 1936.

223 **Historically, election-year attacks:** Stephenson, *Campaigns and the Court*, 125, 128–32; Winchester, "The Judiciary," 807; Ross, *A Muted Fury*, 35–38, 133–37, 148–50, 263, 266–67; *NYT*, Oct. 5, 25, 1924.

224 **In 1936, Senator Burt Wheeler:** Ross, *A Muted Fury*, 270–71, 279; Ben Cohen to FF, July 9, 1937, Lash Papers, Box 68, FDRL.

224 **the "No. 1 political issue":** *Washington Daily News*, June 1, 1936, in Clapper Papers, Box 230, LOC; John L. Lewis in Pearson and Allen, *Nine Old Men at the Cross-roads*, 1; Senator George Norris in *The Nation*, June 3, 1936.

224 **that idea would have been laughable:** *NYT*, June 3, 7, 1936.

224 **"Don't let the Republicans":** H. G. Lea to FDR, June 3, 1936, HSC Papers, Box 179, UVA.

224 **Republicans were in a panic:** Lasser, *Limits*, 142.

224 **"landed on the front steps":** *NYT*, June 5, 1936.

224 ***Tipaldo* had put two planks:** *Boston Herald*, June 9, 1936, in Stone Papers, Box 13, LOC; White quoted in *Time*, June 15, 1936; Schlesinger, *Politics of Upheaval*, 539; *NYT*, June 9, 1935; *The New Republic*, June 24, 1936, 195; George Soule, "Back to States' Rights," 485–86, 488; Irving Brant, *Storm over the Constitution*, 180.

225 **In the convention hall:** *Time*, June 15, 1936; Schlesinger, *Politics of Upheaval*, 535–36, 539, 542; Landon quoted in ibid., 540.

226 ***Tipaldo* had made this position:** Clapper Diary, July 29, 1936, Clapper Papers, Box 8, LOC.

226 **"Slow on Amendments, Please!":** *Boston Herald*, June 9, 1936.

226 **"a hasty surrender":** *NYT*, June 9, 1935; Schlesinger, *Politics of Upheaval*, 542–43.

226 **"bitter-enders":** Landon to Clapper, Aug. 7, 1935, Clapper Papers, Box 48, LOC.

226 **Into this contentious mix:** *NYT*, June 8, 9, 11, 1936.

227 **Roosevelt began by talking:** Ibid., June 11, 1936; *PPA*, 1936, 195–96, 200–202.

227 **"with growing intensity":** *PPA*, 1936, 200–201.

228 **"Totally unexpected":** *NYT*, June 11, 12, 1936; Schlesinger, *Politics of Upheaval*, 542–43.

228 **"The American people":** Hoover, *Addresses upon the American Road*, 174–75, 181; *The New Republic*, June 24, 1936, 194–95; Schlesinger, *Politics of Upheaval*, 544–45.

228 **delegates stood on their seats:** *NYT*, June 12, 1936; Wolfskill and Hudson, *All but the People*, 206.

229 **Landon's men had managed:** Lasser, *Limits*, 143; Schlesinger, *Politics of Upheaval*, 543; *NYT*, June 12, 1936; *The New Republic*, June 24, 1936, 195; *The Oregonian* quoted in *NYT*, June 13, 1936.

229 **"I think we should be more than human":** Cardozo quoted in Hellman, *Benjamin N. Cardozo*, 230.

229 **"The reception given":** Brandeis to Stone, June 22, 1936, Box 73, LOC.

229 **"amusing":** Stone to Brandeis, June 23, 1936, Stone Papers, Box 73; Stone to Sterling Carr, June 26, 1936, Stone Papers, Box 8, LOC.

229 **"My dear Pierce":** WVD to Butler, June 11, 1936, WVD Papers, Box 19, Letterbook #52, LOC.

230 **After *Tipaldo*:** Brant, *Storm over the Constitution*, xiv, 254.

230 **"I am delighted":** Stone to Brant, July 19, 1936, Stone Papers, Box 7, LOC.

230 **"wish [that] the fairies":** Brandeis to Stone, Aug. 5, 1936, Stone Papers, Box 73, LOC.

230 **a "substantial 'native son' vote":** *NYT*, May 30, 1936.

230 **"some of the bankers":** Sterling Carr to Stone, June 4, 1936, Stone Papers, Box 8, LOC.

231 **The Roberts boomlet:** *Time*, May 20, 1935; *NYT*, May 26, 1935; Pearson and Allen, *The Nine Old Men*, 161–62; *NYT*, July 9, 1935.

231 **a "subtle" inducement:** Borah quoted in "Supreme Court Justices as Presidential Candidates," 396–97.

231 **"I never had the notion":** Roberts quoted in Nelson, "The President and the Court," 292, citing "Composition and Jurisdiction of the Supreme Court," Hearings before a Subcommittee of the Committee on the Judiciary, US Senate, 83 Cong., 2 Sess. (Washington, D.C.: U.S. GPO, 1954): 8–9; Pearson and Allen, *The Nine Old Men*,

161–62; *NYT*, June 5, 1936.

231 **"too anxious for worldly approval":** Childs OH, 70–71.

232 **This was also true:** Mason, *Harlan Fiske Stone*, 413.

232 **"You hit him hard":** Burlingham to Stone, June 11, 1936, Stone Papers, Box 7, LOC.

232 **"They walked up and down":** Elizabeth Roberts confided these memories to an old school friend—Labor Secretary Frances Perkins. Perkins OH, 71–74, quoted in Leuchtenburg, "Charles Evans Hughes," 1199.

233 **letters flooded the White House:** A. Raymond Cornwall to FDR, June 20, 1936, D. McDonald to FDR, June 3, 1936, Roger Telis to FDR, June 18, 1936, Daniel L. Smith to FDR, June 22, 1936, Rep. Kent Keller to FDR, June 22, 1936, Frank J. Burns to FDR, June 18, 1936, all in OF 1871a, DNC, Box 2, FDRL.

233 **a "growing conviction":** HSC to FDR, June 20, 1936, HSC Papers, Box 170, UVA.

233 **Rosenman was there to work:** Rosenman, *Working with Roosevelt*, 100–102.

234 **"Most pressing":** Ibid., 102–3; Richberg, *My Hero*, 204.

234 **Richberg's language:** Richberg to McIntyre, June 16, 1936, and Richberg to FDR, June 16, 1936, PSF Box 165, FDRL; Richberg, *My Hero*, 204; Rosenman, *Working with Roosevelt*, 103; Moley, *After Seven Years*, 346–47.

234 **"The Democratic party":** *NYT*, June 24, 1936.

235 **Convention speakers reinforced:** *NYT*, June 24, 1936; Schlesinger, *Politics of Upheaval*, 580.

235 **On June 27:** *PPA*, 1936, 230–36, FDRL; *NYT*, June 28, 1936.

235 **"We had everything set":** Landon to Clapper, Aug. 26, 1937, Clapper Papers, Box 48, LOC.

235 **Colonel Frank Knox:** White to Clapper, Aug. 19, 1936, Clapper Papers, Box 48, LOC; Schlesinger, *Politics of Upheaval*, 528–29, 541, 604, 606.

236 **"leading us toward Moscow":** Knox and Hamilton quoted in Schlesinger, *Politics of Upheaval*, 606–7; *NYT*, June 24, July 1,1936.

236 **"The political liability":** *NYT*, Aug. 7, 1936.

236 **When Landon finally emerged:** Schlesinger, *Politics of Upheaval*, 613–15.

236 **"The governor's campaign":** Clapper to White, Oct. 23, 1936, Clapper Papers,

Box 48, LOC.

237 **"The answer...is no one can be sure":** *NYT*, Oct. 8, 29, 30, 1936.

237 **"conspiracy of silence":** *The Nation*, June 3, 1936.

237 **"frequently returns to a discussion":** High Diary, Oct. 28, 1936, and Feb. 10, 1937, FDRL.

237 **"There's one issue in this campaign":** FDR quoted in Schlesinger, *Politics of Upheaval*, 577– 78, also 586, 639–40; Gallup, *The Gallup Poll*, 31, 38–39.

238 **"There seems a growing feeling":** McReynolds to Robert McReynolds, July 3, 1936, McReynolds Papers, Box 1, UVA.

238 **"the consensus of newspaper opinion":** WVD to Dennis T. Flynn, Oct. 19, 1936, to E. J. Hunt, Oct. 31, 1936, and to Mrs. John W. Lacey, Nov. 2, 1936, WVD Papers, Box 19, LOC.

238 **"Jesus":** High Diary, n.d. [Nov. 1936], FDRL.

第 14 章 计划和目标

239 **"It is very difficult":** *NYT*, Nov. 5, 1936; Schlesinger, *Politics of Upheaval*, 643.

239 **"I am at [an] absolute loss":** Bankhead to Farley, Nov. 5, 1936, Farley Papers, Box 5, LOC; Patterson, *Congressional Conservatism*, 81; Cora B. Howe to Landon, Nov. 4, 1936, Clapper Papers, Box 48, LOC; *NYT*, Nov. 8, 1936.

239 **The landslide brought the nation closer:** Patterson, *Congressional Conservatism*, 81; Kennedy, *Freedom from Fear*, 286.

240 **"is not dead":** *NYT*, Nov. 8, 1936.

240 **"I agree with you":** Mills quoted in Weed, *The Nemesis of Reform*, 115.

240 **Roosevelt had lifted, forcibly:** Kennedy, *Freedom from Fear*, 284–85; *NYT*, Nov. 5, 1936.

240 **"And now will come the test":** Hiram W. Johnson to Hiram W. Johnson, Jr., Nov. 10, 15, 1936, in Burke, *Diary Letters*.

240 **the nation's editorial pages were filled:** Editorials quoted in *NYT*, Nov. 5, 1936.

241 **at the first post-election meeting:** Ickes, Nov. 7, 1936, *Secret Diary*, Vol. I, 703; FDR and Early quoted in Clapper Diary, Nov. 16, 1936, Clapper Papers, Box 8,

LOC; Alfange, *The Supreme Court and the National Will*, 230.

241 **Visitors to the White House:** Davis, *FDR: Into the Storm*, 25, 28; Schlesinger, *Coming of the New Deal*, 3, 5.

241 **"Now he stands as victor":** *NYT*, Nov. 5, 1936.

241 **"the reactionary element":** FDR to Josephus Daniels, Nov. 9, 1936, Elliott Roosevelt, ed., *F.D.R.: His Personal Letters, 1928–1945*, Vol. I, 626; Richard Norton Smith, *The Colonel*, 352.

242 **Roosevelt saw an opportunity:** Davis, *FDR: The New Deal Years*, 663; Kennedy, *Freedom from Fear*, 324–25; Chandler, *America' s Greatest Depression*, 129; *PPA*, 1936, 572.

242 **"Today there is war":** *PPA*, 1936, 572; Kennedy, *Freedom from Fear*, 398–99; Davis, *FDR: Into the Storm*, 13.

242 **"Mr. Roosevelt is likely to break":** Clapper Diary, Nov. 16, 1936, LOC.

243 **Stanley Reed...told the president:** Reed to HSC, Nov. 6, 1936, HSC Papers, Box 146, UVA; Mason, *Harlan Fiske Stone*, 440; Ickes, Nov. 7, 1936, *Secret Diary*, Vol. I, 705.

243 **"The President...is getting ready":** Ickes, Nov. 7, 1936, *Secret Diary*, Vol. I, 705.

243 **"there may be growing changes":** Reed to McIntyre, Nov. 5, 1936, OF 10F, Box 29, FDRL.

243 **"Now that we see":** Clapper, "Supreme Court All That' s Needed to Make Victory Unanimous," *Washington Daily News*, Nov. 6, 1936, in Clapper Papers, Box 230, LOC.

243 **"Either the election":** Jackson, *Struggle*, 321.

243 **"squinted sideways":** 这位院长是艾奥瓦大学的威利·拉特利奇（Wiley Rutledge）。(quoted in Ross, *The Chief Justiceship of Charles Evans Hughes*, 247). 1943年，拉特利奇成为罗斯福任命的最后一位最高法院大法官。

244 **"The result is encouraging":** HSC Diary, Nov. 15, 1936, 166, UVA; *Time*, Nov. 30, 1936; *NYT*, Nov. 24, 1936; Cummings quoted in Lasser, *Limits*, 146.

244 **other "halting steps":** Jackson, *Struggle*, 197–99; *NYT*, Dec. 8, 13, 1936.

245 **A confidential Justice Department memo:** Memorandum, "Litigation Involving New Deal Measures," Dec. 17, 1936, in McJimsey, *Documentary History*,

Vol. 1, 66–68.

245 **"certain that President Roosevelt":** Clapper Diary, Nov. 16, 1936, LOC; Clapper, "What' s Ahead in Washington?" *Review of Reviews*, Dec. 1936, Clapper Papers, Box 210, LOC; *Time*, Nov. 16, 1936.

245 **"a stupor":** *NYT*, Jan. 17, 1937; Leuchtenburg, "Origins," 383.

246 **Gallup polls presented:** Gallup, *The Gallup Poll*, 43, 47; Cantril, ed., *Public Opinion*, 148.

246 **In denying ammunition:** Jackson, *Struggle*, 177.

246 **a "tremendous debate":** Oswald Garrison Villard, "Issues and Men," *The Nation*, Nov. 7, 1936, 547.

246 **"Now that the election is over":** Quoted in McKenna, *Franklin Roosevelt and the Great Constitutional War*, 243.

246 **"gone off on a protracted bender":** HSC Diary, Nov. 15, 1936, 164, UVA.

246 **Cummings brought up a topic:** Ibid., 165; Frederick, *Rugged Justice*, 177–81; "Denman Is Known as Liberal," *San Francisco Examiner*, July 26, 1937, in TGC Papers, Box 195, LOC; *Time*, Aug. 10, 1942; Bailey Millard, *History of the San Francisco Bay Region*, Vol. 3, Chicago, 1924: 395–97, accessed at http://freepages.genealogy.rootsweb.ancestry .com/~npmelton/sfbdenm.htm; Burlingham to Stone, Jan. 5, 1938, Stone Papers, Box 7, LOC. 斯通回复道:"关于 D 法官(即登曼),我同意你所说的一切,还可以补充一些。如果说他有能力，那也不是司法方面的能力。当他花时间在家中处理巡回法院的工作时，他的表现就已经够糟糕了。" (Stone to Burlingham, Jan. 6, 1938, Stone Papers, Box 7, LOC.)

247 **Denman began lobbying FDR:** Frederick, *Rugged Justice*, 221; Denman to HSC, Aug. 19, 1935, OF 209h–209i, and Denman to FDR, Mar. 16, 1936, PPF 1820, Box 13, FDRL.

247 **"If he would stay home":** Sterling Carr to Stone, Apr. 17, 1937, Stone Papers, Box 8, LOC.

247 **"The New Deal needs":** Denman quoted in Frederick, *Rugged Justice*, 223.

247 **Roosevelt was increasingly drawn:** Freidel, *FDR: The Triumph*, 53; Moley, *Our Criminal Courts*, 228; FDR, *Looking Forward*, 195–96; FDR to HSC, Feb. 26, 1934, OF 41, Box 48, FDRL; Leuchtenburg, *Supreme Court Reborn*, 112–14.

248 **"Do you think that many":** HSC Diary, Nov. 15, 1936, 164, UVA.

248 **Roosevelt embarked on the USS *Indianapolis*:** Davis, *FDR: The New Deal Years*, 655–56; FDR to Sarah Roosevelt, Nov. 20, 1936, in Elliott Roosevelt, ed., *F.D.R.: His Personal Letters, 1928–1945*, Vol. I, 631; Pringle, "Profiles: The President—III," *The New Yorker*, June 30, 1934, 20.

248 **When the ship docked:** Davis, *FDR: The New Deal Years*, 656–57.

249 **after opening the conference in Buenos Aires:** Ibid., 657–60.

249 **"The tragedy of poor Gus":** FDR to Eleanor Roosevelt, Dec. 3, 1936, in Elliott Roosevelt, ed., *F.D.R.: His Personal Letters, 1928–1945*, Vol. I, 635.

249 **Louis Howe:** Tully, *F.D.R.: My Boss*, 135–37; Farley, *Behind the Ballots*, 67, 351; Rosenman, *Working with Roosevelt*, 24–25.

249 **"a kind of religion":** Howe quoted in Davis, *FDR: Into the Storm*, 6.

249 **He deeply trusted Howe's political judgment:** Davis, ibid.

250 **"My job is to supply":** Davis, *FDR: The New Deal Years*, 600.

250 **"no one quite filled the void":** Eleanor Roosevelt quoted in Davis, ibid., 603.

250 **Momentum was building:** Kyvig, "The Road Not Taken," 475; "Clarifying the Constitution by Amendment," National Consumers' League, Dec. 15, 1936, 8–9, in Cohen Papers, Box 7, LOC.

250 **Cummings grew concerned:** Cohen to FF, Nov. 23, 1936, and to Henry Shulman, Nov. 23, 1936, both in Cohen Papers, Box 7, LOC. For the contention that Cummings kept Cohen, Corcoran, and Frankfurter out of the loop because he resented their influence and possibly their superior intellects, see Moley, *After Seven Years*, 358, and Lash, *Dealers and Dreamers*, 292–93. For the notion that Reed was "uninformed of what was going on in his own department," see McKenna, *Franklin Roosevelt and the Great Constitutional War*, 248. For evidence to the contrary—on Corcoran and Cohen's knowledge, Reed's involvement, and Cummings's evolving views, see Gardner, *Pebbles*, 75–77; Edwin S. Corwin to HSC, Dec. 16, 1936, and HSC to Corwin, Dec. 17, 1936, HSC Papers, Box 88, UVA; and HSC Diary, Dec. 24, 1936, 180–81, UVA.

251 **Cohen immediately dashed off a series:** Cohen to FF, Nov. 23, 1936, to Shulman, Nov. 23, 1936, and to Charles E. Clark, Dec. 26, 1936, all in Cohen Papers, Box 7, LOC; FF quoted in Irons, *New Deal Lawyers*, 274. 艾恩斯（Peter H. Irons）根据这封信认为，弗兰克福特"赞成修宪路线"（274）。我认为这里有充分的证据表明

正好相反，包括弗兰克福特在前两年给斯通和罗斯福的信件中便反复强调称（see, for example, Chapters 7, 11, 12, pp. 119, 181–82, 204），问题出在最高法院对宪法的错误解读；还有，上文中所引述的他的声明中，“如果我们要修正……”这种说辞显得模棱两可——几乎不是人们所期待的那种弗兰克福特式自信鼓吹。

251 **that Cohen had any interest in an amendment:** Lasser, *Benjamin V. Cohen*, 165; Cohen to Clark, Dec. 26, 1936, Cohen Papers, Box 7, LOC; Clark to Cohen, Dec. 28, 1936, ibid.

251 **Warner W. Gardner:** Gardner, *Pebbles*, 75–76; Gardner, "Memories," 13. In *Pebbles*, Gardner says the meeting took place in early October; in "Memories," he places it in late September.

252 **Gardner had raised a long list of objections:** See Leuchtenburg, *Supreme Court Reborn*, 93; Gardner, unpublished draft of "Memories," June 1, 1999, 12fn (copy provided by Bennett Boskey).

252 **a remarkable 65-page memorandum:** Gardner, "Memorandum for the Solicitor General: Congressional Control of Judicial Power to Invalidate Legislation," Dec. 10, 1936, Cohen Papers, Box 7, LOC, esp. pp. 1–2, 14, 29–30, 55–59, 65.

253 **Cummings saw in Gardner's memo:** Gardner, "Memories," 14.

253 **the bill's "central provision":** HSC and McFarland, *Federal Justice*, 531; HSC Diary, Dec. 31, 1936, 200, UVA; Leuchtenburg, *Supreme Court Reborn,* 200. The exact timing of the McReynolds revelation cannot be determined, but it can be said with some confidence that it occurred (or was presented) to Cummings sometime between his reply to Corwin on December 17 and his note to FDR five days later. Leuchtenburg (ibid., 119–21) argues, on the basis of considerable circumstantial evidence (e.g., the imminent publication of *Federal Justice*, and Gardner' s possible awareness of the precedent in late December, well before Cummings first mentioned it to FDR on January 17—see Gardner, *Pebbles*, 77fn), that the plan Cummings outlined for FDR on December 26 could not have taken the precise shape it did if Cummings were not yet aware of McReynolds' s recommendation. My discovery of the early draft of Cohen and Corcoran' s memo (see Chapter 15, pp. 263–64) makes it absolutely plain that those two men knew about it (after all, they quote from it) before reworking and then submitting their memo on January 7—again, weeks before Cummings told FDR on January 17.

254 **Roosevelt sent up another trial balloon:** Creel, *Rebel at Large*, 292–94; Gardner, "Memorandum for the Solicitor General: Congressional Control of Judicial Power to Invalidate Legislation," Dec. 10, 1936, Cohen Papers, Box 7, LOC, 3–14.

255 **"Roosevelt's Plans and Purposes":** *Collier' s*, Dec. 26, 1936. The issue appeared on stands, per industry practice, about a week before this date.

255 **Stanley Reed, meanwhile:** Gardner, "Memories," 14.

256 **Cummings asked that Gardner broaden:** Ibid.

256 **The letter came from Edward Corwin:** HSC to FDR, Feb. 3, 1936, PPF 1820; HSC to Corwin, Feb. 3, 1936, HSC Papers, Box 88, UVA; Mark O' Brien, "Curbing the Court," *Prince ton Alumni Weekly*, Mar. 8, 2006, accessed at www.princeton.edu/~paw/archive_ new/PAW05-06/09-0308/features_court.html; Corwin, *Commerce Power*, 265.

256 **Corwin was on record:** Corwin, *Commerce Power*; *New York Post*, Dec. 3, 1936, in Borah Papers, Box 809, LOC; Leuchtenburg, *Supreme Court Reborn*, 116.

257 **"What would you say":** Holcombe quoted in Leuchtenburg, *Supreme Court Reborn*, 117.

257 **"*most* ingenious, devilishly so":** Corwin to HSC, Dec. 16, 1936, HSC Papers, Box 88, UVA.

257 **linking Holcombe's proposal:** On the mystery of Cohen and Corcoran' s court-packing proposal—a copy of which has never materialized—see Lash, *Dealers and Dreamers*, 268, 292; Lasser, *Benjamin V. Cohen*, 170–72; McKean, *Tommy the Cork*, 88; Wheeler, *Yankee from the West*, 320; and Cohen to FF, July 9, 1937, Lash Papers, Box 68, FDRL. 拉什（Lash）声称——很大程度上基于几十年后对科恩和科克伦的采访——依照他们的方案，每当一位大法官超过七十岁时，就要增加一位更为年轻的大法官，直到最高法院大多数大法官的年龄都在七十岁以下时为止。拉什还重复科克伦的声明，即罗斯福和卡明斯都已看过此方案（虽然科克伦不适宜地称此提案为"修正案"——Lash, Dealers and Dreamers, 292）。惠勒（他对这"两位年轻人"的敌对态度在本书 455 页至 457 页的第二十二章中表现得淋漓尽致）后来声称科克伦给过他一个要将最高法院大法官席位数扩充三倍的提案，这也大致符合拉什对此提案的描述。(Wheeler, 320)

257 **"Of course...I realize that":** HSC to Corwin, Dec. 17, 1936, HSC Papers, Box 88. UVA.

258 **"I am 'bursting' with ideas":** HSC to FDR, Dec. 22, 1936, HSC Papers, Box 170, FDRL.

第15章 警钟

259 **On Saturday, December 26, 1936:** HSC Diary, Dec. 26, 1936, 182–86, UVA.

259 **Tell me what you have in mind:** Ibid., 186.

260 **"nothing the matter with it":** Ibid., 186–88.

260 **Roosevelt interrupted to pass along a rumor:** Ibid., 188–89.

261 **Denman's concern about overloaded dockets:** Ibid., 190.

261 **"could be put through quickly":** Ibid., 191–92.

262 **"try it and see how it worked out":** Ibid., 192–93.

262 **"Do you really want me to stay":** Ibid., 193–95.

262 **"Your hunches":** Ibid., 195–96.

263 **"our circle of court-packers":** Gardner, "Memories," 14–15.

263 **"were in strong support":** Ibid., 14; Gardner, *Pebbles*, 77.

263 **Cohen, with Corcoran's help:** Cohen and TGC, "Memorandum," n.d., 19–20, Lash Papers, Box 68, FDRL.

263 **"Not a single appointment":** Gardner, "Memories," 21.

263 **an echo of a Brandeis dissent:** 在一份著名的异议意见中，布兰代斯把经济衰退称为"比战争更严重的紧急情况"。*New State Ice Co. v. Liebmann*, 285 U.S. 262 (1932): 306.

264 **Cohen and Corcoran seemed unsure:** "Memorandum," n.d., 19–20, Lash Papers, Box 68, FDRL.

264 **the Court had issued a series of opinions:** Jackson, *Struggle*, 201–5.

264 **"a Psalmist lauding the Almighty":** *Time*, Jan. 4, 1937; *NYT*, Jan. 5, 1937.

265 **rejected the arguments of a Liberty League lawyer:** "Horse Collars," *Time*, Jan. 11, 1937.

265 **the Court sustained a federal tax on speculation in silver:** "Silver Tax Upheld by Supreme Court," *NYT*, Jan. 12, 1937.

265 **"Is the Court Shifting?":** *Washington Daily News*, Jan. 5, 1937, in TGC Papers, Box 210, LOC.

265 **the New Deal's worst critics:** Moley, *After Seven Years*, 356; *NYT*, Jan. 9, 1937.

265 **"I asked him":** FF to FDR, Dec. 17, 1936, in Freedman, *Roosevelt and Frankfurter*, 366.

265 **"the country can use the rest":** *NYT*, Jan. 1, 1937.

265 **Of course, the peace that prevailed:** *NYT*, Jan. 3, 5, 10, 17, 1937.

266 **would "goose-step along":** *NYT*, Jan. 10, 1937.

266 **"would provoke much debate":** *NYT*, Jan. 3, 5, 1937.

267 **The conservative *New York Herald Tribune*:** Hugh S. Johnson, "General Johnson Defends Plan for Two-Thirds Vote as Curb on Supreme Court," Nov. 24, 1936, in Borah Papers, Box 809, LOC; *New York Herald Tribune*, Dec. 28, 1936, in Clapper Papers, Box 230, LOC; *NYT*, Jan. 5, 1937.

268 **A late draft of the speech:** Rosenman, *Working with Roosevelt*, 141; "First Draft," n.d., 8–9, "Second Draft," n.d., 7–8, and "Third Draft Amended," n.d., 9–10, 14, and Insert A, Master Speech File, Box 31, Dec. 2, 1936–Feb. 5, 1937, File 1028, "F.D.R. Message Delivered to Congress—Jan. 6, 1937" ; "Fourth Draft," TGC Papers, Box 226, LOC.

268 **a "subtle speech":** HSC Diary, Jan. 5, 1937, 2, UVA; Ickes, Jan. 10, 1937, *Secret Diary*, Vol. II, 31.

268 **Democrats leapt to their feet:** *Time*, Jan. 18, 1937; *NYT*, Jan. 7, 1937; *PPA*, 1936, 639.

268 **Roosevelt continued:** *PPA*, 1936, 639–41.

269 **the "warning bell":** Rosenman, *Working with Roosevelt*, 142.

269 **"appeared in complete control":** *NYT*, Jan. 7, 1937.

269 **Roosevelt suspected that someone had shown:** Ickes, Jan. 10, 1937, *Secret Diary*, Vol. II, 31; HSC Diary, Jan. 6, 1937, 4, UVA.

269 **"at least read the remarks":** FDR to Claude Bowers, Jan. 15, 1937, in Elliott Roosevelt, ed., *F.D.R.: His Personal Letters, 1928–1945*, Vol. I, 651.

270 **Roosevelt's words were ambiguous enough:** "Points Made by Roosevelt," and Catledge, "Basic Law Upheld," *NYT*, Jan. 7, 1937.

270 **a "conservative approach":** Krock, "Roosevelt Puts Court on Trial before Nation," *NYT*, Jan. 10, 1937; Krock, "In Washington," *NYT*, Jan. 7, 1937; *Time*, Jan.

18, 1937; *NYT*, Jan. 7, 1937.

270 **Roosevelt was just playing for time:** *NYT*, Jan. 7, 8, 1937.

270 **members proposed nearly fifty amendments:** Copies of bills and resolutions are in Cohen Papers, Box 14, LOC; Ross, *A Muted Fury*, 301; article (newspaper unknown), Jan. 18, 1937, in Clapper Papers, Box 230, LOC.

270 **Emanuel Celler of New York:** "Celler in Warning to Supreme Court," *NYT*, Jan. 11, 1937.

270 **Constitutional reform groups...began to proliferate:** *NYT*, Jan. 8, 10, 14, 24, 1937; press release, National Conference on Constitutional Amendment, Feb. 8, 1937, in TGC Papers, Box 271, LOC; Morris L. Ernst to FDR, Jan. 18, 1937, in McJimsey, *Documentary History*, Vol. 1, 208.

271 **he brought Democratic leaders to the White House:** Davis, *FDR: Into the Storm*, 32–35.

272 **Though FDR did not acknowledge:** Schlesinger, *Coming of the New Deal*, 554–56 (FDR quoted at 555); Pearson and Allen, "How the President Works," 8–9.

272 **Roosevelt loved discussion:** Pringle, "Profiles: The President—III," *The New Yorker*, June 30, 1934, 20.

272 **"Huddles and 'bull sessions'":** Creel, *Rebel at Large*, 333.

272 **Roosevelt knew that a small circle:** Anne O' Hare McCormick, "As Mr. Roosevelt Sees His Role," *NYT*, Jan. 17, 1937; Schlesinger, *Coming of the New Deal*, 542–44.

273 **"This precipitate action":** Pearson and Allen, "How the President Works," 9; on the tax bill, also see Chapter 10, p. 159.

273 **"of the dramatic and climactic":** Rosenman, *Working with Roosevelt*, 468.

273 **He delighted in surprises:** Pringle, "Profiles: The President—III," *The New Yorker*, June 30, 1934; High Diary, May 22, 1936, Box 1, FDRL; Burns, *Roosevelt: The Lion and the Fox*, 297; Davis, *FDR: Into the Storm*, 61.

273 **"clever, cunning and quick":** Johnson quoted in Schlesinger, *Coming of the New Deal*, 531.

273 **Secrecy, at times, became an end:** Tugwell, *Democratic Roosevelt*, 398; Davis, "FDR as a Biographer' s Problem," 101–2.

273 **"He loved mystery":** Rosenman, *Working with Roosevelt*, 468.

274 **“Never let your left hand”:** FDR and Morgenthau quoted in Schlesinger, *Coming of the New Deal*, 583.

274 **“Sometimes...I thought it was because”:** Rosenman, *Working with Roosevelt*, 468.

274 **It could be worse:** Schlesinger, *Politics of Upheaval*, 494.

274 **“How is your plan coming along”:** HSC Diary, Dec. 18, 29, 1936, 174–75, 199, UVA.

274 **Roosevelt may have seen no need:** Burns, *Roosevelt: The Lion and the Fox*; Alsop and Catledge, *168 Days*, 28.

第16章 恪守、维护、捍卫

276 **Warner Gardner was appalled:** Gardner, *Pebbles*, 78; Gardner, “Memories,” 15.

277 **when Gardner made that discovery:** Gardner, *Pebbles*, 78; Gardner, “Memories,” 15; “Draft No. 5,” Jan. 5, 1937, 2–3fn, PSF 165, “Supreme Court: Jan.–July 1937, FDRL.

277 **Ben Cohen and Tom Corcoran...recoiled:** Cohen and TGC, “Memorandum,” n.d., 19–20, Lash Papers, Box 68, FDRL; “Memorandum,” Jan. 7, 1937, 18–22, Cohen Papers, Box 7, LOC.

277 **Old age, they now wrote:** “Memorandum,” Jan. 7, 1937, Cohen Papers, Box 7, LOC, 12–17, 35–37; Ickes, Jan. 10, 1937, *Secret Diary*, Vol. II, 33–34.

278 **“a stimulant to buoy him up”:** Anne O’ Hare McCormick, “As Mr. Roosevelt Sees His Role,” *NYT*, Jan. 17, 1937.

278 **“so little desirous of raising”:** Ibid.

279 **“Very confidentially”:** FDR to FF, Jan. 15, 1937, in Freedman, *Roosevelt and Frankfurter*, 377.

279 **the presidential inauguration:** *NYT*, Jan. 17, 1937; Davis, *FDR: Into the Storm*, 38; *NYT*, Jan. 21, 1937; Ickes, Jan. 24, 1937, *Secret Diary*, Vol. II, 51, 52; *Time*, Feb. 1, 1937. Knox, *The Forgotten Memoir of John Knox*, 165; Knox to “Folks,” Jan. 21, 1937, Knox Letters, University of Chicago.

280 **“If they can take it”:** *NYT*, Jan. 21, 1937.

280 **The oath:** Ibid.; *Time*, Jan. 21, 1937; Davis, *FDR: Into the Storm*, 40.

281 **"It was not what was said":** *NYT*, Jan. 21, 1937.

281 **Roosevelt's address:** Ibid.

281 **Still, those who remained:** *NYT*, Jan. 21, 1937; "FDR, First Draft," n.d., 6, Master Speech File, Box 31, FDRL; High Diary, n.d., "Inauguration—1937," FDRL; The Second Inaugural Address, Jan. 20, 1937, *PPA*, 1937, 1–3, 5; *NYT*, Jan. 21, 1937.

282 **"There was no doubt":** Rosenman, *Working with Roosevelt*, 144.

282 **"Yes, but it's the Constitution":** Ibid.

282 **"It has been a long time":** Henry L. Brant to Hughes, Jan. 21, 1937, Hughes Papers, Reel 87, LOC.

282 **"I have no comment":** Hughes to Brant, Jan. 27, 1937, Hughes Papers, Reel 87, LOC.

282 **"attitude...of watchful waiting":** *NYT*, Jan. 19, 1937; "The New Deal Versus the Old Courts," *The Literary Digest*, Feb. 13, 1937, 5; *NYT*, Jan. 24, 1937.

283 **they...had told Richberg more than that:** Richberg, *My Hero*, 220–21; HSC Diary, Jan. 7, 1937, 5, UVA.

283 **"Rvt has a number":** Clapper Diary, Jan. 20, 1937, Clapper Papers, Box 8, LOC.

283 **Clapper kept this scoop to himself:** Leuchtenburg, *Supreme Court Reborn*, 286fn–287fn; Clapper to Landon, Nov. 4, 1936, Clapper Papers, Box 48, LOC.

283 **The number of potential sources:** Leuchtenburg, *Supreme Court Reborn*, 127–28; HSC Diary, Jan. 24, 1937, 13, UVA; Shogan, *Backlash*, 87, 91; TGC Oral History, July 26, 1969, 18, TGC Papers, Box 602, LOC.

284 **"several senators have told me":** Brant to FDR, Jan. 24, 1937, Stone Papers, Box 7, LOC.

284 **heard the rumors from Brant:** Ibid.

284 **"The Justice has been tipped off":** Knox to "Folks," n.d. [between Jan. 31 and Feb. 4, 1937], Knox Letters, University of Chicago.

284 **The annual Judiciary Dinner:** Clapper Diary, Feb. 8, 1937, Clapper Papers, LOC; Rosenman, *Working with Roosevelt*, 148.

285 **Sam Rosenman traveled:** Rosenman, *Working with Roosevelt*, 145; *WP*, Jan. 30, 1937.

285 **The table in the Oval Room:** Rosenman, *Working with Roosevelt*, 146, 146–47.

285 **"Delay in the administration of justice":** Cummings to FDR, draft, Jan. 23, 1937, Master Speech File, Box 31 (1033), FDRL.

286 **The draft message to Congress:** "FDR Draft #1," n.d., Master Speech File, Box 31 (1033), FDRL.

286 **"hard to understand":** Rosenman, *Working with Roosevelt*, 147. 多年以后，大多数人会接受罗森曼的这一说法，即他是在这次午餐会时才第一次听说填塞法院计划。根据加德纳的回忆，他几个星期之前在总统卧室里给罗斯福和罗森曼两人做了简要介绍。那么，更为可能的是，这次午餐会是罗森曼第一次听到关于制定该计划的原因。

286 **"appearance of deceptiveness":** Richberg, *My Hero*, 221–22; Reed to Early, Jan. 22, 1936, and Reed, "An Address Before the Judicial Section of the New York State Bar Association," Jan. 25, 1936, 1–3, OF 10F, Box 29, FDRL.

287 **Reed and Cummings had just submitted reports:** *NYT*, Feb. 8, 1937; *WP*, Feb. 8, 1937.

287 **a point of rare agreement:** 最高法院管辖范围的缩小是自由派大法官和保守派大法官长期而有效的努力的结果。联邦法院的待审案件表(包括最高法院的备审案件)，自 19 世纪起便不断增加，以适应发展中社会的需求。最高法院一直在为完成自己的工作而努力。在 1891 年及之后的 1916 年，国会均试图减少法院所需要听取的案件的种类，来减轻其负担。最高法院不再审理有关专利、破产和土地纷争的案件。到塔夫脱 1921 年成为首席大法官时，最高法院需要处理的案件仍然落后了一年以上的进度。塔夫脱竭尽所能进行司法改革，他的努力在 1925 年时也产生了一项提案，用弗兰克福特和杰罗姆 · 兰蒂斯（Jerome Landis）来说，该法案“把最高法院的司法权削减至筋骨”。此后，大法官的工作再也没有滞后过。(Swisher, *American Constitutional Development*, 780–82; FF and Landis, *The Business of the Supreme Court*, 1–2, 299–302.)

287 **"the message in its present form":** Rosenman OH, 5; Rosenman, *Working with Roosevelt*, 146–48; HSC Diary, Jan. 30, 1937, 16–17, UVA.

287 **Rosenman went back to work:** Rosenman, *Working with Roosevelt*, 149; Davis, *FDR: Into the Storm*, 51–52.

288 **Roosevelt spent the better part:** Rosenman, *Working with Roosevelt*, 149–50; HSC Diary, Jan. 31, Feb. 1–2, 1937, 17–19, UVA; Hopkins, "A statement to me by Thomas Corcoran...April 3, 1939," Hopkins Papers, Sherwood Collection, Box 299, FDRL; *WP*, Feb. 2, 1937.

288 **Don Richberg rushed home to change:** Richberg, *My Hero*, 222–23.

288 **He considered it "very important":** HSC Diary, Feb. 3, 1937, 21, UVA.

288 **"The President...is terribly nervous":** Rosenman, *Working with Roosevelt*, 154–55; HSC Diary, Feb. 3, 1937, 18–19, UVA.

289 **On the afternoon of February 4:** HSC Diary, Feb. 4, 1937, 22, UVA; Rosenman, *Working with Roosevelt*, 155–56; Davis, *FDR: Into the Storm*, 63.

289 **on the evening of February 4:** Office of Social Entertainments, Box 43, FDRL.

289 **"All of us":** James Roosevelt Diary, Feb. 5, 1937, FDRL.

290 **He was, that night:** Rosenman, *Working with Roosevelt*, 156.

290 **"there will be big news":** *NYT*, Feb. 6, 1937.

第 17 章　万事终结的开端

291 **in the Cabinet Room:** Ashurst Diary, Feb. 5, 1937, in Sparks, *A Many-Colored Toga*, 366– 67. James Roosevelt Diary, Feb. 5, 1937, FDRL.

292 **He then revealed contents of the papers:** Ickes, Feb. 6, 1937, *Secret Diary*, Vol. II, 64–66.

292 **Roosevelt presented his alternative:** Ashurst Diary, Feb. 5, 1937, in Sparks, *A Many-Colored Toga*, 367.

292 **Cummings eagerly scanned:** HSC Diary, Feb. 5, 1937, 23, 25, UVA.

292 **Ickes...keeping an eye on Garner:** Ickes, Feb. 6, 1937, *Secret Diary*, Vol. II, 66; Alsop and Catledge, *168 Days*, 66. HSC Diary, Feb. 5, 1937, 24; Ashurst Diary, Feb. 5, 1937 in Sparks, *A Many-Colored Toga*, 368; Alsop and Catledge, *168 Days*, 66–67; Patterson, *Congressional Conservatism*, 91–92.

293 **In the Oval Office, the correspondents were waiting:** *CDT*, Feb. 6, 1937; Michelson, *The Ghost Talks*, 166.

293 **Roosevelt took his place:** *CDT*, Feb. 6, 1937; FDR Press Conference #342, Feb. 5, 1937, in FDR, *Complete Presidential Press Conferences*, Vol. 9, 130–37; Early to FDR, Feb. 5, 1937, MSF Box 31 (1033), FDRL; Clapper Diary, Feb. 5, 1937, LOC.

294 **Sam Rosenman had carefully crafted:** *NYT*, Feb. 6, 1937; *WP*, Feb. 6, 1937; Alsop and Catledge, *168 Days*, 67; Clapper Diary, Feb. 5, 1937, LOC; Press Conference #342, Feb. 5, 1937, in FDR, *Complete Presidential Press Conferences*, Vol. 9, 138.

295 **a "partial solution":** Press Conference #342, Feb. 5, 1937, in FDR, *Complete*

Presidential Press Conferences, Vol. 9, 138.

295 **Roosevelt's refusal to name Hughes:** "Draft #4," n.d., 5, MSF, Box 31 (1033), FDRL; HSC Diary, Feb. 3, 1937, 19, UVA; Press Conference #342, Feb. 5, 1937, in FDR, *Complete Presidential Press Conferences*, Vol. 9, 139; *Time*, Feb. 15, 1937.

295 **"Modern complexities":** Master Speech File, Box 31, Dec. 2, 1936–Feb. 5, 1937, File 1033, FDRL; *PPA*, 1937, 55.

296 **Then Roosevelt ran through the highlights:** Press Conference #342, Feb. 5, 1937, in FDR, *Complete Presidential Press Conferences*, Vol. 9, 141–47; Clapper Diary, Feb. 5, 1937, LOC; *CDT*, Feb. 6, 1937.

296 **"crashed the sacred robing room":** Rosenman, *Working with Roosevelt*, 156; TGC, Draft Autobiography, C/14–15, "Court Fight—1—3/5/79," 2, and "Court Fight Notes" , all in TGC Papers, Box 593, LOC; Hopkins, "A statement to me by Thomas Corcoran...April 3, 1939," Hopkins Papers, Sherwood Collection, Box 299, FDRL.

297 **Corcoran caught a cab:** TGC, Draft Autobiography, C/15-16, and "Court Fight—1— 3/5/79," both in TGC Papers, Box 593, LOC; Hopkins, "A statement to me by Thomas Corcoran...April 3, 1939," Hopkins Papers, Sherwood Collection, Box 299, FDRL.

297 **In the courtroom, a crowd had gathered:** Knox, *The Forgotten Memoir of John Knox*, 172.

297 **The justices' reaction:** *NYT*, Feb. 6, 1937; *Time*, Feb. 15, 1937.

298 **After the oral argument:** Knox, *The Forgotten Memoir of John Knox*, 171; *NYT*, Feb. 6, 1937.

298 **the Clerk of the House read aloud:** *NYT*, Feb. 6, 1937; *WP*, Feb. 6, 1937; *PPA*, 1936, 639–40; Burns, *Roosevelt: The Lion and the Fox*, 294.

299 **Discontent spread instantly:** *CDT*, Feb. 7, 1937; *NYT*, Feb. 6, 1937; Alsop and Catledge, *168 Days*, 69.

299 **Loyalty to FDR was strong:** *NYT*, Feb. 6, 1937; "The New Deal Versus the Old Courts," *The Literary Digest*, Feb. 13, 1937, 7.

300 **"the greatest legislative battle":** *CDT*, Feb. 7, 1937; *NYT*, Feb. 6, 1937; *WP*, Feb. 7, 1937.

300 **A "tentative survey":** *WSJ*, Feb. 6, 1937.

300 **"The situation looks promising":** HSC Diary, Feb. 5, 1937, 25, UVA.

301 **"Some good—some bad":** James Roosevelt Diary, Feb. 5, 6, 1937, FDRL.

301 **The press, by Roosevelt's estimate:** Graham J. White, *FDR and the Press*, 69, 73, 90; Alsop and Catledge, *168 Days*, 71.

301 **"banners flying and trumpets blowing":** *The New Yorker*, Mar. 13, 1937, 50.

301 **A survey taken:** Seldes, *Lord of the Press*, 340.

301 **"I do not recall":** Ickes, Feb. 16, 1937, *Secret Diary*, Vol. II, 74–75.

301 **Attacks came in such a rush:** The White House effort begins with "Arguments Against the President' s Judiciary Bill," n.d., Cohen Papers, Box 14, LOC. Also see *NYT*, Feb. 7, 8, 1937; *WP*, Feb. 7, 1937.

302 **This might not have mattered:** *Time*, Feb. 15, 1937; *WP*, Feb. 6, 1937.

302 **the plan's great "cleverness":** *NYT*, Feb. 6, 1937; *WP*, Feb. 7, 1937.

303 **"This is a bloodless coup d'état"**: Walter Lippmann, "The Seizure of the Court," *New York Herald Tribune*, Feb. 9, 1937, in Borah Papers, Box 778, LOC; *WP*, Feb. 7, 1937; *CDT*, Feb. 7, 1937.

303 **The plan, if enacted, "would end":** *CDT*, Feb. 6, 7, 1937; "Memorandum 2: Press Arguments on President' s Judiciary Bill Feb. 10 to Feb. 13," Feb. 18, 1937, 3, TGC Papers, Box 272, LOC.

303 **Cartoonists portrayed the Court:** Cartoon is in the *WP*, Feb. 7, 1937.

304 **H. L. Mencken wrote that:** Mencken quoted in Patterson, *Congressional Conservatism*, 87.

304 **"know they must listen":** Lawrence, *Supreme Court or Political Puppets?*, 12; *NYT*, Feb. 7, 1937.

304 **"in time," as the White House memo put it:** "Memorandum 2, Press Arguments on President' s Judiciary Bill Feb. 10 to Feb. 13," Feb. 18, 1937, 3, TGC Papers, Box 272, LOC.

304 **This criticism assumed that Roosevelt:** Pearson and Allen, *Nine Old Men at the Crossroads*, 3; *St. Louis Star-Times*, Feb. 8, 1937, in Stone Papers, Box 7, LOC.

304 **Still, most commentators accepted the idea:** *WP*, Feb. 6, 1937; Clapper, "Roosevelt Opponents on Courts Answered," *New York World-Telegram*, Feb. 11, 1937, in TGC Papers, Box 272, LOC; Clapper Diary, Feb. 8, 1937, LOC; "The New Deal Versus the Old Courts," *The Literary Digest*, Feb. 13, 1937, 6.

305 **Congressional offices...overwhelmed:** McKenna, *Franklin Roosevelt and the*

Great Constitutional War, 303; Margaret Crowe to FDR, Feb. 6, 1937, OF 41, Box 48, FDRL; *CDT*, Feb. 7, 1937.

第 18 章 第一个楔子

307 **"What a grand fight":** FDR quoted in Burns, *Roosevelt: The Lion and the Fox*, 298.

307 **"[hold] his fire":** Clapper Diary, Feb. 8, 1937, 2, Clapper Papers, Box 8, LOC.

307 **"because he knew that hell":** Bankhead quoted in Patterson, *Congressional Conservatism*, 90–91.

308 **"shown up as clear out of step":** Clapper Diary, Feb. 5, 1937, LOC; James Farley Diary, Feb. 10, 11, 1937, Farley Papers, Box 41, LOC; Alsop and Catledge, *168 Days*, 48; Pusey, *The Supreme Court Crisis*, 16.

308 **"Their feelings":** James Roosevelt Diary, Feb. 6, 1937, FDRL.

308 **"One of the things that I am proud of":** "提案是总统的责任，处置它是国会的特权。" 在最高法院争斗临近尾声时，罗斯福在一次记者招待会上说出了这句名言。(Press Conference #383, July 23, 1937, in FDR, *Complete Presidential Press Conferences*, Vol. 10, p. 61.)

309 **Robinson, though, was a special case:** Alsop and Catledge, *168 Days*, 156–57.

309 **He had never been shy:** Weller, *Joe T. Robinson*, 6–10; Alsop and Catledge, "Joe Robinson, the New Deal' s Old Reliable," *Saturday Evening Post*, Sept. 26, 1936, 5, 7, 68, 74; *Time*, July 15, 1935.

310 **"Liberty League folded up":** Clapper Diary, Feb. 5, 1937, FDRL; *Time*, Mar. 1, 1937.

310 **"black beasts":** White quoted in Wolfskill, *The Revolt of the Conservatives*, 251; Kittelle to Hobson, Feb. 26, 1937, Hobson Papers, Box 55, LOC; *WP*, Feb. 9, 1937; "The Court and Fascism," *The Nation*, Feb. 20, 1937, 200.

310 **"let the boys across the aisle":** McNary and Vandenberg quoted in Patterson, *Congressional Conservatism*, 106–9.

310 **"If this is beaten":** Borah to Henry L. Stoddard, Feb. 20, 1937, Borah Papers, Box 483, LOC.

311 **Meanwhile, John Hamilton:** Alsop and Catledge, *168 Days*, 97.

311 **"sticking my foot in my mouth":** Landon quoted in High Diary, Feb. 14, 1937, FDRL. There are three or four variations of the Landon story. The most convincing is Wolfskill' s, *The Revolt of the Conservatives*, 252, with additional details provided by Baker, *Back to Back*, 90–91. Alsop and Catledge' s account in *168 Days*, 97–98, is slightly at odds with both.

311 **Not everyone was so easily persuaded:** *NYT*, Feb. 6, 1937; Alsop and Catledge, *168 Days*, 98–99; Leuchtenburg, "Franklin D. Roosevelt' s Supreme Court 'Packing' Plan," in Hollingsworth and Holmes, *Essays on the New Deal*, 89; Patterson, *Congressional Conservatism*, 107; Hoover, *Addresses upon the American Road*, 235–36.

312 **"Do not be misled":** Robert M. La Follette, "Backing the President' s Court Proposal," Feb. 13, 1937, *Vital Speeches of the Day*, n.d., 311, in TGC Papers, LOC.

312 **dissident Democrats...began to announce:** Bailey, Address to the New England Society of Charleston, SC, Dec. 21, 1935, in Borah Papers, Box 789, LOC; *WP*, Feb. 7, 1937; FDR quoted in Alsop, *"I' ve Seen the Best of It" : Memoirs*, 105; Patterson, *Congressional Conservatism*, 20, 95–96.

312 **joined in insurgency by Thomas Connally:** Patterson, *Congressional Conservatism*, 111–12; Alsop, *"I' ve Seen the Best of It" : Memoirs*, 100; Catledge to Alsop, Nov. 9, 1937, Alsop Papers, Box 2, LOC; *NYT*, Feb. 10, 1937; Pearson and Allen, *Nine Old Men at the Crossroads*, 34–39; *Dallas Morning News*, Mar. 4, 1937.

312 **"The issue of packing":** *WP*, Feb. 6, 1937; Jerome M. Mileur, "The 'Boss' : Franklin Roosevelt, the Democratic Party, and the Reconstitution of American Politics," in Milkis and Mileur, eds., *The New Deal and the Triumph of Liberalism*, 88, 96. Leuchtenburg, *The White House Looks South*, 29–31, 35–38, 50–51, 53; Freidel, *F.D.R. and the South*, 35–36; Brinkley in Cobb and Namorato, eds., *The New Deal and the South*, 98–99; Davenport, "The Changing Character of Congress," 303. Davenport was a progressive Republican congressman from New York between 1925 and 1933.

313 **States' rights remained:** Soule, "Back to States' Rights," 484–85; Leuchtenburg, *The White House Looks South*, 119–21; Alsop, *"I' ve Seen the Best of It" : Memoirs*, 102.

314 **"You have fed the poor":** Matthew C. Harrison to FDR, Mar. 13, 1937, in Levine and Levine, *The People and the President*, 180–81.

314 **to placate his southern base:** Milkis, *The President and the Parties*, 74, 76,

89–90.

314 **Fears of eclipse:** Mileur, "The 'Boss,'" 107–8. On the demise of the two-thirds rule, see Milkis, *The President and the Parties*, 69–71; Freidel, *F.D.R. and the South*, 72–73, 80, 97; Leuchtenburg, *The White House Looks South*, 75, 77–78; Brinkley in Cobb and Namorato, eds., *The New Deal and the South*, 113; *Time*, May 11, 1936.

315 **"is determined to get the Negro vote":** Bailey quoted in Patterson, *Congressional Conservatism*, 98–99.

315 **Senate progressives:** Ross, *A Muted Fury*, 188, 286, 297, 310.

316 **Yet their suspicion of judicial power:** Ross, *The Chief Justiceship of Charles Evans Hughes*, 109–11; Friedman, *The Will of the People*, 220–22; Jackson OH, 452–53.

316 **Progressives' wariness:** Alsop, *"I' ve Seen the Best of It" : Memoirs*, 100; Ickes, Feb. 14, 1937, *Secret Diary*, Vol. II, 69–70; High Diary, May 22, 1936, Box 1, FDRL.

316 **"We're on the road to Fascism":** Hiram W. Johnson to Hiram W. Johnson, Jr., Feb. 6, 1937, in Burke, *Diary Letters*; Ickes, Feb. 14, 1937, *Secret Diary*, Vol. II, 70; Catledge, "Opposition Grows," *NYT*, Feb. 9, 1937.

317 **Johnson's defection:** "The New Deal Versus the Old Courts," *The Literary Digest*, Feb. 13, 1937, 8; *CDT*, Feb. 6, 1937; *NYT*, Feb. 12, 1937; *WP*, Feb. 12, 13, 1937; *Time*, Mar. 1, 1937; Alsop and Catledge, *168 Days*, 94–95; *The New Republic*, May 22, 1976; TGC interview, July 5, 1980, TGC Papers, Box 596, LOC.

317 **A heavier blow fell on February 13:** *NYT*, Feb. 13, 1937; Creel, "Man from Montana," *Collier' s*, Aug. 10, 1935; *Time*, Apr. 15, 1940; Schlesinger, *Politics of Upheaval*, 142; *The Nation*, July 30, 1924, 111.

318 **Wheeler...was not a native:** *The Nation*, July 30, 1924, 111; *The Nation*, Nov. 22, 1922, 545; *The Nation*, Apr. 27, 1940, 532–33; Schlesinger, *Politics of Upheaval*, 136–37; Wheeler, *Yankee from the West*, 104, 165; *The New Republic*, May 22, 1976.

318 **The relationship had gone sour:** Freidel, *FDR: The Triumph*, 136–37, 294–95; FDR to Wheeler, June 3, 1930, in Elliott Roosevelt, ed., *F.D.R.: His Personal Letters, 1928–1945*, Vol. I, 129.

319 **While distrustful of FDR:** Freidel, *FDR: The Triumph*, 279; Wheeler, *Yankee from the West*, 298; Shogan, *Backlash*, 131; Farley, *Behind the Ballots*, 152; Neal, *Happy*

Days Are Here Again, 7, 302.

320 **"I told the Governor":** HSC Diary, Dec. 8–11, 1932, 69–70, UVA; Wheeler, *Yankee from the West*, 298–99, 302; Colman, *Mrs. Wheeler Goes to Washington*, 140–41; Schlesinger, *Coming of the New Deal*, 248–49.

320 **Walsh's death:** Wheeler, *Yankee from the West*, 300–301; Colman, *Mrs. Wheeler Goes to Washington*, 162; Tugwell, *Democratic Roosevelt*, 402fn.

320 **Wheeler's list of grievances:** Childs, *Witness*, 35; Feb. 2, 1935, in Namorato, ed., *Diary of Rexford G. Tugwell*, 193, 197.

320 **What Wheeler resented most of all:** Burns, *Roosevelt: The Lion and the Fox*, 341–42.

321 **Roosevelt was cutting Wheeler out:** Wheeler, *Yankee from the West*, 302; Schlesinger, *Politics of Upheaval*, 139; Childs OH, 69; TGC to Rayburn, Sept. 19, 1936, TGC Papers, Box 210, LOC.

321 **"throw over their friends":** Wheeler to TGC, Aug. 16, 1936, TGC Papers, Box 215, LOC.

321 **By 1937, Wheeler's sense of duty:** Childs OH, 69; Wheeler, *Yankee from the West*, 313, 319; Patterson, *Congressional Conservatism*, 115–16; *NYT*, Jan. 17, 1936.

322 **Before Wheeler had publicly declared:** Lash, *Dealers and Dreamers*, 204–5; Wheeler to TGC, Sept. 12, 1935, TGC Papers, Box 215; Tape 4, TGC Draft Autobiography, TGC Papers, Box 595, LOC; Childs, *Witness*, 35.

322 **Corcoran sputtered about the Court:** Tape 4, TGC Draft Autobiography, TGC Papers, Box 595, LOC; Wheeler, *Yankee from the West*, 322; Alsop and Catledge, *168 Days*, 100.

323 **Corcoran returned to the White House:** Tape 4, TGC Draft Autobiography, TGC Papers, Box 595, LOC.

323 **"Charley...the President ought":** Michelson, *The Ghost Talks*, 177–78; Wheeler, *Yankee from the West*, 321; *NYT*, Feb. 1, 1937.

323 **No White House meeting followed:** Wheeler, *Yankee from the West*, 322–23; Patterson, *Congressional Conservatism*, 117.

324 **"Burt, we can't lick it":** Alsop and Catledge, *168 Days*, 103; Wheeler, *Yankee from the West*, 322.

324 **"I would judge":** James Roosevelt Diary, Feb. 8, 1937, FDRL; Burns, *Roosevelt:*

The Lion and the Fox, 300; Alsop and Catledge, *168 Days*, 84–85; *Time*, Nov. 5, 1928; *Time*, Sept. 11, 1933; *Time*, May 20, 1935; *NYT*, Jan. 7, 1937.

325 **The board he now led:** James Roosevelt Diary, Feb. 4, 8, 9, 10, 1937, FDRL; Burns, *Roosevelt: The Lion and the Fox*, 300; Alsop and Catledge, *168 Days*, 85–86; Catledge to Alsop, Nov. 9, 1937, Alsop Papers, Box 2, LOC; Tugwell, *Democratic Roosevelt*, 404; Michelson, *The Ghost Talks*, 169–70.

325 **Corcoran, though, was well suited:** Burns, *Roosevelt: The Lion and the Fox*, 300; *NYT*, Feb. 14, 1937; FDR to HSC, Feb. 6, 1937, PPF 1820, FDRL; Phelps to McIntyre, Feb. 18, 1937, and McIntyre to James Roosevelt, Mar. 1, 1937, TGC Papers, Box 269, LOC.

326 **Corcoran worked in tandem:** Lasser, *Benjamin V. Cohen*, 161–62; Lash, *Dealers and Dreamers*, 296–97. An example of their handiwork is seen in TGC to Keenan, Feb. 25, 1937, TGC Papers, Box 638, LOC. TGC interview, Mar. 12, 1980, TGC Papers, Box 596, LOC; Childs OH, 52; Michelson, *The Ghost Talks*, 60; James Roosevelt Diary, Feb. 16, 1937, FDRL.

326 **"As to the New Deal":** Michelson, *The Ghost Talks*, xi, 143, 176; *Time*, Nov. 10, 1930; Ickes, Jan. 18, 1936, *Secret Diary*, Vol. I, 518.

327 **The strategy board met in groups:** James Roosevelt to McIntyre, Feb. 12, 1937, OF 41, Box 48, FDRL; James Roosevelt Diary, Feb. 9, 10, 11, 13, 1937, FDRL; Alsop and Catledge, *168 Days*, 91; *NYT*, Feb. 11, 1937; *Time*, Feb. 22, 1937; *WP*, Feb. 12, 1937.

327 **Through most of February:** Alsop and Catledge, *168 Days*, 91; *NYT*, Feb. 18, 1937.

327 **"it looked almost as if":** *Time*, Feb. 22, 1937.

327 **Indeed, some sharpened their critiques:** Alsop and Catledge, *168 Days*, 94–96; Pearson and Allen, *Nine Old Men at the Crossroads*, 48.

328 **"It is things like that":** James Roosevelt Diary, Feb. 11, 1937, FDRL.

328 **Emerging from his meeting with FDR:** *CDT*, Feb. 6, 1937; *NYT*, Feb. 12, 1937; *WP*, Feb. 12, 1937.

328 **"Father outlined new plan":** James Roosevelt Diary, Feb. 14, 1937; FDRL; *NYT*, Feb. 16, 1937. The cartoon is by Bruce Bairnsfather.

328 **"Can you tell us":** Press Conference #344, Feb. 12, 1937, in FDR, *Complete*

Presidential Press Conferences, Vol. 9, 162; *Time*, Feb. 22, 1937.

329 **Still, he was confident":** Reed to HSC, Feb. 19, 1937, HSC Papers, Box 146, UVA; *Time*, Feb. 15, 1937; *NYT*, Feb. 14, 1937; Hiram W. Johnson to Hiram W. Johnson, Jr., Feb. 14, 22, 1937, in Burke, *Diary Letters*.

329 **"It is becoming clearer":** *The Nation*, Feb. 27, 1937.

329 **It seemed to be the one thing:** Memo, Feb. 17, 1937, OF 41A, Box 49, FDRL; *NYT*, Feb. 19, 1937.

329 **"I am sure we will be asked":** James Roosevelt Diary, Feb. 16, 1937, FDRL.

329 **And farm groups:** *NYT*, Feb. 8, 9, 1937.

329 **"Roosevelt Will Win":** "Roosevelt Will Win," *The Nation*, Feb. 20, 1937, 202; *NYT*, Feb. 6, 1937; "The New Deal Versus the Old Courts," *The Literary Digest*, Feb. 13, 1937, 5.

329 **"I respectfully recommend":** Thomas J. Watson to FDR, Feb. 16, 1937, PSF 165, FDRL.

330 **This was all a bit premature:** FDR to Judge J. Warren Davis, Feb. 26, 1937, OF 41, Box 48, FDRL; Cantwell, "Public Opinion," 926; Gallup, *The Gallup Poll*, 50; Cantril, ed., *Public Opinion*, 149–50; *WP*, Feb. 20, 1937.

330 **"I believe it is due":** Brant to TGC, Feb. 18, 1937, TGC Papers, Box 190, LOC.

330 **"I fear that some of our representatives":** Dan Magill to Harllee Branch, Feb. 11, 1937, and Branch to McIntyre, Feb. 16, 1937, TGC Papers, Box 638, Folder 14, LOC.

330 **the tide of angry telegrams:** *NYT*, Feb. 18, 1937; Leuchtenburg in Hollingsworth and Holmes, *Essays on the New Deal*, 99.

331 **"It may be possible":** Royal Copeland to Mary Dewson, Feb. 27, 1937, in McJimsey, *Documentary History*, Vol. 1, 293.

331 **a "prudent silence":** *NYT*, Feb. 6, 7, 1937; Alsop and Catledge, *168 Days*, 92–93; *NYT*, Feb. 16, 1937.

331 **Homer Cummings was enjoying himself:** Alsop and Catledge, *168 Days*, 86–87.

331 **"What do you think":** HSC to Corwin, Feb. 11, 1937, HSC Papers, Box 88, UVA; Clapper Diary, Feb. 8, 1937, 11, LOC.

331 **another of the most distasteful aspects:** *WP*, Feb. 11, 1937. 关于“年龄”问

题的争论，公众可能不如撰稿人所见的那样义愤填膺。1937 年 4 月，盖洛普的一项民意调查显示，每三个人中就有两个人支持一项要求大法官退休年龄介于七十至七十五岁之间的宪法修正案。这项修正案比填塞最高法院计划受欢迎得多，而且在几个月中一直是最受欢迎的选择。(Cantril, ed., *Public Opinion*, 388)

332 **"I have been very much amused":** HSC Diary, Feb. 8, 1937, 27, UVA; James Roosevelt Diary, Feb. 10, 1937, FDRL.

332 **Cummings sat down with Ray Clapper:** Clapper Diary, Feb. 8, 1937, 3, LOC.

332 **Neither was Felix Frankfurter:** *WSJ*, Feb. 8, 1937.

332 **"There is no magic":** Encyclopedia entry quoted in Lash, *From the Diaries of Felix Frankfurter*, 59; FF and Landis, *The Business of the Supreme Court: A Study in the Federal Judicial System*, 187.

333 **In a sharply worded letter:** Raymond M. Remick to FF, June 24, 1935, and FF to Remick, June 26, 1935, FF Papers, Box 91, LOC, courtesy of John Q. Barrett.

333 **"a subtly instigated movement":** Cohen to Harold J. Laski, Feb. 7, 1937, Cohen Papers, Box 13, LOC.

333 **Roosevelt, too, had anticipated this:** Freedman, *Roosevelt and Frankfurter*, 372; Louchheim, *The Making of the New Deal*, 98.

333 **"You 'shocked' me":** FF to FDR, Feb. 7, 1937, PSF 135.

334 **he offered advice, encouragement:** On Frankfurter' s intellectual and tactical contributions to the Court fight, see, for example, FF to TGC and BVC, n.d. [Feb. 1937], and FF to FDR, Feb. 18, 1937, both in TGC Papers, Box 198, LOC.

334 **His periodic neuritis:** Josephson, "Profiles: Jurist–III," *The New Yorker*, Dec. 14, 1934, 34; *St. Louis Post-Dispatch*, July 25, 1937, in Rauh Papers, Box 286, LOC; author interview, David Ginsburg, Jan. 7, 2005; Douglas, *Go East, Young Man*, 324.

334 **Frankfurter was tight-lipped:** Clark quoted in George Martin, *CCB: The Life and Century of Charles C. Burlingham, New York' s First Citizen, 1858–1959*, 378; FF to Emory R. Buckner, May 10, 1937, FF Papers, Box 32, LOC.

334 **"My formula":** Freund, "Charles Evans Hughes as Chief Justice," 25; FF to FDR, Feb. 23, 1937, PSF 135, FDRL, and Mar. 6, 1937, TGC Papers, Box 210, LOC; Lash, *From the Diaries of Felix Frankfurter*, 59; Martin, *CCB*, 379.

335 **"The court debate now raging":** Rosenman to FDR, n.d. [Feb. 1937], PPF 64, FDRL.

335 **"We are...going to do":** James Roosevelt Diary, Feb. 15, 1937, FDRL.

第19章 晕头转向

336 **The clamor was unrelenting:** Alsop and Catledge, *168 Days*, 176–77; *The New Yorker*, Feb. 27, 1937, 11; Dewson to Royal S. Copeland, Feb. 23, 1937, in McJimsey, *Documentary History*, Vol. 1, 215.

336 **"deeper seclusion than ever":** *NYT*, Feb. 7, 1937.

336 **Henry Wallace held a small dinner party:** Clapper Diary, Feb. 7, 1937, LOC.

337 **John Knox...mentioning the president's plan:** Knox, *The Forgotten Memoir of John Knox*, 171–72.

337 **Outside the courtroom:** *WP*, Feb. 9, 1937; *NYT*, Feb. 9, 1937; Clapper Diary, Feb. 8, 1937, LOC.

337 **Other lapses in protocol followed:** *NYT*, Feb. 9, 1937; Clapper, Feb. 8, 1937, LOC.

338 **"'Off the record'":** Cardozo quoted in Hellman, *Benjamin N. Cardozo*, 253, and in Rauh, "A Personalized View of the Court-Packing Episode."

338 **"clever tricks":** Brandeis quoted in Baker, *Brandeis and Frankfurter*, 322, and in Leuchtenburg, "The Nine Justices Respond," 58.

338 **"The men of eighty":** *The New Yorker*, Feb. 20, 1937.

338 **"the Court has brought it all":** Stone to Helen Stone Willard, Feb. 25, 1937, Stone Papers, Box 4, LOC.

338 **"I know...that the present posture":** FF to Stone, Feb. 25, 1937, Stone Papers, Box 13, LOC; Mason, *Harlan Fiske Stone*, 444–45.

338 **"To see [the Court] become":** Stone to Brant, Feb. 6, 1937, Stone Papers, Box 7, LOC.

339 **"While it is couched":** Stone to Marshall Stone, Feb. 20, 25, 1937, Stone Papers, Box 2, LOC.

339 **"I do not think the country":** Ibid.

340 **Knox stopped giving McReynolds:** Knox, *The Forgotten Memoir of John Knox*, 173–74.

340 **"It is definite that McR. is not":** Knox to "Folks," Jan. 16, Feb. 21, 1937,

and Knox to Frederic Burnham, Mar. 3, 1937, Knox Letters, University of Chicago; Leonard, *A Search for a Judicial Philosophy*, 154.

341 **The only other justice:** WVD to Dennis T. Flynn, Dec. 21, 1936; to Mrs. Arthur Ramsay, Feb. 17, 1937; to Isaac Van Devanter, Dec. 14, 1936; and to George G. Wharton, Feb. 17, 1937; all in WVD Papers, Box 19, LOC.

341 **None of the justices made:** Baker, *Back to Back*, 36–37; Shogan, *Backlash*, 167.

342 **"[A]fter Roosevelt launched":** Knox, *The Forgotten Memoir of John Knox*, xiii; *NYT*, Feb. 7, 1937. The senator was Frederick Van Nuys of Indiana.

342 **"might at any time be cut off":** Stone to Brant, Feb. 6, 1937, Stone Papers, Box 7, LOC.

342 **Roosevelt later tried to remedy:** Holtzoff to HSC, Jan. 29, 1936, HSC Papers, Box 147, LOC; *NYT*, Mar. 2, 7, 10, 1937.

343 **Sumners reintroduced the pensions bill:** HSC to FDR, Dec. 29, 1936, PSF Box 165; FDR to Archibald R. Watson, Feb. 9, 1937, OF 41, Box 48, FDRL.

343 **to "shove through":** *NYT*, Feb. 9, 10, 12, 1937.

343 **"to put his strength behind":** Ashurst Diary, Feb. 8, 1937, in Sparks, *A Many-Colored Toga*, 368–69.

343 **"*alone* at as early a moment":** Bankhead to FDR, Feb. 8, 1937, PSF 165, FDRL.

343 **"I do not like to have anybody":** FDR quoted in Schlesinger, *Coming of the New Deal*, 66.

344 **"savage in attack":** Early to FDR, Feb. 8, 1937, PSF 165, FDRL; *NYT*, Feb. 9, 1937.

344 **"needs to be straightened out":** James Roosevelt Diary, Feb. 10, 1937, FDRL; *NYT*, Feb. 11, 1937; *WP*, Feb. 6, 1937.

344 **"a bait and a lure":** Hiram W. Johnson to Hiram W. Johnson, Jr., Feb. 27, Mar. 7, 1937, in Burke, *Diary Letters*; *Time*, Mar. 1, 1937; Alsop and Catledge, *168 Days*, 88–89.

345 **At the time of James Roosevelt's meeting:** James Roosevelt Diary, Feb. 11, 13, 1937, FDRL; Alsop and Catledge, *168 Days*, 88–89.

345 **"more than the slightest chance":** *NYT*, Feb. 18, 1937.

345 **"Nothing new":** *NYT*, Feb. 21, 1937.

346 **And now it seemed:** Ickes, Feb. 6, 1937, *Secret Diary*, Vol. II, 64–65.

346 **But some on the left:** *The New Republic*, Feb. 17, 1937, 31–32, 44; *The Nation*, Feb. 13, 1937, 173–74; Jackson to Ernest Cawcroft, Feb. 25, 1937, Jackson Papers, Box 29, LOC.

346 **"To hell with their sincerity":** Heywood Broun, "Those Liberals Again," *The Nation*, Mar. 6, 1937, 269; Richberg to Clapper, Feb. 26, 1937, Richberg Papers, Box 2, LOC; *The Nation*, Feb. 13, 1937. For one example of the conservatives' sudden ardor for constitutional change, see Lawrence, *Supreme Court or Political Puppets?*, 42–43.

347 **Burlingham had been outspoken:** C. C. Burlingham to FDR, Feb. 19, 1937, PSF 165, FDRL.

348 **"I agree with Molly Dewson!":** FDR to Burlingham, Feb. 23, 1937, PSF 165, FDRL.

348 **Roosevelt made the same point:** Press Conferences #343 and #345, Feb. 9, 16, 1937, in FDR, *Complete Presidential Press Conferences*, Vol. 9, 159, 170.

第 20 章　真正的危害

350 **The counteroffensive began on February 13:** *NYT*, Feb. 14, 1937; James Roosevelt Diary, Feb. 11, 1937, FDRL; La Follette, "Backing the President's Court Proposal," Feb. 13, 1937, *Vital Speeches of the Day*, n.d., 312, 314, in TGC Papers, LOC.

350 **Next in line, on February 14:** HSC to Reed, Feb. 14, 1937, HSC Papers, Box 195, UVA; *NYT*, Feb. 15, 1937; HSC, "The President's Proposals for Judicial Reorganization," Feb. 14, 1937, OF 10, Box 4, FDRL; HSC Diary, Feb. 15, 1937, UVA; Alsop and Catledge, *168 Days*, 107.

351 **The barrage continued:** Early to FDR, Feb. 8, 1937, PSF 165, FDRL; *WP*, Feb. 10, 11, 1937; *NYT*, Feb. 10, 12, 1937.

351 **Enter Ickes:** Ickes, Feb. 16, 20, 1937, *Secret Diary*, Vol. II, 75, 79–81.

352 **The contrast with Burt Wheeler:** *WP*, Feb. 20, 1937; *NYT*, Feb. 20, 1937; Solomon, *FDR v. The Constitution*, 121–22.

352 **The columnists Pearson and Allen:** Pearson and Allen, *Nine Old Men at the Crossroads*, 49.

353 **The air war continued without relent:** Burns, *Roosevelt: The Lion and the*

Fox, 300.

353 **more direct forms of pressure:** Farley, *Jim Farley' s Story*, 73–74; Ickes, Feb. 14, 1937, *Secret Diary*, Vol. II, 69; Pearson and Allen, "The President' s Trigger Man," 394; James Roosevelt Diary, Feb. 8, 1937, FDRL; Farley Diary, July 20, 1937, LOC.

353 **a "straddling attitude":** Andrews' s son quoted in Leuchtenburg, in Hollingsworth, *Essays on the New Deal*, 92; Keenan to TGC, Mar. 29, 1937, and Fred P. Cone to Charles O. Andrews, Mar. 27, 1937, both in TGC Papers, Box 202, LOC.

353 **Pressure could be exerted:** McKean, *Tommy the Cork*, 90–91; Baker, *Back to Back*, 57–59, 62–63; Burns, *Roosevelt: The Lion and the Fox,* 300.

354 **In a sense, the Court bill itself:** *NYT*, Feb. 7, 1937; *WSJ*, Feb. 8, 1937; Tugwell, *Democratic Roosevelt*, 388.

354 **"An attack on the Supreme Court":** Tugwell, *Democratic Roosevelt*; Alsop and Catledge, *168 Days*, 192.

355 **Roosevelt was not an especially good bully:** Baker, *Back to Back*, 68–69.

355 **"I never quite understood":** TGC interview, Mar. 11, 1980, p. 3, TGC Papers, Box 595, LOC.

355 **get their latest orders from Wheeler:** Wheeler, *Yankee From the West,* 322–23; Murphy, Walter F., *Congress and the Court*, 65; Pearson and Allen, *Nine Old Men at the Crossroads*, 34.

356 **"I never knew for certain":** Wheeler, *Yankee From the West,* 322–23.

356 **The old alignments were breaking down:** *CDT*, Aug. 11, 1935; *The Nation*, Apr. 27, 1940, 535; *CDT*, Feb. 23, 1937.

356 **Frank E. Gannett:** Alsop and Catledge, *168 Days*, 181; Seldes, *Lords of the Press,* 205–7; *Time*, Dec. 16, 1957; unsigned memo, Apr. 23, 1938, in TGC Papers, Box 270, LOC; Williamson, *Frank Gannett: A Biography*, 27, 228–29.

357 **That jab referred to Gannett's social:** Gannett to Borah, Mar. 7, 1936, Borah Papers, Box 440, LOC; Williamson, *Frank Gannett: A Biography*, 162–63, 169; *Time*, Mar. 5, 1934; High Diary, Sept. 17, 1936, Box 1, FDRL.

358 **"I am very busy":** Gannett to Borah, Feb. 4, Mar. 7, May 19, 1936, Borah Papers, Box 440, LOC; Williamson, *Frank Gannett: A Biography*, 165–68.

358 **Gannett won a seat:** *NYT*, Feb. 27, 1936; *Time*, May 25, 1936; Gannett to Borah, May 13, 1936, Borah Papers, Box 440, LOC; *NYT*, June 12, 1936.

358 **"We fought a good fight":** Gannett to Borah, June 16, 1936, Borah Papers, Box 440, LOC.

358 **The chance came sooner:** *WP*, Feb. 7, 1937; McKenna, *Franklin Roosevelt and the Great Constitutional War*, 305.

359 **The coming days brought fevered discussions:** *NYT*, Feb. 15, 16, 1937; Williamson, *Frank Gannett: A Biography*, 177–78, 180; Richard Polenberg, "The National Committee," 583; Alsop and Catledge, *168 Days*, 181.

359 **Gannett's group settled into:** Description of the loft space and Rumely is in unsigned memo, Apr. 23, 1938, TGC Papers, Box 270, LOC; on Rumely and the Committee for the Nation, see Polenberg, "The National Committee," 582–84, and Schlesinger, *Coming of the New Deal*, 198–99.

360 **Dr. Rumely:** Unsigned memo, Apr. 23, 1938, TGC Papers, Box 270, LOC; *NYT*, Nov. 28, 1964, Dec. 19, 1920, and July 11, 1918.

360 **"There is a psychology":** Rumely quoted in Polenberg, "The National Committee," 592.

360 **Amos Pinchot:** Polenberg, ibid., 582; *NYT*, Feb. 19, 1944; Unsigned memo, Apr. 23, 1938, TGC Papers, Box 270, LOC.

360 **Gannett disliked the term "propaganda":** Williamson, *Frank Gannett: A Biography*, 183– 85, 203–4;

361 **"covered completely the 700,000 individuals":** Rumely quoted in Polenberg, "The National Committee," 591.

361 **Robert Jackson received a letter:** NCUCG poster, Mar. 24, 1937, Gannett (form letter) to Jackson, Apr. 17, 1937, and to TGC, Apr. 19, 1937, all in TGC Papers, Box 270, LOC.

361 **"leadership individuals":** Polenberg, "The National Committee," 591; Williamson, *Frank Gannett: A Biography*, 184–85, 188; NCUCG poster, TGC Papers, Box 270, LOC.

362 **by further fund-raising appeals:** Envelope included in David Blackshear to TGC, Aug. 6, 1937, TGC Papers, Box 228, LOC.

362 **Gannett looked to amplify:** Baker, *Back to Back*, 76–77; Gannett (form letter) to the editor, *The Post*, Worcester, Mass., n.d., in TGC Papers, Box 270, LOC.

362 **These small-town papers were an important outlet:** Williamson, *Frank*

Gannett: A Biography, 191–92; Alsop and Catledge, *168 Days*, 81; Evjue quoted in Seldes, *Lords of the Press*, 210, and in "A Reply to a Letter," Feb. 16, 1937, in TGC Papers, Box 269, LOC. Steve Early suggested to Corcoran that Evjue' s letter be read into the *Congressional Record* by Bob La Follette, who did so on Feb. 19 (Early to TGC, Feb. 19, 1937, TGC Papers, Box 269, LOC).

363 **Gannett claimed with pride:** Williamson, *Frank Gannett: A Biography*, 207; Seldes, *Lords of the Press*, 207–8.

363 **"too many publishers":** George Carlin to Clapper, Feb. 19, 25, 1937, LOC.

363 **"I am taking the only attitude":** Clapper to Carlin, Feb. 22, 26, 1937; Clapper to Robert Hall, Feb. 25, 1937, LOC.

363 **"Things look bright":** Carlin to Clapper, Mar. 23, 1937, Clapper Papers, Box 48, LOC.

364 **"the chief organized group so far":** *The New Republic*, Mar. 3, 1937.

364 **Critics pointed out:** Alsop and Catledge, *168 Days*, 181–82.

364 **an "international conspiracy":** Pinchot quoted in Polenberg, "The National Committee," 585; *NYT*, Aug. 3, 1918; unsigned memo, Apr. 23, 1938, TGC Papers, Box 270, LOC.

365 **"The fight will be won":** "Progress Report, Mar. 1–9, 1937," Hobson Papers, Box 50; Ernest Greenwood to Dean Chenoweth, Apr. 10, 1937, Hobson Papers, Box 54; Hobson correspondence with editors, Hobson Papers, Box 53, LOC.

365 **"Many of these...were formed":** E. C. Fielder to Sam L. Cunningham, Apr. 24, 1937, and "Memorandum on Local Committee Activities in Connection with the Supreme Court Issue," n.d., both in Hobson Papers, Box 54, LOC.

365 **"this is how":** "An Aroused America Brings Back Town Hall Meetings," Hobson Papers, Box 54, LOC.

365 **Hobson had been cultivating relationships:** Hobson to Francis H. Kinnicutt, Feb. 23, 1937, and Theo. H. Millington to Hobson, Mar. 12, 1937, Hobson Papers, Box 45, LOC; L. M. Bailey to "Fellow American," Apr. 14, 1937, TGC Papers, Box 270, LOC; Helen Dortch Longstreet to Borah, Apr. 3, 1937, Borah Papers, Box 465, LOC; "Resolutions," Nov. 20, 1936, "Societies Cooperating with the American Coalition," "Constitution of the American Coalition," "Call for Action," and Mrs. W. S. Walker to Fielder, May 8, 1937, all in Hobson Papers, Box

45, LOC.

366 **"militant godlessness":** Hobson to Victoria Booth Demarest, Oct. 1, 1936, and Demarest to Hobson, Oct. 5, 1936, Hobson Papers, Box 45, LOC.

366 **Gerald B. Winrod:** *NYT*, Aug. 21, 1990; Demarest, "Information concerning Associations fighting Communism from the religious point of view," n.d. [1936], Hobson Papers, Box 45, LOC; *Congressional Record*, No. 41, Mar. 1, 1937, 2079–82; *NYT*, Mar. 2, 1937.

366 **Pro-packing groups:** Massachusetts Progressive Committee form letter, n.d. [1937], TGC Papers, Box 271, LOC; "The Supreme Court and the General Welfare," National Popular Government League, July 19, 1937, TGC Papers, Box 270, LOC; *Dallas Morning News*, Mar. 25, 1937.

366 **The "wizard of public relations":** Alsop and Catledge, *168 Days*, 108, 182–83; *The New Republic*, Mar. 3, 1937.

367 **"In Jamestown...the people that":** Jackson OH, 436, 456; Jackson, *Struggle*, 189.

367 **"I have returned":** Jackson to FDR, Feb. 22, 1937, Jackson Papers, Box 79, LOC.

368 **On February 25, in a White House meeting:** Jackson, *That Man*, 51–52; Jackson OH, 438; *PPA*, 1937, lxv.

368 **"to dwell...on the reorganization":** FDR to FF, Feb. 9, 1937, PSF 135, FDRL.

369 **"waded into it":** Jackson, *That Man*, 52.

369 **"I told him I was afraid":** Jackson OH, 438.

369 **the White House reacted angrily:** *NYT*, Mar. 7, 1937; *Time*, Mar. 8, 1937.

369 **"Dare we reject it":** *NYT*, July 11, 1919.

369 **On February 26...FDR held his Friday press conference:** *Time*, Mar. 8, 1937; Press Conference #348, Feb. 26, 1937, in FDR, *Complete Presidential Press Conferences*, Vol. 9, 186–88.

370 **gathering of Democrats at the Mayflower Hotel:** *NYT*, Mar. 5, 1937; James Roosevelt Diary, Feb. 23, 24, 1937, FDRL.

370 **"Looks like a working weekend":** James Roosevelt Diary, Feb. 26, 27, 1937, FDRL.

第21章 新的怒吼

371 **"Pa is both nervous and tired":** Eleanor Roosevelt quoted in Cook, *Eleanor Roosevelt*, 433, 438; James Roosevelt Diary, Feb. 27–28 and Mar. 1–3, 1937, FDRL.

371 **Tom Corcoran's original notes:** Notes for Victory Dinner Address, n.d. [Feb. 1937], MSF Box 32, File 1040, FDRL; "Victory Dinner Address..." ; Notes, n.d. [Feb. 1937], TGC Papers, Box 227, LOC.

371 **"a fighting speech":** HSC Diary, Mar. 4, 1937, 29, UVA.

372 **"as meek as skimmed milk":** Ickes, Mar. 15, 1937, *Secret Diary*, Vol. II, 93.

372 **Joe Robinson had given a speech:** *Congressional Record*, No. 41, Mar. 1, 1937, 2079–82.

372 **the "dark and dismal period":** Connally quoted in Baker, *Back to Back*, 83, and *Dallas Morning News*, Mar. 3, 1937.

372 **"trench warfare":** Alsop and Catledge, *168 Days*, 106; Cantwell, "Public Opinion," 926; Jackson to Ernest Cawcroft, Mar. 3, 1937, Jackson Papers, Box 79, LOC; "Progress Report, Mar. 1–9, 1937," Hobson Papers, Box 50, LOC.

372 **At the Mayflower:** *NYT*, Mar. 5, 1937; *Time*, Mar. 15, 1937; "Democratic Victory Dinner" Program, Mar. 4, 1937, in Clapper Papers, Box 17, LOC.

373 **Roosevelt and the 1,300 Democrats:** "Democratic Victory Dinner," Program, Mar. 4, 1937, in Clapper Papers, Box 17, LOC; *PPA*, 1937, 113.

373 **"we faced and met":** *PPA*, 1937, 113–14; Draft #14, Victory Dinner Address, p. 4, MSF Box 32, File 1040, FDRL.

374 **an unprecedented third term:** 那个晚上，罗斯福告诉法利，他对第三个任期毫无兴趣。不过，法利对此仍保持怀疑。正如他在日记中记录的，国外局势可能"迫使（罗斯福）继续"担任总统；不过至少，罗斯福很明显期望自己能对继任者的选择有较大的话语权。(Scroop, *Mr. Democrat*, 157)

374 **"I could feel just what horrid":** *PPA*, 1937, 114–15.

374 **Roosevelt had delighted in dictating:** Rosenman, *Working with Roosevelt*, 157–58; PPA, 1937, 115–16; Solomon, *FDR v. The Constitution*, 128–31.

374 **The Democrats whistled:** *PPA*, 1937, 117–21; *NYT*, Mar. 7, 1937.

375 **"Here is one-third of a nation":** *PPA*, 1937, 121; Solomon, *FDR v. The Constitution*, 128– 31. 这次夸张的演说——特别是一再重复的"就是现在！"——是从一

封寄给《纽约时报》的未发表信件中借来的。从 2 月中旬开始，这封信就在总统的幕僚中传阅。写信者是一位名叫斯图尔特 · 切斯（Stuart Chase）的经济学家。罗斯福在2月 18 号询问弗兰克福特:"如果我在广播中对美国人念出类似切斯写给《纽约时报》那篇文章的内容，会发生什么呢……"弗兰克福特回答:"美国人会得到启发。"切斯同意了科克伦使用他的观点；最终，他也许后悔这么做了。庆功宴之后，参议员拉福莱特决定将切斯的信加入《国会记录》，并向全国发出十万份副件（这一决定的动机令人生疑）。报纸对信件和演讲之间的共同之处大做文章，这让切斯深感"苦恼"——他在 3 月下旬给科克伦的信中这样写道。 (Stuart Chase to the Editor, *NYT*, Feb. 15, 1937, in Chase Papers, Box 5, LOC; FDR to FF, Feb. 18, 1937, and FF to FDR, Feb. 23, 1937, PSF 135, FDRL; Rosenman note, n.d., in Master Speech File, Box 32, File 1040, "Victory Dinner Address, Mar. 4, 1937," FDRL; Chase to TGC, Mar. 25, 1937, Chase Papers, Box 5, LOC)

376 **A "fighting speech" indeed:** HSC Diary, Mar. 4, 1937, UVA; *Time*, Mar. 15, 1937; *NYT*, Mar. 5, 1937; *The New Republic*, Mar. 17, 1937, 153; *Philadelphia Record*, Mar. 6, 1937, in TGC Papers, Box 272, LOC.

376 **"If the country now faces":** *NYT*, Mar. 6, 1937; *The New Yorker*, Mar. 13, 1937; *Time*, Mar. 22, 1937.

376 **For Democrats opposing the Court plan:** *Time*, Mar. 22, 1937; *NYT*, Mar. 5, 1937; *WP*, Mar. 8, 1937.

377 **"refused to listen":** "Roosevelt on the Radio," *The Nation*, Mar. 13, 1937, 284; *Time*, Mar. 22, 1937; *NYT*, Mar. 5, 1937.

377 **"Mr. President...is that your fan mail?":** Press Conference #350, Mar. 5, 1937, in FDR, *Complete Presidential Press Conferences*, Vol. 9, 199.

377 **"in the final analysis":** Sumner E. W. Kittelle to Laurence S. Adams, Mar. 8, 1937, Hobson Papers, Box 55, LOC.

377 **"never seen the President":** James Farley Diary, Mar. 4, 7, 1937, Farley Papers, Box 41, LOC.

378 **"in a bad way":** Ickes, Mar. 15, 1937, *Secret Diary*, Vol. II, 95.

378 **"the silly stage":** Tully, *F.D.R.: My Boss*, 96; Draft #2 and Draft #4, MSF Box 32, "White House Broadcast (1041)," 18, 20, FDRL.

378 **Roosevelt had made his peace with the draft:** Rosenman, *Working with Roosevelt*, 93; Tully, *F.D.R.: My Boss*, 92, 98; Schlesinger, *Coming of the New Deal*, 560.

379 **Roosevelt entered about 10:20 p.m.:** Rosenman, *Working with Roosevelt*, 93; Tully, *F.D.R.: My Boss*, 100.

379 **"He was perfectly aware":** TGC interview, Jan. 14, 1980, TGC Papers, Box 595, LOC.

379 **He was the master of his medium:** *NYT*, July 20, 1924; Perkins, *The Roosevelt I Knew*, 72; Rosenman, *Working with Roosevelt*, 93; Buhite and Levy, *FDR' s Fireside Chats*, xvii–xviii.

379 **Roosevelt was preceded on the NBC Red network:** *NYT*, Mar. 7, 1937; Solomon, *FDR v. The Constitution*, 136; Rosenman, *Working with Roosevelt*, 93.

380 **"its constitutionality was upheld":** *PPA*, 1937, 122. Points of emphasis and slight corrections to the official transcript are based on a recording of the speech, accessed at www.presidency.ucsb.edu/ws/index.php?pid=15381&st=&st1=#.

380 **"The Court...has been acting":** *PPA*, 1937, 126.

380 **"plan will save our national Constitution":** Ibid., 128.

380 **But this time he was angry:** Ibid., 128–29.

381 **"Our difficulty with the Court today":** Ibid., 130.

381 **Roosevelt turned to the question:** Cantril, ed., *Public Opinion*, 345; Michelson, *The Ghost Talks*, 172.

382 **"an amendment, like the rest of the Constitution":** *PPA*, 1937, 131–32.

382 **the "newspaper publishers":** Ibid., 132.

382 **"tipped out of balance":** Ibid., 133.

382 **The radio engineer signaled:** Rosenman, *Working with Roosevelt*, 93–94; Cook, *Eleanor Roosevelt*, 435.

383 **Most of his supporters agreed:** *NYT*, Mar. 10, 1937; Cantril, ed., *Public Opinion*, 149; Esther Eldred to M. L. Williamson, Mar. 13, 1937, Hobson Papers, Box 55, LOC.

383 **"The news reel displayed":** Stone to Lauson and Marshall Stone, Mar. 12, 1937, Stone Papers, Box 3, LOC.

383 **the "best ammunition":** Stone quoted in Mason, *Harlan Fiske Stone*, 447.

383 **"No haste, no heat":** Ashurst Diary, Feb. 14, 26, Mar. 10, 1937, in Sparks, *A Many-Colored Toga*, 369, 371–72; James Roosevelt Diary, Feb. 16, 1937, FDRL; *WP*, Feb. 22, 1937; *Time*, Sept. 23, 1940; *Time*, June 8, 1962.

384 **"the prelude to tyranny":** Ashurst Diary, Feb. 5, 1937, in Sparks, *A Many-Colored Toga*, 368; on his sympathy with Hoover' s views, see ibid., Nov. 11, 1932, and Aug. 31, 1935, at pp. 323 and 355. Ashurst quoted in Patterson, *Congressional Conservatism*, 90; *NYT*, Feb. 7, 1937; *Time*, June 8, 1962; and Pearson and Allen, *Nine Old Men at the Crossroads*, 44.

384 **On March 10...the eighteen members:** Ashurst Diary, Mar. 10, 1937, in Sparks, *A Many-Colored Toga*; Eldred to Williamson, Mar. 10, 1937, Hobson Papers, Box 55, LOC; *Reorganization of the Federal Judiciary*, 2.

384 **Homer Cummings was the first witness:** Eldred to Williamson, Mar. 10, 1937, Hobson Papers, Box 55, LOC; *Reorganization of the Federal Judiciary*, 4–13, Cummings at 11–12.

385 **his "appearance of suavity":** *NYT*, Mar. 11, 1937; *Time*, June 8, 1962; *Reorganization of the Federal Judiciary*, 15, 17–19, 23–24.

385 **"there might be some difference":** Jackson OH, 437–38; *Time*, June 8, 1962; *NYT*, Mar. 12, 1937; *Reorganization of the Federal Judiciary*, 38, 43–44, 47.

385 **"Hearty congratulations":** Ashurst to Jackson, Mar. 11, 1937, Jackson Papers, Box 79, LOC; "The Shape of Things," *The Nation*, Mar. 20, 1937, 309.

385 **"a powerful exposition":** Stone to Lauson and Marshall Stone, Mar. 12, 1937, Stone Papers, Box 3, LOC.

386 **Roosevelt boarded a special train:** *NYT*, Mar. 12, 21, 1937; Ickes, Mar. 26, 1937, *Secret Diary*, Vol. II, 103.

386 **For the first time:** Ickes, Mar. 20, 1937, *Secret Diary*, Vol. II, 98; Cantril, ed., *Public Opinion*, 149–50; Cantwell, "Public Opinion," 927–28; Gallup, *The Gallup Poll*, 53–54; Caldeira, "Public Opinion," 1147; *WP*, Mar. 28, 1937; *NYT*, Mar. 13, 14, 1937; Hiram W. Johnson to Hiram W. Johnson, Jr., Mar. 15, 1937, in Burke, *Diary Letters*; Eldred to Williamson, Mar. 13, 1937, Hobson Papers, Box 55, LOC.

386 **"they are picking off":** Hiram W. Johnson to Hiram W. Johnson, Jr., Mar. 15, 1937, in Burke, *Diary Letters*; *NYT*, Feb. 23, Mar. 13, 1937; Jackson to Ernest Cawcroft, Mar. 16, 1937, Jackson Papers, Box 79, LOC.

386 **While the president rested:** *NYT*, Mar. 8, 13, 14, 25, 1937; *WP*, Mar. 25, 1937; *Dallas Morning News*, Feb. 23, 1937; Caldeira, "FDR' s Court-Packing Plan," 13, 16.

387 **Momentum was building:** Shogan, *Backlash*, 45, 49, 91–104, 138; *NYT*, Feb. 2,

1937.

387 **"Something is seething":** *NYT*, Mar. 12, 1937.

388 **By the time of Roosevelt's trip:** *NYT*, Mar. 25, 1937.

388 **"That...shows why":** Press Conference #354, Mar. 24, 1937, in FDR, *Complete Presidential Press Conferences*, Vol. 9, 217.

388 **"an insuperable, impossible obstacle":** Black quoted in Shogan, *Backlash*, 151; *NYT*, Mar. 25, 1937; "Steel Victory—and After," *The Nation*, Mar. 13, 1937, 286.

388 **"It seems to me":** Ickes, Mar. 26, 1937, *Secret Diary*, Vol. II, 102.

388 **Roosevelt's opponents...kept fighting:** *NYT*, Mar. 11, 13, 1937.

389 **James McReynolds broke the justices' silence:** *NYT*, Mar. 17, 1937.

389 **McReynolds had believed his comments:** *Time*, Mar. 29, 1937. The editor is George Fort Milton of the *Chattanooga News*, quoted in McKenna, *Franklin Roosevelt and the Great Constitutional War*, 366. "'Congress, the Court and the Constitution,' Radio Address by Hon. Joseph T. Robinson, Mar. 30, 1937," in TGC Papers, Box 224, LOC.

390 **Chevy Chase Country Club:** McReynolds' s offense was repeatedly refusing to move off the tee and let other club members play through while his caddy searched fruitlessly for a lost ball. Pearson and Allen, *Nine Old Men*, 226; *Time*, June 30, 1924, and Aug. 11, 1924.

390 **"There seems to be a breakdown":** Jackson to Judge Wilber Clark, Mar. 15, 1937, and to Ernest Cawcroft, Mar. 16, 1937, Jackson Papers, Box 79, LOC.

390 **"the psychology has changed":** HSC to McIntyre, Mar. 15, 1937, HSC Papers, Box 174, UVA.

390 **"Of course you are going to win":** Dewson to FDR, Mar. 19, 1937, PSF Box 165, FDRL.

390 **"cracking up":** Farley to Bowers, Mar. 6, 1937, Farley Papers, Box 5, LOC; Farley Diary, Mar. 21, 1937, Farley Papers, Box 41, LOC.

390 **Field reports...described:** Memoranda, Mar. 9, 16, 1937, TGC Papers, Box 270, LOC.

390 **"somewhat confused":** FDR to Key Pittman, Mar. 17, 1937, in Elliott Roosevelt, ed., *F.D.R.: His Personal Letters, 1928–1945*, Vol. I, 668.

391 **these stalling tactics suggested:** Jackson, *That Man*, 53; Alsop and Catledge,

168 Days, 123–24; Davis, *FDR: Into the Storm*, 76; *Reorganization of the Federal Judiciary*, Part 1, 101, and Part 2, 168, 381–82; Eldred to Williamson, Mar. 13, 1937, Hobson Papers, Box 55, LOC.

第 22 章 屈服

392 **"There will be widespread regret":** *WP*, Mar. 22, 1937.

392 **Henry Ashurst called the committee to order:** *NYT*, Mar. 23, 1937; *Reorganization of the Federal Judiciary*, Part 3, 485–86.

393 **"these young men":** *Reorganization of the Federal Judiciary*, Part 3, 485–86. 据科克伦回忆，他在 1936 年初就一项未决的新政议案去拜访惠勒，发现这位参议员正因为最高法院而勃然大怒——让他愤怒的可能是最高法院近期对有关《农业调整法》的案件所做的判决，对此他也曾公开抨击过。据科克伦所说，惠勒问他针对该判决可以采取些什么行动。科克伦答道，除了填塞最高法院以外他想不出任何其他的办法。惠勒据称是这样回答的："好吧，那就让我们填塞最高法院吧。"他让科克伦准备一份关于增加最高法院大法官数量的演说稿。科克伦和科恩便开始起草演说稿，但等到他们将演说稿起草完成后，惠勒却对这一主意失去了兴趣。科克伦后来否认他和科恩起草过一份填塞最高法院或以其他方式限制最高法院的提案，不过科克伦和科恩各自的传记作家都认为，这两名"年轻人"很有可能在 1936 年春天起草过填塞最高法院的提案，罗斯福对此或许知情，或许不知情。(HSC Diary, July 10, 1937, 81, UVA; Cohen to FF, July 9, 1937, Lash Papers, Box 68, FDRL; Lasser, *Benjamin V. Cohen*, 172–73; Lash, *Dealers and Dreamers*, 268, 292; McKean, *Tommy the Cork*, 88.)

393 **"Shocked and surprised":** *Reorganization of the Federal Judiciary*, Part 3, 486–87.

393 **The letter began on a coolly defiant note:** *NYT*, Mar. 23, 1937; *WP*, Mar. 23, 1937; *Reorganization of the Federal Judiciary*, Part 3, 488–91.

393 **Hughes turned the tables on Roosevelt:** *Reorganization of the Federal Judiciary*, Part 3, 491–92.

394 **The letter was explosive:** *WP*, Mar. 23, 1937.

394 **"Please be assured":** L. James to Hughes, Feb. 8, 1937, Hughes Papers, Reel 5, LOC.

394 **"the central, if silent, figure":** *Time*, Mar. 1, 1937.

394 **Or so he intended it to appear:** Merlo J. Pusey to FF, July 23, 1959, FF Papers, Box 91, LOC, courtesy of John Q. Barrett; *WP*, Feb. 7, 12, 1937.

395 **"We are under a Constitution":** Hughes quote is from a speech before the Elmira Chamber of Commerce, May 3, 1907, in Hughes, *Addresses and Papers*, 185–87; Danelski and Tulchin, eds., *Autobiographical Notes*, xxvii; 297 U.S. 1 (1936): 62–63.

395 **In March, he sought help from Ogden Reid:** Ogden Reid to Hughes, Mar. 29, 1937, and Hughes to Reid, Apr. 5, 1937, Hughes Papers, Reel 5, LOC.

396 **It is unlikely that Wheeler knew:** Brandeis to FF, May 28, 1924, in Urofsky, *"Half Brother,"* 168fn, 169; Colman, *Mrs. Wheeler Goes to Washington*, 165–66; Mason, *Brandeis*, 626.

396 **Wheeler went to see Brandeis:** Mason, *Brandeis*, 626.

396 **On Thursday, March 18:** Danelski and Tulchin, eds., *Autobiographical Notes*, 304–5; Pusey, *Charles Evans Hughes*, Vol. II, 667.

397 **In the morning Hughes placed calls:** "Memorandum of telephone conversation of Chief Justice Hughes with Senator William H. King," and "Telephone conversation of Chief Justice Hughes with Senator Burton K. Wheeler," Mar. 19, 1937, Hughes Papers, Reel 5, LOC.

397 **"This gave me very limited time":** Danelski and Tulchin, eds., *Autobiographical Notes*, 305; Wheeler, *Yankee from the West*, 329. 惠勒对这些事件的说法并不足信，并且与休斯的记录有出入。据惠勒说，休斯将信给他后并请他就坐，随后便开始滔滔不绝地抨击起罗斯福和卡明斯——在这一栩栩如生的叙述中，休斯显得与惠勒本人一样令人满心生疑（327—330）。

397 **"Bull's Eye!":** Cartoon by Carmack in the *Christian Science Monitor*, Mar. 23, 1937, in McKenna, *Franklin Roosevelt and the Great Constitutional War*, 371; *NYT*, Mar. 23, 1937.

397 **Roosevelt spent the morning:** *CDT*, Mar. 23, 1937; Ickes, Mar. 26, 1937, *Secret Diary*, Vol. II, 102–4; HSC Diary, Mar. 22, 23, 1937, 33, UVA; *NYT*, Mar. 25, 1937.

398 **much attention was paid to Hughes's statement:** Hughes, *The Supreme Court of the United States*, 30–31; Warren, *The Supreme Court in United States History*, Vol. I, 595–96; *The New Republic*, Apr. 7, 1937; Thurman Arnold to Robert H. Jackson, Mar. 23, 1937, Jackson Papers, Box 79, LOC; *NYT*, Mar. 24, 1937.

398 **Hughes had given himself license:** Mason, "Charles Evans Hughes," 11–12;

Rauh in Louchheim, *The Making of the New Deal*, 60.

399 **"I simply cannot believe":** FF to Stone, Apr. 8, 1937, and Stone to FF, Apr. 8, 1937, Stone Papers, Box 13, LOC.

399 **"You are right!":** FF to Stone, Apr. 8, 1937, and Stone to FF, Apr. 8, 1937, Stone Papers, Box 13, LOC.

399 **"The intimate conference":** Stone to Brant, Feb. 26, 1937, Stone Papers, Box 7, LOC; Mason, *Harlan Fiske Stone*, 447–50, 453–54. 休斯是在 3 月 21 日把信递交给惠勒的。那天早上，一个名叫阿尔弗雷德 · 利夫的年轻人前来拜访斯通；斯通对利夫不太熟悉，以为这只是一次礼节性的拜访。利夫问斯通，就理论上来说，他是否会在反对填塞法院计划的信上签名。斯通说他不会签名，因为卷入到政治纷争中是不合适的。直到第二天上午，当惠勒展示了休斯的信以后，斯通才明白利夫的来意，以及派他前来的人：惠勒。惠勒后来对此予以否认；他说，如果有人出于签名的原因而派遣利夫前去拜访斯通的话，那么那个人一定是休斯。 (Mason, *Harlan Fiske Stone*, 453)

399 **"Brandeis had up to that time":** TGC Interview, Mar. 31, 1980, TGC Papers, Box 595, LOC; Lash, *Dealers and Dreamers*, 305; Leuchtenburg, "The Nine Justices Respond," 64.

399 **"*Th at* was a characteristic":** FF to FDR, Mar. 30, 1937, PSF 135, FDRL.

400 **his feelings about both justices:** Jackson OH, 451–52; Douglas, *Go East, Young Man*, 327.

400 **"at the very first opportunity":** Danelski and Tulchin, eds., *Autobiographical Notes*, 305fn. For a somewhat exculpatory view of the Hughes letter, see Friedman, "Chief Justice Hughes' Letter on Court-Packing," 76–86.

400 **"so conclusively refuted":** Tugwell, *Democratic Roosevelt*, 405.

400 **"pretty much turned the tide":** Jackson OH, 441.

401 **"there is no question":** Jackson to John P. Devaney, Mar. 29, 1937, Jackson Papers, Box 29, LOC; Ickes, Mar. 26, 1937, *Secret Diary*, Vol. II, 103–4. 从某项指标来看（Cantwell, "Public Opinion," 928），正是惠勒的出现使得反对派在民调中开始反弹；但是至少在一个星期后，也就是"帕里什案"的判决公布后，其他大多数人才发觉这一变化。弗里德曼注意到，休斯的信并没有让任何参议员转投至反对派一方。(Friedman, "Chief Justice Hughes' Letter on Court-Packing," 83)

401 **FDR was working on a surprise:** *NYT*, Sept. 10, 1922, Mar. 23, 1937; Ross, *A Muted Fury*, 208, 208fn.

401 **"I have been counting on":** Wilson quoted in Jackson, *Struggle*, 186–87.

402 **Urgent interventions followed:** *Time*, Nov. 9, 1936; James Roosevelt Diary, Mar. 12, 1937, FDRL; Creel to Ralph E. Jenney, Mar. 11, 1937, TGC Papers, Box 638, Folder 14, LOC.

402 **Clarke went on the radio:** James Roosevelt to Jenney, Mar. 15, 1937, James Roosevelt Papers, Box 13, FDRL; *NYT*, Mar. 23, 1937.

402 **"Apparently...he was under the misapprehension":** *WP*, Mar. 24, 1937; Leuchtenburg, "The Nine Justices Respond," 67.

402 **"Had I interpreted":** John H. Clarke to FDR, Mar. 29, 1937, TGC Papers, Box 210, LOC.

402 **the annual Easter Egg Roll:** *Time*, Apr. 5, 1937; *WP*, Mar. 30, 1937.

403 **Roosevelt was well rested:** *NYT*, Mar. 27, 1937.

403 ***West Coast Hotel Co. v. Parrish*:** *Time*, Apr. 5, 1937; *West Coast Hotel Co. v. Parrish*, 300 U.S. 379 (1937): 388.

404 **the *Parrish* case:** FF, "Mr. Justice Roberts," 315; *NYT*, Dec. 17, 1936; "The Court, Politics and Minimum Wage Legislation," n.d. [Mar. 1937], TGC Papers, Box 270, LOC.

404 **On March 29:** *Time*, Apr. 5, 1937; Knox, *The Forgotten Memoir of John Knox*, 194; Jackson, *Struggle*, 207, 212–13; *Virginian Railway Co. v. System Federation No. 40 et al.*, 300 U.S. 515 (1937); *Sonzinsky v. United States*, 300 U.S. 506 (1937); *Wright v. Vinton Branch*, 300 U.S. 440 (1937); Knox, *The Forgotten Memoir of John Knox*,196–98; *NYT*, Mar. 30, 1937.

405 **The spectators were beginning to fl ag:** *CDT*, Mar. 30, 1937.

405 **"This case...presents":** Knox, *The Forgotten Memoir of John Knox*, 198–99.

405 **Hughes had been in the minority:** 298 U.S. 587: 604–5; Mason, *Harlan Fiske Stone*, 423–24.

406 **At the heart of both previous minimum-wage cases:** 298 U.S. 587: 628; 300 U.S. 379: 391; Knox, *The Forgotten Memoir of John Knox*, 201.

406 **Was a minimum wage for women reasonable?:** 300 U.S. 379: 398–400; G. Edward White, *The Constitution and the New Deal*, 222–23, 227.

406 **Hughes was now ready:** 300 U.S. 379: 389–90, 397–98, 400; *amicus* brief quoted in Cushman, *Rethinking the New Deal Court*, 85; on *Nebbia*, see Cushman, ibid., 85–87, 105.

407 **George Sutherland now leaned forward:** Knox, *The Forgotten Memoir of John Knox*, 201; *WP*, Mar. 30, 1937.

409 **For "a more complete discussion":** 300 U.S. 379: 401–4, 414; *WP*, Mar. 30, 1937.

409 **"What a day!":** Jackson, *Struggle*, 213.

409 **Joe Robinson...roared his approval:** *NYT*, Mar. 30, 1937; *WP*, Mar. 30, 1937.

409 **Wheeler had never put much faith:** 华盛顿州最低工资法事实上并不是一项新政立法，但瓦特曼准确地抓住了罗宾逊思想中的矛盾之处。*WP*, Apr. 1, 1937.

410 ***Parrish* had scrambled the pieces:** *CDT*, Mar. 30, 1937; Jackson, *Struggle*, 211; *NYT*, Mar. 30, 1937; Borah to T. W. Rainey, Mar. 30, 1937, Borah Papers, Box 484, LOC.

410 **"Even government victories":** *Reorganization of the Federal Judiciary*, Part 1, 48.

410 **"Only by the shift of the vote":** Swisher, *Selected Papers of Homer Cummings*, 155–56. Swisher omits the last line of the statement, which appears in *CDT*, Apr. 1, 1937.

411 **The problem, in the view of:** "Is the Supreme Court Going Liberal?" *The Nation*, Apr. 3, 1937, 367–68.

411 **"the hard-boiled four":** Ickes, Mar. 30, 1937, *Secret Diary*, Vol. II, 106;

411 **"fear...that the dissent":** Stone to Lauson and Marshall Stone, Apr. 1, 1937, Stone Papers, Box 2, LOC.

411 **Not even the unanimous decisions:** Swisher, *American Constitutional Development*, 948.

411 **"Shotgun liberalism":** *The Nation*, Apr. 3, 1937; *NYT*, Mar. 30, 1937.

411 **"I don't think there is any news":** Press Conference #356, Mar. 30, 1937, in FDR, *Complete Presidential Press Conferences*, Vol. 9, 225–26, 231–32.

412 **"Just to think that silly Roberts":** Dewson quoted in Chambers, "The Big Switch," 63; *NYT*, Mar. 30, Apr. 1, 1937.

412 **Felix Frankfurter...shared Dewson's enthusiasm:** FF quoted in Lash, *Dealers and Dreamers*, 305–6; FF to Stone, Mar. 30, 1937, Stone Papers, Box 13, LOC; Swisher, *American Constitutional Development*, 946.

412 **"with the shift by Roberts":** FF to FDR, Mar. 30, 1937, PSF 135, FDRL; *Phila-*

delphia Record quoted in Leonard, *A Search for a Judicial Philosophy*, 128; *CDT*, Apr. 1, 1937.

412 **For Roberts, this must have been a painful period:** Mason, *Harlan Fiske Stone*, 449–50. On the *Tipaldo* furor and its effect on Roberts, see Chapter 13, pp. 230–33.

413 **In a three-page memorandum:** 1945 年底，罗伯茨在弗兰克福特的敦促下写下了这份备忘录。弗兰克福特那时已经是最高法院的大法官了，罗斯福在 1939 年任命他为大法官，以填补卡多佐去世后留下的空缺。出人意料的是，弗兰克福特和罗伯茨竟然成为了好友——他们的友谊不是基于共同的司法理念，而是基于在最高法院所面对的共同的敌人：在斯通担任首席大法官期间（1941 年至 1946 年），最高法院内部纷争四起。弗兰克福特此时已将罗伯茨视为一位正直、诚实、有原则的谦谦君子，并为自己在 30 年代和其他众多人一齐攻击过罗伯茨而深感懊悔；因此他劝说罗伯茨将人们有关最低工资法案件的错误认知纠正过来。罗伯茨将这份备忘录托付给弗兰克福特保管，后者将其严密保存了十年后，于 1955 年将其公开。(see FF, "Mr. Justice Roberts," 312, 317) 迈克尔 · 艾瑞恩斯（Michael Ariens）声称，弗兰克福特出于复杂的原因在罗伯茨去世后伪造了这份备忘录，其目的不是为罗伯茨开脱，而是在"布朗诉教育委员会案"判决宣布后为最高法院开脱。理查德 · D. 弗里德曼从权威角度对这一说法予以了驳斥。 See Ariens, "A Thrice-Told Tale," 620–76; and Friedman, "A Reaffirmation," 1985–95.

413 **In its *Tipaldo* petition:** Chambers, "The Big Switch," 64–65fn; Kaufman, *Cardozo*, 692fn; Freedman, *Roosevelt and Frankfurter*, 392–93; FF, "Mr. Justice Roberts," 315. 罗伯茨稍稍把事实弄错了，但他的论证思路是清晰的。据保罗 · 弗罗因德说，纽约州所采取的"不诚实"的方法让罗伯茨颇为恼怒，而这又影响了他对该案的判决，这一切"与罗伯茨的性格完全相符，凡他认为属于偷奸耍滑的行为都会让他怒不可遏，并且会让他有时看起来仅凭临时的印象在判案"。 (Freund, "Charles Evans Hughes as Chief Justice," 30)

413 **"If counsel for the parties":** Griswold, "Owen J. Roberts as a Judge," 341.

414 **"I know of no rule":** 298 U.S. 587, at 636. 正如传统的做法那样，这一规则能够确保最高法院和案件中的各方都能够充分了解相关的法律问题。若要说这一规则使得最高法院无法对"阿德金斯案"的公正性予以考量，那么恰如弗兰克福特所言，这一说法是一种"由自身原因造成的无能为力"。而"蒂帕尔多案"的多数意见和后来罗伯茨的备忘录中都出现了这一说法。 (FF and Adrian S. Fisher. "The Business of

the Supreme Court," 634, 634fn; FF to Stone, Mar. 30, 1937, Stone Papers, Box 13, LOC) 正如“蒂帕尔多案”的多数意见所显示的那样，多数派大法官必须知道这起案件中的法律问题不仅仅是纽约州和哥伦比亚特区的法规能否得以区分，而且还包括更为根本的问题，即一个州的最低工资法在对契约自由做出了如此限制后，这项法规是否违反了宪法中的正当程序原则。“阿德金斯案”与这一问题有着直接、无法逃脱的关联。

414 **Moreover, Roberts's recollections were wrong:** Chambers, "The Big Switch," 56, 65–66; FF and Fisher, "The Business of the Supreme Court," 634fn; Leonard, *A Search for a Judicial Philosophy*, 91. 1936 年 10 月，当罗伯茨在会议上投票赞成听取“帕里什案”的口头辩论时，不像罗伯茨后来声称的那样，华盛顿州和帕里什的律师都没有就“阿德金斯案”进行“质问”；事实上，双方律师都没有向最高法院递交声明。（相反，上诉是由艾尔西·帕里什的雇主提出的。）当华盛顿州最后递交案件要点时，该州要求大法官们对法规做出区分——这一辩解同样“不诚实”，而如罗伯茨所坚称的那样，正是这种不诚实的做法使得他在“蒂帕尔多案”中站到了保守派那一方。 See Friedman, "Switching Time," 1951.

414 **"My proper course":** FF, "Mr. Justice Roberts," 315. 罗伯茨没有针对结果或“基于狭隘理由”提出意见，可能与他不喜欢孤军奋战有关：在休斯法院的十一年里，他没有写过一份独立的附加意见。 See Friedman, "Switching Time," 1944–46.

414 **The timing of the Court's reversal:** FF, "Mr. Justice Roberts," 315.

415 **Hughes withheld his announcement:** Ibid.; Danelski and Tulchin, eds., *Autobiographical Notes*, 311–13. The justices' work on the Wagner Act decisions may also have contributed to the delay (Irons, *A People's History*, 324).

415 **But even though the *Parrish* decision:** Danelski and Tulchin, eds., *Autobiographical Notes*, 311–13. The range of external pressures on the Court are outlined by Leuchtenburg in "Comment on Laura Kalman's Article," 1089–91.

415 **"Few speculations...are more treacherous":** FF quote is in FF, "Mr. Justice Roberts," 317; Pusey, "Justice Roberts' 1937 Turnaround," 106; Pusey, *Charles Evans Hughes*, Vol. II, 757.

第 23 章　鲜血或墨水

416 **Carter Glass was helped from his sickbed:** *CDT*, Mar. 30, 1937; *WP*, Mar.

30, 31, 1937; Glass radio address, Mar. 29, 1937, 2, copy in TGC Papers, Box 271, LOC.

417 **On April 1, at lunch:** Farley, *Jim Farley' s Story*, 79; Farley Diary, Apr. 1, 1937, Farley Papers, Box 41, LOC.

417 **That same day, FDR sent a message:** *NYT*, Apr. 2, 1937.

417 **"The opposition is putting on a great show":** Farley to Bowers, Apr. 8, 1937, Farley Papers, Box 5, LOC; *WP*, Mar. 28, 1937, B4; TGC to Robert Cushman, May 14, 1937, TGC Papers, Box 269, LOC; *Time*, Apr. 12, 1937.

418 **Typical testimony:** William Alfred Eddy in *Reorganization of the Federal Judiciary*, Part 6, 1665–66.

418 **"an admirer and a friend":** Burlingham in *Reorganization of the Federal Judiciary*, Part 5, 1044.

418 **"The modern coup d'état":** Dorothy Thompson in *Reorganization of the Federal Judiciary*, Part 4, 864; Dodds in ibid., Part 3, 619–20; *NYT*, Mar. 25, 1937.

418 **Across the country, despite the economic recovery:** *Time*, Apr. 12, 1937; *Reorganization of the Federal Judiciary*, Part 3, 591.

419 **William McDowell...provided senators:** McDowell in *Reorganization of the Federal Judiciary*, Part 4, 994–95; *NYT*, Mar. 24, 1937; *WP*, Mar. 24, 1937.

419 **the hearings were heavy with portents:** Siegfried F. Hartman in *Reorganization of the Federal Judiciary*, Part 5, 1201–2; Griswold quoted in *Time*, Apr. 12, 1937; *Dallas Morning News*, Apr. 25, 1937.

420 **Still, there were lighter moments:** L. L. James in *Reorganization of the Federal Judiciary*, Part 5, 1363, 1366; Burlingham in ibid., 1061; Senators Burke and King during the testimony of Cathrine Curtis in ibid., Part 6, 1789–90.

420 **On the whole, the hearings:** TGC to Corwin, Apr. 7, 1937, TGC Papers, Box 269, LOC.

420 **"steady barrages of oratory":** Alsop and Catledge, *168 Days*, 106–7.

421 **Corcoran...still talked big about "breaking":** TGC to Leon Green, Apr. 10, 1937, TGC Papers, Box 269, LOC; McKean, *Tommy the Cork*, 92; TGC interview, Mar. 31, 1980, TGC Papers, Box 595, LOC; *WP*, Mar. 28, 31, 1937; *NYT*, Apr. 7, 1937.

421 **"we are carrying out":** FDR to FF, Apr. 5, 1937, PSF 135, FDRL.

421 **"Nine men will decide":** Ernst, *Ultimate Power*, 291.

421 **to rest on the fate of the National Labor Relations Act:** Robert Wagner to

HSC, Jan. 1937, OF 10, DOJ, Box 4, FDRL; Irons, *New Deal Lawyers*, 226–33; Lash, *Dealers and Dreamers*, 428; HSC Diary, June 20, 1935, 82–83, UVA.

422 **Though Senator Wagner and the bill's drafters:** M. S. Huberman to Judge Stephens, June 4, 1935, McFarland Papers, Box 1, UVA; Irons, *New Deal Lawyers*, 229–32.

422 **To liberals, this seemed obvious:**《瓦格纳法》的起草者颠倒了实质性正当程序原则，并认为劳方和资方之间“不平等的商讨能力”损害了工人的契约自由——而且，这又阻碍了州际贸易的发展。 Irons, *New Deal Lawyers*, 230. Preamble quoted in Irons, *A People' s History*, 319; Charles Horsky quoted in Louchheim, *The Making of the New Deal*, 85.

422 **The NLRB's lawyers knew:** "The Wagner Decisions," *The Nation*, Apr. 17, 1937; on the Liberty League lawyers' committee ruling, see Chapter 10, p. 164; Irons, *New Deal Lawyers*, 242–43; Lash, *Dealers and Dreamers*, 430; Irons, *A People' s History*, 320–21.

423 **"the matter now rests":** HSC to FDR, Feb. 11, 1937, OF 41A, Box 49, FDRL.

423 **"The sit-down...has reached":** "The Sitdown Hysteria," *The Nation*, Apr. 3, 1937; *WSJ*, Mar. 31, 1937; *Time*, Apr. 12, 1937.

424 **"This is a case...where the president":** Shogan, *Backlash*, 181–83 (Johnson quoted at 182), 239.

424 **These were assertions:** *NYT*, Apr. 4, 1937; *Time*, Apr. 12, 19, 1937.

424 **Unions generally...were making:** K. A. McRae to James Roosevelt, Feb. 25, 1937, TGC Papers, Box 638, LOC; Daniel J. Tobin to James Roosevelt, Mar. 1, 1937, McJimsey, *Documentary History*, Vol. 1, 259.

425 **"to rise and support":** Alsop and Catledge, *168 Days*, 164–74; Shogan, *Backlash*, 211; Address by George L. Berry, Mar. 8, 1937, in McJimsey, *Documentary History*, Vol. 1,303.

425 **leaders of the warring factions:** Alsop and Catledge, *168 Days*.

425 **Administration spokesmen...tried to draw labor:** *NYT*, Mar. 25, 1937; Jackson, Address at Carnegie Hall, Mar. 24, 1937, TGC Papers, Box 220, LOC; Lewis E. Myers, "Report on Organization and Activities," Apr. 13, 1937, TGC Papers, Box 269, LOC; *CDT*, Apr. 11, 1937; Radio Address by Harold L. Ickes, Apr. 10, 1937, 1–2, in TGC Papers, Box 220, LOC.

426 **The implicit invitation:** 到那时，劳工无党派联盟准备在 1937 年 4 月 19 日这一天之内在二十六个城市召开群众大会，在这之前的一个星期，最高法院对《全国劳工关系法》予以了支持。在这些集会上发言的参议员们除了攻击罗伯茨的反复无常以外，似乎没有其他的内容可说。约瑟夫 · 格菲不得不承认："就连最高法院都开始醒悟了。"不过，新闻界几乎没人注意到这一点。（"Supreme Court Calendar of Labor' s Non-Partisan League," Apr. 1, 1937, in Clapper Papers, Box 232, LOC; *NYT*, Apr. 19, 20, 1937)

426 **"How is your Court fight coming along?":** HSC Diary, Apr. 8, 1937, 36, UVA.

426 **If there was an edge:** *Reorganization of the Federal Judiciary*, Part 5, 1045; *Baltimore Sun*, Mar. 28, 1937, attached to HSC to FDR, Apr. 3, 1937, PSF 165, FDRL.

427 **at the Gridiron Dinner on April 10:** Clapper Papers, Box 29, LOC; Pearson and Allen, *Nine Old Men at the Crossroads*, 22–23.

427 **"a long and very intimate conversation":** HSC Diary, Apr. 10, 1937, 40–42, UVA.

428 **Late in the evening:** Clapper Papers, Box 29, LOC; Pearson and Allen, *Nine Old Men at the Crossroads*, 22–23; Brayman, *The President Speaks*, 308.

428 **"My dearest and my gallant":** Antoinette Carter Hughes to C. E. Hughes, Apr. 11, 1937, Hughes Papers, Reel 5, LOC.

428 **"the only calendar":** C. E. Hughes to Samuel Winslow, Apr. 13, 1937, Hughes Papers, Reel 5, LOC.

第 24 章 及时的转变

429 ***Associated Press v. National Labor Relations Board*:** *WP*, Apr. 13, 1937; *Time*, Apr. 19, 1937. *Associated Press v. N.L.R.B*, 301 U.S. 103 (1937); *Washington, Maryland & Virginia Coach Co. v. N.L.R.B.*, 301 U.S. 142 (1937).

430 **"an overtone of infallibility":** Alsop and Catledge, *168 Days*, 146.

430 **as if "the law had always been":** NLRB lawyer, Tom Emerson, quoted in Irons, *A People' s History*, 322; Kaufman, *Cardozo*, 526; *N.L.R.B. v. Jones & Laughlin Steel Corp.*, 301 U.S. 1 (1937): 33, 37, 40–42; Pusey, *Hughes*, Vol. 2, 759.

431 **"We are asked to shut our eyes":** 301 U.S. 1: 41–42.

431 **"as if [he] had been through hell":** Clapper Diary, Apr. 12, 1937, Clapper Papers, Box 8, LOC; HSC Diary, Apr. 9, 1937, 39, UVA.

431 **"rather ominously silent":** 怀赞斯基是所有新政律师中对有关《瓦格纳法》案件功劳最大的人。填塞法院的计划让他惊骇不已，因此当罗斯福在 2 月宣布该计划时，他差不多已从总统幕僚圈子中退出了。(Louchheim, *The Making of the New Deal*, 87)

431 **the two men had traveled different roads:** Hendel, *Charles Evans Hughes and the Supreme Court*, 48, 61–62, 237, 241–42, 244, 265; Danelski and Tulchin, eds., *Autobiographical Notes*, 312–13; Friedman, "Switching Time," 1962–65; Cushman, *Rethinking the New Deal Court*, 168–69.

432 **Roberts, by contrast:** Friedman, "Switching Time," 1967–70; Robert L. Stern, "The Court-Packing Plan and the Commerce Clause," *Supreme Court Historical Society Yearbook* (1988); Leonard, *A Search for a Judicial Philosophy*, 137–39; Griswold, "Owen J. Roberts as a Judge," 345, 348.

432 **Roberts had joined the liberals before:** Knox, *The Forgotten Memoir of John Knox*, 189–91.

432 **Sutherland's dissent in the AP case:** *Associated Press v. N.L.R.B.*, 301 U.S. 103 (1937): 141.

433 **Sutherland's "homily":** HSC Diary, Apr. 12, 1937, 43, UVA.

433 **McReynolds's dissent:** Irons, *New Deal Lawyers*, 288; Knox, *The Forgotten Memoir of John Knox*, 212–15; *WP*, Apr. 13, 1937; *CDT*, Apr. 13, 1937; McKenna, *Franklin Roosevelt and the Great Constitutional War*, 429.

433 **He spoke calmly:** HSC Diary, Apr. 12, 1937, 44, UVA.

433 **If one followed the majority's reasoning:** *WP*, Apr. 13, 1937; *CDT*, Apr. 13, 1937.

433 **"I think...he has saved":** *WP*, Apr. 13, 1937. 433 **FDR "in fine humor":** Alsop and Catledge, *168 Days*, 153, depict FDR as having "an old-fashioned fit of temper," but all evidence suggests the opposite. HSC Diary, Apr. 12, 1937, 44, UVA; Farley Diary, Apr. 12, 1937, Farley Papers, Box 41, LOC.

434 **"Nothing short of a miracle"**: "The Wagner Decisions," *The Nation*, Apr. 17, 1937, 423–24; Paul L. Murphy, *The Constitution in Crisis Times*, 158; *WP*, Apr. 13, 1937.

434 **"these decisions":** Clapper Diary, Apr. 12, 1937, LOC; Cushman, *Rethinking the New Deal Court*, 175; Friedman, "Switching Time," 1982; Cardozo quoted in Kaufman,

Cardozo, 526.

434 **In a quip that made the rounds:** "一转及时救九人"，这句话的最初来源不详。这句话看起来最早出现在考文于 1937 年 5 月 19 日写给卡明斯的信中。考文在信中询问卡明斯是否听说了这句俏皮话。卡明斯回复说没有听说。有时，人们认为是亚伯·福塔斯（Abe Fortas）——当时的耶鲁法学院教授、后来的最高法院大法官——创作了这句俏皮话。但他直到 1937 年 6 月才在对一群劳工代表的发言中提到这一说法："罗伯茨大法官先生的理论肯定是：及时的转变，挽救九人的脸面。"同样是在 6 月，唐纳德 · 里奇伯格告诉雷 · 克拉珀，说他"2 月在白宫时"第一次听到这句话，暗示罗斯福曾经说过这句话——当然了，那个时候还没有任何一位大法官改变立场。(Corwin to HSC, May 19, 1937, and HSC to Corwin, May 24, 1937, HSC Papers, Box 88, UVA; *NYT*, June 15, 1937; Clapper Diary, June 1937, Clapper Papers, Box 8, LOC.)

434 **"R[oosevelt] proposal forced this change":** Clapper Diary, Apr. 12, 1937, Clapper Papers, Box 8, LOC; Ernst to FDR, Apr. 13, 1937, TGC Papers, Box 197, LOC; *The New Republic*, Apr. 28, 1937; *The Nation*, Apr. 17, 24, 1937.

434 **"This would not have happened":** Hiram W. Johnson to Hiram W. Johnson, Jr., Apr. 16, 1937, in Burke, *Diary Letters*.

434 **"rather adroit piece of work":** HSC Diary, Apr. 12, 1937, 43, UVA.

435 **"After today...I feel like":** HSC Diary, Apr. 12, 1937, 43, UVA; FF to FDR, Apr. 12, 1937, PSF 135, FDRL.

435 **"The Court bill is dead":** *WP*, Apr. 13, 15, 1937.

435 **The moment was ripe:** *WSJ*, Apr. 2, 1937.

435 **Robinson summoned Joseph Keenan:** Alsop and Catledge, *168 Days*, 152–53.

436 **Roosevelt, who was hearing similar advice:** Clapper Diary, Apr. 12, 1937, LOC; Leuchtenburg, "Nine Justices Respond," 60; Corwin to HSC, Apr. 9, 10, 1937, HSC Papers, Box 88, UVA; Brant to Stone, Apr. 15, 1937, Stone Papers, Box 7, LOC.

436 **But those who counseled compromise:** Borah to J. T. Adams, May 22, 1937, Borah Papers, Box 484, LOC; Burke to J. G. Phelps Stokes, May 14, 1937, Hobson Papers, Box 54, LOC; Pearson, "The President-Elect," 263; Farley Diary, Apr. 12, 1937, LOC; HSC Diary, Apr. 12, 1937, UVA.

436 **At a press conference the next day:** Press Conference #360, Apr. 13, 1937, in FDR, *Complete Presidential Press Conferences*, Vol. 9, 259–62. Press Conference #360-A, Apr. 15, 1937, in ibid., 271; "After the Wagner Act," n.d., Cohen Papers, Box

14, "Supreme Court—BVC' s Drafts" ; "After the Wagner Act," n.d., TGC Papers, Box 270, LOC; Jackson OH, 450–51.

438 **Analyses by Justice Department lawyers:** Holtzoff to HSC, May 12, 1937, HSC Papers, Box 121, UVA; W. L. Pope memorandum, Apr. 19, 1937, HSC Papers, Box 195, UVA; Cushman, *Rethinking the New Deal Court*, 175, 177, 179–80; Friedman, "Switching Time," 1982; Press Conference #360, Apr. 13, 1937, in FDR, *Complete Presidential Press Conferences*, Vol. 9, 263.

438 **"Our national destiny":** *The Nation*, Apr. 24, 1937; *WP*, Apr. 13, 1937.

438 **"a reactionary court":** HSC Diary, Apr. 12, 1937, UVA; Swisher, *Selected Papers of Homer Cummings*, 159.

439 **At a press conference on April 16:** Press Conference #361, Apr. 16, 1937, in FDR, *Complete Presidential Press Conferences*, Vol. 9, 319–20; *Time*, Apr. 26, 1937; Ickes, Apr. 25 and May 2, 1937, *Secret Diary*, Vol. II, 125–26.

439 **"I flew out...on wings":** FF to FDR, Apr. 21, 1937, in Freedman, *Roosevelt and Frankfurter*, 398.

439 **On April 28, Roosevelt sped:** *NYT*, Apr. 29, May 1, 2, 1937.

439 **His yield was poor:** *NYT*, May 10, 11, 1937; Caro, *The Path to Power*, 446.

439 **One of them was the congressman-elect:** Caro, *The Path to Power*, 395–96.

440 **Johnson came out swinging:** Dallek, *Lone Star Rising*, 148, 150; *Reorganization of the Federal Judiciary*, Part 6, 1561; Caro, *The Path to Power*, 417, 436, 445; *Dallas Morning News*, Mar. 1, Apr. 5, 9, 1937; Thomas B. Love to FDR, Apr. 11, 1937, OF 41, Box 48, FDRL.

440 **Roosevelt got the message:** Dallek, *Lone Star Rising*, 150.

440 **"elated by this victory":** TGC interview, July 10, 1980, TGC Papers, Box 596, LOC; Gallup, *The Gallup Poll*, 55, 57 (these polls have been subject to widely varying interpretations. See Cantwell, "Public Opinion," 929–30, and, by contrast, Caldeira, "Public Opinion," 1148–49); Caro, *The Path to Power*, 446.

441 **Johnson's first reward:** Caro, *The Path to Power*, 446–49; TGC interview, July 10, 1980, TGC Papers, Box 596, LOC.

441 **Johnson's election was soon transformed:** Caro, *The Path to Power*, 448, 546; *Reorganization of the Federal Judiciary*, Part 6, 1561; TGC interview, July 10, 1980, TGC Papers, Box 596, LOC. 在华盛顿的参议院听证会上，证人们就约翰逊获胜的意

义竞相发表意见。一名来自奥斯汀的律师在 4 月 12 日作证时说道，这一选举压根与最高法院没有任何关系。四天后，奥斯汀市市长汤姆 · 米勒（Tom Miller）在约翰逊的坚持下出现在听证会上，对这一说法予以了驳斥，并作为佐证展示了竞选期间当地报纸的头条新闻和约翰逊有关最高法院的多项声明。在听证会的最后，康纳利说道，不论对于最高法院议题的立场如何，"就林登 · 约翰逊个人而言，他是一位拥有人格魅力、值得赞赏的年轻人……我肯定他将会是一位受人景仰的国会议员"。(*Reorganization of the Federal Judiciary*, Part 6, 1545, 1559–63, 1568, 1570.)

441 **Corcoran was back in Washington:** Ickes, Apr. 25, 1937, *Secret Diary*, Vol. II, 125–26; Alsop and Catledge, *168 Days*, 201–3.

442 **"There is a good deal of defeatist":** HSC Diary, May 4, 1937, 58–59, UVA; Alsop and Cat-ledge, *168 Days*, 203–4.

442 **FDR called reporters into his dining car:** *NYT*, May 14, 1937.

442 **Jim Farley joined the traveling party:** Ibid.; Press Conference # 366, May 13, 1937, in FDR, *Complete Presidential Press Conferences*, Vol. 9, 363; Ickes, May 15, 1937, *Secret Diary*, Vol. II, 141–42. Ickes' s contemporaneous account is more credible. 相比在事情发生后的一两天后对伊克斯所做的描述，法利后来与罗斯福彻底决裂后，对这些事件的描述非常不同。他在他的回忆录《吉姆 · 法利的故事》(*Jim Farley' s Story*, 1948）中写道，他警告过罗斯福不要再进一步分裂民主党，此外罗斯福几乎毫不掩饰地表示将会寻求第三个总统任期（82）。伊克斯在同一时期的描述更具可信度。

443 **the president promptly summoned Robinson:** *NYT*, May 15, 18, 1937; Alsop and Catledge, *168 Days*, 204–5; FDR to Paul V. McNutt, May 17, 1937, in Elliott Roosevelt, ed., *F.D.R.: His Personal Letters, 1928–1945*, Vol. I, 679–80.

443 **but he did not seem to be bluffing now:** *NYT*, May 18, 1937; Alsop and Catledge, *168 Days*; *Time*, May 24, 1937; *NYT*, May 15, 1937.

第 25 章　同意

444 **"There was only one story":** *NYT*, May 23, 1937.

444 **watch for court retirements:** *NYT*, May 16, 1937; *The New Republic*, Apr. 28, May 19, 1937.

445 **"Brandeis is going to resign":** Keenan to McIntyre, Apr. 19, 1937, OF 41,

Box 48, Folder 2, FDRL. The former senator was Smith W. Brookhart, a progressive Republican from Iowa.

445 **Many conservatives, too, were alarmed:** Mary P. Welker to WVD, Apr. 18, 1936, Helen and William H. Ford to WVD, Jan. 17, 1936, Mason B. Starring, Jr., to WVD, Apr. 18, 1936, Edward H. Ellis to WVD, Mar. 12, 1937, Rachel Van Devanter to WVD, Mar. 6, 1937, and D. Walter Bell to WVD, Feb. 12, 1937, all in WVD Papers, Box 38, LOC; Martha Young et al. to Sutherland, Mar. 1937, Sutherland Papers, Box 6, LOC; Bertha Harwood-Arrowood to Stone, Mar. 5, 1937, Stone Papers, Box 80, LOC; McReynolds to Mrs. Walter A. Watson, Mar. 13, 1937, Knox Letters, University of Chicago.

446 **"What I really wanted to see you about":** *NYT*, May 19, 23, 1937; *CDT*, May 19, 1937; WVD to FDR, May 18, 1937, WVD Papers, Box 44, LOC; *Time*, May 31, 1937.

446 **"My dear Mr. Justice Van Devanter":** FDR to WVD, May 18, 1937, WVD Papers, Box 44, LOC.

446 **The members of the Judiciary Committee:** *Time*, May 31, 1937; *NYT*, May 19, 1937.

446 **The timing of these two developments:** *NYT*, May 20, 1937; Childs OH, 65, 67–69; Alsop and Catledge, *168 Days*, 206; Pusey, *Charles Evans Hughes*, Vol. II, 761; Borah to A. A. Lewis, Aug. 11, 1937, Borah Papers, Box 484, LOC.

447 **"You have done a most courageous thing":** Sumners to WVD, May 19, 1937, WVD Papers, Box 44, LOC.

447 **"perhaps fortunate":** Hiram W. Johnson to Hiram W. Johnson, Jr., May 21, 1937, in Burke, *Diary Letters*.

447 **Van Devanter himself confessed:** WVD to A. C. Whidden, June 10, 1937, and to Clara B. Fleming, June 5, 1937, WVD Papers, Box 20, LOC; WVD to Thomas Doran, May 10, 1937, Box 19, LOC.

447 **A cartoon in *The Washington Post*:** *WP* cartoon appears in *NYT*, May 23, 1937; *NYT*, May 19, 20, 1937.

448 **"Mr. Roosevelt is 'on the spot'":** *Boston Transcript* quoted in *WP*, May 23, 1937.

448 **"to kid him about":** Farley Diary, May 18, 1937, Farley Papers, Box 41, LOC.

448 **"I don't think there is any news":** Press Conference #367, May 18, 1937, in FDR, *Complete Presidential Press Conferences*, Vol. 9, 375, 377.

448 **Roosevelt wasn't fooling anyone:** *NYT*, May 19, 1937; Alsop and Catledge, *168 Days*, 156–57, 209–10.

448 **Within hours of Van Devanter's announcement:** Alsop and Catledge, *168 Days*, 210–11; Farley Diary, May 18, 1937, LOC; *NYT*, May 23, 1937; *Time*, May 31, 1937; Clapper Diary, May 20, 1937, Clapper Papers, Box 8, LOC.

448 **A promise, of course, had been made:** Ickes, May 22, 1937, *Secret Diary*, Vol. II, 144–45; *NYT*, May 20, 1937; Lash, *Dealers and Dreamers*, 304; Weller, *Joe T. Robinson*, xii–xiii; Bertram Benedict, "The Pre-New Deal Record of Senator Robinson," Editorial Research Reports, May 20, 1937, in Clapper Papers, Box 209, LOC; *Time*, May 31, 1937.

449 **"Robinson Will Not Do!":** *The Nation*, May 29, 1937, 607–8; Cook, *Eleanor Roosevelt*, 460, 636fn; A. Philip Randolph et al. to FDR, June 19, 1937, in Clapper Papers, Box 209, LOC.

450 **"For the last two years":** Brant to TGC, June 12, 1937, TGC Papers, Box 190, LOC.

450 **Roosevelt had begun looking:** Archibald R. Watson to FDR, Mar. 10, 1937, TGC Papers, Box 269, LOC; *NYT*, May 20, 1937; HSC Diary, May 21, 1937, 60–61, UVA.

450 **Roosevelt was in a terrible bind:** *Time*, May 31, 1937; *CDT*, May 21, 1937; Baker, *Back to Back*, 250.

450 **The situation was replete with ironies:** Childs, "'I' ve Got This Thing Simplified,'" *American Heritage*, Apr. 1957, Vol. 8, No. 3; Alsop and Catledge, *168 Days*, 211–12.

451 **"Do you intend to confirm":** Press Conference # 368, May 21, 1937, in FDR, *Complete Presidential Press Conferences*, Vol. 9, 380.

451 **Robinson made no secret:** Farley, *Behind the Ballots*, 332; Farley, *Jim Farley' s Story*, 86; Farley Diary, July 18, 1937, Farley Papers, Box 41, LOC; Alsop and Catledge, *168 Days*, 213.

451 **Presidential aides scrambled to determine:** Alsop and Catledge, *168 Days*; Michelson, *The Ghost Talks*, 172–73, 175–76, 182–83; Farley, *Jim Farley' s Story*, 80;

Tugwell, *Democratic Roosevelt*, 404; Burns, *Roosevelt: The Lion and the Fox*, 300–301; Farley Diary, Apr. 1, 1937, Farley Papers, Box 41, LOC.

452 **FDR "never actually took charge":** TGC interview, Aug. 11, 1980, TGC Papers, Box 595, LOC.

452 **"the whole thing had been badly handled":** Clapper Diary, Apr. 28 and May 20, 1937, Clapper Papers, Box 8, LOC.

452 **Even Farley...had swaggered:** *NYT*, May 15, 1937; Farley Diary, May 20, 1937, LOC. The public, in mid-May, strongly opposed the idea of a two-judge compromise; it was perhaps the one thing on which both sides could agree (Gallup, *The Gallup Poll*, 59).

453 **Farley felt the brunt:** Scroop, *Mr. Democrat*, 13, 134; Pearson and Allen, "The President' s Trigger Man," 385–86, 388.

453 **On May 24, in a trio of decisions:** Jackson, *Struggle*, 229; Leuchtenburg, "Charles Evans Hughes," 1201.

453 **"I was arguing to a one-man court":** Clapper Diary, May 6, 1937, LOC; *St. Louis Star-Times*, n.d., in Stone Papers, Box 7, LOC.

453 **Apparently, the strategy worked brilliantly:** *Steward Machine Co. v. Davis*, 301 U.S. 548 (1937); *Helvering v. Davis*, 301 U.S. 619 (1937); Friedman, "Switching Time," 1956; Kaufman, *Cardozo*, 527; Jackson, *Struggle*, 234; *NYT*, May 25, 1937.

454 **"went out of [his] way to salve":** Clapper Diary, May 24, 1937, LOC.

454 **It was a fitting end to a term:** *Time*, June 7, 1937; *WP*, May 25, 1937; *NYT*, May 26, 1937; Stone to Sterling Carr, June 2, 1937, Stone Papers, Box 8, LOC. 在有关《瓦格纳法》案件的判决公布三个星期后，最高法院表现得愈益关注总统在外交领域中的权力，对罗斯福在 1933 年对苏联予以外交承认的这一权力给予了支持。(Ross, *The Chief Justiceship of Charles Evans Hughes*, 127)

454 **"one of the most exciting ones":** Stone to Lauson and Marshall Stone, Apr. 29, 1937, Stone Papers, Box 3, LOC. 1937 年 6 月 1 日，也就是本次开庭期的最后一天，斯通前往霍默 · 卡明斯位于司法部的会议室，他此行是为了欣赏由卡明斯的朋友利昂 · 克罗尔（Leon Kroll）创作的一幅壁画。克罗尔在 1936 年花了一整年的时间创作了两幅大型画作，分别描绘了司法的失败和胜利。1936 年 2 月，受到卡明斯赞许的《司法的胜利》的草图在华盛顿流传开来；所有人都能看出，画中身穿黑色长袍、带领人民从苦难的工厂走向应许之地的法官很显然是斯通。斯通在看了这幅画后表示非常喜欢。(*Time*, Oct. 26, 1936; *NYT*, Feb. 25, 1936, June 2, 1937)

455 **"I have not much faith":** Stone to FF, May 20, 28, 1937, Stone Papers, Box 13, LOC.

455 **felt "pretty low":** FF to Stone, May 25, June 2, 1937, Stone Papers, Box 13, LOC; *NYT*, May 7, 1937.

455 **Frankfurter overstated the case:** "The Wagner Decisions," *The Nation*, Apr. 17, 1937, 423– 24; Robert S. Allen, "Hughes Checkmates the President," *The Nation*, May 29, 1937.

456 **"I think more than ever":** Brant to FDR, June 12, 1937, TGC Papers, Box 190; Brant, "How Liberal Is Justice Hughes?" *The New Republic*, July 21, 1937, 295–98, and July 28, 1937, 329–32; Ickes, May 22, 1937, *Secret Diary*, Vol. II, 145.

456 **"That is just what I expected":** Clapper Diary, May 24, 1937, LOC.

456 **At a press conference the following afternoon:** Press Conference, #369, May 25, 1937, in FDR, *Complete Presidential Press Conferences*, Vol. 9, 391–92; *PPA*, 1937, 220.

456 **In drafting the bill:** *WP*, May 25, 1937; HSC Diary, Apr. 15, 1937, 46, and Aug. 1, 1937, 118, UVA; Hall, *The Oxford Companion to the Supreme Court*, 359–60; *PPA*, 1937, 210–14.

456 **"is filling the Congress":** Hiram W. Johnson to Hiram W. Johnson, Jr., May 29, 1937, in Burke, *Diary Letters*.

457 **Yet here again, he miscalculated:** *CDT*, May 28, 1937; *WP*, May 27, 1937.

457 **"To ask them simultaneously":** *The New Republic*, May 19, 1937, 44.

457 **an "era of ill-feeling":** *NYT*, May 2, 1937; "Will the Democrats Divide?" *The New Republic*, May 26, 1937, 60–61; *NYT*, June 6, 1937; *NYT*, Mar. 14, 1937.

458 **"Apparently...he would rather":** Clapper Diary, May 25, 1937, LOC.

458 **It had been an astonishing...period:** Clapper Diary, June 4, 1937, LOC; Caldeira, "Public Opinion," 1148; Cantwell, "Public Opinion," 930–31; *Time*, May 31, 1937; Alsop and Catledge, *168 Days*, 214.

459 **"I pointed out to him":** Jackson, *That Man*, 53; "Possible Statement in Anticipation of Winning Social Security Decision," n.d., McJimsey, *Documentary History*, Vol. 1, 563–65.

459 **Roosevelt leaned against shelving the plan:** Alsop and Catledge, *168 Days*,

214.

459 **"If you're going to pack a Court":** TGC to James Rowe et al., May 6, 1937, TGC Papers, Box 270, LOC.

460 **A few hours later at the White House:** Alsop and Catledge, *168 Days*, 214–16; Ickes, June 17, 1937, *Secret Diary*, Vol. II, 153.

460 **On his way out, the senator encountered a group:** *NYT*, June 4, 6, 1937.

第 26 章　为自由而战

461 **"Tell us about your conversation":** Press Conference #371, June 4, 1937, in FDR, *Complete Presidential Press Conferences*, Vol. 9, 407–12; *Time*, June 14, 1937.

462 **Joe Robinson, having emerged from purgatory:** *Time*, June 14, 1937; *NYT*, June 6, 1937; Alsop and Catledge, *168 Days*, 222.

462 **Two compromise measures:** Alsop and Catledge, *168 Days*, 223; HSC Diary, June 18, 1937, 68, UVA. For reasons he failed to specify, FDR told Robinson the Andrews plan was "clearly unconstitutional" (FDR to Robinson, June 11, 1937, OF 41A, Box 49, FDRL).

462 **Roosevelt was inclined toward a second alternative:** Alsop and Catledge, *168 Days*, 223; *NYT*, June 5, 1937; HSC Diary, June 18, 1937, 68, UVA.

463 **Robinson asked Logan:** Alsop and Catledge, *168 Days*, 223–24, 227; HSC Diary, June 8, 17, 1937, 65, 67, UVA.

463 **It was on onerous task:** Alsop and Catledge, *168 Days*, 226; *NYT*, June 5, 27, 1937.

464 **Compromise...had appealed to both sides:** Cantril, ed., *Public Opinion*, 150, 388; *The New Republic*, June 16, 1937, 156–57; *NYT*, June 5, 1937.

464 **There was...a nervousness:** Alsop and Catledge, *168 Days*, 227–28, 240–41.

464 **On June 11, after a cabinet meeting:** *NYT*, June 13, 1937, and Nov. 8, 1967; Schlesinger, *Crisis of the Old Order*, 227–28; *The Nation*, Mar. 2, 1940, 299–301; Childs, *Witness*, 17–18; Milburn, "The Statesmanship of Mr. Garner," 669–70, 674; *NYT*, Jan. 22, 1937; Alsop and Catledge, *168 Days*, 129; Alsop and Catledge, "Joe Robinson, the New Deal' s Old Reliable," *Saturday Evening Post*, Sept. 26, 1936, 6; *NYT*, Nov. 8, 1967; *Time*, June 21, 1937; *NYT*, June 19, 1937; HSC Diary, June 11,

1937, 65, UVA; *WSJ*, June 15, 1937.

466 **The huff...had only partly to do with the Court plan:** Farley Diary, Mar. 7, 1937, LOC; Ickes, May 15, 1937, *Secret Diary*, Vol. II, 140; Alsop and Catledge, *168 Days*, 236–37; Garner to Farley, July 1, 1937, Farley Papers, Box 5, LOC; Schlesinger, *Crisis of the Old Order*, 228. 至于罗斯福，他认为加纳那一代人或与加纳背景相似的人是无法理解国家正面临的社会和经济挑战的。(Ickes, July 21, 1937, *Secret Diary*, Vol. II, 166)

466 **By the spring of 1937:** Pearson and Allen, *Nine Old Men at the Crossroads*, 42–43; Alsop and Catledge, *168 Days*, 130–32; Ickes Diary, Apr. 3, May 15, 22, 1937, *Secret Diary*, Vol. II, 108, 140–41, 143–44.

467 **"He selected the right psychological":** *The Nation*, June 26, 1937, 722–23; Clapper Diary, June 15, 1937, Clapper Papers, Box 8, LOC.

467 **On June 13, Garner got in his...car:** McKenna, *Franklin Roosevelt and the Great Constitutional War*, 480–81. 该报告的十名签字人包括三名共和党人和七名民主党人，前者包括博拉、来自佛蒙特州的沃伦 · R. 奥斯汀和来自俄勒冈州的弗雷德里克 · 斯戴沃（Frederick Steiwer），后者包括来自内布拉斯加州的爱德华 · R. 伯克、来自得克萨斯州的汤姆 · 康纳利、来自新墨西哥州的卡尔 · A. 哈奇、来自内华达州的帕特里克 · 麦卡伦、来自犹他州的威廉 · H. 金、来自怀俄明州的约瑟夫 · C. 奥马霍尼和来自印第安纳州的弗雷德里克 · 范 · 奈斯（Frederick Van Nuys）。*Adverse Report of the Committee on the Judiciary*, 1.

467 **McCarran and Joseph O'Mahoney:** McKenna, *Franklin Roosevelt and the Great Constitutional War*, 481; Alsop and Catledge, *168 Days*, 229–30; Catledge to Alsop, Nov. 9, 1937, Alsop Papers, Box 2, LOC.

467 **The Court bill, they declared:** *Adverse Report of the Committee on the Judiciary*, 9–10, 16, 19, 21, 27, 44, 45–46; *WSJ*, May 27, 1937.

469 **"Bitter document":** Clapper Diary, June 14, 1937, LOC; Ickes, June 17, 1937, *Secret Diary*, Vol. II, 152.

469 **Liberal journals...launched a counterattack:** *The New Republic*, June 23, 1937, 169–70; *The Nation*, June 19, 1937, 689.

469 **The GOP, of course, was beside itself:** Wolfskill, *The Revolt of the Conservatives*, 252–53; *NYT*, June 16, 1937; Williamson, *Frank Gannett: A Biography*, 194; *CDT*, June 16, 1937; Leuchtenburg, "FDR' s Court-Packing Plan," 676–77.

470 **At the very least:** Tugwell, *Democratic Roosevelt*, 406; Alsop and Catledge, *168 Days*, 234–35; Press Conference #374, June 15, 1937, in FDR, *Complete Presidential Press Conferences*, Vol. 9, 430, 433.

470 **Privately, of course, he was enraged:** *NYT*, June 16, 1937; Landon to Clapper, June 14, 1937, Clapper Papers, Box 48, LOC; Clapper Diary, June 10, 14, 1937, LOC.

471 **"Will the Democrats Divide?":** *The Nation*, May 26, 1937, 60–61; HSC Diary, June 11, 1937, 66, UVA.

471 **On June 16, only two days:** Alsop and Catledge, *168 Days*, 241–42; Leuchtenburg, "FDR' s Court-Packing Plan," 677; *NYT*, June 28, 1937; Ickes, June 23, 1937, *Secret Diary*, Vol. II, 155; *NYT*, June 18, 1937; *WP*, June 22, 1937.

472 **"Everything very depressing":** Clapper Diary, June 23, 25, 1937, LOC; *WP*, June 19, 22, 1937.

472 **"The arch enemies of society":** Hughes quoted in Pusey, *Charles Evans Hughes*, Vol. II, 762, 764.

472 **All this weighed heavily on Roosevelt:** Farley Diary, June 18, 1937, LOC; Clapper Diary, June 28, 1937, LOC.

472 **The Jefferson Island retreat:** *Time*, July 22, 1935; *NYT*, June 26, 1937; *CDT*, June 27, 1937; *Time*, June 28, 1937; *NYT*, June 26, 1937; *WP*, June 15, 17, 26, 28, 1937; HSC Diary, June 25, 1937, 71, UVA; *WSJ*, June 26, 1937; Lindsay quoted in Leuchtenburg, "FDR' s Court-Packing Plan," 679; *NYT*, June 29, 1937. On June 29, FDR told Ickes that the retreat had strengthened party unity (Ickes, July 1, 1937, *Secret Diary*, Vol. II, 156).

474 **"Nobody got religion":** *WP*, June 26, 29, 1937; Leuchtenburg, "FDR' s Court-Packing Plan," 681.

474 **"You know what that means":** Hiram W. Johnson to Hiram W. Johnson, Jr., June 12, 1937, in Burke, *Diary Letters*.

474 **This now seemed inevitable:** *NYT*, June 6, 1937; *Time*, Mar. 14, 1927; *WP*, June 13, 29, 1937; *CDT*, June 27, 1937.

475 **There were other time-worn tactics:** Alsop and Catledge, *168 Days*, 248–50.

475 **Before the Jefferson Island picnic:** *NYT*, July 4, 6, 1937.

476 **"I know how men tire":** Hiram W. Johnson to Hiram W. Johnson, Jr., July 10, 1937, in Burke, *Diary Letters*.

476 **"public opinion will select the victor":** *NYT*, July 6, 1937; Cantril, ed., *Public Opinion*, 150; Leuchtenburg, "FDR' s Court-Packing Plan," 681–82; *The Nation*, July 10, 1937, 29.

476 **Neither, one imagined, was their tolerance:** *Time*, Mar. 14, 1927, Jan. 30, 1933, June 24, 1935.

476 **By July 3, union members:** *NYT*, July 4, 6, 1937.

477 **"We...had very little difficulty":** HSC Diary, June 22, 28–30, July 1–2, 1937, 69, 72–77, UVA.

477 **Yet, for Roosevelt, it constituted a retreat:** *NYT*, July 2, 3, 1937.

第 27 章　与上帝对抗

479 **The heat built up over the Great Plains:** *NYT*, July 9, 10, 1937; *WP*, July 10, 1937.

479 **The residents of Washington:** Leuchtenburg, "FDR' s Court-Packing Plan," 682–84; *NYT*, July 15, 1937.

480 **Debate on the substitute bill:** *Time*, July 19, 1937; *Washington, City and Capital*, 231–32.

480 **For the moment, the leader of the opposition:** Alsop and Catledge, *168 Days*, 251–53; Wheeler, *Yankee from the West*, 334–36; *NYT*, July 7, 1937. 当然，惠勒对于此次会面的叙述不可全部采信。我所写的仅限于惠勒的叙述与奥尔索普和卡特里奇书中所记载的内容相吻合的部分。

481 **Joe Robinson entered the green-carpeted:** Alsop and Catledge, *168 Days*, 254–56; *NYT*, July 15, 1937; *Time*, July 7, 8, 11, 19, 1937; *Congressional Record*, Part 6, 6791, 6793–96.

481 **His speech was long:** *Congressional Record*, Part 6, 6796–98; *Time*, July 19, 26, 1937; *WP*, July 15, 1937.

483 **The next two days unfolded:** *Congressional Record*, Part 6, 6879; *NYT*, July 8, 1937.

483 **Then the hostilities resumed:** *NYT*, July 9, 1937; *CDT*, July 9, 1937; *NYT*, July 11, 1937; *Time*, July 19, 1937; *Congressional Record*, Part 6, 6896–97, 6900.

483 **Shedding their self-restraint:** *Congressional Record*, Part 6, 6877, 6982, 6986–

87.

484 **Mostly, however, the senators attacked:** *NYT*, July 8, 1937; *Congressional Record*, Part 6, 6800, 6895, 6982.

484 **The bill's supporters also laid:** *NYT*, July 6, 8, 9, 1937; *The Nation*, July 10, 1937, 35; *Congressional Record*, Part 6, 6882–84, 6905–6.

484 **Still, amid this kind of talk:** *Congressional Record*, Part 6, 6889–90, 6920.

485 **During the first few days:** *NYT*, July 10, 1937; *CDT*, July 10, 1937; *Congressional Record*, Part 6, 6966–68, 6972, 6974.

485 **On Friday, Saturday, and...Monday:** *Congressional Record*, Part 6, 7022–23, 7054– 55.

486 **They were gaining ground:** Alsop and Catledge, *168 Days*, 262; *NYT*, July 11, 14, 1937; Ickes, July 11, 1937, *Secret Diary*, Vol. II, 160.

486 **Before the noon session:** Alsop and Catledge, *168 Days*, 260–63; *NYT*, July 13, 15, 1937; *Time*, July 26, 1937; Ashurst Diary, July 12, 1937, in Sparks, *A Many-Colored Toga*, 376.

487 **He crossed the street:** *NYT*, July 15, 1937; Ashurst Diary, July 14, 1937, in Sparks, *A Many-Colored Toga*, 377.

487 **The rest seemed to do him some good:** *NYT*, July 15, 1937.

488 **"Henry, when will you speak?":** Ashurst Diary, July 13, 1937, in Sparks, *A Many-Colored Toga*, 376.

488 **Robinson, in fact, had no intention:** *Congressional Record*, Part 6, 7141–44; *NYT*, July 14, 15, 1937; *WP*, July 15, 1937; *Time*, July 26, 1937; Alsop and Catledge, *168 Days*, 265–67.

489 **Half an hour later:** *NYT*, July 15, 1937; Ickes, July 16, 1937, *Secret Diary*, Vol. II, 161–62.

489 **At noon, Senator Hattie Caraway**: *Congressional Record*, Part 7, 7153–55 (the statement belongs to Copeland); Borah, press statement, July 14, 1937, Borah Papers, Box 783, LOC; Clapper to O' Mahoney, July 15, 1937, Clapper Papers, Box 230, LOC; *NYT*, July 15, 1937.

490 **A few blamed his opponents:** Charlotte Evans Shaw to Borah, Aug. 14, 1937, Borah Papers, Box 754, LOC; *NYT*, July 15, 1937.

490 **"Finish trip":** Cloyd Laporte to Grenville Clark, in Cousins and Clifford, eds.,

Memoirs of a Man, 25; *WP*, July 15, 1937; Ickes, July 16, 1937, *Secret Diary*, Vol. II, 162; Farley Diary, July 14, 1937, Farley Papers, Box 41, LOC; *The Nation*, July 24, 1937, 85; *The Nation*, July 10, 1937, 36.

490 **For many of Roosevelt's Democratic opponents:** *NYT*, July 16, 1937; Alsop and Catledge, *168 Days*, 269–70.

491 **There, another fight was brewing:** *NYT*, July 15, 16, 1937; Michelson, *The Ghost Talks*, 182; Leuchtenburg, *The White House Looks South*, 79–82 (Broun quoted at 81–82); Ickes, July 16, 1937, *Secret Diary*, Vol. II, 164.

492 **"My dear Alben":** FDR to Barkley, July 15, 1937, TGC Papers, Box 588, LOC.

493 **"I have no doubt":** HSC Diary, July 15, 1937, 88, UVA; *NYT*, July 16, 17, 1937.

493 **"What the president":** Borah to M. S. Sherman, July 19, 1937, Borah Papers, Box 484, LOC; Farley Diary, July 16, 1937, Farley Papers, Box 41, LOC; Clapper Diary, Aug. 4, 1937, Clapper Papers, Box 8, LOC.

493 **the state funeral of Joe Robinson:** *Time*, July 26, 1937; *NYT*, July 16, 17, 1937; *WP*, July 17, 1937; Alsop and Catledge, *168 Days*, 272–74.

494 **Despite his increasingly dire predicament:** Farley Diary, July 16, 1937, LOC; HSC Diary, July 15, 1937, 86, UVA; Alsop and Catledge, *168 Days*, 273–75; *NYT*, July 17, 1937.

494 **The funeral train:** "Arrangements for the Funeral of the Late Senator Joseph T. Robinson," July 16, 1937, Farley Papers, Box 41, LOC; Farley Diary, July 18, 1937, LOC; *NYT*, July 18, 1937; *Time*, July 26, 1937; *WP*, July 18, 1937.

495 **The train pulled into Little Rock:** Garner quoted in Weller, *Joe T. Robinson*, 167; FDR to Garner, July 7, 1937, in Elliott Roosevelt, ed., *F.D.R.: His Personal Letters, 1928–1945*, Vol. I, 692–93; Alsop and Catledge, *168 Days*, 277–78; *Time*, July 26, 1937; *NYT*, July 19, 1937.

496 **The rolling caucus resumed:** *WP*, July 23, 1937; Farley Diary, July 18, 1937, LOC; Alsop and Catledge, *168 Days*, 279; *NYT*, July 20, 25, 1937.

496 **Events were moving quickly now**: Rosenman OH, 9–10; Ickes, July 21, 1937, *Secret Diary*, Vol. II, 167–68; High Diary, Feb. 9, 1937, FDRL; FDR to FF, July 22, 1937, PSF 135, FDRL; *NYT*, Nov. 9, 1938.

497 **For three hours that afternoon:** *NYT*, July 20, 1937; HSC Diary, July 19, 20, 1937, 89–90, 92, UVA.

497 **The next morning, July 20:** *WP*, July 21, 1937; Alsop and Catledge, *168 Days*, 279–80; *NYT*, July 21, 1937; *The Nation*, July 31, 1937, 124. 据伊克斯的说法（July 25, 1937, *Secret Diary*, Vol. II, 171），加纳在 7 月 20 日的某次会议中对罗斯福说，他依然可以将最高法院大法官人数增加至十一人——如果罗斯福同意加纳就劳工和救济政策提出的条件的话。在这番对话（此番话伊克斯是从别人处听来的，他没有说明此人是谁）中，罗斯福拒绝了加纳的建议，而作为对此的回敬，加纳准允发起投票以将该提案送回至司法委员会。虽然不是没有可能，但这种不加掩饰、坦率直白的讨价还价出现的可能性似乎不大，尤其是与会的成员中包括如巴克利和皮特曼这样忠诚的罗斯福的追随者和新政派。

497 **"looking so tired and nervous":** Ickes, July 21, 1937, *Secret Diary*, Vol. II, 165–66, 168–69.

497 **The following morning:** Ickes, July 25, 1937, *Secret Diary*, Vol. II, 171; Farley Diary, July 21, 1937, LOC.

498 **And then within hours:** Wheeler, *Yankee from the West*, 338; Ashurst Diary, July 21, 1937, in Sparks, *A Many-Colored Toga*, 377–78; Alsop and Catledge, *168 Days*, 282–88.

498 **The final act began at 10 a.m.:** Ashurst Diary, July 22, 1937, in Sparks, *A Many-Colored Toga*, 378–79; Alsop and Catledge, *168 Days*, 288–91; *CDT*, July 23, 1937; *Time*, Aug. 2, 1937; Leuchtenburg, "FDR' s Court-Packing Plan," 688; Tugwell, *Democratic Roosevelt*, 405.

499 **Two hours later, on the Senate floor:** *Congressional Record*, Part 7, 7375–76, 7381; Baker, *Back to Back*, 271–73; Alsop and Catledge, *168 Days*, 291–94; *WP*, July 23, 1937; Leuchtenburg, "FDR' s Court-Packing Plan," 689.

后记　我们才刚刚开始战斗

501 **"I may not know much law":** Theodore Roosevelt quoted in Mason, *Supreme Court from Taft to Burger*, 30.

501 **FDR held his weekly press conference:** Press Conference #383, July 23, 1937, in FDR, *Complete Presidential Press Conferences*, Vol. 10, 58–62; *NYT*, July 24, 1937; Ross, *A Muted Fury*, 20, 155–60, 285–90; Mason, *Supreme Court from Taft to Burger*, 61–64; FDR, Memorandum, n.d. [July 1937], PSF 165, FDRL; Elliott Roosevelt, ed.,

F.D.R.: His Personal Letters, 1928–1945, Vol. I, 686. 罗斯福对于此事有些夸大其词了，他可能已经意识到了这一点。尽管州和联邦法院的确在进步时代的尾声对于改革秉持更加宽容的态度，但进步派的收获却只是暂时性的，其缘由也不够具体。不过，如果真要说有这种影响存在的话，那拉福莱特 1924 年的竞选活动算是致使最高法院做出了反应：毕竟，20 世纪 20 年代是"霍姆斯、布兰代斯和斯通作为异见派"的年代。

502 **The correspondents, eager for some kind of explosion:** *Time*, Aug. 2, 1937; Farley to Bowers, July 30, 1937, Farley Papers, Box 5, LOC; Farley Diary, July 23, 1937, LOC.

502 **Chief among them, in Roosevelt's mind:** Ickes, July 25, 1937, *Secret Diary*, Vol. II, 173–74; *NYT*, Aug. 1, 1937; HSC Diary, July 22–23, 1937, 98–99, 101, UVA; Thomas P. Corcoran to TGC, July 25, 1937, TGC Papers, Box 210, LOC; Clapper Diary, Aug. 3, 1937, Clapper Papers, Box 8, LOC; *The Nation*, July 31, 1937, 124.

503 **Felix Frankfurter cited:** FF, Memorandum, n.d. [July–Aug. 1937], in Cohen Papers, Box 13, LOC.

503 **"a combination of imponderables":** Alfange, "The Supreme Court Battle in Retrospect," 497, 500; Jackson OH, 445.

503 **campaign of finger-pointing:** Farley, *Jim Farley' s Story*, 80.

504 **Corcoran, Cohen, Frankfurter, Rosenman:** Rosenman, *Working with Roosevelt*, 154; author interviews, David Ginsburg, Jan. 7, 2005, and June 12, 2006; Ickes, July 27, 1937, *Secret Diary*, Vol. II, 177; TGC, draft autobiography, pp. C2, C12, TGC Papers, Box 593, LOC; Hopkins, "A statement to me by Thomas Corcoran..., April 3, 1939," Hopkins Papers, Sherwood Collection, Box 299, FDRL; Lasser, *Benjamin V. Cohen*, 168–69. 只有加纳对科恩和科克伦二人的说法提出了质疑。他在晚年时写道，"我记得十分清楚"，在 1937 年总统就职典礼之前，他和卡明斯见过科恩和科克伦，当时他们就透露过有关该计划的消息。他甚至记得他们每个人坐的位置——卡明斯坐在办公桌后，加纳坐在办公桌前的椅子上，科恩和科克伦坐在右侧的沙发上。但加纳与科恩和科克伦各执一词，而且加纳也没有要固守己见的意思。(Gardner, "Memories of the 1937 Constitutional Revolution," 14–15; Gardner, *Pebbles*, 77fn; Rauh, "A Personalized View of the Court-Packing Episode" ; author interview, David Ginsburg, June 12, 2006.)

504 **One newspaper claimed:** Stokes, "Roosevelt Drops Prof. Frankfurter," *St. Louis Post-Dispatch*, Sept. 21, 1937; Stokes to TGC, Oct. 4, 1937, Stokes to FF, Oct. 6,

1937, and FF to Stokes, Oct. 7, 1937, in TGC Papers, Box 198, LOC; Freedman, *Roosevelt and Frankfurter*, 14, 372.

504 **Of those present at the creation:** Gardner, *Pebbles*, 81.

504 **In August, looking back:** HSC Diary, Aug. 1, 1937, 111–16, UVA.

505 **"the bill started with a black eye":** Rosenman OH, 11–12.

505 **"kept coming back to [the] court thing":** Clapper Diary, June 12, 1938, Clapper Papers, Box 8, LOC; Ickes, Dec. 3, 1938, *Secret Diary*, Vol. II, 511;

505 **"When the history of the court fight":** HSC to Jackson, Nov. 28, 1939, Jackson Papers, Box 11, LOC.

506 **The missing element:** Ickes, July 27, 1937, *Secret Diary*, Vol. II, 175–76; Alsop and Cat-ledge, "The 168 Days," *Saturday Evening Post*, Sept. 18 and Oct. 16, 1937; Cohen to Jane Harris, Sept. 22, 1937, Lash Papers, Box 68, FDRL. 在《168天》的描述中，科克伦在此事中所起到的作用得到了事无巨细的展现，该书还记载了科克伦本人对于这一斗争的叙述。奥尔索普和科克伦也是朋友，经常一同参加宴会；1939 年，奥尔索普和另一位合作者，罗伯特·金特纳，又写作了一本同样以科克伦为主角的书，名为《总统身边的人们》（*Men around the President*）。

506 **The portrait that the reporters:** Alsop and Catledge, *168 Days*, 10, 74, 78, 109, 185–86.

507 **"a man with fewer doubts than anyone":** Tugwell quoted in Schlesinger, *Coming of the New Deal*, 586; High, "Mr. Roosevelt and the Future," 345; FF to Stone, Feb. 3, 1936, Stone Papers, Box 13, LOC.

507 **Yet Alsop and Catledge were right:** Lash, *Dealers and Dreamers*, 7; Farley, *Behind the Ballots*, 352; Perkins, *The Roosevelt I Knew*, 164.

508 **"to stand still":** *PPA*, 1936, lix–lx.

508 **"forgotten man at the bottom":** *PPA*, 1928–32, 625.

509 **"It took him an unconscionable time":** Tugwell, *Democratic Roosevelt*, 404.

509 **Roosevelt found reason:** High, "Mr. Roosevelt and the Future," 345; FDR to Claude Bowers, Aug. 3, 1937, in Elliott Roosevelt, ed., *F.D.R.: His Personal Letters, 1928–1945*, Vol. I, 704.

510 **He was not unaffected:** Ickes, Aug. 4, 1937, *Secret Diary*, Vol. II, 181–82; HSC Diary, Aug. 12, 1937, 144, UVA.

510 **Over lunch on August 2, Cummings asked him:** HSC Diary, Aug. 2, 1937,

123, UVA; Eleanor Roosevelt quoted in Schlesinger, *Coming of the New Deal*, 586.

511 **Especially not when the fight was ongoing:** TGC to Brant, July 28, 1937, TGC Papers, Box 190, LOC; TGC to Rosenman, July 26, 1937, TGC Papers, Box 211, LOC; FF to FDR, Aug. 9, 1937, TGC Papers, Box 210, LOC; Rosenman to FDR, July 23, 1937, and FDR to Rosenman, Aug. 4, 1937, PPF 64, FDRL.

511 **Roosevelt was not alone in this belief:** Author interview, David Ginsburg, June 12, 2006; "Memorandum on Features of Proposed Plan," n.d. [July 1937], PSF 165, FDRL; "Court Reform: A Recess," *The Nation*, Aug. 14, 1937, 163–64; M. A. Matthews to McReynolds, July 23, 1937, McReynolds Papers, Box 2, UVA.

512 **"If opposition is relaxed":** Gannett to V. C. Dwyer, Sept. 17, 1937, and to John J. Watson, Sept. 29, 1937, Gannett Papers, Box 1, Cornell; *NYT*, Aug. 5, 6, 1937.

512 **"Moonshine":** Farley, Address in Akron, Ohio, Aug. 4, 1937, Farley Papers, Box 62, LOC; *NYT*, Aug. 6, 1937.

512 **Not least from the president:** Lash, *Dealers and Dreamers*, 353; TGC interview, Mar. 12, 1980, TGC Papers, Box 596, LOC; Rosenman OH, 161–62.

513 **"I have felt from the start":** Landon to Clapper, Aug. 26, 1937, Clapper Papers, Box 48, LOC.

513 **"your real problem":** Tugwell and Charles W. Taussig to FDR, July 21, 1937, Tugwell Papers, Box 41, FDRL; Tugwell to FDR, Aug. 26, 1937, in McJimsey, *Documentary History*, Vol. 1, 708.

513 **"He is just as determined":** Farley to Bowers, July 30, 1937, Farley Papers, Box 5, LOC; HSC, Memorandum, July 26, 1937, PSF Justice, Box 56, FDRL; HSC Diary, July 26, 30, 1937, 105–6, 109, UVA.

514 **the president announced his choice:** HSC Diary, Aug. 6, 11, 12, 1937, 126–27, 134, 138– 39, UVA; *NYT*, Aug. 13, 1937; Ickes, Aug. 4, 15, 1937; *Secret Diary*, Vol. II, 182–83, 190–91; FF quoted in TGC notes, TGC Papers, Box 270, LOC.

514 **Black, at fifty-one:** Newman, *Hugo Black*, 228, 230, 236; Leuchtenburg, *The White House Looks South*, 84; *WSJ*, Aug. 23, 1937.

514 **"They'll have to take him":** Farley, *Jim Farley' s Story*, 98; Michelson, *The Ghost Talks*, 184; "America' s Town Meeting of the Air," Feb. 11, 1937, Series 2, No. 13, p. 41, in TGC Papers, Box 272, LOC; Alsop and Catledge, *168 Days*, 299; James Roosevelt quoted in Newman, *Hugo Black*, 236.

515 **The Black nomination, delivered:** *NYT*, Aug. 13, 1937; Newman, *Hugo Black*, 238; Ickes, Aug. 15, 1937, *Secret Diary*, Vol. II, 190; Hiram W. Johnson to Hiram W. Johnson, Jr., Aug. 14, 1937, in Burke, *Diary Letters*; Nina Gade to Borah, Aug. 13, 1937, and H. M. Weldon to Borah, n.d. [Aug. 1937], Borah Papers, Box 754, LOC; "Salute to Justice Black," *The Nation*, Aug. 21, 1937, 183–84; Brant to TGC, Aug. 13, 1937, TGC Papers, Box 190, LOC.

515 **Black's detractors:** Alsop and Catledge, *168 Days*, 302–3, 311; Catledge to Alsop, Nov. 9, 1937, Alsop Papers, Box 2, LOC; Newman, *Hugo Black*, 239, 244. 纽曼没有找到任何证据，以证明罗斯福在这些新闻报道出现之前就知道布莱克参加过3K党。On the nature of Black' s ties to the Klan, see Newman, 89–100.

515 **"American Lord Macaulays":** *PPA*, 1937, 330–32; *NYT*, Aug. 19, 1937; *WP*, Aug. 19, 1937.

515 **After killing the Court-packing bill:** 如本 · 科恩抱怨的那样，民主党保守派"(将工资工时提案和)修宪提案一起抛诸脑后"，还任由童工条款搁置在委员会；他们在私人建造商的敦促下废除了住房提案；通过了一项罗斯福曾发誓要否决的糖浆配额法案；拒绝就限制农作物产量、重组行政部门或在全国范围内设立"小型"田纳西河流域管理局这些"必选"立法采取行动。*The Nation*, Aug. 21, 1937, 187–88; *The New Republic*, Aug. 18, 1937, 32; Cohen to Jane Harris, Aug. 15, 1937, Lash Papers, Box 68, FDRL; *The New Republic*, Sept. 1, 1937, 90; *Time*, Aug. 30, 1937; *WSJ*, July 23, 1937.

516 **The congressional session, which had begun:** *WP*, Aug. 21, 22, 1937; *CDT*, Aug. 22, 1937.

516 **On that fitting note:** Beard, *America in Midpassage*, 368–69; *The New Republic*, Aug. 4, 1937, 348.

516 **"a real show-down":** HSC to FDR, Aug. 17, 1937, HSC Papers, Box 170, UVA; *Time*, Aug. 16, 1937.

517 **Roosevelt could still veto the bill:** FDR to Judge J. Warren Davis, Aug. 11, 1937, PSF 165, FDRL; HSC Diary, Aug. 7, 24, 1937, 129–30, 159–60, UVA; *PPA*, 1937, 338–40; Tug-well, *Democratic Roosevelt*, 407; *WP*, Aug. 26, 1937.

517 **September 17, 1937:** *Time*, Sept. 27, 1937; Freedman, *Roosevelt and Frankfurter*, 409–16; Rosenman, *Working with Roosevelt*, 163–64.

517 **"a layman's document":** FDR, Reading Copy, Address on Constitution Day,

Sept. 17, 1937, 2, 5–6, 8–17, Speech Files, Box 33, FDRL; FF to FDR, Sept. 17, 1937, in Freedman, *Roosevelt and Frankfurter*, 417.

518 **"nothing *more* sacred about that branch":** 这一带刺的短语——"离人民最远的那个分支"——是罗斯福用铅笔添加在打印好的文稿上的；或许正因为此，这一短语没有出现在《富兰克林 · D. 罗斯福的公开文献与讲话》的"官方"版本中。FDR, Reading Copy, Address on Constitution Day, Sept. 17, 1937, 13, Speech Files, Box 33, FDRL.

518 **"I agree with you...":** Hughes to Stone, Aug. 10, 1937, Stone Papers, Box 75, LOC.

519 **Yet fewer of those detractors:** Ickes, Apr. 10, 1938, *Secret Diary*, Vol. II, 365; Irons, *New Deal Lawyers*, 290–91.

519 **"American constitutional law":** Corwin, "The Court Sees a New Light," *The New Republic*, Aug. 4, 1937, 354; G. Edward White, *The Constitution and the New Deal*, 4, 165, 202, 310–11; Cushman, *Rethinking the New Deal Court*, 41, 43; Friedman, "Switching Time," 1979–81; Ross, *The Chief Justiceship of Charles Evans Hughes*, 134, 142, 146, 167, 249; Irons, *New Deal Lawyers*, 292–94; Paul L. Murphy, *The Constitution in Crisis Times*, 160–61, 169; Rosen, *The Most Democratic Branch*, 42; Ackerman, *We the People: Transformations*, 368–69, 373.

520 **"Things were happening":** *PPA*, 1937, lxii; High, "Roosevelt: Democratic or Dictatorial?" , 484–86; Bryce, *The American Commonwealth*, Vol. I, 406–7.

520 **"A good many of the people":** Davis, "Post-Convention Reflections," 417; Ackerman, *We the People: Transformations*, 291, 305, 312, 380.

521 **It is an abiding irony:** Steamer, *Chief Justice*, 74–75; Pearson and Allen, *The Nine Old Men*, 89, 96–97; Hughes, *Supreme Court*, 50; Hendel, *Charles Evans Hughes and the Supreme Court of the United States*, 279.

522 **"Looking back," Roberts reflected:** Roberts, *The Court and the Constitution*, 61; Mason, "Charles Evans Hughes," 6fn, 17; Hughes, *Conditions of Progress*, 30.

522 **"We lost the battle":** Quoted, for example, in Richberg, *My Hero*, 226.

522 **"a clear-cut victory":** *PPA*, 1937, lxvi, lxix. FDR also attributed the Court' s change to the 1936 election results (*PPA*, 1935, 14).

522 **bent before the storm:** See Friedman, *The Will of the People*, especially 370–85.

522 **Some, like Chief Justice William Rehnquist:** William Rehnquist, "2004

Year-End Report on the Federal Judiciary," 8, accessed at www.supremecourtus.gov/ publicinfo/ 2004 yearendreport.pdf.

523 **Hughes objected violently:** Danelski and Tulchin, eds., *Autobiographical Notes*, 311–13; *The New Yorker*, Apr. 10, 1937; Mason, *Supreme Court: Vehicle*.

523 **But this is a false dichotomy:** The strongest argument for collapsing these false categories has been made by Kalman, "The Constitution, the Supreme Court, and the New Deal," especially 1073–79, and by Brinkley, "Introduction," 1049–50. For contrasting views, see Leuchtenburg, "Comment on Laura Kalman' s Article," 1081–92; and White, "Constitutional Change and the New Deal," especially 1114–15. Also see Ackerman, *We the People: Transformations*, 291.

524 **"individual initiative, self-reliance":** Sutherland to Henry M. Bates, Apr. 21, 1937, Sutherland Papers, Box 6, LOC.

524 **"Who knows what causes":** Roberts quoted in Pusey, "Justice Roberts' 1937 Turnaround," 106.

524 **"the recalcitrant Senators will want":** Hiram W. Johnson to Hiram W. Johnson, Jr., July 24,

1937, in Burke, *Diary Letters*; Farley, *Behind the Ballots*, 95–96.

524 **The New Deal never recovered:** Brinkley, *The End of Reform*, 3, 20.

524 **Conservative Democrats were further emboldened:** Chandler, *America' s Greatest Depression*, 130; Patterson, *Congressional Conservatism*, 188–90, 202–6; Kennedy, *Freedom from Fear*, 340, 350–51.

525 **In retrospect it seems clear:** Brinkley, *The End of Reform*, 6–17; Patterson, *Congressional Conservatism*, 127, 162–63; Ickes, Mar. 30, 1938, *Secret Diary*, Vol. II, 350.

525 **Roosevelt...had some fight left:** Rosenman, *Working with Roosevelt*, 175–77; Seth Thomas to Henry Wallace, July 23, 1937, PSF 165, FDRL; *PPA*, 1938, 391–440; Milkis, *The President and the Parties*, 77, 83–87; Patterson, *Congressional Conservatism*, 288–90. 罗伯特 · 卡罗（Robert Caro）指出，哪怕罗斯福成功地将他在竞选活动中反对的所有人都赶出参议院，后者的构成也不会出现太大的变化。(Caro, *Master of the Senate*, 64)

526 **"There is a mysterious cycle":** *PPA*, 1936, 235–36; Kennedy, *Freedom from Fear*, 454–55, 464; Ackerman, *We the People: Transformations*, 357–58.

527 **On the morning of March 4, 1939:** *NYT*, Mar. 1, 3, 5, 1939.

527 **The two rivals:** *NYT*, Mar. 5, 1939; *WP*, Mar. 5, 1939.

528 **"took on the color":** *WP*, Mar. 5, 1939.

528 **"If our checks and balances":** *NYT*, Mar. 5, 1939.

528 **"You have heard the phrase":** *PPA*, 1939, 149.

529 **"a world in turmoil":** *NYT*, Mar. 5, 1939; *PPA*, 1939, 152–53; *WP*, Mar. 5, 1939.

529 **Facing a common enemy:** *PPA*, 1939, 153; *NYT*, Mar. 5, 1939.

529 **"What would have happened":** Hofstadter, *American Political Tradition*, 338.

参考文献

手稿收藏及私人文件

Joseph Alsop Papers, Library of Congress, Washington, D.C.

William Edgar Borah Papers, Library of Congress, Washington, D.C.

Stuart Chase Papers, Library of Congress, Washington, D.C.

Raymond Clapper Papers, Library of Congress, Washington, D.C.

Benjamin V. Cohen Papers, Library of Congress, Washington, D.C.

Thomas G. Corcoran Papers, Library of Congress, Washington, D.C.

Homer S. Cummings Papers, University of Virginia, Charlottesville, Virginia

James Farley Papers, Library of Congress, Washington, D.C.

Felix Frankfurter Papers, Library of Congress, Washington, D.C.

Frank E. Gannett Papers, Cornell University, Ithaca, New York

Stanley High Papers, Franklin D. Roosevelt Presidential Library, Hyde Park, New York

Richmond P. Hobson Papers, Library of Congress, Washington, D.C.

Harry Hopkins Papers, Franklin D. Roosevelt Presidential Library, Hyde Park, New York

Charles Evans Hughes Papers, Library of Congress, Washington, D.C.

Robert H. Jackson Papers, Library of Congress, Washington, D.C.

John Knox Papers, University of Chicago, Chicago, Illinois

Joseph Lash Papers, Franklin D. Roosevelt Presidential Library, Hyde Park, New York

Carl McFarland Papers, University of Virginia School of Law, Charlottesville, Virginia

James Clark McReynolds Papers, University of Virginia School of Law, Charlottesville, Virginia

Joseph L. Raugh, Jr. Papers, Library of Congress, Washington, D.C.

Donald Richberg Papers, Library of Congress, Washington, D.C.

Franklin D. Roosevelt Papers, Presidential Library, Hyde Park, New York

James Roosevelt Papers, Franklin D. Roosevelt Presidential Library, Hyde Park, New York

Harlan Fiske Stone Papers, Library of Congress, Washington, D.C.

George Sutherland Papers, Library of Congress, Washington, D.C.

Willis Van Devanter Papers, Library of Congress, Washington, D.C.

Burton K. Wheeler Papers, Montana Historical Society, Helena, Montana

个人访谈

Bennett Boskey, Washington, D.C., August 18, 2005

Ralph Brenner, telephone interview, October 16, 2006

Austin Cunningham, telephone interview, December 6, 2005

David Ginsburg, Washington, D.C., January 7, 2005, and June 12, 2006

口述历史记录

Columbia University, New York

Marquis Childs

Robert H. Jackson

Frances Perkins

Samuel Rosenman

书籍

Abraham, Henry J. *The Judicial Process*. 5th ed. New York: Oxford University Press,

1986.

Ackerman, Bruce. *We the People: Foundations*. Cambridge, MA: Harvard University Press, 1991.

——. *We the People: Transformations*. Cambridge, MA: Harvard University Press, 1998.

Adverse Report of the Committee on the Judiciary on a Bill to Reorganize the Judicial Branch of the Government. Stamford, CT: Overbrook Press, 1937.

Alfange, Dean. *The Supreme Court and the National Will*. Garden City, NY: Doubleday, Doran & Co., 1937.

Alsop, Joseph. *FDR: A Centenary Remembrance*. New York: Viking, 1982.

——, with Adam Platt. *"I' ve Seen the Best of It" : Memoirs*. New York: W. W. Norton, 1992.

——, and Robert Kintner. *Men around the President*. New York: Doubleday, Doran & Co., 1939.

——, and Turner Catledge. *The 168 Days*. Garden City, NY: Doubleday, Doran & Co., 1938.

Alter, Jonathan. *The Defining Moment: FDR' s Hundred Days and the Triumph of Hope*. New York: Simon & Schuster, 2006.

Amar, Akhil Reed. *America' s Constitution: A Biography*. New York: Random House, 2005.

Arkes, Hadley. *The Return of George Sutherland: Restoring a Jurisprudence of Natural Rights*. Princeton, NJ: Princeton University Press, 1994.

Baker, Leonard. *Back to Back: The Duel between FDR and the Supreme Court*. New York: Macmillan, 1967.

——. *Brandeis and Frankfurter: A Dual Biography*. New York: Harper & Row, 1984.

Baker, Richard A., and Roger H. Davidson, eds. *First Among Equals: Outstanding Senate Leaders of the Twentieth Century*. Washington, DC: Congressional Quarterly, 1991.

Barnes, William R., and A.W. Littlefield, eds. *The Supreme Court Issue and the Constitution*. New York: Barnes & Noble, 1937.

Beard, Charles A., and Mary R. Beard. *America in Midpassage*. New York: Macmillan, 1939.

Bellush, Bernard. *Franklin D. Roosevelt as Governor of New York*. New York:

Columbia University Press, 1955.

Bickel, Alexander M. *The Least Dangerous Branch: The Supreme Court at the Bar of Politics*. Indianapolis: Bobbs-Merrill, 1962.

Black, Conrad. *Franklin Delano Roosevelt: Champion of Freedom*. New York: Public Affairs, 2003.

The Blue Book of Washington, D.C., 1933 Spring Issue. Washington, DC: Blue Book Publishing Co., 1933.

Blum, John Morton. *From the Morgenthau Diaries: Years of Crisis, 1928–1938*. Boston: Houghton Mifflin, 1959.

——. *The Republican Roosevelt*. Cambridge, MA: Harvard University Press, 1954.

Bordo, Michael D., Claudia Goldin, and Eugene N. White, eds. *The Defining Moment: the Great Depression and the American Economy in the Twentieth Century*. Chicago: University of Chicago, 1998.

Boskey, Bennett. *Some Joys of Lawyering: Selected Writings, 1946–2007*. Washington, DC: Green Bag, 2007.

Brant, Irving. *Storm over the Constitution*. Indianapolis: Bobbs-Merrill, 1936.

Brayman, Harold. *The President Speaks Off-the-Record*. Princeton, NJ: Dow Jones, 1976.

Brinkley, Alan. *The End of Reform: New Deal Liberalism in Recession and War*. New York: Knopf, 1995.

——. *Voices of Protest: Huey Long, Father Coughlin, and the Great Depression*. New York: Knopf, 1982.

Brown, Francis Joseph. *The Social and Economic Philosophy of Pierce Butler*. Diss., Catholic University of America. Washington, DC: Catholic University of America Press, 1945.

Bruce, Philip Alexander. *The Virginia Plutarch*. Two vols. Chapel Hill: University of North Carolina, 1929.

Bryce, James. *The American Commonwealth*, Vols. 1 and 2. 3rd ed. New York: Macmillan, 1909.

Buhite, Russell D., and David W. Levy, eds. *FDR' s Fireside Chats*. Norman: University of Oklahoma Press, 1992.

Burke, Robert E., ed. *The Diary Letters of Hiram Johnson*, Vol. 6, *1934–1938*. New

York: Garland, 1983.

Burns, James MacGregor. *Roosevelt: The Lion and the Fox*. New York: Harcourt, Brace and Co., 1956.

Cantril, Hadley, ed. *Public Opinion, 1935–1946*. Princeton, NJ: Princeton University Press, 1951.

Cardozo, Benjamin N. *The Nature of the Judicial Process*. New Haven, CT: Yale University Press, 1921.

Caro, Robert A. *The Years of Lyndon Johnson: The Path to Power*. New York: Knopf, 1983.

——. *The Years of Lyndon Johnson: Master of the Senate*. New York: Knopf, 2002.

Chandler, Lester V. *America' s Greatest Depression, 1929–1941*. New York: Harper & Row, 1970.

Childs, Marquis W. *They Hate Roosevelt!* New York: Harper & Brothers, 1936.

——. *Witness to Power*. New York: McGraw-Hill, 1975.

Cobb, James C., and Michael V. Namorato, eds. *The New Deal and the South*. Jackson, MS: University Press of Mississippi, 1984.

Cohen, Adam. *Nothing to Fear: FDR' s Inner Circle and the Hundred Days That Created Modern America*. New York: Penguin, 2009.

Colman, Elizabeth Wheeler. *Mrs. Wheeler Goes to Washington*. Helena, MT: Falcon Press, 1989.

Congressional Record, 75th Cong., 1st Sess., Vol. 81, Parts 6 and 7. Washington, DC: U.S. Government Printing Office, 1937.

Cook, Blanche Wiesen. *Eleanor Roosevelt*, Vol. 2, *1933–1938*. New York: Viking, 1999.

Cope, Alfred Haines, and Fred Krinsky, eds. *Franklin D. Roosevelt and the Supreme Court*. Boston: D.C. Heath, 1952.

Corwin, Edward S. *The Commerce Power Versus States Rights: "Back to the Constitution."* Princeton, NJ: Princeton University, 1936.

——. *Constitutional Revolution, Ltd.* Claremont, CA: Claremont Colleges, 1941.

——. *The President: Office and Powers, 1787–1957*. 4th ed. New York: New York University, 1957.

——. *The Twilight of the Supreme Court*. New Haven, CT: Yale University Press, 1934.

Cousins, Norman, and J. Garry Clifford, eds. *Memoirs of a Man: Grenville Clark*. Col-

lected by Mary Clark Dimond. New York: W. W. Norton, 1975.

Creel, George. *Rebel at Large: Recollections of Fifty Crowded Years*. New York: G.P. Putnam' s Sons, 1947.

Cummings, Homer. *Modern Tendencies and the Law*. Washington, DC: U.S. Government Printing Office, 1933.

——, and Carl McFarland. *Federal Justice*. New York: Macmillan, 1937.

Cushman, Barry. *Rethinking the New Deal Court: The Structure of a Constitutional Revolution*. New York: Oxford University Press, 1998.

Dallek, Robert. *Lone Star Rising: Lyndon Johnson and His Times, 1908–1960*. New York: Oxford University Press, 1991.

Danelski, David J., and Joseph S. Tulchin, eds. *The Autobiographical Notes of Charles Evans Hughes*. Cambridge, MA: Harvard University Press, 1973.

Davis, Kenneth S. *FDR: The Beckoning of Destiny, 1882–1928*. New York: G.P. Putnam' s Sons, 1972.

——. *FDR: The New York Years, 1928–1933*. New York: Random House, 1985.

——. *FDR: The New Deal Years, 1933–1937*. New York: Random House, 1986.

——. *FDR: Into the Storm, 1937–1940*. New York: Random House, 1993.

Douglas, William O. *Go East, Young Man: The Early Years*. New York: Random House, 1974.

Elman, Philip, ed. *Of Law and Men: Papers and Addresses of Felix Frankfurter, 1939–1956*. New York: Harcourt, Brace and Co., 1956.

Ernst, Morris L. *The Ultimate Power*. Garden City, NY: Doubleday, Doran & Co., 1937.

Essary, J. Frederick. *Covering Washington*. Boston: Houghton Mifflin, 1927.

Fallon, Richard H., Jr. *The Dynamic Constitution*. New York: Cambridge University Press, 2004.

Farley, James A. *Behind the Ballots: The Personal History of a Politician*. New York: Harcourt, Brace, 1938.

——. *Jim Farley' s Story: The Roosevelt Years*. New York: Whittlesey House, 1948.

Feinstein, Isidor (I. F. Stone). *The Court Disposes*. New York: Covici, Friede, 1937.

Frankfurter, Felix, recorded in talks with Harlan B. Phillips. *Felix Frankfurter Reminisces*. New York: Reynal & Company, 1960.

——, and James M. Landis. *The Business of the Supreme Court: A Study in the Federal Judicial System*. New York: Macmillan, 1927.

Fraser, Steven. *Labor Will Rule: Sidney Hillman and the Rise of American Labor*. New York: The Free Press, 1991.

Frederick, David C. *Rugged Justice: The Ninth Circuit Court of Appeals and the American West, 1891–1941*. Berkeley: University of California Press, 1994.

Freedman, Max, ed. *Roosevelt and Frankfurter: Their Correspondence, 1928–1945*. Boston: Little, Brown, 1967.

Freidel, Frank. *F.D.R. and the South*. Baton Rouge: Louisiana State University, 1965.

——. *Franklin D. Roosevelt: The Triumph*. Boston: Little, Brown, 1956.

——. *Franklin D. Roosevelt: Launching the New Deal*. Boston: Little, Brown, 1973.

Friedman, Barry. *The Will of the People: How Public Opinion Has-Influenced the Supreme Court and Shaped the Meaning of the Constitution*. New York: Farrar, Straus and Giroux, 2009.

Gallup, George H. *The Gallup Poll: Public Opinion, 1935–1971*, Vol. 1, *1935–1948*. New York: Random House, 1972.

Gardner, Warner W. *Pebbles from the Paths Behind: The Public Path, 1909–1947*. Warner W. Gardner, 1989.

Garraty, John A., ed. *Quarrels That Have Shaped the Constitution*. New York: Harper & Row, 1964.

Garry, Patrick M. *An Entrenched Legacy: How the New Deal Constitutional Revolution Continues to Shape the Role of the Supreme Court*. University Park, PA: Pennsylvania State University Press, 2008.

Gilbert, Clinton W. *The Mirrors of Washington*. New York: G.P. Putnam' s Sons, 1921.

Hall, Kermit L., ed. *The Least Dangerous Branch: Separation of Powers and Court-Packing*. *The Supreme Court in American Society*, Vol. 5. New York: Garland, 2000.

——, ed. *The Oxford Companion to the Supreme Court of the United States*. New York: Oxford University Press, 1992.

——, and Kevin T. McGuire, eds. *The Judicial Branch*. New York: Oxford University Press, 2005.

Hamby, Alonzo L. *For the Survival of Democracy: Franklin Roosevelt and the World Crisis of the 1930s*. New York: Free Press, 2004.

Hellman, George S. *Benjamin N. Cardozo: American Judge*. New York: Russell & Russell, 1940.

Hendel, Samuel. *Charles Evans Hughes and the Supreme Court*. New York: King' s Crown Press, Columbia University: 1951.

Henry, John M. *Nine Above the Law: Our Supreme Court*. Pittsburgh: R.T. Lewis, 1936.

Hoar, George F. *The Charge Against President Grant and Attorney General Hoar of Packing the Supreme Court of the United States, to Secure the Reversal of the Legal Tender Decision, by the Appointment of Judges Bradley and Strong, Refuted. Letter to the Boston Herald*. Worcester, MA: Charles Hamilton, 1896.

Hofstadter, Richard. *The Age of Reform*. New York: Knopf, 1955.

——. *The American Political Tradition and the Men Who Made It*. New York: Knopf, 1948.

Holli, Melvin G. *The Wizard of Washington: Emil Hurja, Franklin Roosevelt, and the Birth of Public Opinion Polling*. New York: Palgrave, 2002.

Hollingsworth, Harold M., and William F. Holmes, eds. *Essays on the New Deal*. Austin: University of Texas Press, 1969.

Hoover, Herbert. *Addresses upon the American Road, 1933–1938*. New York: Charles Scribner' s Sons, 1938.

Hughes, Charles Evans. *Addresses and Papers of Charles Evans Hughes, Governor of New York, 1906–1908*. New York: G.P. Putnam' s Sons, 1908.

——. *Conditions of Progress in Democratic Government*. New Haven, CT: Yale University Press, 1910.

——. *The Supreme Court of the United States*. New York: Columbia University Press, 1928.

Ickes, Harold L. *The New Democracy*. New York: W. W. Norton, 1934.

——. *The Secret Diary of Harold L. Ickes: Vol. I, The First Thousand Days, 1933–1936*. New York: Simon and Schuster, 1953.

——. *The Secret Diary of Harold L. Ickes: Vol. II, The Inside Struggle, 1936–1939*. New York: Simon & Schuster, 1954.

Irons, Peter H. *The New Deal Lawyers*. Princeton, NJ: Princeton University Press, 1982.

——. *A People' s History of the Supreme Court*. New York: Viking, 1999.

Jackson, Robert H. *The Struggle for Judicial Supremacy: A Study of a Crisis in American Power Politics*. New York: Knopf, 1941.

——. *That Man: An Insider' s Portrait of Franklin D. Roosevelt*. Edited by John Q. Barrett. New York: Oxford University Press, 2003.

Janeway, Michael. *The Fall of the House of Roosevelt: Brokers of Ideas and Power from FDR to LBJ*. New York: Columbia University Press, 2004.

Jenkins, Roy. *Franklin Delano Roosevelt*. New York: Times Books/Henry Holt, 2003.

Johnsen, Julia E., ed. *Limitation of Power of Supreme Court to Declare Acts of Congress Unconstitutional. The Reference Shelf, Vol. 10, No. 6*. New York: H.W. Wilson, 1935.

Johnson, Claudius O. *Borah of Idaho*. New York: Longmans, Green and Co., 1936.

Kalman, Laura. *Legal Realism at Yale, 1927–1960*. Chapel Hill: University of North Carolina Press, 1986.

Kammen, Michael. *A Machine That Would Go of Itself: The Constitution in American Culture*. New York: Knopf, 1986.

Kaufman, Andrew L. *Cardozo*. Cambridge, MA: Harvard University Press, 1998.

Kaufman, George S., and Morrie Ryskind, with music by George Gershwin and lyrics by Ira Gershwin. *Of Thee I Sing*. New York: A. A. Knopf, 1932.

Keller, Morton. *In Defense of Yesterday: James M. Beck and the Politics of Conservatism, 1861– 1936*. New York: Coward-McCann, 1958.

Kennedy, David M. *Freedom from Fear: The American People in Depression and War, 1929– 1945*. New York: Oxford University Press, 1999.

Knox, John. *The Forgotten Memoir of John Knox: A Year in the Life of a Supreme Court Clerk in FDR' s Washington*. Edited by David J. Garrow and Dennis J. Hutchinson. Chicago: University of Chicago Press, 2002.

Kyvig, David E. *Repealing National Prohibition*. 2nd ed. Kent, OH: Kent State University Press, 2000.

Lash, Joseph P. *Dealers and Dreamers: A New Look at the New Deal*. New York: Doubleday, 1988.

——. *From the Diaries of Felix Frankfurter*. New York: W. W. Norton, 1975.

Lasser, William. *Benjamin V. Cohen: Architect of the New Deal*. New Haven, CT: Yale University Press, 2002.

——. *The Limits of Judicial Power: The Supreme Court in American Politics*. Chapel Hill, NC: University of North Carolina Press, 1988.

Lawrence, David. *Nine Honest Men*. New York: D. Appleton-Century, 1936.

——. *Supreme Court or Political Puppets? Shall the Supreme Court be Free or Controlled by a Supreme Executive?* New York: D. Appleton-Century, 1937.

Leonard, Charles A. *A Search for a Judicial Philosophy: Mr. Justice Roberts and the Constitutional Revolution of 1937*. Port Washington, NY: Kennikat Press National University Publications, 1971.

Leuchtenburg, William E. *Franklin D. Roosevelt and the New Deal*. New York: Harper & Row, 1963.

——. *The Supreme Court Reborn: The Constitutional Revolution in the Age of Roosevelt*. New York: Oxford University Press, 1995.

——. *The White House Looks South: Franklin D. Roosevelt, Harry S. Truman, Lyndon B. Johnson*. Baton Rouge: Louisiana State University Press, 2005.

Levine, Lawrence W., and Cornelia R. Levine. *The People and the President: America' s Conversation with FDR*. Boston: Beacon Press, 2002.

Levinson, Sanford. *Constitutional Faith*. Princeton, NJ: Princeton University Press, 1988

Lodge, Henry Cabot, ed. *The Federalist*. New York: G.P. Putnam' s Sons, 1889.

Lora, Ronald, and William Henry Longton, eds. *The Conservative Press in Twentieth-Century America*. Westport, CT: Greenwood Press, 1999.

Louchheim, Katie, ed. *The Making of the New Deal: The Insiders Speak*. Cambridge, MA: Harvard University Press, 1983.

Manchester, William. *The Glory and the Dream: A Narrative History of America, 1932–1972*. Boston: Little, Brown, 1974.

——. *The Last Lion: Winston Spencer Churchill, Visions of Glory: 1874–1932*. Boston: Little, Brown, 1983.

Martin, George. *CCB: The Life and Century of Charles C. Burlingham, New York' s First Citizen, 1858–1959*. New York: Hill and Wang, 2005.

Mason, Alpheus Thomas. *Brandeis: A Free Man's Life*. New York: Viking, 1946.

——. *Harlan Fiske Stone: Pillar of the Law*. New York: Viking, 1956.

——. *The Supreme Court from Taft to Burger*. 3rd ed. Baton Rouge: Louisiana State University Press, 1979.

——. *The Supreme Court: Vehicle of Revealed Truth or Power Group, 1930–1937*. Boston: Boston University Press, 1953.

McBain, Howard Lee. *The Living Constitution*. New York: Macmillan, 1928.

McCullough, David. *Truman*. New York: Simon & Schuster, 1992.

McJimsey, George, general ed. *Documentary History of the Franklin D. Roosevelt Presidency. Vol. 1, "Packing" the Supreme Court and the Judicial Reorganization Bill, January–July 1937*. University Publications of America, 2001.

——. *Documentary History of the Franklin D. Roosevelt Presidency. Vol. 22, Schechter Case and Unconstitutionality of the NRA, 1935*. LexisNexis, 2004.

McKean, David. *Tommy the Cork: Washington's Ultimate Insider from Roosevelt to Reagan*. Hanover, NH: Steerforth Press, 2004.

McKenna, Marian C. *Borah*. Ann Arbor: University of Michigan Press, 1961.

——. *Franklin Roosevelt and the Great Constitutional War: The Court-Packing Crisis of 1937*. New York: Fordham University Press, 2002.

Michelson, Charles. *The Ghost Talks*. New York: G.P. Putnam's Sons, 1944.

Milkis, Sidney M. *Political Parties and Constitutional Government: Remaking American Democracy*. Baltimore: Johns Hopkins University Press, 1999.

——. *The President and the Parties: The Transformation of the American Party System since the New Deal*. New York: Oxford University Press, 1993.

——, and Jerome M. Mileur, eds. *The New Deal and the Triumph of Liberalism*. Boston: University of Massachusetts Press, 2002.

Moley, Raymond. *After Seven Years*. New York: Harper & Brothers, 1939.

——. *Our Criminal Courts*. New York: Minton, Balch & Co., 1930.

Morgan, Ted. *FDR: A Biography*. New York: Simon and Schuster, 1985.

Murphy, Paul L. *The Constitution in Crisis Times, 1918–1969*. New York: Harper & Row, 1972.

Murphy, Walter F. *Congress and the Court*. Chicago: University of Chicago Press, 1962.

Namorato, Michael Vincent, ed. *The Diary of Rexford G. Tugwell: The New Deal,*

1932–1935. Westport, CT: Greenwood Press, 1992.

Nash, Gerald D., ed. *Franklin Delano Roosevelt*. Englewood Cliffs, NJ: Prentice-Hall, 1967.

Neal, Steve. *Happy Days Are Here Again*. New York: William Morrow, 2004.

Newman, Roger K. *Hugo Black: A Biography*. New York: Pantheon, 1994.

Nichols, Egbert Ray, ed. *Congress or the Supreme Court: Which Shall Rule America? The University Debaters' Help Book*, Vol. II. New York: Noble and Noble, 1935.

O' Brien, David M. *Storm Center: The Supreme Court in American Politics*. New York: W. W. Norton, 1986.

Paschal, Joel Francis. *Mr. Justice Sutherland: A Man Against the State*. Princeton, NJ: Princeton University Press, 1951.

Patterson, James T. *Congressional Conservatism and the New Deal: The Growth of the Conservative Coalition in Congress, 1933–1939*. Lexington, KY: University of Kentucky Press, 1967.

Pearson, Drew, and Robert S. Allen. *The Nine Old Men*. Garden City, NY: Doubleday, Doran & Co., 1937.

——. *Nine Old Men at the Crossroads*. Garden City, NY: Doubleday, Doran & Co., 1937.

Perkins, Frances. *The Roosevelt I Knew*. New York: Viking, 1946.

Post, Charles Gordon, Jr. *The Supreme Court and Political Questions. The Johns Hopkins University Studies in Historical and Political Science, Series LIV, No. 4*. Baltimore: Johns Hopkins Press, 1936.

Pritchett, C. Herman. *The Roosevelt Court*. New York: Macmillan, 1948.

Pusey, Merlo J. *Charles Evans Hughes*, Vols. I and II. New York: Macmillan, 1951.

——. *The Supreme Court Crisis*. New York: Macmillan, 1937.

Purcell, Edward A., Jr. *The Crisis of Democratic Theory: Scientific Naturalism and the Problem of Value*. Lexington: University Press of Kentucky, 1973.

Reorganization of the Federal Judiciary: Hearings Before the Committee on the Judiciary, United States Senate, 75th Cong., 1st Sess., on S. 1392, A Bill to Reorganize the Judicial Branch of the Government. Parts 1–6. Washington, DC: U.S. Government Printing Office, 1937.

Richberg, Donald. *My Hero*. New York: G.P. Putnam' s Sons, 1954.

——. *The Rainbow*. Garden City, NY: Doubleday, Doran, 1936.

Roberts, Owen J. *The Court and the Constitution: The Oliver Wendell Holmes Lectures*. Cambridge, MA: Harvard University Press, 1951.

Rodell, Fred. *Nine Men: A Political History of the Supreme Court from 1790 to 1955*. New York: Random House, 1955.

Roosevelt, Elliott, ed. *F.D.R.: His Personal Letters, 1905–1928*. New York: Duell, Sloan and Pearce, 1948.

——. *F.D.R.: His Personal Letters, 1928–1945,* Vols. I and II. New York: Duell, Sloan and Pearce, 1950.

Roosevelt, Franklin D. *Complete Presidential Press Conferences of Franklin D. Roosevelt*. Introduction by Jonathan Daniels. New York: Da Capo Press, 1972.

——. *Looking Forward*. New York: John Day, 1933.

——. *Public Papers and Addresses of Franklin D. Roosevelt,* Vols. 1–5. Compiled and with an introduction by Samuel I. Rosenman. New York: Random House, 1938.

——. *Public Papers and Addresses of Franklin D. Roosevelt,* Vols. 6–8. Compiled and with a foreword by Samuel I. Rosenman. New York: Macmillan, 1941.

——. *Whither Bound?* Boston: Houghton Mifflin, 1926.

Rosen, Jeffrey. *The Most Democratic Branch: How the Courts Serve America*. New York: Oxford, 2006.

Rosenman, Samuel I. *Working with Roosevelt*. New York: Harper, 1952.

Ross, William G. *A Muted Fury: Populists, Progressives, and Labor Unions Confront the Courts, 1890–1937*. Princeton, NJ: Princeton University Press, 1994.

——. *The Chief Justiceship of Charles Evans Hughes, 1930–1941*. Columbia: University of South Carolina Press, 2007.

Schlesinger, Arthur M., Jr. *The Age of Roosevelt: The Crisis of the Old Order, 1919–1933*. Boston: Houghton Mifflin Co., 1957.

——. *The Age of Roosevelt: The Coming of the New Deal.* Boston: Houghton Mifflin Co., 1959.

——. *The Age of Roosevelt: The Politics of Upheaval.* Boston: Houghton Mifflin Co., 1960.

Schudson, Michael. *The Good Citizen: A History of American Civic Life*. New York: The Free Press, 1998.

Scroop, Daniel. *Mr. Democrat: Jim Farley, the New Deal, and the Making of Modern American Politics*. Ann Arbor: University of Michigan Press, 2006.

Seldes, George. *Lords of the Press*. New York: Julian Messner, 1938.

Shaw, Stephen K., William D. Pederson, and Frank J. Williams, eds. *Franklin D. Roosevelt and the Transformation of the Supreme Court*. Armonk, NY: M.E. Sharpe, 2004.

Sherwood, Robert E. *Abe Lincoln in Illinois*. New York: Charles Scribner' s Sons, 1937.

——. *Roosevelt and Hopkins: An Intimate History*. New York: Harper, 1948.

Shlaes, Amity. *The Forgotten Man: A New History of the Great Depression*. New York: Harper-Collins, 2007.

Shogan, Robert. *Backlash: The Killing of the New Deal*. Chicago: Ivan R. Dee, 2006.

Smith, Jean Edward. *FDR*. New York: Random House, 2007.

Smith, Richard Norton. *The Colonel: The Life and Legend of Robert R. McCormick, 1880–1955*. Boston: Houghton Mifflin, 1997.

Solomon, Burt. *FDR v. The Constitution: The Court-Packing Fight and the Triumph of Democracy*. New York: Walker & Company, 2009.

Sparks, George F., ed. *A Many-Colored Toga: The Diary of Henry Fountain Ashurst*. Tucson: University of Arizona Press, 1962.

Spencer, Herbert. *Social Statics, Abridged and Revised; Together with Man Versus the State*. New York: D. Appleton, 1892.

Steamer, Robert J. *Chief Justice: Leadership and the Supreme Court*. Columbia: University of South Carolina, 1986.

Stephenson, Donald Grier, Jr. *Campaigns and the Court: The U.S. Supreme Court in Presidential Elections*. New York: Columbia University Press, 1999.

Swisher, Carl Brent. *American Constitutional Development*. 2nd ed. Cambridge, MA: Riverside Press, 1954.

——, ed. *Selected Papers of Homer Cummings, Attorney General of the United States, 1933– 1939*. Washington, DC: Scribner' s, 1939.

Talese, Gay. *The Kingdom and the Power*. New York: World Publication Co., 1969.

Tugwell, Rexford G. *The Democratic Roosevelt*. Garden City, NY: Doubleday & Co., 1957.

——. *Roosevelt' s Revolution: The First Year—A Personal Perspective*. New York:

Macmillan, 1977.

Tully, Grace. *F.D.R.: My Boss*. New York: Scribner' s, 1949.

Twiss, Benjamin R. *Lawyers and the Constitution: How Laissez Faire Came to the Supreme Court*. Princeton, NJ: Princeton University Press, 1942.

United States Department of Commerce, Bureau of Foreign and Domestic Commerce. *Statistical Abstract of the United States 1936*. 58th number. Washington, DC: Government Printing Office, 1936.

Urofsky, Melvin I., and David W. Levy, eds. *The Family Letters of Louis D. Brandeis*. Norman: University of Oklahoma Press, 2002.

——. *"Half Brother, Half Son" : The Letters of Louis D. Brandeis to Felix Frankfurter*. Norman: University of Oklahoma Press, 1991.

——. *Letters of Louis D. Brandeis. Vol. V (1921–1941): Elder Statesman*. Albany: State University of New York Press, 1978.

Wallace, William Kay. *Our Obsolete Constitution*. New York: John Day, 1932.

Warburg, James P. *Hell Bent for Election*. Garden City, NY: Doubleday, Doran & Co., 1936.

Ward, Geoffrey C. *Before the Trumpet: Young Franklin Roosevelt, 1882–1905*. New York: Harper & Row, 1985.

——. *A First-Class Temperament: The Emergence of Franklin Roosevelt*. New York: Harper & Row, 1989.

Warren, Charles. *Congress, The Constitution and the Supreme Court*. Boston: Little, Brown, 1925.

——. *The Supreme Court in United States History. Vol. I, 1789–1835; Vol. II, 1836–1918*. Revised ed. Boston: Little, Brown, 1926.

Washington, City and Capital: Federal Writers' Project, Works Progress Administration (American Guide Series). Washington, DC: Government Printing Office, 1937.

Watkins, T. H. *The Great Depression: America in the 1930s*. Boston: Little, Brown, 1993.

——. *Righteous Pilgrim: The Life and Times of Harold L. Ickes, 1874–1952*. New York: Henry Holt, 1990.

Weed, Clyde P. *The Nemesis of Reform: The Republican Party During the New Deal*. New York: Columbia University, 1994.

Weigley, Russell F., ed. *Philadelphia: A 300-Year History*. New York: W. W. Norton, 1982.

Weller, Cecil Edward, Jr. *Joe T. Robinson: Always a Loyal Democrat*. Fayetteville: University of Arkansas Press, 1998.

Wheeler, Burton K., with Paul F. Healy. *Yankee from the West*. Garden City, NY: Doubleday & Co., 1962.

White, G. Edward. *The Constitution and the New Deal*. Cambridge, MA: Harvard University Press, 2000.

White, Graham J. *FDR and the Press*. Chicago: University of Chicago Press, 1979.

Williamson, Samuel T. *Frank Gannett: A Biography*. New York: Duell, Sloan and Pierce, 1940.

Wills, Garry. *Explaining America: The Federalist*. New York: Doubleday, 1981.

Wilson, Woodrow. *Congressional Government: A Study in American Politics*. Boston: Houghton Mifflin, 1885.

——. *Constitutional Government in the United States*. New York: Columbia University Press, 1908.

Wolf, Thomas P., William D. Pederson, and Byron W. Daynes, eds. *Franklin D. Roosevelt and Congress: The New Deal and Its Aftermath*. Armonk, NY: M.E. Sharpe, 2001.

Wolfskill, George. *The Revolt of the Conservatives: A History of the American Liberty League, 1934–1940*. Boston: Houghton Mifflin, 1962.

——, and John A. Hudson, *All but the People: Franklin D. Roosevelt and His Critics, 1933–39*. New York: Macmillan, 1969.

文章

Acheson, Dean G. "Mr. Justice Cardozo and Problems of Government," *Michigan Law Review*, Vol. 37, No. 4, February 1939: 513–39.

Alfange, Dean. "The Supreme Court Battle in Retrospect," *United States Law Review*, Vol. 71, 1937: 497–502.

Alton, Stephen R. "Loyal Lieutenant, Able Advocate: The Role of Robert H. Jackson in Franklin

D. Roosevelt' s Battle with the Supreme Court," *William & Mary Bill of Rights Journal*,

Vol. 5, No. 2, 1997: 527–618.

Ariens, Michael. "A Thrice-Told Tale, or Felix the Cat," *Harvard Law Review*, Vol. 107, 1994: 620–76.

Brabner-Smith, John W. "Congress vs. Supreme Court—A Constitutional Amendment?" *Virginia Law Review*, Vol. 22, 1935–1936: 665–75.

Brandeis, Louis D. "The Living Law," *Illinois Law Review*, Vol. 10, No. 7, February 1916: 461–71.

Brinkley, Alan. "Introduction," in "AHR Forum: The Debate over the Constitutional Revolution of 1937," *American Historical Review*, Vol. 110, Issue 4, October 2005: 1046–50.

Caldeira, Gregory A. "FDR' s Court-Packing Plan in the Court of Public Opinion," Paper prepared for delivery at the 1999 Annual Meeting of the American Political Science Association, Atlanta, GA, September 1–5, 1999.

——. "Public Opinion and the U.S. Supreme Court: FDR' s Court-Packing Plan," *The American Political Science Review*, Vol. 81, No. 4, December 1987: 1139–53.

Cantwell, Frank V. "Public Opinion and the Legislative Process," *The American Political Science Review*, Vol. 40, No. 5, October 1946: 924–35.

Carpenter, Charles E. "The President and the Court," *United States Law Review*, Vol. 71, 1937: 139–49.

Carson, Jamie L., and Benjamin A. Kleinerman, "A Switch in Time Saves Nine: Institutions, Strategic Actors, and FDR' s Court-Packing Plan," *Public Choice*, Vol. 113, December 2002: 301–24.

Chambers, John W. "The Big Switch: Justice Roberts and the Minimum-Wage Cases," *Labor History*, Vol. 10, No. 1, Winter 1969: 44–73.

"Charles Evans Hughes," *The North American Review*, Vol. 203, No. 726, May 1916: 657–61.

Corwin, Edward S. "The Schechter Case—Landmark, or What?" *New York University Law Quarterly Review*, Vol. 13, No. 2, January 1936: 151–90.

——. "Social Planning under the Constitution—A Study in Perspectives," *The American Political Science Review*, Vol. 26, No. 1, February 1932: 1–27.

Cummings, Homer S. "The State vs. Harold Israel," *Journal of the American Institute of Criminal Law and Criminology*, Vol. 15, May 1924–February 1925: 406–34.

Cushman, Barry. "The Secret Lives of the Four Horsemen," *Virginia Law Review*, Vol. 83, 1997: 559–645.

Davenport, Frederick M. "The Changing Character of Congress," *Boston University Law Review*, Vol. 14, 1934: 299–312.

Davis, Elmer. "Post-Convention Reflections," *Harper' s Magazine*, Vol. 173, September 1936: 412–20.

Davis, Kenneth S. "FDR as a Biographer' s Problem," *The American Scholar*, Vol. 53, Winter 1983–84: 100–108.

Dawson, Mitchell. "The Supreme Court and the New Deal," *Harper' s Magazine*, Vol. 167, November 1933: 641–52.

"The Decision in the NIRA Cases," *United States Law Review*, Vol. 69, No. 6, June 1935: 281–92.

Feinberg, Wilfred. "Constraining 'The Least Dangerous Branch' : The Tradition of Attacks on Judicial Power," *New York University Law Review*, Vol. 59, May 1984: 252–76.

Fite, Katherine B., and Louis Baruch Rubinstein, "Curbing the Supreme Court—State Experiences and Federal Proposals," *Michigan Law Review*, Vol. 35, 1936–1937: 762–87.

Fletcher, R.V. "Mr. Justice McReynolds—An Appreciation," *Vanderbilt Law Review*, Vol. 2, 1948: 35–46.

Fraenkel, Osmond K. "What Can Be Done about the Constitution and the Supreme Court?" *Columbia Law Review*, Vol. 37, No. 2, February 1937: 212–26.

Frankfurter, Felix. "Chief Justices I Have Known," *Virginia Law Review*, Vol. 39, No. 7, November 1953: 883–905.

——. "Mr. Justice Roberts," *University of Pennsylvania Law Review*, Vol. 104, No. 3, December 1955: 311–17.

——. "The Supreme Court and the Public," *The Forum*, June 1930: 329–34.

——, and Adrian S. Fisher. "The Business of the Supreme Court at the October Terms, 1935 and 1936," *Harvard Law Review*, Vol. 51, No. 4, February 1938: 577–637.

Freund, Paul A. "Charles Evans Hughes as Chief Justice," *Harvard Law Review*, Vol. 81, No. 4, 1967: 4–43.

Friedman, Richard D. "Chief Justice Hughes' Letter on Court-Packing," *Journal of Su-*

preme Court History, Vol. 1, 1997: 76–86.

——. "A Reaffirmation: The Authenticity of the Roberts Memorandum, or Felix the Non-Forger," *University of Pennsylvania Law Review*, Vol. 142, June 1994: 1985–95.

——. "Switching Time and Other Thought Experiments: The Hughes Court and Constitutional Transformation," *University of Pennsylvania Law Review*, Vol. 142, June 1994: 1891–1984.

Gardbaum, Stephen. "New Deal Constitutionalism and the Unshackling of the States," *University of Chicago Law Review*, Vol. 64, 1997: 483–566.

Gardner, Warner W. "Harlan Fiske Stone: The View from Below," *The Supreme Court Historical Society Quarterly*, Vol. 22, No. 2, 2001: 1, 8–12.

——. "Memories of the 1937 Constitutional Revolution," *The Supreme Court Historical Society Quarterly*, Vol. 20, No. 1, 1999: 1, 10–18.

——. "Mr. Chief Justice Stone," *Harvard Law Review*, Vol. 59, 1946: 1203–9.

Griswold, Erwin N. "Owen J. Roberts as a Judge," *University of Pennsylvania Law Review*, Vol. 104, 1955–1956: 332–49. Hart, Henry M., Jr. "The Gold Clause in United States Bonds," *Harvard Law Review*, Vol. 48, No. 7, May 1935: 1057–99.

High, Stanley. "Roosevelt: Democratic or Dictatorial?" *Harper' s Magazine*, Vol. 175, October 1937: 480–87.

"Introducing the Youngest Justice of the U.S. Supreme Court," *Current Opinion*, February 1, 1923: 156.

Johnson, Wallace H. "Willis Van Devanter—A 'Re-examination,'" *Wyoming Law Review*, Vol. 1, 2001: 403–12.

Kalman, Laura. "The Constitution, the Supreme Court, and the New Deal," in "AHR Forum: The Debate over the Constitutional Revolution of 1937," *American Historical Review*, Vol. 110, Issue 4, October 2005: 1052–79.

Kutler, Stanley I. "*Ex parte McCardle*: Judicial Impotency? The Supreme Court and Reconstruction Reconsidered," *The American Historical Review*, Vol. 72, No. 3, April 1967: 835–51.

Kyvig, David E. "The Road Not Taken: FDR, the Supreme Court, and Constitutional Amendment," *Political Science Quarterly*, Vol. 104, No. 3, Autumn 1989: 463–81.

Lerner, Max. "Constitution and Court as Symbols," *Yale Law Journal*, Vol. 46, 1937: 1290–1319.

Leuchtenburg, William E. "Charles Evans Hughes: The Center Holds," *North Carolina Law Review*, Vol. 83, June 2005: 1187–1203.

——. "Comment on Laura Kalman' s Article," in "AHR Forum: The Debate over the Constitutional Revolution of 1937," *American Historical Review*, Vol. 110, Issue 4, October 2005: 1081–92.

——. "FDR' s Court-Packing Plan: A Second Life, a Second Death," *Duke Law Journal*, 1985: 673–89.

——. "The Nine Justices Respond to the 1937 Crisis," *Journal of Supreme Court History*, Vol. 1, 1997: 55–75.

——. "The Origins of Franklin D. Roosevelt' s 'Court-Packing' Plan," *The Supreme Court Review*, 1966: 347–400.

Little, Herbert. "The Omnipotent Nine," *The American Mercury*, Vol. 15, No. 57, September 1928: 48–57.

Mason, Alpheus T. "Charles Evans Hughes: An Appeal to the Bar of History," *Vanderbilt Law Review*, Vol. 6, No. 1, December 1952: 1–19.

——. "Has the Supreme Court Abdicated?" *The North American Review*, Vol. 238, No. 4, October 1934: 353–60.

——. "Labor, the Courts, and Section 7(A)," *The American Political Science Review*, Vol. 28, No. 6, December 1934: 999–1015.

McCracken, Robert T. "Owen J. Roberts—Master Advocate," *University of Pennsylvania Law Review*, Vol. 104, 1955: 322–31.

Milburn, George. "The Statesmanship of Mr. Garner," *Harper' s Magazine*, Vol. 165, November 1932: 669–82.

Nelson, Michael. "The President and the Court: Reinterpreting the Court-packing Episode of 1937," *Political Science Quarterly*, Vol. 103, No. 2, Summer, 1988: 267–293.

"Notes and Comment: The President and the Court," *United States Law Review*, Vol. 71, 1937: 61–73.

"Party Issues in the Supreme Court," *United States Law Review*, Vol. 69, No. 3, March 1935: 123–32.

Pearson, Drew. "The President-Elect," *Harper' s Magazine*, Vol. 166, February 1933: 257–64.

——, and Robert S. Allen. "How the President Works," *Harper' s Magazine*, Vol. 173,

June 1936: 1–14.

——. "The Men Around the President," *Harper' s Magazine*, Vol. 168, February 1934: 267–77.

——. "The President' s Trigger Man," *Harper' s Magazine*, Vol. 170, March 1935: 385–94.

Polenberg, Richard, "The National Committee to Uphold Constitutional Government, 1937– 1941," *The Journal of American History*, Vol. 52, No. 3, December 1965: 582–98.

Powell, Thomas Reed. "The Constitution and Social Security," *Annals of the American Academy of Political and Social Science*, Vol. 181, September 1935: 149–58.

Pusey, Merlo J. "Justice Roberts' 1937 Turnaround," *Supreme Court Historical Society Yearbook 1983*: 102–7.

Ratner, Sidney. "Was the Supreme Court Packed by President Grant?" *Political Science Quarterly*, Vol. 50, No. 3, September 1935: 343–58.

Rauh, Joseph L., Jr. "A Personalized View of the Court-Packing Episode," *Supreme Court Historical Society Yearbook*, 1990.

Soule, George. "Back to States' Rights," *Harper' s Magazine*, Vol. 171, September 1935: 484–91.

Stern, Robert L. "The Commerce Clause and the National Economy, 1933–1946," *Harvard Law Review*, Vol. 59, No. 5, May 1946: 645–93.

"Suggested Constitutional Amendments," *United States Law Review*, Vol. 69, No. 8, August 1935: 393–96.

Sullivan, Mark. "The Supreme Court as It Is Today," *Congressional Digest*, December 1933: 296–98.

"Supreme Court Justices as Presidential Candidates," *United States Law Review*, Vol. 69, No. 8, August 1935: 396–408.

Sutherland, William A. "Politics and the Supreme Court," *American Law Review*, Vol. 48, 1914: 390–402.

Tompkins, Raymond S. "Princes of the Press," *The American Mercury*, Vol. 12, No. 45, October 1927: 171–77.

Warren, Charles. "The Progressiveness of the United States Supreme Court," *Columbia Law Review*, Vol. 13, 1913: 294–313.

White, G. Edward. "Constitutional Change and the New Deal: The Internalist/

Externalist Debate," in "AHR Forum: The Debate over the Constitutional Revolution of 1937," *American Historical Review*, Vol. 110, Issue 4, October 2005: 1094–115.

Winchester, Boyd. "The Judiciary—Its Growing Power and Influence," *The American Law Review*, Vol. 32, November–December 1898: 801–13.

Wormser, I. Maurice. "The Development of the Law," *American Law Review*, Vol. 58, 1924: 296–316.

图书在版编目（CIP）数据

至高权力：罗斯福总统与最高法院的较量 /（美）杰夫·谢索著；陈平译. — 上海：文汇出版社，2019.6
ISBN 978-7-5496-2745-5

Ⅰ. ①至… Ⅱ. ①杰… ②陈… Ⅲ. ①美国－现代史
Ⅳ. ① K712.5

中国版本图书馆 CIP 数据核字 (2019) 第 091893 号

Supreme Power: Franklin Roosevelt vs. The Supreme Court
by Jeff Shesol

版权登记图字 09-2018-1183

至高权力：罗斯福总统与最高法院的较量

作　　者／〔美〕杰夫·谢索
译　　者／陈　平
责任编辑／何　璟
特邀编辑／郑科鹏　杨静武
装帧设计／尚燕平
出　　版／文匯出版社
上海市威海路 755 号
（邮政编码 200041）
发　　行／新经典发行有限公司
电　　话／010-68423599　邮　　箱／editor@readinglife.com
印刷装订／山东鸿君杰文化发展有限公司
版　　次／2019 年 6 月第 1 版
印　　次／2019 年 6 月第 1 次印刷
开　　本／640×960 1/16
字　　数／530 千
印　　张／48.5

ISBN 978-7-5496-2745-5
定　　价／108.00 元